상황윤리

현실세계 속의 공학 담론

이 상 하 지음

철학과현실사

우리는 항상 들어온 문을 통해서만 다시 집을 나설 수 있다.

※ 중국 격언 ※

머리말

현실세계의 공학 담론을 위한 별도의 윤리가 있는가? 이 물음은 사회 속에 기능하는 공학의 기능과 윤리 역사를 함께 고려할 때 대답할 수 있다. 근대 이후 확실성 추구의 시대정신 속에서 굳어진 규범윤리의 이론을 현실세계에 응용하는 것과 같은 것이 공학 담론을 위한 윤리가 될 수는 없다. 근대 이후 서양 규범윤리 이론은 실천에 대비된 이론적인 것의 우위성 관점에서 '이상화된 지식체계'를 모방한 것이다. 그렇게 이상화된 지식체계 속에 윤리 담론이 갇혀버린다면, 던져진 물음에 답하기 위해 공학의 기능을 따지는 작업은 부수적인 것이 되고 만다. 문제를 함축한 상황은 단지 특정 윤리 이론이 적용되기 위한 조건들의 장소로 전락하기 때문이다. 상황의 요인에 근거해 문제를 진단하고 풀어나가겠다는 생각이 윤리 담론의 핵심을 차지할 여지는 더 이상 없어 보인다. 현실세계의 실천적 문제가 전통적 규범윤리 이론의 응용 대상이라면, 공학 담론을 위한 별도의 윤리는 필요가 없다고 말해야 한다. 우리 앞에 필요한 윤리 이론은 이미 있고, 그것을 적절하게 이용하는 것만이 우리에게 남아 있기 때문이다.

그러나 서양 규범윤리의 전통도 역사적 산물이다. 그것은 특정 시기의 요청에 의해 탄생한 것이다. 반면에, 도구의 디자인과 사용에 의해 문제 해결을 도모하는 기예는 고대에도 중세에도, 여기에도 저기에도 기능했던 것이다. 그 기예의 이해 방식이 특정 시기에 굳어진 윤리 담론에 종속될 수는 없다. 공학은 인공 환경의 물리적 기반 설계에 국한되는 것이 아니라 생활세계의 구조 자체를 변화시킨다. 이러한 양상을 둘러싼 문제들이 특정 지역의 특정 시기에 발생한 윤리 전통에 귀속될 수 있다고 생각하는 이가 있다면, 그는 너무나 낙천적이거나 독단적이다. 그러한 전통은 단지 윤리 담론의 역사적 대상일 뿐이다.

근대 이후 확실성 추구의 시대정신 속에서 탄생한 서양 규범윤리 이론의 원리들은 상황과 무관한 보편성을 전제한다. 게다가 규범윤리 전통의 이론은 하나가 아니다. 그런 이론들을 하나로 묶어주는 '이론들의 이론'이라는 것은 불가능하며, 문제의 성격에 따라 적합한 이론을 선별해주는 형식 기준은 없다. 보편적 확실성을 추구하는 규범윤리의 두 이론들이 현실적 문제에 개입할 때 남는 것은 해결이 아니라 문제의 교착 상태다. 윤리적 딜레마는 상황의 요인을 고려해 풀어야 할 문제 공간 속에 들어갈 수 없게 된다. 그것은 보편성을 전제한 상반된 원리들이 만들어내는 논리적 모순과 같은 것으로 귀결되기 때문이다. 여러 이질적인 분야의 지식이 사회 설계와 건설에 개입하면서, 그리고 이로 인한 문제의 복잡성에 대한 인식이 확대되면서, 이론적인 규범윤리의 한계가 드러났다. 사례 연구라는 표제어 아래 생명의료윤리를 뒤이어 공학윤리가 현대 실천윤리를 대표하게 되었다.

현대 실천윤리에서 생명의료윤리와 공학윤리의 관계는 오래된 도시와 새로운 도시의 관계에 비교될 수 있다. 오래된 도시의 운영에서 얻어진 노하우가 새로운 도시의 건설에 도움을 줄 수는 있지만, 새로운 도시의 건설이 오래된 도시를 그대로 모방할 수 없다. 표상의 관점에서 이론이 정합성과 보편성을 추구하더라도, 실천적 맥락에서 이론은 문제 해결을 위한 분석적 도구일 뿐이다. 공학윤리에 비해 생명의료윤리가 기존의 규범윤리 이론에 기댈 수 있는 여지는 더 크다. 행위 시점과 결과, 생명의 규정, 동기의 선함과 같은 여러 주제들이 양자에 서로 겹쳐 있으며, 이론과 실천의 관계를 둘러싼 논쟁의 전통이 생명의료윤리 담론의 표면에 나타나는 것은 지극히 당연해 보인다. 이 점은 공학윤리 담론에는 직접 해당되지 않는다. 공학윤리 담론을 차지하는 여러 문제들, 특히 지식의 조직적 사용과 효과적인 집단 의사결정 구조에 의해 풀리는 문제들은 기존의 윤리 담론 관점에서는 전혀 윤리적으로 보이지 않기 때문이다.

현실적 문제의 실천적 해결은 상황을 초월한 행위 기준을 마련하거나 그러한 기준을 이론적으로 정당화하는 작업에 종속되지 않는다. 이를 명확히 인식한 이들은 전통적 규범윤리와 거리를 두고 실천윤리를 위한 좀더 폭 넓은 담론들에 대한 가능성을 모색했다. 그들은 근대 이전의 서양 윤리 전통에 관심을 가졌고, 그 결과 '사례 분석'을 강조한 과거의 윤리 전통이 부활할 수 있게 된 것이다. 그러나 그 과거 전통에 따르면, 실천윤리는 목적 달성을 위한 현명한 수단을 마련하는 차원에 그친다. 사례 분석 자체에, 그래서 문제 해결 과정 자체에 도덕적 위상이 내재할 가능성은 과거 실천윤리 전통에서는 차단되어 있기 때문이다. 오랜 과거에는 우리의 생활세계가 하나의 대세로서 어떤 지배적인 가치체계에 의해 제한되어 있었다는 사실을 잊지 말아야 한다. 그러한 지배적 가치체계가 문제 해결의 목적에 도덕적 위상을 부여해주고, 그 목적이 현명한 수단 마련이라는 실천에 양도된다. 하지만, 이는 가치체계가 다원화된 현실에 그대로 통용될 수 없다. 현대 실천윤리 담론에서 이를 인식한 이들은 '윤리 최소주의'라는 표제어 아래 가치체계들에 공통적으로 내재하는 어떤 것을 가정하기에 이르렀다. 그렇게 가정하는 것은 사실 사례 분석 자체가 어떤 의미에서 도덕적인가라는 물음을 회피한 것에 불과하다.

가치체계들에 공통적으로 내재한다고 가정된 어떤 것이 문화적 차이를 극복할 수 없다면, 사례 분석에 의한 문제 해결 과정이 그러한 어떤 것을 위해 봉사하는 노예가 될 수는 없다. 기독교의 '아가페적 사랑'이 다양한 문화에 등장하는 사랑 개념의 내용과 기능을 대체할 수는 없는 것이다. 문화적, 사회적 조건 및 시대적 요청 속에서 형성된 개념의 내용과 기능은 용어의 표면적 유사성이나 의미론적 분석에 의해 결정되지 않기 때문이다. 문화적 차이에 상대적으로 속박되지 않는다고 여겨지는 상식이 도덕적 판단의 기저로 제안되기도 했다. 그러나 상식을 접근하는 방법에 대한 명확한 논거를 밝히지 않은 채 상식을 도덕적 판단의 기저로 잡는 것은 온당치 못하다.

일상생활에서 당연하게 나타나는 것들의 관계 및 발생 과정을 분석할 때 상식은 판단의 고정된 기저와 같은 것이 될 수 없다. 상식을 구성하는 것들은 서로를 제한하는 관계 속에서 다양한 상황에 걸쳐 기능할 수 있는 '일상적 공감대'로 규정될 것이다. 그 규정 속에서 상식이 도덕적 판단의 확실한 원천이라는 생각, 상식이 우리를 올바른 가치체계, 세계 이해 혹은 이론으로 인도할 것이라는 생각, 그리고 상식이 인간 본성론에서 철학적 이기주의와 이타주의 중 어느 하나로 귀결될 것이라는 생각 모두가 부정된다. 이러한 생각들은 상식을 존중할 때 피해야 하는 것들이다.

생활세계의 역사는 일상적 공감대로서의 상식과 가치체계의 결합에 의한 '생활양식'의 분화와 계층화의 역사이기도 하다. 현실세계의 윤리 담론에서 상식을 존중해야 하는 이유는 상식이 도덕의 원천이라서가 아니다. 그 이유는 평가와 판단에 개입하는 모든 가치체계가 상식에 의해 부분적으로 제한되어 있기 때문이다. 상식은 다양한 가치체계에 대해 열려 있고, 모든 가치체계는 상식에 의해 부분적으로 제한을 받는다. 이러한 상식과 가치체계의 다원적 결합 방식은 상황에 대해 열려 있기 때문에, 모든 가치체계는 그 자체로서가 아니라 다른 것과의 관계적 기능 속에서 평가된다. 상황에 합당한 개연적 판단을 추구하는 인간 합리성의 제한성 때문에, 그러한 관계적 기능을 상위에서 규정해주는 보편적 이론이라는 것은 없다. 상식과 가치체계의 결합 방식에 대한 평가는 '진행형 관점'에서 이뤄져야 하며, 문제의 실천적 해결은 진단의 성격을 갖는 사례 분석에 의존한다.

거시적 차원에서 사례 분석의 도덕적 위상은 생활세계의 부정적 측면을 피함으로써 개선을 꾀하는 '상태 지향적 공익'을 추구한다. 거기에 '공익'에 대한 별도의 보편적 기준은 불필요하다. 상태 지향적 공익을 추구하는 사람에게 요구되는 것은 과거의 실패를 거울삼아 현실 문제를 진단하는 실천정신이다. 구체적 문제와 맞물린 국소적 차원에서 사례 분석의 도덕적 위상은 사례 분석에 가치체계들의 배열 방식 자체가 고려 대상이 됨으로써 획득된다. 사례 분석의 이러한 두 도덕적 위상은 문제 해결 과정에 전도된다. 이 작업에서 제안될 '상식을 존중한 상황윤리'는 문제 해결 과정 자체에 도덕적 위상이 내재해 있다는, 곧 문제 해결 관점의 실천윤리 담론틀인 것이다.

상식을 존중한 상황윤리는 '상식의 보호대'와 '시행착오 속의 인본주의'라는 두 축을 갖는다. 상식의 보호대는 상식을 보호하는 방법들을 다루며, 그 방법들은 크게 '중재'와 '방패'의 범주로 나뉜다. 하나의 상황이 특정 주제의 문제를 잘 보여주는 사례로 규정될 때 사회적으로 중요한 그러한 문제는 많은 경우 집단간 이해관계를 함축한다. 가치체계가 다원화된 사회 속에서 그러한 이해관계는 집단간 갈등 양상을 반영한다. 집단간 갈등은 특정 가치체계의 내용적 수정을 요구하는 '내재적 갈등 양상'과 가치체계들의 연결망 수정을 요구하는 '구조적 갈등 양상'으로 크게 나뉜다. 가치체계의 내용적 수정을 도모하는 중재의 방법들과 가치체계들의 연결망을 건드리는 방패의 방법들은 현실세계 속에서 이분되는 것은 아니지만 문제 해결의 방향성을 설정해준다.

상식을 존중한 상황윤리의 또 다른 축인 '시행착오 속의 인본주의'는 일상적 공감대로서의 상식과 가치체계의 역동적 결합 방식에 대한 역사적 평가와 관련된다. 그 평가는 '합리성의 제한성', '실패를 통한 교훈', '열린 역사'라는 세 항목으로 구성된다. 합리성의 제한성은 역사 자체가 평가의 대상이 되는 것이 아니라 평가에 역사성이 깃들어 있다는 사실을 일깨워준다. 무지의 소산이라는 식으로 시행착오를 합리성의 영역에서 제거시킬 수 없기 때문에, 과거의 실패를 반복하지 않겠다는 실패를 통한 교훈은 합리적이자 도덕적인 것이다. 열린 역사는 과거를 문제 해결을 위한 단서들의 '창고'로 인식시켜준다. 이러한 평가의 세 항목은 문제의 실천적 해결을 추구하는 이가 갖춰야 할 자질이기도 하기 때문에, 사례 분석은 그에게 일종의 의무와도 같은 것이다. 사례 분석은 문제 해결에 동원된 과거 기록과 현시점의 단서들을 체계적으로 조직화하여 후대에 넘겨주는 '역사적 매개물'로 인식되어야 한다.

현실세계 속에서 지금 기능하고 있는 대다수 직업적 가치체계들은 역사적 시험 무대를 거친 것들이다. 그러한 직업적 가치체계들의 순기능은 눈에 띄지 않기 때문에, 그것들의 부정적 측면을 가지고 전체를 평가해서는 안 된다. 공학의 부정적 측면은 공학 자체에 내재하는 것이 아니라 주로 지식의 활용법, 공학과 타분야의 관계 및 조직체계의 구성법에서 기인한다. 공학의 부정적 측면과 연관된 문제들은 담론 주제들을 산출한다. 공학 담론은 그러한 주제들을 다루는 분과로 규정된다. 공학 담론이 서양 규범윤리 이론의 응용 차원에서 벗어나 '상식을 존중한 상황윤리'의 틀 속에서 진행될 때 그것은 사례 분석에 근거해 문제 해결을 추구하는 강력한 실천적 분과가 된다.

이 작업은 총 20개의 장으로 구성되어 있고, 22개의 가상 사례들과 27개의 실제 사례들이 다뤄졌다. 각 장 첫머리에 핵심을 밝혀뒀다. 도입부의 목적은 현대 실천윤리와 응용윤리를 구분하고 전체 윤곽을 짜는 것이다. 그 구분은 철학적 정당화의 역사를 충분히 다룰 때 명확해지기 때문에, 도입부는 이어질 논의에 부합하게끔 구성되었다는 점에서 최소한의 성격을 갖는다. 총 4개의 장으로 구성된 제1부에서는 기술, 지식, 직업의 측면에서 현대 공학의 성격을 규명한다. 어떤 본질을 가정하여 공학을 단선적으로 규정하는 것은 불가능할 뿐더러, 그렇게 규정하는 것은 공학적 문제들의 실제 성격을 가려버리기 때문이다.

총 5개의 장으로 구성된 제2부의 목적은 '상식을 존중한 상황윤리'의 담론틀을 짜는 것이다. 일상적 공감대로서 상식을 규정하고, 상식의 존중에서 피해야 할 관점들, 상식과 가치체계의 경계, 상식과 가치체계의 역동적 결합 방식, 그리고 상식을 존중한 상황윤리의 체계가 다뤄질 것이다. 제3부에서는 '공학 직업의 특성표 짜기', '내부고발', '재난의 꾸러미 분석 기법', '시각소통', '기술 결과 평가' 등 일련의 공학 담론의 주제들이 상황을 존중한 상황윤리의 틀 속에서 다뤄질 것이다. 마지막 후기에서는 실천윤리의 정신이 오랜 동안 가려진 이유를 '열린 역사의 두려움'이라는 은유에 기대어 진단할 것이다. 본문에 보충되어야 할 필요가 있다고 판단된 것들은 부록으로 덧붙였다.[1)]

이 작업 전부를 반드시 읽을 필요는 없다. 상식과 윤리에 관심을 가진 이는 도입부의 제1장, 제2부 전체와 마지막 후기를 읽으면 될 것이다. 현대 공학의 성격과 기술문명 담론에 관심을 가진 이에게는 제2부가 도움이 될 수 있을 것이다. 이 작업이 공학윤리와 연관된 수업에 사용될 경우, 제3부가 도움이 되기를 기대한다. 9개의 소주제로 구성된 부록은 독립적으로 읽어도 된다. 그런데 제3부에서 '체계적 공학윤리'의 길을 열겠다면서 정작 '공학윤리'라는 용어는 지극히 절제되어 사용된 것에 의아해 할 이도 있을 것이다. 그 이유는 다뤄진 사례 분석들이 수입된 공학윤리 교재의 내용에 비해 미흡해서가 아니다. 그러한 교재의 내용이 우리의 현실에 맞고, 또 실천윤리로서 공학윤리 담론의 성격이 만족할 만큼 규명된 상태라면, 아예 이 작업을 시작하지도 않았을 것이다.

제3부에서 펼쳐진 주제들은 분명히 공학윤리에서 다뤄질 성격을 갖췄다. 하지만, 펼쳐진 논의들이 공학윤리의 충분한 성격을 갖추기 위해서는 좀더 주제에 합당한 체계적 방법론에 근거해야 한다. 적어도 내가 바라는 '체계적 공학윤리의'의 기준에 비추어 그렇다. 그러한 체계적 공학윤리의 방법론 개발은 여기서 엄밀히 다뤄지지 않았고, 또 몇몇 기법들은 부록으로 덧붙였다가 부득이 뺄 수밖에 없었다. 아직 스케치 단계에 머물러 있는 그 기법들이 완성되어 후작으로 나올 수 있는 기회가 올지는 모르겠다. 이 작업의 목적은 단지 세상에 득이 될

---

1) 총 20개의 장에서 도입부 1장은 수정되어 2005년 『동서철학연구』에, 제1부 4장은 수정되어 2005년 『대동철학』에, 제1부 7장 일부는 수정되어 2004년 『과학철학』에, 그리고 제2부 9장은 수정되어 2005년 『범한철학』에 각각 실렸다. 이 작업의 제1부는 한국학술진흥재단의 지원을 받아 진행된 것임을 밝힌다. (KRF-2003-003-A00056).

수 있는 체계적 공학윤리가 후학에 의해 탄생하기 위한 길을 여는 데 있다.

아직까지도 우리말 쓰기에 턱없이 부족한 사람을 위해 이 작업을 윤독하는 데 도움을 준 포항공대 김우재, 류정은, 황희성, 박종훈, 정현석에게 이 자리를 빌려 고마움을 전한다. 또 미국에 거주하는 이정환은 몇몇 중요 자료를 제공해주고 용어 선택을 도와줬다. 마지막으로 이 책을 접하게 될 소수의 독자, 우울할 때 즐거움과 자극을 준 웹사이트 '과학 속의 철학, 철학 속의 과학' 가족, 나의 가족, 그리고 이 무미건조한 작업의 출판에 기꺼이 응해준 철학과현실사에게 고마움을 전한다.

차 례

[제 1 부] 공학 기술, 공학 지식 그리고 공학자

[부 록]

[도입부]

상황과 윤리

1장 규범과 상황

바늘 도둑이 소 도둑 된다는 속담의 의미

'상식을 존중한 상황윤리'로서 실천윤리를 규정하고 공학 담론을 펼치기 위해서는 서양윤리학의 흐름이 먼저 언급되는 것이 좋다. 이 작업이 지향하는 최고 목적이 문제의 실천적 해결 과정 자체에 도덕적 지위를 부여하는 것이기 때문에, 규범윤리와 현대 실천윤리 전통의 흐름에 대한 윤곽이 잡혀야 할 것이다. 이 장에서는 바늘 도둑이 소 도둑 된다는 속담의 네 가지 의미를 분석함으로써 근대 이후 규범윤리 전통이 확실성 추구의 시대정신 속에 정착했음을 살펴본다.

1. 네 가지 대답

어른들은 바늘 도둑이 소 도둑 된다고 아이들을 타이른다. 이 속담의 진정한 의미는 무엇일까? 사람의 본성은 그대로인데 다만 나쁜 습관에 길들여졌다는 의미인가? 아니면 나쁜 짓이 진짜 사람의 본성을 나쁘게 만든다는 의미인가? 이러한 질문 속에는 합리성과 인간 도덕성에 대한 여러 관점이 담겨 있다. 크게는 합리적인 것과 도덕적인 것을 구분하는 이분법의 관점과 그렇지 않은 관점으로 나뉘며, 각 관점에 대해 두 가지 서로 다른 대답이 가능하다. 먼저 합리적인 것과 도덕적인 것을 구분하는 관점에 대한 두 대답을 살펴보자.

첫째, 바늘 도둑은 여러 번 도둑질을 하였지만 운 좋게 걸리지 않았다. 계속 운이 따르자 그는 은행을 털기로 결심한다. 합리적이라는 것을 목적 자체가 아니라 목적 달성과 연관짓는다면, 그의 결심은 비합리적이지 않다. 그의 은행털이 계획이 성공적으로 끝난다면, 그 계획이 합리적이었다는 그의 생각은 정당화된다. 그의 도둑질에는 계속 운이 따랐다. 그 결과 그의 인생에서 도덕적이라는 것은 가치를 잃어버렸다.

둘째, 도둑질에 운이 따름으로써 바늘 도둑은 도덕적인 행위에 불감증을 갖게 되었다. 이러한 그의 도덕적 불감증은 일종의 나쁜 습관으로 보아야 한다. 결코 그의 도덕성 자체가 파괴된 것은 아니다.

이 두 대답은 합리적인 것과 도덕적인 것의 이분법을 전제하고 있다. 이 전제를 인정하는 사람은 합리적인 것은 어디까지나 개인이 세운 목적 달성과 관련된다고 본다. 합리적 선택의 정당화는 도덕적 정당화와 다르고, 바늘 도둑의 예는 합리적 선택의 논리적 정당화가 불가능함을 보여준다. 그 선택은 어디까지나 선택의 결과, 곧 목적 달성의 성패에 좌우되기 때문이다. 바늘 도둑이 은행을 털다가 잡힌다면, 그 선택은 잘못된 것으로 끝난다. 고갱이 그림을 그리기 위해 처자식을 버리고 타이티로 향했을 때의 이유 자체가 실제 그 선택의 합리성을 결정하는 것은 아니다.[1] 물론 이러한 주장에 담긴 합리성 개념은 전통적인 것이다. 행위 및 선택의 시점이 아닌 결과에 의해 판가름 나는 합리성의 개념은 '실수'를 포함하지 않는다. 18세기를 거쳐 계몽주의 시대에 이르러 합리적 능력은 일반적으로 계산(calculus)을 뜻했다. 목적 달성에 운과 불운이 개입할 수 있기 때문에, 실천 영역에서 순수한 의미의 합리적 정당화라는 것은 어렵다. 반면에 합리적인 것과 도덕적인 것을 구별하는 전통에서 도덕적인 것의 정당화는 운과 같은 요인과 무관하다고 여겨졌다. 도덕적 정당화에는 운 혹은 불운과 같은 상황적 요인이 개입하지 않는다는 것이다. 네가 재벌의 아들로 태어나지 않은 것도 일종의 불운이다. 네가 영화배우의 미모를 갖추지 못한 것도 일종의 불운이다. 네가 조절할 수 없는 모든 불운은 너의

1) Williams, B.(1993).

도덕성과 아무런 관계가 없다.

개인의 조절 영역에 포함되지 않는 운과 불운들이 개인의 인생에 영향을 준다. 첫째 대답은 도덕적이라는 것이 결코 합리적인 것보다 우선하는 가치가 아니라고 주장한다. 운과 불운에 좌우되는 선택에서 도덕적 가치가 가장 높게 평가되는 것은 비현실적이다. 이런 주장을 하는 사람은 인간 본성으로서 도덕성을 논하는 것 자체에 회의적이다. 은행 강도가 된 바늘 도둑의 예에 대한 둘째 대답은 다르다. 도둑질이 비도덕적이라는 정당화는 그가 도둑질을 선택한 그 어떤 상황과도 무관하다. 도둑질에서 뒤따르는 운은 다만 그를 도덕적 불감증에 걸리게 한 것이다. 도둑질은 일종의 나쁜 습관과 같다. 나쁜 습관에 의해 도덕성이 파괴될 이유는 없다.

나는 상황윤리의 필요성을 강조할 것인데, 사람들은 종종 동양의 윤리를 '상황윤리'로 분류한다. 물론 동양에는 서양 전통에 의존한 합리성 혹은 도덕성에 직접 대응하는 개념이 없다. 서양의 경우도 그러한 개념은 고정된 것이 아니다. 개별적인 개념의 내용적 측면을 무시한다면, 합리적인 것과 도덕적인 것 사이의 관계를 둘러싼 논쟁과 유사한 것이 동양에도 있다. 대표적 실례가 성리학의 사단칠정론(四端七情論)이다. 이 논쟁의 두 중심축인 율곡과 퇴계의 생각에서 나타나는 차이의 핵심만 살펴보자.

율곡이 말한 도심(道心)은 우주의 도덕적 원리, 곧 이(理)가 인간 마음에 구현된 것이다. 사단, 곧 측은지심이라는 것은 도심의 영역에 해당한다. 인심(人心)은 칠정, 곧 일곱 가지 감정의 영역에 해당하는 것으로서 도덕적 의미에서 좋을 수도 있고 나쁠 수도 있다. 도덕적 의미에서 좋다는 것은 선택에서 타인을 고려할 수 있는 양심 및 판단이 동원된다는 것이다. 율곡의 주장은 도심이 인심이 될 수도 있고, 인심이 도심이 될 수도 있다는 것이다. 도심은 인심의 선한 측면일 뿐, 인심과 도심이 서로 독립된 마음의 두 측면은 아니다. 이러한 율곡의 생각을 서양 전통의 관점에서 해석하면, 합리적인 것과 도덕적인 것을 분리하여 보지 않겠다는 것이다. 율곡은 바늘 도둑이 소 도둑 된다는 속담에 대한 첫째와 둘째 대답의 틀에서 벗어나 있다. 반면에 퇴계는 기본적으로 사단과 칠정이 다른 뿌리, 곧 이(理)와 기(氣)에 기인한다고 여겼다. 퇴계에게 도심은 인심의 선한 측면으로만 여겨질 수 없다. 퇴계는 서양 윤리학 전통에서 합리적인 것과 도덕적인 것을 구분하는 이분법의 관점을 지향했다. 퇴계의 입장에서 볼 때 그는 둘째 대답을 옹호할 것이다. 운과 불운이 개입하는 현실적 선택에 의해 도덕성 자체가 파괴되는 것이 아니기 때문에, 그는 도덕적 가치가 여전히 최고의 가치라고 주장할 것이다.

합리적인 것이 도덕적인 것으로 평가되지 않는 경우는 일상생활에서 자주 발견된다. 이로부터 그 둘의 이분법이 성립한다는 확실한 증거는 없다. 하나의 상황을 가정해보자.

> 공학자 E는 최근에 시판되어 인기 절정을 누리고 있는 자동차의 결함을 발견했다. 급발진을 일으킬 수 있는 그 결함이 사고로 직접 이어질 가능성은 높지 않다. E는 그와 친한 경영진의 상사에게 이 사실을 털어놓았다. 상사는 이러이러한 문제로 리콜(recall)을 당장 시행하기에는 무리라면서 한 달의 기간을 달라고 E에게 부탁했다. 새로운 자동차 디자인의 핵심 인원인 E는 고민에 빠졌다. 결국 그는 상사의 의견에 동의하기로 했다.

이후 한 달 동안 여러 인명 피해가 났다고 하자. 목적 달성의 관점에서 합리성을 바라보는 경우에도 의견이 나뉜다. 인명 피해를 피하는 것도 목적이지만, E에게는 직장에서 자신의 위치를 유지하는 것도 목적이기 때문이다. E의 결정은 이러한 두 목적을 동시에 지향한 것이다. 합리적인 것과 도덕적인 것을 구분하는 사람은 E를 어떻게 평가할까? 인명 피해를 피하려는 목적은 도덕적으로 정당화될 수 있지만, 그의 결정은 아니다. 반면에 이런 대답도 가능하다. 누구나 E의 상황이라면 어쩔 수 없었을 것이다. 그의 결정을 무조건 비도덕적이라고 비난할 수는 없다. 도덕적이라는 것은 합리적 판단의 좋다고 여겨지는 측면일 뿐이다. E의 고민은 그의 선택에서 양심을 반영한다. 행위의 도덕적 평가가 선택 상황 속의 다른 행위자에게 좌우된다는 점을 무조건 무시할 수는 없다. 선택 상황과 무관한 절대적인 도덕적 정당화라는 것은 없다고 하자. 도덕적인 것은 합리적인 것의 선한 측면일 뿐이다. 이 경우 운과 불운은 도덕적인 것 혹은 합리적인 것의 선한 측면에 영향을 미치는가? 바늘 도둑에 대한 첫째와 둘째 대답과는 다른 두 대답이 가능하다.

셋째, 선택의 도덕적 평가에서 개인의 성향, 기질, 능력, 교육 및 작업환경에 영향을 미치는 상황적 요인들을 배제할 수 없다. 바늘 도둑이 소도둑이 된 과정은 도덕적 담론에서 무시될 수 없다. 조직체계에 충성을 해야 하는 공학자 직업의 특수성을 고려한다면, 공학자 E의 결정을 무조건 비도덕적이라고 비난할 수는 없다. 도덕적 담론은 상황과 행위자를 배제한 논리적 정당화 작업이 아니다.

넷째, 합리적인 것과 도덕적인 것을 완전히 구분하여 논하는 것은 잘못이다. 그렇다고 하여 도덕적 기준이 상황에 좌우된다는 입장은 성립하지 않는다. 셋째 대답에 의하면 윤리학은 개연론(probabilism)에 빠질 수밖에 없다. 확실한 것은 없기 때문에, 도덕적 회의론(moral skeptici- sm)만이 살아남는다. 아니면 과거의 모범 사례 혹은 군자의 언행을 따르는 수밖에 없고, 오류를 허락하는 이러한 방식은 비합리적인 것이다. 도덕적인 것이 합리적 선택의 좋은 측면임을 인정하더라도, 비합리적인 결과를 낳는 셋째 대답은 부정되어야 한다. 특수한 상황에서 발견 가능한 도덕적 기준은 있으며, 이러한 도덕적 기준은 유사한 모든 상황에 보편적으로 적용된다. 윤리학은 이 점을 지향한다.

앞서 살펴본 첫째와 둘째 대답과는 다른 관점을 갖는 셋째와 넷째 대답은 합리적인 것과 도덕적인 것의 이분법적인 구분을 부정한다. 하지만, 첫째 대답과 둘째 대답 사이에 가로놓여 있는 비대칭성은 셋째와 넷째 대답도 관통한다. 첫째 대답처럼 셋째 대답은 운과 불운을 도덕적 평가에서 배제하지 않는 반면, 둘째와 넷째 대답은 운과 불운을 도덕적 평가에서 고려하지 않는다. 만약 스스로 제어 불가능한 운과 불운이 도덕적 판단 및 행위에 영향을 미친다면, 도대체 어떤 종류의 운과 불운이 그러한가? 대답하기 난감한 질문이다.2) 이러한 이유에서 셋째 대답의 반박으로서 넷째 대답은 의미가 있다.

그러나 도덕적 정당화에서 확실성의 결여가 도덕적 회의론을 필연적으로 함축하는 것은 아니다. 많은 경우 어떤 선택은 다른 선택에 비해 더욱 도덕적이라는 데 동의할 수 있다. 공학자 E가 부양할 가족을 가진 경우와 미혼인 경우를 비교하자. 상사의 요구에 응한 그의 결정은 후자보다는 전자의 경우가 도덕적으로 더 이해할 만하다. 확실한 도덕적 판단이 불가능할 때 모범적인 선례를 따르라. 이러한 준칙은 동서고금을 통해 오래된 것이다. 과연 모든 사람이 일방적으로 권위에 호소하여 선례를 따를까? 그렇지 않다. 사람은 각자 나름대로 기억에 저장된 단서를 바탕으로 판단한다. 판단의 단서가 불충분할 때, 권위는 개인에게 신뢰로 다가온다. 이러한 경우 모범적인 선례를 따르는 것이 비합리적으로 여겨질 이유는 없다. 넷째 대답이 셋째 대답을 완전히 부정한다는 보장은 없다.

합리적인 것과 도덕적인 것의 관계에서 바늘 도둑이 소 도둑 된다는 속담은 적어도 네 가지 대답을 갖는다.

(1) 첫째 대답은 윤리학이 가능할 수 있게 해주는 그 어떠한 공통 기반도 부정하는 것이다.

(2) 그런 기반을 동기에서 찾든 아니면 복지와 같은 사회 상태에서 찾든, 둘째 대답은 상황에 좌우되는 합리적 정당화와 무관한 도덕적 정당화가 가능하다는 것이다.

(3) 셋째 대답은 상황에 의존하는 도덕적 판단이 확실성의 맥락에서 다루어질 수 없다고 말한다.

---

2) Nagel, T.(1993).

(4) 도덕적 판단이 상황 의존적일지라도, 넷째 대답은 유사한 모든 상황들을 관통하는 도덕적 원리 혹은 기준이 있다는 것이다.

이 네 가지 대답 중 어느 것이 정답인지 규명하는 작업은 어렵다. 만약 윤리학 전공자와 일반인을 나눠 설문조사를 한다고 해보자. 다수의 윤리학 전공자는 둘째와 넷째 대답을 선호할 것이다. 인간 이성의 절대성을 뒤흔든 포스트모더니즘 이후의 철학자들 다수는 넷째 대답을 택할 것이다. 내 생각에는 윤리학이나 철학을 전공하지 않은 사람들은 첫째와 셋째 대답에 상당한 호감을 보일 것이다. 이러한 전문가와 일반인의 차이는 규범윤리(normative ethics)에 대한 태도의 차이에서 기인한다. 일반인들은 규범윤리라는 것을 비현실적으로 여길 것이다. 이러한 소박한 대답 속에는 현실세계의 문제를 접근하는 방식의 차이가 담겨져 있다. 상식을 존중한 상황윤리로 실천윤리를 규정하고, 현실세계의 공학 담론을 펼치기 위한 첫 단추를 잘 꿰기 위해서는 그 차이를 짚어봐야 한다.

2. 성직자의 두 갈래 길과 규범윤리

조선시대 여류 시인이자 기생으로 유명한 황진이는 동굴 속에서 30년간 면벽 수도를 하던 지족선사를 찾아갔다. 비에 맞아 하얀 소복에 비치는 속살 앞에 지족선사는 무너지고 만다. 금욕을 해탈의 전제로 여긴 스님이지만, 그도 욕정을 가진 인간일 뿐이라는 사실이 반영된다. 지족선사는 결국 황진이를 찾아 헤매다 죽고, 그녀는 그에 대한 미안한 감정을 시로 남긴다. 반면에 욕망에 순응하라는 내용을 닮은 선불교의 우화도 많다. 북송의 유명한 사찰 경덕사(景德寺) 앞에는 아예 기방들이 늘어서 있었다고 한다. 출가하기 전 무착(無著)이 선사의 침실에 머무는 동안, 선사의 제자 도안(道顔)이 침실에 들렀다. 무착은 발가벗은 채 침상에 누워 있었다. 놀란 도안은 무착에게 물었다. "여기는 어떤 곳이냐?" 무착은 답했다. "세상의 부처들과 육대의 조사들 그리고 노화상들 모두가 다 이 속에서 나왔지요." 도안이 물었다. "노승도 좀 들어가 보아도 되겠는가?" 무착은 "이곳에는 나귀나 말은 들여놓지 않습니다"라고 답했다.3)

내용의 측면에서 서로 어울리기 힘들어 보이는 선불교의 기록들이 전해 내려온다. 이것들을 유사한 것끼리 분류하면, 선불교가 변천해온 방식을 알 수 있다. 우리에게 흥미로운 점은 계명을 해석하는 방식이다. 어떤 파는 계명을 반드시 지켜야 하는 것으로 여기는 반면, 어떤 파는 본능에 순응하는 것을 반드시 부정하지는 않는다. 이러한 차이는 규범윤리와 상황윤리의 차이를 이해하는 데 도움을 준다. 한번 상상해보자. 어떠한 상황에서도 엄격히 계명을 지켜야 한다는 파벌과 그렇지 않은 파벌이 금강산에 모여 토론을 한다. 엄격한 파벌은 무착의 언행을 있을 수 없는 일이라고 비난한다. 무착은 이렇게 반박할 것이다. 계명은 지향해야 할 어떤 것이지 결코 세상을 이렇다 저렇다 규정하는 것이 아니다. 여기서 계명이라는 원리를 이해하는 두 방식의 차이는 다음과 같다.

> 성직자의 첫째 길 : 원리는 어떠한 상황에서도 지켜져야 한다. 원리는 상황과 무관하게 선한 것과 악한 것을 구분해주는 척도다. 성직자는 그러한 원리를 지킴으로써 선을 실현하고 타인을 교화해야 한다. 사람을 죽인 행위는 원리에 어긋나는 것이며, 그 어떤 경우에도 도덕적으로 정당화될 수 없다. 현실적으로 이해할 수 있다는 것과 도덕적 정당화는 다르다.

> 성직자의 둘째 길 : 종교의 원리는 사람들을 올바르게 유도하는 일종의 권고 사항과 같다. 원리가 진리라는 것과 원리를 이 세상에 구현하는 것은 다르다. 다른 종교와 신념을 가진 사람들을 설득하기 위해 원리는 목적지로 이해되어야 하며, 목적지로 안내하는 확실한 길은 없다. 사람을 죽이지 말라는 원리는 상황과 무관하게 지켜질 수 없다. 사람을 해친 행위는 상황의 맥락에 근거해 개연적으로 판단될 수밖에 없지만, 사람을

---

3) 葛兆光(1991), 163-164쪽.

죽이지 말라는 원리는 여전히 지향되어야 하는 것이다.

성직자의 첫째 길은 규범윤리의 정신을 반영하고 있다. 둘째 길은 상황윤리와 관련된다. 전자가 확실성을 추구한다면, 후자는 상황적 개연성을 인정한다. 여기서 말하는 확실성은 일상생활에서 말하는 그것과 일치하지 않는다. 사람들은 특정 상황에서 가장 그럴듯한 선택에 확실하다는 표현을 종종 사용하지만, 성직자의 첫째 길에 함축된 확실성은 상황을 규정하는 여러 성질과 무관한 것이다. 규범윤리 속에 함축된 원리의 확실성은 상황과 무관하다는 의미에서 보편성을 지향한다. 따라서 일상적 의미의 '규범'도 규범윤리에서 말하는 '규범'과 완전히 일치하지 않는다. 일상생활에서 사람들은 일반적으로 규범을 '인사하기'와 같은 일종의 관습으로 이해한다. 상황윤리와 관련하여 관습은 갈등을 해소하기 위해 고안된 일종의 사회적 장치다. 어른에게 인사하기는 역사와 문화를 언급하지 않고서는 그럴듯하게 설명되지 않는다. 반면에 규범윤리에서 말하는 규범은 역사와 문화에 종속되지 않는 당위성을 갖는 것으로 이해되어 왔다.

불교의 동북아 전파 역사를 보면, 불교는 다른 종교 및 지배층과 융합하기 위해 성직자의 첫째 길에서 둘째 길로 변화해온 것 알 수 있다. 이 역사적 사실이 불교 자체의 융통성과 사회 정치적 영향 중 어느 쪽에 영향을 더 받았는지는 알 수 없다. 공학 담론을 상황윤리로 규정하는 데 있어 어려운 점은 상황윤리라는 것 자체가 자리 잡지 못했기 때문이다. 한국학술진흥재단의 학문분류표에도 상황윤리는 없다. 그 대신 응용윤리가 있다. 공학윤리 및 경영윤리 등은 기존 규범윤리의 응용 정도로 이해되고 있는 실정이다. 이렇게 된 원인은 불교의 교세 확장 과정과 기독교의 교세 확장 과정의 비교를 통해 드러난다.

로마 시대부터 기독교는 유럽 문화의 주축을 이룬다. 유럽 문화 내에 국한해 볼 때 기독교의 교세 확장 과정은 전파가 아닌 유지와 관련된다. 그 과정은 불교와 달리 성직자의 둘째 길에서 첫째 길로 넘어갔다. 분기점은 보통 17세기 중엽인 1648년 10월 28일 교황과 각 지역 군주 사이에 맺어진 베스트팔렌 조약(Treaty of Westphalia)으로 여겨진다. 베스트팔렌 조약은 17세기 초 교황과 여러 군주 사이에 벌어진 전쟁의 결과였다. 중세에서 르네상스 말기까지 이어졌던 교황의 권력은 각 지역 정부(state)의 군주들에게 분산된다. 베스트팔렌 조약의 내용은 "통치자의 종교가 국가의 종교다(cuius regio, eius religio)"라는 선언 아래 서술된다. 후에 국가로 발전하는 유럽 각 지역의 정부는 왕권 세습에 기초한 군주제를 채택했고, 교황은 해당 지역의 주권에 영향을 끼칠 수 없게 되었다. 군주들 사이의 무역은 서구의 국제법과 국가간 외교의 기원이 된다. 교황의 종교는 더 이상 정부의 주권 원리가 될 수 없었다. 얼핏 보면 베스트팔렌 조약 이후 유럽 사회는 중세에 비해 정치적으로 다원화된 것 같지만, 군주들의 종교가 바뀌지 않았다는 사실에 주목하자. 국가로 발전한 정부의 통치 원리가 정치 집단의 관심사에서 나온다고 할 때 그 관심사의 정당화에 동원되는 정신적 원천은 여전히 군주들의 공통 종교인 기독교였다.

정치, 종교, 학문에서 정책과 방법론은 군주의 독재성(oligarchy)과 함께 여러 측면에서 독점주의(monopoly)를 낳는다. 그 당시 정치, 종교, 학문을 관통하는 관점만이 올바른 것이고, 그 외는 배제되어야 한다. 17세기는 과학혁명의 시기로 미화된다. 물질의 운동에 관한 보편법칙이 뉴턴에 의해 얻어졌다. 뉴턴역학은 그 당시 종교적 신념 등과 부합했기 때문에 큰 권위를 가졌다. 뉴턴역학은 자비로운 창조주에 의해 설계된 우주가 법칙에 따라 안정되어 있다는 믿음을 반영한다. 태양계는 인간이 살기에 적절하게 조율되어 있다고 여겨졌다. 종교, 과학 그리고 정치 중 어느 하나를 공격하는 것은 전체를 공격하는 것이었다. 어떤 의미에서 그 세 가지는 완벽한 화성법에 의해 구성된 고전음악과 같다. 물리학의 기원인 과학혁명의 성공과 베스트팔렌 정치체제의 독재성에 기인한 독점주의는 '베스트팔렌 지식체계'를 성립시켰다. 툴민(S. Toulmin)에 의하면 '확실성 추구의 시대'라는 은유로 대표되는 17세기 이후 베스트팔렌 지식체계는 다음과 같은 성격을 갖는다.[4)]

지식의 절대적 순서와 공리체계에 바탕을 둔 연역적 방법론의 우위성 : 이론적 지식과 실천적 지식 그리고 논리학과 수사학의 구별 속에서 실천적 지식과 수사학이 이론적 지식과 논리학에 비해 열등하다는 관점이 지배적이었다. 이론적 지식은 공리체계에 바탕을 둔 연역적 방법론에 의해 구현된다. 대표적으로 유클리드 기하학의 공리체계에 따라 자연의 지식체계를 설계하려고 했던 데카르트 및 뉴턴의 이상을 들 수 있다.

예측 가능성의 보편성 : 정당화된 믿음으로서의 지식이란 보편적인 성격을 가지며, 그러한 지식에 의해 미래를 예측할 수 있다.

비맥락적 보편성 : 지식이란 어느 시대, 어느 장소, 그리고 어느 상황에서나 통용될 수 있는 그러한 것이어야 하며, 따라서 철학은 불변의 확실성을 추구해야 한다.

이러한 베스트팔렌 지식체계는 확실성을 함축하는 근대의 합리성을 대표한다. 근대의 합리성은 상황 혹은 문제 풀기 맥락에 합당하다는 일상적 의미의 '합리성'을 초월한 것이다. 서양 역사에서 베스트팔렌 지식체계의 정착은 과학과 종교의 분리를 가져온 과학의 세속화(secularization) 여정의 출발점이기도 하다.[5] 신에게 부여받은 인간의 합리적 능력만으로도 인간은 신이 설계한 자연의 구조를 수학적으로 표현할 수 있다. 이러한 사고방식에서 운동과 같은 물질의 속성을 다루는 자연학이 신학에 포섭될 이유는 없었다. 신이 자연에 각인시킨 법칙의 발견은 자연학에 속하며, 자연학은 신의 뜻을 거스를 수 없다. 세속화된 과학적 합리성의 정신과 종교적 경건주의(pietism)가 공존했고, 종교는 오직 과학이 교리에 어긋나는 방향으로 달릴 때에만 채찍을 든다.

베스트팔렌 지식체계의 정착 이후, 윤리학 또한 확실성에 근거한 근대 합리성의 개념을 따른다. 도덕적 정당화는 의심할 수 없는 혹은

4) Toulmin, S.(2001), Ch.10.

5) 과학의 세속화 여정에 대한 간략한 정리는 다음을 보라. 이상하(2004c), 276-281쪽.

스스로 자명한 원리에 근거한 합리적 추론의 형식을 갖춰야 한다. 이러한 도덕적 정당화의 성격은 윤리학이 보편법칙을 추구하는 자연학을 모방함으로써 자율적 지식체계, 곧 학문의 위치를 차지하려는 것이다. 이 점은 스피노자가 윤리학을 유클리드 기하학의 공리체계에 맞추어 구성한 사실, 그리고 독일철학의 개념적 틀을 닦은 볼프(C. Wolff)가 수학적 증명이라는 엄숙함이 결여된 윤리학의 상태를 한탄한 사실 속에서 잘 드러난다.

> "그(볼프)는 모든 철학의 지식을 (불변의) 진리체계로 만들려는 계획을 세웠다. 그러한 체계 속에서 결론들은 원리들에서 도출될 수 있어야 하며, 모든 명제들은 예증적 증거(demonstrative evidence)에 의해 다른 것으로부터 연역된 어떤 것이어야 한다."[6]

베스트팔렌 지식체계 속에서 과학과 종교의 관계는 윤리학에도 해당한다. 도덕적 정당화라는 것이 인간을 도덕적으로 만들지 않기 때문에, 신에 대한 숭배와 종교적 삶은 도덕적 삶을 위해 여전히 요청된다. 이 점은 파스칼에 의해 벌써 주장되었다. 수학자인 파스칼은 신 존재를 증명할 수 없더라도 믿는 것이 합리적이라는 논의를 펼친 것으로 유명하다. 이 논의의 목적은 불확실한 상황에서 도덕적 삶과 마음의 평화를 위해 신에 대한 종교적 귀의를 강조하려는 데 있다. 어떤 의미에서 파스칼은 경건주의의 합리적 정당화를 꾀한 것이다. 윤리학은 그 당시 자연학의 이상을 완전히 모방할 수 없었다. 물질의 속성을 다루는 자연학의 정당화에는 목적과 수단의 뚜렷한 구분이 없기 때문이다. 도덕적 정당화는 행위의 목적과 주로 관련되는데, 목적의 도덕적 정당화가 수단의 도덕적 정당화를 직접 함축하지 않으며, 역도 성립한다. 이러한 문제는 자연학의 정당화에서는 거의 대등하게 이해된

---

6) Jonsen, A. R. & Toulmin, S.(1988), 277쪽. 예증(demonstration)의 의미는 제2부에서 다루어질 것이지만, 여기서 예증은 확실한 원리에서 확실한 지식을 정의와 연역에 의해 얻는 논증으로 이해해도 무방하다.

예측 가능성과 비맥락주의의 차이를 가져왔으며, 근대적 합리성의 틀 안에서 합리적인 것과 도덕적인 것의 구분이 필요했다.

합리적인 것의 정당화는 목적 자체가 아니라 목적 달성의 과정 및 수단의 정당화와 관련된다. 이 개념은 근대 합리성 개념에서 도구적 합리성(instrumental rationality)의 파생을 가져왔다. '목적을 위한 수단으로서의 합리성'이라는 이러한 도구적 합리성 개념은 막스 베버(M. Weber)에 이르러 정점을 이룬다.[7] 제4장에서 도구적 합리성 자체보다는 도구적 합리성의 좁은 인과적 해석이 현대 공학의 제대로 된 이해를 가로막는다는 사실을 볼 것이다. 합리적 정당화가 예측 가능성의 신념에 근거해 도구적 합리성 개념을 지향한다면, 도덕적 정당화는 주로 보편적인 비맥락주의에 집착했다. 합리적 정당화와 도덕적 정당화를 구분하는 관점 속에서 규범윤리의 '절대론(absolutism)'이 정착했다. 이에 대한 비판을 통해 규범윤리의 '일반론(generalism)'이 현대에 들어와 대세를 이루게 된다.

절대론과 일반론에 대한 엄격한 정의는 불가능할 정도로 다양하다. 기본 골격만 말한다.

절대론 : 절대론은 도덕 원리를 마치 근대 과학혁명기의 자연법칙처럼 여긴다. 중력의 법칙은 우주 어느 곳에서나 동일하게 작용하며, 그것은 현상에 내재하든 아니면 초월적이든 객관적 실재성을 갖는다. 우리의 판단과 상관없이 도덕적 원리는 보편적이며 객관적이다. "거짓말 하지 마라"는 격언을 절대론의 도덕 원리로 파악할 때 그것은 심지어 외계인마저 지켜야 하는 것이다.

일반론 : 절대론에서 요구된 도덕 원리에 대한 보편성과 객관성은 너무 강하다. 방금 수술실에서 돌아온 어머니에게 "곧 죽게 됩니다"라고 솔직하게 말할 수는 없다. 절대론에서 지향하는 보편성과 객관성은 약화되어야 한다. 우리는 이렇게 말해야 한다. 이러이러한 상황에 적용되는 원리는 유사한 모든 상황에 적용된다. 또는 이러이러한 상황에서 나에게

7) Weber, M.(1988).

해당하는 원리가 도덕적 원리로 성립하려면 타인에게도 그래야 한다.

윤리학을 대학에서 배울 때 학생들은 일상경험에 비추어 쉽게 납득이 가지 않는 방식을 배운다. 그 방식은 이렇다. 윤리학의 이론은 1차 윤리학과 2차 혹은 메타윤리학으로 나뉘는데, 1차 윤리학은 도덕적 판단의 기준을 마련하는 것이다. 2차 윤리학은 그러한 기준의 정당화 작업에 속한다. 이러한 식으로 규정되는 윤리 이론의 대다수는 규범윤리에 속한다. 정당화 작업에 성공한 기준 혹은 원리는 절대론 혹은 일반론의 의미에서 보편적인 규범의 자격을 획득한다. 여러 측면에서 서로 경쟁하는 이론들, 실례로 공리주의와 의무론은 그러한 기준과 정당화 방법에 의해 구분된다. 이 구분은 도덕적 판단의 기준을 다수의 복지에 둘 것인지 아니면 동기에 둘 것인지에 따라 나뉜다. 여기서 도덕적 판단의 기준을 정당화하기 위한 여러 방법, 실례로 도덕과 관련된 용어들의 사용법 혹은 특정 행위론이 등장한다.

규범윤리를 대표하는 절대론과 일반론의 비판 작업 역시 정당화 맥락 속에서 진행되었다. 절대론에 대비해 상대론, 일반론에 대비해 개별론(particularism)이 등장했다. 상대론은 절대론에서 말하는 그런 절대적인 도덕적 원리가 없다는 것이다. 모든 상대론자가 일반론을 부정하는 것은 아니다. 개별론은 하나의 상황에서 발견된 도덕적 판단 기준의 일반화를 허락하지만, 이 경우 일반화는 규범윤리의 일반론에서 강조되는 제한적 원리의 객관성을 부정한다. 다시 말해, 도덕적 판단의 기준은 적용 상황들을 규정해주는 법칙성을 갖지는 않는다. 그런데 감히 그 누구도 '상황윤리'라는 용어를 채택하지 않는다. 왜 그럴까? 규범윤리의 정당성을 두고 벌어진 논쟁들 대다수가 도덕적 판단의 기준, 원리의 정당화 가능성 혹은 불가능성 그리고 정당화의 폭에 대한 논쟁이기 때문이다. 이러한 논쟁은 일종의 '정당화 가능성의 정당화' 혹은 '정당화 불가능성의 정당화'라는 성격을 갖는다.

현대 철학에서 일상경험을 근거로 개별론을 펼친 인물은 사르트르(J. P. Sartre)다. 전쟁 상황에서 국방의 의무를 지켜야 할지 아니면 홀로 남은 어머니를 보살펴야 할지 고민하는 아들의 상황은 두 의무가 갈등하는 경우다. 두 의무의 논리적 관계 때문이 아니라 특수한 상황이 그렇게 만든다.[8] 이러한 상황은 규범윤리의 일반론에 대비하여 사르트르 자신의 입장을 옹호하는 데 사용되었을 뿐이다. 사르트르는 갈등 상황을 어떻게 중재할 것인지에 대해 심각하게 고민하지 않았다. 상황윤리 하면 신학자 플레처(J. Fletcher)를 떠올리는 사람들이 있을 것이다.[9] 이 작업에서 펼쳐질 '상식을 존중한 상황윤리'는 플레처의 텍스트 속에서 제대로 다뤄질 수 없다. 기독교적 혹은 아가페적 사랑을 구현하는 방식이 다양하다는 정도의 상황윤리는 현실세계 속의 공학 담론에서는 무기력하다.

여러 이질적인 지식 분과, 그 중에서도 공학과 관련된 다양한 관심들의 갈등 상황을 중재하는 방법론은 어떤 것일까? 문제 해결의 만족 수준을 찾아내는 데 상황 분석은 어떻게 이루어져야 할까? 공학자가 양심껏 조직체계의 준수사항을 넘어 자발적으로 행동할 수 있으려면, 어떤 차원에서 어떤 조건이 갖추어져야 할까? 이러한 문제들과 함께 공학윤리에서 '상황'이 강조되지만, 그 누구도 왜 그렇게 강조되어야만 하는가에 대해서 명백한 이유를 제공하지 못했다. 나의 작업은 그러한 하나의 소박한 이유를 제공하는 것이다. 서양 윤리학 역사에서도 플레처에게 상황윤리의 아버지라는 명칭을 붙이는 것은 잘못이다. 실제 나의 작업에 도움을 준 것은 과거 서양의 결의법(casuistry)과 동양의 관습윤리 전통이다.

3. 상황, 중재 그리고 방패

규범윤리의 절대론은 바늘 도둑이 소 도둑 된다는 속담과 연관된 둘째 대답 속에 반영되어 있다. 둘째 대답은 도덕적인 것을 상황과 무관한 절대적인 것으로 파악하라고 우리에게 요청하기 때문이다. 넷째

8) Sartre, J. P.(1956).

9) Fletcher, J.(1966).

대답의 핵심은 이렇다. 합리적인 것과 도덕적인 것의 이분법을 거부하더라도, 하나의 상황에서 발견된 도덕적 원리는 유사한 모든 상황에도 보편적으로 적용되어야 한다는 법칙성을 갖는다. 규범윤리의 일반론은 이러한 넷째 대답과 동일선상에 서 있다. 규범윤리가 보편적 확실성을 추구한다면, 상황윤리는 상황의 특수성에 기인한 개연성을 인정한다. 이 점을 규범윤리와 상황윤리의 핵심적 차이로 본다면, 상황윤리의 정신은 셋째 대답 속에 반영되어 있다. 셋째 대답은 상황에 의존하는 도덕적 판단은 확실성의 맥락에서 다루어질 수 없음을 함축하기 때문이다. 첫째 대답은 윤리학의 가능성에 대한 그 어떠한 공통 기반도 거부하는 경향을 띠기 때문에 상황윤리의 정신을 품에 안을 수 없다.

셋째 대답은 둘째와 넷째 대답의 경쟁자 혹은 대안으로 불릴 정도로 발달하지 못했다. 셋째 대답은 현대 윤리학에서 주목받지 못했고, 그 결과 상황윤리의 접근 방식에 대한 일정 수준의 동의가 없는 상태다. 이러이러한 현실의 문제 때문에 기존의 규범윤리는 한계가 있고 상황윤리가 필요하다는 식의 논거는 일종의 화두에 불과하다. 그런 문제들을 분류하고 어떤 성격을 갖는지, 그리고 문제 해결에서 '상황'의 역할은 무엇인지가 규명되어야 한다. 생명의료윤리와 공학 담론의 성격상 차이는 문제 해결에서 '상황'을 접근하는 방식의 차이로 나타날 수 있다. 이러한 차이마저 포섭할 수 있는 상황윤리라는 것이 가능할까? 이 문제는 이 하나의 작업 속에서 충분히 대답될 수 있는 것이 아니다. 규범윤리에 대비된 실천윤리의 정신 속에서 상황윤리로서 공학윤리를 규정하는 작업에는 과거 윤리학의 두 전통이 도움을 줄 것이다.

먼저 살펴볼 전통은 베스트팔렌 지식체계의 지배 속에서 이단으로 몰린 결의법이다. '결의법'은 'casuistry'를 번역한 것이다. 이 번역에서 '결의'는 원래 'casuistry'의 의미를 왜곡시킬 수 있다. 교세 확장에 눈먼 일부 천박한 성직자들은 결의법을 매사에 규칙을 만들고 엄격하게 적용하는 이론처럼 과장시킨 후 사람들에게 경건주의를 주입시킨다.[10] 그러면서 그들은 중세를 거쳐 특정 종교개혁의 역사적 중요성을 강조한다. 이러한 강조 속에서 결의법은 규칙 사용의 엄격주의 혹은 모든 문제를 규칙 개발에 호소하는 사유방식으로 오해된다. 세상을 신에 대한 숭배로 채우려는 천박한 성직자들은 그들의 종교 역사에 무지하거나 비양심적이다. 결의법은 '양심적 판단의 사례를 열거하는 것', '복잡한 도덕적 문제를 개인의 양심에 따라 해결하는 기예' 혹은 '그런 문제에 대해 가장 그럴듯한 해결안을 찾는 발견법'을 뜻한다. 따라서 결의법에 등장하는 용어 결의(resolution)는 '양심에 따른 선택으로서의 결심' 혹은 '중재로서의 문제 해결'을 뜻한다. 결의는 문제 해결에 도움을 주는 일종의 권고 사항이기 때문에 결코 '따라야만 하는 규칙'으로 이해되어서는 안 된다.[11]

양심에 따른 선택이 반드시 공감할 수 있는 결론을 산출하는 것은 아니다. 공감할 수 있다는 것이 시대와 장소를 초월할 수도 없다. 현재의 시각에서 볼 때 터무니없는 결의법의 결론들도 많다. 실례로 고문을 정당화하는 논의들이 있는데, 우리는 그런 논의들을 그 시대의 관점에서 이해해야 한다. 베스트팔렌 지식체계의 성립 이후 결의법이 윤리학에 속하지 않았기 때문에, 사례 연구를 중시하는 현재 윤리 담론의 경향이 마치 새로운 경향처럼 과장되기 쉽다. 규범윤리의 한계를 지적하면서 탄생한 것처럼 종종 서술되는 현대 실천윤리는 전통의 재발견일 뿐이다. 서양 윤리학의 실제 대세는 이론적 영역의 규범윤리와 거리를 둔 결의법 속에 담긴 실천 정신이었다. 중세 기독교 전통의 결의법은 적어도 세 문화의 합성이다. 그것은 고대 그리스 사상의 여러 관점들, 로마법의 재판 관행 및 유대교 랍비들의 논쟁사의 결합이었다.[12] 기독교 전통의 결의법은 예수회(Jesuits) 전통 속에서 체계

10) 주의 깊은 독자는 이 사실을 인터넷 검색 결과만 가지고도 파악할 수 있다.

11) 철학에서 'casuistry'는 '결의론'으로 번역된다. '결의법'은 신학 쪽에서 주로 사용된다. 결의론 대신 결의법을 채택한 이유는 이렇다. 결의법은 철학보다 신학, 법학 그리고 법철학에서 먼저 주목을 받았다. 또한 결의법은 제2장에서 다뤄질 철학적 추론에 종속되지 않는 논증 및 갈등 해결의 기예로서 이해되어야 한다.

적으로 발달하였다. 16-17세기는 여러 형태의 종교개혁 운동을 거친 후였다. 구교와 신교의 갈등, 교황과 왕권의 대립 그리고 지역 정부 사이의 경제적 교류의 활성화 등은 그 당시 복잡한 상황을 보여준다. 이러한 상황에서 갈등의 중재자로 나선 집단이 예수회다.[13] 정치적으로 예수회는 그 당시 붕괴 위기에 있던 교황 세력과 다른 집단 사이의 중재자로 볼 수 있다. 현실의 상황은 항상 복잡하다. 하나의 상황 속에서 여러 이념이 갈등한다. 상황은 특정 이념에 종속될 그러한 것이 아니라 인간을 가르쳐주는 실재로서의 교과서이다. 이 점은 예수회가 중세 사상가들로부터 이어받은 것이다.

베스트팔렌 지식체계 속에서 명맥을 이어간 결의법은 더 이상 학문으로 취급받지 못했다. 결의법에서 원리는 올바른 판단을 연역적으로 도출해주는 공리(axioms)와 같은 것이 아니다. 그것은 특정 상황 속에서만 유효하고 제대로 이해될 수 있는 일종의 선택과 판단을 위한 권고 사항, 곧 준칙(maxim)이다. 준칙과 상황은 분리될 수 없으며, 준칙은 상황을 규정하는 특징들에 의해서 이해된다. 그러한 특징들로서 '행위자의 성격', '행위의 목적', '시점', '장소', '동기' 그리고 '행위 수단 및 방식'이 열거된다. 패러다임은 특정 준칙이 명백하게 해당하는 상황들로 이루어진 사례(case)들이다. 사례들의 유비에 의해 해당 준칙의 유효성이 결정된다. 그런 준칙이 허용된 상황에 다른 요인이 부과될수록 상황은 복잡해진다. 결국 복잡한 특정 상황은 주어진 준칙의 유효성을 제한한다. 그럴듯한 준칙을 발견할 수 없다면, 개연적 판단으로서 의견(opinion)에 따라야 한다. 어떤 경우에는 권위에 호소할 수밖에 없다. 따라서 결의법은 패러다임과 유비에 근거한 행위 및 선택의 합당한 해결법과 같고, 끊임없는 패러다임의 경험적 축적이

---

12) Jonsen, A. R. & Toulmin, S.(1988), 47쪽.

13) 예수회는 1534년 스페인 귀족인 로욜라의 이그나티우스(Ignatius of Loyola)에 의해 설립되었다. 17세기 초에 이르러 예수회는 유럽 전역에 372개의 대학을 소유한다. 중국 및 동북아에서 활동한 당시의 선교사들 또한 다수가 예수회 소속이다.

요청된다. 관습법 전통에서 판례의 축적을 중요시하는 이유가 여기에 있다.

일상생활의 많은 속담은 결의법의 준칙과 유사하다. 다만 결의법이 기독교라는 종교 전통을 벗어날 수 없었기 때문에, 결의법에서 준칙은 기독교 이념을 지향하는 것이어야 했다. 이 점을 제외한다면 다음 공학자의 판단은 도덕적으로 현명하며 합당한 것이다.

모 기업의 신출내기 공학자 A는 새로운 핸드폰 개발을 위한 다국적 연구 계획에 참가했다. 첫 번째 디자인이 끝나고 실용성 및 안전 테스트에 들어갔다. A가 이러이러한 기존의 테스트 방식을 따르려고 하자 다른 나라 공학자 B가 반대를 했다. B는 오랜 경험을 가진 공학자다. B의 이유를 들은 A는 B가 제안한 새로운 테스트 방식을 채택하기로 했다. A가 이 사실을 회사의 경영진에게 알리려고 하자 B가 반대를 하면서 이렇게 말한다. "지금과 같은 조직체계에서 경영진들에게 알린다면 오히려 역효과가 난다네. 그들은 공학 지식이 개입한 이러한 현실적 상황을 도저히 이해할 수 없어. 그냥 우리끼리 조용히 해결하는 것이 가장 좋은 선택이야."[14] A는 B의 의견을 따르기로 결정했다.

규범윤리와 구별되는 결의법의 가장 두드러진 특징은 개연성이다. 공학자 A의 결정은 두 가지 종류의 개연성을 보여준다. 내재적 논의(intrinsic arguments)에 바탕을 둔 것과 정보가 부족할 때 제3자의 의견 혹은 과거 사례의 권위에 호소하는 것, 곧 외재적 권위(extrinsic authorities)가 있다.[15] 나는 이 두 종류의 개연성에 대해 '중재'와 '방패'라는 은유를 사용할 것이다.

중재 : 공학자 A는 특정 연구개발에 대한 준수사항을 알고 있다. 이러한 준수사항은 일종의 준칙과 같은 것이다. 서양 결의법에서 준칙이 기독교 이념의 구현을 지향한다면, 공학자의 준수사항은 책임, 안전 및 숙

14) 이 보기는 실제 국내 공학자가 겪었던 현장 체험에 바탕을 두었다.

15) Jonsen, A. R. & Toulmin, S.(1988), 254쪽.

련된 능력과 같은 공학의 미덕을 지향한다. 새로운 핸드폰 연구개발에 끼어든 변수들로 인해 기존의 준수사항의 효력은 의심을 받는다. A는 그러한 변수들과 연관된 자료들을 가지고 B의 의견을 평가한다. A의 지식과 과거 경험의 기억이 그 평가에 개입한다. B의 의견은 공학의 미덕을 실천하는 데 효과적인 것으로서 설득력을 갖는다.

방패 : A는 기존의 연구개발과 관련된 준수사항이 새로운 상황에서 제대로 효력을 발휘할지 의심한다. A는 자신의 지식과 경험을 바탕으로 B의 의견을 정확히 평가할 수 없다. A는 책임, 안전 및 능력으로 대표되는 공학의 미덕이 실현되기를 원한다. A는 B가 양심적이고 능숙한 공학자라고 확신한다. A는 B의 의견이 자신의 공학에 대한 이상을 지켜줄 방패이기를 희망한다.

현실세계 속의 문제 풀기 기예의 일종으로서 중재는 수사학의 정신을 따른다. 하나의 주장이 어떤 데이터에 근거하고 그리고 그 데이터에 의해 어떻게 지원받는지를 보임으로써 구체적 상황 속에서 그 주장에 대한 설득력을 보이는 것이 수사학의 목적이다.[16] 지금 사람들이 이해하는 것처럼 설득의 분위기만 자아내는 기술은 원래 수사학이 아니었다. 수사학은 문제의 상황 속에서 개연적이지만 합당한 결정을 끌어내는 기예이다. 이러한 상황 속의 합당함은 베스트팔렌 지식체계 속에서는 합리적 정당화로 여겨지지 않았다. 규범윤리에서 특정 결론의 전형적인 정당화는 보편적인 원리에서 연역됨을 보이는 것이다. 사례들의 유비를 통해 특정 준칙의 한계를 지적하고 개연적인 결론을 상정하는 것은 결코 도덕적 정당화로 여겨지지 않았다. 방패의 은유 속에 나타나는 권위에 대한 호소는 아예 비합리적이라고 여겨졌다.[17]

규범윤리와 결의법의 대비는 아리스토텔레스 이후 지속된 이론적인 것과 실천적인 것의 구분에 대응한다. 이론적인 것은 현실의 상황적

16) Toulmin, S.(2001), 168쪽.

17) 권위에 호소한 결론을 오류 유형으로 규정하고 비합리적인 것으로 가르쳐지는 관행은 정통 오류론에서도 허용되지 않는다. 이에 대해서는 다음을 보라. 이상하(2004a).

조건들을 제거하여 이상화(idealization)되고 비시제적(atempo- ral)이며 필연적(necessary)이어야 한다. 반면에 실천적인 것은 항상 구체적(concrete)이고 시간에 좌우되며, 곧 일시적(temporal)이며 잠정적(presumptive)인 것이다. 추상적이지만 자명한 유클리드의 공리체계, 추론 형식과 연관된 논리학 그리고 종 불변의 본질(essence)에 근거한 자연학이 이론적인 것을 대표하여 왔다. 과학사는 이 세 주류의 이론적인 것에 치명타를 가한 일련의 사건들을 포함한다. 비유클리드 기하학의 출현, 내용을 초월한 추론 형식에 인간 지능이 둔감하다는 사실을 밝혀낸 진화심리학, 그리고 종 불변성의 신념을 붕괴시킨 진화론의 등장을 들 수 있다. 이러한 과학사의 여정이 어떻게 상황과 시간을 초월한 근대 합리성을 위협했는가는 이 작업의 주제가 아니다. 중요한 질문은 이렇다. 이론적인 것과 실천적인 것을 구분한 아리스토텔레스는 정말 '이론적 합리성'과 '실천적 합리성'을 별개의 것으로 보았는가? 아니면 인간의 합리적 능력의 발휘에서 서로 분리되어 작용하지 않지만 구분지어 말할 수 있는 두 측면을 뜻하는 것일까? 이러한 물음 또한 이 작업에서 건드릴 수 없다. 한 가지는 분명하다. 아리스토텔레스는 윤리학을 결코 이론적 영역에 속하는 것으로 보지 않았다.

아리스토텔레스의 『니코마코스 윤리학』에는 인간관계에 대한 여러 상황적 규정 방식이 나타나는데, 그러한 규정은 '행위자의 성격', '행위의 목적', '시점', '장소', '동기' 그리고 '행위 수단 및 방식'이라는 상황적 요인에 좌우된다. 돈의 효용 가치와 관련해 어른들의 우정은 효용을 촉진하는 상호관계가 단절된 상황 속에서 쉽게 끝나버리고 만다.[18] 어른이 된 형제가 우애를 지속하려면, 형제간에 거액의 돈 거래가 없는 것이 좋다. 이러한 결론은 모든 사람과 상황에 보편적으로 적용되지는 않지만, 사람들이 따를 일반 지식(common knowledge)으로서는 나무랄 데가 없다. 이러한 일반 지식으로서의 준칙은 사람들의

18) Aristoteles, *Nicomachean Ethics* VIII.

선택과 행위에 도움을 주지만 항상 그렇지 않다는 점에서 잠정적이다. 무능력한 형이 경제적 어려움에 처했을 때에는 거액의 사업 자금을 빌려주는 것보다는 생활비를 대주는 것이 현명하다. 이런 식으로 결론을 유도해내거나 타인을 설득하는 방식으로서의 수사학은 아리스토텔레스에게 논리학과 윤리학의 결합이었다. 윤리학이 행위의 일반 지식 혹은 준칙을 제공해준다면, 수사학은 준칙이 매끄럽게 적용되지 않는 상황 속에서 삼단논법에 근거해 개연적인 판단을 이끌어낸다. 삼단논법이 합당한 논증의 추론 형식을 다룬다면, 논증의 각 단계는 구체적인 상황과 연관된다. 우리가 삼단논법의 적용 범위 및 유효성에 매달릴 필요는 없다. 중요한 것은 추론의 형식이 합당한 논증 구성의 한 측면일 뿐이지 논증의 합당성 자체를 결정하는 것은 아니라는 점이다.[19)]

아리스토텔레스가 윤리학은 이론적 영역에 속할 수 없다고 단언할 때 그는 인간사에는 자연사의 그것처럼 본질이 없다고 말하는 것이다. 종과 개체 그리고 종과 유(類) 사이의 관계를 따지는 동물학의 이상은 불변의 지식을 지향한다는 점에서 이론적 지식체계에 속하지만, 윤리학은 아니다. 선택과 행위는 상황에 좌우될 수밖에 없다. 논증의 합당성은 논리적 무모순성(logical consistency)과 같은 형식을 지켜야 하지만, 논증의 추론관계를 결정하는 것은 형식이 아니라 내용이다. 불변의 보편적인 것으로 여겨지는 수학의 진술들 사이에는 필연적 추론관계가 성립하지만, 직접적인 경험에 바탕을 둔 진술들 사이의 관계는 아니다. 백화점에서 사온 삼겹살이기 때문에 안전하다는 결론은 경험에 근거한 것이며 예외를 허락한다는 점에서 잠정적일 수밖에 없다. 실천적 학문으로서 윤리학을 규정하는 아리스토텔레스의 정신은 윤리학에서 상황을 무시하는 시대정신과 함께 시든 것이다.

아리스토텔레스에게 수사학적 논증의 결론은 상황에 합당한 개연적인 권고 사항의 일종으로서 사람들을 특정 행위로 유도하는 기능을

---

19) 이상하(2004b), 386-388쪽. 아리스토텔레스의 논증과 추론의 관계에 대해서는 제2부 제9장에서 좀더 자세히 설명된다.

한다. 결론은 준칙에 의존하고, 준칙은 특정 상황들을 대표하는 전형적인 사례(paradeigmata)에 의존한다.[20] 근대의 합리성 개념은 상항과 무관하기 때문에 이상적인 예측 가능성과 결부된다. 실제 인간은 미래를 정확히 예측할 수 없다. 현실세계 속의 예측은 의사의 잠정적 처방과 유사하다. 의사가 과거 경험을 바탕으로 병을 진단하고 처방하듯이, 윤리적 판단도 마찬가지다. 도덕적 판단에서 현명함이란 경험 없이는 불가능하다.

> "젊은이는 기하학, 수학 혹은 다른 유사한 지식의 분과에서 전문가일 수 있다. (그러나) 실천적 지혜(phronesis)는 경험에 근거한 구체적인 사례들의 지식을 요구한다. 경험이 여러 해의 결실이기 때문에, 실천적 지혜는 젊은이들이 소유하지 못한 것이다."[21]

위의 인용은 여러 관심사가 개입된 집단적 의사결정을 요구하는 현대 사회에 들어맞지 않는다. 하지만, 일상생활에서 도덕적 판단은 경험을 초월할 수 없다는 상식을 반영한다. 이러한 상식은 동양의 윤리학 전통에도 반영되어 있다. 아니, 내 눈에는 동양에 아예 서양적 의미의 규범윤리 전통이 없었다고 보인다. 유교의 예(禮)에 '규범'이라는 용어가 종종 적용되지만, 예는 결코 상황과 무관한 것 혹은 상황을 초월한 보편적인 것이 아니다. 『논어(論語)』의 양화(陽貨) 21편을 보면 공자는 상황적 어려움 때문에 3년상을 거부하는 사대부의 제안을 표면적으로 받아들인다. 팔일(八佾) 9편에서는 예의 시대적 변천 가능성이 언급된다. 예의 상황 의존성의 강조는 『논어』 곳곳에 등장한다. 『논어』에 등장하는 예가 과연 서양 결의법의 중재와 방패 중 어디에 해당하는지를 묻는 것은 흥미롭다. 나는 방패에 한 표를 던진다. 서양 결의법은 기독교 이념 구현을 지향하는 반면에, 유교는 인(仁)이다. 인은 또 행위의 근원적 심성으로 여겨졌고, 성인은 아마도 즉각적

20) Aristoteles, *Rhetoric* II.

21) Aristoteles, *Rhetoric* I,1,1355b15.

으로 상황에 적합한 행위를 할 것이다. 이러한 생각은 인간이 하늘과 서로 영향을 주고받는다는 고대 인간관, 곧 환경과의 관계 속에서만 이해되는 인간관에 기인했다. 환경은 인간의 사고에 비추어져 해석되는 자연의 다른 편이 아니라 인간과 감응하여 자연을 이루는 것이다.[22] 도덕적 행위는 유비에 의한 판단 및 상황 분석을 매개로 가능한 것이 아니라 즉각적 감응의 일종인 감정에서 기인한다. 맹자는 우물 속에 빠진 아이를 볼 때 구하고 싶어하는 사람의 즉각적인 동기를 강조한다. 인간을 도덕적 동물로 규정하기 위해 중요한 것은 제때에 제대로 행위할 수 있게 해주는 심성을 길러주는 것이며, 이를 위한 일종의 관습이 예이다.

정치적으로 예가 사대부의 지배논리를 강화시키기 위해 고안되었다는 반논어적 해석은 또 다른 문제다. 중요한 것은 관습으로서 예가 인의 방패가 된다는 점이다. 이러한 방패의 은유는 중재가 불가능할 때 제3의 권위에 호소하는 방패의 은유보다 훨씬 포괄적이다. 특정 예(禮)가 적용되지 않는 상황은 예로서 인의 완전한 구현이 불가능함을 함축할 뿐이다. 그러한 예외 상황이 인을 보호하겠다는 예의 방패 기능을 부정하지는 않는다. 미덕을 담은 관습은 예외 상황이 빈번하지 않다면 지속된다. 예 또한 마찬가지다. 이러한 예의 관점 속에서 동양의 윤리학은 정치적 이념을 제공하는 동시에 서양 결의법과는 다른 모습을 갖춘 듯하다. 실제 상황의 유사성에 대한 분석을 통해 준칙을 찾고 그러한 상황과 준칙의 관계가 행위 및 판단의 모범 사례로 자리 잡는 서양의 결의법과 비교해, 유교의 한 측면은 실천적 영역에서 관습윤리로서 이해될 수 있다. 이렇게 이해된 유교의 관습윤리의 측면은 상황의 특수성을 중시하는 또 하나의 고대 윤리 전통으로 여겨질 수 있다.

동서 윤리학을 비교하는 것은 나에게 벅찰 뿐더러, 내가 할 수 없는 작업이다. 이렇게나마 어설픈 흉내를 낸 이유는 현실세계 속에서 별

22) 김희정(2003), 151-156쪽.

어지는 문제와 관련해 규범윤리가 동서 역사를 통해 결코 대세가 아니었다는 사실을 강조하기 위해서이다. 실천윤리를 대표한 서양 결의법은 베스트팔렌 지식체계가 확립된 이후에도 이단의 불명예를 안고 명맥을 이어갔다. 대학과 학회에서 규범윤리를 가르치는 철학자에게도 집과 길거리에서는 에티켓이 더욱 중요하다. 계급사회가 붕괴되고, 정보가 인터넷을 통해 수평적으로 공유되며, 복잡해진 여러 이질적인 지식이 사회설계와 건설에 개입하면서 이론적인 규범윤리의 한계가 드러났다. 생명의료윤리를 뒤이어 공학윤리가 실천윤리를 대표하게 되었고, 전문직업의 윤리 및 예방윤리의 이름 아래 사례 분석이 산발적으로 강조된다. 과거 실천윤리를 결의법이 대표했듯이, 상식을 존중한 상황윤리로서 실천윤리의 규정은 그러한 산발적 강조를 매끄럽게 통합해줄 것이다.

2장 실천윤리

상황, 사례 그리고 실천 개념을 둘러싼 혼선

지금까지 구별 없이 사용된 '사례'와 '상황'을 개념적으로 구분한다. 특정 상황들은 특정 주제를 논하기 위한 사례로 규정된다. 이렇게 사례를 규정하고 주제와 연관된 문제를 접근하는 방식 속에서 실천윤리와 응용윤리의 차이가 드러난다. 그러나 그 차이는 실천 개념을 둘러싼 혼선을 제거하지 않은 상태에서는 동의를 얻기 힘들다. 실천 개념의 혼선은 철학적 추론에서 말하는 '실천'과 일상적 혹은 실제적 판단에 담긴 '실천'의 역사적이고 개념적인 구분을 통해서 제거될 수 있다.

1. 상황과 사례

사례 연구 혹은 사례 분석에 근거한 현재 공학윤리의 담론은 실천윤리의 일반 흐름을 반영한다. 공학윤리에서 다루는 주제들은 상황을 초월한 행위 기준을 마련하거나 그러한 기준을 정당화하는 작업에서 벗어났다. 그것들은 실제적인 사례와 얽혀 있다. 공학윤리가 응용 차원의 규범윤리, 곧 응용윤리의 영역에서 벗어나게 된 핵심 이유는 두 가지다. 첫째, 현대 공학의 복잡한 문제들은 기존의 규범윤리 체계 속에서 효과적으로 풀기 힘들다는 사실을 학자들이 인식했기 때문이다. 개개의 재난은 재난이 발생한 상황의 요인을 제거한 이상적이고 보편화된 체계 속에서 다뤄질 수 없다. 둘째, 공학이 불러온 사회적 문제 해결에서 나타나는 윤리적 갈등들이 학자들에게 인식되었기 때문이다. 1장 3절의 공학자 A가 처한 상황이 그러한 갈등의 한 사례가 된다.

공학윤리에서 상황이 중요하다고 하지만, 그 중요성이 어떻게 윤리적일 수 있는지에 대한 동의는 없는 상태다. '상식을 존중한 상황윤리'로서 공학 담론을 규정하는 방식 속에서 그러한 동의를 이끌어낼 것이다. 이것은 새로운 등산로를 닦는 것과 유사하다. 이 도입부에서는 등산로를 닦기 위한 일종의 설계 작업, 곧 윤곽을 짤 것이고, 구체적인 내용 전개는 제1부에서 현대 공학의 성격을 진단한 후 제2부와 제3부에서 다루어진다. 먼저 상황과 사례의 일반적 어법을 분석한다. 상황과 상황적 특수성의 일상적 의미는 다음과 같다.

> 상황과 상황적 특수성 : 상황은 개인, 집단 혹은 사물이 처한 방식이다. 이 방식은 특정 목적 및 관심에 의해 제한되어 있다. 하나의 상황 속에서 개인, 집단 혹은 사물이 처한 방식은 '상황적 특수성'에 의해 규정된다. 상황적 특수성은 해당 상황에 처한 개인, 사물의 독특한 행위 혹은 행동 방식에 의해 암시된다.

하나의 실례를 들어보자. 나는 내일 아침 일찍 고속버스를 타고 다른 도시에서 열리는 세미나에 참석해야 한다. 지금은 새벽이다. 나는 산책을 나간다. 산책 그 자체는 상황이 아니다. 산책이 세미나에 참석해야 한다는 나의 관심에 의해 제한될 때 하나의 특수한 상황으로 여겨진다. 산책 중에 내가 처한 방식, 곧 상황은 그러한 제한 때문에 자지 말아야 한다는 상황적 특수성에 의해 규정된다. 이러한 상황적 특수성은 표면적으로 다른 행위들을 유사한 상황으로 묶어준다.

> 사례 : 하나의 상황적 특수성에 의해 유사한 것들로 묶인 상황들 중에서 어떤 것은 그 상황들을 제한하는 목적 혹은 관심을 잘 드러내준다. 그런 특정 상황은 유사한 상황들을 대표한다는 점에서 '사례'가 된다.

하나의 관심 혹은 목적에 의해 제한된 임의의 상황이 유사한 상황들을 대표할 수는 없다. 산책과 세수하기 둘 다 다른 도시에서 열릴 세미나에 참석해야 한다는 나의 관심사에 의해 제한될 수 있다. 하지만, 그 둘은 그렇게 제한된 유사한 상황들을 대표하는 사례로서는 부적합하다. 나의 새벽 산책은 타인에게 다른 식으로 해석될 여지가 크다. 하나의 상황이 유사한 상황들을 대표하는 사례의 자격을 갖는지에 대한 엄격한 논리적 기준은 없다. 애매하지만, 일상경험과 배경 지식에 의해 사례의 선별은 가능하다. 실례로 나는 세미나 준비물을 읽고 여러 가지 메모를 하면서 새벽을 보낸다. 이러한 상황은 지금 자면 안 된다는 상황적 특수성과 함께 내일 열릴 세미나에 대한 나의 관심을 보여준다. 이 점에서 그 상황은 나의 관심에 의해 제한된 유사한 상황들을 대표하는 하나의 사례가 된다.

2. 상황적 특수성과 주제 분류

신제품의 효과적인 테스트 방식을 놓고 고민하는 공학자 A의 상황으로 돌아가 보자. 이 상황은 효과적인 테스트라는 행위자의 관심에 의해 제한되어 있다. A는 테스트의 회사 방침과 능숙한 선배 공학자의 제안 중에서 무엇을 따를지 고민한다.

[도식 1]의 원들은 특정 관심 혹은 목적에 의해 제한된 상황들을 나타낸다. 공학을 둘러싼 담론에서 그러한 관심과 목적은 공학 지식, 공학자의 행위 및 공학과 타분야의 관계 등과 관련된다. 실례로 공학자 A의 효과적인 테스트 방식에 대한 관심을 들 수 있다. 회사 방침과 선배의 제안 사이에서 갈등하는 A의 상황적 특수성은 공학자 집단과 타집단의 원활한 의사소통이라는 주제를 산출한다. A가 처한 상황이 그 주제의 전형적인 상황으로서 사례라고 할 때 주제는 상황들을 제한하는 관심 혹은 목적과 연관된다. 규범윤리와 상황윤리의 갈림길은 그러한 주제를 다루는 방식에서 뚜렷해진다. 규범윤리가 특정 이론 및 학설에 근거하여 그러한 주제를 둘러싼 문제 해결에 관심을 둔다면, 실천윤리로서의 상황윤리는 실제적인 문제 해결을 지향한다.

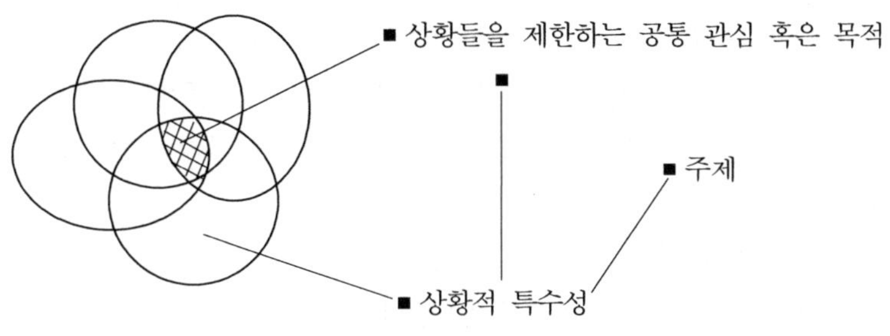

[도식 1]

위의 사례에서 규범윤리는 이렇게 묻는다. 회사의 테스트 지침 사항 속에 담긴 윤리 이론이 있다면, 그것은 무엇인가? A가 다른 능숙한 선배 공학자의 새로운 테스트 방식을 선호할 때 그의 동기는 선한가? 그의 동기와 회사의 지침 사항 속에 담긴 윤리 이론이 양립 가능하다면, A의 결정은 이론적으로 정당화 가능한가? 규범윤리의 전통 속에서 발달한 이론은 하나가 아니다. 만약 A의 동기를 도덕적으로 뒷받침해주는 서로 다른 두 윤리 이론이 논리적으로 양립할 수 없다면, A가 처한 갈등 상황은 규범윤리 체계 속에서 풀릴 수 없다. 이 점은 도덕적 정당화의 보편성과 확실성을 추구하는 규범윤리 전통에 한계를 가한다.

앞 장에서 보았듯이, 절대론의 규범은 강한 보편성, 곧 모든 상황과 무관한 무차별적인 보편성을 함축한다. 일반론의 규범이 하나의 상황 혹은 한 개인에 해당한다면, 그것은 유사한 상황 및 타인에게도 적용되어야 한다는 점에서 약한 보편성을 지향한다. 그 어떤 경우든 보편성을 지향하는 규범과 법칙은 모든 상황을 그 자체에 귀속시킬 수 없다. 법칙들의 합성에 의해 과연 모든 상황적 특수성이 제거될 수 있을까? 보편성이 사물이 처한 상황 자체를 제한할 수 있다면 그렇다. 문제는 자연 현상을 서술하는 데 동원되는 보편법칙마저도 그렇게만 여겨질 수 없다는 점에 있다. 지축이 특정 각도로 기울어진 사실은 중력

법칙으로만 설명되지 않는다. 동일한 조건 아래 지구가 왼쪽 혹은 오른쪽으로 기울 확률은 반반일 수 있다. 어느 국가의 정부가 해저 핵실험을 한 결과로 거대한 지진이 일어나 지축에 변화가 생긴다면, 그 정부가 왜 하필 그때 핵실험을 강행했는지는 자연법칙에 의해 제한되지 않는다.

자연법칙의 보편성이 지축 방향을 완전히 제한하지 못하듯, 그 어떤 규범도 모든 상황을 제한할 수 없다. 심지어 서로 다른 두 이론에 등장하는 규범들은 하나의 상황 속에서 모순을 만들어낸다. 실제 상황을 제한하는 것은 개인 혹은 집단의 관심과 목적이며, 문제 해결의 과제를 담은 담론의 주제는 상황적 특수성과 연관된다. 공학자 A의 사례에 담긴 상황적 특수성과 맞물린 '공학자 집단과 타집단 사이의 의사소통'이라는 주제는 그 어떤 규범윤리의 이론체계에서도 예측 가능한 것이 아니다. A가 처한 유사한 상황이 과거에도 있었지만 지금 주목되는 이유는 공학이 걸어온 역사와 관련된다. 직업의 역사 의존성은 규범 및 법칙체계의 핵심 구성 요소가 될 수 없음에도 불구하고, 사례의 상황적 특수성과 맞물린 주제는 윤리학자에게 종종 자신의 이론을 응용할 문제로 전락한다. 상황의 분석 자체가 문제 해결의 실마리라는 관점은 규범윤리에서는 이질적이다.

공학윤리에서는 옳고 그름의 기준으로서의 규범보다는 실제 사례의 상황 분석을 통해 만족할 만한 해결책을 제시하거나, 그런 해결책을 위한 검토 사항(check point)을 찾는 작업이 중요하다. 현재 많이 다뤄지는 공학윤리의 주제들로서 '공공의 안전 및 복지와 연관된 공학자의 책임과 자율성', '공학적 설계의 위험 분석 과정에서 요구되는 집단적 합의 절차', '갈등하는 관심의 중재', '데이터의 통합, 표상 및 효과적인 전달 방식', '내부고발', '직업 선택과 직업 특성', '고객과 의뢰인에 대한 책무', '공학자의 자격 요건', '특허 및 기술 이전에 대한 책임 기간 문제', '선물과 뇌물의 구분', 그리고 '공평한 대우' 등을 들 수 있다.[1)]

사례가 여러 상황들을 대표하는 하나의 전형적 상황에 불과하기 때문에, 사례의 선별은 주제와 연관된 상황적 특수성에 의존한다. 그러한 상황적 특수성은 시대와 장소를 초월한 것이 아니다. 위의 주제들 전부가 현재 이 땅의 공학자들이 공감할 수 있는 것은 아니다. 경영자층에 공학자 수가 적은 우리 현실에 비추어볼 때 선물과 뇌물 혹은 고객과 의뢰인에 대한 책무는 상대적으로 그 중요성이 떨어진다. 사회적 파장이 큰 공학자의 내부고발 사례도 적다. 반면에 공공의 안전 및 복지와 연관된 공학자의 책임과 자율성, 공학적 설계의 위험 분석 과정에서 요구되는 집단적 합의 절차, 갈등하는 관심의 중재 그리고 데이터의 표상 및 효과적인 전달 방식 등은 우리에게도 중요한 주제들이다. 주제의 우선순위를 정하는 것은 중요하다. 그러한 우선순위는 중요한 사례의 빈도수 축적과 관련된다. 공학윤리는 선악 및 행위의 기준을 마련하는 전통적인 윤리학에 속하는 것이 아니라 그렇게 축적된 사례에서 발견된 주제를 다루는 학문이다. 이러한 성격의 학문이 어떻게 도덕적 의미를 함축할 수 있는가? 이 문제는 상식을 존중한 상황윤리로서 공학 담론을 규정하고 중요한 사례 분석을 다루는 제2부와 제3부에서 자세히 다루어질 것이다. 여기서는 그 규정 방식에 대한 윤곽을 짜기 위해 실천윤리(practical ethics)와 응용윤리(applied ethics)의 구분을 다룬다.

3. 실천윤리와 응용윤리

공학윤리를 상황윤리로 규정할 때 그것은 실천윤리에 속한다. 상황윤리는 실천윤리를 대표하는 하나의 분과가 된다. 실천윤리와 응용윤리를 구분할 필요가 있다. 생명의료윤리와 공학윤리는 현대 실천윤리를 대표하는데, 먼저 응용윤리를 구체화하자.[2)]

응용윤리는 직업 활동에서 나타나는 도덕적 문제를 윤리 이론 및 이

1) 이 주제들에 대한 간략한 정리는 [부록] A1을 참조하라.

2) Clouser, K. D.(1975).

론에 함축된 분석 방법들(methods of analysis)에 근거해 검토한다. 대개 의 직업은 해당 직업 종사자가 지켜야 할 규범과 의무를 규정한 윤리체계로서의 직업 준수사항(professional codes)을 갖는다. 에티켓과 개인이 지켜야 할 책무는 배제되는 경우가 많다. 이론은 사례에 직접 적용되는 것이 아니라 적절한 행위를 유도할 결론을 얻는 데 개입한다.

이 응용윤리의 규정은 생명의료윤리가 아직 실천윤리로 인식되기 전인 1970년대 중엽에 만들어진 것이다. 당시 윤리학의 범주 구분에서는 당연히 실천윤리가 빠져 있다. 의료윤리는 유전공학 및 유전자 조작이 담론으로 떠오른 이후 생명의료윤리로 확장된다. 이 시기에 이르는 과정에서 특정 이론에 의해 결론 도출이 어려운 여러 현실적 문제들, 실례로 낙태 문제, 인간 배아줄기세포 연구 문제의 축적은 실천윤리와 응용윤리를 구분해야 한다는 동기를 불러일으켰다. 공학윤리는 1980년대만 하더라도 생소한 작업이었다. '응용윤리'와 '실천윤리'라는 용어는 번갈아 사용되었다.[3] 1990년대 말에 이르러 공학윤리는 생명의료윤리와 더불어 실천윤리를 대표하게 된다. 하지만, 주로 사례 분석 제공에만 치우친 현재의 공학윤리가 어떤 도덕적 함의를 갖는지는 생명의료윤리에 비해 상대적으로 애매하다.

위의 응용윤리 규정에서 말하는 이론은 규범윤리의 이론이다. 규범윤리는 '일반적 의미에서의 규범윤리' 그리고 응용윤리는 '응용의 차원에서의 규범윤리'로 규정되기도 한다. 1장에서 바늘 도둑이 소 도둑 된다는 속담의 네 가지 해석을 통해 규범윤리를 절대론과 일반론으로 나눴다. 절대론의 규범이 모든 상황을 초월한 17세기 자연법칙 개념을 모방한다면, 일반론의 규범은 '상황 보편화' 혹은 '행위자 보편화' 조건을 요구한다. 하나의 상황에 해당하는 규범은 유사한 상황에도 그래야 한다. 특정 조건 아래 한 행위자에게 해당하는 규범은 다른 행위자에게도 그래야 한다. 규범윤리의 이론은 다양하지만 주로 공리주

---

3) 그러한 혼용 사용법은 현대 공학윤리의 초기 작품인 다음 작품에서 반영되고 있다. Martin, M. K. & Schinzinger R.(1989).

의(utilitarianism)와 의무론(deontology)에 의해 대표된다. 공리주의와 공리주의의 후손인 결과주의(consequentialism)의 이론은 집단의 복지(welfare)를 지향한다. 선택의 자유(freedom)를 증진하는 조건으로 규정되는 복지는 개인의 만족도 혹은 행위 결과 이득의 총합 등으로 표현된다. 이러이러한 상황에서 복지 상태를 증진시키는 선택, 행위 혹은 제도는 유사한 상황에서도 그래야 한다. 공리주의의 여러 이론이 상황 보편화 조건을 만족하지 못한다면, 공리주의는 좋고 나쁨의 이론적 토대가 될 수 없다. 의무론은 개인의 자율성(autonomy)에 바탕을 둔다.[4] 선택의 자유가 개인의 선호 구조(preference structure) 및 충동 만족 기제에 의존한다면, 자율성 개념은 개인을 도덕적 동물로 규정하기 위해 도입된 것이다. 이러이러한 조건 아래 나의 도덕성을 규정하는 것은 타인에게도 해당되어야 한다. 인권과 같은 것이 하나의 실례가 되는데, 인권은 행위자 보편화 조건을 만족해야 한다. 특정 문제와 관련하여 적절한 선택 및 행위를 유도할 목적으로 공리주의 및 의무론의 이론을 사용하는 방식이 규범윤리의 전형적인 방법론이다.

생명의료윤리가 규범윤리의 세력에서 벗어나게 된 주요 동기는 철학적 논쟁보다는 의료 사건과 같은 상황의 복잡성에 대한 인식에서 기인한다. 지나친 '이론 의존성(theory dependence)'은 문제 해결이 아니라 교착상태를 만들어낸다. 효율과 의무가 갈등하는 상황을 이론적 관점에서 해결하려고 할 때 윤리적 딜레마(ethical dilemma)는 피할 수 없다. 규범윤리의 여러 이론들을 생활세계에 적용할 때 모순이 생긴다. 효율 중심의 복지 지향 이론과 동기 중심의 의무론이 마찰하는 상황은 종종 발견된다. 의무론 안에서도 여러 권리들이 서로 마찰하는 상황은 빈번하다. 산모와 태아 중 한 명만을 살릴 수밖에 없는 경우, 산모의 건강권과 태아의 생명권이 서로 마찰한다. 상황의 복잡성을 이론으로 풀려는 경우, 남는 것은 해결이 아니라 윤리적 딜레마다.

4) '자율성과 연관된 자발적 행위'와 '선택의 자유'의 구별은 7장에서 다뤄질 것이다.

여러 이질적인 이론들의 존재에서 기인하는 이러한 어려움은 '이론 의존성의 위험(danger of theory dependence)'으로 표현된다.[5] 하나의 단순한 사례를 들어보자.

> 맞벌이 부부가 있다. 초등학생 아들은 학교와 과외 수업을 제외한 대부분의 시간을 치매에 걸린 할아버지와 함께 지낸다. 치매가 점점 심해져서 할아버지는 손자, 아들, 급기야 며느리를 잘 알아보지 못하게 되었다. 부부는 치매 노인을 정성껏 모시는 가족의 사례를 TV 방송에서 보고 감동을 받았다. 부부는 그들도 그래야 한다고 결심했다. 이제 부부는 할아버지를 치매 전문 양로원에 보낼지 말지 고민한다.

부부의 고민을 이론적 관점에서 평가할 경우, 가족의 복지와 부모를 모셔야 한다는 의무가 서로 마찰한다. 부부의 실제 결정은 지금 상황이 과거와 다르다는 상황 인식, 그리고 TV에 나온 가족과 자신들이 반드시 동일한 처지가 아니라는 인식에서 온다. 부부의 결정은 특정 이론에 근거한 것이 아니다. 이론 의존성의 위험은 실천윤리와 규범윤리를 구분하는 기본적인 뼈대가 된다. 이론 의존성의 위험성이 윤리학의 그 두 분야가 서로 무관함을 직접적으로 함축하는 것은 아니다. 그래서 우리는 어려운 문제를 만난다. 문제 해결의 실천과 이론 사이의 연결성이 있는가? 이 물음의 의미를 따져보자.

공학자는 주로 조직체계에서 일한다. 직접 환자를 상대하는 의사는 의료 행위에 대한 자율권을 갖는다는 점에서 공학자와 다르다. 의료 행위의 동기와 결과를 규범윤리의 여러 이론에 기대어 도덕적으로 정당화하려고 할 때 두 이론의 모순에서 기인하는 윤리적 딜레마는 해결될 수 없다. 결국 도덕적 정당화 자체에 대한 새로운 고찰이 요구되고, 실천과 이론의 연결성이 난제로 떠오른다. 이론이 도덕적 정당화에 도움을 주는 만큼 실천적 문제 풀기가 이론 수정에 도움을 준다는 전략을 택하거나, 실제 문제 해결에 동원되는 일상적 도덕 판단들과

5) London, A. J.(2001), 88쪽.

이론들 사이의 정합성을 따짐으로써 최적의 이론을 선택한다.6) 전자의 전략은 실천윤리와 규범윤리의 상호관계를 강조하는 반면, 후자의 전략은 실천윤리를 이론 선택의 기저(basis)로 삼는 것이다. 이러한 두 전략에서 실천윤리는 실천과 이론의 연결성을 찾는 분과로 규정된다.

실천과 이론의 연결성을 찾는 실천윤리의 규정 방식을 치매 할아버지를 둔 가족의 사례에 적용해보자. 부부는 결국 할아버지를 치매 전문 양로원으로 보내기로 했다. 부부의 결정은 달라진 상황 인식에 근거해 여러 가지 선택지 중에서 현재 가장 합당한 것을 선택했을 뿐이다. 이러한 일상적 선택을 실천윤리에서 이론적으로 다룰 때에는 여러 이론의 선별 과정으로 나타난다. 상황의 실제적 조건을 검토함으로써 부부의 결정이 이뤄졌고, 그 결정은 공리주의 맥락에서 재분석될 수 있다. 주의해야 할 점이 있다. 이러한 이론적 재분석은 부부의 실제 결정에 개입한 것이 아니라 그 결정의 사후 시뮬레이션에 등장하는 것이다. 부부의 결정을 시뮬레이션 혹은 디자인하는 과정에서 여러 윤리 이론들 중 하나를 선별하는 것은 부부가 처한 실제 상황의 검토에 근거한다. 윤리 이론들 중 어느 것이 특정 결정에 합당한 것인지를 결정해주는 상위 기제는 없다. 그 결정은 어디까지나 상황의 여러 조건을 검토함으로써 이뤄진다. 이론을 선별하는 기제 자체를 포함한 고차원의 윤리 이론은 불가능하다. 실천윤리에서 의사결정의 사후 정당화 및 시뮬레이션에 규범윤리의 이론이 등장한다는 이유로 실천윤리를 응용윤리와 동일시해서는 안 된다.

생명의료윤리를 실천윤리로 규정할 때 좀더 상식적인 방식은 존슨과 툴민의 공동작업에 기인한다. 바로 1장에서 다뤄진 상황윤리 정신 속에서 생명의료윤리를 규정하는 것이다.7) 문제 해결은 이론적 정당

6) 원리를 상황에 적용하여 도덕적 문제를 해결하려는 방식을 비판하고 실천윤리를 강조한 작업 중 후자의 전략이 주목을 받았다. 생명의료윤리 논쟁 초기에는 후자의 전략이 윤리 이론 선택 과정의 객관적인 방법론의 절차로 여겨지기도 했다. Daniels, N.(1979).

7) Jonsen, A. R. & Toulmin, S.(1988).

화와 달리 보편적인 것에서 구체적인 것 혹은 주어진 초기 조건에 이론이 개입하는 합리적 추론의 길을 따르지 않는다. 문제 해결의 참가자는 여러 사례를 대조하고 비교한다. 역사적으로 공인된 준칙이 직접 적용되는 전형적인 사례, 곧 패러다임을 찾는다. 준칙은 이론이 아니라 역사와 문화의 영향을 배제하지 않는 사례의 상황적 규정 방식에 의존한다. 패러다임과 문제의 사례들을 준칙에 근거해 비교함으로써 상황에 합당한 개연적 판단이 얻어진다. 합당한 판단의 결론은 행위자에게 일종의 권고 사항이다. 결의법에 근거해 생명의료윤리를 실천윤리로 정착시키는 작업은 실천과 이론의 연결성이라는 난제에 시달리지 않는다. 이에 대한 자세한 논의는 제2부에서 다룬다. 여기에서는 한 가지만 명확하게 한다. 중세 결의법이 지향하는 종교적 윤리관을 이론적 사고의 대상으로 삼을 수 있어도, 결의법에서 그러한 윤리관은 궁극적으로 지향해야 할 가치체계이지 행위 기준의 이론적 규범체계는 아니다. 행위 준칙의 합당함 그리고 준칙과 종교적 윤리관의 정합성 정도는 어디까지나 상황적 특수성에 근거한다. 실천윤리에서 규범적 이론과 실천의 연결성이 강조되지 않는 경우, 이론은 상황을 초월해 합당한 판단 방식을 이상화시킨 일종의 모델일 뿐이다.

이론 의존성의 위험에 근거해 생명의료윤리를 실천윤리로 규정할 때 선택과 판단에 규범윤리 이론의 규범 혹은 원리 개입이 요청되지 않는다. 이로부터 그 선택과 판단의 도덕적 정당화가 확보되는 것은 아니다. 따라서 그러한 정당화와 연관해 실천윤리로서 생명윤리는 두 분파로 나뉜다. 하나는 이론과 실천의 연결성을 강조한다면, 다른 하나는 이론과 실천의 독립성을 강조한다. 다수의 철학자는 전자에 호감을 가질 것이다. 그러나 생명의료윤리에서 이론과 실천의 연결성 강조가 공학윤리에 직접 해당하기는 힘들다. 생명의료윤리의 주제들이 기존의 규범윤리의 주제들과 겹치는 경우가 많다면, 공학윤리에서는 아니다.

공학윤리의 주제들은 개인의 행위와 도덕적 판단보다는 집단적 의사결정 과정, 조직체계 및 지식의 활용 방식과 주로 관련된다. 그 주제들은 행위와 선택의 당위성을 따지는 전통적 규범윤리의 주제들과 거리가 있다. 주제의 측면에서 공학윤리는 실천과 이론의 연결성 문제에 시달리지 않는다. 행복의 정의와 덕의 순위 매김은 이론적 영역에 속하더라도 우정을 도모하는 지혜는 그렇지 않다는 아리스토텔레스의 결론이 공학윤리에 더 잘 들어맞는다. 주제의 상위 개념으로서 선과 악 그리고 의무 등을 따지는 것은 이론적 작업에 속하지만, 공학을 둘러싼 현실세계의 주제들은 사례의 상황 분석을 통해 얻어진 검토 사항에 근거해 다뤄진다. 따라서 규범윤리와 공학윤리는 다루는 주제에서 서로 다른 영역 특수성(domain specificity)을 갖는다. 바로 이 영역 특수성 때문에, 우리는 다시 어려운 난제에 부딪치는 것이다.

> 사례의 상황적 특수성에 의해 선별된 주제가 겉보기에 도덕적 담론의 대상으로 나타나지 않는다면, 어떻게 사례 분석에 의해 주제와 연관된 문제의 실천적 해결이 도덕적 의미를 함축할 수 있을까? 어떻게 그러한 실천적 문제 해결에 도덕적 의미를 부여하는 작업이 기존 윤리 이론의 개념틀에 의존하지 않은 채 가능할까? 결의법의 전성기에는 모든 선택이 지향해야 하는 하나의 종교관 혹은 이에 대응하는 윤리틀이 있었지만, 가치체계가 다원화된 현대 사회에서는 아니다. 기존의 이론과 실천의 연결성을 강조하는 생명의료윤리의 한 흐름을 공학윤리가 따를 수 없다면, 공학윤리가 기대어야 할 도덕적 원천은 무엇인가?

상식을 존중한 상황윤리의 일종으로서 공학윤리를 규정하는 것은 이 물음에 대한 하나의 대답이다. 그 규정 방식에 대한 윤곽을 짜기 전에 '실천' 개념을 둘러싼 혼선을 풀고 넘어가야 한다. 전문 철학자들조차 여전히 실천윤리를 이론의 실천적 응용 혹은 적용으로 여기면서 응용윤리와 거리를 두지 않기 때문이다.8)

---

8) 실례로 1997년 황경식이 작성한 1980년대에서 현재까지의 윤리학 흐름을 서술한 논문을 보면, 생명의료윤리의 대세가 응용윤리에서 실천윤리로 전환하는 과정을 다룬 작업이 거의 없었음을 알 수 있다. 황경식(1997).

4. 실천 개념을 둘러싼 혼선

실천윤리와 응용윤리의 구분을 수긍하지 않는 사람은 이렇게 말할지 모른다. 특정 이론을 현실 문제에 적용하는 것 자체가 실천에 속하기 때문에, 응용윤리도 실천윤리다. 이러한 반박에 대해서는 다시 반박할 것이 없다. 하나의 개념에 대한 규정 방식의 차이는 논증에 의한 차이를 직접 함축하지 않기 때문이다. 가상의 비판자는 다시 이렇게 반박한다. 네가 말하는 실천윤리의 방법론을 응용윤리로 부르는 사람도 있다. 윤리학자들이 현실 문제에 관심을 가지면서 세계 여러 대학에 응용윤리 연구소가 1980년대에 생겨났다. 응용윤리와 실천윤리의 구별 필요성은 윤리적 딜레마의 문제가 심각하게 인식되면서 대두되었다. 타분야의 전공자는 자신의 논의가 실천윤리 성격을 가짐에도 불구하고 '응용윤리'라는 용어를 사용하기도 한다. 이렇게 용어 선별에 근거한 반박은 참다운 반박이 될 수 없다.

어느 철학자 혹은 분과의 사람이 응용윤리라는 이름 아래 현실 문제를 논할 때 그 논의를 그저 표면적인 용어를 가지고 분류하면 안 된다. 규범윤리의 여러 원리들 사이의 모순에서 기인하는 윤리적 딜레마를 강조하고 기존 윤리학을 비판하는 사람이 응용윤리라는 용어를 사용했더라도, 그는 사실 실천윤리로 방향을 전환한 것이다.[9] 그는 그러한 딜레마가 규범윤리 이론들의 도움에 의해 풀릴 수 없다고 보기 때문이다. 그는 윤리적 딜레마를 오히려 이론 수정의 치료제로 본다.

그러나 여전히 어떤 사람들은 응용윤리와 구분되는 실천윤리를 인정하지 않을 것이다. 그들은 다음의 실천윤리 규정에서 헤어나지 못하고 있다.[10]

(S) 실천윤리는 현실적 문제 해결에서 철학적 추론(philosophical rea-

9) 다음 책을 그 실례로 들 수 있다. Brody, B. A.(1988).

10) 피터 싱어, 황경식 · 김성동 옮김(1997).

soning)의 기여 가능성을 따지는 윤리학의 분과이다.

실천윤리의 이러한 규정 방식은 실제로는 실천윤리가 아니라 응용 차원의 규범윤리에 해당한다. 규정 방식 (S)에서 말하는 철학적 추론에 담긴 실천 개념은 실제 실천윤리의 그것과 다르다. 이를 보기에 앞서, 규정 방식 (S)는 실천윤리와 응용윤리를 구분할 필요성이 윤리학 논쟁의 전면에 부각되지 않은 시기에 유행했음을 알 필요가 있다.

생명의료윤리 전반기를 규정하는 1960년에서 1980년대 말까지 원리주의(principlism)가 유행했고, 그 이후 반원리주의가 생명의료윤리의 대세가 된다.[11] 초창기 원리주의를 이끈 인물들도 점차 원리주의에서 벗어나 실용주의(pragmatism) 경향을 띠게 된다.[12] 그들에게 원리는 이제 문제를 풀기 위한 검토 사항을 만드는 데 지켜져야 할 일종의 이념과 유사하다. 실제 사례 분석을 통한 행위 권고 사항과 직업 역사에서 도덕적 함의로 굳어진 원리들을 연결시키려는 것이 그들의 작업이다. 그들의 작업에서 문제 해결을 위한 권고 사항이 원리들에 의해 추론되는 것은 아니다. 단지 양자의 양립 가능성을 따질 때 원리들이 제한적으로 작용할 뿐이다. 이러한 원리들에 대한 실용주의 규정 방식은 응용윤리의 그것과 다르다. 다음 두 사례를 비교해보자.

사례 1 : 핵 쓰레기 잔여 방사능을 완전히 제거하려면, 거액이 필요하다. 이러한 경제적 제약 때문에 핵물질의 반감기를 이용해 핵 쓰레기를 지하에 저장하는 방식이 선호된다. 핵 쓰레기의 운반 거리가 멀수록 좋지 않다는 것은 상식적인 판단이다. 기상 예측이 상대적으로 어려운 장거리 해상 운반은 더욱 좋지 않다. 핵 쓰레기 해상 운반에 반대하는 공감대는 핵 쓰레기 처리장으로 선정된 지역을 벗어나 다른 곳까지 미친다. 지역 시민들의 단식 투쟁은 효과적인 전략으로 통했다.

사례 2 : 고속전철이 어느 지역 산을 관통하게 되었다. 다수의 지역

11) Pellegrino, E.(1993).

12) Beauchamp, T. L. & Childress, J. F.(1994).

주민은 경제적 이득에 대한 기대감에 그 계획을 반긴다. 다른 시민은 그 계획 추진이 가져올 생태계 파괴를 걱정한다. 환경론자 C는 터미널 공사가 가져올 생태 파괴의 정도를 먼저 검사해야 한다고 정부에 요청했다. 이 요청이 거절당하자 C는 동료들과 단식 투쟁을 하기로 결정한다.

전염병과 같은 신속한 정책 결정이 요구되는 것이 아니라면, 집단적 의사결정에서 시민의 의견과 환경 및 여러 변수가 사전에 저울질되는 것이 좋다. 이 점에서 [사례 1]과 [사례 2]의 경우 정부의 밀어붙이기 식의 정책 결정은 현명한 것이 아니다. 반대가 크면 장기적으로 볼 때 결국 손해가 더 크다. 깨끗한 환경 유지라는 원리에서 목적 달성의 현명한 수단이 추론에 의해 도출되는 것은 아니다. [사례 1]과 [사례 2]가 동일한 원리를 지향하더라도, 각각 사례의 상황적 특수성은 다르다. [사례 1]은 광범위한 시민의 동의가 있고, [사례 2]는 아니다. 상황적 특수성이 다르다면, 동일한 원리를 지향하는 두 사례도 내용적으로 다를 수 있다. 이러한 내용의 차이는 수단 선택의 차이를 수반한다. 실천윤리는 개인 혹은 집단의 자연스러운 삶의 영위를 지향하기 때문에 수단을 무시하지 않는다. [사례 2]의 경우 생계라는 요인이 현실적 삶에서 제거될 수 없기 때문에, C의 단식 투쟁은 지역 시민의 호응을 얻을 수 없다. C가 현명했다면 공사의 수익성 등과 관련된 실질적으로 호소력 있는 전략을 택해야 했다. 원리주의에서 실용주의 노선으로 전환한 이들은 이러한 사례에서 채택된 전략이 과연 깨끗한 환경 유지라는 원리 및 다른 원리와 양립 가능한가를 따질 때 철학적 분석을 강조한다. 원리의 도움으로 목적 달성을 위한 합당한 수단이 도출되지는 않기 때문에, 수단의 도출은 이론적이 아닌 강한 실천적 의미를 갖는다.[13)]

---

13) 어려운 문제는 이렇다. 위의 규정 (S), 곧 싱어(P. Singer)의 실천윤리, 사실은 응용윤리의 그것과 대등한 규정이 보챔(T. L. Beauchamp)과 칠드레스(J. F. Childress)의 실용주의적 성격을 띠는, 또는 원리가 수단의 정당성에 대한 도덕적 검토에만 개입하는 생명의료윤리의 관점과 양립 가능한가? 이 질문을 다룬 논문은 아직 본적이 없다. 굳이 나보고 대답하라면, 보챔과 칠드레스의 관

어떤 이는 실천윤리 규정 (S)가 철학사적으로 정당하고, 여기서 응용윤리와 구별된 실천윤리는 아니라고 말할 것이다. 여기서 펼쳐진 실천윤리는 최소한 규정 (S)만큼이나 철학사적으로 정당하다. 실제로는 더 정당하다. 도대체 (S)에 함축된 '철학적 추론'이라는 것이 무엇인가? 1장에서 다뤄진 17세기 베스트팔렌 지식체계 속에서 합리적인 것과 비합리적인 것의 이분법이 나타났다. 그 이분법 속에서 철학적 추론은 일종의 '합리적 추론'을 연구하는 분과이며 '이론적 추론(theoretical reasoning)'과 '실천적 추론'으로 나눠진다. 철학적 추론의 이 두 분과를 규정하는 것은 매우 어렵고 복잡하다. 가장 표준적인 규정 방식을 따른다.

이론적 추론이 믿음의 정당화 및 수정을 유도한다면, 실천적 추론은 행위의 근거로서 의도(intentions)의 정당화 및 수정을 유도한다.[14) 이에 반해, 행위의 근거를 의도가 아닌 감정이라는 주장, 또는 감정과 무관한 행위의 의도는 불가능하다는 주장은 실천적 추론의 합리성을 위협하는 것이다.[15) 이유는 간단하다. 확실성 추구로 대표되는 베스트

점은 실천과 이론 사이의 연결을 꾀하는 실천윤리의 유형과 메타윤리(meta ethics)를 결합한 것이다. 반면에 싱어는 쾌락공리주의(hedonistic utilitarianism)의 고통 감소 원리를 다른 동물에게까지 확대하고 현실적 여건을 고려해 동물해방론을 철학적으로 추론한다. 현재 생명의료윤리 및 공학윤리를 실천윤리로 규정하는 사람에게 싱어의 관점은 규범윤리와 메타윤리가 결합한 응용윤리에 속한다. 여기서 메타윤리는 도덕과 연관된 언어 분석에 근거해 실천적 추론(practical reasoning)을 다루는 분과로 규정해도 무방하다. 메타윤리를 '비규범적 윤리(nonnormative ethics)'로 규정할 때 '반규범적'으로 해석하는 것은 명백한 잘못이다. 실천적 추론에 의해 특정 윤리 이론의 규범 혹은 원리를 정당화할 수 있다는 주장과 그렇지 못하다는 주장이 있기 때문에, 메타윤리는 어디까지나 규범윤리에 중립적인 분야로 이해되어야 한다.

14) 이 규정은 다음 책의 실천적 추론의 관점에 기존의 정당화로서 추론의 의미를 더한 것이다. Harman, G.(1986).

15) 행위 근거의 동기로서 감정과 같은 심리적 상태를 강조하는 것은 흄까지 거슬러 올라간다. 1장에서 "바늘 도둑이 소 도둑 된다"는 속담의 첫째 해석의 옹호자는 현대적 흄 옹호자로 볼 수 있다. 행위의 동기가 감정에 좌우될 수밖에 없다는 관점은 윤리학에서 내재주의(internalism)로 불리며, 윌리엄스(B. Williams)가 내재주의를 대표한다. Williams, B.(1979).

팔렌 지식체계의 전통에서 감정과 충동은 절대 행위의 합리적 근거로 여겨지지 않았다. 현재 진화심리학에서 심리 상태의 연구 결과는 반대의 경향을 갖는데, 그것이 윤리학에 큰 위력을 발휘하는 상태는 아직 아니다. 이 점을 언급하는 이유는 이렇다. 심리 상태에 방해받지 않는 인지 상태로서의 의도가 행위의 합리적 동기라는 관점은 서양철학의 독특한 역사적 결과임을 강조하기 위해서다.

실천이성(practical reason)의 가장 단순한 근대적 규정은 실천적 추론을 위한 합리적 능력이다. 이러한 실천이성이라는 것에 근거한 합리적 추론으로서의 실천적 추론이 인류 보편적인 것은 아니다. 현대 윤리학에서 실천적 추론은 어디까지나 선택 및 행위와 관련된 반면, 고대 윤리학에서 도덕적 평가는 인생 전체와 연관된다.[16] 행위의 정당화 맥락에서 실천적 추론과 연관된 '실천'과 실천윤리 전통의 '실천' 개념을 구분하기 위해, 하나의 질문을 던진다.

> 실천적 추론에서 말하는 합리적 능력이 아리스토텔레스가 말하는 실천지 혹은 실천적 현명함(phronesis)에서 갈라져 나온 것인가?

이를 규명하는 것은 실천윤리와 응용윤리를 혼용하여 사용하는 방식 속에 담긴 혼선, 곧 실천 개념을 둘러싼 혼선을 제거해줄 것이다.

5. 혼선의 제거

아리스토텔레스에게 이론적인 것은 종 본질을 다루는 자연학과 사고의 합리적 추론 방식을 규정한 논리학이다. 이론적인 것을 다루기 위한 지성적 덕(intellectual virtues), 실례로 지능 및 사려 깊음은 사고의 훈련에 의해 강화되며, 교육이 그 기능을 담당한다. 반면에 절제 및 용기와 같은 도덕적 덕(moral virtues)은 습관의 결과다. 도덕적 덕

16) 이 점은 다음 책 초판의 목적이라고 해도 과언이 아니다. A. 매킨타이어, 김민철 옮김(2004).

을 요구하는 실천지는 경험 없이는 불가능하고 항상 상황 속에서 구체적 사물과 연관되어 기능한다. 소화하기 쉬운 연한 고기가 건강에 좋다는 사실판단은 닭고기가 건강에 좋다는 실천적 판단을 직접적으로 제공하지 않는다.17) 후자는 시행착오에 근거한 개인의 경험, 집단 경험의 역사적 축적 및 음식 문화 등에 좌우된다. 합리성의 실천적 측면은 결코 이론적인 것에 종속되지 않는다. 좋은 삶이 행복을 추구한다는 언명 자체는 합리적 정당화의 대상일 수 있지만, 개인 혹은 집단 차원에서 좋은 삶을 구현하기 위한 수단의 마련은 그렇지 않다. 아리스토텔레스에게 실천지는 후자에 속한다. 윤리학은 이론적 영역에 속박될 수 없다.

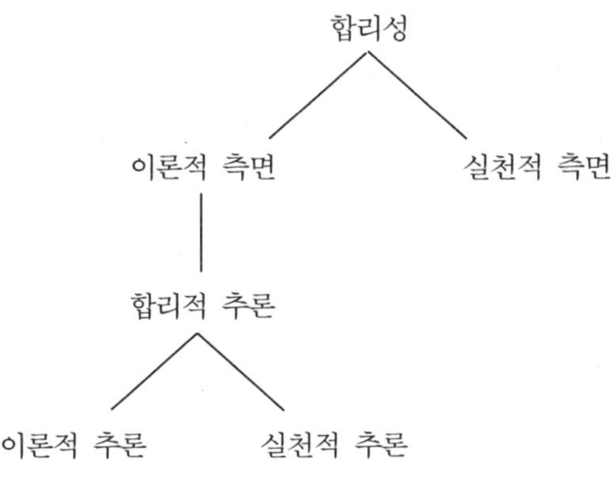

[도식 2]

실천적 추론에서 행위의 합리적 근거 가능성을 따질 때 그 근거가 사실판단이 될 수 없다는 점에서, 실천적 추론의 실천 개념은 전통적인 이론과 실천의 구분을 따르는 듯 보인다. 그러나 실천적 추론에서 추론은 어디까지나 합리적 추론이어야 한다. 실천적 추론의 구조가 합리적 추론을 대표하는 이론적 추론의 구조와 다른 성격을 갖는 것

17) Aristoteles, *Nichomachen Ethics* VI, 1141b.

은 아니다. 실천적 추론은 가치판단을 이론적 추론 형태로 정당화하는 과정이다. 실천 개념의 이러한 전환은 근대에 정착한 것이다. 유클리드 기하학과 뉴턴역학의 과학적 지식체계는 이론적인 것을 대표하고, 이론적인 것은 실천적인 것보다 우월하다고 여겨졌다. 윤리학이 이론적 학문으로서 자율성을 확보하기 위해, 행위 자체가 아닌 행위를 유도하는 근거로서 의도의 정당화가 윤리학의 큰 주제로 떠올랐다. 그러한 정당화는 인간 본성에 관해 자명(self-evident)하다고 여겨지는 몇 개의 언명에서 추론된다는 점에서 이론적 지위를 얻게 된다. 3개의 질문을 대답하는 가운데, [도식 2]의 의미를 명확히 하자.

(1) 합리성의 전통적인 실천적 측면이 철학적 혹은 합리적 추론의 맥락 속에서 무시된 이유는 무엇인가?

D는 오지를 탐험 중이다. D의 몸은 단백질 부족으로 고기를 원한다. 탐험 중인 오지에 서식하는 동물 대다수는 뱀이고, 어떤 뱀은 생명에 치명적일 수 있다. 원주민 족장은 D에게 뱀 고기를 권한다. D의 과거 경험에 비추어볼 때 족장은 신뢰할 만한 사람이다. D는 고기를 받아먹기로 결정한다. D의 결정은 이론적 추론이 아니다. 이론적 추론은 이상화되고 비시제적이며 필연적인 논증 구조를 가진다. D의 결정은 철학자들이 말하는 실천적 추론도 아니다. 실천적 추론은 사실과 독립된 가치판단의 영역과 관련된다는 점에서 이론적 추론과 구별될 뿐, 이 구분이 추론 방식 자체에서 기인한 것은 아니다. D의 결정은 구체적이다. 그것은 D가 처한 상황적 특수성과 연관된 실제 문제에 대한 만족할 만한 해결책이다. 원주민과 공동의 삶을 유지하겠다는 가치는 D가 처한 상황 및 실제 행위와 무관하게 평가될 수 없다. D의 결정은 시간을 초월할 수 없다. 그것은 다른 시대와 장소에 대해서 그대로 통용될 수 없다. D의 판단은 잠정적이다. 그것은 예외 사례를 허용한다는 점에서 개연적이다. D의 결정은 자신이 처한 상황에 합당한 것이고, 상황에 합당한 것은 합리적 추론 속에서만 얻어지지 않는다.

확실성 추구의 시대정신 속에서 권위나 조언에 의지하는 판단은 비합리적인 것으로 여겨졌다. 상황에 합당한 결론을 도출하고 상대방을 설득하는 수사학은 원래 논리학과 상보적 관계를 이루는 학문이었다. 논리적 모순을 도출하는 논증은 받아들여질 수 없다. 논리적 추론은 논증의 건전성(soundness)을 심사하는 최소한의 역할을 담당할 뿐이다. 추론은 논증 자체의 합당성을 결정하는 충분조건이 아니었다. 합당한 논증은 유사한 과거 사례의 결정 방식 및 이에 대한 지식 보유자의 경험을 무시하지 않는다. 근대 이후 수사학은 심리적 속임수처럼 여겨졌다. 합리적인 것과 비합리적인 것의 이분법 그리고 논리적인 것과 비논리적인 것의 이분법 사이에 대칭성이 확립되었고, 철학자들은 불확실한 상황 속의 개연적 판단을 확률계산의 절차적 형식으로 대체시키려고 했다. 상황적 합당성을 지향하는 개연적 판단 따위는 합리성의 측면에서 잘려져 나갔다. 그 결과 합리성은 이론적 측면에서만 이해되어 왔다. 실천적 추론은 가치판단의 영역에, 그리고 이론적 추론은 사실판단의 영역에 작용한다는 합리성의 범주적 구별이 성립했다.

전통적인 합리주의자들은 올바른 행위 유도의 의도로 귀결되는 실천적 추론의 기능을 의심하지 않았다. 반면에 회의론자들은 실천적 추론과 연관된 합리적 능력, 곧 실천이성을 의심했다. 1960년대 이후 자연화된 인식론(naturalized epistemology)의 유행 속에서 가치판단이 사실판단으로 환원 가능한지가 논쟁되었다. 그 어떤 경우에나 일상적인 합리성의 실천적 측면은 도덕의 철학적 담론에 끼어들 수 없었다. 그 측면은 철학이 아니라 사회학이나 심리학이 다뤄야 할 것으로 종종 간주되었고, 실천윤리를 대표하는 중세 결의법은 아예 사이비로 규정되었다.[18] 현대에 들어와 근대 합리성 추구의 시대정신이 비판의

18) 논리실증주의(logical positivism)에서 검증주의 의미론(verificationist theory of meaning)을 옹호한 에이어(A. J. Ayer)에게 윤리학은 가치를 다루는 것이 아니다. 그는 윤리적 용어의 정의에 관한 명제들의 논리적 함축관계를 다루는 분석 작업으로서 윤리학을 규정한다. 가치체계 형성 등의 문제는 윤리학이 아

도마에 오르지만, 상황에 합당함으로서 합리성 개념 혹은 합리성의 전통적인 실천적 측면은 철학자들의 중요한 관심사가 되지 못했다. 이를 비판한 철학자는 자신의 진의와 무관하게 합리성 혹은 논리의 적으로 간주되었다. 규범윤리의 득세 시점을 17세기 중엽으로 본다면 그리고 철학 또한 역사를 초월할 수 없다는 사실을 겸허하게 인정한다면, 질문 (1)의 대답은 간단히 철학자들의 역사에 대한 무관심이다. 이 사실을 인정하지 않으려는 철학자는 "먼저 철학이 앎 자체와 과거에 알려진 것을 분리할 수 있다"는 언명을 철학적으로 정당화해야 할 것이며, 이것은 내가 알기로는 아무도 성공하지 못했다.[19)]

(2) 상황에 합당함으로서 합리성의 실천적 측면이 재조명될 때 기존의 응용윤리는 어떻게 이해되어야 하는가?

도식에서 합리성의 실천적 측면은 상황과 무관한 단일한 개념에 포섭되지 않는다. 그것은 상황에 합당한 행위 및 선택과 관련된다. 실천윤리를 응용윤리와 구별할 때 '실천'은 단일 의미가 아닌 복수의 의미에서 '상황에 합당함'으로 이해되어야 한다. 상황에 합당한 행위 및 선택은 상황적 특수성과 과거 경험을 바탕으로 얻어지는 것이지 이론에서 도출되는 것이 아니니다. 응용윤리를 실천윤리로 부르려면, 응용윤리는 특정 윤리 이론에 상대화되어 이해되어야 한다. 응용윤리학자들이 현실적 문제의 해결에서 실천적 추론의 기여 가능성을 따진다고 할 때 그 추론은 규범윤리의 특정 이론을 전제한다. 메타윤리에서 이론의 정당화는 이론의 논리적 정합성과 연결되기 때문에, 공리주의와 의무론의 동시적 정당화는 불가능하다. 상황 속에서 윤리 이론들의 갈등은 윤리적 딜레마로 표현되고, 딜레마의 해결을 위한 원리를 결

니라 사회학으로 양도되어야 한다면서, 그는 아무 설명 없이 결의법을 사이비 학문으로 단언한다. Ayer, A. J.(1952), Ch.6.

19) 콜링우드(R. G. Collingwood)는 언급된 언명을 부정하였다. 인간 의식 과정을 탐구하는 분과로서 역사를 규정한 그의 관념론적 역사론을 받아들이지 않지만, 이 점은 이 책에서 다룰 주제가 아니다. Collingwood, R. G.(1956), 3쪽.

정해주는 상위 차원의 거대 이론은 없다. 실제 문제 해결은 상황적 특수성의 인식에 근거한 다른 분과의 지식을 요구한다. 응용윤리에서 그 인식은 원리 적용을 위한 입력일 뿐 해결의 본질적 요소는 되지 않는다. 앞 절에서 주장했듯이, 응용윤리와 구분되는 실천윤리는 '이론 의존성의 위험'에 대한 인식에서 출발한다. 간단히 말해, 그 인식은 공리주의에 입각한 응용윤리와 의무론에 입각한 응용윤리의 모순 없는 합성이란 불가능하다는 인식과 대등하다.

지난 세기 메타윤리 차원에서 서로 이질적인 윤리 이론들을 통합해 보려는 시도가 응용윤리의 득세 이전에 유행했지만 실패했다.[20] 응용윤리의 한계가 드러난 시점에서 응용윤리와 구별되는 실천윤리의 흐름은 무시될 수 없다. 현실 문제의 해결에 철학적 추론의 기여 가능성을 타진한다는 실천윤리의 규정 방식은 실제로는 실천윤리의 참된 정신을 위반한 것이다. 문제 해결에서 이론 의존성의 위험 인식에 근거한 실천윤리가 기존의 응용윤리와 대등하다고 주장하는 것은 인정되지 않는다.

(3) 실천과 이론 사이의 관계는 어떻게 규정되어야 하나?

응용윤리는 현실적 문제 해결에 규범윤리의 기여 가능성 혹은 응용 차원에서 규범윤리의 기여 가능성의 관점에서 이해되어야 한다. 지금까지 논의를 배경으로 한 응용윤리의 기반인 규범윤리와 실천윤리 사이의 차이점은 다음 [도표 1] 속에 반영된다.

실천윤리는 선 혹은 행위 목적의 정당화 작업이 아니라 집단의 현실적인 문제 해결을 지향한다. 개연성을 허락하는 상황에 합당함으로서의 합리성은 규범적 정당화 맥락의 보편성, 비시제성 그리고 필연성을 지향하지 않는다. 실천윤리에 대한 필요성의 인식은 현실 상황이 보편적 이론의 적용 장소가 아니라는 공감대에서 출발한다. 실천

20) 그러한 시도는 주로 두 가지 규범윤리인 공리주의의 후손인 결과주의와 의무론을 통합하려는 것이었고, 여기에서 출현한 역작은 다음 책이다. Parfit, D. (1984).

	규범윤리	실천윤리
합리성	합리적 추론에 의한 행위의 의도와 목적의 이론적 정당화	문제 해결에서 상황에 합당한 만족할 만한 해결책 지향
과거 경험과 권위에 호소하는 개연성	인정하지 않음	인정
보편성, 비시제성, 필연성	지향	지향하지 않음
현실적 문제 해결에서 이론 의존성의 위험	고려하지 않음	고려

[도표 1]

윤리에서 말하는 규범은 규범윤리의 원리 혹은 규범과 다르다. 그것은 특정 사례의 상황적 특수성과 맞물린 주제와 연관된 문제 해결의 권고 사항과 같은 준칙이다. 하나의 규범이 유사한 상황 혹은 다른 행위자에게도 항상 그러해야 한다는 보편화 조건은 실천윤리의 정신과 어울릴 수 없다.

그러나 실천윤리와 규범윤리 혹은 실천과 이론이 양립 불가능한 것은 아니다. [도표 1]의 합리성 부분이 보여주듯이, 규범윤리는 선의 보편적 정의와 행위의 동기 및 목적의 정당화를 추구한다. 반면에 실천윤리는 공동협력 혹은 집단의 효과적 유지를 위한 갈등 완화와 주로 관련된다. 현실적 문제가 그러한 갈등의 원인인 경우가 많기 때문이다. 목적에서 차이를 보이는 두 분과가 서로 싸울 이유는 없다. 실천과 이론은 상보적인 관계에서 서로 도움을 줄 수 있거나 혹은 아예 서로 무관하다는 점에서 양립 가능하다.

상보적 관계 : 사례 분석에 의해 선택 및 행위를 유도하는 권고 사항으로서 준칙이 얻어진 경우, 그러한 준칙의 도덕적 정당성을 논할 때 기존의 윤리 이론이 도움을 줄 수 있다. 조심해야 할 점은 그러한 준칙과 연관해서 이론의 선별 과정이 특정 규범윤리에 의해 도출되지 않는다는

것이다. 또 실천적 문제 해결은 이론 수정의 자료 제공자로 봉사할 수 있다. 윤리적 딜레마는 이론 수정의 치료제와 같은 역할을 수행한다.

독립적 관계 : 하나의 윤리 이론은 단지 특정 사례에 해당하는 준칙들을 추상화시켜 보편화된 일종의 모델과 같다. 직접 관찰 불가능한 존재자들, 실례로 전자(electrons), 쿼크(quarks) 및 유전자(genes)의 속성을 추론하는 데 그런 추상적 모델이 과학에 큰 기여를 했다. 그러나 인간은 전자와 달리 개성을 갖는다. 유사한 상황이라도 문제 해결은 과거의 역사에 영향을 받는다. 문제 해결에 필요한 준칙은 특정 시대와 장소를 초월할 수 없으며, 유사한 상황에 새로운 변수의 개입 혹은 과거에는 무시된 변수의 발견은 기존 준칙의 유효성을 제한한다. 새로운 준칙의 개발은 개연적 판단에 근거할 수밖에 없다.

상보적 관계는 이론과 실천의 연결을 강조하는 실천윤리의 규정 방식에서 중시된다. 독립적 관계는 중세 결의법 속에서 반영된다. 집단이 지향하는 원리가 있다면, 그 원리는 어디까지나 그 집단 역사의 산물이다. 문제의 실천적 해결은 그러한 원리가 구현되기를 지향할 뿐이지, 원리에서 해결책이 도출되는 것은 아니다. 실천윤리로서 생명의료윤리의 한 흐름은 이론과 실천 사이의 상보적 관계를 무시하지 않는다. 생명과 의료 행위를 둘러싼 많은 문제들의 성격은 두말할 것도 없이 윤리적이라는 인상을 준다. 이유는 그런 유사한 문제들이 기존의 윤리 담론에서 논의되었기 때문이다. 다만 인간 본성에 대한 상반된 관점에서 출발한 이론들의 갈등이 철학적 논쟁이 아니라 실제 상황 속에서 윤리적 딜레마로 표출되었고, 실천윤리로의 전환이 생명의료윤리 분야에서 일어나게 되었다.

과거 풍부한 윤리학의 논쟁은 분명히 생명의료윤리 담론의 자원으로 봉사한다. 이 점은 공학윤리 담론에 직접 해당되지 않는다. 물론 이기주의(egoism)와 자기중심적 성향(egocentric tendency)의 구별, 선택의 자유(freedom)와 자발적 행위(voluntary act)의 구별 그리고 고의적 거짓말과 그렇지 않은 거짓말의 구별에 기존 윤리 이론의 논쟁이 도움을 준다. 공학윤리에서 그 도움은 논의에 필요한 개념의 명확성을 확보한다는 차원에서 매우 제한적이다. 공학윤리의 주제와 연관된 문제들은 생명의료윤리보다 더욱 상황 의존적이며, 많은 경우 집단적 의사결정에 개입하는 공학 지식의 성격 및 활용 방식이 문제 해결의 성패를 좌우한다. 사례의 상황적 특수성에 의해 주제를 뽑고 연관된 문제를 집단적으로 해결하는 것이 도대체 어떻게 도덕적 담론이 될 수 있을까? 공동체의 효과적 지속 혹은 공동협력이라는 대답은 너무나 상투적이다. 기독교 이념을 지향한 중세 결의법은 다양한 가치체계들이 기능하는 현실세계의 공학 담론에는 적용될 수 없다. 그렇다면 우리가 기대야 할 곳은 어디인가? 이 물음은 실천윤리를 '상식을 존중한 상황윤리'로 규정하는 제2부의 핵심 주제가 된다.

3장 윤곽 짜기

개념의 사용법

3장의 목적은 이 작업 전체에 대한 윤곽을 짜는 것이다. 이와 함께 몇 가지 중요한 개념의 탄력적인 사용법을 명시할 것이다.

1. 윤 곽

공학윤리는 생명의료윤리에 뒤이어 현대 실천윤리를 대표한다. 공학윤리와 생명의료윤리의 관계는 새로운 도시와 오래된 도시의 그것과 같다. 새로운 도시를 설계할 때 오래된 도시가 표본이 된다. 새로운 도시를 둘러싼 환경이 오래된 도시의 그것과 다를 때 모방은 취약과 같을 수 있다. 마치 전혀 닮을 수 없는 연예인을 모방한 성형수술이 낭패를 본 꼴이다. 사람을 직접 상대하는 의사라는 직업은 분명히 공학자라는 직업과 다르다. 여러 의료 문제는 의사의 행위와 직접적으로 연관된 경우가 많다. 더 좋은 의료 행위를 유도할 새로운 준수사항이 담론의 중요한 주제가 된다. 반면에 공학적 문제는 공학 지식의 사용 및 조직체계의 맥락을 구성하는 여러 요인과 복잡하게 얽혀 있다. 많은 공학적 문제는 조직적인 공학 지식의 사용과 효과적인 집단

의사결정에 의해 풀린다.

공학윤리는 기존의 생명의료윤리 담론을 그대로 모방할 수 없다. 그렇다고 사례 분석만 강조하는 것은 어떤 의미에서 공학윤리가 도덕적 담론인지를 불분명하게 만들 뿐더러 공학윤리라는 신생아의 발육을 가로막는다. 성장 저해의 증후군은 도처에 도사리고 있다. 사례 분석을 강조하는 현재 공학윤리의 흐름은 공학도, 실례로 산업공학과 학생에게는 순서도(flowchart) 기법에 의한 문제 풀이의 분야로 비춰질 수도 있다. 사회설계에 공학 지식을 개입시켜 문제 해결을 시도하는 방식은 지금까지의 기술문명 담론에서는 소외되어 왔다. 그 방식에 도덕적 의미를 부여해줄 탄탄한 기반이 요청된다. 뚜렷한 기반 없이 사례 분석만을 강조하는 것은 공학윤리 자체에 사형선고가 될 수 있다.

책이라는 귀신을 멀리하고 생각한다면, 이론이 하늘에서 떨어졌을 리는 없다. 생활세계 속에서 역동적으로 기능하는 상식에 근거해 이론이 나왔다면, 윤리 이론은 상식의 일부를 설명하기 위해 추상화된 체계일 뿐이다. 이론의 다원성은 단지 상식이 하나의 이론 속에 흡수될 수 없음을 보여주는 것이다. 이 점은 윤리적 딜레마라는 창에 투영된다. 윤리적 딜레마와 함께 이론 의존성의 위험을 인정한다면, 이론과 실천의 관계가 반드시 상보적일 이유는 없다. 표상 관점에서 이론이 보편성과 정합성을 추구하더라도, 이론은 문제의 실천적 해결 맥락에서는 분석적 도구의 일종이다. 이 점을 인정하지 않는 사람에게도, 이론과 실천은 서로 거리를 두고 어느 정도 독립적인 관계를 유지할 수 있다. 그 정도는 문제의 성격에 의해 결정된다. 과거 많이 다뤄진 문제에 대해서는 추상화된 이론들이 있기 마련이고, 이론들은 실천적 문제 해결에서 얻어진 선택과 결정의 정당화 작업에 도움이 될 수 있다. 이 점은 공학윤리에 잘 맞지 않는다. 어떤 조건에서 새로운 기술을 사회에 허용할 것인가? 이런 종류의 문제를 다룰 때 해당 지식이 큰 역할을 하며, 윤리 이론은 논의에 필요한 개념의 경계와 의미를 명확하게 해준다. 하지만, 문제 해결의 목적은 윤리 이론에 함축된 인간 본성 혹은 선의 검증이 아니라 집단의 갈등 해소를 지향하는 공공의 안전이다. 이러한 목적이 도덕적 정당성을 갖는다는 것은 분명하지만, 왜 분명한지가 논의되어야 한다. 상식을 존중한 상황윤리는 직업과 연관해 그러한 논의를 제공해준다. 이렇게 하기 위해서는 적어도 세 가지 물음이 체계적으로 다루어져야 한다.

(1) 도구의 생산 및 사용과 연관된 공학의 역사적 뿌리는 오래되었지만, 어떤 이유에서 공학은 의학이나 경영학에 비해 뒤늦게 윤리적 담론의 관심사가 되었는가?

간단한 대답은 제어하기 힘든 복잡한 현대 공학의 성격이 늦게 인식되었다는 것이다. 이러한 대답은 별 알맹이가 없다. 그렇다고 공학의 본질을 가정하여 공학의 필연적 진화 방식을 보이는 것은 공학이라는 분야가 걸어온 역사를 과장할 뿐이다. 가장 현명한 방법은 공학이 사회 속에서 변천해온 과정을 다른 분야의 활동 역사와 비교하면서 현재 공학의 위치를 파악하는 것이다. 이 작업은 별도의 공간을 요구한다. 공학의 역사와 의료 행위의 역사를 비교하는 경우, 후자에 대한 나의 지식은 턱없이 부족하다. 게다가 학문으로서 의학의 역사와 달리 직업으로서 의료 행위의 역사에 대한 선행 연구는 흔치 않다. 이 점은 공학에도 해당된다. 그래서 나는 우회로를 택할 것이다. 첫째, 기술로서 현대 공학이 갖는 성격을 규명한다. 이에 의해 공학 지식의 능동적 개입 자체가 공학을 둘러싼 윤리적 담론의 주제가 될 수 있는 가능성이 열린다. 둘째, 지식으로서 공학이 갖는 성격을 규명한다. 조직체계 속에서 도구의 디자인과 연관된 공학 지식이 어떤 식으로 복잡해졌는가를 살펴본다. 이에 의해 왜 과거에는 공학 지식이 목적 달성의 단순한 수단으로 여겨졌는지가 분명해진다. 셋째, 직업의 준수사항에 함축된 규범 혹은 원리가 특정 윤리 이론에 근거한 것이 아니라 역사적 과정 속에서 굳어진 직업적 미덕과 관련됨을 보인다. 이렇게 함으로써 공학 직업과 다른 직업 사이의 차이를 분명히 한다. 이에 의해 현대 사회에서 요구되는 공학 지식의 능동적 활용과 조직체계의 구성 방식 사이에 가로놓여 있는 현실적 장벽이 많은 공학적 문제의 불씨라는 사실을 분명히 한다. 제1부에서 이 세 가지를 살펴본다.

(2) 일상적 공감대로서 상식을 존중한 상황윤리는 어떤 의미에서 실천윤리의 성격을 갖고, 또 어떻게 문제 해결을 위한 사례 분석에 도덕적 지위를 부여하는가?

이 물음은 제2부에서 다뤄지며, 제2부는 그 중요성에 비추어 이 작업에서 가장 긴 논의들로 구성된다. 첫째, 상식에 접근하는 여러 방식을 살펴본다. 삶의 기반인 역동적인 심리 체계(dynamic psychological system)로서의 상식은 단일 이론 속에 포섭될 그러한 것이 아니다. 이 점은 윤리적 딜레마가 실제로는 딜레마가 아니라 상황의 복잡성을 반영하는 문제 공간에 속함을 보여준다. 딜레마의 해결에서 이론 의존성의 위험은 상식의 한 측면을 보편화함으로써 발생한 것이다. 실천윤리의 정신은 그러한 보편화에 대한 일종의 경고인 셈이다. 둘째, 상식을 접근할 때 피해야 하는 세 가지 관점, 곧 상식의 원리주의 관점, 유일한 이론 관점 그리고 이기주의와 이타주의의 이분법 관점을 밝히고, 현실세계의 문제는 상식 자체가 아니라 상식과 여러 가치체계의 다원적 관계 속에서 인식되어야 함을 분명히 한다. 하나의 가치체계는 그 자체로서가 아니라 다른 가치체계, 지식 및 제도적 장치와 맞물려 평가되어야 한다. 그렇기 때문에, 상식과 가치체계의 긍정적 결합방식은 '열린 역사의 관점'에서 인식되어야 한다. 셋째, 현실세계의 문제 해결을 지향하는 실천윤리는 '진행형 관점'에서 이해되어야 함을 분명히 한다. 생활세계의 원활한 기능을 추구하는 사례 분석의 두 일반 기법인 '중재'와 '방패'가 '상식의 보호대'로서 도덕적 가치를 획득함을 보인다. 이러한 도덕적 가치 속에는 '시행착오 속의 인본주의' 정신이 깔려 있음을 보게 될 것이다. 상식의 보호대와 시행착오 속의 인본주의라는 두 축을 갖는 '상식을 존중한 상황윤리'는 사례 연구를 중시하는 실천윤리 담론의 일반적인 틀로 봉사한다.

(3) 현재 우리에게 중요한 공학적 문제들과 연관된 상황적 특수성은 무엇이고, 상황적 특수성에서 도출된 주제들을 어떤 식으로 접근할 것인가?

제2부에서 틀이 잡힌 상식을 존중한 상황윤리에 근거해 공학 담론의 체계적인 틀을 짠다. 특히 재난을 둘러싼 주제들이 분석의 집중 대상이 될 것이다. 그러한 주제들은 우리가 겪었거나 겪고 있는 현실세계의 공학적 문제들에 근거해야 한다. 중요한 공학적 문제들을 대표하는 상황들, 곧 사례들을 찾고, 사례의 상황적 특수성에서 다뤄야 할 주제를 선별한다. 상황윤리의 정신 속에서 그러한 주제들과 연관된 문제들이 어떤 식으로 풀려나가는지는 제3부의 관심사이다.

2. 개념 사용에 대한 몇 가지 협약

본격적인 논의를 시작하기에 앞서 몇 가지 개념 사용 방식에 대한 협약은 불필요한 논의를 제거해줄 것이다. 첫째는 윤리와 도덕에 관한 것, 둘째는 규범 혹은 원리와 준칙에 관한 것, 셋째는 상황과 사례에 관한 것, 그리고 넷째는 발견법에 관한 것이다.

1) 윤리와 도덕

어떤 사람은 윤리적(ethical)인 것과 도덕적(moral)인 것의 구분을 매우 중요한 것처럼 과장하지만 실제는 그렇지 않다. 많은 문헌에서 그 둘은 서로 교차되어 사용된다. 윤리와 도덕의 구분 필요성은 단지 특정 맥락 속에서만 부분적인 의미를 획득한다. 세 가지 질문에 함축된 맥락을 살펴봄으로써 윤리와 도덕에 대한 각각의 구분 방식을 살펴본다.

19세기 영국 빅토리아 시대의 도덕은 무엇인가?

형이상학 없는 윤리학은 가능한가?

인간 도덕성의 기원은 무엇인가?

첫 번째 질문은 서양 사상사에서 도덕의 어원적 기원에 관한 것이다. 용어 'moral'은 라틴어에 기원을 둔 것으로서 로마 시대 법제정 등과 연관해 사회적 기대치를 충족하는 관습을 의미한다.[1)] 이러한 어원적 구분에 따르면, 도덕은 특정 시대의 장소와 문화에 한정된 개념이었다. 서양인들이 빅토리아 시대의 윤리라는 표현 대신에 빅토리아 시대의 도덕이라는 표현을 즐겨 쓰는 까닭은 윤리와 도덕의 어원적 구분에 기인한다. 관습이 특정 시대의 문화에 속한 사람들의 인격과 덕에 근거한다면, 윤리는 구체적인 도덕에 대한 담론이 된다. 윤리와 도덕에 대한 이 구분을 수용하는 경우, 윤리는 도덕보다 광범위한 의미를 갖는다.[2)]

그러나 도덕 개념이 윤리학사에서 항상 특정 시대 혹은 문화에 국한해 사용되어온 것은 아니다. 도덕적인 것은 이론적 고찰의 전 단계 혹은 이론화의 기반으로 여겨지기도 한다. 일상경험의 도덕적 판단이 정말 올바른 것인지, 그리고 논리적 정당화가 가능한지를 따지는 것은 윤리학의 중요한 주제로 정착했다. 이러한 주제와 맞물린 윤리 개념은 이론적 의미를 갖게 된다. 윤리 이론에 검증 및 반증 불가능한 형이상학적 전제가 깔리는 경우, 실례로 인간의 선한 측면을 종교적 신(god) 혹은 어떤 인간 본성론을 깔고 설명하는 경우는 역사적으로 흔했다. 그렇기에 도덕 담론으로서 형이상학과 윤리학의 관계에 대한 두 번째 질문이 나온다. 이러한 질문의 맥락에서 도덕은 첫째 질문의 맥락과 달리 윤리보다 포괄적인 의미를 갖는다.[3)]

세 번째 질문의 맥락에서 도덕은 인간의 선하다고 여겨지는 측면과

---

1) 고대 그리스어에 기원을 둔 용어 'ethical'도 원래는 개인의 인격 혹은 덕과 밀접한 관련을 맺는다.

2) 이러한 용법을 따른 대표적인 윤리학자는 버나드 윌리엄스이다. Williams, B. (1985).

3) 도덕과 윤리 개념을 이러한 식으로 사용한 방식은 다음 책에 반영되어 있다. Patzig, G.(1983).

관련을 맺는데, 도덕의 이러한 이해 방식은 동양 전통에서는 일반적이다. 용어 '윤리'는 동양 고전에 그리 흔하게 나오지는 않고 『예기(禮記)』에 처음 등장하는 것으로 알려져 있다. 음악과 연관해 『예기』에 등장한 윤리 개념은 지배층, 곧 사대부 집단이 파악할 수 있는 '인간의 도리'를 뜻한다.[4)]

> "凡音者, 生於人心者也. 樂者, 通倫理者也. 是故知聲而不知音者, 禽獸是也. 知音而不知樂者, 衆庶是也. 唯君子爲能知樂. 是故審聲以知音, 審音以知樂, 審樂以知政, 而治道備矣. 是故不知聲者不可與言音, 不知音者, 不可與言樂, 知樂則幾於禮矣." (무릇 '음'이란 사람의 마음에서 나오는 것이고, '악'이란 '윤리'와 통하는 것이다. 이런 까닭에 '성'은 알지만 음을 모르는 것은 금수이고, '음'을 알지만 '악'을 모르는 것은 (피지배) 서민이다. 오직 (지배계급인) 군자만이 '악'을 알 수 있다. 이런 까닭에 '성'을 살핌으로써 '음'을 알고, '음'을 살핌으로써 '악'을 알고, '악'을 살핌으로써 '정'(정치)을 알아서 다스리는 방법이 갖춰질 것이다. 이런 까닭에 '성'을 모르는 자와는 '음'을 말할 수 없고, '음'을 모르는 자와는 '악'을 말할 수 없으니, '악'을 안다면(또는 '악'을 안다는 것은) '예'에 근접했다 할 수 있다.)

인간의 도리는 개인 차원의 인격이나 덕이 아니라 인간관계의 위계질서를 규정한다. 윤(倫)은 순서 혹은 차례를 뜻하며, 윤리에서 이(理)를 소박하게 해석하는 경우 순서와 차례에 관한 법칙이 된다. 이 법칙의 우주론적 정당화 작업은 신분계층의 위계질서를 고정시키는 역할을 수행한다. 역사적 변천 속에서 윤리는 '인간의 도리'로서 탄력성 있게, 그리고 폭넓게 사용되고 있다.

그밖에 도덕은 선과 악을 구별해주는 판단의 기능으로, 윤리는 그러한 기능을 밝히는 학적 작업으로 이해되기도 한다. 나는 둘째 질문의 맥락에서 윤리와 도덕을 이해하는 방식을 선호한다. 두 가지 규범

---

4) 이 점은 『예기』의 악기(樂記) 제19장 첫머리 속에 반영되어 있는데, 이에 대한 정보와 번역을 제공해준 숭실대 구태환에게 고마움을 전한다.

윤리 이론의 서로 상반된 두 원리가 갈등하는 윤리적 딜레마의 일상적 이해가 반드시 그런 이론의 이해를 전제하는 것은 아니다. 공학도는 실제 자신의 작업에서 회사가 요구하는 것과 양심 사이에서 갈등하기도 한다. 그의 갈등은 윤리학을 모른 채 상황 속에서 나타나는 그러한 것이다. 이러한 일상생활의 도덕적 딜레마가 윤리 이론과 연관될 때 그것은 윤리적 딜레마로 불릴 것이다. 윤리와 도덕의 다양한 용법 및 문화적 차이 때문에, 그 둘을 엄밀히 구분하려는 강박관념 속에서 논의를 진행하는 것은 현명하지 못하다. '윤리'와 '도덕'이 교차 사용 가능하다는 점은 항상 염두에 두어야 한다.

2) 규범과 준칙

규범 또한 사용 맥락을 무시한다면 논의에 혼돈을 불러오기 쉬운 개념이다. 일상생활에서 규범은 매우 탄력적으로 사용된다. 규범의 가장 일반적 의미는 어떤 기준 혹은 척도를 의미한다. 규범은 자연의 존재 방식을 규정하는 법칙으로서 혹은 지식의 궁극적인 근거로서 이해되기도 한다. 이러한 다양한 규범 개념의 탄력적 측면에도 불구하고, 근대 이후 서양 윤리학에서 규범은 행위 및 선택의 당위성을 함축하는 개념으로 정착했다. 여기에는 사실판단과 가치판단의 구분 속에서 행위 및 선택의 당위성은 가치판단과 관련된다는 전제가 깔려 있다. 이 전제의 타당성을 떠나 물리적 자연의 본성 자체에서 행위 및 선택의 당위성이 도출된다면, 윤리학은 자연과학의 일부가 되거나 아니면 윤리학 자체가 필요 없게 된다.

행위 및 선택의 당위성은 분명히 특정 가치체계에 근거한다. 그래서 규범은 사회적 관습을 뜻할 수도 있다. 관습은 전통적 서양 규범윤리에서 말하는 정당화의 원리인 '규범'에 해당하지 않는다. 별 다른 언급이 없다면 '규범'은 규범윤리의 '이론적 규범'을, 그리고 '준칙'은 개연적 판단의 근거로 기능하는 일반 지식(common knowledge)을 뜻할 것이다. 관습을 포함한 준칙은 사람들의 선택과 행위에 도움을 주지만 항상 그렇지 않다는 점에서 잠정적이다.

실천윤리가 규범윤리와 거리를 둔다는 사실이 '규범적 정당화(normative justification)'를 완전히 무시하는 것으로 해석되어서는 안 된다. 규범에 근거한 정당화에서 '규범'이 반드시 규범윤리 이론의 원리를 전제하는 것은 아니기 때문이다. 제3자 관점에서 재구성 가능한 논증은 규범적 논증이 갖춰야 할 객관화 조건을 만족한다. 사회에서 통용되는 행위 준칙과 관습도 제3자 관점에서의 객관화 조건을 만족하기 때문에, 규범적 정당화의 '규범' 자격은 상황 보편화 혹은 행위자 보편화 조건을 전제하지 않는다.[5] 규범적 정당화 이론이 규범윤리에 종속된다고 생각하는 것은 잘못이다. 상황을 원리 적용의 입력으로 보고 결론을 추론하는 합리적 정당화 맥락의 논증 방식에 한계를 가하는 것이 정당화 자체의 부정 논법으로 이해되어서는 안 될 것이다.

3) 상황과 사례

2장 1절과 2장 2절에서 보았듯이, 여러 상황들은 하나의 상황적 특수성에 의해 유사한 것으로 분류되며, 상황적 특수성은 그런 상황들의 공통 관심사 혹은 주제를 이끌어내는 기반으로 봉사한다. 그런 사례들 중에서 공통 관심사 혹은 주제를 잘 대표하는 것이 사례로 규정된다. 사례는 특정 상황들을 대표한다는 점에서 그 상황들의 패러다임으로 불릴 수 있다. 이러한 상황과 사례의 구분은 앞으로의 논의에서 전제될 것이다. 상황윤리에서의 문제 해결은 상황적 특수성뿐만 아니라 그 특수성과 연관된 주제들도 반드시 고려해야 한다. 주제들의 가치 매김 및 그러한 가치 매김에 대한 집단적 합의가 상황윤리에서 중요하기 때문에, 상황윤리는 개인이 처한 처지를 고려해 악행을 정당화하는 분과가 아니다. 신문기사 등에 과거사 청산 문제와 함께 등장하는, 곧 윤리학사에서 그 뿌리를 찾기 힘든 모호한 '상황론'을 상황윤리에 덮어씌우면 안 된다.

---

5) 규범적 정당화에 대한 실례는 [부록] A2를 참조하라.

4) 발견법

발견법(heuristic)은 문제를 찾고 문제를 해결해 나가는 넓은 의미의 탐색 과정을 뜻한다. 어떻게 문제가 출현하고, 문제 해결에서 인지 능력이 어떤 과정을 거쳐 전략으로 구현되는지는 이 글의 주제가 아니다. 현재까지도 그 체계적인 면모를 갖추지 못한 발견법의 연구 역사가 이 작업에서 자세히 펼쳐질 이유도 없다. 중요한 것은 공학적 문제 또한 문제이기 때문에, 그것은 발견법과 무관할 수 없다는 정도의 동의만이 필요하다. 여기에 대한 상투적인 반박이 예상된다. 그 반박은 전형적인 발견과 발명의 구분에서 온다. 발견은 미리 주어진 것을 찾는 것이라면, 발명은 없던 것을 새롭게 탄생시킨다. 과학과 달리 공학은 발견이 아니라 발명에 국한되어 있기 때문에, 공학에다가 발견을 운운하는 것은 잘못이다. 이러한 반박은 아예 반박 자체의 자질을 지니지 못한다.

발명과 발견의 차이는 발견법의 결과론적 입장에서 나타날 뿐이다. 과학의 문제 풀이가 자연적 제약을 찾는 것을 추구한다면, 공학은 인공물을 디자인함으로써 문제를 풀어나간다. 서로 추구하는 바는 다르지만, 공학과 과학 둘 다 문제를 찾고 해결해 나간다는 점에서는 다르지 않다. 발견법의 광범위한 의미는 문제 풀기의 과정에서 이해되어야 한다. 상투적인 발명과 발견의 차이는 발견법의 결과적 차이로 인식되어야 한다. 용어 '발견'은 발견 맥락 혹은 발견법의 관점에서 이해되어야 한다. 공학자는 문제 풀기 과정에서 경우에 따라서는 과학자의 역할을 수행하기도 하며, 또 과학자가 공학자의 역할을 수행하는 경우도 많다. 공학과 과학을 상투적인 발명과 발견의 차이로 구분하는 것 자체가 상투적이다. 다시 말해, 아무런 쓸모가 없다는 말이다. 이어질 논의 속에서 공학을 둘러싼 여러 잘못된 고정관념이 해체되기를 희망한다. 그밖에 중요한 것은 교차 사용 가능성에도 불구하고 기술과 공학의 구분 방식이다. 이것은 제1부의 시작에서 다룬다.

[제 1 부]

공학 기술, 공학 지식 그리고 공학자

4장 기술로서의 공학

가치중립성과 이데올로기의 사이에서

공학을 실천적 학문으로 규정하는 데 있어 어려운 점은 공학의 다의미성이다. 공학은 담론의 성격에 따라 기술로서의 공학, 지식으로서의 공학 혹은 직업으로서의 공학을 뜻한다. 실천적 학문으로서 공학을 규정하는 방식은 '공학'이라는 이름 아래 획일적으로 이루어질 수 없다. 기술로서의 공학을 실천적 학문으로 규정하는 데 중요한 물음은 이렇다. 기술은 가치중립적인가? 이 물음에 대한 두 가지 본질주의 접근법을 비판적으로 분석함으로써 기술로서의 현대 공학이 갖는 성격을 찾는다. 그 성격은 공학기술이 가치중립적이지 않은 동시에 이데올로기가 될 수 없다는 것이다. 이러한 기술로서의 공학의 성격은 공학 지식의 능동적 활용 자체가 윤리적 담론이 될 수 있는 가능성을 열어준다.

1. 공학과 기술의 세 측면

공학의 가장 포괄적인 규정 방식은 현실 문제를 풀기 위해 도구를 디자인하고 생산하는 학문이라는 것이다. 문제 해결을 위한 도구, 곧 '표적도구(target tool)'의 디자인 및 생산은 다른 '수단도구'에 의해 이뤄진다. 수단도구는 노하우, 이론, 수학적 방법론 등으로 대표되는 분석적 도구(analytical tools)와 기계장치로 대표되는 물리적 도구(physical tools)로 크게 나뉜다. 공학은 이러한 수단도구를 이용해 문제 해결을 위한 표적도구를 디자인하고 생산하는 학문이다. 이러한 규정 방식의 충분한 이해는 공학이 과학의 응용이라는 선입관이 제거될 때 가능하다. 그 이해는 공학을 문제 해결의 과정으로 볼 것을 요구한다. 발견법(heuristic)의 맥락에서 공학자의 작업과 과학자의 작업은 그리 차이가 나지 않는다. 그 둘은 단지 지향하는 목적과 작업을 제한하는 성격에서 차이가 날 뿐이다.

공학보다 폭넓은 개념은 기술(technology)이다. 기술은 누구나 쉽게 익히고 사용할 수 있는 연장에서 인터넷망과 같은 의사소통체계까지를 다 포함한다. 기술은 또한 망치나 드라이버 같은 연장 사용의 기예가 아닌 광범위한 의미에서 '기술체계(technological system)' 혹은 '기술학(technological science)'과 동등하게 사용되는 개념이기도 하다. 연장의 사용이 숙련된 공학자의 자격 요건임에는 틀림없지만, 그것이 공학자가 갖춰야 할 핵심 기술로는 여겨질 수 없다. 산업혁명 이후 도구 디자인 및 사용의 학문으로서 공학은 비로소 대학에 정착했다. 공학자가 갖춰야 할 자질은 문제의 창조적 해결 능력과 함께 책임감 그리고 통계학을 비롯한 많은 분석적 도구의 조작 능력이다. 공학자의 뿌리는 과거 장인과 기술자이지만, 공학자는 어디까지나 특정 기관에서 훈련을 받은 전문가 집단에 속한다. 기술로서의 공학은 기술이라는 광범위한 체계 속에서 공학자에게 해당하는 영역이다. 이러한 의미에서 공학 기술은 '기술로서 공학'을 뜻한다.

공학의 둘째 측면은 지식으로서의 공학이다. 이 측면은 주로 공학 지식의 성격 규명과 연관되며, 공학과 과학을 구분하는 것이 하나의 중요한 주제로 떠오른다. 공학의 셋째 측면은 직업으로서의 공학이다. 이 측면은 공학 기술 혹은 지식을 활용하는 행위자와 연관된다. 기술로서의 공학, 지식으로서의 공학 그리고 직업으로서의 공학은 다음의 의미를 갖는다.

> 기술로서의 공학 혹은 공학 기술 : 문제 해결에 필요한 다양한 도구들이 사용되는 방법이다.
>
> 지식으로 공학 혹은 공학 지식 : 공학적 문제 해결에 동원되는 지식 자체의 성격을 뜻한다.
>
> 직업으로서 공학 혹은 공학 직업 : 조직체계 내에서 공학자의 역할과 공학자에게 부여되는 자질과 관계된다.

기술이 공학보다 포괄적인 의미를 가지기 때문에, 공학의 세 측면은 또한 기술의 세 측면으로 반영된다. 도구 사용법으로서 기술의 측면, 지식으로서 기술의 측면 그리고 직업으로서 기술의 측면이 그것이다. 완전 제어 불가능한 현대 공학 기술이 생활양식의 변화에 주요 요인으로 인식되면서, 기술과 문명 사이의 관계가 논의되었다. 과학의 응용이라는 기술에 대한 선입관은 비판되었고, 기술은 실천적 학문으로서 재조명되었다. 공학과 기술을 이렇게 세 측면으로 나누어 고찰한다면, 도구의 생산과 디자인이라는 공학의 실천적 의미 또한 세 측면에 따라 평가되어야 하는 것이다. 그렇지 않을 경우 혼선이 발생한다. 왜 그런지 알기 위해 기술과 문명 담론에서 많이 논의된 기술에 대한 하나의 규정 방식을 분석하자.1)

(T) 기술은 실천적 목적들을 위한 지식의 유기적 조직이다.

이러한 규정 방식에 대해 당장 예상할 수 있는 반박은 이렇다. 이 세상 모든 것은 실천적 목적들과 연관되기 때문에, 위 규정은 단지 기술이 지식이라는 것이다.2) 결국 위 규정은 공허한 주장일 뿐이다. 이러한 반박은 대개 다시 알맹이 없는 기술에 대한 포괄적인 규정을 낳는다. 기술에 대한 규정 (T)는 먼저 공학과 기술의 세 측면에서 검토되어야 한다. 이를 위해 도구의 사용이 발견에 지대한 역할을 미친 분자생물학 역사의 한 사례를 살펴보자.

현대 분자생물학의 한 영역은 생화학과 유전학의 결합으로 탄생했다. 초기 분자생물학에서는 생명체 내의 여러 가지 변화 매개자인 단백질과 같은 고분자 물질의 분리가 필수적이었다. 단백질의 성질 규명은 생화학의 중심 연구 분야였다. 20세기 초반만 하더라도 고분자 이론 대신에 콜로이드 이론(colloid theory)이 지배적이었다. 단백질은 상대적으로 큰 분자량을 갖는 고분자가 아니라 작은 콜로이드 입자

1) Mesthene, E. G.(1969).

2) Pitt, J. C.(2000), 10쪽.

들의 덩어리로 가정되었다. 이러한 콜로이드 이론이 깨지는 데에는 하나의 도구가 결정적 역할을 했다. 바로 스웨덴의 스베드베리(T. Svedberg)가 개발한 초원심분리기(ultracentrifuge)다. 초원심분리기는 현재 분자생물학의 물질 분석에서 가장 유용한 도구 중 하나이다.[3)] 도구 사용에 대한 분자생물학의 이러한 사례를 공학과 기술의 세 측면에 따라 간략히 분석해보자.

1) 기술적 측면

공학 기술, 곧 공학의 기술적 측면은 실제 도구 사용법에 근거해야 한다. 그러한 사용법은 상황 속의 문제와 맞물릴 수밖에 없다. 도구는 문제 해결의 맥락 속에서 다뤄진다. 현대 과학기술에서 문제 해결에 동원되는 도구는 단순히 물리적 연장과 기계만이 아니다. 자료 분석을 위한 통계학도 문제 해결의 차원에서는 도구다. 이 경우 통계학은 물리적 도구가 아니라 분석적 도구에 속하며, 어떤 이는 이 두 종류의 도구를 하드웨어와 소프트웨어로 구분하기도 한다. 초원심분리기는 문제 해결의 물리적 도구에 속한다. 초원심분리기는 단백질이 콜로이드로 구성되었는가라는 물음에 대해 아니라는 결정적 자료를 제공한다. 그리고 더 정확한 이론 건설을 위해 분석적 도구가 개입한다. 문제 해결의 맥락에 좌우되는 도구 사용법의 관점에서 과학과 기술은 실제 별 차이가 없다. 둘 다 문제 해결이라는 목적 달성을 지향한다. 공학의 기술적 측면에서 볼 때, 규정 (T)는 무의미하다.

2) 지식의 측면

초원심분리기에 의해 콜로이드 이론이 결정적으로 깨어지는 순간, 새로운 이론을 향한 가설이 요구된다. 가설을 얻기 위해 실험 자료 해

---

3) 이러한 도구의 사용과 발견의 관계가 과학철학의 흥미로운 주제로 정착한 것은 최근이다. 다음 책의 초원심분리기에 대한 부분은 실험 도구가 이론의 검증 수단이 아니라 발견 과정의 본질적 부분임을 보여준다. 미셸 모랑쥬, 강광일 · 이정희 · 이병훈 옮김(2002), 9장.

석에 여러 분석적 도구가 개입했고, 고분자 이론이 과학계에서 인정받게 되었다. 초원심분리기의 사용은 후에 고분자 이론마저 붕괴시키지만, 이 사실은 우리에게 중요하지 않다. 초원심분리기를 고안한 스베드베리는 공학자인가, 아니면 과학자인가? 공학자라고도 할 수 있고 과학자라고도 할 수 있다. 또 어떤 공학자는 실천적 목적을 위해 아예 새로운 이론을 제안하기도 한다. 하지만, 이러한 역할 교환(role change)은 지식의 측면에서 공학과 기술을 분석하는 데에는 결정적이지 않다. 도구 디자인의 실패는 사실판단에 근거한 이론의 반증이 아니다. 도구 디자인의 성공은 생활환경과 양식을 변화시키지 이론의 검증과 선택에는 봉사하지 않는다. 특정 물질 구조의 발견 그리고 참 혹은 거짓의 판단이 가능한 이론 건설을 지향하는 과학자의 궁극적 의도와 도구 디자인에 의해 현실 문제를 해결하려는 공학자의 궁극적 의도는 다르다. 이러한 의도의 차이가 과학 작업과 공학 작업에 깔려 있는 한, 지식의 측면에서 과학과 공학은 동일할 수 없다. 지식 측면에서의 분석은 규정 (T)가 기술 측면에서의 분석과 달리 무의미하지 않음을 함축한다. 그러나 (T)에서 실제 얻을 수확은 없다. (T)의 유의미성은 (T)의 규정 방식에서 도출되지 않았기 때문이다. 이 점은 역으로 지식의 측면에서 (T)가 단지 현대 기술과 공학에 해당하는 포괄적 성격임을 암시할 뿐이다. 6장에서 이러한 성격은 지식으로서의 공학을 실천적 학문으로 규정하는 데에는 여전히 부족함을 알게 될 것이다.

3) 직업적 측면

조직체계 내에서의 공학자와 기술자의 행위 방식 그리고 공학과 기술의 직업적 미덕에 대한 역사적 인식 없이, 공학과 기술의 직업적 측면을 분석하겠다는 것은 있을 수 없다. 도구의 역할 강조만으로 그러한 분석은 불가능하기 때문이다. 공학과 기술의 그 어떤 규정 방식이 조직체계 내에서 공학자의 행위 방식을 일률적으로 결정할 수 있다면, 공학윤리와 같은 분과는 애당초 필요가 없었다. 또 직업의 미덕이 어떤 규정에서 도출될 수 있는 것이라면, 오늘날 해당 직업 종사자에게 요구되는 것이 무엇인가라는 질문 따위는 선전에 불과하다. 직업의 역사가 교육 및 행위자의 역할 그리고 시대적 상황과 무관하게 규정될 것이라는 생각은 터무니없다. 공학과 기술의 직업적 측면을 결정할 그 어떤 보편적 규정은 없어 보인다. 직업으로서 공학과 기술이 실제 기능하는 방식을 살펴봄으로써 우리는 현재의 공학과 기술이 갖는 실천적 자격 요건과 타분야와 구분되는 방식을 구체화할 수 있다. 공학의 직업적 측면은 7장의 주제다.

기술에 대한 하나의 규정 (T)에 대한 이 세 측면의 분석은 우리에게 무엇을 암시하는가? 공학과 기술은 실천적 학문이라고 외치면서 공학과 기술에 대한 유일하고 포괄적인 규정 방식을 찾으려는 것 자체가 위험하다. 그러한 규정은 심지어 기술과 문명 담론이 있는데 구태여 공학윤리가 필요한가라는 순진한 물음에 대해서도 명쾌한 답을 줄 수 없다. 우리에게 필요한 것은 공학과 기술의 유일한 규정 방식의 환영에서 벗어나는 것이다. 그 대신 여러 측면에서 공학을 실천적 학문으로 규정해주는 성격들을 찾아내야 한다. 현재 사용되는 도구, 도구의 사용 맥락 및 이 맥락에 개입하는 요인들의 목차(list)에 근거해 공학을 기술, 지식 그리고 직업의 측면에서 분석해 들어가야 한다. 그러한 분석만이 공학을 실천적 학문으로 규정하는 데 필요한 실제 조건들을 드러내준다. 따라서 공학 전체를 실천적 학문으로 규정하려 들지 말고, 우리는 이렇게 물어야 한다. 과거도 미래도 아닌 현재 기술로서의 공학, 곧 공학 기술은 어떤 의미에서 실천적인가? 혹은 공학 기술을 실천적 학문으로 규정해주는 성격은 무엇인가? 이러한 물음 또한 그냥 하늘에서 떨어진 것이 아니라 기술의 한 범주로서 공학이 걸어온 역사적 상황에 기인하는 것이다.

2. 기술 몽유병과 결정적 물음

공학을 실천적 학문으로 규정해주는 성격, 곧 공학 지식의 성격 및 공학의 직업적 측면의 성격은 뒤로 미루자. 기술적 측면에서 공학의 실천적 성격을 찾는 것이 우선 우리의 목적이다. 공학을 실천적 학문으로 규정해주는 기술의 성격은 다양한 도구들의 사용 매뉴얼 같은 것에 의해 규정될 수 없다. 도구가 그냥 도구이듯이, 그러한 매뉴얼 또한 매뉴얼일 뿐이다. 레드카드, 옐로카드 그리고 호루라기 사용법에 대한 축구경기의 매뉴얼은 관중들도 다 안다. 현대 축구에서 심판의 중요한 역할 중 하나는 경기의 흐름을 끊지 않는 것이다. 매순간마다 파울이 발생한다고 무조건 호루라기를 부는 심판은 현대 축구에서 훌륭한 심판으로 여겨지지 않는다. 경고 카드와 호루라기라는 도구의 사용법은 공정한 경기 및 선수보호 이외에 관중 동원을 위한 흥미의 관점에서 이해된다. 이러한 이해 방식은 공장 노동자들의 결속력 강화를 위해 벌어진 19세기 초 영국의 축구경기에는 해당하지 않는다. 그것은 1888년 프리미어 리그(Premier League)가 출범한 이후 축구가 걸어온 역사적 과정에서 정착된 것이다.

축구경기의 사례는 공학 기술에 대한 이해 방식의 변천 과정을 살펴보라고 우리에게 암시한다. 그 이해 방식은 문화와 역사를 초월한 것이 아니라 특정 시대, 특정 문화 집단의 도구를 대하는 태도와 말하기 방식 속에 반영된다. 축구와 공학 기술은 분명히 다르다. 축구경기에 대한 관중의 관전평과 현대 공학 도구에 대한 일반인의 평가는 질적으로 다른 차원에 속한다.

> "그 심판이 결정적인 순간에 쓸데없이 호루라기만 불지 않았어도 우리 팀이 이길 수 있었는데, 아깝다. 그 순간부터 경기의 맥이 완전히 끊겼어."

> "이런, 오늘 고속전철이 또 연착했대. 그렇게 혈세를 낭비하고도 매일 늦다니, 오늘 고속전철을 탔으면 큰일 날 뻔했어."

이 두 일상적인 진술에 담긴 도구 사용에 대한 이해 방식의 차이는 무엇인가? 호루라기를 다루는 방식 혹은 호루라기의 기능에 대한 심판과 관중의 이해 방식에는 큰 차이가 없다. 호루라기를 부는 상황에 대한 판단은 서로 다를 수 있지만, 이것이 도구의 기능 방식 자체에 대한 이해의 차이에서 온 것은 아니다. 호루라기 사용법과 달리, 거대한 사회체계(social system) 속에서 의미가 있는 고속전철의 복잡한 기능은 일반 시민에게 투명하지 않다. 공학 기술에 대해 현재 사람들의 말하기 방식 속에 내포된 이해 방식과 도구의 실제 기능에 대한 정확한 이해 방식은 서로 일치하지 않는다. 이 점은 '기술 몽유병(technological somnambulism)'이라는 냉소어린 표현 속에 잘 드러나 있다.[4] 기술적 혜택은 일상생활에서 너무나 당연하게 여겨져 대부분 의식되지 않는다. 마치 몽유병 환자가 잠을 깬 후 자신이 돌아다녔던 경험을 기억하지 못하는 것과 같다. 기술은 재난과 사고 등 무엇인가 잘못되었을 때 세속의 관심 대상이 된다. 방송 보도와 신문의 많은 기사는 이러한 기술 몽유병을 보여준다. 사람들에게 고속전철의 정상 기능은 당연한 것이고, 연착과 고장만이 보도거리가 된다.

기술 몽유병이 담론에 떠오른 이유는 간단하다. 현대 공학 기술이 쉽게 제어될 수 없기 때문이다. 이것은 철학에서는 꽤나 고상하게 표현된다. 공학 기술은 더 이상 실천적 목적 달성의 단순한 수단(means)이 될 수 없다. 이러한 고상한 언명이 나온 결정적 원인은 몽상가의 상상도 아니며 냉철한 철학자의 논리적 추론의 결과도 아니다. 그것은 생활세계 상태 자체를 급속히 변화시킬 수 있는 공학 기술의 위력에 대한 인식의 산물이다.

고속전철은 맹금류가 먹다 남긴 고기를 뼈에서 떼어내기 위해 구석기 시대 원시인들이 사용했던 단순한 연장이 아니다. 고속전철 자체가 여러 이질적인 지식의 복잡한 결합체이며, 고속전철의 기능은 거대한 사회체계 속에서만 제대로 평가될 수 있다. 그것의 완전한 통제는 불가능하다. 도구 사용의 복잡성에 기인한 이러한 통제의 어려움

4) Winner, L.(1986).

은 일반인들에게는 기술 몽유병 증상으로 나타난다. 많은 사람들은 여전히 충분한 계획과 계산 아래 도구가 정확히 설계되고 사용된다면 기술적 부작용이 없을 것이라고 믿는다. 이 믿음 속에서 기술은 현실적 문제를 풀기 위한 단순한 수단으로 반영되고 있다. 공학 기술의 복잡성과 제어 불가능성을 인식한 사람들은 기술을 그런 단순한 수단으로 보지 않는다. 도구 사용의 맥락과 문제 해결의 목적에 깔린 가치들 사이의 관계가 담론의 주제로 떠올랐다. 기술은 정말 가치중립적인가? 이 물음은 공학의 기술적 측면, 곧 공학 기술의 성격을 규명하는 데 결정적 물음으로 정착했다.

공학의 다측면을 무시한 채 하나의 규정을 추구하는 것에 대해 경고했지만, 많은 철학자들은 여전히 한 측면을 잘라내어 어떤 보편적 정의로서의 규정을 찾으려고 한다. 그들은 공학의 기술적 측면에서 어떤 본질을 가정하여 도구 사용과 가치 사이의 관계를 결정지으려고 한다. 이것은 정말 나쁜 방법이다. 실제 도구가 기능하는 방식을 자신의 관점 속에 가둬버리는 짓이 되기 때문이다. 그런 관점은 일터의 공학자에게는 너무나 낯설게 다가올 것이다.

3. 가치론과 가치중립성

공학 기술에 대한 본질주의(essentialism)적 접근법은 기술이 완전히 가치중립적이거나 아니면 그 자체로서 이데올로기가 된다는 것이다. 공학 지식의 역할에 도덕적 의미를 부여하기 힘들어진다. 이렇게 되면 공학윤리 주제의 상당 부분이 무의미해진다. 기술로서 공학의 실천적 성격을 찾는 데 본질주의 접근법이 현실세계와 얼마나 동떨어진 것인지를 알기 위해서, 우리는 가치중립성의 의미를 명확히 해야 한다.

먼저 가치의 종류를 분류하자. 양(quantity) 자체로서의 가치가 있다. 수학에서 함수의 값을 들 수 있다. 이러한 가치는 우리의 관심사가 아니다. 실천적 문제 해결에서 참 혹은 거짓의 진리치 또한 가치에 지나지 않지만, 공학 기술은 참인 이론의 발견을 지향하지 않는다. 이 점에서 진리치가 기술의 가치중립성 문제에서 심각하게 고려될 이유는 없다. 우리가 고려할 가치들이란 양화 가능하지만 그 자체로는 양이 아닌 교환가치들, 도덕적 가치들 그리고 나중에 보게 될 인지적 가치들(cognitive values)이다. 이제 기술과 가치의 관계는 그러한 가치가 기술이라는 대상에 어떻게 부여되는가라는 물음에 의해 대답된다. 가치와 가치가 부여되는 대상 사이의 관계를 따지는 가치론(axiology)은 그 물음을 따지는 데 과연 도움이 될까? 전통적인 가치론을 살펴보자.

가치론에 의하면 가치는 크게 본래적 가치(intrinsic values)와 부수적 가치(extrinsic values)로 나뉜다. 이러한 분류는 규범윤리의 전통에서 나온 것이다. 윤리 이론의 원리는 그 자체로서 본래적 가치를 지니는 것으로 가정되었다. 플라톤주의 전통에서 본래적 가치는 대상과 무관하게 존재하는 것으로 가정되었다. 근대에 들어와 본래적 가치는 어떤 행위 혹은 정신 상태의 필연적 속성으로 가정되었다. 실례로 쾌락 추구의 결과는 나빠도 쾌락 그 자체는 선하다는 주장을 들 수 있다. 무어(G. E. Moore)에 이르러 본래적 가치의 분석이 담론의 대상이 되었다.[5] 무어 이후 본래적 가치는 가치가 부여되는 것의 수반 속성(supervenient properties)으로 이해된다. 하나의 가치가 어떤 무엇에 본래적이라고 할 때 그 무엇은 오로지 그 자체의 내적 속성에 의해서만 그 가치를 갖는다. 이 경우 가치는 그런 내적 속성에서 수반된 것이지만, 수반 조건에 대한 논의는 지금도 진행 중이다. 본래적 가치의 좀더 직관적 이해는 그것이 관계적(relational)이지 않다는 것이다. 지고의 선이 신의 속성이라는 논증에서 선은 본래적 가치로 여겨졌다. 신은 스스로 존재하는 실체(substance)이기 때문에, 지고의 선은 신과 다른 것 사이의 관계에 좌우되지 않고 오로지 신 자체에 속한다. 부수적 가치는 반면에 관계적인 것으로 이해된다. 어느 정치인이 명예를

5) Moore, G. E.(1912).

위해 불이익을 당하더라도 거짓말을 하지 않겠다고 결심했다. 여기서 정직하다는 것이 선하다고 할 때 이 선은 미래의 명예와 관련되어 이해될 수 있다. 이 경우 선하다는 것은 본래적이 아니라 부수적이다.

전통적인 가치론의 관점에 따라 가치를 본래적인 것과 부수적인 것으로 분류할 때 가치중립성은 본래적 가치와 부수적 가치 중에서 어느 것과도 무관함을 뜻한다. 실천윤리 영역에서 가치중립성의 이러한 규정을 기술 담론에 적용하기는 무리다. 여기에는 사소한 문제와 중요한 문제가 있다. 사소한 문제는 본래적 가치와 부수적 가치의 구분이 범주적(categorical)이라는 것이다. 정직하다는 것이 선하다고 할 때 의무론 옹호자는 그것을 본래적 가치로 여기지만, 결과주의자는 미래의 이득과 연관시켜 부수적 가치로 여길 것이다. 중요한 문제는 가치의 본래적인 것과 부수적인 것 사이의 구분이 실천윤리가 아닌 규범윤리 전통 속에서 나왔다는 점이다. 우리의 집단적 합의 차원을 초월한 본래적 가치들이 진짜 있는가? 윤리학자만큼, 아니 어쩌면 더 도덕적 삶을 영위하는 대다수 사람은 이 질문을 이해하지 못하거나 이해하더라도 머리를 좌우로 흔든다. 본래적 가치들이 있다면, 그것들은 그 어떤 상황과도 무관해야 한다. 사람의 도덕적 판단은 반면에 상황 의존적이다.

본래적 가치들이 정말 있다면, 모든 종류의 실천윤리는 그것들을 지향해야 한다. 아리스토텔레스가 지고의 선 자체를 행복으로 정의하고 이론과 실천의 독립성을 강조했을 때 지고의 선은 행위의 규범이 아니라 개인의 인생 전체에서 지향되어야 하는 것이다. 중세 결의법과 플레처의 상황윤리는 기독교의 이념 구현을 지향한다. 만약 본래적 가치가 다수라면, 그것들은 실제 상황에서 도덕적 가치매김과 가치들의 우선순위를 정하는 데 무기력하다. 하나의 사례를 보자.

아버지는 효과적인 교육을 위해 아들과 함께 올챙이들을 작은 물병에 담아 왔다. 아들과 함께 올챙이에서 개구리가 되어가는 과정을 관찰하는 것은 즐거울 뿐더러 교육적 효과가 매우 크다. 그렇지만, 많은 올챙이들은 작은 물병 속에서 죽어갈 것이다.

생명권과 복지추구권 둘 다 본래적 가치라고 해보자. 복지추구를 위해 효과적인 교육이 필요하다. 이 경우 교육의 효과성이라는 가치는 복지추구에 의존적이기 때문에 부수적이다. 위 사례에서 올챙이의 생명들은 역으로 효과적인 교육을 위해, 그리고 거시적 차원에서는 인간 복지를 위해 희생당했다. 생명권과 복지추구권 둘 다 본래적 가치라면, 위 사례는 규범윤리의 이론을 현실에 적용할 때 나타나는 전형적인 윤리적 딜레마에 해당한다. 더욱이 위 사례에서 본래적 가치로 가정된 생명권이 반드시 목적이 되지 않고 수단이 된 사실에 주목하라. 그래서 너는 그 아버지와 아들을 악하다고 몰아세울 수 있을까? 아버지가 인간 복지를 들어 반박하면, 너는 다시 재반박할 것인가? 결국 본래적 가치가 있다면, 그것은 단 하나이어야 한다. 어떤 본래적 가치를 이념으로 삼을 때 아리스토텔레스, 중세 결의법, 기독교에 바탕을 둔 플레처의 상황윤리 그리고 공자를 관통하는 공통점은 무엇인가? 실천윤리의 정신을 지향한 이들 모두는 단 하나의 본래적 가치를 지향했다. 아리스토텔레스의 행복, 중세의 삼위일체, 플레처의 아가페적인 사랑, 그리고 공자의 인(仁)이 그렇다.

개연적 판단을 허락하는 동시에 이념으로서 하나의 가치가 지향될 수 있는 경우는 그 가치를 의심하지 않는 하나의 집단이 존재하는 경우다. 이 전제는 다양한 세계 이해 속에서 기능하는 기술에 가치를 연결시킬 때 무의미하다. 또 본래적 가치와 부수적 가치의 이론적 구분은 현실 상황에서 본래적인 것이 부수적인 것에 항상 우선해야 한다는 전제를 함축할 수 없다. 한 집단이 공감한 하나의 가치가 현실 속에서 지향될 수 있을 뿐이고, 그 가치는 타집단에게는 애매한 것으로 비춰질 수 있다. 규범윤리의 전통에서 본래적 가치와 부수적 가치의 구분이 이뤄졌고, 실천윤리에서 통용될 수 있는 본래적 가치란 없거나 있어도 지향해야 할 무엇으로서의 하나일 뿐이다. 우리는 규범윤리 전통의 가치론에서 도출된 가치중립성의 규정에 굳이 매달릴 필요가 없다. 문제의 상황 맥락에서 어떤 가치가 목적과 수단 중 어느 것과 연관되는 것인지를 따지는 것이 현명하다.

이제 기술과 가치의 관계에 대한 세 가지 이해를 간략히 정리할 수 있게 되었다.

기술의 가치중립성 : 모든 상황에서 기술은 문제 해결의 목적 및 목적 달성의 수단에 부여된 가치와는 무관하다.

이데올로기로서의 기술 : 기술은 효율성 혹은 자본주의의 이념과 연관된 단 하나의 본래적 가치를 지녔다.

기술의 상황 맥락 의존성 : 기술은 주어진 상황에 따라 목적 혹은 수단 가치를 부여받는다.

기술의 가치중립성 이해는 과거 기술의 단순성에서 기인한 오해일 뿐이다. 이데올로기로서의 기술 이해는 규범윤리의 가치론 관점에서 현실세계 속의 기술의 기능을 왜곡한 것이다. 나는 이러한 두 이해 속에서 기술을 대하는 방식을 '본질주의 접근법'으로 부르고 비판할 것이다. 남는 것은 기술의 상황 맥락 의존성의 이해이며, 이 이해는 기술이 완전히 가치중립적일 수도 없고 그 자체로서 이데올로기가 될 수도 없다는 점을 함축한다. 시스템 성격을 갖는 현대 공학의 도구 사용법은 문제 해결의 목적과 관련된 경우가 많다. 한 가지는 분명하다. 이데올로기로서의 기술 이해는 문명을 위해 기술을 멀리해야 한다는 그릇된 선입관을 불러일으켰다. 이러한 기술의 이해는 실천윤리 정신에서 볼 때 자기모순적이다. 기술의 효율성은 분명히 인류 전체가 지향해야 할 하나의 이념이 될 수 없기 때문이다.

4. 본질주의 접근법

기술의 가치중립성과 이데올로기로서의 기술 이해가 어떻게 본질주의 흐름에 속하는지, 그리고 왜 잘못된 것인지를 논하기 전에, 두 가지가 먼저 언급되어야 하겠다. 첫째, 그 두 이해는 복잡해진 기술이 현대 문명에 위협적일 수 있다는 인식에서 비롯되었다. 그러한 인식은 단순히 물질적 위협에서 비롯된 것만은 아니다. 그것은 기술이 생활세계를 급속히 변화시키는 위력을 지녔다는 데서 비롯되었다. 지난 세기 기술과 문명 담론에서 건질 것이 있다면, 기술이 생활세계의 가치체계 변화에 인과적 효과를 가졌다는 것이다. 기술의 가치중립성과 이데올로기로서의 기술 이해 둘 다 그러한 기술의 인과적 효과를 인정한다. 내가 규정한 기술의 가치중립성은 절대 인과적 의미에서의 중립성을 뜻하지 않는다.6) 이 점은 현재 일반적으로 인정된 것이기도 하다. 하지만, 여전히 도덕적 담론은 오로지 도덕적 가치와 연관된다는 선입관 속에서 다수가 기술과 가치의 관계를 논한다. 도구 사용 자체에 가치를 부여하지 않으려는 태도는 그러한 선입관에서 기인한 것일 뿐이다. 이 점은 기술의 가치중립성 이해를 비판할 때 설명된다.

둘째, 이데올로기의 의미를 조금은 분명히 할 필요가 있다. 왜 '이념' 대신에 '이데올로기'라는 외래어를 그대로 사용하는가? 우리말의 이념은 이데올로기만큼 강하지 않다. 이념은 지향해야 할 무엇, 지켜야 할 신념 혹은 세계 이해의 관점을 뜻하는 경우가 많다. 자연은 오로지 물질의 속성에 의해서만, 그리고 정신은 오로지 마음의 속성에 의해서만 설명되어야 한다는 이원론의 관점은 일종의 이념이다. 문화심리학에서 우리의 집단 성향에 관한 설명이 유교에 근거할 때 이념으로서의 유교는 방법론적 설명틀로 등장한다. 이러한 모든 것을 이데올로기적이라고 한다면, 사회와 문화현상을 진단하는 대개의 글은 이데올로기적이라는 비난을 피할 수 없다. 그런 글이 서술적 의미가 아니라 어떤 잠정적인 설명 모형에 바탕을 둔 규정적 성격을 지닌다면 그렇다.7) 어떤 설명틀을 가정하는 것을 가지고 이데올로기적이라

6) Whelchel, R. J.(1986), 3쪽.

7) 문화심리학의 경우 집단 성향은 통계적 방법만으로는 불충분하기 때문에 실증적 방법과 규정적 방법 양자를 다 사용한다. 유교를 가지고 집단 성향을 설명

고 한다면, 정당의 이념도 그렇게 된다. 우리말에서 이념은 이데올로기의 의미보다 광범위하게 사용되므로, 나는 원어 '이데올로기'를 그대로 사용한다. 물론 이것이 이데올로기로서 이념이 사용될 때 사람들이 이러한 사용법에 무감각하다는 것을 뜻하지 않는다. 중요한 점은 용어 선택보다는 이데올로기의 의미다.

이데올로기의 첫째 측면은 분명히 어떤 이념 혹은 관점이다. 이데올로기의 둘째 측면은 대조되는 다른 이념 혹은 관점을 병적(pathological)인 것으로 진단하는 것이다. 이데올로기의 셋째 측면은 어떠한 외부 압력에 대해서도 수정과 반박을 거부하는 것이다.[8] 이러한 세 측면을 갖는 이데올로기는 어떤 이념 혹은 관점을 이데올로기화한 것에 지나지 않는다. 종교가 세계 이해의 관점에서 벗어나 이데올로기로 기능한다면, 종교 대 종교 혹은 종교 대 다른 분야의 갈등은 불 보듯 뻔하다. 나의 작업이 기술과 문명 담론을 평가하는 것이 아니기 때문에 이데올로기에 대한 자세한 분석은 피하겠지만, 이데올로기와 연관된 두 종류의 비판은 반드시 언급해야 하겠다.

> 비판 대상의 이데올로기화 : 자신이 비판하려는 대상을 이데올로기화하여 그것의 부정적 측면을 드러내는 것이다. 비판의 지평으로서 자신의 이념 혹은 관점 자체가 곧 이데올로기화되지는 않는다.

> 이념을 위한 이데올로기 비판 : 자신이 비판하려는 대상을 이데올로기화하여 그것의 부정적 측면을 드러냄으로써 자신의 이념 혹은 관점만이 정당하다고 호소하는 것이다. 이 경우, 그 이념 혹은 관점 자체가 이데올로기화된다.

이 두 차이를 의식한 학자들이 의외로 많지 않기에 약간의 부연 설명이 필요하다. 페미니즘 관점에서 과거 과학을 남성우월주의의 화신

할 때 설문조사 등에 의한 통계적 방법은 유교에 잠정적 설명틀의 지위를 부여한다.

8) 이에 대해서는 다음을 보라. Pitt, J. C.(2000), 70-82쪽.

이라고 비판하는 것은 전형적인 비판 대상의 이데올로기화에 해당한다. 실례로 과거 16세기 베이컨(F. Bacon)의 저술에 남성우월주의를 암시하는 '고문(torture)'과 '성폭행(rape)'의 은유가 배어 있다는 것이다.[9] 그러한 은유는 남성 연구자들을 매료시켰고 결국 자연을 남성성으로 규정시켜버렸다는 것이다. 심지어 전쟁과 전쟁에 과학기술을 이용하는 것 자체가 남성우월주의 시각에서 비롯되었다는 비판이 있다. 이러한 비판에서 남성우월주의는 하나의 관점 혹은 이념을 초월해 이데올로기로 규정된다. 남성우월주의는 모든 여성적인 것을 천한 것으로 묘사하고 그 어떤 수정도 거부하는 이데올로기로 규정된다. 이러한 페미니즘의 비판이 이데올로기적으로 불릴지언정, 그렇다고 페미니즘 자체를 이데올로기로 규정하는 것은 아무런 반박이 될 수 없다. 남성우월주의에 대한 페미니즘의 이데올로기적 비판 자체에서 페미니즘 또한 하나의 이데올로기라는 결론을 직접 끌어낼 수 없기 때문이다. 실제 과거 역사에서 남성우월주의가 이데올로기처럼 작용한 측면도 무시할 수 없기 때문에, 우리는 이 시대 페미니스트들의 말에 귀를 기울일 필요가 있다. 나는 그녀들이 멋지다고 생각한다. 또 과거 권력의 주체가 남성이었기 때문에, 페미니즘에서 여성성의 진정한 의미는 '탈권력'을 뜻할 뿐이다. 남성우월주의에 대한 페미니즘의 이데올로기적 비판을 반박하려면, 과거사를 오로지 페미니즘의 시각에서 일방적으로 해석할 수 있는가라는 문제를 건드려야 한다. 내가 이데올로기로서의 기술 이해를 비판한다고 할 때 그 이해는 '비판 대상의 이데올로기화 성격'을 지닌 그러한 것이다. 적어도 그러한 성격의 비판은 반박과 반성의 여지를 남겨놓기 때문이다.

내가 페미니스트들을 멋지다고 할 때 모든 페미니스트들을 뜻하지 않는다. 양성평등을 가장하여 여성권을 보편화하는 행위는 '이념을 위한 이데올로기 비판'에 해당한다. 남성우월주의 비판은 여성권의 보편성에 근거하고, 결국 페미니즘은 탈권력의 여성성을 지향하는 것이

---

9) Harding, S.(1986), 112-119쪽.

아니라 이데올로기로 전락하고 만다. 이러한 경우는 돌파구를 찾을 수 없는 이데올로기 대 이데올로기의 갈등으로 끝나기 때문에 수정과 반박의 여지를 남기지 않는다. 유사한 현상이 생명공학을 둘러싼 담론에서 나타난다. 생명공학의 위험성을 강조하는 이들은 무조건 생명공학이 비윤리적이라고 강조한다. 위험하다는 것이 비윤리적인 것인가? 정확한 논거 없이 과장과 왜곡된 정보에 근거해 그렇다고 주장하는 이들의 책은 온통 그 근거가 애매한 '생명'과 '생태'라는 용어로 가득 차 있다. 그 용어에 대한 아무런 설명 없이 대중의 감성에 호소하기에, 나는 여기서 실제 생태학(ecology)에 담긴 생태 개념의 여러 측면을 분석할 의무조차 느끼지 않는다.[10] 또 그런 책들에 대해서는 북친(M. Bookchin)처럼 사회생태론을 철학적 이론체계로 세우려는 진지함도 보이지 않는다.[11] 아예 처음부터 자본주의를 이데올로기화하여 적으로 규정하고 생명공학의 위험성을 과장한 후 과학기술자들을 자본의 노예로 그리는 것은 비판이 아니다. 남는 것은 다른 관점의 반박과 그 어떤 수정도 개입할 수 없는 모호하기 짝이 없는 생명사상과 생태사상이다. 이것은 이제는 환경을 무시할 수 없고, 무조건적인 경제성장 논리는 안 된다고 생각하는 사람들의 공감대에 호소하는 감정적인 선동에 지나지 않는다.

이념을 위한 이데올로기 비판에서 그 이념 자체가 또 다른 이데올로기이기 때문에, 이데올로기 대 이데올로기 갈등은 윤리적 딜레마도 아니다. 규범윤리의 이론 의존성에서 기인하는 윤리적 딜레마는 적어도 다양한 윤리 이론과 관점이 있다는 인식에서 출발한다. 이데올로기는 자기 것 이외는 모두 잘못된 것이고 적이기 때문에, 이데올로기 대 이데올로기의 갈등은 단지 두 집단의 정치적 선동일 뿐이다. 그래

10) 생태 개념의 이해는 생태학뿐만 아니라 개체발생학(ontogeny) 및 발달생물학(developmental biology)의 역사를 알 때 가능하다. 개체발생에서 선천성과 후천성을 따질 때 환경 요인의 역할을 따지는 논쟁이 생태학 출현에 큰 영향을 끼쳤기 때문이다. 이러한 이유에서 다음 책은 생태 개념을 이해하는 데 좋다. van der Weele, C.(1999).

11) 머레이 북친, 문순홍 옮김(1997).

서 나는 이념을 위한 이데올로기 비판에 속하는 것은 논외로 한다. 모호함으로 가장하여 반박의 여지를 남기지 않는 그러한 비판을 고려하는 것은 선동가가 아닌 나에게는 시간낭비이기 때문이다.

왜 기술의 가치중립성과 이데올로기로서의 기술 이해가 본질주의 입장인가? 본질주의의 일반적인 정의는 이렇다.[12)]

> 하나의 속성 *F*가 어떤 개별 사물 O의 본질이라고 할 때 이것은 두 가지 조건을 충족해야 한다. (1) *F* 없이 O가 존재했던 그 어떤 가능적 과거는 없다. (2) O가 존재하거나 존재했던 임의의 시점에 대해 O가 *F* 없이 존재할 수 있는 가능적 미래도 없다.

이 정의는 아리스토텔레스의 본질주의를 개체 확인(identification)과 연관해 수정한 형태다. 아리스토텔레스는 개체 분류와 관련해 본질주의를 주장함으로써 본질을 다루는 자연학의 영역이 이론적인 것임을 주장했다. 그에게 실천 영역에 속하는 인간 행위 및 관계는 그러한 본질에 의해 규정될 수 없다. 개체 분류에 관한 위 정의를 특정 분과에 직접 적용할 수는 없다. 수정이 필요하다. 우선 개별 사물은 한 분과 혹은 작업의 특정 측면으로 대체되어야 한다. 본질은 그런 측면에서 발견되는 고정된 성향 혹은 특징이며, 본질을 분유(分有)하는 것들은 하나로 묶인다.

기술의 가치중립성 이해에서 기술의 본질은 목적 달성의 수단이 된다. 가치가 결여된 수단이라는 특징은 기술이 기능하는 그 어떤 상황에서도 기술에 고유하다는 점에서 본질적이다. 이러한 기술의 본질주의적 이해는 '도구적 합리성(instrumental rationalism)'을 전제한다. 도구적 합리성은 목적과 수단 사이의 인과적 연결에서 도구 사용의 합목적성을 뜻한다. 도구적 합리성 개념이 합리성을 다루는 일반 틀로 이해될 때 기술의 가치중립성에 대한 그 어떤 비판도 도구적 합리성 자체에 대한 비판이 될 수 없다. 도구적 합리성에 대한 많은 비판은

---

12) Brody, B. A.(1980), 123쪽.

그것이 실제적 판단에서 차지하는 비중을 확대하거나, 그것만이 실제적 판단에서 나타나는 합리적 측면이라는 주장에 대해서만 효력을 갖는다.[13] 그래서 우리는 이렇게 물어야 한다. 기술의 가치중립성을 주장할 때 어떤 종류의 도구적 합리성이 전제되었는가? 기술의 가치중립성을 비판할 때 그 합리성에서 도구적이라는 것은 다음 세 조건을 만족하는 종류의 것이다.

(1) 문제 해결의 목적은 가치를 지닌다.

(2) 수단은 목적 달성에 효과적인 원인이어야 한다. 수단과 목적 달성의 관계는 인과적이다.

(3) 목적에 부여된 가치와 수단 사이에는 아무런 인지적 관계(cognitive relation)가 없다. 다시 말해, 가치판단에서 수단에는 아무런 가치가 부여되지 않는다. 수단이 목적 달성에 효과적인지는 오로지 (2)의 인과적 관계에 좌우되기 때문에, 수단의 효과성 자체는 수단의 가치가 아니다.

이 세 조건은 기술의 가치중립성을 비판할 때 좀더 자세히 분석하겠지만, 여기서 중요한 점은 그 조건들이 상황 맥락과 무관하기 때문에 본질주의 입장과 양립한다는 점이다. 이 세 조건을 만족하는 '도구적이라는 것'은 '기술 몽유병' 은유 속의 도구 사용법에 대한 이해를 반영한다. 기술의 가치중립성은 긍정적, 부정적 그리고 불확실성을 인정하는 이해 방식으로 나뉜다. 역사적으로 이 세 이해 방식에 대해 '진보의 수단으로서의 기술', '강한 기술결정론(hard technological determinism)' 그리고 '약한 기술결정론(soft technological determinism)'이 각각 대응한다. 진보의 수단으로서 기술을 이해하는 것은 기술이 단순했던 시대의 기술에 대한 낙천주의를 반영한다. 기술이 복잡해지자 기술은 단순히 제어하기 힘든 것일 뿐만 아니라 완전 통제 불가능

13) Nozick, R.(1993), 133쪽.

한 것으로 이해되기도 했다. 이 이해의 부정적 측면은 1970년대에도 여전히 위력을 떨쳤던 강한 기술결정론으로 나타났다. 강한 기술결정론에 의하면 사회를 변화시키는 기술의 인과적 효과는 오로지 기술 자체에서 기인한다. 기술이 역사를 결정한다. 사회 변화의 모든 요인이 기술의 인과적 효과라고 단정할 수 없다면 어떻게 되는가? 약한 기술결정론은 그렇게 단정할 수 없다는 동기에서 출발한다. 하지만, 약한 기술결정론은 사회 변화의 전체는 아니지만 일부는 기술 자체에 의해 결정된다고 주장함으로써 강한 기술결정론을 약화시킨 것에 불과하다.[14]

이데올로기로서의 기술 이해는 기술결정론의 기술에 대한 부정적 측면을 다른 방식으로 표출시킨 것이다. 그 이해는 기술을 이데올로기화하여 부정적으로 평가한다는 점에서 '비판 대상의 이데올로기화'에 속한다. 기술을 이데올로기화하기 위해 기술에 본질로서 하나의 본래적 가치가 부여된다. 실례로 기술 자체의 본래적 가치는 효율성 지향에 있다는 주장 따위를 들 수 있다. 목적 달성을 위해 기술은 단순히 인과적 수단이 아니라 효율성이라는 본래적 가치를 갖는다. 기술이 발달하면서 목적과 수단이 전도된다. 효율성을 지향하여 기술을 사용하는 것은 본래적 가치의 속성상 여전히 정확한 것(correct)이지만 인본주의의 올바른 길은 아니다.[15] 효율성 자체가 목적이 되어버린 사회체계에서 인본주의는 질식한다. 오로지 기술과 거리를 둠으로써 우리는 인본주의를 실현할 수 있다. 하이데거, 그의 후계자들 그리고 해석학(hermeneutics) 계열의 많은 사람들이 그렇게 주장한다. 이

---

14) 기술결정론의 논쟁 역사에 대해서는 다음을 보라. Smith, M. R. & Marx, L. (1994).

15) 이렇게 정확성과 올바름을 구별하는 것은 하이데거 특유의 사유 방식이다. 그는 올바름 대신 '진리(Wahrheit)'를 사용했지만, 여기서 진리는 사실판단에 직접 해당하지 않는다. 기술에 거리를 두고 관조할 수 있는 인간이 어떻게 완전히 잘못된 정치 집단, 곧 나치에 대해서 그렇게 할 수 없었는지는 하나의 의문이다. 이 의문에 대해서는 11장 4절에서 언급할 것이다. Heidegger, M. (1953).

데올로기로서의 기술의 좀더 현대적 이해는 기술 자체가 정치적이라는 것이다. 본질로서 기술의 유일한 본래적 가치는 정치적인 것이 된다. 정치가 권력 지향적일 수밖에 없기 때문에, 기술의 효과적인 제어는 정치에 대항한 시민운동 없이는 힘들다.

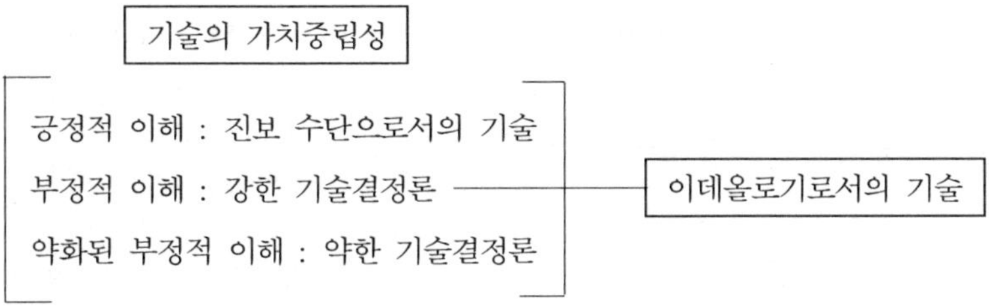

기술의 가치중립성

긍정적 이해 : 진보 수단으로서의 기술
부정적 이해 : 강한 기술결정론 —— 이데올로기로서의 기술
약화된 부정적 이해 : 약한 기술결정론

[도식 1]

[도식 1]에서 왼쪽은 기술결정론의 세 종류를 보여주며, 오른쪽의 이데올로기로서의 기술 이해는 강한 기술결정론에 대한 지나친 반발이다. 기술의 가치중립성과 이데올로기로서의 기술의 본질주의 입장을 부정하는 경향은 사회구성주의 및 과학사회학 계열에서 두드러진다. 기술 또한 사회적으로 형성된 것이며, 기술의 형성에 대해 지배적인 하나의 힘은 없다. 또 기술과 사회의 관계는 하나의 관점에 종속되지 않는다. 인터넷은 정치권에게는 시민을 감시하는 기능으로 전락할 수 있지만 역으로 시민이 정치권을 제어할 기회를 제공할 수도 있다.16) 그러나 사회구성주의 및 과학기술학 계열의 다수는 항상 결정적 물음에 침묵하거나 그 물음을 의식조차 못하는 듯하다. 도대체 어떤 방식으로 도구 사용 자체에 상황 맥락적인 가치가 부여될 수 있는가? 이 물음에 대한 정확한 대답 없이 엄청난 양의 정보를 쏟아 부으면서 미래는 열렸으니 시민의 참여가 중요하다는 식의 결론은 나에게는 상투어에 불과하다. 이러이러한 상황에서 우리가 특정 기술에 이

16) 홍성욱(2002).

러이러한 가치를 부여한다는, 또는 그런 기술이 이러이러한 상황 속에서 새로운 가치를 창출한다는 식의 대답은 답이 아니다. 보게 되듯이, 기술의 본질주의 접근법은 구체적인 상황 속에서 기술과 공학 지식의 실제 기능 방식을 분석함으로써 그냥 깨져버린다. 여기나 저기나 유명하다는 철학자, 지식인들의 말은 거창하고 고상하지만, 그들의 말은 현실 문제와 부딪칠 때 대개는 택시기사의 진단보다 무기력하다.

5. 본질주의 접근법 비판

본질주의 접근법 비판의 논리적 뼈대는 이렇다. 이데올로기로서의 기술 이해는 기술의 가치중립성 이해의 부정적 측면과 연결된다. 전자의 이해는 기술에 하나의 본래적 가치만을 부여하고 기술을 부정적으로 평가한다면, 후자의 이해는 목적 달성의 수단으로서 기술이 아무런 가치를 지닐 수 없다는 것이다. 기술의 가치중립성 이해를 반박하고 도구 사용에 가치가 부여되는 방식의 맥락 의존성을 보여준다면, 이데올로기로서의 기술 이해 또한 깨진다.

1) 기술의 가치중립성 이해 비판

기술의 가치중립성 이해의 아킬레스건은 무엇인가? 기술의 가치중립성에 전제된 종류의 도구적 합리성을 문제 삼아야 한다. 앞에서 살펴보았듯이, 그 도구적 합리성은 세 조건 (1)-(3)으로 구성된다. 도구적 합리성의 일반적 틀을 비판 대상으로 삼지 않는다면, 조건 (1)과 (2)는 해롭지 않다. 조건 (2)를 확대 해석해 수단은 아무런 가치를 지닐 수 없다는 조건 (3)이 아킬레스건이다. 셋째 조건에 따르면, 목적 달성과 수단 사이에는 그 어떤 인지적 연결도 없어야 한다. 인지 상태(cognitive state)로서 공학 지식은 능동적 역할을 할 수 없다. 물론 공학자는 주어진 임무 완수를 위해 지식을 능동적으로 활용하지만, 이것은 사회체계에서 공학 지식 자체가 능동적 구성 성분임을 뜻하지 않는다. 기술의 가치중립성 이해에서 공학 지식은 가치 창출에 대한 아무런 인지적 역할을 갖지 않는다. 공학 지식은 단지 사전에 고려된 가치 창출을 위한 인과적 수단에 불과하다. 도구 사용 방식, 곧 기술은 그런 가치의 인과적 기반일 뿐이다.

실천적 목적을 위한 지식의 유기적 조직으로서 기술의 정의가 별 알맹이 없다는 점은 살펴보았다. 그러한 정의가 공학 지식의 측면에서는 불충분하더라도 무의미하지는 않다. 지식의 측면에서 공학의 성격은 6장의 주제다. 여기서는 공학 지식이 실천적 문제 해결에서 확증과 반증에 근거한 사실판단을 지향하지 않는다는 정도의 직관이면 충분하다. 공학 지식이 구조적 측면에서 사회체계의 능동적 구성 요인이라고 해보자. 공학 지식은 사회체계가 지향하는 목적 및 목적 달성에 필요한 수단의 결정과 분리되어 다뤄질 수 없다. 목적 및 수단에 부여되는 가치판단에서 공학 지식의 역할은 무시될 수 없으며, 해당 가치는 사회체계의 기능 속에서 도구 사용에 의해 수반된다. 기술의 가치중립성 이해의 아킬레스건은 다음 가치수반 조건이 성립할 때 끊어진다.

(1) 공학 지식이 어떤 사회체계의 구성에 능동적으로 개입하여 특정 가치와 연관될 때 우리는 그 지식에 좋다 혹은 나쁘다는 인지적 가치(cognitive value)를 부여할 수 있다.

(2) 도구 사용법으로서의 기술과 가치의 관계는 단순한 예화(instanciation)의 관계가 아니라 공학 지식의 능동적 개입에 의한 가치수반의 과정이다.

고속전철 시스템을 하나의 사회체계로 보자. 고속전철의 좌석배치를 둘러싼 문제의 분석은 기술의 가치중립성에 대한 이해 및 비판의 핵심을 명확히 해준다.

[도식 2]의 왼쪽에서 공학 지식과 도구 사용은 가치수반 과정의 직접적 입력이 아니다. 이것은 기술의 가치중립성에 근거해 사회체계를 구성하는 전형적인 사례다. 이 사례는 기술의 가치수반 조건인 (1)과

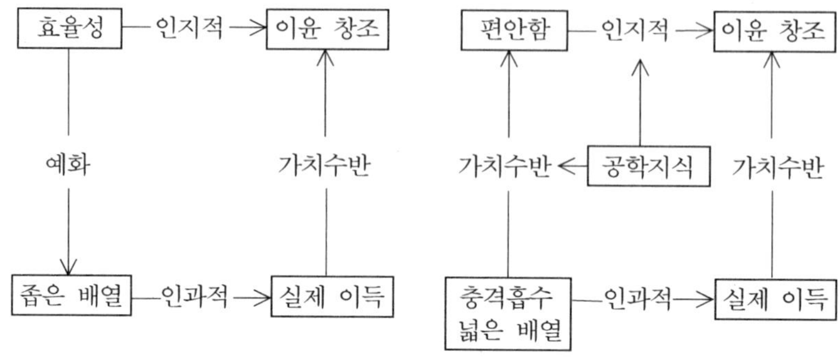

[도식 2]

(2)가 완전히 결여된 상황이다. 조직체계의 집행부는 이윤 창출이라는 목적 달성을 위해 효율적 수단을 고려한다. 공학 지식은 단지 효율성을 위한 수단이며, 공학자는 능동적 행위자가 아니라 명령 수행자로서의 일꾼(workers)일 뿐이다. 공학 지식은 좌석의 좁은 배열로 현실화된다. 최초 집행부의 예상과 달리 이러한 배열은 실제 이득을 발생시키지 못했다.

도식의 오른쪽 구성은 왼쪽과 판이하게 다르다. 집행부는 목적 달성을 위해 공학 지식을 존중한다. 고속전철의 선로는 이음새 없는 특수 용접에 의해 직선이어야 한다. 달릴 때 고속전철의 진동은 기존의 열차에 비해 적다. 그러나 빠른 속도 때문에 열차가 한번 흔들릴 때 승객이 받는 충격은 더 크다. 터널을 지나는 경우 터널 내부 공기의 반작용에 의해 열차가 심하게 흔들린다. 인체의 충격 흡수 임계치 범위 내의 잦은 흔들림보다 몇 번의 심한 흔들림이 사람에게 주는 피로도가 더 강하다. 고속전철의 의자는 충격 완화를 위해 두텁고 푹신하면서도 탄력성 있는 소재로 만들어져야 한다.[17] 고속전철이 직선으로만 달리기 때문에, 의자의 방향 전환도 필수적이다. 우리의 경우 의자

---

17) 일본 고속전철은 타본 적이 없어 모르지만, 유럽 고속전철의 의자는 다 그렇게 만들어져 있다.

의 소재는 얇은 나무판이라고 해도 과언이 아니며, 의자의 방향 전환은 아예 불가능하다.

고속전철의 운송체계 구성에서 공학 지식이 제대로 존중되었다면, 이윤 창출을 위해 편안한 좌석은 필수적이다. 이윤 창출과 편안함이라는 가치적 관계는 공학 지식이 개입함으로써 인지적이 된다. 공학 지식의 이러한 능동적 개입은 편안한 좌석이 갖춰야 할 조건과 분리될 수 없다. 충격 흡수 및 넓은 배열과 연관된 기술은 편안함이라는 가치의 단순한 예화가 아니라 가치수반에 필수적이다. 가치수반에 대한 두 조건을 만족하는 [도식 2]의 오른쪽 구성은 기술의 가치중립성 이해를 붕괴시킨다. 문제 해결을 위한 사회체계의 설계에서 기술은 더 이상 목적 달성의 단순한 수단으로 여겨질 수 없다. 기술의 가치중립성 이해 속에서 공학과 공학자 집단을 대하는 사회는 성공적일 수 없다.

2) 이데올로기로서의 기술 이해 비판

기술에 단 하나의 본래적 가치를 부여하여 기술을 부정적으로 평가하는 전형적인 방식이 이데올로기로서의 기술 이해다. 이데올로기로서 기술을 이해하는 이들의 주장은 이렇다. 기술에 오로지 효율성이라는 가치를 부여하고, 그 가치가 목적이 됨으로써 생활세계의 원활한 기능을 위협한다. 혹은 기술 자체가 자본주의의 수단을 벗어나 자본주의 자체의 수레바퀴가 된다. 이렇게 주장하는 이들은 기술을 진보의 수단으로 보지 않는다는 점에서는 옳다.[18] 체계 속에서 기능하는 현대 공학 기술은 분명히 단순한 제어 대상이 아니다. 기술을 제어하기 쉽지 않다는 것이 기술의 제어 불가능성을 함축하지는 않는다. 이데올로기로서 기술을 이해하는 이들은 그러한 제어 불가능성을 강조한다. 문제 해결을 위한 사회설계에 기술과 공학 지식의 능동적 개

18) 이렇게 기술을 진보의 수단으로 보는 관점은 기술의 가치중립성 이해 속에서 기술을 긍정적으로만 평가하는 것이다. 역사학자 레오 맑스(L. Marx)에 의하면 그러한 관점은 계몽주의에 기원을 둔다. Marx, L.(1987).

입은 불가능해진다. 이데올로기로서 기술을 이해하는 이들은 기술이 기능하는 사회적 맥락과 기술 자체를 헷갈리고 있다. 기술이 어떤 선동적 이데올로기에 봉사할 때 그들은 그렇게 된 사회적 맥락을 비판하는 것이 아니다. 그들은 기술 자체가 그 이데올로기라고 말하는 과오를 범하고 있다. 기술의 본질주의 접근법은 기술철학에서는 이미 그 수명이 끝났다. 그럼에도 불구하고, 기술의 본질주의 접근법이 진보와 보수의 대립 구도 속에서 판치고 있는 세태가 우리의 현실이다.

고속전철은 운송체계라는 사회체계 속에서 기능하는 복잡한 도구이다. 고속전철 자체가 하나의 체계다. 그것은 기계, 전자 및 도시공학에 걸친 여러 공학의 분과와 다른 사회적 분과의 합성물이다. 우리의 고속전철은 다른 나라의 시행착오를 거쳐 검증된 수입 기술에 바탕을 두었기 때문에, 초기 연착 빈도수는 놀랄 만큼 적다. 현대 기술의 특징을 모르는 이들은 고속전철의 연착만 가지고 기술 몽유병 속에서 난리를 친다. 그들은 초기에 정확히 계산하여 고속전철망을 설계하고 시공했다면 전혀 연착이 없을 것처럼 말한다. 현대 공학 기술을 그저 단순한 목적 달성의 수단으로 본다는 점에서, 그들은 기술의 가치중립성 이해를 갖고 있다. 반면에 좁은 좌석 배열을 가지고 효율성만 강조하여 자본주의의 수레바퀴로 기술을 몰아붙이는 사람들이 있다. 이들은 그러한 좁은 좌석 배치가 사회설계에서 공학 지식의 능동적 개입이 가로막혔기 때문에 기인한 것임을 알지 못한다. 게다가 사회체계에 공학 지식이 능동적으로 개입할 때 기술은 반드시 수단이 아니라 목적 가치와 연관되기도 하며, 그러한 목적 가치는 단수가 아니라 일반적으로 복수다. 고속전철망은 효율뿐만 아니라 안전 그리고 효율적 운송체계에 의한 복지를 지향한다. 효율성 혹은 자본주의의 부정적 측면만을 기술에 갖다 붙이는 짓은 잘못이다.

사실 이데올로기로서의 기술 이해는 기술의 가치중립성 이해의 부정적 측면을 확대한 것이다. 기술에 부여된 부정적 가치가 본래적일 때만 이데올로기로서의 기술 이해가 성립한다. 이 점은 기술의 가치중립성 비판에서 벌써 부정되었다. 사회체계의 구성에서 공학 지식의 능동적 개입은 체계의 목적 혹은 수단과 연관된다. 이러한 연관 방식은 해당 사회체계가 구성되는 상황 맥락에 의존적이다. 공학 지식의 개입에 의해 기술이 가치를 수반할 때 이 가치는 상황 맥락과 무관한 것도 아니며 도구 사용에 내재한 필연적인 수반 속성도 아니다. 다시 말해, 단 하나의 가치가 기술에 본래적이라는 입장은 잘못된 것이다.

그러나 여전히 누군가는 이렇게 주장할지 모른다. 효율성이라는 단 하나의 본래적 가치가 기술에 내재하는 점은 기술이 상황 맥락 속에서 목적 혹은 수단의 다양한 가치들과 결합한다는 사실과 양립 가능하다. 이 주장을 받아들인다면, 효율성과 갈등하는 가치는 논리적으로 기술에 부여될 수 없다. 만약 그러한 갈등 상황에서 효율성이 반드시 우선해야 한다면, 공학자는 문제 해결을 위한 사회설계의 비판적 참가자가 될 수 없다. 또 현대 공학자 다수가 효율성을 지향하는 조직체계 속의 단순한 일꾼이기 때문에 그렇다고 말하는 자들이 있다. 그들은 효율성이 사회의 공익을 위협할 때 조직체계의 많은 내부고발자(whistle-blower)가 공학자라는 사실을 망각하고 있다. 게다가 그들은 인본주의(humanism)를 포기한 자들이다. 사회의 공인된 직업군을 배제한 인본주의는 현실적으로 성립할 수 없기 때문이다. 기술이 사회를 위협할 때 어떤 상황적 맥락 속에서 그러한지 먼저 따져야 한다. 그런 맥락을 무시한 채 기술 자체에 그 책임을 전가하는 자들은 위협을 구실로 자신들의 밥그릇을 차지하려는 자들이다.

공학을 실천적 학문으로 규정할 때 공학 기술의 성격은 무엇인가? 공학 기술은 가치중립적이지 않고 또 그 자체로서 이데올로기가 될 수 없다. 이 성격은 기술이 상황 맥락 속에서 윤리적 담론의 대상일 수 있다는 가능성을 열어놓는다. 기술이 가치를 수반할 때 개입하는 공학 지식의 활용 또한 윤리적 담론의 대상이 된다. 기술과 문명에 대한 기존의 담론과는 달리, 사례 분석과 문제 해결에 동원되는 공학 지식의 활용 자체가 공학윤리의 중요한 주제일 수 있다. 이 결론이 충분한 정당성을 얻기 위해서는 공학의 다른 측면, 곧 지식으로서 공학 그리고 직업으로서 공학의 현재 성격을 진단해야 한다. 이렇게 함으로써 공학의 성격 자체에서 기인하는 문제, 곧 공학적 문제가 분명해진다. 그 다음 그러한 문제를 실천윤리 정신 속에서 다룰 수 있는 윤리학적 틀을 모색해야 한다. 지식으로서 그리고 직업으로서 공학의 성격을 진단하기에 앞서, 기술이 사회체계 속에서 기능하는 방식에 대한 이해의 폭은 조금 더 넓혀져야 한다.

5장 체계 속의 기술

편작(扁鵲)의 경고

기술로서의 공학은 가치중립적이지 않고 그 자체로서 이데올로기도 될 수 없다. 이러한 기술의 성격은 사실 고대부터 명백한 것이었다. 그 성격이 가려진 것은 문제 해결에서 기술을 발견법적 도구가 아니라 진보의 수단으로 본 특정 시대의 관점에서 기인한 것일 뿐이다. 그러한 시대의 기술은 제어하기 쉬웠다. 현대 기술은 사회체계와 분리되어 완전히 제어될 수 있는 차원을 벗어났다. 여기에 초점을 맞추어 문명에 대한 기술의 위협만을 강조하는 것은 현실세계의 복잡한 문제 해결에 아무런 도움이 되지 않는다.

1. 편작(扁鵲)의 경고

도구의 디자인과 사용은 문제 해결의 발견법적 맥락에서 이해되어야 한다. 우리는 시행착오 속에서 문제 해결의 만족할 만한 수준에 도달할 때까지 도구를 디자인하고 개선한다. 과거 실패는 기억으로 남고, 실패는 개선을 위한 단서로 봉사한다. 어떤 문제를 해결해야 한다는 필요성은 기존의 기술, 자원 및 정치적 제도에 의해 제한된다. 상상력은 공간 이동 장치를 만들어보라고 우리에게 소곤거리지만, 공학자는 그런 시도를 하지 않는다. 공학자는 배경 지식과 경제적 자원 및 인맥 등을 고려해 그런 시도 자체가 불가능하거나, 무의미하거나 혹은 비현실적이라고 판단한다. 공학자가 도구의 디자인과 사용에 의해 문제 해결을 시도할 때 공학자는 그 시도가 가져올 모든 결과를 예측할 수 없다. 도구 디자인과 사용에 의한 문제 해결은 새로운 문제를 낳고, 해결사로서 공학자의 임무는 계속된다.

위에서 말한 것은 외부 압력이 적은 상태에서 이뤄지는 공학자의 이상적인 행위에 지나지 않는다. 그것은 또 도구 디자인과 사용에 대한 일반적인 통념이기도 하다. 도구 사용에는 특정 문화 집단의 세계 이해가 배기 마련이고, 가치판단으로부터 자유로운 세계 이해는 없다. 도구 사용은 문제 해결의 상황 맥락 속에서 목적 혹은 수단과 연관된 가치를 부여받는다. 도구 자체에 마치 예술품처럼 가치를 부여한 사실은 모든 고대 문명권에 공통된다. 활은 단순한 사냥 연장이 아니라 동시에 종교적 가치를 수반한 제례 도구였다. 활은 중석기 시대(mesolithic)의 사냥 문화를 나타내는 상징물이다.[1] 도구 사용에 의한 문제 해결은 기존의 세계 이해를 확장시키거나 생활양식을 바꿈으로써 세계 이해를 변화시킨다. 고대 그리스의 경우 공기의 인체 유입과 발산 과정은 고기잡이 통발(fish-trap)에 유추되곤 하였다.[2] 『장자(莊子)』의 소 잡는 포정(庖丁)의 우화는 도구의 사용이 자연의 분류 방식마저 변화시킬 수 있음을 보여준다.[3] 포정이 처음 소를 잡을 때 그의 눈에 소는 살아 있는 소로 보였다. 그가 소 잡는 방법을 체득했을 때 그는 소를 소가 아니라 칼이 지나가는 뼈와 살코기의 집합체로 보았다.

누군가 이렇게 반문할지 모른다. 고대 기술의 이해는 종교적이고 신화적이기 때문에 현재 기술에 적용될 수 없다. 고대의 신화와 종교가 현대 기술에 스며 있는 것은 아니지만, 기술이 우리의 생활양식을 바꿈으로써 세계 이해의 변화를 가져온다는 사실은 지금도 그대로다. 개인용 만능 튜링기계(universal turing machine), 곧 여러 프로그램 처리의 작동체계(operational system)를 갖춘 개인 컴퓨터의 출현은 컴퓨터에 인간을 유추시키는 관점을 정착시켰다. 소프트웨어와 하드웨어의 구분 속에서 두뇌 기능을 알고리듬 계산과 연관시켜 마음을 이해하는 인지과학(cognitive science)의 한 흐름이 사회에 자리를 잡는

---

1) Harrod, J. B.(1979).

2) Longrigg, J.(1993), 138-139쪽.

3) 이상하(2000), 119-120쪽.

과정에 컴퓨터라는 도구의 출현과 확장은 무시될 수 없다.[4)] 여기서 인간을 컴퓨터에 유추하는 것이 과학적으로 혹은 철학적으로 올바른 것인지는 또 다른 문제다. 중요한 점은 세계 이해의 변화와 형성 과정은 새로운 도구의 출현 및 확장과 무관하게 다루어질 수 없다는 것이다.

누군가 또 이렇게 반문할지 모른다. 새로운 도구의 출현과 사용에 의해 변화된 세계 이해가 잘못된 것이라면, 결국 도구 자체가 그 원인이 아니겠는가? 이러한 반문은 세 가지 측면에서 반박될 수 있다. 첫째, 도구의 발견과 사용을 어느 시대의 지배적인 세계 이해와 곧바로 연결시킬 수 없다. 그것은 오히려 세계 이해의 다양성과 변화의 관점에서 이해되어야 한다. 둘째, 어떤 세계 이해가 잘못되었다는 것은 단지 상대적 비교에 의해서만 평가될 수 있다. 현시점에서 과거 세계 이해를 평가할 수는 있지만, 이러한 평가에 근거한 현재의 세계 이해에 대한 진단은 잠정적이다. 과거 17세기 지식인의 세계 이해는 시계와 시계공의 관계에 비유되는데, 태엽을 동력원으로 한 시계가 그 세계 이해를 상징했다. 세계는 신에 의해 기하학적으로 설계되었고, 자연법칙은 그러한 설계도에 유추되었다. 신에게 이성을 부여받은 인간만이 자연법칙을 발견해 기계를 창조할 수 있다고 여겨졌다. 인간과 기계의 관계는 그렇게 신과 자연의 관계에 대한 이해 속에서 설정되었다. 시계와 시계공의 비유에 담긴 실체적 이원론(substantial dualism), 곧 물질과 마음이라는 실체를 가정하는 것은 더 이상 받아들여지지 않는다. 시계와 시계공의 비유로 대표되는 시대정신 속에서 탄생한 뉴턴 역학이 무용지물인 것은 아니다. 내가 컴퓨터에 마음을 유추하는 세계 이해에 동의하지 않는다고 하여, 그 세계 이해가 유용한 이론을 산출할 수 없다고 말해서는 안 된다. 세계 이해의 평가와 세계 이해를 바탕으로 이론이 만들어지는 경로는 결코 동일하지 않다. 셋째, 도덕

4) Gigerenzer, G. & Goldstein, D. G.(1996). 컴퓨터 연결망에 의해 집단적 의사소통이 가능해지면서, 컴퓨터는 집단적 발견의 기반으로서 봉사할 수 있다. 이에 대해서는 [부록] A3를 참조하라.

적으로 잘못된 세계 이해, 실례로 19세기 말 유럽의 인종차별적 세계 이해를 두개골 측정 도구와 연관시킬 때 기술은 그러한 세계 이해의 형성 맥락 속에서 분석되어야 한다. 기술 자체가 도덕적 악의 뿌리라고 결론지어서는 안 된다.

기술의 본질주의적 두 접근법, 곧 기술의 가치중립성과 이데올로기로서의 기술 이해는 특별한 시대적 상황에 대한 반발일 뿐이다. 고대와 달리 산업혁명 시대의 기술은 진보의 수단으로 여겨졌고, 여기에는 세 가지 시대적 특징이 있었다. 첫째, 매뉴얼에 의한 대량 생산이 가능해졌다. 둘째, 그러한 대량 생산을 위한 기술의 사용에 지배적인 분과가 있었고, 공학은 명령 수행의 분과로 여겨졌다. 셋째, 기술에 의한 생활세계의 변화는 양적인 동시에 제어 가능하다고 여겨졌다. 이러한 세 특징은 현대 공학 기술에 부합하지 않는다. 이데올로기로서의 기술 이해는 기술이 사용된 맥락을 비판한 것이 아니라 기술 자체에 모든 부정적 결과를 뒤집어 씌웠다. 현대 공학자들에게 전혀 동의를 얻을 수 없는 기술의 가치중립성 이해는 1980년대에도 유행이었고, 이데올로기로서의 기술 이해는 여전히 철학자들의 마음에서 사라지지 않았다. "철학자들은 대다수의 경우 기술과 같은 더러운 것을 다루기 싫어한다"는 냉소적인 표현은 결코 풍자만은 아니다.[5] 기술의 본질주의 접근법을 기술철학에서 약화시키는 데는 공학, 사회학, 인류학 등 철학 이외의 분과 종사자들의 역할이 컸다.

복잡한 문제의 해결은 사회체계의 설계를 요구하고, 그러한 설계는 여러 이질적인 분야의 합성에 의해 가능한 경우가 많다. 고속전철 운송체계의 설계가 이에 해당한다. 고속전철 운송체계가 만족할 만큼 기능하려면, 기술은 목적 달성의 단순한 수단이 되어서는 안 된다. 공학 지식이 목적 그 자체 혹은 설계 그 자체에 능동적으로 개입할 때 체계가 순기능을 하는 경우는 널려 있다. 많은 공학적 문제는 개인의 양심 차원을 벗어나 공학 지식의 능동적 활용을 가로막는 조직체계의

5) Poser, H.(1998).

불균형에서 도래한다. 이 점에서 현대 사회의 공학적 문제는 의료 문제와는 상대적으로 차이가 크다. 그러한 차이를 심각히 고려한다면, 실천윤리 정신의 강조 속에서 공학적 문제를 둘러싼 사례 분석의 도덕적 의미를 재음미할 필요가 있는 것이다.

기술의 사회적 형성에서 기술이 하나의 분야 혹은 집단에 종속될 때 문제 해결은 가로막힌다. 이 사실은 편작(扁鵲)의 얘기에도 반영되어 있다.[6] 중국 전국시대 망진(望診)으로 유명한 편작이 제나라 환후(桓侯)의 손님으로 있을 때 얘기다. 제나라에서 의술은 뛰어난 기예를 뜻하는 공(工)에 속하기도 했다. 제나라는 그 당시 벌써 제철소를 갖췄으니 세계에서 가장 앞선 기술문명을 자랑하고 있었다. 하지만, 의술을 상부 명령에 종속된 공(工)으로 분류한 만큼 의술을 펼치는 자의 자율권은 보장되지 않았다. 이러한 상황에서 편작은 전문직으로서 오늘날 공학자와 유사한 딜레마에 빠졌다. 그가 망진을 통해 환후의 심각한 병세를 알고 환후를 설득하려고 했지만, 환후는 말을 듣지 않았다. 계속 무시당한 편작은 닷새 후 다시 환후를 찾았다. 환후의 병이 골수에 다다른 것을 안 편작은 제나라에서 도망쳤다. 환후의 뜻에 따르면 병을 고칠 수 없고, 그 뜻을 거역한다면 편작의 목숨이 위험하다. 그가 선택할 수 있는 길은 도망가는 것이었다. 편작의 얘기는 공(工)의 사용이 귀족과 군주에 종속될 때 그 쓰임이 널리 퍼질 수 없음을 암시한다.[7] 편작의 얘기는 또한 다음을 암시한다. 기술이 사용되는 맥락을 따지지 않은 채 공학자의 양심과 기술을 탓하는 자, 그대는 기술에 대해 말할 자격이 없다.

2. 기술과 예술

기술은 항상 도구 사용의 맥락 속에서 이해되고 평가되어야 하기 때문에, 사용 맥락을 초월한 기술에 대한 본질주의적 입장의 정의는

6) 『사기(史記)』, 창공열전(倉公列傳).

7) 가노우 요시미츠, 동의과학연구소(1999), 59쪽.

불가능하다. 현대 공학의 기술적 측면, 곧 현대 공학 기술은 체계 속에서 기능하는 것으로 이해되어야 한다. 복잡한 문제의 해결은 다양한 분야의 상호제한 및 공동협력이라는 상호작용에 의해 이뤄진다. 문제 해결은 그러한 상호작용에 근거한 사회체계를 산출하며, 전체 체계의 기능은 기술과 타분야 사이의 관계망에 의존한다. 그러한 관계망에 근거한 사회체계는 다른 체계와 관계를 맺게 되며, 기술은 타분야의 이해 방식을 변화시킨다. 역으로 타분야의 이해 방식의 변화는 기술 자체에 대한 이해 방식을 변화시킨다. 기술과 타분야의 상호호혜적 관계(reciprocal relation)는 기술을 진보의 수단으로 여겼던 과거의 관점, 그리고 기술을 이데올로기화하여 무차별적으로 비판하는 관점 속에서 무시되었다. 체계 속에 기능하는 현대 기술의 측면은 '상호작용 예술체계(interactive art system)'의 사례에서 잘 드러난다.

기술과 예술이 기예라는 하나의 뿌리에서 갈려져 나온 이후, 붓과 캔버스 같은 도구의 사용은 예술가의 목적 달성의 수단으로 여겨졌다. 예술 활동의 결과는 작품(works)이며, 도구의 사용은 작품의 구성 부분이 될 수 없었다. 상호작용 예술체계에서는 도구의 디자인과 사용은 예술가의 사전에 계획된 목적의 수단이 아니다. 예술 활동의 결과는 결과물로서의 작품이 아니라 하나의 역동적 체계(dynamical system)다. 기술은 체계 자체의 부분이 되며, 기술과 예술은 체계 속에서 상호작용을 한다.

상호작용 예술체계의 현실화는 디지털 기술(digital technology)이 출현한 이후 가속화되었다. 디지털 기술의 출현 이후 예술에 대한 이해를 분류하는 효과적인 하나의 방식은 코르녹(S. Cornock)과 에드몬즈(E. Edmonds)의 것이다.[8] 그들은 시각예술(visual art)과 관련하여 예술작품, 예술가, 수용자, 환경 사이의 관계를 크게 네 가지로 분류한다. '정적 체계(static system)', '역동적이면서 수동적 체계(dynamic passive system)', '역동적이면서 상호작용적 체계(dynamic interactive

8) Cornock, S. & Edmonds, E.(1973).

system)' 그리고 '역동적이면서 상호작용적 변이체계(dynamic interactive varying system)'이다. 과거 작품에 해당하는 단순한 정적인 체계에서 상호작용적 변이체계를 가상의 시나리오를 통해 단계적으로 구성해보자.

단계 1 : 너는 어떤 원형 전시장에 와있다. 벽면에 여러 그림들이 걸려 있다. 그림들은 시시각각 너의 마음을 자극한다. 너는 무엇인지는 몰라도 일종의 예술 체험을 하고 있다. 동일한 그림에 대해 다른 사람은 아마 다른 체험을 할 것이다. 그림들은 작품이고, 너는 수용자이며, 원형 전시장은 환경이 된다. 예술가는 어디에 있는가? 작품 전시장이라는 환경에 그가 속해야 할 필연적 이유는 없다. 예술가의 작품은 너의 체험에 대한 입력이다. 그가 사용한 붓과 같은 도구는 예술가의 계획된, 그러나 작업 과정에서 시시각각 변할 수 있는 의도에 따라 사용되었다. 그리고 전시장은 단지 작품이 배치될 물리적 공간이다. 그 공간은 작품 제공의 장소가 된다.

[단계 1]은 정적 체계의 전형적인 실례다. 지금까지 예술의 이해 방식은 그러한 체계 속에서 보통 형성되어 왔다. 정적 체계는 계산 혹은 계획된 도구 사용의 맥락을 대표한다. 사진기의 탄생이 사진예술을 탄생시켰듯이, 정적 체계에서도 기술이 새로운 장르를 탄생시킬 수 있다. 계산 혹은 계획된 도구 사용의 맥락이 지속되는 경우, 공학의 기술적 측면은 예술의 이해 방식에 별다른 영향을 끼치지 않는다. 그 결과 목적 달성의 수단으로서 기술이라는 케케묵은 이해 방식은 그대로 유지된다.

단계 2 : 너는 이제 전시장 2층으로 올라간다. 여러 움직이는 조각품들이 전시되어 있다. 커피를 마신 후 돌아와 보니, 그 조각품들의 모양이 변형되었다. 처음에는 착시인 줄 알았다. 그것들은 정말 변형되었다. 그 사이에 조각가가 와서 재빨리 모양을 바꾸고 도망갔을까? 너는 창밖을 바라본다. 비가 오고 있다. 비가 오는 바람에 전시장 습도가 아주 낮아졌고, 각기 조각품들은 온도, 습도 그리고 빛 등 환경 변화에 민감한 센서(sensor)를 장착하고 있다. 유동적인 물질로 구성된 조각품들은 환경의 변화에 따라 모양을 달리한다. 갑자기 보슬보슬 내리던 비가 소나기로 바뀌면서 기적 같은 일이 일어났다. 조각품뿐만 아니라 전시장 전체가 뒤바뀌면서, 전시장 벽에는 오색찬란한 무지개가 생겨났다.

[단계 2]는 역동적이면서 수동적 체계를 대표한다. 이러한 체계는 '동적 예술(kinetic art)'로 불리기도 하는데, 가장 단순한 형태는 바람과 같은 요인을 이용한다. 천장에 여러 종류의 바람개비를 달아놓는 것도 동적 예술의 형태다. 네가 그런 식으로 바람개비를 달아놓았다고 해서 바람의 요인까지 조절할 수는 없다. 빛을 이용해 단순한 동적 체계를 구성할 수도 있다. 두꺼운 검은 커튼에 원하는 대로 구멍을 뚫어라. 해가 뜨고 빛의 강도에 따라 벽에 비치는 반사투영은 여러 가지 색조를 표출한다. [단계 2]와 같이 전시장 자체를 역동적이면서 수동적인 체계로 구성하기 위해서는 광범위한 공학 기술이 동원된다. [단계 1]과 [단계 2]의 차이는 다음과 같다.

(1) 역동적이면서 수동적 체계도 정적 체계와 마찬가지로 예술가의 계산된 의도가 필요하다. 주위 변화를 정확히 안다면 설계자로서 예술가는 자신의 작품이 어떻게 변화할지 예측할 수 있다. 그러나 예술가 자신이 주위 환경을 구성하는 모든 요인들을 제어할 수는 없다. 단지 변형된 형태를 통해 이러이러한 변화가 일어났다는 점만을 추측할 수 있다. 전문용어를 빌리면, 이 경우 예술가의 추측은 귀납(induction)이 아니라 소급(retrospection)에 해당한다.

(2) 역동적이면서도 수동적 체계가 복잡할수록 공학 지식과 예술가의 의도 사이에 상호작용이 무척 중요해진다. 이 점은 역동적이면서 상호작용적 체계에서 더욱더 중요하게 된다.

(3) 환경은 더 이상 작품이 전시되는 단순한 장소가 아니다. 환경의 변화가 작품 자체의 변형에 영향을 미치고, 여기서 변형은 작품의 변질과 같은 이상 상태를 뜻하지 않는다. 변형 자체가 작품의 구성 성분이다.

환경은 작품 및 예술 행위의 부분이 된다.

(4) 작품의 변형 과정 자체가 예술의 의미를 띤다. 그 변형 과정으로서의 작품은 여전히 예술가의 계획된 의도에 좌우되기 때문에 기존의 계획된 도구 사용의 맥락을 완전히 탈피한 것이 아니다. 그러나 그 계획된 의도에 조절 불가능한 환경 요인이 부과되므로, 역동적이면서 수동적 체계는 기존의 계획된 도구 사용의 맥락에 완전히 흡수될 수 없다.

현대 공학 기술이 동원된 역동적이면서 수동적 체계는 여러 장르의 공연예술에 실제 등장한다. 이제 [단계 2]에서 [단계 3]으로 이행하자.

단계 3 : 너는 2층 관람을 마치고 옆 전시관으로 향한다. 들어서자마자 캄캄한 주위가 환해지면서 거대한 원형 스크린이 너를 둘러싼다. 온갖 무늬가 사방에 펼쳐진다. 네가 움직일 때마다 그 무늬는 바뀐다. 바닥에는 번호들이 있는데, 번호를 밟을 때마다 음악이 바뀐다. 갑자기 음성이 들려온다. "당신이 보는 장면이 예술적이라고 생각할 때 박수를 치고 멈추세요!" 너는 마음이 드는 장면이 나올 때 박수를 치고 멈춘 후 그 무늬를 감상한다. 그 무늬는 마치 너 자신의 소유물처럼 느껴진다. 갑자기 또 다른 한 명이 들어왔다. 상황은 예측하지 못할 정도로 복잡해졌다. 서로가 예술적이라고 평가하는 방식이 다르므로 동시에 박수를 치는 경우는 아주 희박했다. 네가 박수를 칠 때 그는 고의적으로 움직여서 무늬를 바꾸어놓는다. 일종의 훼방이다. 너도 그를 그런 식으로 훼방을 놓는다. 이제 전시장은 온통 난장판이 되었다.

[단계 3]은 역동적이면서 상호작용적 체계를 보여준다. 일방적으로 작품을 수용하는 감상자 혹은 수용자는 더 이상 없다. 수용자는 동시에 참가자가 된다. 이를 위해 반드시 전자장치가 필요한 것은 아니다. 해프닝(happening)을 이용해 관객의 참가(audience participation)를 유도하는 공연 일부도 일종의 역동적이면서 상호작용적 체계이다.[9] 그

9) 20세기 작곡가 프랭크 자파(Frank Zappa)의 록 및 클래식 공연을 그 대표적 실례로 들 수 있다.

렇지만, 이러한 경우 수용자가 적극적인 참가자가 되기는 힘들다. 공학 기술 특히 디지털 기술의 출현이 역동적이면서 상호작용적 체계라는 장르를 촉진했다. 그 체계는 진정으로 상호작용 예술체계로 불릴 수 있다. 이제 계획된 도구 사용이라는 맥락이 어떤 점에서 상호작용 예술을 설명하는 데 한계가 있는지를 따져보자.

(1) 수용자 혹은 감상자는 수동적인 위치가 아니라 참가자로서 예술을 형성하는 데 필수적이다.

(2) 예술로서 역동적이면서 상호작용적 체계 전체가 일종의 작품이다. 시시각각 변하면서도 그 안에 있는 참가자 또한 작품을 구성하기 때문에 역동적이면서 수동적인 체계와 다르다. 후자의 체계에서는 여전히 작품이 있고 감상하는 수용자가 있다.

(3) 참가자를 포함하는 환경 전체가 작품이 되므로, 예술가의 의도만 가지고 그러한 작품이 나오지 않는다. 그의 작업은 역동적인 작품체계가 나오게끔 하는 일종의 기반 설계(infrastructure design)다. 기반 설계자로서의 예술가에게 요구되는 점은 이렇다. 그는 예술가이면서 동시에 공학 지식을 가진 인물이 되거나 아니면 공학자를 진정한 파트너로 삼아야 한다.

(4) 작품이 일방적으로 예술가의 의도에 의한 결과가 아니기 때문에, 예술가의 파트너로서 공학자의 지식은 작품 형성에 필수적 요인이 된다. 기술은 그저 작품을 생산해내는 수단이 아니다.

(5) 참가자와 공학적 기반을 포함한 환경 공간 전체가 작품이다. [단계 3]에서 박수를 치는 순간 참가자가 감상을 하는 수용자로 바뀌기는 하지만, 그 순간은 단지 상호작용 예술체계의 단편일 뿐이다. 그 순간은 마치 영화필름의 한 컷에 비유될 뿐이다. 움직이는 순간 수용자는 다시 능동적 참가자가 된다. 상호작용적 체계로서의 예술이라 함은 이렇게 참가자를 비롯한 모든 요인을 포함한 환경 전체가 예술이 되는 경우다.

(6) 이제 더 이상 예술가의 의도에 좌우된 작업의 결과로서 예술을 말할 수 없다. 작품이 감상의 결과물이 되는 경우는 역동적이면서 상호작용적 체계에 통용되지 않는다. 계획된 도구 사용의 전통적 맥락은 여기서 허용되지 않는다. 상호작용적 체계로서 예술은 일종의 그물망 혹은 네트워크다. 그것은 공학 기술 및 다른 분야의 상호작용에 의한 결합이며, 결합의 결과는 특정 분야의 속성에 일방적으로 환원되지 않는다. 상호작용이 지속되는 한에서, 네트워크는 마치 체온유지 체계와 같은 항상성을 갖는다.

고속전철 운송체계는 실로 역동적이면서 상호작용적 체계에 비유될 수 있다. 그 운송체계의 만족할 만한 설계와 기능은 공학과 여러 분야의 상호작용에 기반을 둔다. 재난과 같은 부작용은 현대 사회에 더 이상 맞지 않는 잘못된 기술의 이해와 조직체계의 구성법에서 기인한다. 여기서 얘기는 끝나지 않는다.

단계 4 : 너는 집으로 갔고, 전시장에서는 예술가와 공학자 집단 사이에 회의가 열렸다. 예술가는 공학자에게 자문을 요청한다. 그는 [단계 3]의 예술체계를 더욱 역동적으로 전환시키고자 한다. 그는 그 체계의 프로그램 자체가 여러 상황을 기억하고 자체적으로 학습을 통해 스스로 변형되게끔 해달라고 공학자에게 주문한다. 환경 적응 학습 프로그램을 장착한 예술체계를 디자인하기 위해 예술가와 공학자는 다시 공동협력에 들어간다.

[단계 4]에 이르면, 상호작용 예술체계는 스스로 환경 적응을 한다. 그런 체계는 역동적이면서 상호작용적 변이체계를 대표한다. 생물계에는 변이가 계속 일어나고, 환경 변화에 맞는 변이의 보존과 그렇지 못한 변이의 제거는 진화에서 하나의 중요한 기제다. 이러한 생물계의 진화에 직접 유추 가능한 예술체계는 아직 거의 없다고 해도 과언이 아니다. 따라서 [단계 4]에 직접 해당하는 도구 사용의 맥락도 마찬가지다. 그러나 우리가 기술을 체계의 기능 속에서 이해할 때 기술

을 생물 진화에 간접적으로 유추하는 것은 가능하다. 모든 사회체계의 설계는 완전할 수 없다. 체계의 기능은 다른 체계와 연관될 수밖에 없고, 그 연관성을 사전에 완벽하게 알 수는 없다. 어느 정도 만족할 만한 체계의 기능도 다른 변수의 개입에 의해 달라진다. 기술은 기존의 체계를 수정하거나 새로운 방식의 체계에 개입함으로써 우리의 생활세계를 변화시킨다. 수십 년 후의 고속전철 운송체계는 지금과는 분명히 다를 것이다. 아마도 지금의 전동차는 자기부상 열차로 대체될 것이다. 기술은 체계의 수정 속에서 진보하며, 기술의 진보는 체계의 변화 역사 속에서 이해되어야만 한다.

[단계 1]에서 [단계 4]로 이어지는 예술체계의 진화는 기술이 변화해온 역사를 상징적으로 나타낸 것이다. 여기에 동원된 상호작용 예술체계는 자주 전시되지도 않으며 팔리지도 않는다. 그것은 주로 '기술과 예술(technology and art)'이라는 대학의 분과 종사자들에 의해 연구되고 있다. 공학 기술을 기반으로 음악을 시각화하려는 노력은 1950년대로 거슬러 올라간다. 기술과 예술의 합성을 시도했던 선각자들, 대표적으로 히긴스(D. Higgins), 잭 옥스(J. Ox) 등의 노력에 의해 오늘날 상호작용 예술체계가 탄생했다. 당시에는 상업적 효과가 없었던 이들의 노하우가 지금 비디오 산업에서 사용되고 있다.[10] '기술과 예술' 분과에서 상호작용 예술체계 종사자들은 기술이 문화 다양성의 기반이라는 사실을 인식한 사람들이다. 상호작용 예술체계가 고흐의 작품보다 낫다고 말할 수는 없다. 역시 고흐의 작품이 모든 상호작용 예술체계보다 낫다고 말할 수 없다. 상호작용 예술체계는 기술과 예술의 합성에 의한 예술의 다양성 증가를 보여준다.

인간은 단순히 외적 환경이 아니라 인간 스스로 건설한 인공 환경에 적응해 나간다. 나는 이러한 적응을 '내부 적응'이라고 부르는데, 내부 적응은 변이의 보존과 제거라는 생물학적 과정이 아니라 인간의 개입에 의해 기존의 것을 수정하고 대체해 나가는 과정이다. 기술은

10) 상호작용 예술체계의 전신은 인터미디어 예술(intermedia art)이다. 인터미디어 예술은 히긴스에 의해 구체적으로 개념화되었다. Higgins, D.(1966).

문화의 다양성 증가를 수반하는 내부 적응의 과정과 불가분의 관계를 맺는다. 나는 문화의 다양성과 기술의 관계가 매우 중요한 담론의 주제가 될 것이라고 확신한다. 기술과 문명 담론에 관심을 가진 사람은 아직 미개척 분야인 이런 주제에 눈을 돌려야 한다. 기존의 기술과 문명 담론의 큰 줄기는 분명히 기술 비판이었다. 그러한 비판은 대부분 체계 속에서 기능하는 실제 기술의 역할을 간과했다.

3. 체계 속의 기술

상호작용 예술체계의 발달 단계는 '체계 속의 기술'이라는 현대 공학의 기술적 측면을 보여준다. 사회의 문제 해결은 기술과 다른 분야의 합성을 요청하고, 그 합성 방식은 문제 해결의 맥락에 의존한다. 기술과 다른 분야의 합성은 사회에 새로운 아이디어를 정착시키고, 우리의 생활양식은 변화 속에 다양해진다. 기술의 기여도가 높아야 할 맥락에서 그렇지 못할 때 사회적 부작용은 증가할 수밖에 없다. 기술을 이데올로기화하여 비판하는 것은 체계 속의 기술이 기능하는 맥락을 무시한 채 그러한 부작용을 기술에 덮어씌운 것이다.

과거 소련에 속했던 우크라이나 체르노빌(Chernobyl)의 원전 4호기 폭발은 단순한 기술적 재난이 아니었다. 사회의 에너지 공급체계의 부분 체계인 원자력 발전소의 활용은 여러 분야의 상호제한과 공동협력을 요구한다. 체르노빌 원자력 발전소는 터무니없게도 소련의 국가정보기관인 KGB에 의해 운영되었다. 공학자들의 수차례의 경고는 무시당했다. 1982년에 작은 사고가 있었으며, 1984년 3호와 4호기 원자로의 이상이 보고되었다. 사고 당일인 1986년 4월 26일 우크라이나 KGB 국장은 사건을 은폐하기 위해 모든 것이 완전한 제어 상태에 있다고 모스크바에 보고했다.[11] 많은 공학자들이 사건의 사후 처리 과정에서 방사능 노출로 사망했다.

11) 당시 국장은 무크하(Mukha) 장군이었다.

체르노빌 원전 재난과 같은 것이 기술의 문명 위협론을 바로 정당화하지는 않는다. 새로운 원자력 발전소 건설에 대한 반대는 핵폐기물 처리에 따른 부대비용 및 과거 재난 사례의 분석에 근거해야 한다. 근거가 애매한 위험성 자체는 반대의 이유가 될 수 없다. 생명체의 세포는 방사성 동위원소와 비방사성 동위원소를 구분할 수 없다. 질량가가 높아 불안정한 방사성 동위원소는 생명체의 적응 환경에서 발견되지 않기 때문에, 방사성 동위원소에 민감한 생명체는 출현하지 않았다. 이 덕에 생명체 내의 원자 이동 경로 추적에서 방사성 동위원소를 사용할 수 있다. 그러한 경로 추적에 의한 질병의 진단은 위험하다는 방사능에 빚지고 있다. 특정 기술의 허용과 금지는 위험성 자체에 호소하는 것이 아니라 제어 가능성 및 손실과 이득의 분석에 근거해야 하는 것이다.

사회체계의 목적 달성은 하나가 아니라 다수의 맥락들로 구성된다. 고속전철 운송망은 하나의 동질적 맥락 속에서 건설될 수 없는 것이다. 상호작용 예술체계의 건설은 여러 관심 영역 사이의 진행형 대화과정과 맞물리기 때문에 역시 하나의 맥락에 종속되지 않는다. 사회체계의 기능 속에서 기술과 타분야의 상호작용은 새로운 아이디어를 사회에 정착시키거나 산출한다. 이를테면, 고속전철 운송망은 원거리 출퇴근이라는 아이디어를 일상적인 것으로 만들었다. 기술과 예술의 상호호혜 관계 속에서 상호작용 예술체계는 예술에 대한 새로운 이해를 산출시킨다. 기술과 타분야의 상호작용에 의한 새로운 아이디어를 둘러싼 담론 또한 원자력 발전소 재난처럼 사례 분석을 요구한다. 다음 사례를 보자.

K는 효과적인 수업 내용의 전달과 토론을 위해 강의 이외에 별도의 가상수업 공간을 마련했다. K는 인터넷을 통한 가상수업을 처음에는 그저 수업의 보조 수단으로 여겼다. 그러나 K는 점차 물리적 공간인 교실에서 이뤄지는 수업과 인터넷을 통한 가상공간 수업의 차이에 관심을 갖게 되었다. 실제 교실에서 눈에 띄지 않는 매우 내성적인 학생들이 의

외로 가상수업 토론에 적극적이었고 재기발랄한 측면을 보였다. '기게스의 반지(ring of gyges)'라는 아이디를 쓰는 학생은 평소 K가 보편적 인권을 거부하는 데 앙심을 품고 가상수업 게시판에 욕설을 남겼다.[12] K는 지금까지 익명을 허락한 가상수업을 실명제로 바꿀 것인지 고민한다. 익명성이 오히려 자신을 타인에게 이해시키기 위한 노력을 자극할 수 있다고 K는 결론지었다. 가상공간에서 개인은 그가 쓴 것에 의해 공적으로 평가되기 때문에, '기게스의 반지'의 행위와 같은 것은 가상수업에서도 예외적이다. K는 익명성을 계속 허락하기로 한 대신 '기게스의 반지'의 IP 추적에 들어갔다.

위 사례의 주제는 가상수업의 익명성이다. K가 익명성을 허락한 동기와 이유가 합당한지는 여기서 중요하지 않다. 실천윤리에서 중요한 것은 2장에서 보았듯이 논의 주제가 사례의 상황적 특수성과 연관되어 다루어져야 한다는 점이다. 실천윤리에서 보편적으로 가정된 원리 혹은 알려진 준칙의 규범적인 적용은 허용되지 않기 때문이다. 위 사례에서 발견 가능한 상황적 특수성은 어떤 것인가? 첫째, 인터넷 기술을 기반으로 한 가상수업에서는 교실과 수업의 이원적 구분은 사라진다.[13] 물리적 교실 공간에서도 빔 프로젝터 등 공학적 도구가 사용되지만, 이 경우 도구의 사용은 수업 전달의 수단일 뿐이다. 동일한 교실에서 공학적 도구는 가르치는 사람의 목적에 따라 다르게 사용된다. 수학 시간에는 수학을 위해, 철학 시간에는 철학을 위해 도구는 봉사한다. 교실은 수업의 내용과 무관한 독립적 공간이다. 이러한 상황은 가상수업에 해당하지 않는다. 가상수업의 홈페이지 게시판은 수업 공간이자 동시에 수업 내용이다. 둘째, 수업에 필요한 정보는 공유되지만, 정보의 선별과 조합에서 개인의 자유도는 증가한다. 이에 의해 가르치는 사람의 지배적인 위치는 교실의 수업에 비해 감소한다. 위에서 아래로 학생들을 감시하게 해주는 선생의 제단은 더 이상 없다. 이

---

12) 남에게 보이지 않는 기게스 반지의 신화는 가상공간에서 익명성을 둘러싼 논쟁에 자주 등장하며 플라톤의 『국가』에 서술되어 있다. *Republic* 559c.

13) Barnette, R.(2000).

러한 두 상황적 특수성은 통신 체계 속에서 인터넷 기술의 기능 및 인터넷 기술과 교육의 합성에 의한 수업의 새로운 아이디어와 연관된다. 그 두 상황적 특수성에 근거한 익명성의 주제는 도덕적 자율성으로 무장한 기존의 익명성 담론의 틀 속에서 무차별하게 다뤄질 수 없다.

체계 속에서 기술의 기능 방식 그리고 기술과 타분야의 상호작용에 근거한 상황적 특수성을 무시한 사례 분석은 공학을 둘러싼 담론에서 아무런 의미가 없다. 생명의료윤리에서는 개인의 양심과 자율적 행위가 주로 사례 분석의 직접적 대상이 되지만, 공학윤리에서는 아니다. 기존의 규범윤리 이론이 공학 담론에 별 도움을 줄 수 없다면, 어떻게 공학적 문제를 둘러싼 사례 분석이 도덕적 담론 속에 투영될 수 있을까? 이 질문이 충분히 대답되었다면, 나는 애당초 상황윤리로서 공학 담론을 규정하려는 이 작업을 시작하지도 않았다. 상식에 근거해 공학 담론을 그렇게 규정하기 전에 할 작업이 아직 남아 있다. 공학의 다른 측면, 곧 지식으로서의 공학 그리고 직업으로서의 공학을 살펴보아야 한다. 현실세계 속의 공학적 문제에 대한 성격을 뚜렷하게 하기 위해서다. 적어도 한 가지는 분명해졌다. 기술로서의 공학은 가치중립적이지 않고 그 자체로서 이데올로기도 될 수 없다.

6장 지식으로서의 공학

수도꼭지 속의 공학 지식

이 장에서는 지식의 측면에서 공학의 성격을 다룬다. 도구 디자인 과정의 조직화된 지식체계로서 공학 지식의 성격을 수도꼭지의 구조를 통해 규명하고, 공학 지식의 복잡성 수준과 조직체계의 구성 방식 사이의 관계를 분석한다. 이렇게 함으로써 공학 지식을 둘러싼 공학적 문제의 성격이 분명해진다. 그러한 공학적 문제는 조직체계의 구성 방식 속에서 공학 지식의 공유와 활용을 고려하라고 우리에게 요청한다. 기술적 측면에서의 공학의 분석은 공학 담론 자체가 사회체계 속의 윤리적 담론이 될 수 있는 가능성을 열어주었다. 이 장과 다음 장은 공학 지식과 공학 직업의 성격을 규명함으로써 공학적 문제들을 분류하고 구체화할 가능성을 열어준다.

1. 공학 지식의 소박한 이해

문제 해결의 관점에서 공학 지식의 소박한 이해를 먼저 명시한다. 도구가 문제 해결에 동원될 때 도구는 크게 두 가지로 나뉜다. 하나는 노하우, 수치 계산, 통계 방법 및 화학의 이론과 같은 '분석적 도구(analytical tools)'이고, 다른 하나는 연장, 컴퓨터, 측정 장치 및 조립 기구 등으로 대표되는 '물리적 도구(physical tools)'이다. 공학 지식은 문제 해결에서 이 두 종류의 도구 사용을 조직화하는 지식체계이며, 공학 지식의 실천적 목적은 정당화와 확증 과정을 요구하지 않는다.

문제 해결의 관점에서 두 종류의 도구 사용은 공학과 타분야의 차이가 아니라 오히려 유사성을 보여준다. 그러한 차이는 문제 해결의 입력과 출력 사이의 관계 그리고 문제를 해결하는 방식에서 드러난다.

분석적 도구와 물리적 도구로 구성되는 '수단도구'를 사용해 '표적도구'를 디자인함으로써 문제 해결을 도모하는 공학적 작업에서 입력은 수단도구이다. 수단도구를 사용한 문제 해결은 디자인 과정과 맞물리며, 출력은 표적도구가 된다. 여기서 디자인은 종이 위의 설계뿐만 아니라 표적도구의 생산 과정도 포함한다. 디자인의 결과인 표적도구는 현대 공학에서 단순한 인공물에만 국한되지 않는다. 그것은 하나의 사회체계 자체 혹은 체계 속의 부분 체계가 될 수도 있다. 또 현대 공학에서 표적도구가 기계적인 하드웨어(hardware)의 영역에만 속하는 것은 아니다. 이러한 도구의 폭넓은 이해는 체계 속에 기능하는 현대 공학 기술의 성격을 이해한다면 당연한 것이다.

공학 지식은 과학지식과 대비되어 주로 이해되어 왔다. 철학에서 과학 혹은 이론의 응용으로서 공학을 취급하지 않는 관점은 이론적인 것과 실천적인 것의 전통적인 구분 속에서 이뤄졌다. 도구의 디자인에 의한 공학의 문제 해결 방식은 상황과 과업(task)의 특수성과 연관된 '실천지 영역'에 속하는 반면에, 과학의 이론은 보편성을 지향한다는 것이다. 공학에 필요한 실천지는 이론적인 것에서 도출될 수 없는 독립된 영역을 갖기 때문에, 공학은 과학 이론의 응용이 아니라는 것이다.[1] 이러한 접근법은 적어도 두 난제를 산출한다.

첫째, 실천지와 이론지의 대칭성은 결코 공학과 과학의 대칭성으로 나타나지 않는다. 공학자가 다루는 지식은 노하우에 국한된 반면에, 과학의 지식은 참 거짓의 명제적 판단을 함축한다는 주장은 설득력이 없다. 과학자가 문제를 해결하는 것도 역시 실천적 행위에 속하기 때문에, 실험 및 이론 건설 과정에서 과학 작업은 공학 작업의 성격을 드러내기도 한다. 전문 교육을 받은 공학자는 계획 중인 도구의 실현 가능성을 따져야 하며, 이러한 경우 그는 과학 이론의 지식에 의지한다. 연구 분야의 공학자는 위험 분석(risk analysis)을 위해 새로운 수

1) 이러한 관점을 펼친 대표적 논문으로 다음을 들 수 있다. Layton, E.(1974), Vincenti, W.(1988). 두 논문 중 후자는 공학의 '디자인' 성격을 잘 그려낸 역작이다.

학적 방법론을 개발하기도 하며, 실험과학은 공학과 겹치기도 한다. 둘째, 과학 지식의 체계가 보편성을 지향한다는 것도 모든 과학에 통용될 수 없다. 보편성과 과학 지식을 결부시키는 것은 근대의 산물이다. 대표적으로 자연법칙은 불변이며 어떠한 상황에서도 깨어질 수 없다는 관점을 들 수 있다. 그 관점은 과학의 역사에 의해 반증된 것이고, 과학 발달의 실제 모습은 분과 다양성의 축적 과정이다. 고전물리학에서 지질학에 이르기까지 과학의 역사는 다양한 분과들의 탄생 및 결합 과정이며, 지식의 보편성 지향이 그 모든 분과들에 공통된다는 관점은 터무니없다. 구체적 상황에 적용되는 구체적 지식도 법칙만큼이나 과학 작업에서 중요하고, 또 과학의 설명 방식은 보편적인 법칙에서 구체적인 사실을 예측하는 것에 국한되지도 않는다.

실천윤리와 규범윤리를 구분했으니, 실천적인 것과 이론적인 것의 개념적 구분을 붕괴시키는 것은 자기파괴적이다. 파괴되어야 할 것은 그 구분을 실천지와 이론지라는 지식의 범주적 구분에 대응시켜 공학과 과학을 구분하는 시도다. 언급된 두 난제를 피하는 단순한 방법은 지식의 범주적 구분 대신에 지식 사용의 관점에서 공학 지식의 성격을 규명하는 것이다. 특정 문제를 도구의 디자인에 의해 해결한다고 할 때 지식은 디자인 과정에 개입하는 분석적 도구일 뿐이다. 이 경우, 공학과 과학의 미묘한 차이는 지식의 범주적 구별이 아니라 지식 사용의 맥락에서 기인한다. 공학 지식을 도구 디자인 과정에서 조직화된 지식체계로 보는 소박한 이해를 따를 때 공학과 과학의 경계 짓기 또한 소박하게 결론난다. 공학 작업에서 지식 사용의 맥락과 과학 작업에서 지식 사용의 맥락이 다르다는 결론이다.

공학 작업은 수단도구를 이용해 표적도구를 디자인하는 조직적 문제 풀이의 활동이다. 공학의 문제는 개인 혹은 연구 집단의 관심사보다는 사회의 집단적 요구와 주로 맞물려 있다. 더 빠른 의사소통의 사회적 요구는 새로운 도구의 개발 및 기존에 사용되던 도구의 향상이라는 문제를 공학에 부여한다. 문제 해결 과정으로서의 디자인에 의해 산출된 인공물, 곧 내가 '표적도구'로 부른 것은 우리의 생활양식에 직접 영향을 미친다. 그러한 인공물은 정당화와 확증(confirmation)의 과정을 직접 요구하지 않는 문제 해결의 성공 맥락에서 이해되어야 한다. 과학에서 성공적이라는 것도 일종의 문제 해결이지만, 그 성공의 맥락은 정당화와 확증 과정을 요구한다. 이 점에서 공학은 과학의 이론과 다르다. 과학자가 여러 지식과 도구를 사용해 얻는 결과물은 이론체계 혹은 자연 과정을 함축한 다양한 표상들이다. 디자인에 의한 결과물로서 표적도구가 실제 기능으로 이어지는 반면에, 과학 작업의 결과물은 참 거짓을 따지는 정당화 및 이론 선별과 연관된 확증의 대상이 된다. 과학에서 문제 해결의 궁극적인 목적은 좀더 정확한 자연물의 구조 파악과 이해다.

지식의 사용 맥락에 근거한 공학과 과학의 구조적 구분 관점, 곧 어떤 의미에서 공학과 과학은 지향하는 것에서만 차이가 난다는 관점은 여러 사람들에 의해 논의되었다.2) 이 세밀한 논의를 반복하지는 않겠다. 그 대신 첫째, 수도꼭지에 담긴 디자인을 해부함으로써 공학 지식은 단순한 과학의 응용이 아니라는 점을 생생하게 그려낼 것이다. 이 그림은 지금까지 철학자들의 세밀한 논의보다 훨씬 더 실제적이며 강력할 것이다. 둘째, 디자인에 의한 문제 해결의 조직화된 지식체계로서 공학 지식을 집단적 의사결정 과정(collective decision making process)과 결부시킨다. 이렇게 함으로써 공학 지식의 복잡성이 생산 조직체계의 변천 역사와 맞물려 다루어질 수 있다. 셋째, 공학 기술의 분석에서 공학이 다양한 가치와 연관됨으로써 공학적 문제가 윤리적 담론의 대상이 될 가능성이 열렸다면, 여기서는 공학 지식의 활용과 조직체계 사이의 간극에서 기인하는 공학적 문제의 성격이 뚜렷해질 것이다.

---

2) 실례로 다음 작업을 들 수 있다. Agazzi, E.(1995).

2. 수도꼭지 속의 공학 지식

공학 지식이 과학의 응용이라고 생각한다면, 이것은 이론적인 것이 실천적인 것보다 우월하다는 지식의 위계질서 관점에서 기인한 고정관념일 뿐이다. 공학 지식의 활용에서 과학의 역할을 따지기 전에 도구의 디자인에 의한 실천적 문제 해결은 과학의 응용이 아님을 분명히 하자. 여기서 분석할 도구는 우리가 매일 만나는 수도꼭지다. 수도꼭지는 현대 공학에 속할까? 이론을 포함한 많은 분석적 도구를 수단도구로 하여 표적도구를 디자인하는 현대 공학에서 이 물음은 긍정될 수도, 부정될 수도 있다. 센서(sensor)가 장착된 고급 호텔의 수도꼭지는 복잡하다. 전자공학의 지식이 필요한 이러한 수도꼭지의 디자인은 현대 공학에 속한다. [도식 1]의 단순한 수도꼭지가 현대 공학에 속한다고 말하기는 어렵다.

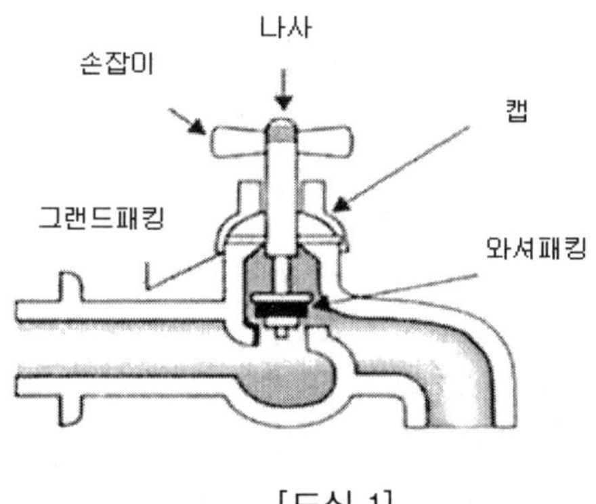

[도식 1]

그러나 백 년 전 공학의 수준에서는 단순한 수도꼭지도 공학에 속한다고 말할 수 있다. 수도꼭지 생산에 동원되는 소재 개발 자체를 수도꼭지 디자인에 포함시킨다면, 단순한 수도꼭지는 여전히 현대 공학의 산물이다. 또 과거의 노하우, 실례로 누수를 막기 위해 고무 패킹을 이용하는 노하우는 최신 첨단 수도꼭지 및 다른 복잡한 인공물 디자인에도 동원된다. 복잡한 현대 인공물 속에는 과거의 많은 노하우가 스며 있다. 공학자는 이러한 노하우의 대부분을 전문 교육기관이 아닌 현장에서 습득한다. 하나의 도구가 어떤 시대의 공학에 속하는가는 그 시대 공학의 수준에 좌우된다. 하지만, 실제 문제 해결의 디자인은 온갖 종류의 역사적 에피소드의 합성이다. 단순한 수도꼭지는 분명히 한때는 공학에 속했다. 아무도 그 발명자에 대해 관심을 갖지 않는 초기 수도꼭지 탄생의 시점으로 돌아가자.

먼저 수도꼭지와 연관짓기 쉬운 유체역학의 역사를 간략히 정리하자. 과학의 한 분과인 물리학은 물질(matter)의 운동(motion)을 다루는 학문으로 시작했다. 경험 이전의 추상적 존재로서 가정되었던 물질은 물리학의 발달과 함께 점차 시공간의 크기를 갖는 구체적인 모습으로 우리에게 다가왔다. 원자와 분자 등이 그 모습이다. 원자와 분자는 생활세계에서 물체 및 유체의 모습을 가진다. 유체 흐름의 여러 법칙이 발견되었다. 그 중 유명한 것이 18세기 다니엘 베르누이(D. Bernoulli)의 법칙이다. 베르누이의 법칙은 물체의 에너지 보존법칙을 유체에 유추함으로써 얻어진 것인데, 이에 대한 직관적 그림은 이렇다. 정지된 유체를 가정하자. 이 경우 전체 압력은 정지된 유체의 압력, 곧 정압(static pressure)이다. 이 유체가 동일 압력하에 흐르는 경우, 전체 압력의 일부는 동압(dynamic pressure)으로 전환된다. 이 동압이 우리가 유압으로 부르는 것이고, 정압과 유압의 합은 일정하게 유지된다. 이것이 베르누이의 법칙, 곧 초기 유체역학의 틀이다. 베르누이 법칙에 따르면, 유압 혹은 동압이 올라갈수록 유체의 흐름은 빨라진다. 초기 정지 상태의 정압이 그만큼 운동으로 전환된 것이다. 유압을 올리는 한 가지 방식은 유체의 단면적을 좁히는 것이다. 단면적이 좁을수록 그만큼 유압이 올라가며, 유속은 증가한다. 어릴 때 수도꼭지에 연결된 고무호스를 가지고 장난한 기억을 떠올려보라. 물을 멀리 보낼 때 우리는 본능적으로 고무호스 끝을 누른다. 이렇게 하는 것은 유압을 올리는 일종의 원초적인 방법이다.

단순한 수도꼭지가 베르누이 법칙의 응용인가? 아니다. 수도꼭지를 잠글 때 어떻게든 유체의 단면적이 좁아질 것이고, 유속은 증가할 것이다. 수도꼭지를 잠글 때 물의 속도가 빨라지고, 반대로 열 때 물의 속도가 감소한다면 어떻게 될까? 물 지압 기구를 만드는 것이라면 몰라도 불편할 것이다. 생활의 편익을 위해 이 문제를 해결하는 것은 유체역학과는 무관하다. [도식 2]를 살펴보자.

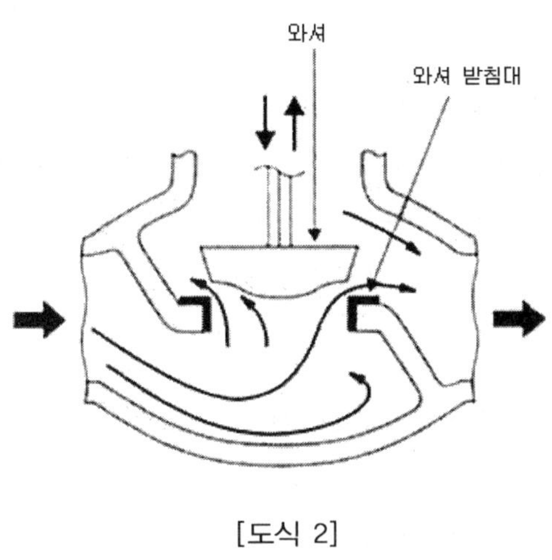

[도식 2]

수도꼭지를 잠글수록 와셔는 아래로 내려간다. 와셔와 와셔 받침대가 접촉하게 된다. 이 경우가 수도꼭지를 완전히 잠근 상태다. 누수를 막기 위해 와셔는 탄력성이 강한 고무 패킹으로 둘러싸여 있다. 와셔와 와셔 받침대 사이에서 고무 패킹이 외부로 팽창하기 때문에, 물이 새지 않는 것이다. 또 수도꼭지 손잡이 나사 부분에도 누수를 막기 위한 그랜드 패킹이 장착되어 있다. 고무 패킹 노하우의 사용은 탄성력 법칙에 대한 물리학의 지식을 요구하지 않는다. 코피가 날 때 솜을 사용하는 것과 마찬가지로 경험에 근거해 누수를 막는 소재의 선택은 가능하다. 수도꼭지를 잠글 때 와셔와 와셔 받침대 사이의 공간이 좁아지므로, 베르누이 법칙에 의해 물의 유압은 올라간다. 물은 그 공간 사이로 치솟으며 빨라진다. 이렇게 빨라진 물 흐름이 직접 나오는 것은 아니다. 와셔와 와셔 받침대 사이로 나오는 물은 수도꼭지 내부 윗

벽에 부딪치면서 대부분의 운동에너지를 잃는다. 이 과정을 거쳐 물은 수도꼭지를 잠글수록 쫄쫄쫄 흘러나오게 된다.

반면에 수도꼭지를 열면 열수록 와셔와 와셔 받침대 사이의 공간은 넓어진다. 유압은 약해진다. 그러나 물이 벽에 부딪치면서 잃은 운동에너지의 양은 잠글 때보다 약하기 때문에, 외부로 나오는 물의 흐름은 잠글 때보다 빠르다. 수도꼭지 디자인에서 베르누이 법칙이 응용된 곳은 어디인가? 수도꼭지 작동 원리 설명에 그러한 법칙이 동원되지만, 실제 디자인에는 아니다. 유체역학을 전혀 몰라도 수도꼭지는 경험에 근거한 시도와 실패의 반복 속에서 디자인 가능한 인공물이다. 이 디자인 과정에 필요한 정보와 노하우의 조직화된 지식체계는 결코 그 어떤 과학 이론의 응용이 아니다.

수도꼭지의 분석에도 불구하고, 여전히 공학에 대해 과학이 우월하다는 선입관을 가진 사람은 이렇게 말한다. 과학의 이론 건설은 역사에 남지만 공학의 발견은 아니다. 하지만, 역사에 이름이 남는 절대적 기준은 없고, 아인슈타인의 상대성이론보다는 사실 수도꼭지의 발명이 우리에게는 고마운 것이다. 과학의 우월성에 심적으로 매몰된 사람에게 복잡한 인공물에도 과거의 노하우가 숨쉬고 있다는 말은 설득력이 없을 것이다. 공학 지식과 과학의 이론 사이의 관계는 무엇인가? 과학의 이론은 그저 디자인의 가능성 유무에 제한을 가할 뿐이며, 이 점은 수도꼭지의 교훈이기도 하다. 유체역학의 베르누이 법칙은 유체가 흐르는 방식의 기하학적 구조를 제약하지는 않는다. 살펴본 도면 내부의 기하학적 구조에 의해 수도꼭지를 잠그면 잠글수록 물은 세차게 나오지 않는다. 또 수도꼭지의 디자인은 생활세계의 요구에 따라 진화한다.[3] 온수와 냉수를 동시에 사용할 수 있는 수도꼭지를 거쳐 센서가 장착된 수도꼭지가 개발되었다.

---

3) 이러한 진화는 다양한 변이 중 종 생존에 적합한 것이 유전된다는 자연선택에 근거한 생물 진화의 한 측면과 다르다. 생활세계의 요구에 의한 진화는 인간의 의도와 연관된 합목적적 진화이며, 이러한 합목적성은 생물 진화에 해당하지 않는다.

과학의 이론이 공학자의 디자인 가능성 탐색에 동원된다는 사실은 현대의 복잡한 인공물에도 그대로 해당한다. 왜 대학에서 전문 교육을 받은 공학자는 영구기관 디자인을 아예 시도조차 하지 않을까? 영구기관은 전국시대 중국을 통일한 진시황 시절부터 인류의 오랜 꿈이었다. 형태를 보존하려는 수은의 특징은 영생과 생성력의 상징이었고, 진시황의 무덤은 수은으로 채워져 있다. 이러한 수은의 상징성은 아랍을 거쳐 유럽에 전파된 것으로 보이며, 연금술사들은 수은을 이용해 영구기관을 만들려고 했다.4) 에너지 보존법칙의 발견은 영구기관의 불가능성을 함축한다. 영구기관이 있다면, 그 기관은 외부의 도움 없이 계속 자체적으로 운동에너지를 생성해야 한다. 우주의 전체 에너지는 다양한 형태 속에서 일정하게 보존되기 때문에, 영구기관은 우주 전체일 수밖에 없다. 우주의 그 어떤 부분도 영구기관이 될 수 없다. 에너지 보존법칙을 배운 공학자는 영구기관 디자인을 시도하지 않으며, 이 점은 과학의 이론이 특정 디자인의 불가능성을 함축하는 경우다.

수도꼭지가 디자인에 의해 자연적 제약을 피해 나갔다면, 과학의 이론이 직접적으로 디자인 가능성을 암시하는 경우도 있다. 우주선 디자인이 그 대표적 실례다. 우주선의 원리는 뉴턴역학의 제3법칙인 작용과 반작용의 원리다. 이 원리가 우주선 디자인에 직접 응용되는 것은 아니다. 단지 강한 반작용에 의해 지구 중력을 탈출할 수 있는 가능성을 열어줄 뿐이다. 오래 전부터 인류는 우주선을 꿈꿔왔고, 과학기술의 발전은 그 꿈을 현실로 만들었다. 우주선을 비롯한 로켓 디자인은 많은 현실적 제약을 극복해 나가는 과정인데, 군사용 미사일에는 주로 고체연료가 사용된다. 고체연료는 한번 연소되면 끄기 힘든 단점이 있지만 저렴하다. 인간이 탑승하는 유인 우주선에 고체연료가 사용될 경우, 높은 추진력을 얻는 동시에 안전성을 위해 다단계 로켓이 디자인되었다. 고체엔진 로켓은 재사용 불가능하다. 재사용 가

4) 수은을 영구운동에 필요한 생성력의 원천으로 본 기록은 10세기와 11세기에 활동했던 페르시아 학자 아비센나(Avicenna)까지 거슬러 올라간다.

능성을 위해 개발된 것이 우주왕복선이다. 공학자들이 극복해야 할 현실적 제약은 어떤 경우 정치적 요인과도 맞물린다. 우주왕복선 개발은 연구자금 압박 상황에서 나사(NASA) 공학자들의 살아남기 전략의 탄생물이다. 반복 사용 가능한 우주선 개발은 정치권에 대한 설득용이었다. 우주왕복선 개발에 책정된 예산이 급격히 삭감되자, 공학자들은 거대한 액체가스 연료통이 왕복선 외부로 나오게끔 초기 디자인을 변경했다. 이 디자인 실현을 위해 우주왕복선 양쪽에 달린 로켓부스터(rocket booster)가 별도로 고안되었던 것이다. 우주왕복선이 지구를 탈출하면서 바다에 떨어진 로켓부스터와 연료통은 재사용 가능하다.

과학의 이론이 공학적 디자인의 가능성 유무를 제한한다면, 공학은 많은 과학 연구의 물리적 기반이 된다. 과학자가 실험을 설계할 때 실험은 특정 이론의 확증 유무에 봉사하는 경우가 많다. 실험에 필요한 실험 기자재 자체가 그러한 것은 아니다. 과학자가 실험 장치를 고안할 수도 있기 때문에, 한 개인에 대해 과학자와 공학자의 역할 전환은 연구개발 과정에서 수시로 일어날 수 있다. 실험 과정 전체가 아니라 특정 실험 장치의 디자인은 그 과정의 실천적 문제 해결과 직접 연관된다. 분자생물학의 초원심분리기 디자인은 단백질 구조의 규명이 아니라 단백질과 같은 거대 분자의 분리라는 목적과 연관된다. 초원심분리기라는 공학적 도구의 탄생이 분자생물학 발전을 가속화시킨 역사적 사실은 명백하다. 공학에 기반을 두지 않은 현대 과학의 연구는 상상할 수 없지만, 실천적 문제 해결을 위한 도구 디자인의 조직화된 지식체계는 과학 지식을 필연적으로 전제하지 않는다. 그러한 조직화된 지식체계의 활용이 전문적 교육을 요구할 때 그 지식체계는 현시점에서 공학 지식으로 분류된다.

3. 디자인 과정의 조직화된 지식체계

공학이든 과학이든 발견법의 맥락에서 분석적 도구와 물리적 도구를 사용해 문제 해결을 지향한다. 이 점에서 그 둘은 차이를 보이지 않는다. 다만, 공학이 다루는 문제는 과학의 문제와 달리 생활세계의 변화와 직접적으로 연관을 맺는 실천적 문제다. 실천적 문제는 분석적 도구 혹은 물리적 도구에 속하는 수단도구를 이용해 특정 표적도구라는 인공물을 디자인함으로써 해결된다. 현대 공학 지식은 실천적 문제 해결을 위한 도구 디자인 과정의 조직화된 지식체계다. 조직화된 지식체계로서 공학 지식을 규명하는 데 공학 지식과 과학 지식의 구조적 차이는 단지 논의를 위한 대전제와 같다. 우리는 문제 해결의 실제 디자인 과정의 성격을 좀더 분명히 해야 한다.

첫째, 조직화된 지식체계로서의 공학 지식은 문제 해결을 위한 표적도구의 디자인 과정에서 수단도구의 배열로 나타난다.

둘째, 분석적 도구와 물리적 도구로 구성되는 수단도구의 배열은 미리 정해진 매뉴얼에 지배될 수 없다. 문제는 디자인 방향을 설정할 뿐이고, 실제 디자인 과정에서 공학자는 여러 다른 문제를 만난다.

셋째, 그러한 여러 다른 문제를 해결해 나감으로써 원래의 실천적 문제가 해결되기 때문에, 표적도구의 디자인은 조직체계에 분포된 공학자들의 능력을 합성하는 과정으로 볼 수 있다. 그러한 능력 합성에서 가장 중요한 것은 '여백 채우기의 원리(principle of filling a blank-space)'다. 초기 주어진 실천적 문제를 하나의 공간으로 표현한다면, 도구 사용의 한 가지 능력이 전체 공간을 덮는 경우는 거의 없다. 여백은 있기 마련이며, 여러 능력의 합성 과정에서 여백은 점차 채워진다. 문제 해결의 디자인 과정에서 요구되는 공학자의 자질은 자신의 지식에 국한되지 않는다. 디자인 과정에서 자신의 능력과 유기적으로 연결될 다른 능력이 무엇인지를 공학자는 알아야 한다. 이를 위해 현대 공학자에게 요청되는 중요한 자질은 '자신이 모르는 것이 무엇인지를 아는 것'이다.

넷째, 문제 공간의 여백을 채워 나가는 과정에서 현실적 제약을 무시할 수 없기 때문에, 문제 해결의 디자인 과정은 조직체계의 집단적 의사결정 과정(collective decision making process)과 무관할 수 없다. 디자인은 조직체계의 내적 혹은 외적 요인에 의해 제약되기 때문에, 표적도구의 디자인에서 공학자 집단과 다른 집단, 실례로 경영자 집단 사이의 의사소통 구성 방식은 무시될 수 없다.

다섯째, 디자인에 의한 표적도구는 독립적으로 기능하는 것이 아니라 특정 사회체계 속에서 기능한다. 4장에서 살펴보았듯이, 표적도구의 사용 방식, 곧 공학의 기술적 측면은 체계 속의 기능의 관점에서 이해되어야 한다. 디자인을 촉발시킨 초기 문제는 특정 사회체계의 설계라는 맥락 속에서 의미가 있기 때문에, 디자인의 만족 수준 결정은 표적도구의 기능에 의해 결정된다. 핸드폰 디자인의 목적은 사회의 의사소통 체계라는 맥락에 의존적이며, 디자인의 만족 수준은 그 체계 속에서 핸드폰이 기능하는 방식과 맞물린다.

실천적 문제의 해결에서 디자인 과정의 다섯 가지 성격을 고려한다면, 공학 지식은 조직체계의 집단적 의사결정 과정 속에서 조직화된다. 이러한 조직화를 규정하는 보편적인 방식은 없다. 집단적 의사결정 과정 자체에 보편적 구조가 없기 때문이다. 대다수 공학자가 생산 조직체계 속에서 행위하기 때문에, 적어도 현시점에서 일반적으로 인정될 수 있는 생산 조직체계의 집단적 의사결정 과정에 대한 모델은 필요하다. 공학 지식의 활용이 만들어내는 상황적 특수성과 연관된 담론의 주제는 무에서 평가될 수 없기 때문이다. 현대 정책 개발 등에서 발견되는 집단적 의사결정 과정을 공학적 디자인의 성격 속에서 재구성한다면, 우리가 얻을 수 있는 하나의 모델은 다음과 같다.

초기 결정 과정(overall decision process) : 문제의 선택과 함께 생산 시기 및 조직체계의 초기 구성 방식을 결정한다. 이러한 결정은 조직체계 내부의 자발적 결정일 수도 있고 외부의 간섭, 실례로 정치적 간섭에 의한 것일 수도 있다. 문제의 최종 해결에 여러 하부 문제들이 등장하고, 하부 문제들을 다루는 과정에서 생산 시기 및 조직체계의 구체적 윤곽이 결정된다.

중간 결정 과정(intermediary decision process) : 표적도구 생산에 필요한 디자인에 들어간다. 필요한 분석적 도구 및 물리적 도구, 곧 수단도구들의 분류와 함께 초기 결정 과정에서 그려진 조직체계의 수정이 뒤따른다. 그러한 수단도구들과 조직체계에 근거해 디자인이 효과적으로 현실화될 수 있는가를 사전에 검토한다. 초기 결정 과정을 만족할 수 있는 디자인이 설정되면, 보통 세부 디자인에 들어간다.

예정표에 의한 작업 과정(work process by schedules) : 초기 결정 과정과 중간 결정 과정에 의해 인적 구성 및 생산라인이 짜인다. 생산에 필요한 자원, 에너지, 구성원들의 능력과 책임 의식에 바탕을 둔 효과적인 작업이 이루어져야 한다.

되먹임 과정(feedback process) : 만족할 만한 결과가 나오지 않았을 때 다시 상위 의사결정 과정으로 되돌아간다. 만족할 만한 결과가 나온 경우에도 현실적으로 예상하지 못한 부수 효과가 발생할 수 있다. 소비자와의 신뢰성 및 안정성 등과 연관된 예측할 수 없었던 변수들이 되먹임 과정을 통해 초기 결정 과정에서 재검토된다. 이러한 되먹임 과정은 디자인 과정의 일부가 아니라 완전 수정을 수반하기도 한다.

이러한 모델이 현재 공학과 연관된 생산 조직체계의 의사결정 과정에서 나타나는 일반적인 모형을 대표한다면, 공학 지식은 바로 그 모델 속에서 조직화된 지식체계다. 조직화된 지식체계로서의 공학 지식은 문제 설정과 함께 수단도구의 효과적 배열을 거쳐 만족할 만한 표적도구의 생산과 연계된다. 그래서 현대 공학의 디자인 개념은 결코 개인 차원에서의 도구 사용의 노하우에 국한되지 않는다. 공학의 디자인 개념을 개인 차원의 노하우에 국한시키는 사람은 현대 공학의 복잡성을 모르는 사람이다. 그는 표적도구의 디자인 과정에서 종종 공학자가 타분야의 종사자, 실례로 경영자 혹은 과학자의 역할을 수행한다는 사실을 전혀 설명할 수 없다. 개인 차원의 노하우는 집단적 의사결정 과정 속에 담겨진 디자인 구현의 수단도구에 속할 뿐이다. 곧 그것은 문제 해결의 분석적 도구의 한 종류일 뿐이다.

살펴본 집단적 의사결정 모델이 조직체계의 실제 구성 방식을 직접 결정하는 것은 아니다. 그러한 실제 구성 방식에는 인적 자원의 분배와 분야별 연결망이 필요하다. 공학자의 적절한 배치라는 변수가 해당 문제의 성격에 따라 고려되어야 한다. 또 공학, 경영, 재무 및 운송 등의 분야별 연결망은 수직상하의 명령체계에서부터 거미줄 모양의 그물망 형태까지 모두가 가능하다. 여기서 우리는 중요한 사실을 발견한다. 주어진 실천적 문제에 대해 효과적인 공학 지식의 활용은 조직체계의 실제 구성 방식과 무관할 수 없다. 공학의 기술적 측면이 공학의 사회적 평가와 관련된 여러 담론의 주제를 산출한다면, 공학 지식을 둘러싼 담론의 주제는 주로 조직체계의 구성과 공학 지식 사이의 관계성에서 기인한다. 다시 말해, 공학의 기술적 측면과 연관된 공학적 문제와 공학 지식과 연관된 공학적 문제는 동일한 범주에 속하지 않는다. 이는 공학의 두 측면이 현실세계 속에서 서로 다른 상황적 특수성을 갖는다는 점을 보여준다.

4. 조직화의 틀

초기 결정 과정, 중간 결정 과정, 예정표에 의한 작업 과정 그리고 되먹임 과정으로 구성되는 집단적 의사결정 과정을 공학적 디자인의 효과적인 하나의 모델로 상정하자. 공학 지식은 그러한 집단적 의사결정 과정 속에서 조직화된 지식체계다. 실제 조직화의 실현은 '조직화의 틀(framework of organization)'에 의해 좌우된다. 조직화의 틀에서 첫째 조건은 조직화에 개입하는 여러 물리적 도구와 분석적 도구의 사용에 얽힌 지식의 성격이다. 둘째 조건은 그런 지식을 디자인 과정 속에서 활용하는 방식과 연관된 조직체계의 위계질서다. 조직체계의 효과적 위계질서는 도구 사용과 얽힌 지식의 성격과 맞물린다. 위계질서를 갖춘 조직체계 속에서 표적도구의 디자인은 집단적 의사결정 과정의 구체적 모델이 되며, 공학 지식은 여러 지식의 합성으로서의 지식체계를 이룬다. 첫째 조건부터 살펴보자. 조직화된 지식체계로서 공학 지식을 구성하는 지식은 여러 종류다. 크게 단조 지식(monotone knowledge)과 복잡 지식(complex knowledge)으로 나뉜다.

1) 단조 지식

단조 지식은 특정 협약과 규칙에 의해 모호함이 없이 다뤄질 수 있는 종류의 지식이다. 모호함이 없다는 의미는 행위자 혹은 행위자 집단에 따라 상대적으로 이해되어야 한다. 수동식 기계 시계의 조립은 현대 공학에서는 단조로운 것이지만 백 년 전 사회 혹은 원시 문화에서는 아니다. 행위자와 집단의 변수를 고려하지 않은 채 현재 우리 사회의 수준에 초점을 맞추자. 단조 지식은 우리가 충분히 이해할 수 있고 제어 가능한 지식이다. 단조 지식 속의 협약과 규칙이 논리 프로그래밍(logic programming)에 의해 실현된 경우, 단조 지식은 순수한 정보처럼 취급될 수 있다. 단조 지식은 그 사용 주체가 산업 로봇이 될 수 있는 종류의 지식이다. 이러한 단조 지식은 다음 두 조건을 만족한다.

> 투명성 조건(transparence condition) : 어떤 지식이 한 행위자 및 집단에 단조로운 것으로 여겨질 때 그 지식은 해당 행위자 및 집단에 투명해야 한다. 투명하다는 것은 분석철학(analytical philosophy) 진영의 인식론 논쟁의 틀 속에서 이해되어서는 안 된다. 지식의 충분한 정당화 조건이 오로지 개인의 내적 성찰에 근거해 파악될 수 있는 경우, 그 지식은 그에게 투명하다.[5)] 이러한 지식의 정당화 조건의 규정은 여기서 말하는 투명성과 무관하다. 합리적 정당화 및 지식의 본질이 아니라 사용과 기능의 측면에서 투명성 조건을 이해하라. 하나의 지식이 주어진 상황에서

---

5) 이 규정은 지식의 정당화와 연관해 내재주의(internalism) 옹호에 사용된다. 정당화 조건이 개인의 내적 측면 이외의 것, 실례로 외부 자극과 반응 사이의 성향관계(dispositional relation)와 같은 것에 의해 물리적으로 규정된다면, 지식은 본질적으로 개인에게 투명할 수 없다. 이 점은 지식 정당화의 충분조건 찾기에서 내재주의와 외재주의(externalism)의 논쟁을 낳았다. 이 논쟁은 우리의 관심사가 아니다. 지식의 투명성에 대한 인식론 논쟁의 일반 흐름에 대해서는 다음을 참조하라. Prichard, D.(2001).

어떤 식으로 사용되는지가 명백한 경우, 그 지식은 해당 행위자 및 집단에 투명하다. 축구 심판에게 레드카드의 사용법은 투명하며, 대장장이에게 낫을 만드는 방법은 투명하다.

개체화 조건(individualization condition) : 투명성을 갖춘 단조 지식은 또한 개체화 조건을 만족한다. 여기서 개체화 개념은 주어와 서술어 혹은 대상과 속성 사이의 계사(copula)와 연관된 개념이 아니다. 개체화 조건을 만족하는 지식은 사용에 있어 마치 기계 부속품처럼 여겨질 수 있는 지식을 뜻한다. 그러한 지식은 단순 대상처럼 취급되며, 단순하다는 것은 복잡성의 반대 의미를 띤다. 복잡한 것은 단순한 것들의 합성으로 이해되며, 복잡성의 속성은 단순한 것들의 속성에 의해 환원적으로 설명되지 않는다.

투명성과 개체화 조건, 줄여서 투명한 개체화 조건을 만족하는 단조 지식이 데이터로 기록되면, 그것은 특정 알고리듬 혹은 규칙에 의해 해독되고 다시 부호화(encode)되어 데이터 속에 복원 가능하다. 단조 지식은 어느 수준의 과학기술에 도달한 집단에게는 마치 정보처럼 다뤄질 수 있다. 이 점은 복잡 지식에 해당하지 않는다.

2) 복잡 지식

복잡 지식은 단조 지식의 투명한 개체화 조건을 만족하지 않는다. 여러 이질적인 지식의 합성물로서 조직화된 복잡 지식은 한 명의 행위자 혹은 하나의 집단에 의해 제어될 수 없다. 현대 공학은 여러 행위자의 상호작용을 요구하는 복잡 지식과 관련된다. 체계 속에서 기능하는 많은 공학의 산물을 보라. 그리고 질문을 던져라. 이렇게 복잡한 것을 한명의 공학자 혼자 만들어낼 수 있었을까? 답은 부정이다. 새로운 인공물이 탄생했을 때 디자인에 참가한 공학자들조차 이렇게 반문한다. “어떻게 우리가 이것을 만들었을까!” 조직화된 지식체계로서 공학 지식의 중요한 측면은 이질적인 영역의 연결망을 요구하는 복잡 지식의 측면을 갖는다. 복잡 지식은 일종의 ‘지식의 그물망

(knowledge network)'이다. 조직체계 영역간의 연결이 깨진 경우 지식의 그물망은 제 기능을 할 수 없으며, 조직은 원하는 목적을 달성할 수 없다. 네가 모르는 영역의 지식을 어떻게 다룰 것인가? 이 물음과 관련해 복잡 지식은 두 종류로 나뉜다.

은폐된 복잡 지식(screened complex knowledge) : 투명한 개체화 조건을 만족하지 않지만 개체처럼 다루어질 수 있는 종류의 지식이다. 지식의 그물망 속에서 은폐된 복잡 지식은 공급자(provider)와 고객(client) 사이의 관계에 의해 결정된다. 은폐된 복잡 지식은 고객에게 투명하지 않다. 고객의 요청에 따라 공급자가 제공하는 은폐된 복잡 지식은 공급자에게 우선 의존한다. 공급자는 고객의 만족 수준을 올리려고 노력한다. 은폐된 복잡 지식은 고객에게 모듈(module) 혹은 기능 단위로 여겨진다. 움직이는 로봇(mobile robot)을 조립할 때 제작자는 종종 고객이 된다. 사이버 애완동물(cyber pets) 다마고치(Tamagotchi)의 열풍이 식은 후, 소니(SONY)에 의해 로봇 애완동물(robot pets)의 시대가 열렸다. 로봇 애완견 아이보(Aibo)는 250가지 동작이 가능한 기능 단위를 장착하고 있다.[6] 아이보의 책임자 혼자 모든 기능 단위를 만들 수는 없다. 기능 단위를 만드는 공급자와 그는 서로 의존관계에 있으며, 은폐된 복잡 지식은 그러한 의존관계의 맥락 속에서 의미를 갖는다.

노출된 복잡 지식(unscreened complex knowledge) : 은폐된 복잡 지식과 달리 개체처럼 다루어질 수 없는 지식을 말한다. 은폐된 복잡 지식의 경우, 고객은 그 지식을 모르는 상황에서도 이를 조절하고 제어할 수 있다. 이 점은 단순한 기능 단위로 취급될 수 없는 노출된 복잡 지식에는 해당하지 않는다. 노출된 복잡 지식의 경우, 다양한 지식 혹은 행위자의 상호작용이 중요하다. 서로 다른 영역의 상호작용에 의한 제3의 효과, 곧 시너지 효과(synergy effects)가 중요한 주제로 떠오른다. "서로 다른 방향의 양날을 가진 가위만이 종이를 잘 자른다"는 준칙이 시너지 효과를 대표한다.[7] 두 영역의 상호작용에 의한 시너지 효과는 각 영역

6) 2002년 5월 8일 『뉴 사이언티스트(*New Scientist*)』의 보도를 보면, 아이 보는 학습 프로그램에 의해 춤 동작을 재현해낼 수 있다.

7) 가위의 준칙은 허버트 사이먼(H. A. Simon)이 즐겨 사용했다. 현대 인지심리

의 속성에 의거해 충분히 설명되지 않는다. 혼자 할 수 없는 작업이 공동협력에 의해 완수된다. 이를 위해 이질적인 영역 사이의 원활한 의사소통과 효과적인 정보의 공유가 요구된다.

디자인에 의해 실천적 문제를 해결하는 공학 지식은 집단적 의사결정 과정에서 조직화된다. 이러한 조직화에 공학 지식은 단수가 아니라 복수로 개입한다. 조직화된 지식체계로서의 공학 지식은 그물망 개념으로 대표되고, 문제 해결의 도구 사용과 연관된 단조 지식과 복잡 지식이 그 그물망에 배열된다. 조직화된 공학 지식의 체계에 개입하는 개별 지식이 단조 지식인지 혹은 복잡 지식인지를 결정하는 것은 논리적 범주에 속하지 않는다. 그것은 환경, 행위자 및 집단의 수준에 따라 상대적으로 대답된다.

단조 지식은 선천적 능력을 바탕으로 습득 가능한 경우가 많다. 과거 조립 기술에 바탕을 둔 생산 조직체계에서 단조지식이 중요했다면, 현대 공학에서는 아니다. 현대 공학 기술이 생산 조직체계와 만날 때 은폐된 복잡 지식이 중요해진다. 기능 단위별로 합성된 인공물에서 깨어진 부분은 대체 가능하다. 우리가 사용하는 컴퓨터를 비롯해 다수의 공학적 인공물들이 그런 식으로 구성되어 있다. 아이보의 다리가 잘못되면, 새로운 다리를 주문하면 된다. 하지만, 초기 아이보 디자인에서 기능 단위로서 다리의 연구개발은 그렇지 않다. 프로그래머는 다리 기능의 역학적 구성 방식을 모른다. 기계공학자가 다리 기능과 다른 부분의 기능적 연결을 프로그래밍하기는 힘들다. 프로그래머에게 기계공학자의 지식은 노출된 복잡 지식이며, 기계공학자에게 프로그래머의 지식은 노출된 복잡 지식이다. 효과적인 디자인을 위해서는 둘 사이의 공동협력 및 상호제한이 필요하다.[8)]

학(cognitive psychology)에서 환경은 주로 계산능력의 작동에 필요한 외적 자극의 원천으로만 여겨졌다. 사이먼은 인간의 합리적 행위를 문제 풀기 환경의 구조라는 날과 계산능력의 날로 형성된 가위의 작용에 유추했다. Simon, H. A.(1992), 7쪽.

8) 이 점은 기술을 기반으로 한 학제간 연구(interdisciplinary research)에서 무시

조직화의 틀의 둘째 조건은 조직체계의 위계질서다. 초기 결정 과정, 중간 결정 과정, 예정표에 의한 작업 과정 및 되먹임 과정에 적절한 행위자를 배치해야 한다. 이것은 조직화된 지식체계로서 공학 지식의 가장 두드러진 성격이 무엇인가에 의해 좌우된다. 조직체계의 위계질서는 그 성격이 단조 지식인지, 은폐된 복잡 지식인지 혹은 노출된 복잡 지식인지를 고려하여 짜인다. 물론 이상적인 경우에 그렇다. 공학 지식을 둘러싼 많은 실천적 문제는 공학 지식의 활용과 조직체계 사이의 간극과 연관된 상황적 특수성에서 기인한다.

5. 위계질서

네가 19세기 말 시계공이라고 가정하라. 기계 시계 조립 지식은 투명한 개체화 조건을 만족하는 단조 지식으로 취급된다. 너는 소비자의 주문을 받고 시계 조립에 들어간다. 주문이 늘어나자, 너는 난관에 부딪친다. 조립 과정에서도 계속 주문이 들어온다. 너는 어떻게 이 난관을 해결할 수 있을까? 이는 인공지능(AI) 이론의 창시자 중 한 명이자 현대 조직경영학의 대부인 허버트 사이먼(H. A. Simon)이 조직체계의 위계질서 구성을 다룰 때 던진 질문이기도 하다.[9] 너는 효과적인 생산을 위해 시계 조립 과정을 기능 단위별로 분할한다. 조립 과정에서 주문이 들어올 때 너는 작업을 멈출 수 있다. 주문이 끝나면 작업을 하던 기능 단위만 다시 건드리면 된다. 필요에 따라서는 하나의 기능 단위만 대량 생산할 수도 있다. 또 고장 난 곳은 해당 기능 단위만 대체하면 된다.

될 수 없기 때문에, 당양한 지식 소유자들 사이의 발상 교환을 촉진하는 '여유 공간'은 학제간 연구의 제도화에서 고려되어야 할 중요한 변수가 된다. '학제간 연구에서 여유 공간의 제도화'에 대해서는 [부록] A4를 보라.

9) 사이먼(1999), 217-221쪽. 이 번역본은 문제가 많다. 수학자 푸앵카레(H. Poincare)를 포인카로, 'modal logic'을 양상논리가 아닌 형식논리로 번역한 오류는 제쳐두자. 공역자들이 정말 원문을 제대로 이해하고 번역한 것인지 묻고 싶다.

위에서 묘사된 시계 생산 과정은 수직상하의 명령체계에 의존하는 분업체제 속에 반영된다. 조직의 위계질서에서 상위 집단이 하위 집단을 통제한다. 하위 집단은 상위 집단의 통제 영역(span of control)에 종속된다. 지식이 명령과 통제체계에 종속될 조건으로서 위계질서의 상위 집단의 지식은 하위집단의 지식을 포함해야 한다. 다른 말로, 하위 집단의 지식은 상위집단에게 투명해야 한다. 디자인 과정 속에서 조직화되는 공학 지식이 주로 단조 지식이라면, 지식의 일률적인 포함관계에 의해 조직의 명령체계가 짜여진다. 공학자가 주로 예정표에 의한 작업 과정에 배치되는 이러한 생산 조직체계의 구성 방식은 오르가노그램(organogram)이라고 불린다.

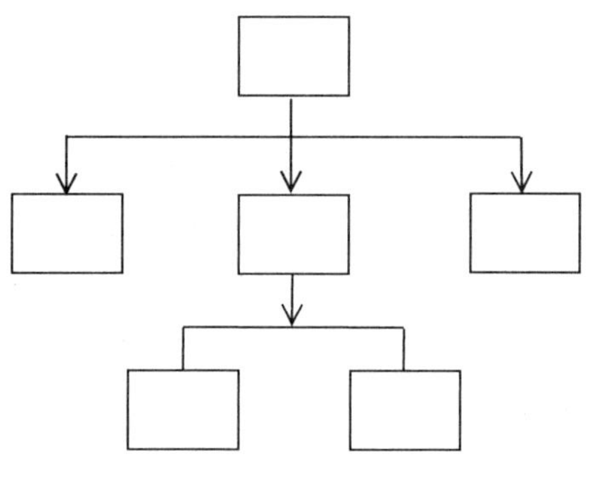

[도식 3]

오르가노그램의 명령체계 조직 구성에서 화살표는 명령 전달 방향을 나타낸다.[10] 명령체계 속에 지식이 종속되기 때문에, 오르가노그램형의 조직 구성은 지식의 그물망이 아니다.[11] 조직의 효과적인 운영

10) 인터넷을 검색하면 많은 회사들이 그들의 조직 구성을 오르가노그램으로 표현하고 있다. 경우에 따라서는 그 구성이 오르가노그램의 원래 의미에 위배된다. 이 점은 오르가노그램 개념이 회사 경영에서는 폭넓게 그리고 탄력적으로 사용되고 있음을 의미한다.

11) 행정학과 관련해 오르가노그램 방식의 조직 구성에 대한 본격적인 비판은 바나드(C. I. Barnard)에 의해 시작되었다. Barnard, C. I.(1938). [도식 3]은 오르

을 위해 명령체계는 필요하다. 복잡 지식을 다루는 경우, 지식의 그물망이 수직상하의 명령체계에 일방적으로 종속되어서는 안 된다. 지식의 원활한 흐름에 맞추어 조직체계가 구성되는 것이 좋다. 공학자는 지식의 성격에 따라 초기 결정 과정, 중간 결정 과정, 예정표에 의한 작업 과정 그리고 되먹임 과정에 효과적으로 배치되어야 한다. 은폐된 복잡 지식의 경우, 조직의 위계질서 속에서 고객 역할을 수행하는 집단이 대개는 공급자 집단보다 높은 위치를 차지한다. 그렇지만 공급자 집단의 지식은 고객 집단에게 투명하지 않다. 고객과 공급자 사이의 의사소통에 장벽이 생긴다면, 조직체계의 목적 달성은 힘들어진다.

쌍방의 공동협력이 더욱 필요한 노출된 복잡 지식을 활용하는 경우, 오르가노그램 형의 조직 구성 방식이 효과적이지 않다는 점은 더욱 명백하다. 공학 지식에서 복잡 지식의 측면은 연구개발 과정뿐만 아니라 공학을 둘러싼 사회적 문제의 해결 과정에서도 두드러지게 나타난다. 유전자 조작에 의한 옥수수 판매 허가의 문제는 경영에만 국한되지 않는다. 유전공학의 지식이 타분야에 투명하지 않기 때문에, 실제적인 이득과 위험 분석은 공학과 타분야 사이의 원활한 의사소통을 요구한다. 공학 지식의 효과적인 활용은 더 이상 소수 자문위원회의 결정사항이 아니다. 그것은 효과적인 집단적 의사결정에 기반을 두어야 하며, 문제 해결을 위한 공학 지식은 그러한 의사결정 속에서 조직화되어야 한다.

공학 기술은 가치중립적이지 않고 그 자체로서 이데올로기도 될 수 없다. 이것은 기술로서의 공학의 성격이다. 공학 지식은 실천적 문제 해결을 위한 디자인 과정에서 조직화된 지식체계다. 이것은 지식으로서의 공학의 성격이다. 이 두 성격은 공학을 둘러싼 사회적 문제, 곧 공학적 문제 진단의 상황적 특수성과 연관되며, 해당 문제는 담론의 특정 주제에 속하게 된다. 여러 상황들 중 그러한 상황적 특수성에 기

가노그램 방식의 조직 구성에 대한 한 실례이다.

인한 해당 주제를 잘 반영하는 것이 사례가 된다. 공학윤리는 그러한 주제를 다루는 담론이다. '상식을 존중한 상황윤리'로서 공학윤리를 규정하는 것은 그러한 주제 및 사례 분석에 근거한 해결책의 도덕적 위상을 상식과 연관해 찾는 작업이다. 이 작업으로 넘어가기 위해 공학의 셋째 측면, 곧 직업으로서의 공학의 성격을 다룬다.

7장 직업으로서의 공학

공학자의 자율성 측정

각 직업에는 지켜야 할 의무가 있다. 그러한 의무를 반영하고 있는 직업의 미덕은 해당 직업이 걸어온 역사에 의존한다. 공학의 미덕 역시 정해진 것이 아니다. 그것은 생활세계의 역사 속에서 공학에 스며든 것이다. 조직체계 안에서 주로 활동하는 공학자의 직업적 성격은 책임, 안전 및 숙련된 능력이라는 공학의 미덕을 산출했다. 그러한 공학의 미덕은 공학자의 직업 활동에서 의무계산으로 나타난다. 공학자의 의무계산은 의사의 그것과 다르다. 직업으로서의 공학과 직업으로서의 의료 행위의 미덕은 부분적으로 중첩되지만 다르다. 각각의 직업은 생활양식, 곧 직업 종사자의 사고와 행위 방식을 제한하는 고유한 성격을 갖는다. 현대 실천윤리를 대표하는 생명의료윤리 담론의 주제와 공학윤리 담론의 주제는 직업의 측면에서 다를 수밖에 없다. 지극히 평범한 이 사실은 철학적 자율성 개념의 한계를 파악함으로써 드러난다.

1. 직업으로서의 공학의 성격

다양한 직업의 성격을 규명하는 것은 만만한 작업이 아니다. 그것은 공시적이고 통시적 관점에서 이뤄져야 하며, 양자의 관점에서 개별 직업의 성격은 타분야의 관계 속에서 규명되어야 한다. 공학 직업의 전체 역사를 다루기에는 나의 역량이 부족하다. 우리 역사에서 공학자 계층의 뿌리는 장인 신분이라고 볼 수도 있지만, 여기에 대한 확신을 보증할 연구조차 없는 것이 현실이다.[1] 어떤 직업이 사회에서 중요한 위치를 차지할 때 그 직업에 대한 공적 인증 절차와 제도가 자리를 잡는다. 교육도 그러한 제도에 속한다. 이 땅에서 현대 공학교

---

1) 일제강점기에 장지연은 역사 속의 유명한 중인 계층의 인물들의 일대기를 기록하여 책으로 남겼다. 이 책마저 아직까지 한글로 번역되지 않은 상태다. 장지연(1922).

육의 효시는 1899년 명동에 설립된 상공학교이며, 대학에서 공학이 자리 잡은 것은 기껏해야 해방 이후다. 통시적 관점에서 공학 직업을 우리 역사 속에서 고찰하는 것은 후학에게 미룬다. 여기서는 공시적 관점에서 공학 직업의 성격을 규명한다. 이를 위해서 우선 공학자의 직업 활동 방식을 살펴봐야 한다.

1) 공학자의 직업 활동 방식

공학자의 직업 활동을 규정하는 것은 여러 변수에 의존한다. 현시점에서 그러한 변수에는 공학 직업의 직종 분류, 교육 제도, 공기업과 사기업에서 활동하는 공학자들의 사회적 분포 및 공학 직업에 대한 사회적 인지도가 포함된다. 그러한 변수들이 구체적인 상황 속에서 서로 중첩되어 나타나기 때문에, 그것들의 평가는 항상 상황적 특수성을 고려해 이루어져야 한다. 그 평가는 여기가 아닌 다른 곳에 그리고 미래에 함부로 확장될 수 없다. 사회 정치 체제와 함께 공학이 대량 생산 조직체계와 맞물린 역사를 고려한다면, 최소한의 의미에서 일반화시킬 수 있는 공학 직업의 성격은 다음과 같다.2)

E1. 전문직 종사자로서 공학자는 의사와 변호사와 달리 직접 사람을 상대하지 않는다. 공학자와 고객 사이의 관계는 직접적이지 않다. 의식을 잃은 난치병 환자의 안락사를 둘러싼 '온정적 간섭주의(paternalism)'와 같은 논쟁은 공학 직업의 담론에서는 이질적이다.

E2. 의사와 변호사 등 다른 전문직 종사자와 달리 공학자는 독립적 행위자로 여겨지지 않는다. 의사와 변호사 또한 특정 조직체계 속에서 일하기도 하지만, 해당 지식의 활용은 그의 고유 권한에 속한다. 이 점은 생산 조직체계에 속한 다수의 공학자에게 해당하지 않는다.

E3. 공학자가 몸담고 있는 생산 조직체계는 경제적 이윤과 관련된 경우가 많다. 공학자는 조직체계의 운반자 혹은 명령 수행자로서의 일꾼으

---

2) 유사한 규정 방식에 대해서는 다음을 보라. Ladd, J.(1982).

로 전락하기도 한다.

E4. 공학자는 조직체계의 관심에 반하는 행위를 해서는 안 되는 것으로 여겨져 왔다. 그 결과 조직체계에 대한 충성(loyalty)이 공학자에게 강요된다.

이 네 특징은 일반론일 뿐이다. 인간의 신체 일부를 자유자재로 기계화할 수 있는 사이보그 시대가 도래한다면, 이 네 특징은 공학자의 직업 활동 방식을 규정하는 성격으로는 부적합할 것이다. 이 네 특징은 분업화 모델에 의해 대량 생산이 가능해지면서 나타난 것이다. 다른 말로, E1-E4는 오르가노그램 형태의 조직체계에서 공학자들이 예정표에 의한 작업 과정에 집중적으로 배치되면서 나타난 결과다. 공학 직업의 일반 성격 E1-E4는 투명한 개체화 조건을 만족하는 단순지식의 활용이 지배적이었던 시대의 반영이기도 하다.[3]

네 특징 E1-E4는 공학의 다양한 분과 모두에 해당하지 않는다. 우리의 경우 많은 컴퓨터 공학 전공자는 생산 조직체계보다는 자영업에 분포되어 있다. 연구개발 분야에서 일하는 공학자에게도 이 네 특징은 곧바로 해당하지 않는다. 이 네 특징은 일종의 잠정적인 작업가설(working hypothesis)로서 이해되어야 한다. 작업가설로서의 네 특징 E1-E4는 일반적 의미의 공학 직업군과 그렇지 않은 공학 직업군의 분류와 같은 현실적 문제의 진단에 봉사할 수 있다.[4] 현시점에서 공학자의 활동 방식을 규정하는 특징들이 잠정적 작업가설에서 벗어나 공학자가 지켜야 할 윤리규정(ethical codes) 짜기의 틀로 작용한다면, 이것은 공학을 실천윤리 영역에 포섭시키려는 노력에 찬물을 끼얹는 꼴이다.

---

3) 그러한 단순 지식의 규정에 대해서는 6장 3절을 참조하라.

4) 그러한 현실 문제로서 공학의 다양한 분과별 '직업 특성표 짜기'라는 주제를 들 수 있다. 그 주제는 제3부에서 다뤄진다.

2) 공학의 미덕과 공학자의 윤리규정

직업의 측면에서 공학을 윤리적 담론에 정착시킬 때 흔히 범하는 오류가 있다. 그 오류는 공학자의 윤리규정 확보가 마치 직업윤리의 출발처럼 과장하는 것이다. 공학에서 윤리 교육의 중요성이 강조되면서, 국내 여러 책은 미국의 공학자 윤리규정을 앞 다투어 소개한다. 대표적으로 1990년에 만들어진 '전기 전자 공학자 협회(IEEE)'의 윤리규정과 1997년에 만들어진 '공학과 기술 신용 협회(Accreditation Board for Engineering and Technology)'의 윤리규정을 들 수 있다.[5] 이들 협회의 관계자조차 윤리규정을 공학자의 윤리 의식 고양의 수단으로 여기지 않을 것이다. 여기에는 두 가지 이유가 있다.

첫째, 공학 직업의 일반 성격 E1-E4에서 공학자는 전문직 종사자로 분류되지만, 전문직의 구체적 의미 규정은 단순치 않다.[6] 일정 수준 이상의 분석적 도구, 실례로 수치해석법의 전문적 습득과 함께 사회적 인증 절차를 고려한다면, 공학자는 분명히 전문직 종사자다. 서구에서 전문직은 사회적 권위를 가져야 한다. 용어 'profession'은 중세에는 종교 규율에 귀의한다는 뜻이었지만 근대에 이르러 특정 목적에 적합한 능력을 뜻하기 시작했다. 19세기 이후에야 'profession'은 전문성을 띤 직종을 뜻하게 된다. 전문성을 띤 직업 활동을 위한 장기적 교육과 사회적 공인 절차가 요청되었고, 전문직 종사자들은 엘리트(elite) 집단으로서 사회적 권위를 누리게 되었다. 이러한 의미에서 공학 직업이 전문직으로 굳어진 대표적인 국가는 독일과 미국이다. 독일의 경우 공학자가 되는 데 걸리는 시간은 우리보다 길다. 마이스터(Meister)가 생산과 수리에서 더 뛰어날 수 있지만, 문제 해결의 조직적 디자인에서 공학자는 더 많은 자유와 권위를 누린다. 19세기 말 대학의 공학부에 석사학위에 해당하는 디플롬(Diplom)과 박사학위 제도가 공인됨으로써 공학은 일찌감치 학적 권위를 누릴 수 있었다. 미국

---

5) Pinkus, R. L., Shuman, L. J., Hummon, N. P. & Wolfe, H.(1997), 41-42쪽.

6) 전문직 규정의 어려움에 대해서는 다음을 참조하라. Harris, C. E., Pritchard, M. S. & Rabins, M.(2000), 12쪽.

의 경우 공학자들이 전문 지식의 소유자로서 자율권을 요구한 시기는 1920년대로 거슬러 올라간다.[7] 미국에서 막스 베버(M. Weber)의 관료제 이론이 유명해진 시기는 1940년대 중반이었다. 이와 함께 산업 발전은 공학자들의 사회적 이미지를 지식의 능동적 활용가가 아닌 생산 조직체계의 수동적 일꾼으로 정초시켰다. 제2차 세계대전 중 국가 주도의 '거대과학(big science)' 연구계획인 로스알라모스 원폭 개발이 성공한 후, 생산의 효율성이 공학에서 지나치게 과장되었다. 하지만, 미국에서 공학자는 임금의 측면에서 전문직의 위치를 차지하고 있다. 경영진에 속한 공학자의 수도 우리나라보다 훨씬 많다.

미국과 독일의 공학자 윤리규정은 전문직으로서 공학에 대한 사회적 공감대가 형성된 상태에서 공학자 협회에 의해 마련된 것이다.[8] 그것은 몇몇의 교수와 대통령 자문위원회가 만든 것이 아니다. 공학적 업적이 경제적 가치가 큰 경우, 우리의 신문방송은 그것을 과학으로 희화화한다. 해당 공학자도 과학자로 불리길 원한다. 이러한 사례는 전문직으로서 공학의 사회적 공감대가 없는 우리의 현실을 반영한다. 소수 전문가와 자문위원회가 윤리규정을 만들고 공학자의 윤리의식 고양을 외치는 것은 비현실적이다. 이 점은 둘째 이유에서 더욱 잘 드러난다.

둘째, 전문직으로서 공학의 사회적 공감대가 형성된 상태에서 공학자의 윤리규정은 일종의 제의(ceremony)와 같은 것이다. 이것은 전문의 자격증을 취득한 의사가 사회에 대해 자신의 소명을 공언하는 것과 같다. 윤리규정을 공언하는 제의를 통해 공학자의 소명 의식이 강화될 수는 있지만, 제의가 공학자의 윤리 의식을 고양시키는 핵심은 아니다. 공학자의 도덕성은 직업 활동에서 체득되는 것이기 때문에,

---

7) Layton, E.(1986).

8) 프랑스는 미국이나 독일과 달리 사회에서 공학자 집단은 주로 공기업에 분포되어 있다. 전문직으로서 공학 직업에 대한 사회적 평가는 다른 방식으로 나타난다. 실례로 직업윤리 측면에서 접근한 미국과 독일의 공학 담론을 그대로 프랑스 공학에 적용하는 것이 위험하다는 경고에 대해서는 다음을 보라. Didier, C.(1999).

그것의 고양은 공학 자체에 국한된 것이 아니라 사회 제도와 맞물려 이해되어야 한다. 실제 아무런 법적 효력을 갖지 못하는 공학자의 윤리규정은 직업 활동의 역사 속에서 굳어진 공학의 미덕을 반영하는 일종의 거울이다. 그래서 현명한 집단은 자신들의 포괄적일 수밖에 없는 윤리규정을 절대 복잡하게 만들지 않는다.[9]

어떤 전문직이든 역사 속에서 굳어진 직업의 미덕을 고려하지 않은 채 윤리규정이라는 제의를 제정하는 것은 무의미하다. 그러한 직업의 미덕은 해당 종사자가 직업 활동에서 본능처럼 체득하고 있어야 하는 것이다. 하나의 실례를 과학사에서 찾아보자. 현장 과학자가 자신의 분과 역사를 서술한 것을 보면, 특이한 점이 나타난다. 그러한 서술은 잘 알려진 통념을 깨는 수가 많다. 식물과 동물의 생장과 증식에 공통된 기제인 세포 분열설은 뮐러(J. Müller), 슐라이덴(M. Schleiden) 및 슈반(T. Schwann)으로 이어지는 독일 학파의 공헌으로 알려져 있다. 이들 못지않게 19세기 푸르키녜(J. E. Purkyně)와 발렌틴(G. G. Valentin)으로 이어지는 체코슬로바키아 학파의 공헌도 컸다.[10] 이러한 사실을 접한 사람들의 반응은 다양하다. 어떤 이는 당시 독일어권에 눌려 지냈던 체코슬로바키아와 독일 사이의 갈등에 관심을 보인다. 사람들이란 어차피 유명한 인물들의 더러운 관계에 관심을 갖기 때문에, 어떤 이는 이렇게 말한다. 과학자가 책을 많이 팔아먹기 위해 발견 역사의 통념을 뒤엎으려고 한다. 이러한 주장은 반쪽짜리로서 중요한 사실을 놓치고 있다. 제대로 된 과학 교육을 받고 현장에서 활동한 과학자에게 새로운 가설의 발견과 확장을 중요시하는 것은 체득된 미덕이다.

공학자의 윤리규정은 직업 활동의 역사 속에서 정착된 공학의 미덕을 반영하는 거울로 봐야 한다. 전문직으로서 공학에 대한 공감대가 없는 상황에서 소수 자문위원회가 윤리규정을 만들어 공학자의 인성

---

9) 미국의 경우 1997년의 공학자 윤리규정은 1990년 그것에 비해 단순한 형태를 띤다.

10) 헨리 해리스(2000), 제9장.

함양을 강조하는 것은 어리석다. 더욱이 사회 속에서 원활한 공학의 미덕 발휘는 개인의 인성 함양에 의해 획득되지 않는다. 이 점은 적어도 공학자 집단을 의사와 변호사와 같이 직접 사람을 상대하는 전문직 종사자들과 비교할 때 그렇다.

3) 공학의 미덕과 의료 행위의 미덕

공학의 미덕은 무엇인가? 공학 직업의 일반 성격 E1-E4 그리고 각종 윤리규정을 고려하면, 책임(responsibility), 안전(safety) 그리고 숙련된 능력(competence)이 공학의 미덕으로 언급된다. 각 미덕의 기능 및 책임의 범위는 시기 및 장소에 따라 요동친다. 또 백 년 후에 공학의 미덕을 현시점에서 진단할 수 없다. 책임, 안전 그리고 능력은 현시점에서 인정되는 것일 뿐이고, 역사는 이에 대한 설득력의 창고와 같다. 공학의 미덕은 실천윤리에서 먼저 주목을 받은 의료 행위의 미덕과 구분된다. 일상생활 속에서 합의된 미덕은 하나가 아니라 복수이며, 역사 속에서 다양한 직업은 그러한 미덕들을 분할한다. 이러한 분할의 역사에서 의료 행위의 미덕은 자율성(autonomy), 자비(beneficence), 선행(nonmaleficence) 및 공정성(justice)으로 대표된다. 논의의 핵심은 공학의 미덕에 자율성이 빠졌다는 사실이다. 자율성의 분석은 공학자의 미덕 발휘가 사회체계 전체의 속성과 맞물린다는 공학 직업의 성격을 분명하게 해줄 것이다. 그 분석은 또한 도입부에서 다뤄진 실천윤리의 정신을 회상하는 데 도움을 준다.

2. 실천윤리의 흐름과 자율성

규범윤리의 여러 이론을 보면 직업의 미덕들이 보편적 원리로서 규범에 의해 도출 가능한 것처럼 다뤄진다. 윤리 이론들은 올바른 행위 및 동기에 대한 규범을 정하고 정당화한다. 규범윤리 전통에서 실천적 추론은 철학적 추론의 한 형태로 여겨졌고 제3자 관점에서의 객관화를 요구한다.[11] 객관화 요구에 따른 규범윤리의 합리적 정당화는 크게 두 종류의 보편화 가능성을 함축한다. 첫 번째 정당화는 하나의 상황에 적용된 규범이 유사한 다른 상황에도 그래야 함을 보이는 것이다. 이러한 상황 보편화 가능성을 추구하는 정당화 작업은 동기보다는 행위의 조건 및 결과와 관련된다. 두 번째 정당화는 내가 옳다고 여기는 것이 타인에게도 그래야 함을 보이는 것이다. 이러한 행위자 보편화 가능성을 추구하는 정당화 작업은 행위자의 동기를 중요시한다. 이 두 보편화의 물결이 현실의 문제를 만났을 때 실천적 현자는 이론 의존성의 위험을 파악한다. 도입부에서 여러 번 강조된 이론 의존성의 위험은 여러 규범들이 갈등하는 상황 속에서 반영된다. 하나의 사례를 보자.

> 의사 K는 새로운 치료제를 말기 암환자에게 투여했다. K의 동기는 자비를 실현하는 것이었다. 암환자가 죽자 환자의 가족은 K를 고발했다. K가 불공정하고 선하지 않은 의사라는 것이다. K는 의사로서 양심에 바탕을 둔 치료의 자율권을 빌려 항변했다. 그가 준수사항을 어긴 것은 사실이지만 공익을 위한 의학 발전을 위해 판사는 집행유예를 선고했다.

이 사례의 상황은 자율성, 자비, 선행 및 공정성이 갈등하는 곳이고, 판사의 판단은 일종의 중재 역할이다. 그 판단이 얼마나 적절한지는 치료제의 성격 및 의사의 과거 행적 등과 연관된다. 충분한 자료 검토와 합의 절차는 판단의 만족 수준을 결정한다. 현실세계에서 당연한 이러한 중재로서의 판단 사례는 규범윤리 이론을 추구하는 철학자들에게 골칫거리가 된다. 상황 및 행위자 보편화 조건 중 어느 것을 따르든 간에, 이론적 규범으로 파악된 자율성, 자비, 선행 및 공정성은 위 사례에 동시에 적용될 수 없다. 보편화 조건을 만족하는 규범들은 중재에 개입하는 직업적 미덕이 아니라 도덕적 행위와 선택을 파생시키는 이론적 원리들이기 때문에, 위 사례의 갈등 상황은 논리적 모순

---

11) 철학적 추론으로서 실천적 추론은 2장 5절, 그리고 제3자 관점의 객관화에 대해서는 [부록] A2를 참조하라.

으로 귀결된다. 위 사례에서 자율성이 자비와 논리적으로 양립 가능하지만, 선행과 공정성에 대해서도 그렇다고 결론 내리기는 힘들다. 직업적 미덕의 중재 상황에 불과한 사례를 규범윤리 이론의 응용 차원에서 접근할 때 상황 및 행위자 보편화 조건에 의해 갈등하는 규범들의 비중치 조절도 기대하기 힘들다. 철학자는 막다른 골목에 몰린 것이고, 이러한 경우는 윤리적 딜레마로 불린다. 현실세계 속의 윤리적 딜레마는 상황적 특수성에 근거한 문제 해결의 대상일 뿐이지만, 그것은 추상화된 이론 영역에서는 난공불락의 성과 같다.

특정 분야의 직업 활동과 관련해 제아무리 세련된 규범체계를 만들어봤자, 윤리적 딜레마를 발생시키는 가상의 상황은 건설하기 쉽다. 현실세계의 복잡성 때문에, 인간이 생각할 수 있는 그러한 가상의 상황은 아직 발견되지 않은 사실일 뿐이다. 상황들을 규범체계의 응용장소로 보는 것에서 탈피한 이들은 실천적 문제 해결에서 이론 의존성의 위험을 인식했다. 2장에서 보았듯이, 이론 의존성의 위험 인식은 이론과 실천의 두 관계, 곧 상보적 관계와 독립적 관계를 함축한다. 실천윤리의 선구자로 정착한 생명의료윤리에서는 이론과 실천의 연결을 강조하는 상보적 관계가 주목을 받았다. 그 두 방향은 다음과 같다.[12]

행위 지침서로서 규범을 파악하기 : 윤리적 딜레마를 낳는 상황의 요인과 현실적 목적을 고려해 자율성, 자비, 선행 및 공정성의 상대적 중요도를 정한다. 결과는 그러한 상대적 중요도에 따른 상황의 분류이며, 이와 함께 의사가 지켜야 할 준수사항이 정해진다.

치료제로서 윤리적 딜레마를 파악하기 : 윤리적 딜레마를 낳는 상황은 기존 규범윤리 이론의 한계를 보여준다. 새로운 규범체계를 개발하기 위해 철학자들은 그러한 상황을 조사하고 연구하며, 이 과정에서 잠정적인 대안이 얻어진다. 윤리적 딜레마는 좀더 현실에 맞는 규범체계로 나아가는 일종의 치료제와 같다.

---

12) 이 두 방향은 2장 4절에서 언급되었다.

생명의료윤리의 이 두 흐름은 현실 상황을 기저에 깔고 규범을 고려하는 것이지 규범이 현실을 측정하는 잣대가 아니라는 점에서 실천윤리의 성격을 띤다. 3장에서 보았듯이, 규범의 의미 폭은 탄력적이다. 규범윤리 이론의 원리 혹은 규범은 보편성을 지향하는 합리적 정당화의 맥락 속에서 이해되어야 한다. 반면에 행위 지침서로서 규범을 파악하는 경우, 규범은 지향해야 할 혹은 지켜져야 할 미덕과 다름없고, 지향하거나 지키는 방법으로서의 준수사항들은 준칙에 유추된다. 준수사항이 얼마만큼 행위 지침서로서 규범을 반영하는지에 대한 정당화에 기존의 윤리 이론이 등장하지만, 준수사항을 정하는 것 자체는 아니다. 치료제로서 윤리적 딜레마를 파악하는 것은 현실적 제약을 받는 규범체계의 역동성(dynamics)을 인정하는 것이다. 현실세계의 변화는 가치관의 변화를 수반한다. 기존의 가치들이 갈등하는 사례들은 새로운 규범체계를 산출하는 데 봉사한다. 규범윤리의 이론은 그러한 새로운 규범체계의 평가에 개입할 뿐이고, 그런 규범체계의 규범은 합리적 정당화의 원리가 아니라 현실적 제약 속에서 지켜져야 할 잠정적 지침서로 이해된다. 다시 말해, 새로운 규범체계의 개발은 이론적 영역에 속하지 않는다.

현대 실천윤리의 선구자인 생명의료윤리에서는 이론 의존성의 위험 인식에 근거한 이론과 실천의 상보적 관계, 곧 이론과 실천의 연결성이 대세를 이룬다. 여기에는 본질적 이유가 있는가? 이 물음에 대한 대답을 하기 위해 생명의료윤리의 역사적 흐름을 대충 말하자. 미국의 경우, 시민운동이 반전운동의 물결과 함께 확대된 시기는 1960년대와 1970년대이다. 그 전에는 시민의 의견은 전문적 의료 행위와 정부 주도의 과학기술 연구개발에 반영되지 않았다. 정부 정책 결정에 전문직 종사자로서의 의사와 연구자의 의견 또한 반영되지 않았기 때문에, 결과는 시민단체와 의학 관련 종사자들 사이에 나타난 대립이었다. 1980년대에 들어와 이러한 대립 양상이 식어버리자, 철학자들이 논쟁에 뛰어들면서 응용윤리가 유행했다. 의사와 현장 종사자들은 의무론과 결과주의에 근거해 현실 문제를 풀려는 응용윤리의 흐름에 만족할 수 없었다. 실질적인 문제 해결을 위해 사례 분석의 중요성이 현장 경험자들과 철학자들에게 인식되었다.[13] 생명의료윤리가 현대 실천윤리를 대표하게 된 것이다. 생명의료윤리 담론의 주제는 기존의 규범윤리 이론의 그것과 많은 측면에서 겹친다. 주제의 측면에서 이러한 겹침 현상 때문에, 이론 의존성의 위험 인식이 반드시 이론과 실천의 상보적 관계를 함축하는 것은 아니다. 사례 분석에 의해 얻어진 실천적 결론을 이론과 연결시켜 정당화하려는, 곧 이론과 실천을 연결하려는 노력은 보편성과 확실성 추구에 길들여진 철학적 습관의 반영일 수도 있다. 이론 의존성의 위험이 이론과 실천의 상보적 관계를 필연적으로 함축하는 것은 아니며, 따라서 이론과 실천의 독립적 관계가 실천윤리에서 배제될 이유가 없다.

현대 실천윤리의 흐름에서 생명의료윤리가 오래된 도시에 비유된다면, 공학윤리는 건설 중인 신도시와 같다. 주변 환경을 무시한 채 오래된 도시를 모형으로 신도시를 건설하는 짓은 현명하지 않다. 분명히 공학윤리의 담론은 생명의료윤리의 그것과 다르다. 기술로서의 공학, 지식으로서의 공학 그리고 직업으로서의 공학의 세 측면과 연관된 상황적 특수성들은 생명의료윤리 담론의 그것과 다른 성격을 갖는 경우가 많다. 기술의 부작용과 재난에 대해서만 관심을 보이는 대중의 '기술 몽유병'을 어떻게 치료할까? 공학적 데이터를 이해하기 쉽게 시각적으로 처리하는 기법의 개발과 훈련이 어떤 의미에서 도덕적 측면을 갖는가? 윤리 이론이 개념의 명확성과 분석에 도움을 주는 것은 사실이지만, 이러한 문제의 대답이 기존의 윤리 이론에 의해 사후에 정당화될 이유는 없다. 게다가 공학을 둘러싼 윤리적 담론은 개인 차원보다는 집단적 성격을 갖는 경우가 많다. 공학의 미덕에 자율성이 빠진 상태에서 책무를 둘러싼 기존의 규범윤리 이론에 의존해 공학자의 행위를 논하는 것은 어설프다.

윤리적 딜레마와 함께 이론 의존성의 위험을 인식할 때 이론과 실

13) Toulmin, S.(2001), 118-122쪽.

천의 상보적 관계에 매달릴 본질적 이유는 없다. 사람과 생명을 직접 다루는 생명의료윤리와 달리, 공학윤리의 담론에서는 그렇다. 이론과 실천의 독립적 관계를 인정한다면, 실천적 문제 해결의 도덕적 함의가 기존 윤리 이론에 의해 반드시 정당화될 필요가 없다. 이 경우, 우리가 기댈 곳은 어디인가? 이 질문은 상식과 가치체계의 역동적 결합 관계에 주목함으로써 제2부에서 대답될 것이다. 여기서 우리는 상식을 도덕적 담론 속에서 파악하는 작업과 상식에 근거해 문제를 분석하는 작업을 구분해야 한다. 공학 담론을 '상식을 존중한 상황윤리'로 규정하는 작업은 전자의 작업과 관련되며, 후자의 작업이 전자의 작업을 필연적으로 전제하는 것은 아니다. 다만, 전자의 작업이 구축된 후에 후자의 작업은 자연스레 도덕적 함의를 갖게 된다. 후자의 작업은 유사한 성장 배경, 언어적 습득 그리고 공유된 믿음에 근거해 가능하다. 이러한 가능성을 일상적 차원의 논의와 연결시킨다면, 우리는 상식을 존중한 상황윤리의 틀을 짜지 않은 상태에서도 자율성을 둘러싼 공학 직업의 성격을 진단할 수 있다.

3. 철학적 자율성 개념과 한계

표적도구의 디자인에 의해 실천적 문제를 해결하는 공학의 지식은 조직체계의 집단적 의사결정 과정에서 조직화된다. 공학 지식의 복잡성 증가와 함께 공학자의 자율성이 요청되게 되었다. 자율성이 공학의 직업적 미덕으로 정착하지 않은 상태에서 어떻게 공학자의 자율성을 접근하고 측정할 것인가? 첫째, 철학적 의미에서 자율성 개념의 변천 과정을 살펴본다. 둘째, 철학적 의미에서의 자율성 개념이 갖는 한계를 지적한다. 이 두 점을 규명한 후에, 우리는 공학자의 자율성을 접근하는 분석틀에 대해 언급할 수 있다.

1) 자율성 개념의 철학적 의미

자율성 개념의 철학적 의미를 따져보려면, 먼저 '선택의 자유(freedom of choice)'와 '자발적 행위(voluntary action)'의 구별이 필요하다.

선택의 자유 : P는 의료 행위보다는 그림 그리는 것을 좋아한다. P는 의사라는 안정된 직업을 포기하고 화가가 되기로 결심한다.

자발적 행위 : Q는 어려운 가정 형편을 고려해 스스로 대학 진학을 포기하기로 결정했고 입학원서를 찢어버렸다.

P와 Q 둘 다 예측되는 손해를 감수했지만, 두 경우는 차이를 보인다. P는 자신이 선호하는 것을 충족시키려 한 반면에, Q는 아니다. 개인의 선호구조(preference structure)에 근거한 선택의 자유는 재산권 등 타인의 권리를 침해하지 않는다면 일반적으로 허락된다. Q의 행위는 자신의 선호구조에 따른 것이 아니다. 선택의 자유는 충동을 만족하려는 행위를 허락하는 경우가 많은데, 자발적 행위는 그렇지 않다. 자발적 행위의 개념적 뿌리는 근대 이후 인간을 도덕적 동물로 규정하기 위해 가정된 자유의지(free will)와 밀접한 관련을 맺는다. 자연법칙에 종속된 충동에 반해서 인간이 행동하려면, 그러한 자연법칙에서 자유롭고 충동을 억제할 수 있는 의지가 마음에 각인되어 있어야 한다고 여겨졌다. 물질적인 몸은 자연법칙의 지배를 받지만, 마음은 아니라는 것이다.

여기서 자연법칙은 확실성 추구의 시대로 대표되는 근대의 개념이다. 예측 가능성을 함축한 결정론의 세계 이해 속에서 자연법칙은 신에 의해 경험 이전의 물질세계에 각인된 것으로 여겨졌다. 궁극적인 실체인 신에게 호소하지 않는다면, 도덕성의 원리는 자연법칙에 종속되지 않는다. 그러나 물질과 마음을 이분한 전통과 맞물린 이러한 자연과 도덕의 이분법은 서양 전통을 대표하는 것이 아니다. 근대 이전이나 이후에나 용어 'natural law(ius naturale)'가 공용되지만, 근대 이전에는 '자연법' 그리고 근대 이후에는 '자연법칙'으로 번역하는 것이 좋다. 인간 이성에 의해 파악되는 자연법은 인간 도덕성의 근거이기도 했다. 인간 본성은 자연의 질서가 실현된 하나의 상태이다. 이성에 의해 자연법이 파악되더라도, 이성 자체는 자연과 도덕에 대한 지식의 척도가 아니었다. 이 점은 근대 이후의 전통에는 일반적으로 해당하지 않는다. 근대 이후, 데카르트의 합리주의를 거쳐 계몽주의로 연결되는 전통에서는 주체 중심의 이성이 자연과 도덕에 대한 지식의 원천이자 척도다. 물론 근대 이전과 근대가 갑작스런 도약의 관계는 아니지만, 이 과정을 여기서 서술할 수는 없다.[14] 개괄적인 언급만 한다.

시대정신의 변천 속에서도 동의할 수 있는 것이 하나 있다면, 그것은 인간사의 법칙 혹은 법이 가변적이라는 것이다. 자연법이 인간 도덕성의 근거로 파악된 스토아 전통에서 덕은 그러한 가변적 현실 속에서 자연과 도덕을 연결시켜주는 개념이었다.[15] 덕은 자연법에 따른 인간 본성의 원초적 속성으로 여겨졌다. 초기 스토아 전통에서 자율적인 인간은 그러한 원초적 상태의 덕을 지닌 현자 혹은 성인이다. 덕은 개인의 보존, 사회 질서 및 결속력의 전제조건이었다. 현자 혹은 성인에게 부여되는 덕을 현실세계의 인간에게 강요할 수는 없다. 후기 스토아를 거쳐 키케로 등에 의해 대표되는 로마 제정법 전통에 이르러, 실천 영역의 윤리와 자연법을 분리하는 사고방식이 확립된다. 덕의 실현을 위해 '현실적 의무'가 강조되었다. 현실적 제약 속에서 여러 의무들이 갈등한다. 상황적 특수성을 고려한 여러 의무들의 계산은 일종의 중재 혹은 균형의 기예를 요구하며, 덕을 지향하기 위해 예외적 사례가 중요시되었다. 의무계산은 예외를 허락하는 개연적 판단에 근거할 수밖에 없지만, 의무계산이 지향하는 이득은 반드시 공익을 전제해야만 한다고 여겨졌다. 현실세계의 의무가 이상적으로는 자연법에 따른 덕에 뿌리를 두는 한에서, 의무계산은 사회의 자연 상

14) 서양 자연법 및 자연법칙의 개념적 변천 과정과 데카르트와 후기 스콜라 철학 전통 사이의 밀접한 관계에 대해서는 다음을 보라. Rommen, H.(1936), Ch.3.

15) 지혜, 용기, 절제 그리고 공정성이 스토아 전통의 덕을 대표했다.

태, 곧 질서와 결속력을 갖춘 사회 상태와 맞물려야 한다.16) 이 점에서 개인적 선택의 자유를 확장 시키는 조건으로서 파악되는 공리주의 혹은 결과주의의 복지 개념과 로마 제정법 전통의 복지 개념은 다르다.

자연법이 인간 도덕성의 형이상학적 기반으로 등장하되, 실천 영역의 윤리와 자연법을 분리시키는 사고방식은 중세 신학 전통으로 이어진다. 자연법은 신성법과 결부되었으며, 인간 도덕성을 규정하는 것은 자율성이 아니라 '원초적 양심(synderesis)'이었다. 아퀴나스는 원초적 양심을 자연적 성향으로 규정함으로써 인간 도덕성과 자연법을 연결시켰다.17) 원초적 양심에 바탕을 둔 이성으로 파악할 수 있는 도덕률은 "선을 지향하고 악을 멀리하라"는 정도의 최소한의 것이다. 현실세계의 실제 판단은 아퀴나스에게도 상황적 특수성을 고려한 개연적 판단일 수밖에 없다. 최소주의 입장의 도덕률은 그러한 개연적 판단에서 지향되어야 할 뿐이고, 실천적 문제 해결은 현실적 제약과 상황적 특수성의 고려에 의해 이뤄진다. 이 점에서 아퀴나스 또한 실천 영역의 윤리를 이상적인 자연법과 거리를 두는 로마 제정법 전통을 따른다. 자연법에 따른 원초적 양심은 그 자체로 선하지만, 현실세계의 양심(conscience)은 상황적 제약을 받는다. 현실세계에서 인간의 양심은 실수와 잘못된 결과에 자유롭지 않다. 토마스 아퀴나스에게 자율성은 인간 도덕성을 규정하는 개념이 아니다. 스토아 전통에서 자율성이 현자에게 부여된 속성이라면, 아퀴나스에게 자율적 인간은 양심에 따라 상황에 합당한 판단을 추구하는 사람이다. 그리고 그 양심은 공익을 지향한다는 점에서 개인 차원에 속하는 것으로 여겨지지 않았다. 그것은 불확실한 현실 속에서 함께 알아가는 과정에 필수적인 심성으로 여겨졌다.18)

---

16) 키케로에게 자연스러운 것은 도덕적인 것이고, 도덕적인 것은 개인의 보전과 사회 질서에 이득이 되는 것이다. 의무계산에서 진실로 득이 되는 것은 공익과 맞물려야 한다. Cicero, *De Officiis* III.

17) Aquinas, T., *Summa Theologica*, "Of the Intellectual Powers".

인간 도덕성을 규정하는 근대적 자율성 개념의 역사적 뿌리는 이성으로만 자연의 지식을 확보할 수 있다는 '인간 이성의 자율성(autonomy of human reason)'이다. 그로티우스(H. Grotius)에게서 명백히 나타나기 시작한 이성의 자율성 개념은 데카르트 이후 자연과 도덕 둘 다 합리적 사고의 대상이라는 관점으로 굳어진다. 확실성 추구의 시대정신이 열린 것이다.[19] 확실한 지식의 체계는 더 이상 지향되어야 하는 이상이 아니라 추구의 대상이 된다. 자연법의 이해는 경험 이전의 물질계에 국한된 자연법칙으로 좁혀진다. 그 결과 자연은 인간 도덕성의 존재론적 혹은 형이상학적 근거가 될 수 없게 되었다.

고대 그리스에서 르네상스 말기까지 우정은 윤리학의 중요한 주제 중 하나였다. 우정과 같은 인간관계는 단순히 개인 대 개인의 약속이 아니라 일종의 조화로운 상태로서 자연법의 구현이기도 했다. 양심과 덕은 단순한 개인의 의지에 기인한 것이 아니라 공동체 결속을 위한 자연의 상태로 이해되었다. 근대 확실성 추구의 시대정신 속에서 자연은 마음을 촉발시키는 외부 자극으로 파악되었고, 감각에 의해 얻어지는 경험적 관념(ideas)과 생존을 위한 충동만이 자연적 제약을 받는 것으로 여겨졌다. 그 자연적 제약과 맞물린 상태는 자연법칙을 따르는 물질적 몸이 마음에 반영된 것이다. 우정과 같은 인간관계는 더 이상 자연의 객관적 속성과 연관될 수 없기 때문에, 사실과 가치의 이분법이 물질과 마음의 실체적 이원론 속에 자리를 잡는다. 여기서 우리는 데카르트 이후 근대를 지배한 두 가지 핵심 문제를 만난다.

지식의 문제 : 어떻게 자연에 대한 확실한 지식이 가능한가?

도덕의 문제 : 이성이 결여된 사회의 원초적 상태가 감각경험과 충동에 종속된다면, 어떻게 도덕적인 인간이 가능한가?

---

18) 용어 'conscience' 자체가 어원적으로 '함께 알아가기'를 함축하고 있다.

19) 베스트팔렌 지식체계로 대표되는 확실성 추구의 시대정신에 대해서는 1장 2절에서 언급되었다.

근대의 합리론, 경험론 및 회의론은 이성의 기능과 폭에 의해 결정되는 것이지 결코 서로 공존할 수 없는 것들이 아니다. 합리론자는 자연에 대한 확실한 지식이 경험과 무관한 본유 관념, 곧 타고나면서 마음에 각인된 관념에 의해 연역적으로 얻어질 수 있다고 믿는다.[20] 경험론의 입장은 확실한 결론을 파생시키는 첫 원리 혹은 공리가 본유 관념이 아니라 경험적 관념들의 조합에 근거한다는 것이며, 이성은 비판 기능을 수행한다. 회의론의 일반적 입장은 이성의 기능에 대한 의심이고, 자연에 대한 확실한 지식은 불가능해진다. 근대 회의론은 확실한 지식 획득 가능성에 대한 의심이지 확실성 추구의 시대정신 자체에 대한 의심이 아니다. 확실성의 추구 속에서만 확실한 것에 대한 의심이 정당성을 확보할 수 있기 때문이다.

도덕의 문제와 관련하여 사회의 원초적 상태가 감각경험과 충동에 종속된다면, '사회적이라는 것'은 자연의 객관적 지위와 연결될 수 없다. 그것은 단지 인간의 기질에 지나지 않는다. 이는 자연이 도덕성의 근거가 될 수 없다는 근대 사유의 결론이기도 하다. 사회의 원초적 상태는 개인의 생존 원리와 연관될 수밖에 없었고, 정치철학에서 사회 상태는 개인간의 계약에 의한 것으로 이해되기 시작했다.[21]

근대에 탄생한 규범윤리는 도덕의 문제와 연관해 크게 공리주의와 의무론으로 갈린다. 지식의 문제에 대해 경험론 입장을 취한 공리주

20) 물론 이러한 합리론 전통에서도 자연에 관한 확실한 지식은 본유 관념과 감각경험 사이의 상호작용을 요구한다. 사과에 대한 지식을 위해 경험 이전의 사과와 사과의 경험적 관념 사이에 유사성이 확보되어야 한다. 사실 '사과의 관념'이라는 것은 일상경험에 맞지 않으며 일상생활에서도 사용되지 않는 철학적인 것이지만, 근대 경험론 및 합리론 유파의 철학자들에게 그러한 유사성 확보는 매우 중요했다. '관념'에 대한 그들의 관점을 아는 것은 근대 철학 전반을 정확히 이해하기 위한 첫걸음이다. 근대 합리론과 경험론의 관념 개념에서 나타나는 다의미성과 공통성에 대해서는 다음을 보라. Yolton, J. W.(1996), 42-66쪽.

21) 홉스와 루소의 결론은 왕정정치와 민주정치로 갈리지만, 사회가 개인들의 계약에 의한 구성물이라는 관점은 양자에게 공통된 것이다. Rommen, H.(1936), Ch.4.

의자는 자기보존 원리에 근거해 인간 본성을 이기적으로 보았다. 인간은 개인적 이득을 위해 선택을 한다. 공리주의 및 결과주의에서 복지는 선택의 자유를 보장하기 위한 조건들로 구성되며, 공익을 전제한 로마 제정법 전통의 의무계산은 효율 혹은 손익계산으로 대체되게 되었다. 의무론은 합리론의 전통 속에서 탄생했다. 합리론의 전통 속에서는 마음에 각인된 자유의지가 인간의 이기적 성향을 막는 방패가 된다. 이것이 동정심에 근거한 심리적 이타주의를 옹호하는 것은 아니다. 근대 전통에서 도덕의 문제가 던져질 때 타인의 이득을 지향하는 진성 동정심에 대한 의심은 필연적이다. 또 자유의지에 근거한 행위가 동정심에 근거한 것도 아니다. 근대 전통의 사유는 개인주의(individualism)로 귀결될 수밖에 없는 운명을 지녔다. 칸트 의무론의 동기는 합리론 전통 속에서 개인주의를 도덕적으로 무장시키는 것에 불과하다. 그의 복잡한 논의 체계를 푸는 것은 쉽지 않고 이 작업의 목적을 달성하는 데에는 군더더기에 불과하다. 핵심만 말한다.

칸트의 기본 발상은 이성의 자율성을 자유의지와 동일시함으로써 '인간의 자율성'을 확보하는 것이다. 이성의 자율성은 무제약적이라는 점에서 충동과 맞물린 자연적 제약으로부터 자유롭다. 실천 영역에서 이성 자체가 충동을 억누른 도덕적 행위의 원천이기 때문에, 이성이 행위의 보편적 원리인 자율성의 원천이다. 사실판단과 가치판단의 엄격한 구분 속에서 자율성이 최고의 가치이며, 다른 가치들은 이 최고의 가치에서 파생된 것이다.[22] 칸트의 의무는 이렇게 파생된 가치 실현과 연관된 것으로 봐도 무방하다. 의무 수행은 개인의 자율성 획득을 위해서 필연적이다. 자율성의 무제약적 속성 때문에, 의무 수행은 충동이나 손익계산에 이끌리면 안 된다. 도덕적 개인은 의무를 다하려는 인간이며 동시에 자율적 인간이다. 자율성이 보편적 도덕 원리의 원천이기 때문에, 의무는 나뿐만 아니라 타인에게도 해당하는 그러한 것이 되어야 한다. 도덕적 개인은 타인을 목적 달성의 수단으로

22) 합리적 추론과 연관된 사실판단과 가치판단의 이분법은 2장 5절, 그리고 가치론은 4장 3절에서 논했다.

삼을 수 없다.[23] 스토아 시절 자연의 덕을 갖춘 현자의 속성으로서 여겨진 자율성은 칸트에 이르러 개인으로서의 인간 도덕성을 규정하는 개념으로 정착했다.

2) 철학적 자율성 개념의 한계

이런 질문을 던져보자. 철학적 자율성 개념이 단수가 아니라 복수라면, 공학 직업의 성격 규명에서 어떤 자율성 개념이 채택되어야 하는가? 자율성이 공학 직업의 미덕으로 정착하지 않은 상태에서 어쩌면 이 질문 자체가 무의미해질지도 모른다. 보편적 도덕 원리의 원천으로서 가정된 의무론의 자율성 개념은 타인을 목적 달성의 수단으로 삼지 말라고 한다. 조직체계의 충성이 강요되는 공학 직업에서 공학자는 작업자로서 종종 목적 달성의 수단이 된다. 조직체계의 목적이 공학자들의 자발적 합의를 반드시 전제하는 것은 아니기 때문이다. 칸트의 의무론을 엄격히 따른다면, 목적과 수단이 나눠지는 위계질서를 갖춘 조직체계는 이상적인 사회에서는 허락될 수 없는 것이다.

물론 의무론의 자율성 개념을 채택함으로써 직업 활동과 무관하게 모든 사람을 도덕적 행위자로 규정할 수 있다. 하지만, 인간 도덕성이 철학적 자율성 개념에 뿌리를 두어야 할 필연적 이유가 있는가? 그래야 할 본질적 이유는 없고, 이 점은 철학적 의미에서 자율성 개념의 변천 과정을 인식할 때 분명해진다. 스토아 시절, 인간 도덕성을 규정하는 것은 자연법이었다. 규범윤리의 철학적 개념이 실천적 문제의

---

23) 자연의 지식과 도덕의 원리 양자가 이성의 자율성으로 귀속되는 칸트의 사유체계는 하나의 역설이다. 이성의 이론적 측면에서 칸트는 자연에 대한 지식을 '경험을 가능케 하는 선험적 조건'에서 도출한다. 경험 안에서 자연의 지식을 얻을 수 있지만, 경험 이전 혹은 경험을 초월한 형이상학적인 것은 아니다. 자연의 지식은 자연 자체에 대한 것이 아니라 '경험된 구조'에 관한 것이다. 물질적 실체의 세계인 물(物) 자체는 이성에 의해 요청될 뿐이지 알 수는 없다. 이성의 실천적 영역에서는 이성 자체가 스스로를 도덕 원리의 자율적 원천이라고 판단할 수 있다. 이성의 이론적 측면은 경험 안에 갇혀 있는 반면에, 이성의 실천적 측면, 곧 실천이성은 물 자체와 관련된 행위의 원리에 대한 판단을 제공한다.

진단과 해결에 의미가 있다면, 그것은 기존 정치제도나 법의 이론적 틀로 정착한 경우다. 법제도가 의무론에 기반을 둔 독일과 같은 나라에서 의사의 행위 규정을 논할 때 철학적 자율성 개념에 근거한 분석이 개입한다. 의무론이 규범윤리에 속하기 때문에, 그런 분석은 실천윤리에서 제도 정비의 사후 정당화에 등장한다. 이러한 종류의 이론과 실천의 연결 시도에서는 의사 직업의 자율성 미덕이 철학적 자율성 개념을 전제함을 보증하지는 않는다. 현대 실천윤리 흐름에서 이론과 실천을 연결시키는 시도는 이론에 대한 향수, 곧 상황을 초월한 인간 도덕성의 확실한 기반에 대한 향수를 쉽게 지울 수 없는 철학자들에게서 기인한다. 자율성이라는 미덕이 정착하지 않은 공학 직업의 성격 규명 작업에서 철학적 자율성 개념은 무기력하다.

보편적 규범 혹은 도덕 원리의 원천으로서 파악된 철학적 자율성 개념을 현실세계에 적용하기는 힘들다. 원리적으로 타인을 목적 달성의 수단으로 삼을 수 없다. 더욱이 집단은 서로 다른 관심사를 갖는 영역들로 분할되고, 나의 목적과 타인의 목적이 양립 불가능할 수 있다. 한 명의 행위자는 공동의 선을 지향하는 두 선택지 사이에서 갈등하기도 한다. 이러한 상황에서 행위자의 실제 선택의 내용적 측면은 철학적 자율성 개념 혹은 인간 도덕성을 규정하는 보편적 개념과 무관하다. 하나의 사례를 보자.

> 갑작스런 전염병이 돌자 정부는 제약회사 경영진 A에게 연구 중인 치료제를 즉시 제공하라고 요구했다. A는 유전공학자 집단 B에게 특정 기간까지 치료제를 납품할 것을 명령했다. B는 고민에 빠졌다. A와의 약속을 지킨다면, 불완전한 치료제가 오히려 심한 부작용으로 나타날 수도 있다. A와의 약속을 깬다면, 전염병에 고생하는 사람들을 방치하게 될 것이다.

기업이 그냥 돈 버는 기계라는 선입관에서 벗어난다면, 정부, A 그리고 B 모두 공동의 선을 지향하고 있다. 다수의 고통을 감소시키자는 선의의 목적에 셋 모두가 합의했다고 하자. 이러한 합의가 있는 경우, 조직체계의 위계질서에서 A가 목적 달성을 위해 B를 수단으로 이용했다고 볼 수 없다. B는 A의 명령에 동의해야 할지 말아야 할지 갈등에 빠졌다. B는 현실적 제약 속에서 배경 지식과 양심에 근거해 자신이 할 수 있는 최대한의 합당한 결정을 내린다. 이성의 자율성에 바탕을 둔 철학적 자율성 개념은 그러한 현실적 제약과 무관하다. 보았듯이, 칸트 의무론이 기대고 있는 '개인주의적 이성의 자율성 개념'은 무제약적이다. 실제 B의 결정 내용은 B가 처한 상황의 특수성에 근거한다.

인간 도덕성을 규정하는 보편적 자율성 개념은 다만 두 선택지 사이에서 B가 갈등한 이론적 근거를 제시할 뿐이다. 그러한 갈등은 일상적 측면에서 도덕성의 반영으로 파악되기 때문이다. 그런데 B의 갈등을 증거로 인간 도덕성을 규정하는 방법은 칸트의 의무론에만 있는 것이 아니다. 인간 도덕성에 대한 주희(朱熹)의 우주론적 바탕이 칸트보다 못할 이유가 전혀 없다. 선한 목적이 왜 선한지를 이론적으로 따지는 것과 실제 목적 달성은 다르기 때문이다. 실천윤리는 후자를 지향한다.

개인을 도덕적 주체로 규정하는 철학적 자율성 개념이 직업 활동의 미덕으로서 정착한 자율성의 분석에 전제될 이유는 없다. 그렇다고 철학적 분석이 무의미한 것은 결코 아니다. 다만, 철학적 분석의 방법을 문제 삼는 것이다. 확실한 결론을 끄집어내 줄 보편 원리를 찾고, 보편 원리의 형이상학적 근거를 대는 것만이 철학적 분석의 형태는 아니다. 그 형태는 단지 확실성 추구의 시대정신 속에서 유행했을 뿐이다. 현재 공감하는 것들, 실례로 과거 역사의 기록, 언어 사용법 및 유사한 믿음체계에 근거하여 실천적 문제를 해석하는 분석틀을 제공하는 것도 하나의 훌륭한 철학적 작업이다. 일상적 차원에서 자율성 개념을 살펴보고, 공학자의 자율성을 접근하는 분석틀을 짜보자.

4. 분석틀

인간을 도덕적 행위자로 규정하는 철학적 자율성 개념은 이제 잊어버리자. 일상적 차원에서 자율성 개념의 분석틀을 짠다고 할 때 '일상적'이라는 용어 자체가 모호하다. 용어의 모호함이 논의 자체의 불가능성을 전제하는 것은 아니다. 우리가 어느 정도 서로 공감하는 것은 자율성을 논하는 것에 대한 일상적 차원에서의 분석틀로 충분히 기능할 수 있다. 그러한 분석틀은 유사한 경험, 언어 습득 그리고 공유된 믿음에 근거한다. 개인간의 관심에서 기인하는 차이는 우리가 공감하는 것 전체를 파괴하지는 않는다. 너와 내가 이유 없이 사람을 죽이지 말라는 믿음을 공유하여도, 믿음과 개인적 목적 사이의 연결 방식 및 예외 상황에 대한 견해가 일치할 필연적 이유는 없다.

앞 절의 새로운 전염병 치료제 납품을 둘러싼 사례에서 B의 결정이 무엇이든 그것이 자율적이라면, B의 결정은 공익을 지향하는 양심과 지식을 바탕으로 도출된 것이다. B의 자율적 결정은 행위 결과 자체에 의해 정당화되는 것이 아니라 개인의 이익을 지향하지 않는 양심에 바탕을 둔 자발적인 것이다. 여기서 자발적이라는 것은 현실적 제약 속에서 선택 및 결정이 가급적 외부의 강요 없이 이뤄짐을 말할 뿐이다. B의 결정이 경영진으로부터 아직 검증되지 않은 치료제를 납품하라는 압력에 굴복한 것인지 아닌지를 판가름 짓는 보편적 척도는 없다. 그래서 어떤 개인이 그러한 압력에 반하여 결정하거나 행위를 하는 경우, 개인은 자발적 행위자로 우리에게 나타난다.

자율성 개념의 철학적 의미를 따지기 위해 선택의 자유와 자발적 행위를 구분했었다. 가정 형편 때문에 대학 진학을 포기한 Q의 사례를 다시 살펴보자. 대학 진학의 목적과 가족의 희생을 덜어야 한다는 목적 사이에서 갈등한 Q는 여러 현실적 제약을 고려하여 대학 진학을 포기한 것이다. Q의 결정에 자유의지나 이성의 자율성에 바탕을 둔 철학적 자율성 개념이 전제될 필요는 없다. 자유의지는 단지 도덕적 행위자의 자발적 행위 가능성을 설명하기 위해 도입된 하나의 철학적 가정일 뿐이다. 현실세계 속의 행위자를 도덕적으로 만드는 철학적 자율성 개념은 타인을 목적 달성의 수단으로 대하지 말라는 행위 권고 사항을 이론화시킨 것이다. 그러한 이론화는 한 가지가 아니며, 인간 도덕성을 규정하는 데 반드시 철학적 자율성 개념이 전제될 이유는 없다. 일상적 차원에서 자율성 개념은 다음으로 충분한 듯하다.

(1) 특정 상황 속에서 행위의 목적은 자신의 이득만을 위한 것이 아니어야 한다.

(2) 목적 달성을 위한 선택, 결정 및 행위는 현실적 제약 속에서 가급적 외부의 강요 없이, 곧 자발적으로 이루어져야 한다.

이러한 일상적 자율성 개념은 언뜻 보기에 아무런 쓸모가 없어 보인다. 조건 (2)는 자발성의 일반적 통념을 반영한다. 조건 (1)은 행위의 결과가 타인에게 해가 될 수도, 그리고 타인이 그 목적에 동의하지 않을 수도 있음을 배제하지 않는다. Q의 결정은 미래에 불씨가 될지도 모르며, 당장 가족이 Q를 말릴지도 모른다. 여러 관심사가 맞물려 있는 현실적 상황의 복잡성은 선의의 목적이라는 것을 항상 모호하게 만든다. 그러나 일상적 자율성 개념의 모호성을 없애기 위해 상황의 내용을 무시한 채 형식적이고 세련된 정의만 추구한다면, 남는 것은 두 가지다. 보편적이지만 현실적으로 쓸모없는 정의가 나오거나, 아니면 상황 속의 문제 해결을 위해 서로 잡종 불가능한 이론적인 정의들만 쌓여 간다. 자율성에 대한 일상적 규정의 모호함은 현실세계의 구체적 주제와 맞물릴 때 조금씩 사라진다.

전문 지식을 요구하는 다양한 직업들과 자율성을 함께 고려하는 경우, 예측되는 두 가지 경우가 있다. 첫째는 자율성이 해당 직업 자체의 미덕으로 정착한 경우이고, 둘째는 그렇지 않은 경우다. 첫째 경우의 자율성을 '직업에 내재적인 자율성' 그리고 둘째 경우의 자율성을 '직업에 외재적인 자율성'으로 부르자. 이렇게 두 경우를 구분한다고 하여 자율성의 일상적 의미가 바뀌는 것은 아니다. 행위자로서 인간은 누구나 특정 상황 속에서 자율적일 수 있다. 두 경우의 구분은 단지 자율성이 직업의 특성에 따라 어떤 식으로 반영되는지를 살펴보기 위한 일종의 분석틀이다. 이 분석틀은 다음 세 가지로 구성된다.

공통 기반 : 어떤 미덕이 특정 직업에 속할 때 그 미덕은 해당 직업 종사자에게 암묵적인 의무(implicit duty)로 나타난다. 안전을 강조하는 직업과 관련해 교육받고 훈련하며 작업하는 사람에게 안전이라는 미덕은 그에게 의무로 반영된다. 개인에게 의무로 반영되는 미덕은 조직체계의 준수사항보다 폭이 넓다. 그것은 직업 활동에서 개인의 생활양식(mode of life)을 규정하기 때문이다. 특정 직업의 성격으로서 정착된 미덕은 해당 직업 종사자의 사고와 행위를 제한한다. 이러한 제한 속에서 미덕은 직업 활동을 통해 개인에게 체득된다. 미덕이 의무로 직업 종사자에게 반영되는 것은 직업 활동이라는 실천 속에서 배게 되는 것이지 이론적으로 명시되는 것이 아니다.

직업에 내재적인 자율성 : 자율성이 특정 직업의 미덕으로 굳어진 경우다. 이 경우 자율성은 제도적으로 해당 직업 종사자에게 자율권으로 부여된다. 해당 직업의 다른 미덕들과 함께 자율성은 직업 종사자에게 의무로 반영되고, 그는 직업 활동 속에서 암묵적인 의무계산을 하게 된다. 실례로 직업 종사자는 안전과 효율 중 어느 쪽을 선택해야 할지 주어진 상황 속에서 고려한다. 이러한 의무계산은 직업과 관련된 지식의 수준, 시간 제약 및 현실성 등 여러 변수에 좌우된다. 자율성이 해당 직업의 미덕으로 정착했기 때문에, 자율성은 제도적 차원에서 '직업 활동의 자율권'으로 보장된다.

직업에 외재적인 자율성 : 자율성이 특정 직업의 미덕으로 굳어지지 않은 경우다. 공학의 다양한 분과 때문에 편차가 있지만, 자율성은 생산조직체계 속에서 일하는 공학자 다수에게 의무로 반영되는 그런 미덕이 아니다. 미래의 공학 직업에서는 그럴 수 있지만, 현재는 아니다. 현재 공학의 직업적 특성에서 다수의 공학자에게 암묵적인 의무로 반영되는 것은 책임, 안전 그리고 숙련된 능력이라는 미덕들이다. 공학자가 상황 속에서 의무계산에 능동적일수록 혹은 그의 의무계산이 공학적 미덕들에 이끌릴수록, 그는 그렇지 않은 공학자보다 상대적으로 더 자율적이다. 의무계산 자체가 개인의 이득 계산이 아니므로, 의무계산의 자발성 정도는 일상적 차원에서 정의된 자율성 정도와 대동소이하다. 자율성이 일반적으로 공학의 미덕으로 정착하지 않았기 때문에, 자율성은 공학 직업 활동의 자율권으로 보장되지 않는다.

다시 경영진으로부터 연구 중인 치료제를 납품하라는 명령을 받은 유전공학자 B의 사례로 돌아가자.

효율 및 숙련과 관련된 능력 있는 공학자가 되라는 의무감이 B를 짓누른다. B는 치료제의 효과에 도저히 자신이 없다. 어쩌면 심각한 부작용으로 현재의 사태가 악화될지도 모른다. 이렇게 될 경우, 힘 있는 경영진 A보다는 오히려 B가 책임을 져야 할지도 모른다. 여러 가능성을 고려한 결과, B는 공중의 안전이 가장 중요하다고 결론을 내렸다. B는 A에게 연구 중인 치료제 대신 다른 방법을 찾게끔 정부를 설득하라고 요청했다. 유전공학의 지식이 결여된 A는 생쥐 실험 자료만 가지고 B에게 불완전한 치료제를 기한 내에 납품할 것을 고집했다. B는 이 사실을 신문사에 고발했고 해고당하게 된다.

이 사례는 양심적인 공학자의 내부고발에 속한다. 이러한 상황에서 처벌은 자율권을 보장받지 못한 공학자에게 돌아가는 경우가 많다. 그래서 공학자들이 그저 신변의 안전을 위해 명령만 수행한다면, 끔찍한 재난 및 사회적 부작용이 일어날 가능성이 커진다. 공학자의 침묵은 자율적 행위자가 될 수 없는 인성 혹은 기질에서 기인하는 것이 아니라 현재 공학 직업의 성격, 조직체계 및 공학교육의 구조적 문제에서 기인한다. 메이(W. F. May)가 말하는 사회에서 요구되는 공학자의 태도와 덕은 여기서 다뤄진 일상적 차원의 자율성과 유사하다. 사회의 안정과 개선을 위해 공학자가 문제 해결에 적극적이지 않고 준수사항만을 지켜서는 안 된다고 그는 강조한다.[24] 이 강조는 올바른 지적이다. 하지만, 그가 제시한 덕을 갖춘 혹은 자율적인 공학자의 검증 테스트라는 것은 너무나 비현실적이다. 자율적인 공학자의 기준으로서 소위 '메이 테스트'를 통과한 사람은 타인이 감시하지 않아도 스스로 의무계산을 하여 소신 있게 행동한다. 그런데 자율적인 공학자에게 돌아오는 것은 무엇인가? 실례로 내부고발을 한 공학자에게 돌아오는 것은 무엇인가? 대개 불이익밖에 없다.

메이는 공학과 의학이 걸어온 직업의 역사 의존성에 의한 차이를 무시하고 있다. 자율성, 자선, 선행, 공정, 책임, 안전 및 숙련된 능력 모두가 인류에게 발견되는 기본 덕목이라고 하자. 이러한 덕목은 무차별하게 생활세계 속에 전제되어 기능하는 것이 아니다. 개인의 생활양식은 직업 활동에 의해 제한되므로, 직업적 미덕들은 역사의 흐름 속에서 직업별로 분할된다. 이러한 분할의 역사에서 의사 직업군과 공학 직업군에 분포되는 미덕들은 서로 중첩되기도 하지만 차이를 드러낸다. 공학자는 그가 일하는 직장 밖에서는 자율적일 수 있지만, 직장 안에서 의사의 자율권과 같은 것은 공학자에게 보장되어 있지 않다. 메이 테스트는 자율성이 직업적 미덕으로 굳혀진 의사 집단에 해당되지, 현재 다수의 공학자에게 강요될 수 없다. 이 점은 공학자의 자율성 측정 시뮬레이션에서 분명해진다.

5. 공학자의 자율성 측정 시뮬레이션

공학자의 자율성 측정을 위해 가장 필요한 것은 공학자가 위치한 여러 상황을 추적하는 것이다. 공학자가 임무 수행에 얼마나 자율적인지를 알기 위한 개인의 소질과 심리 검사는 별개의 문제다. 요구되는 것은 조직체계 내에서 직업의 성격과 연관된 공학자의 자율성 측정을 위한 시뮬레이션(simulation)이다. 여기서 시뮬레이션은 물론 컴퓨터 시뮬레이션과 같은 것이 아니다. 그것은 말하고자 하는 바를 가

---

24) May, W. F.(1988).

급적 명확하게 보여주는 사고 디자인의 일종이다. 공학자의 자율성 측정 시뮬레이션은 조직체계의 집단적 의사결정 과정 속에서 공학자의 분포 방식에 의해 대답될 수 있다.

6장에서 보았듯이, 공학 지식은 조직체계의 집단적 의사결정 과정 속에서 조직화된다. 그러한 의사결정 과정의 모델로서 '초기 결정 과정', '중간 결정 과정', '예정표에 의한 작업 과정' 그리고 '되먹임 과정'을 예시하였다. 이 결정 과정이 보편적인 것은 아니지만 현대 생산 조직체계에서 많이 발견되는 형태인 것은 확실하다. 집단적 의사결정 과정이 바로 조직체계의 실제 구성 방식을 결정하는 것은 아니다. 동일한 의사결정 과정에 대해 수직상하의 명령체계, 곧 오르가노그램 형태의 조직 구성에서 거미줄 모양의 그물망 구성 방식이 가능하다. 조직체계 속의 공학자는 이론적으로 초기 결정 과정, 중간 결정 과정, 예정표에 의한 작업 과정, 되먹임 과정 어디에나 속할 수 있다. 공학자의 자율성 측정 시뮬레이션의 구체적 변수와 심리적 예측 결과는 다음과 같다.

결정 및 디자인 참가자 : 공학자가 초기 결정 및 중간 결정 과정에 참가하는 경우, 그에게 요구되는 의무계산은 상대적으로 크다. 책임, 안전 및 능력이라는 공학의 미덕은 능동적으로 발휘되어야 한다.

예정표에 의한 작업 참가자 : 공학자가 예정표에 의한 작업 과정에 참가하는 경우, 그에게 요구되는 의무계산은 상대적으로 작다. 공학의 미덕이 조직체계의 준수사항을 지키는 범위를 넘어서 능동적으로 발휘될 수 있는지는 개인의 태도 문제로 귀속되기 쉽다.

되먹임 과정 참가자 : 완성된 도구의 기능에 대한 비판적 평가와 보고는 공익과 조직체계의 생존을 위해서 중요하다. 결정 및 디자인 참가자로서 공학자에게 되먹임 과정 참가자의 역할은 능동적으로 부여된다. 이 점은 적절한 제도적 장치 없이는 예정표에 의한 작업 참가자에게 직접 해당하지 않는다.

위 참가 변수에 따른 예상 결과는 많은 설문조사에 반영되어 있다.[25] 만약 자율성이 공학 직업에 내재적 미덕으로 굳어졌다면, 공학자가 조직체계에서 결정 및 디자인 참가자 위치를 차지하는 경우의 빈도수는 지금보다 훨씬 높아야 한다. 실제 그렇지 않다는 사실은 공학의 역사에서 공학자 다수는 주로 예정표에 의한 작업 참가자로 봉사해 왔음을 알려준다. 의무계산 속에서 공학의 미덕을 얼마나 능동적으로 발휘하는가에 따라 측정되는 공학자의 자율성은 직업에 외재적이다. 현대 사회에서 연구개발 및 디자인 결정에 참가하는 공학자의 수가 늘고 있는 상태이지만, 과학의 미덕인 연구의 자율성이 다수의 공학자 직업군에게 반영되는 것은 아니다. 또 연구의 자율성이 결정권과 관련된 자율성을 직접 함축하는 것은 아니다. 공학자의 자율성이 여전히 낮을 수밖에 없는 사실은 되먹임 과정 참가자로서의 공학자가 재난의 책임을 져야 하는 현실 속에 반영된다.

체르노빌 원자력 발전소 방사능 유출 재난에서 공학자 집단에 의한 사전 경고가 있었지만, 당시 발전소 책임 기관인 KGB에 의해 무시당했다. 그러다가 4호기가 검사 과정에서 냉각 제어기 이상으로 터졌다. 재난에 대한 책임은 일방적으로 공학자의 몫으로 돌아갔다. 검사 시기가 너무나 늦게 이뤄졌다는 점, 그리고 공학자의 사전 경고를 감안한다면, 공학자에게 책임을 뒤집어씌우는 것은 있을 수 없다. 공학자에게 책임이 전가되는 세태에서 준수사항을 넘어 능동적으로 행위하는 자율적인 공학자를 기대하기는 힘들다. 공학자의 자율성 측정 시뮬레이션에서 다음 두 가지는 반드시 언급되어야 한다.

---

25) 이 점은 심지어 KAIST 대학원생 연구 환경 실태 조사에서도 반영되고 있다. 특히 조교 업무와 정책 추진 과정과 연관된 연구 활동에서 그렇다. 메이스킨과 왓슨은 조직체계의 목표를 설정하는 선택권을 '이념적 자율성(ideological autonomy)'으로, 그리고 결정 사항 및 목표를 달성하는 동시에 필요 도구 및 자원 조절을 추구하는 선택권을 '기술적 자율성(technical autonomy)'으로 규정하였다. 그들의 조사에 의하면 예정표에 따른 작업 참가자로서의 공학자에게 공학의 미덕을 능동적으로 발휘하는 자율성을 기대하기는 어렵다. Meiskin, P. F. & Watson, J. M.(1989).

첫째, 현대 공학자에게 자율성이 요구된다고 하여, 공학자 모두가 결정 및 디자인 참가자가 되어야 한다는 뜻은 아니다. 그렇게 되어야 한다고 주장하는 사람은 정보 교환 및 지식의 효율적 이동이 위계질서의 부정을 전제한다고 착각하고 있다. 홈페이지를 운영하는 교수가 예절 없는 몇몇 학생 때문에 자료 공유에 제한을 가한다면, 참가자는 줄어들 것이다. 이러한 상황이 보여주듯이, 필요한 것은 쓸데없는 제약의 완화와 적절한 제도적 보완이다. 예정표에 의한 작업 참가자의 의견 또한 결정 및 디자인 과정에 반영되게끔 해주는 제도적 장치의 개발은 조직체계가 처한 구체적 상황에 의존한다.

둘째, 제도적 개선 없이 조직체계의 준수사항 내에서 수동적으로 명령만 수행하는 공학자를 함부로 비난할 수 없다. 조직체계의 개선 없이 공학윤리가 공학자의 인성 함양으로 치달리면 안 된다. 공학자의 도덕성을 문제 삼는 사람들은 철학적 이기주의(egoism)와 심리적 차원에서의 '자기중심적 성향(egocentric tendencies)'을 동일시하는 경우가 많다. 정말 자기만을 생각해서 나오는 이기적 행위라는 것이 있는지는 의심스럽다. 설령 철학적 이기주의라는 것이 인간 본성에 있다고 하여도, 무관심에 의한 자기중심적 성향이 이기주의의 사례가 되는 것은 아니다. 자신의 관심 영역이 될 수 없어서 그리고 괜히 간섭했다가 돌아올 책임 추궁 때문에 모른 척하는 태도는 인간의 이기적 본성의 증거로 봉사하지 않는다.[26] 이러한 결론은 사회심리학(social psychology)에서 자주 나타나는데, 언급할 가치가 있는 이유는 이렇다. 자율성이 공학 직업의 내재적 미덕으로 굳어지지 않은 상태에서, 그 누구도 공학자가 자율적이지 않다는 현실을 가지고 공학자에게서 도덕적 행위자의 위치를 박탈할 수 없다.

공학 직업은 다른 직업 분야와 구별되는 미덕을 갖는다. 주로 생산 조직체계에서 활동하는 공학자에 요구되는 직업적 미덕은 책임, 안전 그리고 숙련된 능력이다. 이러한 미덕은 직업 활동 속에서 체득되어야 하는 것이고, 직업적 미덕은 해당 종사자에게 의무로 나타난다. 자율성이 공학 직업에 내재적 미덕으로 정착하지 않은 상태에서, 제도

26) Krueger, J.(1998).

적 개선 없이 조직체계의 준수사항을 넘어서 능동적으로 행위하는 자율적인 공학자를 기대하기는 힘들다. 이 점은 인간을 도덕적 동물로 규정해주는 철학적 자율성 개념이 아니라 일상적 차원에 근거한 자율성 개념의 분석틀 속에서 잘 드러난다.

8장 결론과 남은 물음

제 2 부로의 이행

기술로서의 공학, 지식으로서의 공학 그리고 직업으로서의 공학의 세 측면을 분석하였다. 이러한 분석은 실천윤리에서 공학윤리와 생명의료윤리 사이의 성격 차이를 좀더 명확히 드러내준다. 공학의 세 측면에서의 분석은 공학을 둘러싼 문제 진단과 처방에 개입한다. 이 점은 마지막 부에서 명확해질 것이다. 이 장에서는 제1부의 요점을 간략히 정리하고 제2부로 넘어가기 위한 결정적 물음을 던진다.

1. 결 론

이제 다음 주제로 넘어가기 위해 제1부를 결론짓자. 공학은 넓은 의미에서 현실적 문제를 도구의 디자인, 생산 및 사용법에 의해 풀어나가는 실천적 학문이다. 이렇게 폭넓은 규정 방식은 공학과 타분야를 구분하는 데는 유용하지만, 실제 현실적 문제의 진단은 좀더 세분화된 규정 방식을 요구한다. 이를 위해 공학 기술, 공학 지식 그리고 공학 직업이라는 세 측면을 분석했다. 그 세 측면의 성격 규명 작업은 보편적인 것이 아니라 구체적인 시공간 속에서 유의미한 물음들과 연관된다. 기술은 가치중립적인가? 공학 지식이 단순한 과학의 응용이 아니라면, 그것은 무엇인가? 현대 사회에서 자율적 공학자상이 요청된다고 할 때 공학자의 자율성은 어떻게 규정되고 다뤄져야 하는가? 이러한 물음들과 관련하여 공학의 세 측면을 규정하였다.

첫째, 공학 기술은 가치중립적이지 않고 그 자체로서 이데올로기도 될 수 없다. 공학 기술의 이러한 성격은 기술을 사회체계의 목적 달성의 수단이 아니라 설계 참가의 기능 단위로 파악할 때 잘 드러난다. 공학 기술의 성격은 4장, 그리고 체계 속의 기술의 은유는 5장에서 다뤄졌다.

둘째, 수단도구에 의해 표적도구를 디자인함으로써 실천적 문제 해결을 지향하는 공학 지식은 집단적 의사결정 과정 속에서 조직화된다. 이 점에서 공학 지식은 디자인 과정의 조직화된 지식체계다. 공학 지식의 성격 규명은 6장의 주제였다.

셋째, 역사 속에서 정착된 각 직업의 미덕은 직업 종사자의 활동 속에서 체득되고 의무로 반영된다. 생산 조직체계 속에서 일하는 다수의 공학자에게 요구되는 직업적 미덕은 의사의 그것과 다르다. 자율성이 공학 직업의 내재적 미덕으로 정착하지 않은 상태에서, 제도적 개선 없이 공학자에게 준수사항을 넘어 자발적으로 행위하라고 강요할 수 없다. 이 점은 7장에서 다뤄졌다.

공학의 세 측면의 성격은 공학을 둘러싼 현실 문제의 진단과 처방에 동원된다. 문제의 주제와 주제를 산출한 상황적 특수성을 분석하는 데 세 측면의 성격은 일종의 지침서(guideline)로 작용할 것이다. 공학과 연관된 부정적 결과들, 실례로 공학적 재난은 단순히 공학 자체에 귀속되는 문제가 아니다. 도구 디자인 과정과 사용의 맥락은 하나의 거대한 사회체계이며, 공학은 그러한 체계를 구성하는 중요한 분야이다. 특정 공학적 부작용을 대표하는 사례 분석은 디자인 과정의 의사결정 구조, 도구의 테스트 방식 및 해당 공학자 집단의 사회적 위치 등과 연관된 상황적 특수성에 근거한다. 사례는 그러한 특수성을 갖는 상황들을 대표하는 전형적인 하나의 상황이기 때문에, 효과적인 사례 분석은 상황들의 분류와 예외 상황을 규정하는 기저로 봉사한다. 사례 분석에 의한 문제 해결의 방법론은 이론적 규범이나 원리가 아니라 해당 상황의 검토 사항(check point)들에 근거한다. 특정 검토 사항들은 동일 범주에 속하는 상황들에 대해서만 유의미하다는 점에서 영역 특수성(domain specificity)을 갖는다. 공학의 세 측면에서의 성격에 의해 사례 범주를 분류하고, 검토 사항에 의해 문제 해결의 방법론을 다루는 것은 제3부의 주제다.

2. 접근법에서 생명의료윤리와 공학윤리의 차이

사례를 분석하고 상황적 특수성과 관련된 검토 사항에 근거해 문제 해결법을 개발하는 것은 어떤 의미에서 윤리적일 수 있을까? 이 물음에 답하기 위한 윤리적 담론틀을 짜는 것은 제2부의 주제이다. 한 가지 분명한 것은 그 물음에 답하는 방식은 윤리에 대한 특정 관점에 좌우된다는 점이다. 근대 이후 규범윤리의 관점에서 본다면, 그 물음은 윤리적 범주에 속하기 힘들다. 행위의 결과, 동기의 선악, 도덕적 행위자로서의 개인 및 선택의 자유에 대한 보편적 조건을 따지는 규범윤리 전통의 틀 속에서 윤리학과 정치 및 사회학의 명확한 경계 구분이 요청되었고, 위 물음은 다른 영역의 주제로 간주된다. 이러한 역사적 사실은 이론 의존성의 위험 인식이 반드시 이론과 실천의 연결성 혹은 둘 사이의 상보적 관계를 전제할 필요가 없음을 암시한다. 실천윤리의 흐름 속에서 이론과 실천의 독립적 관계는 생명의료윤리에서는 크게 주목받지 못했다. 여기에는 세 가지 이유가 있다.

첫째, 주제의 중첩이다. 사람을 직접 상대하는 의료 행위에서는 행위의 동기와 책임 귀속 문제 등이 중요했고, 그러한 문제는 기존의 윤리 담론에서 많이 다뤄졌다. 둘째, 규범윤리의 이론이 실제 문제 해결이라는 실천적 차원에 직접 개입하지는 않지만, 그것은 문제 해결을 위한 개념적 분석에 도움을 줄 수 있다. 주제의 중첩과 둘째 이유가 서로 맞물려 실천과 이론의 연결이 선호되는데, 내가 보기에 이에 대한 필연적 이유는 없다. 물론 여기서 이론은 그냥 일반적 의미에서의 이론이 아니라 보편성을 지향하는 규범윤리의 이론이다. 윤리적 딜레마를 불러일으키는 사례의 분석은 규범윤리 이론의 한계를 드러내준다. 하지만, 규범윤리 전통에서 다루진 여러 주제들은 생명의료윤리의 그것들과 중첩되기 때문에 사례의 분석에 도움을 주기도 한다. 사례 분석에 의한 실천적 결론 혹은 합의는 특정 이론에 기대어 윤리적 정당성을 확보한다. 실례로 안락사 문제에서 환자의 자발적 의사결정은 사례 분석의 중요한 검토 사항이지만, 그것은 종종 철학적 자율성 개념과 맞물려 논의되어 이론적 정당성을 확보한다.

실천윤리에서 사례 분석과 검토 사항에 의해 문제 해결을 지향하는 것이 다시 규범윤리 이론의 도움을 받아 정당화될 필요가 있을까? 그래야 할 필연적 이유는 없다. 분명한 것은 실천적 문제 해결에서 이론 의존성의 위험을 인식했을 때 이론과 실천의 독립적 관계가 이론과 실천의 상보적 관계보다 강하다는 것이다. 전자의 독립적 관계를 인정한 후 후자의 상보적 관계를 고려 대상으로 삼을 수 있기 때문이다. 다른 말로 전자의 관계는 후자의 관계를 허락하지만, 역은 성립하지 않는다. 이러한 점에서 이론과 실천의 독립적 관계는 실천윤리의 담론들에 의해 시험되어야 할 필요가 있다. 공학의 세 측면에서의 분석은 공학과 맞물린 사회적 문제와 문제의 해결 방식이 집단적 성격을 띠고 있음을 암시한다. 이 점을 제3부에서 다뤄질 내부고발의 문제와 관련해 알아보자.

자율성이 공학 직업의 내재적 미덕으로 정착하지 않은 상태에서, 공학자의 자율권은 의사의 그것에 비해 제도적으로 보장되지 않았다. 의사의 자율성은 개인의 책임 귀속 문제와 맞물려 기존의 규범윤리 담론의 주제와 겹치지만, 이 점은 공학 직업에 해당하지 않는다. 조직체계의 준수사항을 넘어 능동적으로 행위하는 공학자상의 시대적 요청과 함께 내부고발자 보호를 위한 제도적 개선은 현실 상황을 고려해 논의되어야 한다. 실제 제도적 개선의 내용은 학제적 연구에서 정치나 법학에 쏠리겠지만, 그러한 개선의 필요성을 보여주고 방향성을 설정해주는 분석틀은 공학윤리가 담당할 수 있다. 공학윤리가 만약 내부고발자의 동기 문제를 다루는 영역에만 머문다면, 실천윤리로서 공학윤리가 현실에 기여할 것은 거의 없다. 또 공학 직업에서 내부고발의 문제는 지식 및 정보의 효과적 표상 문제와도 연관된다. 공학자가 다루는 자료들의 효과적 표상이 조직체계의 원활한 의사소통을 촉진할 수 있다면, 분야별 오해와 지식의 차이에서 기인하는 내부고발 사건은 줄일 수 있는 것이다. 공학윤리에서 사례 분석과 검토 사항에 의한 문제 해결의 방법론 개발은 이렇듯 집단적 성격을 강하게 띤다.

3. 관심 이동을 위한 결정적 물음

어떤 의미에서 자율적인 공학자상의 요청이 윤리적 함의를 갖는가? 그러한 요청이 재난 방지와 예방에 목적을 둔다면, 그 목적이 어떤 의미에서 도덕적인가? 이러한 물음에 대해 철학자들은 책임과 안전을 강조하면서 도덕적 행위자로서 개인을 규정하는 '철학적 자율성' 개념을 끌고 올 것이다. 하지만, 공학윤리에서 더욱 중요한 것은 문제 해결의 방향성 설정과 문제 해결을 위한 현명한 수단을 마련하는 것이다. 어떤 방법에 의해 공학자의 자율성을 측정하고 능동적 공학자를 산출할 수 있을까? 그러한 하나의 방법으로서 자율성 측정은 앞의 7장 5절에서 보았듯이 철학적 자율성 개념이 아니라 일상적 차원의 자율성 개념에 근거했다. 재난 방지와 예방의 목적이 철학적 자율성 개념에 의해 이론적으로 정당화될 논리적 이유는 없다. 분명히 인간을 도덕적 행위자로 규정하는 이론은 하나가 아니다. 이 시점에서 어떤 이는 상호주관성을 들먹이면서 이렇게 말할지도 모른다.[1)] 재난 방지와 예방은 우리 모두가 일상적 차원에서 합의한 그러한 것이다. 이

1) 상호주관성은 인간 문화나 사회가 유지되기 위한 공감대를 뜻하기도 하며, 인간 문화나 사회 현상 해석의 틀로서 상호주관성이 사용되기도 한다. 이러한 상호주관성의 광범위한 이해 속에서 그 접근법은 뭐라고 규정할 수 없을 정도로 철학에서는 다양하게 나타난다. 분석철학에서는 언어 및 진리론과 연관된다. 또 개인주의 이성 개념에 반대하여 대륙 해석학 전통도 상호주관성을 강조한다. 이 양자는 공통성을 갖는다. 개인 혹은 개체로 환원되지 않는 사회적 혹은 언어적 구조가 있고, 그러한 구조의 분석이 문제 해결의 틀이 될 수 있다는 것이다. 상호주관성은 또 후설 등 현상학 계보와도 연관될 수 있다. 언급한 양자보다는 현상학 계보에서 타자의 문제가 집중적으로 조명받았다. 이러한 물결에 반대하는 계보는 바로 해체주의자들이다.

러한 대답은 합의 가능한 다수의 실천적 목적들이 무엇을 지향하는지에 대해서는 무책임하다. 궁극적인 물음은 여전히 남는다.

> 사례 분석에 의한 문제 해결의 방법론 개발이 지향하는 것은 무엇인가? 그렇게 지향하는 것이 어떤 의미에서 도덕적인가?

사례 분석에 의한 문제 해결의 도덕적 위상을 따질 때 위 방식의 물음은 현대 실천윤리를 대표하는 생명의료윤리에서는 거의 다루어지지 않았다. 이론과 실천의 연결성을 강조하는 경우, 실천적 문제 해결의 목적은 규범윤리의 이론에 근거해 간접적으로 윤리적 위상을 갖게 된다. 그러한 위상에서 문제 해결은 특정 윤리 이론에 근거해 하나의 목적과는 결부되겠지만, 우리는 그 어떤 하나의 윤리 이론에 기대어 현실세계의 모든 실천적 목적들이 지향하는 것을 규정할 수 없다. 여기서 지향한다는 것은 양립 가능성에 의해 여러 실천적 목적들을 하나의 영역으로 묶어주는 방향성과 같은 것이다. 위 결정적 물음을 이론과 실천의 독립적 관계의 맥락 속에서 대답하려고 시도하는 이는 규범윤리의 그 어떤 이론도 무턱대고 담론틀로 채택하지 말아야 한다. 그렇게 채택하는 것은 그러한 이에게는 자기모순적인 짓이기 때문이다. 그는 규범윤리 전통을 비판적으로 응시하면서 실천윤리의 새로운 담론틀을 찾아 나서야 한다.

위의 결정적 물음은 '상식을 존중한 상황윤리'를 정초시키는 제2부의 작업에서 다뤄진다. 그곳에서 실천윤리는 '상식을 존중한 상황윤리'로서 규정될 것이며, 그 틀 속에서 실제 사례 분석과 함께 공학 담론을 펼쳐 보이는 것은 마지막 제3부의 주제다.

[제 2 부]

상식과 상황윤리

9장 상황에 합당한 논증으로서의 개연적 판단

논증과 추론

이론과 실천의 독립적 관계는 아리스토텔레스의 이론지와 실천지의 구분에서 명백히 나타나며, 합리성의 실천적 측면은 상황에 합당한 행위와 판단을 지향한다. 추론 형식과 형식 계산만으로는 실제 판단에서 논증의 합당함을 평가할 수 없다. 아리스토텔레스는 이 점을 분명히 했으며, 그가 말한 실천적 그리고 수사적 삼단논법은 상황에 합당한 개연적 판단의 일종으로 볼 수 있다. 개연성은 판단 방식에 따라 다측면으로 나타난다. 근대 확실성 추구의 시대정신 속에서 개연성의 몇 측면은 추론 및 계산 형식으로 대체되었고, 상황에 합당함으로서의 개연적 판단은 합리성의 맥락에서 배제되게 되었다. 하지만, 그러한 개연적 판단은 분명히 현실세계의 실천 영역에서 살아 기능하고 있다.

1. 이론과 실천

상황 및 행위자 보편화를 추구하는 규범윤리의 이론은 하나가 아니다. 갈등하는 상황에 규범윤리의 이론들이 개입할 때 결과는 중재에 의한 실천적 해결이 아니라 윤리적 딜레마로 끝난다. 윤리적 딜레마는 다양한 윤리 이론들의 모순을 보여주는 창과 같다. 이론 다양성에 의한 윤리적 딜레마의 인식은 이론 의존성의 위험 인식으로 이어졌고, 이 점은 현대 실천윤리의 부활에 결정적 동기가 되었다.[1] 이론 의존성의 위험을 인식할 때 이론과 실천의 두 관계가 담론의 주제로 떠오른다. 사후 정당화 혹은 평가에서 이론의 간접적 역할을 강조하거나 혹은 실천적 문제 해결에서 이론의 개선을 지향하는 이론과 실천의

1) 2장 참조.

상보적 관계가 그 하나이고, 이론과 실천의 독립적 관계가 또 다른 하나이다. 실천윤리에서 상황윤리는 이론과 실천의 독립적 관계를 지향한다. 규범윤리와의 대비 속에서 상황윤리 정신을 과거 전통에서 찾아보고 그 한계를 지적함으로써 '상식을 존중한 상황윤리'를 규정할 것이다. 물론 여기서 '존중한다는 것'은 절대 어떤 고정된 믿음체계를 전제한다는 뜻이 아니며, 이 점은 제2부의 논의가 전개되면서 분명해질 것이다.

이론과 실천이 독립적이라고 할 때 여기서 '이론'은 일상생활과 다양한 학문 분야에 걸친 여러 뜻을 함축하는 것이 아니다. 디자인에 의한 문제 해결의 조직화된 지식체계로서 공학 지식의 경우, 이론은 문제 해결의 분석적 도구에 지나지 않는다.[2] 이러한 의미의 이론은 실천과 대비되는 것이 아니다. 실천과 대비되는 이론은 보통 연역적 방법론의 우위성에 근거한 예측 가능성과 비맥락주의의 보편성을 지향하는 지식체계를 뜻한다.[3] 과학적 지식체계의 이상은 그러한 이론적 지식체계를 완성하는 것으로 여겨졌고, 근대 이후 이론적 지식체계의 확실성은 지향의 차원을 넘어서 현실 속의 추구 대상으로 정착했다. 근대 확실성 추구의 시대정신은 윤리학마저 이론적 지식체계가 되라고 강요했다. 그 결과 사실과 가치의 이분법이 굳어졌다. 자연과학이 사실을 다룬다면, 윤리학은 가치를 다룬다. 이론과 실천의 구분은 합리적 정당화 맥락의 구조적 차이가 아니라 적용 대상의 차이로 나타난다. 합리적 정당화 맥락에서 실천적 추론은 가치판단의 영역에, 그리고 이론적 추론은 사실판단의 영역에 국한된다고 여겨지게 된 것이다.

추론의 합리적 기준, 실례로 무모순성의 기준이 합당한 혹은 올바른 논증 판별에 필요하지만, 추론 규칙이 그 판별을 결정하는 것은 아니다. 규범윤리를 옹호하는 철학자도 일상생활에서 에티켓과 문화적 관습을 무시할 수 없고, 이론의 현실적 구현을 위해서는 상황적 특수

---

2) 6장 참조.

3) 1장 3절 참조.

성을 고려해야만 한다. 또 자신의 이론을 다른 이론에 대항하여 정당화하는 작업은 이론의 원리에 기댈 수 없다. 보편성을 지향하는 원리의 메타 정당화 영역에서 하나의 이론이 다른 이론을 제거한다는 것은 불가능하기 때문이다. 자신이 옹호하는 이론의 원리에 대한 비판은 많은 경우 이론적 논증이 아니라 상황적 특수성의 고려 속에서 반박된다. 윤리 이론이 특정 원리에 입각한 연역체계라면, 다른 이론에 대항하여 자신의 이론을 옹호하고 이론의 현실적 구현을 시도하는 것은 윤리학에 속할 수 없다. 결국 정치와 윤리는 별개의 것으로 구분되게 되었고, 규범윤리 이론의 현실적 적용 가능성에 대한 탐구는 '실천철학(practical philosophy)'의 영역으로 귀속되게 되었다.

연역적 방법론의 우위성에 근거한 지식의 위계질서 속에서 예측 가능성과 비맥락주의의 보편성을 지향하는 이론적 지식체계의 역사적 기원은 아리스토텔레스의 이론지와 실천지의 구분이다. 그러나 그는 지식의 위계질서를 인정하지 않았으며, 그에게 정치와 윤리는 서로 구별되는 것도 아니다.[4] 아리스토텔레스에게 실천지는 좋고 나쁜 것으로 가득 찬 현실세계 속에서 행위의 성공 가능성을 고려하는 인간의 기본 능력 혹은 태도다.[5] 그에게 윤리학은 보편적 확실성을 지향하는 이론적 영역에 속하지 않는다. 근대 이후의 규범윤리 전통은 합리적 정당화의 맥락 속에서 그러한 확실성을 추구한다. 이 점에서 규범윤리의 전통은 아리스토텔레스의 실천적 영역이 아니라 이론적 영역에 속한다. 그의 입장에서 볼 때 규범윤리 전통의 실천이성 혹은 실천적 추론은 근본적으로 이론적인 것이다. 상황은 정보의 담지 장소 및 문제 해결의 공간이 아니라 원리 적용을 위한 초기 조건으로 취급되며, 추론에 의해 결론이 도출된다.

2장에서 살펴보았듯이, 규범윤리 전통에서 실천적 추론은 아리스토텔레스의 실천지와는 거리가 먼 것으로서 이론적 추론의 형식을 모방한다.[6] 원리는 개인, 구체적 상황 및 시제 등과 무관한 보편적 확실성

4) Kullmann, W.(1998), 46쪽.

5) Aristoteles, *Nicomachean Ethics* VI.

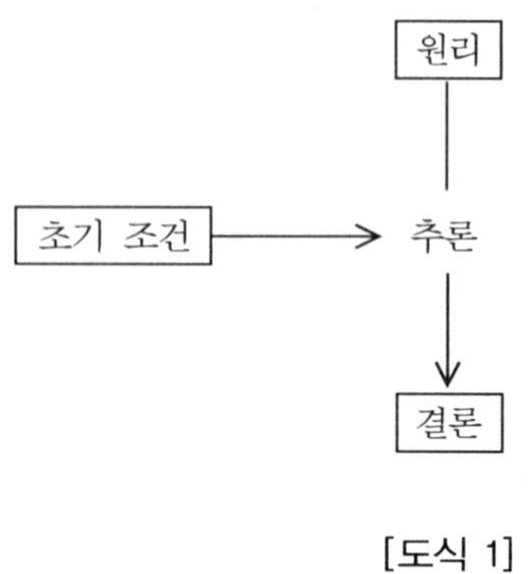

[도식 1]

을 추구하는 '법칙성 같은 것(law-likeness)'을 가졌고, 상황은 단지 원리가 적용되는 초기 조건으로서 주어질 뿐이다. 실천적 추론에 의해 도출된 결론은 자연의 사실이 아니라 가치판단과 연관된 올바른 결정 혹은 선택에 대응한다. 결론의 정확성은 다른 증거들과 함께 원리의 정당성에 대한 증거로 봉사한다. 개인의 기질, 성격, 교육 환경 및 상황 속의 처지는 이러한 실천적 추론에 근거한 도덕적 정당화의 고려 대상이 아니다. 이 점은 자연학과 윤리학 양자에서 확실성을 추구하는 가운데 도덕적 정당화의 객관성에 대한 필요조건으로 정착했다. 윤리학이 이론적 지식체계를 모방하기 위해서는 예측 또한 중요하다. 유사한 초기 조건에 대해서는 유사한 결론이 나와야 한다. 이는 규범윤리 전통의 실천적 추론에 근거한 논증이 상황 보편화 혹은 행위자 보편화 조건을 만족해야 함을 함축한다.7)

위의 단순화된 실천적 추론의 패턴에 대해 못마땅해 할 사람이 있을 것이다. 특정 윤리 이론의 실현 가능성을 따지는 실천철학 전통의 옹호자나, 전제와 결론 사이의 잠정적 관계까지 포함하는 좀더 포괄적인 실천적 추론을 다루는 인식론 및 논리학의 종사자가 더욱 그럴

6) 위 도식의 유형 속에서 이론적 논증을 설명하고 실제적인 실천적 논증과 대비한 것에 대해서는 다음을 보라. Jonsen, A. R. & Toulmin, S(1988), 34쪽.

7) 이 두 보편화 조건은 현대 규범윤리의 대세인 일반론의 핵심이기도 하다. 규범윤리의 절대론과 일반론은 1장 2절에서 논했다.

것이다. 적용 및 개념 폭의 확대 혹은 탄력성 조정이 이론적 영역에서 단순화된 실천적 추론의 핵심 자체를 바꾸는 것은 아니다. 그렇게 생각한다면, 그것은 마치 흄의 회의론을 확실성 추구의 시대정신에 대한 대안으로 둔갑시키는 꼴이다. 일상적 경험이 아니라 관념을 매개로 하여 이루어지는 '철학적 경험'이 옳다면, 경험에 근거해 확실한 보편적 지식의 획득은 보장될 수 없다는 것이 흄의 회의론이다. 이러한 회의론은 확실성 추구라는 바다에서 서로 다른 방향으로 항해하는 배들 중 하나와 같다.[8] 실천적 추론의 허무주의, 곧 실천적 추론의 정당한 형식이 없다는 관점도 새로운 대안이 아니라 동일한 것에 대한 회의론에 가깝다.[9]

규범윤리 전통의 실천적 추론은 합리적 정당화의 맥락에서 올바른 추론의 논리적 형식 및 구조를 다룬다. 사물이나 개인 혹은 집단이 처한 처지로서 상황의 특수성은 논증의 합당성에 대한 근거가 되지 않는다. 그것은 주어진 입력과 같고, '주어진 것에서의 추론(inference from the given)'은 상황의 구성 방식과 역사를 무시한다는 점에서 비시제적이다. 합리적 정당화의 맥락에서 전제와 결론의 잠정적 관계를 인정하는 경우, 직관에 반하는 사례 혹은 딜레마는 새로운 공리체계에 의해 제거되거나 언어 분석 등에 의해 사이비로 규정된다.[10] 전제와 결론의 추론관계가 잠정적인 경우는 비단조 논리(nonmonotonic logic)에서 다뤄지는데, 비단조 논리의 일부 종사자들은 추론관계가 필연적이지 않고 잠정적이라는 이유만 가지고 비단조 논리를 비연역 논리로 분류한다. 이러한 분류가 충분한 역사적 근거를 갖는지는 논외로 하더라도, 추론의 잠정적 관계가 곧바로 이론과 대비된 실천 영역에 속하는 것은 절대 아니다. 반례에 의해 전제가 수정 요구를 받을 때 전제의 잠정적 지위 확보는 추론 형식 자체에 의해 보장되지 않는다. 반례에 대해 원래 전제를 그대로 나두고 반례를 예외 사례로 규정

8) 이에 대한 좀더 자세한 근거는 7장 각주 22)를 보라.

9) Korsgaard, C.(1986).

10) 이 점은 다음 책의 소개부에 잘 드러나 있다. Nute, D.(1997).

할지, 전제를 좀더 효과적으로 보완할지를 상황적 특수성에 고려해 결정하는 개연적 판단의 합당성은 추론 형식에 귀속되지 않는다. 비단조 논리는 추론 형식의 구조를 다룬다는 점에서 실천에 대비된 이론적인 것이다.

규범윤리 전통에서 원리에 반하는 사례나 딜레마는 상황적 특수성에 의해 해결되어야 할 문제 공간이 아니다. 행위자의 성격, 행위 목적, 시점, 장소, 동기 및 행위 수단의 고려가 실천적 판단의 합리성 결정에 중요하다는 인식은 합리적 정당화의 맥락에서 무시되어 왔다. 역사적으로 굳어진 철학자들의 고정관념에서 벗어나 합리성을 접근할 때 '상황에 합당함'으로서의 합리성이 근대 이후 확실성 추구의 시대정신에서 벗어날지라도 결코 비합리적인 것은 아니다.[11)]

규범윤리 전통에서 실천적 추론은 아리스토텔레스에게 실천 영역이 아닌 이론 영역에 속한다. 살펴본 실천적 추론의 도식은 형식적인 측면에서 이론적 추론의 그것과 다르지 않고, 과학의 지식체계는 이론적 지식체계를 대표한다고 여겨졌다. 보편적이고 확실한 원리에서 예측이 추론되고, 결정적 실험에 의해 원리가 확증된다는 식의 구조는

---

11) 여기서 슬롯(M. Slote)의 '만족화 행위 결과주의(satisficing act-consequentialism)'가 구체적 선택의 상황적 합당함을 잘 보여준다고 여기는 사람이 있을 것이다. 이것은 착각이다. 슬롯은 사이먼(H. A. Simon)의 만족화 전략과 행위 결과주의를 결합했지만, 이 결합은 일종의 어울리기 힘든 잡종이다. 행위 결과주의의 핵심에 따르면, 행위의 주관적인 효용 기대치를 극대화하는 선택이 합리적이다. 만족화 전략은 제한적 합리성(bounded rationality)의 한 전략이다. 맥락 의존성을 갖는 상황의 합당함은 항상 최적의 결과를 지향하지 않는다는 점에서 만족화 전략과 어울린다. 만족화는 단지 주어진 현실적 제약, 곧 제한된 정보뿐만 아니라 정보의 구성 방식에도 좌우된다. 정보가 구성되는 방식은 개인의 고려 사항만은 아니고 집단의 역사 및 사회성과도 관련을 맺는다. 정보의 구성 방식이 기억에 근거한 추론 및 개인의 판단에 영향을 미치고, 그 구성 방식과 역사가 개인의 차원에 종속되는 것이 아니기 때문에, 사이먼의 만족화 전략이 개인 중심의 윤리 이론으로서의 행위 결과주의를 뒷받침한다는 근거는 없다. 슬롯은 최적의 행위 결과를 선택한다는 기존의 관점을 정보의 제한성에 근거해 약화시켰을 뿐이다. Slote, M.(1989). 사이먼은 제한적 합리성을 도용한 모든 자들을 재판에 회부하고 싶다는 심정을 밝힌 바 있다. Gigerenzer, G.(2002), 120쪽.

프랜시스 베이컨이 지적했듯이 실제 살아 '작동하는 과학(operative science)'의 모습이 아니다. 과학의 발전이 그 극한점에 도달했을 때 과학의 다양한 모든 분과가 그런 식의 구조로 종결되리라는 근거는 전혀 없다. 이러한 나의 주장은 이 작업에서 논변될 성격은 아니지만, 역사 속에서 과학의 지식들이 유기적으로 구성되는 방식을 과거 철학자의 특정 관점 속에서 일반화시키는 것은 분명히 위험한 짓거리다. 어쨌거나 아리스토텔레스는 자신의 이론적 지식체계의 이상이 실천적 문제 해결의 영역에 투영될 수 없음을 본 사람이다. 그의 이론과 실천의 구분에는 이론 영역의 보편적 확실성은 현시점에서 실천적 판단의 추구 대상도 그리고 미래 시점에서 지향점도 될 수 없다는 관점이 담겨 있다. 실천적 판단은 상황에 합당한 개연적 판단이다. 개연적 판단으로서 실천적 판단의 합당성 정도가 사물, 개인 혹은 집단이 처한 처지를 고려함으로써 저울질될 때 혹시 명백한 악이 선으로 둔갑하는 것은 아닐까? 이 물음을 답하기 위해서 먼저 확실성과 불확실성의 대비 속에서 개연성의 다측면 및 논증과 추론의 관계를 논해야 한다.

2. 개연성의 다측면

아리스토텔레스의 이론적 영역에서는 이상화되고 비시제적이며 필연적으로 참인 보편적 확실성이 추구된다. 실천적 영역에서는 구체적이고 일시적이며 잠정적 의미에서 상황에 좌우되는 합당한 개연성이 추구된다. 근대 확실성 추구의 시대정신 속에서 개연적 판단의 상황적 특수성의 고려는 제거되고, 개연성의 여러 측면은 형식적 추론 구조와 확률의 계산 형식으로 대체된다. 형식적 추론과 계산이 합리성을 대표하게 되면서, 사물, 개인 및 집단이 상황 속에 처한 특수성은 합리성의 영역에서 배제되었다. 상황에 합당함으로서의 합리성은 합리적인 것으로 여겨지지 않게 되었고, 설득의 기예로서의 수사학은 이단시되었다.

상황에 합당한 판단으로서의 개연적 판단과 이에 근거한 수사학은 과거 전통에서는 결코 합리성의 적이 아니었다. 아리스토텔레스는 상황과 무관한 필연적 참을 지향하는 예증적(demonstrative) 방법, 곧 보편적 원리에서 필연적으로 참인 결론을 얻어내는 연역적 방법을 현실세계의 판단에서 유용한 것으로 보지 않았다.[12] 행위에 대한 고려는 항상 우연적이고 구체적인 것과 연관될 수밖에 없기 때문에, 판단에서 인간은 알려진 결과에 근거한 가망성(eikoton)에 의지한다. 열이 날 때 콩나물국이 좋다는 과거 경험을 바탕으로 우리는 콩나물국은 해열 기능을 갖는다고 판단한다. 이 판단은 예외를 허락한다는 점에서 잠정적이다. 가망성에 의지한 판단은 동서고금의 의술에서 빈번하게 나타나며, 그러한 판단에는 단서가 필요하다. 단서는 환자의 상태를 알려주는 인과적 신호, 곧 '기호(sign)'로 여겨졌고, 원인과 기호 사이의 관계는 현실세계의 판단에서 필연적일 수 없다. 열꽃이 열 상태의 기호라고 할 때 그 둘의 관계는 잠정적이다. 예외인 경우가 있지만, 그 관계는 현실세계에서 유용하게 써먹을 수 있는 그럴듯한 판단을 제공한다. 어떤 의미에서 아리스토텔레스의 실천 영역은 추론 절차 이외에 정보의 원천, 정보를 얻는 방식 그리고 정보가 주어지는 순서에 좌우되는 현실세계의 합리성을 대표한다.

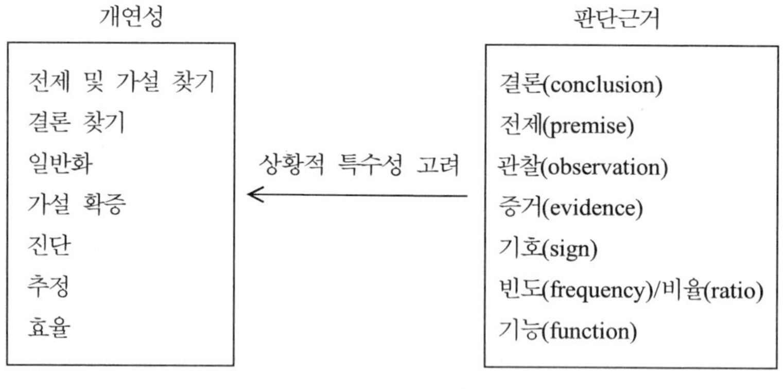

[도식 2]

12) Aristoteles, *Rhetoric* 1357a22-b1.

아리스토텔레스에게 개연성은 증후에 근거한 그럴듯한 판단 외에도 '귀납(epagoge)', '예시에 의한 논증' 그리고 '유비논증'에 걸쳐 다양하게 나타난다. 굳이 철학자에게 기대지 않아도, 우리의 일상경험은 개연성의 다측면을 보여준다. 개연성을 판단과 연결시킬 때 일상생활 속에서 스쳐가는 많은 측면 중 몇 개를 도식화하고, 상황에 합당함을 추구하는 현실세계의 합리성과 확실성을 추구하는 이론적 합리성을 서로 대비시켜 보자.

1) 전제 및 가설 찾기

현실세계에서 논증은 문제를 요구하며, 문제는 상황 맥락에서 주어진다. 합당한 판단은 상황 맥락을 고려한 합당한 논증의 결과이며, 현실세계에서는 합리성과 비합리성의 이분법이 존재하지 않는다. 전제 및 가설 찾기는 주어진 결론에 근거한 판단 과정이다. 이 과정은 주어진 결론으로서 사실 및 데이터 해석 등을 좀더 그럴듯하게 해주는 것을 찾는 논증이며, 논증의 결과로서 얻어지는 전제 및 가설은 개연적이다. 동일한 전제 및 가설에서 원래의 결론이 필연적으로 얻어진다는 보장은 없다.

전제 및 가설 찾기의 논증은 크게 두 종류로 나뉜다. 첫째, 결론이 통념에 반하거나 설명될 수 없어 우리의 주목을 끄는 경우가 있다. 이러한 경우는 탐정소설에 자주 등장한다. 코난 도일의 단편 「파팅턴 설계도」를 보면, 명탐정 셜록 홈즈는 중요한 연구 비밀문서를 둘러싼 살인 사건을 해결해 나간다. 그는 시체가 발견된 기차선로 주위에 핏자국이 없음에 주목한다. 외진 길목에서 벌어진 살인 사건에는 보통 핏자국 등 당시 상황을 알려주는 흔적이 남아 있다. 발견된 시체가 이러한 통념에 반한다고 해서 통념이 수정될 이유는 없다. 수정 가능성은 설명자의 배경 지식, 경험 그리고 문제 해결을 위한 단서 등에 좌우될 수밖에 없다. 홈즈는 잠정적으로 다른 곳에서 살해된 시체의 주인이 범인에 의해 기차로 이동되는 중에 기차에서 떨어졌다는 가설을 세운다. 이 가설은 확실하지 않다. 가설의 좀더 확실한 지위는 대안 가설과의 경쟁 혹은 다른 문제에 의해 자리매김된다. 후자의 경우 가설이 결론이 되어 또 다른 가설을 상정하는 것이다. 시체가 기차에서 우연한 사건으로 떨어진 것인지, 고의로 버려진 것인지를 물음으로써 새로운 가설이 얻어지고, 새로운 가설의 확증은 그것의 결론이자 원래 문제, 곧 핏자국 없는 선로 문제에 대한 가설의 입지를 강화시킨다.13)

지금 살펴본 것은 결론에 대해 전제 및 가설 찾기에서 잠정적 가설 생성과 연관된다. 과학을 완성된 결과물로서 이론의 논리적 구조가 아니라 역사적 과정 속에서 이해한 퍼스(C. S. Peirce)의 가추(abduction)는 가설 생성에 해당한다.14) 퍼스는 가추의 잠정적 지위와 연관해 상황적 특수성과 추측에 개입하는 심리적 요인을 무시하지 않았다. 퍼스에게 단서에 근거한 추측에 의존하는 가추는 상황과 무관한 추론 및 절차적 형식에 귀속되지 않는다.15) 생존을 위한 단서 포착은 많은 경우 본능과 연관된다. 지저분한 것에 대한 역겨운 감정 또한 그러한 본능으로 이해될 수 있고, 이는 퍼스가 심리적인 것을 논리적인 의미에서 합리적인 것은 아니지만 비합리적인 것으로도 취급하지 않았음을 보여준다. 반면에 근대 이후 보편적 확실성에 합리성을 가두려는 시도, 곧 합리적 정당화의 맥락에서만 합리성을 이해하려는 시도에 정신이 매몰된 자들은 심리적인 것을 비합리적인 것으로 취급한다. 그들은 퍼스의 가추 개념에서 모든 심리적인 요인을 제거하려고 하지만, 그들의 작업은 실제로는 '단일 가설 생성'이 아니라 '경쟁

13) 과학의 발견 과정을 가설 경쟁에 국한해서 묘사하는 것은 잘못이다. 그런 묘사는 귀무가설(null hypothesis)을 획일적으로 적용하는 사람들에게 해당한다. 파인만은 다른 실험 가능성을 무시한 채 동일 실험 데이터에서 가설의 유의미성만 가지고 가설의 채택 유무를 결정하려는 획일적 방법론을 경고한다. Feynman, R.(1998), 80-81쪽.

14) 퍼스는 결론을 그럴듯하게 해주는 최초의 가설이 결론이 되어 또 다른 가설을 얻음으로써 최초 가설의 입지를 강화시키는 방법론에 대해서는 명시하지 않았음을 밝혀둔다.

15) Delaney, C. F.(1993), 15쪽.

가설 선택의 최적 설명 구조'와 관련된다.16)

가추가 결론을 그럴듯하게 해주는 잠정적 가설을 찾는 작업의 일종에 속한다면, 유클리드 이전의 고대 그리스 기하학에 동원된 분석(analysis)은 결론을 필연적 참으로 만들어주는 과정이다. 유클리드 공리체계 출현 이전의 분석은 두 단계로 이뤄진다. 첫 단계는 주어진 문제를 구체적인 기하학적 대상과 연관된 다른 문제로 바꾸는 것이다.17) 둘째 단계는 문제의 긍정으로서 결론이 참이게 만드는 전제를 찾는 것이다. 하나의 보기를 살펴보자.

T : 모든 선분에 대해 그것과 길이가 같고 방향에서 직교하는 또 다른 선분이 있는가?

C : 임의의 선분으로 이뤄진 정사각형이 가능하다면, 정사각형의 두 선분은 서로 직교한다.

P : C가 참이라고 할 때 이에 대한 전제는 임의의 선분들로 이루어진 사각형의 내각이 360도라는 것이다.

원래 문제 혹은 과업 T는 잠정적 결론 C로 대체되었고, 분석의 과정은 P에 해당한다. 구체적 사물에서 추상화된 기하학적 대상들이 다뤄지고 있지만, 이것은 선험적 개념들 사이의 포함관계 혹은 정의에 의한 '분석적 참(analytical truth)'에만 호소하는 것이 아니다. 기하학

16) 최적 설명의 추론(Inference to the best explanation) 이론은 그러한 설명 구조를 논한다. 퍼스는 단일 가설 생성과 경쟁 가설 선택의 방법론적 절차를 엄격히 구분하였다. 퍼스의 가추 개념을 둘러싼 여러 혼선은 실제 이 구분을 무시함으로써 발생한다. Schaffner, K. F.(1993), Ch.1.

17) 기원후 300년경 파푸스(Papus)는 분석을 두 가지로 분류했다. 첫째는 주어진 결론을 참으로 만드는 정리를 증명함으로써 전제를 찾는 것이고, 둘째는 결론을 만족하다고 여겨지는 기하학적 대상을 건설하여 전제를 찾는 것이다. 본문의 분석의 사례는 둘째 방식과 관련된다. 파푸스가 정리한 기하학의 분석 개념에 대해서는 다음을 보라. Polya, G(1973), 142-143쪽.

적 대상에 대한 구체적 경험, 곧 작도 경험은 고대 그리스 기하학에서 중요하며, T에서 C로의 이행, 곧 문제의 대체 과정은 결코 논리적 추론 형식으로 대체될 수 없다. 고대 그리스 기하학의 분석 방법은 폴리아(G. Polya)가 지적했듯이 현실세계의 실천적 문제 해결법과 완전히 구분된 것이 아니다.[18] 강물을 건너야 하는 문제에 봉착한 원주민은 과거 경험을 바탕으로 나무를 찾는다. 여기에는 경험에 근거한 개인차가 무시될 수 없는데, T와 C의 관계도 마찬가지다. 주위 나무의 길이가 짧아서 하나의 나무로 강을 건널 수 없다면, 원주민은 나무들을 엮어 다리를 만드는 법을 찾아내야 한다. 폴리아는 그를 최초의 다리 발명자로 묘사하는데, 단계 P에서 정사각형 내적의 합이 360도라는 전제에 도달하는 과정 역시 여러 하부의 문제 해결 단계를 거친다. 만약 C가 다른 결론으로 주어진다면, 동일한 전제에 도달하는 방식도 달라진다. 고대 그리스의 기하학에서 분석이란 결코 보편적인 절차적 형식으로 대체될 성격을 갖지 않는다. 결론에 도달하는 절차는 문제 해결의 맥락에 좌우된다.

2) 결론 찾기

유클리드 이전의 기하학에서 결론 찾기는 분석에서 얻어진 전제에서 원래 결론을 끄집어내는 논증 과정이다. 이 논증 과정은 종합(synthesis)으로 지칭된다. 분석이 결론에서 전제로 향한다면, 종합은 전제에서 결론으로 향하는 논증이다. 종합은 결론이 참임을 보여주는 일종의 예증이다.

결론(C) —— 분석(발견) ⟶ 전제(P) —— 종합(예증) ⟶ 결론(C)

분석에서 논의한 것은 종합에도 해당한다. 종합에서 예증은 작도법에 근거할 수 있기 때문에 보편적 형식 절차로서의 연역 추론에 따른 증명이 아니다. 분석과 종합에 의해 하나의 기하학적 문제가 풀린 것

---

18) Polya, G.(1973), 145쪽.

으로 볼 때 모든 문제가 분석과 종합의 통합 조건을 만족하는 것은 아니다. 만약 분석 과정이 종합으로 전환 가능하다면, 이것은 유클리드 기하학의 체계에서 'C ↔ P', 곧 결론과 전제의 등가성을 증명하는 것으로 비춰지기 쉽다. 아리스토텔레스의 예증 개념은 연역의 형식 절차로 이해되었고, 증명은 그러한 형식 절차에 근거해 보편적 원리에서 필연적 참인 결론을 얻는 과정으로 정착했다. 직각과 다각형이 원초적 개념에 의해 정의되고, 보편적으로 확실한 원리에서 'C ↔ P'가 증명된다. 이러한 유클리드 기하학의 이해에서는 발견법으로서의 분석은 의미가 없어지고, 종합은 결론이 보여주는 표상 구성의 의미를 지닌 예증을 벗어나 형식 증명법으로 귀속된다. 근대 확실성의 추구 정신 속에서 유클리드 기하학은 이론적 지식체계의 이상으로 여겨졌으니, 철학자들이 '이성' 개념 앞에 '기하학적'이라는 수식어를 붙여 용어 '기하학적 이성(geometrical reason)'을 즐겨 사용한 것은 이해할 만하다.

어떤 학문 분야가 자율적 학문의 위상을 얻기 위해서는 기하학의 공리체계를 모방해야 했다. 물리학의 시조인 근대 자연학 그리고 윤리학마저 기하학의 공리체계를 모방했다. 마음과 물질을 이분한 사유구조 속에서 물질의 양은 경험 대상이 아니다. 물질의 양인 질량을 어떻게 마음이라는 장소에서 발생하는 경험에 근거해 얻어낼 수 있을까? 질량은 두 물체의 충돌 전과 후의 속도 비율과 연관됨이 경험적으로 밝혀졌다. 이것을 결론이라 할 때 이 결론의 정당성은 운동량 보존법칙이라는 전제에 의해 뒷받침 될 수 있다. 운동량 보존법칙을 가지고 충돌 전후의 속도 비율을 통해 두 물체의 상대 질량을 얻는다. 뉴턴역학의 공리체계에서 운동량 보존법칙을 수학적으로 증명할 수 있기 때문에, 뉴턴역학은 기하학적 이성을 대표하는 지식체계로 추앙되었다.[19] 증명을 시작하기 위한 원리들로서 공리는 어떻게 얻어지며

19) 실제 뉴턴역학의 공리체계는 수학의 공리체계가 갖춰야 할 논리적 정합성을 결여하고 있다. 뉴턴역학에 명백히 명시되지 않은 질량 보존 조건 없이는 고전역학의 의미에서 운동량 보존법칙을 얻을 수 없을 뿐더러, 그의 세 운동 법

공리의 보편적 확실성은 어떻게 보장되는가? 근대 인식론의 합리론과 경험론은 사실 이러한 물음에 대한 의견 차이지 결코 서로 완전히 대립되는 관계가 아니다. 그 둘은 인간 합리성의 이해에서 '확실성 추구'라는 동일한 팀에 속한 구성원들일 뿐이다.

유클리드 기하학이 내용과 무관한 형식 연역 절차에 바탕을 둔 현대적 공리체계라는 충분한 근거는 없다. 현대적 공리체계가 가능하려면, 점과 선분 같은 원초적 개념은 직관과 아무 상관없는 '무정의 용어(undefined terms)'로 취급되어야 한다. 또 형식 문법(formal syntax)과 의미론(semantics)의 구분이 있어야 하는데, 이러한 구분은 실제 유클리드 기하학에는 없다. 아리스토텔레스가 예증을 보편적으로 확실한 지식에서 필연적 참인 결론을 얻는 절차와 연관시킨 것은 사실이다. 하지만, 그의 삼단논법이 경험적 내용과 무관한 동어반복(tautology)으로 대표되는 연역 형식 절차라는 주장에 대해 다수의 현대 주석가들은 동의하지 않는다.[20] 그리고 진화심리학의 여러 실험이 보여주듯이, 현실세계 속의 인간의 추론은 내용과 무관한 형식 절차에 주어진 진술을 대입하는 것이 아니다.[21] 이러한 모든 토론 거리를 제쳐두더라도 한 가지 확실한 것이 있다. 현실세계의 결론 찾기 논증은 상황에 합당한 개연적 판단으로 끝나며, 상황에 합당함으로서의 합리성은 특정 경우 예외를 수락한다.

논증의 시작에 도입된 일반 지식(common knowledge)은 이상화되고 비시제적이며 필연적으로 참인 보편적 확실성을 갖지 않는다. 보

칙은 중력 개념과 마찰을 일으킨다. 이러한 이론의 비정합성은 과학의 발달에 악덕이 아니라 미덕으로 작용한다. 이에 대해서는 다음을 참조하라. 이상하(2004c), 제5장.

20) 대표적인 동어반복형은 "비가 오거나, 비가 오지 않는다"와 같은 진술형인데, 이러한 동어반복의 진술형은 실제 세상의 내용, 곧 비가 오는지와 상관없이 항상 참이다. 올바른 추론 형식이 동어반복형의 항진 명제임은 일반 논리학 교과서에서 쉽게 찾아볼 수 있다.

21) 실제 조건문 판단의 추론이 내용 및 경험 습득의 맥락과 무관한 형식 절차에 따르지 않는다는 점에 대해서는 다음을 보라. Wason, P. C.(1983).

편적 확실성을 갖는 공리 혹은 원리는 예외를 수락할 수 없기 때문에, 예외는 새로운 공리 혹은 원리를 요구한다. 고대 그리스 기하학의 분석 과정의 보기에서 원주민이 나무로 다리를 만드는 일반 지식을 발견했다고 하자. 그의 지식이 다른 환경 구조의 강에 해당한다는 보장은 없다. 그러나 그 지역 원주민들이 그의 지식을 이용해 다리를 건설해 강을 건널 수 있다면, 그 쓰임새가 일종의 종합에 해당한다. 예외적 상황이 발생해도 다리를 만드는 일반 지식과 이에 근거한 판단은 곧바로 수정 요구를 강요받지 않는다. 수정 요구의 수락 역시 지식 자체가 아니라 환경 구조의 변화 등 상황적 맥락에 좌우된다.

3) 일반화

문제 해결의 맥락 속에서 관찰에 근거해 일반화된 믿음을 얻는 경우가 많다. 이 경우는 열거적 귀납(enumerative induction)과 유비 논증으로 나뉜다. 특정 문제 해결의 맥락 속에서 주어진 믿음체계에 근거해 관찰이 이뤄지고, 관찰에 근거해 새로운 믿음을 얻거나 예측의 가망성을 타진하는 것이 일상적 의미에서의 열거적 귀납이다. 유비 논증은 여러 속성들을 분유(分有)하는 것들이 다른 속성도 공유할 것이라는 개연적 판단을 함축한다. 열거적 귀납과 유비 논증으로 대표되는 일반화 방법은 예외를 허락한다는 점에서 개연성을 갖는다. 일반화된 믿음에 반하는 반례가 발견되는 경우, 그 믿음이 일방적으로 수정 요구를 받는 것은 아니다. 상황적 특수성을 고려해 수정 가능성이 판단될 뿐이다.

일상적 의미에서의 열거적 귀납은 '귀납논리'로 발전한다. 초기 논리실증주의(logical positivism)의 귀납주의자들은 열거적 귀납을 발견의 보편적 형식으로 과장시켰다. 귀납논리에 대한 비판을 귀납에 대한 비판으로 혼돈해서는 안 된다. 그 비판은 귀납의 신빙성, 곧 귀납에 의해 확실한 지식 및 가설을 얻을 수 있는지에 대한 비판일 뿐이며, 개연성을 함축한 일상적 의미에서의 귀납의 유효성은 귀납논리의 비판과 무관하다. 실천에 대비된 이론 영역에만 합리성을 정초시키기고자 하는 이들은 유비 논증 대신에 유비 논증의 정당화 가능성에 관심을 둔다. 이들은 어쩔 수 없이 개연성을 함축하는 유비 논증과 유비 논증의 정당화 가능성을 따지는 것을 분리시킨다.[22] 하지만, 유비 논증의 합당성은 일상생활에서 그러한 정당화 가능성의 보편적 기준이 아니라 상황적 맥락에 의존한다.

4) 가설 확증

현실세계에서 증거가 얼마나 가설을 지지하는가는 개연적이기 때문에, 가설 확증은 잠정적이다. 가설 확증의 개연성은 확실성 추구의 시대정신 속에서 골칫거리였으며, 라이프니츠(G. W. Leibniz)는 그 개연성을 형식 확률 계산식으로 대체하려고 시도했다.[23] 가설에서 연역된 예측 결과들과 실험 결과들 사이의 비율에 의해 가설 확증 정도의 기대치를 간접적으로 측정하는 그의 방식은 가설 연역 방법(hypothetical deductive method)에서 '확률적 귀납논리'의 그것과 다르지 않다. 확률적 귀납논리가 역사적으로 검증된 가설 확증의 논리적 구조를 명확히 하는 데 도움이 되는 것은 사실이지만, 여기에는 명백한 한계가 있다.

첫째 한계는 모든 가설 확증의 방식이 가설 연역 방법을 취하지 않는다는 것이다. 개개의 증거는 가설을 지지하지 못하지만, 특정 상황 맥락에서 증거들의 조합이 가설을 그럴듯하게 만든다. 로마 제정법에서 많이 사용된 이러한 '증거 조합(combination of evidence)'의 논증은 과학 논문에서도 자주 등장한다. 가설 확증의 보편적 계산 형식을 가정해도, 그것은 하나가 아니다. 그런 형식들은 사실 사후 분석에 개입하는 이론적 도구들이며, 어떤 도구를 사용할 것인지를 결정해주는 형식 절차는 없다.

둘째 한계는 '동일 확률(equal probability)'과 관련된다. 가설 확증 논증의 개연성을 보편적인 확률 계산 형식으로 대체시키려면, 계산의

22) 이러한 분리 시도에 대한 비판은 다음을 보라. Hesse, M.(1965).

23) Leibniz, G. W., *New Essays* 4, Ch.2.

입력은 확률 값으로 주어져야 한다. 확률 값 1/6은 사물, 사람 및 개인이 처한 상황적 특수성을 초월한 것이다. 주사위를 던져 1이 나올 확률과 내일 비가 올 확률이 1/6로 주어질 때 확률 계산식에서 의미가 있는 것은 기대치 1/6일 뿐이다. 동일 확률에 근거한 계산식의 특정 결과는 도박 기계로 구현될 수 있지만, 양형 및 경제 활동 등 현실적 문제에 대해서는 아니다.[24]

5) 진 단

기호를 바탕으로 원인을 진단하는 것은 아프리카에서 중국에 이르기까지 모든 문명권의 고대 의서에서 발견된다. 질병의 분류와 원인 진단은 몸에 나타나는 기호, 곧 증후군에 의지하며, 진단은 가망성에 근거한 개연적 판단이다. 한의학의 안면망진(顔面望診)에서는 장기의 기능과 절기의 순환이 얼굴 부위의 색으로 나타나는 것으로 가정되어 있다.[25] 서양 동종요법(homeopathy)의 아버지 격인 파라셀수스(Paracelsus)의 경우, 질병의 원인과 질병을 일으키는 물질 사이의 유사성을 찾는 데 기호에 근거한 진단은 중요한 역할을 한다. 물질적 속성을 파악하여 참다운 자연의 지식을 얻기 위해 경험 현상을 초월해야 한다는 강박관념에 시달렸던 자연학자들은 현상을 물질적 속성의 기호로 파악했다.

기호에 근거한 개연적 판단을 보편적 확실성으로 대체시키려면, 상황적 특수성 이외의 진단에 배경이 되는 세계 이해가 무시되어야 한다. 진단의 가망성에 대한 확률 계산식은 수학에서 '가설 확률(hypothetical probability)'이라는 명칭 아래 발전하는데, 여기서 '가설'은 '예측'에 대비된 의미를 갖는다. 기호에 근거한 진단은 원래는 원인 추적의 논증이지만, 가설 확률 계산식은 실제로는 원인에 대한 가설

---

24) 이 점은 가설 확증의 논리적 구조를 인정하는 것이 확률적 귀납논리 계산식의 보편성 옹호론으로 이어질 수 있는지에 대한 논쟁을 불러일으켰다. 케인즈는 그렇게 이어질 수 없다는 논증을 펼쳤다. Keynes, J.(1921).

25) 강정수, 김광호(1998).

의 신빙성을 표현하는 것이다. 그래서 4)에서 언급한 한계는 가설 확률 계산식에도 해당한다. 그러한 한계는 상황 맥락을 계량화하는 보편적 형식 절차 혹은 계산 가능성에 대한 의심을 낳지만, 이 결론이 증거와 가설의 양적 취급 자체에 대한 불가능성을 함축하는 것은 아니다. 문제 해결 과정에서 자료를 계량화하는 작업은 실제로는 맥락 의존적이다.

6) 추 정

사건 발생 빈도와 분포 비율에 근거한 추정 작업은 진단과 밀접한 관련을 맺는다. 진단이 원인 추정이라면, 사건의 발생 가능성에 대한 개연적 판단으로서의 추정은 예측과 관련된다. 10년 동안 먹구름이 낀 날에 비가 온 빈도수가 이러이러하다면, 오늘 비가 올 가능성은 얼마인가? 대다수의 답은 "이러이러한 이유 때문에 비가 올 가능성이 높다"는 식의 잠정적 결론이다. 고학력 여성의 비율이 높은 사회일수록 조기 출산율이 떨어지는가? 전체 개체군에서 일부분을 무작위로 추출해 비율 조사를 한 후 그렇다 혹은 그렇지 않다고 추정한다. 셈 능력만 요구되는 이러한 작업에 어떤 형식적 확률 계산식이 들어가야 할 본질적 이유는 없다.

통계 작업에서 추정을 보편적 확률 계산식에 귀속시키려면, 어떠한 절차가 필요한가? 개연적 판단으로서의 추정은 실제 기억과 기록에 근거한 논증의 결과이기 때문에, 추정 과정에서 빈도수와 분포 비율의 폭에 대한 경험적 차이는 무시될 수 없다. 보편적 확실성을 추구하는 이론적 합리성 개념은 그러한 경험적 차이를 주관적인 것으로서 무시한다. 그렇게 무시하는 여러 가지 방법 중 하나로서 정규화(normalization) 방법을 들 수 있다. 정규화 방법은 사건 발생의 빈도수와 분포 비율의 폭을 일정하게 고정시킨다. 나의 판단이 100일 혹은 100명에 근거한 추정이고, 너의 판단이 50일 혹은 50명에 근거한 추정이라면, 우리의 판단은 실제 다르다. 정규화 방법은 빈도수와 분포 비율의 폭을 일정하게, 실례로 1천 명 단위로 재구성해주는 단계다. 이 단계에는 기억과 기록에 근거한 추정의 개인적 차이, 곧 정보를 얻는 원천과 관련된 차이를 없애려는 동기가 숨어 있고, 이 동기는 확실성 추구의 이론적 합리성의 맥락에서 분명해진다.

7) 효 율

현실세계에서 기계, 기관, 제도 및 관습의 기능에 근거해 그 효율성을 따져야 하는 경우는 빈번하다. 그러나 기능의 효율을 추정하는 보편적 형식 절차 및 계산 방식은 의외로 많이 연구되지 않았다. 그 이유는 효율 추정이 다른 경우보다 더욱 상황 맥락에 의존하기 때문일 것이다. 효율 추정은 단순히 빈도수와 비율에 근거한 추정에 귀속될 수 없다. 성공, 실패, 정밀도와 같이 양적 취급이 가능한 변수뿐만 아니라 기능에 대한 문화적 평가 방식까지 기능의 효율 평가에 개입하기 때문이다. 더욱이 실패 및 성공 비율과 정밀도 사이의 관계는 추정에서 항상 대칭적으로 나타나지 않는다. 실패가 많아도 높은 정밀도를 요구하는 문제 해결의 맥락이 있을 수 있기 때문이다.

제도와 관습의 기능에 대한 효율 추정은 복잡한 사회 맥락 속에서 이루어질 수밖에 없다. 사회의 진보와 보수의 갈등은 많은 경우 그러한 효율 평가 방식의 집단적 차이를 보여준다. 제도와 관습의 기능에 대한 효율 추정에서 집단의 이해 방식이 설문조사를 통해 저울질되는 경우, 설문조사 결과의 측정은 해당 집단의 성격 및 역사에 대한 사전 지식에 의존적이다. 그러한 사전 지식의 획득은 형식 차원에 종속될 수 없다.

3. 논증과 추론

현실세계의 논증과 추론은 별도의 정당화가 필요 없는 경우, 실례로 "나는 걸어서 달나라에 갈 수 없다"와 같은 당연한 일상적 믿음을 제외한다면 대부분 개연적 판단으로 끝난다. 앞 절에서 보았듯이, 확실성 추구의 시대정신 속에서 여러 종류의 개연성을 보편적 형식 절차와 계산으로 대체하려는 노력이 있었다. 이 대체 노력은 현실적 조건을 제거하거나 동질화하는 작업을 전제한다. 실천적인 것에 대비된 이론적인 것은 그러한 제거와 동질화를 통해 이상화되고 비시제적이며 필연적인 확실성을 추구한다. 상황에 합당한 개연적 판단에 중요한 사물, 사람 혹은 집단이 처한 상황적 특수성은 이론적 영역에서 합리성 결정의 준거틀에 속하지 않는다.

나는 이론을 우선적으로 문제 해결에 필요한 분석적 도구로 본다. 이러한 관점은 이론을 표상과 세계의 관계에만 국한시키는 것이 아니라 발견의 역사적 과정에서 접근할 때 얻어지며, 여기에서 이론적인 것과 실천적인 것의 이분법은 성립하지 않는다. 개념의 관계를 명확히 하고 유사한 문제 집단에 적용하는 데 이론은 분명히 도움이 된다. 하지만, 유사한 문제들의 분류는 보편적 형식이 아니라 문제가 발생한 구체적 상황의 내용에 의존하며, 그 내용과 연관된 상황적 특수성의 고려 없이는 문제 해결에 합당한 판단은 불가능하다. 실천과 행위 속에서 문제 해결의 도구로서 이론을 취급하는 관점에 대한 구체적 논변은 이 작업에서 들어갈 필요가 없다. 이 작업은 어디까지나 생명의료윤리와 공학윤리로 대표되는 현대 실천윤리, 곧 이론 영역의 규범윤리에 대비된 실천윤리의 맥락 속에서 진행되기 때문이다. 서양 실천윤리의 정신적 대부는 아리스토텔레스로 볼 수 있다. 윤리가 이론에 대비된 실천 영역에 속한다는 점을 언명한 이는 그였다. 이 점은 합당한 논증과 추론의 관계를 다룸으로써 더욱 명확해진다.

아리스토텔레스에게 이론 영역에서 중요한 예증(demonstration)은 필연적 참인 전제에서 역시 필연적 참인 결론을 얻는 것이다. 예증은 공리와 정의에 형식 추론 규칙을 적용해 결론을 연역해내는 논증으로 소개된다. 이러한 소개는 엄밀한 의미에서 아리스토텔레스의 것은 아니다. 아리스토텔레스에게 추론 방식, 곧 그의 삼단논법(syllogism)은 형식 문법(formal syntax)의 일종으로서 내용과 무관한 현대 논리학의 추론 형식이 아니다. 그것은 합당한 혹은 좋은 논증들에서 발견되는 추론의 일반적 형태와 관련된다. 올바른 추론이 올바른 논증을 보장하는 것은 아니다. 삼단논법의 추론 형태는 논증의 목적과 방식에 따라 이론적 혹은 논리적 삼단논법, 실천적 삼단논법, 변증법적 삼단논법 그리고 수사학적 삼단논법으로 나눠진다.

삼단논법의 여러 종류의 차이를 도외시한다면, 추론 형식이 논증의 합당함 혹은 좋음을 결정하지는 않는다. 그것은 단지 좋은 논증이 지켜야 할 필요조건일 뿐이다. 좋은 논증은 무모순성을 지향해야 하지만, 무모순성 자체가 논증의 좋고 나쁨을 결정짓는 것은 아니다. 게다가 아리스토텔레스에게는 삼단논법의 뼈대가 중심 역할을 하지 않는 논증의 종류도 있다. 예시에 의한 논증이 그렇다. 삼단논법의 형식을 갖춘 논증은 반드시 추론을 시작하기 위한 첫 원리(archai)를 요구한다. 이 점은 왜 예증의 논증이 삼단논법의 추론과 반드시 동일하지 않는지를 다룸으로써 분명해진다.

삼단논법의 대표적 형태는 다음이다. "*A* 가 *B* 이고, *B* 가 *C* 라면, *A* 는 *C* 다." 아리스토텔레스에게 예증에서 추론의 단위는 주어와 서술어로 이뤄진 명제다. 곧 사실에 근거해 참 혹은 거짓 판단 가능한 내용이다. 삼단논법이 예증적 논증이 되기 위한 첫째 조건은 중간 항(middle term)의 역할에 좌우된다. "*A* 는 *B* 다"가 필연적으로 참이고 "*B* 는 *C* 다" 또한 그렇다면, "*A*는 *C* 다"는 필연적 참이다. 이 경우 중간 항 *B* 는 *A* 와 *C* 를 필연적으로 연결해야 하는 그러한 것이다. 아리스토텔레스는 그래서 중간 항을 그러한 연결을 위한 원인(cause)으로 불렀다. 그의 유명한 4원인, 곧 질료인, 작용인, 목적인 그리고 형상인은 결론의 주어와 서술어를 필연적으로 연결하는 방식과 관계된 것이다. 그런데 모든 중간 항이 *A* 와 *C* 를 필연적으로 연결하는 원인은 아니다. "내가 밥을 먹고, 밥을 먹으면 담배를 피므로, 나는 담배를 핀다." 이러한 추론에는 아무런 형식적 결함이 없다. 하지만 밥을 먹는다는 것이 식후 흡연의 원인은 아니다. 어떤 논증이 과학적 지식체계의 예증적 논증인지를 결정하는 것은 추론 방식이 아니다. 중간 항이 결론의 주어와 서술어를 연결하는 원인이 될 수 있는지 아닌지는 단순한 추론의 문제가 아니기 때문이다.

논증이 예증에 속하기 위한 둘째 조건은 첫 원리와 관련된다. 예증의 연역적 방법 자체에서 논증을 시작하기 위한 첫 원리를 얻을 수는 없다.[26] 첫 원리를 얻는 것은 예증이 아니며, 따라서 그것은 예증에 의한 지식도 아니다. 아리스토텔레스는 예증의 방법에 속하지 않지만, 지각, 기억, 경험에 근거해 첫 원리를 얻고, 첫 원리에서 보편적 지식을 얻을 수 있다고 말한다. 아니라면, 확실성을 추구하는 그의 이론적 영역은 붕괴된다. 예증의 삼단논법에 사용되는 첫 원리 역시 필연적으로 참인 확실한 지식이 되어야 한다. 그것은 그 어떤 예외 상황을 허락하는 개연적인 것이 되어서는 안 된다. 아리스토텔레스는 첫 원리로서 지식을 얻는 과정을 귀납(epagoge)으로 불렀다. 그의 귀납은 관찰 사실에 근거해 일반화된 명제를 얻는 '열거적 귀납'에 국한되지 않는다. 그것은 가설 생성의 의미까지 함축하고 있다.

추론이 좋은 논증의 결정적 기준이 아니라는 점은 분명하다. 중간항의 원인 자격 그리고 첫 원리의 지식은 추론에 의해 얻어질 수 없기 때문이다. 아리스토텔레스의 해석에서 완성된 과학적 지식체계 혹은 결과물로서의 과학적 지식체계와 과정으로서의 과학 혹은 과학적 지식체계를 얻는 방법론을 구별할 필요가 있다. 그가 이론적 지식체계로서 과학적 지식체계를 언급할 때 예증이 그 지식체계를 대표한다. 하지만, 가설을 얻는 과정에서 원인 성격을 규명하는 논증까지 포함한 과학적 방법론을 고려할 때 예증이 과학적 방법론을 대표하는 것은 아니다. 이 점은 현재 여러 아리스토텔레스 주석가들 사이에서 하나의 골칫거리인데, 아리스토텔레스의 『토픽스(*Topics*)』에 등장하는 언명을 떠올려보자. 문제 '*P* ?'란 왜 *P* 인가를 묻는 것이고, 이것은 *P*를 도출하는 연역 혹은 예증을 찾는 것이다.[27] 여기서 연역이 그냥 주어진 것에서의 추론이 아니라 가설 생성에서 *P* 의 추론을 뜻한다면,

---

26) Aristoteles, *Posterior Analytics* Book II. 19. 첫 원리 자체는 예증의 영역에 속하지 않는다는 점은 르네상스 인본주의(humanism)에서 수사학의 위치를 강화시킨다. 이에 대해서는 다음을 보라. Grassi, E.(1980).

27) Aristoteles, *Topics* Book I. 101b17.

아리스토텔레스의 해석에서 과학적 방법론은 예증에 국한되지 않는다. 예증은 공인된 결과물로서 과학적 지식체계의 구조와 관련되는 것일 뿐, 그 지식체계를 얻는 과정은 또 다른 의미를 갖게 된다.

예증과 과학적 방법론을 둘러싼 아리스토텔레스의 해석 문제는 쉽게 해결되기 힘들지만, 논증의 합당성의 기준이 추론 형식에 종속되지 않는다는 점은 확실하다. 실천 영역에서 합당한 논증은 사물, 개인 및 집단이 처한 상황적 특수성을 고려할 것을 요청한다. 실천적 판단은 이론적인 것과 달리 개연적 판단이다. 후기 스토아 사상 및 키케로 등의 로마 제정법 전통이 결의법으로 이어지는 과정에서 아리스토텔레스의 수사학은 큰 비중을 차지했다. 이에 대한 근거는 개연성 개념이 그의 실천 영역에서 3단계로 이어지고 있음을 살펴봄으로써 잘 드러난다.

첫째 종류의 개연성은 실천적 판단과 연관된 삼단논법에서 나타난다. 실천적 삼단논법은 행위 준칙을 특정 행위에 의해 실현시키는 것이다.[28] 행위 준칙이 대전제가 되고, 소전제로 행위 준칙을 만족시킬 수 있는 대상이 도입되며, 결론은 그 준칙에 따른 행위다. 결론의 행위에 의해 준칙이 만족되는 경우, 소전제에 도입된 대상은 행위의 대상인 것이다. "건강에 좋은 고기는 소화하기 쉬운 연한 고기이며, 닭고기는 연하기 때문에, 건강을 위해 닭고기를 먹는다." 행위로 끝나는 아리스토텔레스의 실천적 삼단논법에 따른 논증에서 대전제는 필연적 참이 아니다. 그것은 일반 진술의 형태이지만 예외를 허락한다는 점에서 개연적인 것이다. 연한 모든 고기가 건강에 좋은 것은 아니다. 개인의 체질과 그 날의 몸 상태에 따라 건강의 기준에 대한 척도도 달라진다. 실천적 삼단논법의 결론은 필연적일 수 없고, 실천적 삼단논법을 시작하기 위한 대전제는 예증의 첫 원리와는 성격이 다른 것이다. 실천적 판단의 대전제에 들어가는 준칙은 개인의 삶과 집단 결속력을 와해시킬 정도가 아니라면 예외 사례 속에서도 그 유용성을

---

28) 준칙에 대해서는 3장 2절의 규범과 준칙을 볼 것.

잃지 않는 '일반 지식'이다.

둘째 종류의 개연성은 변증법적 삼단논법에서 나타난다. 변증법적 논증은 두 선택지의 선택과 관련되기 때문에, 그것은 논증의 합당성 및 논증에 의한 개연적 판단의 그럴듯함 정도를 비교하는 것이다. 이 점은 수사학적 논증에서도 마찬가지다. 수사학적 논증과 다른 점은 두 선택지 중 하나가 좀더 참에 가깝다는 데에 있다. 따라서 반복적인 변증법적 논증의 목적은 예증에 다가가는 것이다. 예증으로 완성되기 전까지 변증법적 논증의 대전제는 개연적 판단이며, 결론도 그럴 수밖에 없다.

셋째 종류의 개연성은 수사학적 논증의 삼단논법에서 나타난다. 수사학적 논증의 목표는 특정 상황의 특수성을 고려해 이러이러한 것을 권고하여 사람을 그렇게 행위를 하도록 만드는 것이다. 수사학적 삼단논법의 대전제에 과거 사례에서 발견된 준칙 등이 개입한다. 현재 상황이 그 사례와 유사하다면, 그 준칙이 설득의 목표가 된다. 만약 아니라면, 그렇게 권고할 수 없다. 또 준칙은 해당 사례에 국한된 것이기에 예외 상황을 허락한다. 수사학적 삼단논법의 결론은 상황에 합당한 개연적 판단의 일종이다. 아리스토텔레스는 수사학에서 삼단논법 외에도 귀납을 강조한다. 수사학에서 귀납은 예증의 첫 원리를 얻는 귀납, 곧 자료에서 가설을 찾는 것과 달리 '예시에 의한 논증'이다. 이것은 과거 사례에 근거한 일종의 유비논증(enthymeme)의 형태로 파악될 수 있고, 실제 사례연구를 중시하는 결의법에서 그러한 유비논증이 큰 비중을 차지했다.

4. 이론과 실천의 독립적 관계

아리스토텔레스에게 이론 및 실천 영역에서 내용과 무관한 논증의 추론 형식은 논증 및 판단의 합당성을 결정하는 것이 아니다. 이론에 대비된 실천 영역에 윤리학이 속하기 때문에, 그는 이론과 실천의 관계에서 이론과 실천의 독립적 관계를 옹호한 것이다. 중요한 문제는 이렇다. 실천 영역의 합리적 능력이 상황에 합당한 개연적 판단과 연관될 때 어떻게 그러한 판단이 도덕적 의미를 함축할 수 있을까? 실천 영역에서의 합리적 능력인 실천이성을 아리스토텔레스는 다음과 같이 규정한다.29)

> "실천이성 없이 원래 선한 사람이란 불가능하며, 또 도덕적 덕 없이 합리적인 사람도 마찬가지다."

어떤 판단이 합리적이기 위해서는 용기, 절제 공정 및 사려 깊음의 실천적 덕이 갖추어져 있어야 한다.30) 아리스토텔레스에게 실천적 판단은 목적 달성의 행위 수단과 관련된 것이지만, 그 판단은 목적에 개입하는 덕으로 인해 도덕적 위치를 점유한다. 예증의 첫 원리가 예증 자체에서 얻어질 수 없듯이, 실천적 판단의 대전제인 준칙 또한 삼단논법 자체에 의존할 수 있는 것이 아니다. 실천적 덕들과 관련된 모든 준칙이 행복을 지향한다는 주장은 사고 자체의 대상일 수 있어도, 준칙에서 목적 달성의 수단과 적절한 행위를 끄집어내는 것은 아니다. 준칙 자체가 개연성을 함축한 일반 지식이며, 준칙 및 목적 달성의 수단은 과거 경험에 근거한 상황에 합당한 개연적 판단이다. 올바른 논증의 논리적 기준, 실례로 무모순성의 조건은 지켜져야 하지만, 아리스토텔레스에게 상황에 합당한 개연적 판단은 사물, 개인 혹은 집단이 처한 상황적 특수성의 고려에 좌우된다. 그러한 판단이 합리적이기 위한 조건은 목적 달성에서 실천적 덕의 실현과 다르지 않다.

모든 실천적 덕이 행복을 지향한다는 논증은 제아무리 그럴듯해도, 행복의 정의에서 그러한 덕이 도출되는 것은 아니다. 개인과 타인의 조화로운 관계 실현을 위한 실천적 덕들을 상황 속에 적절히 배치하는 작업은 아리스토텔레스에게 실천적 영역에 속한다. 실천적 덕은 이론적 예증이 아니라 인간의 선천적 능력, 경험 및 집단적 합의의 역

---

29) Aristoteles, *Nicomachean Ethics* VI13.1144b3ff.

30) 합리성과 도덕의 네 가지 관계에 대해서는 1장에서 논했다.

사에 좌우된다. 공학윤리를 '상식을 존중하는 상황윤리'로 규정하는 데 아리스토텔레스는 이론과 실천의 독립적 관계라는 실천윤리의 큰 틀을 우리에게 열어준 것이다. 그러나 그의 방식에는 한계가 있다. 선천적 능력과 관련해 문화적 차이에 덜 민감한 덕들과 그렇지 않은 덕들의 구분하는 것 또는 경험에 근거해 도덕적 차원에서 합당한 판단을 이끌어내는 이상적 인간 유형을 비판하는 것은 별 매력이 없다. 어차피 이 세상 그 어떤 사람도 자기가 속한 사회의 미덕을 전부 의식할 수 없고, 주어진 상황의 특수성을 고려해 항상 합당하게 판단하는 사람도 없다. 정치와 윤리에서 아리스토텔레스가 수사학을 강조할 때 그는 이 점을 잘 알고 있었다. 사람들을 적절한 준칙에 따라 행위를 하도록 권장하는 기예로서 수사학의 강조는 집단의 조화로운 상태를 지향하는 실천적 현자에게 부여되는 책임의 강조이기도 하다.[31]

실천적 덕목으로 구성된 아리스토텔레스의 가치체계는 행복이라는 지고의 선을 지향한다는 점에서 하나의 체계다. 엄격히 말해, 그것은 그가 살던 시대의 가치체계를 반영한다. 아리스토텔레스 윤리학의 실천 정신은 다양한 가치체계들이 역동적으로 다원화된 현대 기술문명사회에 그대로 적용될 수 없다. 두 가치체계의 구분은 덕의 명명법에 근거할 수 없기 때문에, 덕들의 관계, 상황 속에서 덕의 기능 및 예외사례 규정 방식 등이 그러한 구분에서 고려되어야 한다. 이 점은 하나의 가치체계를 종교에 유추할 때 잘 드러난다. 이질적인 두 종교에서 자비의 미덕이 강조된다고 하자. 하나의 종교에서 자비는 자신의 보존과 사랑이 전제되어 선의의 목적을 위한 자살마저도 금기시하는 반면에, 다른 종교에서는 아니다. 두 종교의 가치체계를 구성하는 덕목이 명명법에서 유사할지라도, 그 두 가치체계는 동질화될 수 없다. 가치체계의 다양성은 지고의 선과 같은 것을 가정함으로써 제거될 수 있는 것도 아니다. 하나의 가치체계의 지향점이 행복이 될 수 있다면, 다른 가치체계는 해탈을 지향하기도 한다.

---

31) 집단의 조화로운 상태는 중세 윤리학과 정치학에서 중요한 주제였고, 여기에 아리스토텔레스가 끼친 영향력은 간과할 수 없다. 김중기(2000).

과거에 비해 현대의 삶이 복잡해졌다는 사실을 냉소적으로 표현할 때 사람들은 종종 과학기술의 발전을 탓한다. 과학기술이 하나의 원인 제공자라고 하지만, 다원화된 가치체계 속의 삶에 대한 집단적 합의가 어려운 것이 진짜 원인이다. 과거처럼 정치권력에 의해 하나의 이념이 다른 이념을 강제로 굴복시키기는 어려워졌다. 개인의 삶이 하나의 가치체계에 종속될 수도 없다. 공학자인 가장의 생활양식은 이질적인 다양한 가치체계들 사이를 오간다. 직장에서는 직업으로서 공학의 미덕이 그의 활동을 제한하지만, 집에 와서는 전통이 그를 지배할지도 모른다. 그의 생활양식을 제한하는 다양한 가치체계 모두를 하나로 묶을 수 있는 하나의 이념 혹은 종교를 주장할 수 있는 기술기반 사회란 현실적으로 존재하지 않는다. 이론에 대비된 실천 영역에 윤리를 정초시키려고 할 때 우리는 아리스토텔레스 전통에서 배울 것과 한계를 분명히 해야 한다.

5. 교훈과 한계

이론과 실천을 이분하는 사고의 틀 속에서 생겨난 규범윤리의 이론들은 보편성을 추구한다. 보편성을 추구하는 이론들은 다양하며, 규범윤리에 속하는 두 이론의 원리는 가치체계 사이의 갈등을 문제 해결의 공간이 아니라 이론적 차원의 윤리적 딜레마로 규정한다. 보편적 두 원리가 갈등 상황에 개입할 때 중재에 의한 문제 해결의 여지는 남지 않는다. 남는 것은 보편적 확실성을 추구하는 두 이론의 충돌이며, 대화는 교착 상태로 빠진다. 현대 실천윤리에서 이 점은 '이론 의존성의 위험'으로 명명된다. 아리스토텔레스처럼 윤리를 이론이 아닌 실천 영역에 위치시키는 것은 이론과 실천의 독립적 관계를 인정하는 것이다. 행위 수단은 보편적 원리에서 결론을 도출하는 합리적 정당화의 맥락이 아니라 사물, 개인 혹은 집단이 처한 상황적 특수성에 근거한 개연적 판단에 좌우된다. 예외를 허락하면서 그 유용성을 쉽게 잃지 않는 일반 지식으로서 행위 준칙의 개발, 준칙에 맞는 사례 분류와 예외 사례의 규정은 실천윤리에서 중요하다. 집단적 경험 및 합의 역사에 근거한 덕목을 행위 준칙과 연결시킴으로써 실천윤리의 도덕적 위상을 확보하는 아리스토텔레스의 전략은 현명하다. 조화로운 집단 상태를 지향하는 그러한 덕목이야말로 예외 속에서도 쉽게 그 쓰임새를 잃지 않기 때문이다.

사례 분석과 연구에서 기존의 규범윤리 및 응용 차원에서의 규범윤리, 곧 응용윤리의 한계를 본 학자들 중 일부는 이론과 실천의 독립적 관계를 재인식했다. 생명의료윤리를 실천윤리로 정착시킨 이들은 초기 조건에 보편적 원리를 적용시켜 결론을 끌어내는 하향식 방법(top-down method)에서 탈피했다. 이들은 실제적인 사례 분석에 근거한 실천윤리의 정신을 아리스토텔레스, 결의법 및 플레처의 상황윤리에서 찾는다. 최근에는 실천윤리로서 생명의료윤리를 유대교 결의법 전통과 연관시키기도 한다. 그러나 사례 분석과 연구의 도덕적 위상을 세우는 데 이러한 실천윤리의 흐름은 한 가지 중요한 것을 빠트리고 있다. 기독교, 유대교의 결의법 및 플레처의 상황윤리는 하나의 이념을 지향하는 가치체계에 근거한다. 이 점은 다양한 가치체계가 기능하는 지금의 세태에 그대로 적용될 수 없다. 또 행복이 단순한 감정이 아니라 인생 전체에 부여되는 속성으로 제아무리 세련되게 정의될지라도, 그러한 행복의 정의에 삶 속에 기능하는 모든 가치체계들이 종속될 선험적 이유는 없다. 어떤 의미에서 아리스토텔레스의 행복론은 삶에 개입하는 가치체계들 중에서 악하거나 쓸모없는 것들을 사전에 제거하려는 목적을 함축하고 있다. 그리고 그 제거의 기준은 그리스적 가치체계와 무관하지 않다.

모든 시대를 관통하는 절대적 현자나 이상화된 초인은 실제로는 없다. 우리가 어떤 인물을 그 시대의 관점에서 평가한다면, 아리스토텔레스에게 배울 것은 분명히 있다. 마찬가지로 공자(孔子)에게도 배울 것은 분명히 있다. 그들이 잘못된 것이 아니라 그들의 생각을 무비판적으로 수용하거나 이상화시키는 것이 문제다. 그들은 그들이 살던 시대의 현실적 문제를 직시하고 풀려고 했던 진정한 실천가들이다.

그들과 우리 사이에는 명백한 차이가 있다. 기술에 의한 생활세계의 복잡성은 과거와는 차원이 다른 가치체계의 다원성을 함축하고 있다. 우리가 역사를 주의 깊게 성찰한다면, 하나의 지배적 이념 혹은 그런 것을 생성시키는 '사상가(思想家)'의 유혹에 기대어 현실적 문제들을 해결할 수 있다는 생각은 너무나 순진한 것이다.[32] 현명한 수단의 선택 그리고 문제 해결을 위한 사례 연구의 도덕적 차원은 '다원화된 가치체계 속의 삶'이라는 주제 속에서 재검토되어야 한다. 그래서 나는 실천윤리를 더욱 현실세계에 맞게끔 하기 위해 상식에 기대어 보려는 것이다.

32) 역사에 남은 사상가들은 실제로는 그들의 시대적 문제를 진지하게 고민했던 인물들이다.

10장 상식의 접근법

과거 전통의 교훈과 한계

실천윤리의 전통은 일반적으로 하나의 지배적인 가치체계 속에서 기능해 왔다. 과거 전통의 실천윤리는 다원화된 가치체계가 공존하는 현대 사회에 그대로 적용될 수 없다. 문제 해결을 위한 사례 분석의 도덕적 위상은 다양한 가치체계 속의 삶이라는 관점에서 평가되어야 한다. 평가의 근거가 단일한 가치체계에 의존할 수 없다면, 그것은 다양한 가치체계와 일상적 공감대의 결합 방식에 기대어야 한다. 그러한 일상적 공감대를 상식으로 규정하기 위해 상식에 대한 과거 전통의 접근법을 살펴보고, 그것의 교훈과 한계를 따져볼 필요가 있다. 우리는 상식이 철학적 사고의 대상이 되는 순간 왜곡될 수 있다는 사실을 잊지 말아야 한다.

1. 상식의 두 접근법

누구나 당연시 여기는 행위 지침서에서 사물의 분류에 이르기까지 '상식(common sense)'은 일상생활에서 다양한 의미로 사용된다. 행위가 문화적 관습에 좌우되고 사물의 분류가 언어의 문법적 구조와 무관하지 않음을 인정할 때 모든 시대 및 문화에 공통된 어떤 것으로 상식을 규정하는 것은 너무나 상투적이다. 인간 사회가 동질화된 하나의 집단으로 귀결될 수 없기 때문에, 그렇게 강한 공통성을 전제하는 상식은 비상식적일 수밖에 없다. 하지만, 이로부터 유사성에 근거해 공시적으로 그리고 통시적으로 우리가 공감하는 것이 전혀 없다고 말하는 것 또한 비상식적이다. 여기에는 '상식'이 삶에서 당연한 것들로 구성된 일종의 일상적 공감대라는 관점이 깔려 있다. 불과 백 년 전만 해도 인간이 달나라에 갈 수 있다는 주장은 터무니없는 것으로 여겨졌지만, 그때나 지금이나 인간이 걸어서 달나라에 갈 수 없다는 데에 이의를 걸 사람은 없다. 다양한 어족에 담긴 존재론적 범주 구분의 차이에도 불구하고, 사과나무가 인간이 없어도 존재한다는 사실을 부정할 사람은 없다.

공동체 삶의 공시적 그리고 통시적 기반으로서 일상적 공감대를 상식으로 본다면, 세계 이해의 문화적 차이에도 불구하고 어떤 당연한 것들이 상식에 배어 있다는 점은 분명하다. 그 점은 그러한 당연한 것들을 의심하는 것 자체가 부자연스럽다는 사실 속에 반영된다. 상식을 세계 이해 및 가치체계의 평가 근거로 볼 수 있다는 관점도 타당성을 가진다. 그러나 상식이 어떻게 서로 비정합적인 다양한 세계 이해 및 가치체계와 연결 가능한지는 자연스러운 의심과 부자연스러운 의심의 구분에 의해 충분히 대답될 수 없다. 상식에 대한 접근법 자체가 담론의 주제로 떠오르게 된다. 이 작업이 '상식을 존중한 상황윤리'로서 공학 담론을 규정하는 것이기 때문에, 상식에 대한 나 자신의 접근법 대신에 우회로를 택한다. 상식을 접근하는 전통적인 두 접근법을 아우르는 리드(T. Reid)의 상식주의(commonsensism)를 비판적으로 고찰할 것이다. 이렇게 함으로써 상식을 접근할 때 피해야 할 세 가지 관점, 곧 상식의 원리주의 관점, 유일한 이론의 관점 그리고 이기주의와 이타주의의 이분법 관점을 끌어낼 것이다. 이 세 가지 관점은 다양한 세계 이해 및 가치체계와 결합할 수 있는 일상적 공감대로서 상식의 지위를 붕괴시킨다.

상식을 접근하는 전통적인 두 접근법은 다음과 같다.[1)]

첫째, 상식의 형성 기원 및 성질을 논하는 접근법이다.

둘째, 상식을 일상생활에서 당연한 것으로 여기는 확실한 믿음들 혹은 의심의 영역에서 벗어난 참인 명제들의 모임으로 보는 접근법이 있다.

---

1) Sprigge, T(1986).

첫째 접근법과 관련해 상식의 형성 기원을 인지적 측면에서 따지는 방식이 있다. 이 방식은 감각 작용을 통해 공동체 삶의 기반인 상식이 형성된다는 아리스토텔레스의 사상까지 거슬러 올라간다. 이렇게 인지적 측면에서 상식을 접근하는 방식은 논외로 한다. 상식의 형성과 선천적 능력을 결합시키는 것은 자연스럽지만, 이에 대한 구체적인 담론은 이 작업의 주제를 벗어나기 때문이다. 첫째 접근법의 가장 일반적인 방식은 상식을 마음의 성질과 연관시키는 것이다. 여기서 마음을 어떤 실체로 여길 당위성은 없다. 행위와 사고의 심리적 구조라는 일반적 의미에서 마음을 은유적으로 이해한다면, 첫째 접근법은 동서고금을 통해 자주 나타난다. 둘째 접근법을 무시한 채 첫째 접근법이 일방적으로 진행된다면, 이것의 맹점은 마음을 우주론 혹은 성령(聖靈)론 같은 것에 호소함으로써 상식의 실제적인 기능을 소홀히 하는 것이다. 인간 본성상 이러이러한 짓은 비상식적이라는 결론은 화두에 지나지 않으며, 상식은 예외 사례를 허락하지 않는 마음의 본질로 전락하고 만다. 일상경험을 바탕으로 무엇이 마음의 본질인지 그 누구도 결정할 수 없다.

둘째 접근법은 상식의 방어와 관련해 무어(G. E. Moore) 이후 언어철학 진영에서 암묵적으로 사용된 방법이다. 그러나 그 진영에서 상식은 하나의 무모순한 정합적인 체계로 취급되었고, 상식의 방어라는 것은 실제로는 특정 존재론(ontology), 실례로 관념론(idealism)을 부정하기 위해 상식을 도용한 것에 지나지 않는다. 내가 없어도 나무가 존재한다는 당연한 믿음은 결코 특정 존재론의 확실성을 함축하지 않는다. 상식이 철학 이론의 부분적 건전성을 평가하는 출발점일 수는 있으나, 이로부터 상식이 체계적 세계 이해로서 특정 철학적 이론을 한번에 결정해준다는 근거는 그 어디에도 없다. 철학자들은 일상경험에 비추어 참 거짓 판단 가능한 믿음의 의미를 명제로 규정할 때 '대상과 속성의 존재론적 구분'을 마치 당연한 것으로 여긴다. 명제의 논리적 구조, 곧 주어와 서술어의 구조에 따라 주어에 들어가는 것은 대상들이며, 서술어의 의미는 대상에 부여되는 속성이라는 존재론이 당연하다면, 이 당연성은 단지 그 존재론을 깔고 있는 인도유럽어족에만 그러할 뿐이다. 세상을 분화 과정으로 보는 존재론 혹은 일상적 대상의 배후에 유기적인 전체를 포진시키는 것이 비상식적이라면, 이러한 결론은 다양한 세계 이해 및 가치체계와 연결 가능한 상식의 유연성을 죽이는 짓이다. 이 짓거리는 특정 이론을 정당화하기 위해 상식을 도용한 것에 불과하며, 또 공동체 삶의 기반으로서 일상적 공감대를 독단 속에서 파악한 것에 불과하다.

상식에 대한 두 접근법을 분리해 볼 필요는 없다. 일상적으로 당연한 것들이 행위와 사고의 심리적 구조 속에 반영되고, 또 역으로 그러한 구조가 일상적 믿음체계의 형성에 제한을 가한다는 생각은 자연스럽다. 첫째와 둘째 접근법의 유기적 관계 속에서 당연한 것들은 절대 고정된 것이 아니라 공시적 그리고 통시적으로 역동적 체계(dynamic system)를 형성한다. 일상적 공감대로서의 상식은 그러한 역동적인 믿음체계 속에서도 구조적 유사성을 또한 가짐으로써 다원화된 세계 이해와 가치체계의 탄력적 기반으로 봉사한다. 상식의 첫째와 둘째 접근법의 유기적 관계에 대한 리드의 상식주의를 비판적으로 살펴보고, 상식을 접근할 때 피해야 할 세 가지 관점을 끌어낸다. 이 점은 일상적 공감대로서의 상식이 어떤 식으로 다원성의 기반으로 기능하는지에 대한 윤곽을 제공해줄 것이다.

2. 리드의 마음의 과학

스코틀랜드 상식주의에서 리드가 갖는 위치는 합리론에서의 데카르트의 위치와 다르다. 데카르트가 합리론의 정신적 대부라고 하지만, 그가 합리론이라는 학파를 창시한 것은 아니다. 리드는 상식주의를 대표하는 동시에 상식주의 학파의 창시자이기도 하다.[2] 근대 사상사

2) 리드와 함께 스코틀랜드 상식주의 학파를 구성한 대표적인 인물들은 다음과 같다. 오스월드(J. Oswald, 1703), 비티(J. Beattie, 1735-1803), 퍼거슨(A. Ferguson, 1724-1816), 스튜어트(D. Stewart, 1753-1828), 맥킨토시(J. Mackin-

에서 리드를 가장 독특하게 만드는 것은 상식에 대한 그의 존중이다. 그의 사고방식이 근대 사상사의 일반적 흐름을 규정하는 특징, 곧 확실성 추구의 시대정신과 개인주의 이성의 자율성 관점에서 벗어난 것은 아니다. 리드 철학의 독자성은 근대 시대정신의 한계 안에서 이해되어야 하기 때문에, 그의 상식 개념이 얼마나 일상경험에 부합하는지는 재검토되어야 할 사항이다. 다만, 계급사회에서 철학의 원리가 귀족이나 식자층이 아닌 일반인의 생각과 행위에 근거해야 한다는 리드의 생각은 지금도 여전히 의미가 있다.3)

근대의 사유가 과거 전통과 결별한 것처럼 종종 과장되기도 하지만, 과거 여러 전통은 확실성 추구의 근대 시대정신 속에 다양한 모습으로 반영되고 있다. 역사에 민감한 사람은 데카르트의 글에서 그로티우스의 영향력을 볼 수 있고, 경험론의 일반 흐름 속에서 중세 유명론의 입장이 반영되고 있음을 알 수 있다. 근대 사상사가 확실한 지식의 가능성을 놓고 크게 합리론과 경험론으로 갈렸다고 하지만, 그 가능성은 또한 고대와 중세의 중요한 토론 주제였던 일자와 다자 혹은 보편자와 개별자의 문제와 연관해 재정리가 가능하다. 고대와 중세의 실재론에서는 물리적 대상 외에 추상적인 수 및 선 그 자체와 같은 보편자들 또한 우리와 독립적으로 존재하는 것으로 여겨졌다. 추상적인 보편자의 독립적 존재 지위에 대한 인정 유무에 따라 실재론과 유명론으로 갈리는데, 유명론은 다시 주관적 유명론(subjective nominalism)과 객관적 유명론(objective nominalism)으로 나뉜다. 주관적 유명

---

tosh, 1764-1832), 브라운(T. Brown, 1778-1820), 해밀턴(W. Hamilton, 1788-1856). 리드의 영향력은 해밀턴을 거쳐 휴월과 전자기학의 대가인 맥스웰에게도 이어진다. 그의 영향력은 여기서 그치지 않는다. 유명론(nominalism)의 공격 대상이었던 보편자와 도덕적 객관성의 독립적 존재를 부활시키려고 했던 20세기 초 영국과 미국의 실재론자들, 실례로 무어, 초기 러셀, 화이트헤드, 알렉산더 및 퍼스 등이 직접 혹은 간접적으로 리드의 철학에 빚지고 있다. 리드의 영향력에 대해서는 다음을 보라. Feibleman, J.(1994); Träder, W.(1989).

3) 상식에 근거한 판단에서 철학자가 일반인을 능가할 수 없다는 리드의 언명은 다음을 보라. Reid, T.(1819), ii, 316쪽.

론이 지식의 한계를 인식의 주체에서 찾는다면, 객관적 유명론은 외부세계의 개별자들에게서 찾는다. 주관적 유명론에서 개별자는 외부세계가 아니라 인식 주체 안에서 발견되는 것이기 때문에, 흄의 회의론은 주관적 유명론에 대응하는 근대 철학의 형태로 파악될 수 있다. 흄의 철학에서 감각인상의 다발에 대응하지 않는 것의 존재성은 위험에 빠지기 때문이다. 리드 철학의 중요한 목적 중 하나는 흄의 회의론에 대항해 인간의 원초적 양심과 도덕감(moral sense)을 담은 마음의 실재성을 구출하는 것이었다.

흄의 회의론은 두 측면에서 이해될 수 있다. 마음과 물질을 이분하는 사고체계에서 경험의 직접적 대상이 감각인상의 다발로서의 관념이라면, 외부세계와 마음의 존재에 대한 의심은 피할 수 없다는 '학적 회의론(academic scepticism)'이 그 하나다. 다른 하나는 흄의 회의론을 주관적 유명론으로 해석하는 것이다. 그 어떤 경우든, 마음의 실재성을 위협하는 것은 리드에게 인간의 원초적 양심과 도덕감을 포기하는 것이다. 흄의 회의론을 극복하기 위한 리드의 동기는 '마음의 과학(science of mind)'을 건설하는 작업으로 구체화된다. 신과 인간이 교류한다는 가정 속에서 마음의 작동 방식 및 본성을 다루는 성령론을 예증적 지식체계로 건설하려는 것이 그의 궁극적인 목적이고, 그의 무기는 이성의 비판 기능이 아니라 상식이었다.

성령론은 기독교 사상이 '인간 중심주의(anthropocentricism)'의 철학적 모습을 갖추는 시원이 된다. 구름으로 뒤덮인 지구상의 지적 동물에게 인간과 하늘의 관계는 동서고금을 막론하고 중요한 주제였다. 창조주로서 신을 가정하지 않는다면, 천인(天人) 관계는 샤머니즘에서 고대 상제(上帝) 개념을 거쳐 신유학의 이기론(理氣論)에 이르기까지 다양한 모습으로 나타난다. 이 점은 인간 중심주의가 필연적으로 창조주를 전제하는 것이 아님을 보여주며, 그리스 사상도 예외가 아니다. 창조주를 전제한 인간 중심주의는 서양에서도 다양한 모습을 띠는데, 리드에서 마음의 과학과 상식의 연관성을 이해하기 위해서는 몇 가지 모습이 언급되어야 한다. 이를 위해 후기 스토아 사상의 연장

선에 서 있는 세네카(Seneca)의 말을 들어보자.[4)]

"자연은 인간에게 자연 자체의 기예와 아름다움을 탐구하는 성향을 부여했다. 자연은 우리를 자연의 웅장한 배치에 대한 관망자가 되게끔 만들었다. 만약 그렇게 웅장하며 영광스럽고 예술적으로 고안된 자연의 작품들이 황량한 고립 속에 펼쳐진다면, 자연의 모든 작업은 그 열매를 잃어버리게 된다."

자연은 인간의 실천적 행위와 탐구의 대상으로 존재한다. 인간이 빠진 자연은 황폐한 것이며, 영지주의(gnosticism)에서 그러한 탐구가 심미적이라면 스토아 사상에서는 합리적인 것이 된다. 세네카에게 지고의 선은 자연법에 따른 사회 속의 삶이며, 자연의 질서와 도덕은 인간의 합리적 판단의 대상이 된다. 르네상스에서는 자연의 질서보다는 인간의 역사가 강조된다. 리드에게 많은 영향을 끼친 것은 후기 스토아 사상이다. 리드는 당시 계몽주의 정신, 곧 개인의 개선을 통해 집단의 사회적 진보가 가능하다는 시대정신에 충실한 인물이었다. 그의 선생인 턴벌(G. Turnbull)은 스코틀랜드 계몽주의를 정착시키는 데 큰 공헌을 한 인물이었고, 그가 심취한 자유당(Whig)의 이념은 '섭리 자연주의(providential naturalism)'를 전제한다. 자연의 물리적 측면과 도덕적 측면에서 과학적 분석은 신의 섭리를 반영하는 규칙성을 드러내준다는 것이 섭리 자연주의다. 영국 자연주의 신학 전통과 밀접하게 맞물린 섭리 자연주의는 스토아 사상의 자연법 개념에서 큰 영향을 받았다. 하지만, 근대 전통의 계몽주의와 스토아에서 말하는 자연법 사이에는 차이가 있다.

스토아 전통에는 자연과 문화 혹은 자연과 사회의 엄격한 구분이 없다. 스토아 현자들 일부는 인간의 지성적 능력이 외부 환경에 의해 영향을 받는다고 믿었다. 스토아 전통에서 중요한 기본 덕목(cardinal virtues)의 실현은 조화로운 집단의 상태이자 동시에 자연의 상태이다.

---

4) Seneca, *De otio* V.

스토아 사상의 후기에 이르러 기본 덕목의 실현은 현실세계에서 불가능한 것으로 여겨졌다. 실천 영역에서 윤리는 자연법과 어느 정도 거리를 두게 되었고, 네 가지 기본 덕목은 원리가 아니라 지향해야 할 것으로 파악되었다. 스토아 후기 사상을 이어받은 로마 제정법 및 중세 신학 전통에서 검토 사항에 의한 사례 분석, 준칙의 개발, 예외 사례의 규정 그리고 양심은 중요한 주제였다. 이 점은 근대와 달리 개인주의 관점에서 이성을 바라보지 않았으며 이성 자체를 그렇게 강력하게 여기지도 않았음을 보여준다. 자연을 파악하는 것 또한 인간 역사의 과정으로 파악한 르네상스의 인본주의도 마찬가지다. 근대와 달리 르네상스의 인본주의에서는 심리적인 것을 논리적인 것은 아니지만 비합리적인 것으로 여기지 않았다. 피코(Pico della Mirandola)는 지옥에서 낙원을 거쳐 다시 지옥으로 변화하는 인간 집단의 역사를 그려냈다. 합리적인 것이 상상력을 제어하지 않을 경우 인간 역사는 불행으로 전락하지만, 인간의 본성상 암울한 미래는 제거될 수 없다는 것이다.[5)]

과거 자연법 전통에 리드가 매료되었다고 하여, 그가 그 전통으로 회귀한 것은 아니다. 그는 개인 중심 관점에서 이성의 자율성, 곧 이성에 의해 자연 및 도덕의 객관적이고 보편적인 지식을 확보할 수 있다는 데카르트의 이상에 충실했다. 몸과 마음을 이분하는 실체적 이원론에 리드는 반기를 든 적이 없다. 그는 사회가 개인의 속성에 의해 충분히 설명될 수 있다는 근대의 일반적 관점도 거부하지 않았다. 리드는 근대 확실성 추구의 시대정신에 안착한 인물이었다. 합리적 추론 자체가 논증을 결정할 수 없다면, 혹은 아리스토텔레스의 말처럼 예증의 첫 원리는 예증에 의해 얻어질 수 없다면, 우리는 어떻게 확실한 지식을 얻을 수 있을까? 데카르트에게 이성은 일상적 공감대, 곧 상식에 대한 비판을 수행한다. 근대의 대다수 철학자가 상식을 멀리했다면, 리드는 상식을 첫 원리를 얻는 원천으로 보았다. 식자층에서

5) Pico della Mirandola, G. C.(1487).

일반인에 이르기까지 공통된 상식은 이성과 갈등의 관계에 있는 것이 아니라 이성의 한 측면으로 그는 보았다. 리드에게 상식은 신이 인간다운 삶을 위해 인간의 마음에 심어놓은 선천적 능력과 같은 것이다.

흄의 철학을 주관적 유명론의 일종으로 파악한 리드는 상식을 복권시킴으로써 외부세계 및 도덕에 대한 회의론을 극복하고자 했다. 리드에게 상식은 두 의미로 사용된다. 첫째, 상식은 어떤 믿음이 자명(self-evident)한지를 판단하게 해주는 마음의 선천적 능력을 뜻한다. 둘째, 상식은 그렇게 판단된 믿음들의 체계를 뜻한다. 능력으로서 상식은 대상의 지각 자체가 대상에 대한 판단이라는 점에 반영된다. 내가 하나의 대상을 볼 때 그 대상에 대한 믿음은 보는 행위에 직접적으로 함축되어 있다.[6] 그 믿음은 추론에 의해 증명될 성격이 아니라는 점에서 자명성을 갖는다. 합리적 추론 혹은 예증의 첫 원리는 상식의 능력을 반영하는 자명한 보편적 공리들과 같다. 모든 확실한 지식은 첫 원리에서 파생된다. 인과성, 법칙 및 진리와 관련된 첫 원리들에서 자연학의 지식들이 도출되고, 필연성, 자유의지 및 도덕감과 관련된 첫 원리들에서 도덕론이 성립한다. 첫 원리들의 원천은 상식이다. 상식은 성령론을 마음의 과학적 지식체계로 만드는 뼈대이기 때문에, 사실 그의 도덕론은 종교적 교리에 대한 정당화 작업의 일종으로 볼 수 있다.

근대 철학의 전문가들 중에는 리드의 철학을 데카르트의 아류로 보거나, 흄에 비해 덜 상식적이라고 평가하는 사람들도 있다. 데카르트에서 칸트에 이르기까지 모두 일상경험의 상식적 측면을 구제하려고 노력한 것은 사실이다. 데카르트의 관념은 대상을 지향하는 일종의 표상기호이며, 마음은 대상의 객관적 속성, 곧 시공간적 크기와 운동을 관념으로 번역해주는 의미론적 기제와 같다. 지각경험에서 대상에 대한 직접적 의식을 상식적 조건이라고 할 때 지각하는 것이 곧 대상이기 때문에, 버클리는 관념이 경험의 대상 자체라고 언명했다. 감각

6) Reid, T.(1850), II, IV.

인상들의 다발을 경험 대상으로 파악하는 흄 또한 버클리의 관점과 유사하다. 하지만, 흄은 관찰자의 환경과 위치에 따라 다르게 나타나는 경험 대상과 그렇지 않은 실제 외부 대상을 구분했다. 그래야 그러한 외부 대상에 대한 회의론이 성립한다. 칸트는 우리 앞에 드러나는 경험의 시공간성을 마음의 선험적 조건과 결부시켰다. 물(物) 자체는 알 수 없지만, 물 자체에 의해 촉발된 현상으로서 시공간 속의 외양들이 경험적 대상의 위치를 확보한다. 리드의 비판자들은 지각과 감각을 구분하여 지각을 일종의 직접적인 대상 판단으로 본 것을 마치 리드의 상식에 대한 방어처럼 여긴다.

리드 자신은 상식 혹은 일상경험에 완전히 부합하는 지각론 건설에 대해 항상 잠정적 입장을 취했다. 실제 그 누구도 그러한 지각론을 건설한 사람은 없다. 데카르트, 버클리, 흄 그리고 칸트 모두가 나름대로 일상경험을 구제하려고 했지만, 그래서 그들에게 경험적 실재론이라는 용어가 따라다니기도 하지만, 일상경험이 관념을 매개로 이뤄진다는 생각은 비상식적이다. 데카르트는 상식을 이성의 적으로 봤고, 버클리는 외부 대상을 직접 경험한다고 믿는 일반인의 상식을 야만으로 규정했다. 흄에게 상식은 회의의 대상일 뿐이다. 칸트는 노골적으로 잘못된 다수의 믿음에 편승해 사기를 치는 인물로 리드를 지적했다.

나와 독립적으로 존재하는 사과가 내 앞에 드러난다는 상식을 구제하는 것은 현대 과학에 기대어 쉽게 설명할 수 있는 것도 아니다. 경험에 근거한 과학이 경험 자체를 설명할 수준에 도달한 것은 아니다. 경험의 인과적 기반이 밝혀져도, 빛, 망막의 상 혹은 정신적 표상을 매개로 대상을 경험한다고 믿는 사람은 아무도 없다. 일상경험에 맞는 지각 이론의 건설이야말로 서양 형이상학과 사유체계를 새롭게 할 수 있을지도 모른다.[7] 과학에 쉽게 기댈 수 없는 그러한 지각 이론의 건설 자체가 기존 사유체계에 대한 구체적 대안을 요청하기 때문이다.

---

7) 이상하(2003b).

지각은 대상 판단의 일종이라는 혹은 감각과 지각이 다르다는 리드의 언명 자체에 논리적 분석을 가하는 자들은 그의 철학에서 건질 것이 없다.

3. 원거리 작용, 망막의 상과 관념

세계 이해와 일상경험을 통합 설명하려는 형이상학의 종류는 하나가 아니다. 칸트는 다수의 형이상학이 존재한다는 사실에 불쾌감을 드러내기도 했다.[8] 그의 불쾌감 속에는 올바른 세계 이해가 단 하나라는 독단이 깔려 있다. 여러 형이상학 중에서 올바른 것을 선택하는 데 무엇이 기준이 되어야 할까? 일상경험은 그 후보로 전혀 거론될 수 없을 것 같다. 경험적으로 직접 검증 및 반증 불가능한 형이상학적 진술의 진위 여부가 일상경험에 의해 결정될 수 없기 때문이다. 그러나 일상생활에서 당연한 것들, 곧 정당화 맥락에서의 의심을 부자연스러운 것으로 만드는 것들이 형이상학에 대해 아무런 역할도 할 수 없다는 결론은 설득력을 갖지 못한다. 그 어떤 철학도 생활세계의 기저에서 기능하는 그러한 당연한 것들을 무시할 수 없다. 그러한 당연한 것들 속에 반영된 상식이 특정 형이상학 혹은 철학 이론의 한계를 드러내준다는 관점, 곧 그것의 타당한 측면과 부적합한 측면의 평가에 상식이 기능한다는 관점을 나는 '상식에 대한 존중'으로 규정한다.

데카르트의 관념 개념은 그 어떤 철학자도 상식을 무시할 수 없지만 동시에 사유의 결과로서 철학이 상식에 벗어날 수 있음을 보여주는 하나의 본보기다. 어떤 의미에서 모든 철학적 사유의 결과는 부분적으로 상식과 양립하는 측면을 가지면서도 일상경험과 완전히 일치할 수 없는 운명을 갖는다. 이러한 철학의 운명은 상식을 존중하는 사람에게는 아무런 문제가 되지 않는다. 일상생활의 당연한 믿음에서 마음의 본성을 찾으려는 리드의 노력 속에서 우리는 그의 상식에 대

8) Kant, I.(1990), BXXXIV.

한 존중을 엿볼 수 있다. 리드의 상식에 대한 존중은 관념을 시각경험의 직접적 대상 혹은 인지적 매개자(cognitive medium)로 취급하는 관점을 비판할 때 잘 드러난다. 관념 개념은 무척 오래된 것이다. 여기서는 기하광학(geometrical optics)에 국한해 관념 개념의 형성 역사를 간략하게 살펴본다.

기하광학은 '망막의 상(retinal image)'이 발견되면서 유행을 타게 된다. 눈을 일종의 카메라 렌즈로 취급한 케플러는 망막의 상을 시각 대상으로 취급했다. 코페르니쿠스의 출현은 자연의 탐구에서 관찰의 지위를 약화시켰다. 관찰은 단지 이성에 의해 자연의 실제 모습 혹은 경험 이전의 물질에 관한 운동 법칙을 발견하는 데 입력으로 봉사할 뿐이다. 눈에 보이는 것을 그대로 믿는 자는 예증적 지식체계의 건설에 참가할 자격이 없다. 이러한 시대적 분위기 속에서 일상적 시각경험의 대상에 관한 존재론적 위치는 그리 중요한 논쟁거리가 아니었다. 중요한 것은 시각을 물질의 운동과 연관시켜 규명하는 작업이며, 이 작업은 17세기 기계론의 확장에 기여를 했다. 데카르트의 관념은 망막의 상이 시각의 대상이라는 관점을 상식적으로 비판하고 기계론의 관점에서 재해석하려는 동기와 맞물려 있다. 시각의 대상이 망막의 상이라면, 일상경험에 비추어 다음과 같은 딜레마의 출현은 필연적이다.

(1) 일상경험에서 시각의 대상은 3차원이지만 망막의 상은 2차원이다.

(2) 일상경험에서 시각의 대상은 형태와 색의 분리를 허락하지 않지만, 망막 상의 기하학적 분석과 실험은 그러한 분리를 허락한다. 망막의 상을 두뇌로 전달할 때 그러한 분리는 필수적이다.

(3) 그 누구도 시각경험에서 자신의 망막에 맺힌 상을 의식하지 않는다. 망막의 상은 단지 해부학적으로 밝혀질 뿐이다.

데카르트의 관념 개념의 형성은 여러 측면에서 접근 가능하지만 이러한 딜레마를 없애는 목적도 갖고 있다. 그의 기계론은 몸과 물질을 분리하는 실체적 이원론의 구도 속에서 이해되어야 한다. 유일한 실체, 곧 스스로 존재하는 신을 제외했을 때 마음과 분리된 또 다른 실체의 영역은 물질이다. 과거 자연법 전통과 달리 근대의 자연법칙은 사회의 조화로운 상태 등을 포섭하지 않는다. 그러한 상태는 단지 개인들의 속성에 의해 설명 가능한 것이며, 자연법칙은 물질의 운동에 국한된다. 기계론은 물질의 활성을 인정하는 정령론(animism)에 대비된 것이다. 물질에서 활성을 제거함으로써 현상의 목적인을 다루는 것은 기계론에서 제외되며, 이에 의해 단순화된 자연의 모습을 그릴 수 있었다. 활성의 부정은 물체의 '원거리 작용(action at a distance)'을 인정하지 않는 전통과 연관된다. 그러한 전통에서 운동의 변화는 오로지 물체의 접촉에 의해서만 가능하다. 기계론에서 운동의 변화를 따질 때 역학적 세계관은 활성을 인정하지 않는 것이다. 반면에 19세기 중엽이 되어서야 그 과학적 위상을 확보한 동력학적 세계관은 물질의 활성을 인정하는 것이다. 기계론의 역학적 세계관에서 망막의 기하학적 상은 두뇌의 운동으로 전달된다고 파악되었다.

데카르트는 시각의 대상을 망막의 상과 동일시하는 것을 받아들이지 않았다. 이 점에서 그는 일상경험의 상식을 존중했다. 망막의 상이 입자의 운동으로 두뇌의 특정 부위에 전달되면, 물질의 운동에 자극된 마음에 관념이 발생한다고 데카르트는 보았다. 그가 현대에 들어와 적으로 몰렸다지만, 현대 일원론에서 물리주의 그리고 계산주의 의식론은 사실 데카르트의 그늘을 벗어난 것이 절대 아니다. 분명히 시각경험과 시각경험의 기록(recording)은 다르며, 이 점은 원근법에 대한 레오나르도 다 빈치의 서술에도 명확히 나온다. 경험의 기록으로서 회화는 시각경험과 달리 형태와 색의 분리가 자유롭고 의도적인 착시 현상을 유도할 수 있다. 동양화의 기법은 실제 사물의 구조를 왜곡시키는 착시 현상을 유발시키지는 않지만 외부 사실을 가급적 있는 그대로 표출하려는 의도에서 자유롭다. 반면에 원근법은 기하광학과 회화 및 경험과 기록의 밀접한 관계 속에서 발달한 것이다. 데카르트의 관념은 시각경험의 인과적 기반으로서만 기록 과정을 다룬 것이 아니라 그러한 기록 과정에 물질과 분리된 마음의 작용을 개입시킨 것이다. 기록을 현대적 용어로 정보처리라고 할 때 데카르트의 입장은 결국 외부세계는 마음을 동요시킨 자극의 원천, 곧 물질의 운동일 뿐이다. 제아무리 이원론을 비판한다고 하더라도, 경험을 정보처리 혹은 기록 과정 속에 국한시키는 그 어떤 입장도 데카르트의 그늘을 벗어날 수 없는 것이다.

데카르트는 두뇌의 물질 운동에 의해 자극되어 마음에 나타난 관념을 단순한 인과적 단위가 아니라 인지적 단위로 보았다. 문제는 시각경험에서 아무도 그러한 관념을 직접 의식하지 않는다는 사실이다. 그래서 데카르트는 관념을 표상기호처럼 취급한다. 사과의 관념을 가질 때 우리는 사과의 위치와 형태를 안다. 적어도 그러한 위치와 형태는 색, 무게감 등이 빠진 물질의 속성과 연관된 것으로 주장되었다. 하지만, 이러한 표상기호로서의 관념 개념은 일상경험에 비추어 한계를 드러낸다. 시각경험에서 형태와 색의 비분리성을 만족하는 대상에 대한 직접적 의식을 설명하기 힘들기 때문이다. 결국 관념 자체를 경험의 직접적 대상으로 취급하는 또 다른 분파가 있을 수밖에 없다. 경험 대상을 감각인상의 다발들로 취급하는 흄의 경우가 그 대표적 실례가 된다. 그 어떤 경우든, 관념을 매개로 경험이 이뤄진다. 리드의 상식에 대한 존중은 바로 관념 비판에서 절정을 이룬다.

4. 상식의 존중

물질과 마음을 이분하는 실체적 이원론에서 감각기관을 통해 마음에 기록된 것이 사고와 지각의 직접적 대상이라면, 기록된 것으로서의 관념은 대상 자체가 되거나 마음에 의해 번역되어야 할 표상기호가 된다. 이러한 '지각의 이중 이론(double theory of perception)'에 대한 리드의 비판 전체를 자세히 다룰 수는 없다. 그의 비판에서 상식의 존중이 반영된 방식만을 다룬다. 리드가 실체적 이원론의 틀을 벗어나지 않았음에 주목할 때 그는 논리적으로 다음 문제에 부딪칠 수 밖에 없다. 감각기관을 통해 물질적 자극이 마음에 기록되는 인과적 과정과 대상을 파악하는 인지적 과정이 동일한가? 이 물음에 긍정하는 순간, 일상경험에 반하는 결론들이 나온다.

첫째, 지각경험을 통해 인간은 외부 대상에 대한 여러 정보를 얻는다. 색, 형태 및 딱딱함 등을 들 수 있다. 그러한 정보를 관념이라고 할 때 외부 대상은 관념들의 조합이거나 조합 과정에서 추측할 수 있는 것 혹은 추론된 어떤 것이어야 한다. 빨간 사과를 볼 때 그 누구도 이러한 식으로 그것을 의식한다고 믿지 않는다. 외부 대상의 지각에서 감각과 관련된 내용들은 대상과 분리되어 경험되지 않는다. 지각과 감각하는 것은 다르다. 둘을 동일시하는 것은 시각경험의 경우 망막의 상을 거쳐 마음에 전달된 관념이라는 또 다른 2차적 사고의 대상을 발생시키는데, 이에 대한 증거는 경험적으로나 과학적으로도 불충분하다. 그 누구도 일상경험에서 그러한 2차적 대상을 의식하지 않는다. 실체적 이원론의 틀 속에서 리드 자신 또한 망막의 상이 마음에 전달되는 과정, 곧 관념을 얻는 과정을 알 수 없다고 언명한다.[9] 감각이 지각경험에 인과적으로 필요하더라도, 그것은 결코 지각 및 사고의 직접적 대상이 될 수 없다는 것이다.

지각의 이중 이론의 과학적 불충분성은 이렇다. 데카르트의 기계론 전통에서 원거리 작용은 물질의 인과율로 인정되지 않는다. 힘의 전파는 오로지 물질적 접촉에 기인한다.[10] 물질적 자극이 망막의 상으로 전환되는 과정은 원거리 작용을 부정한 물질의 수동적 원리를 따른다고 본 것이다. 망막의 상을 마음의 양태(modes of mind)로 전환시키는 감각에 개입한 마음의 능력이 그렇다는 근거는 없다. 실체적 이원론에서 물질과 마음은 서로 인과적으로 닫혀 있기 때문에, 물질과 연관된 현상은 오로지 물질적 속성에, 그리고 정신현상은 오로지

9) Reid, T.(1863), 157쪽.

10) 이러한 힘의 접촉 전파설은 뉴턴에게는 인력의 수학적 서술과 원거리 작용으로서 인력 개념 사이의 딜레마로 표출된다. 이상하(2004c), 154-158쪽.

마음의 속성에 근거해 설명되어야 한다. 마음의 양태로 기록된 것을 지각의 직접적 대상으로 보거나 혹은 의미론적으로 번역되어야 할 대상으로 보는 것은 마음의 기능이 물질계의 수동적 작동 방식과 유사하다는 것이다. 리드는 이를 인과적으로 서로 독립된 이원론의 구도 속에서 마음의 작용을 물질의 작용에 유추한 오류로 파악한다.

둘째, 지각과 감각의 구분에서 나타나는 난제 중 하나는 내용과 내용에 함축된 대상 사이의 불일치성이다. 감각의 내용, 곧 색, 형태, 열 및 무게 등이 지각경험의 대상이 갖는 속성과 연관될 때 외부 대상이 있는 그대로 경험되는가? 물질과 마음을 분리함으로써 경험 이전의 실재와 경험 현상의 구분이 나타나고, 실체적 이원론의 구도에서 '있는 그대로의 경험'이라는 것은 사실 용인될 수 없다. 하지만, 이 점이 지각경험의 외부 대상에 관한 직접적 판단 및 믿음을 붕괴시킬 수는 없다. 이를 보증하는 논거는 촉감에 대한 리드의 분석에서 두드러진다.[11] 촉감은 두 가지 측면에서 다른 종류의 감각과 다르다. 먼저, 촉감에는 뚜렷한 국소적 감각기관이 대응하지 않는다. 신체를 둘러싼 피부 전체가 일종의 감각기관이다. 눈으로 자신의 눈을 볼 수 없지만, 손으로 발 부위의 압력을 감지할 수 있다. 그 압력이 손과 발 중 어느 것에 관련된 것인지 애매하다. 또한 동일 대상에 대해 느끼는 감각은 신체의 접촉 부위에 따라 다양하다. 뜨거운 것을 손으로 만질 때와 발로 찰 때에는 공시적 측면에서도 차이가 있다. 그러나 촉감의 다양성 자체에 지각경험이 종속된다면, 대상의 뜨거움과 차가움은 그 대상에 속할 수 없는 그런 것이다. 뜨거운 대상의 신체적 접촉 부위와 무관하게 일상을 사는 사람은 그 뜨거운 속성이 감각 혹은 관념 자체가 아니라 외부 대상의 것으로 판단한다. 불의 경험에서 그 누구도 뜨거움이 감각 속에 있다고 판단하지 않는다. 뜨거움의 물리적 원인을 묻는 것은 일상경험에서 부수적이다.

셋째, 대상의 속성이 감각 및 관념에 부여되는 것이라면, 우리는 상

11) Reid, T.(1764), Ch.5.

상 속에서만 가능하지 실제로는 존재하지 않는 것에 대해 생각할 수 없다. 둥근 삼각형에 대한 정신적 표상은 불가능하다. 둥근 삼각형은 정신적 그림 그리기의 일종이 될 수 없지만 의도적으로 생각할 수 있는 것이다. 둥근 삼각형의 물리적 존재 불가능성이 정신적 표상 불가능성과 동일하다면, 역으로 우리는 실제 존재하지 않지만 상상 가능한 것, 실례로 뿔 하나 달린 도깨비의 존재를 인정해야 한다. 이렇게 인정하는 것은 상상과 실재의 일상적 구분을 붕괴시킨다. 지각의 이중 이론은 외부 대상의 존재에 대한 회의론을 발생시킨다. 감각인상 혹은 관념 자체를 지각 및 사고의 직접적 대상으로 취급하는 경우뿐만 아니라, 데카르트처럼 의미론적으로 번역될 표상기호로 취급하는 경우도 마찬가지다. 데카르트에게 물질의 속성인 운동과 양은 그렇게 번역 가능하지만, 그가 2차적 속성으로 분류한 것, 실례로 색과 뜨거운 것과 같은 것은 오로지 마음의 산물이다. 아울러 데카르트에게 생각하는 자아 이외의 대상의 존재는 이성적 심사숙고와 추론의 대상이지만, 리드에게는 아니다.

결론적으로 리드에게 지각은 대상의 존재에 관한 직접적 판단을 함축하는 마음의 활동이며, 마음은 물질계와 달리 능동적이다. 우리가 지각 행위에 수반되는 마음의 양태로서 감각을 가질 때 감각은 지각 대상의 존재성을 함축하며, 이러한 함축은 직접적이다. 리드에게 직접적이라는 것은 그러한 함축이 비추론적(noninferential)이라는 것이다. 비추론적이라는 것은 지각 대상의 존재성이 합리적 정당화 맥락의 단위가 아니라는 것이며, 여기에는 빨간 사과를 볼 때 그 사과가 빨갛다는 판단의 일상적 당연성이 함축되어 있다. 물질과 마음을 이분하는 실체적 이원론이 비상식적이라는 결론은 상식에서 곧바로 도출되는 것이 아니다. 상식은 세계 이해의 이론 및 가치체계의 형성에 제한자로 기능하되, 상식이 이론 및 가치체계의 진위 여부를 결정하는 절대적 토대일 수는 없다. 지각경험에서 반영되는 당연한 것들이 그 당연성에 대한 인과적 이유를 직접 함축하지 않으며, 당연한 것들을 설명하는 방식은 다양하다. 이원론의 거부는 상식 자체에서 기인하는 것이 아니다. 그 거부는 역사 속의 상식, 곧 과학적 세계관 등과 맞물린 상식의 흐름 속에서 거부되는 것이다. 이원론에 대한 거부는 상식에 위배되지 않는 여러 과학적 증거 등이 역사적으로 축적된 결과다. 리드는 이원론 전통에 충실하면서도 관념을 매개로 하는 지각의 이중 이론을 비판한 인물이었다.

리드의 입장을 따른다면, 지각도 일종의 판단이다. 판단이 개념적 능력을 전제한다면, 리드에게 개념 없는 지각은 불가능한 것인가? 빨간 사과를 볼 때 그 사과와 내가 동일한 시각의 시공간 속에 들어 있다는 사실, 곧 지각경험의 시공간성은 리드에게 인정되는가? 이러한 물음들의 분석에 근거해 리드의 지각 이론 자체의 한계를 보일 수 있지만, 그의 상식에 대한 존중이 붕괴되는 것은 아니다. 삶의 기반으로서의 상식에 리드가 호소할 때 그의 상식에 대한 존중은 무시될 수 없다.

리드는 상식에 호소하는 영역에서 신이나 추상적인 물질의 존재를 끌어들이지는 않는다. 그는 두 가지 물음을 명확히 구분한다.[12] 첫째, 어떤 근거에서 첫 원리를 믿는 것이 타당한가? 둘째, 그렇게 믿는 것에 어떤 인과적 원인을 부여할 수 있을까? 이 두 물음에서 리드가 확실한 예증적 지식체계의 근대적 이상을 포기하지 않았음을 알 수 있다. 일상적으로 당연한 믿음, 실례로 "태양까지 내 손은 미치지 않는다"는 것이 확실한 지식의 첫 원리는 될 수 없다. 지각경험에서 첫 원리는 감각에 지각의 대상이 직접적으로 함축된다는 것과 같은 것이고, 일상경험에서 당연한 믿음과 행위는 이에 대한 증거로 봉사한다. 첫 원리의 일상적 증거들이 신과 추상적 물질의 직접적인 증거로 봉사할 수는 없다. 리드의 성령론, 곧 마음의 과학은 언급된 둘째 물음을 정당화함으로써 일종의 섭리론으로 완성된다. 우리가 문제 삼을 것은 그의 섭리론이 아니다. 일상경험에서 당연한 믿음과 행위 속에 반영되는 것이 공동체 삶의 기반으로서의 태도가 아니라 정말 예증적 지

12) Reid, T.(1875), 443쪽.

식체계의 자명한 토대가 될 수 있을까? 이 물음을 긍정하는 것은 실천윤리를 '상식을 존중한 상황윤리'로 규정하는 데 방해가 된다.

5. 교훈과 한계

초기 리드의 상식 개념이 지각경험과 기억에서 의심할 수 없는 믿음 및 판단과 밀접히 관련된다면, 후기의 상식 개념은 그러한 믿음 및 판단의 기원으로서 마음의 성질과 관련된다.13) 확실한 예증적 지식체계를 추구한 리드는 예증의 첫 원리를 상식과 연관시킨다. 그의 첫 원리에서 일상생활의 당연한 믿음 속에 반영되는 일종의 삶의 원초적 태도와 같은 것을 우리는 발견할 수 있다. 그러나 리드의 상식이 이상화된 예증적 지식체계의 자명한 토대로 설정되었음을 간과하지 말아야 한다. 믿음의 자명성을 마음의 성질과 연관시키는 리드의 사유 방식에서 우리는 상식의 존중을 찾을 수 있지만, 또 한편 일상적 공감대로서 상식을 규정하는 데 피해야 할 것이 드러난다. 상식의 원리주의 관점, 유일한 이론 관점 그리고 이기주의와 이타주의의 이분법 관점이 그 피해야 할 세 가지다.

1) 상식의 원리주의 관점의 반성

일상생활에서 특별한 고려 없이 즉각적으로 긍정 혹은 부정하게끔 만드는 질문들이 있다. 나는 지금 컴퓨터 앞에 앉아 있는가? 지금 너는 나와 함께 있는가? 바깥에 나무들이 있는가? 태양은 아침에 뜨는가? 나와 다른 사람도 생각을 하는가? 이러한 질문들은 상징으로 이해되지 않는다면 사실 일상생활에서 던져지지 않는 것들이다. 이러한 질문들의 긍정과 부정의 강요는 일상생활에서 불필요하다. 단지 일상적 당연성을 설명하기 위해 도구적 관점에서 끌어들인 그런 질문들이다. 첫째와 둘째 질문의 긍정 혹은 부정은 적어도 나 자신에게는 확실

13) 초기 리드와 후기 리드 사이를 연결하는 역사적 흐름에 대해서는 다음을 참조하라. Faurot, J. H.(1978).

하다는 점에서 국소적 당연성을 갖는다. 만약 네가 나의 처지에 있다면, 그 당연성은 너에게도 그러할 것이다. 나머지 질문들에 대한 긍정은 너와 나 모두에게 확실하다는 점에서 비국소적 당연성을 갖는다.

일상적 당연성과 연관된 확실성은 과연 예증적 지식체계의 첫 원리가 갖춰야 할 그러한 확실성인가? 리드의 자명성 개념은 이 물음에 긍정하게끔 일상적 당연성을 확대시킨 것이다. 이 점은 일상적 당연성의 조건을 찾는 작업 속에서 드러난다. 일상적 당연성은 심리적 차원에서 즉각성(spontaneity)을 함축한다. 일상적으로 당연한 것에 망설임 따위는 개입하지 않으며, 그것에 대한 의심은 자연스럽지 않다. 일상적 당연성은 설명 차원에서 비추론성(non-inferentiality)을 함축한다. 내가 걸어서 달에 갈 수 없다는 사실은 일상생활에서 별다른 설명을 요구하지 않는다. 이 점은 그것의 당연성이 전제를 필요로 하는 논리적 계산의 결과가 아님을 보여준다. 일상적 당연성은 개념의 의미론적 상관관계를 허락한다. 설명 차원의 비추론성은 당연한 믿음들의 의미론적 관계망을 배제하지 않는다. 환경과 상황에 제한받는 그러한 관계망의 형성은 나의 것만이 될 수 없으며, 일상적 당연성은 상식이 삶의 공감대임을 반영한다.

일상적 믿음과 행위에 함축된 당연성은 예증적 지식체계의 토대로서 철학적 확실성의 범주에 속하지 않는다. 자명성은 그러한 토대로 가정된 것이다. 리드는 일상적 당연성에 공리적 자명성을 부여한다. 심리적 차원에서의 즉각성 및 설명적 차원에서의 비추론성은 결코 공리적 자명성을 함축하지 않는다. 공리적 자명성이 의미론적 관계망을 배제하지 않더라도, 일상적 믿음이 그러한 자명성을 가질 조건은 그 자체의 정당화다. 전통적으로 철학에서 자명성의 강조는 합리적 정당화의 맥락에서 이해되어 왔다. 그럴듯한 믿음은 지식의 후보 자격을 결여한 것이고, 마지막까지 정당화된 믿음만이 지식이다. 정당화 작업의 유한성은 '그 자체로 정당화된 믿음'을 요구한다. 그 자체로 혹은 직접적으로 정당화된 믿음이 없다면, 논증은 무한후퇴에 빠지기 때문이다. 그러한 믿음만이 합리적 추론의 첫 원리가 될 수 있고, 첫 원리가 갖는 성격이 철학적 의미에서의 자명성이다. 자명한 믿음들은 정당화 작업의 확실한 토대가 되며, 그것들은 서로 독립적이다. 독립적이지 않다면, 그것들 각각은 그 자체로 정당화된 것이라 불릴 수 없고, 이 점은 그것들의 자명성 가정에 위배된다.

일상적 믿음이 갖는 당연성은 철학적 의미에서의 자명성을 함축하지 않는다. 우리의 일상적 공감대, 곧 상식을 구성하는 당연한 믿음들은 결코 고정된 믿음체계가 아니기 때문이다. 상식의 믿음체계는 환경 변화와 무관하지 않다. 환경 변화에 좀더 민감한 것이 있고, 상대적으로 무감각한 것이 있을 뿐이다. 내가 없어도 나무는 존재한다는 믿음은 원시 인류와 우리가 함께 공유할 수 있다. 인생에서 중요한 행위의 당위성 및 대상과 인간의 관계에 대한 믿음은 아니다. 불과 백 년 전만 해도 인류가 달에 착륙할 수 있다거나 다른 지역 사람과 실시간으로 대화를 나눌 수 있다고 주장한 인물이 있었다면, 그는 주위에서 미치광이 취급을 받았을 것이다. 일상생활의 당연한 믿음들은 서로서로 돕는 관계 속에서 기능한다. 그것들이 논리적으로 서로 독립적인 자명한 첫 원리로 취급될 상식적 이유는 없다. 삶의 기반이 합리적 정당화 맥락의 확실한 토대로 가정될 이유는 없으며, 그렇게 가정하는 것은 확실성을 추구하는 시대정신의 산물일 뿐이다.

리드 또한 일상생활에서 당연한 믿음들을 추론의 첫 원리로 취급하지 않는다. 그렇게 할 수 없는 이유는 뻔한데, 그러한 믿음들의 수가 부지기수이기 때문이다. 과학기술의 발달과 함께 지각의 직접적 대상들이 늘어나면, 그 대상들에 대한 당연한 믿음들도 증가할 것이다. 리드가 성령론을 마음의 과학으로 구축하려고 할 때 그의 모델은 예증과 연역적 증명을 동일한 것으로 취급한 '근대적 이해 방식 속의 유클리드 기하학'이다. 리드는 당연한 일상적 믿음들 속에 반영된 명제에 공리적 자명성을 부여한다. 그러한 믿음들은 지각경험의 직접적 대상이 관념과 같은 것이 아니라 외부세계의 것들임을 함축한다.[14)]

14) Reid, T.(1764), IV.

> "내가 어떤 소리를 들을 때 별도의 추론 없이 즉각적으로 마차가 지나간다고 결론짓는다. 이 결론을 논리적 규칙에 의해 추론하게 해주는 그 어떤 전제도 없다."

지각경험의 감각은 대상을 함축하고, 그 대상의 현존성에 대한 확신은 논리적 추론의 문제가 아니다. 일상적 믿음과 행위에 반영된 실재론적 태도, 곧 외부세계의 존재성을 의심하지 않는 태도는 합리적 정당화 맥락의 관점에서 다뤄질 것이 아니다. 여기에서 우리는 상식에 대한 리드의 존중을 읽을 수 있지만, 상식을 일상적 공감대로 규정할 때 피해야 할 점도 알 수 있다. 리드는 일상경험의 실재론적 태도를 근대적 관점에서 연역과 동일시된 예증적 추론의 첫 원리로 규정한다. 그는 그러한 실재론적 태도를 유클리드 기하학의 공리와 같은 자명한 명제로 취급한다. 일상적 믿음의 당연성이 공리적 자명성과 일치할 수 없다면, 삶의 기반으로서 실재론적 태도를 자명한 명제로 승격시키는 것은 부당하다. 일상생활에서 우리가 공감한다고 말할 수밖에 없는 태도를 확실한 지식을 얻기 위한 추론의 첫 원리로 보는 관점을 '상식의 원리주의 관점'으로 규정하자.

환경 변화에 따라 탄력적인 수정을 허락하는 믿음체계가 추론의 확실한 토대가 될 수 없음은 분명하다. 일상적 공감대로서 상식을 그러한 탄력성을 가진 믿음체계에 국한시키기보다는 하나의 심리적 구조체로 파악하는 것은 현명하며, 리드는 이 점을 명백히 의식했다. 믿음과 행위에 반영된 태도들이 일상적 공감대로서 상식의 뼈대라면, 삶의 여러 요소들은 그 뼈대에 붙은 살과 같다. 둘은 함께 환경 속에 기능하는 유기체에 비유된다. 상식은 역동적인 믿음체계 속에서도 구조적 유사성을 또한 가짐으로써 다원화된 세계 이해와 가치체계의 기반으로 봉사한다.

상식이라는 심리적 구조체의 공시적 그리고 통시적 유사성을 보여주는 태도들이 확실한 지식을 얻기 위한 추론의 원리들은 아니다. 리드의 상식의 원리주의 관점은 상식의 존중 범위를 벗어난 것이다. 리드 당시 그에 대한 비판의 지향점은 대부분 상식의 존중이 아니었다. 그것은 어떻게 상식에서 확실한 지식을 얻을 수 있는가를 묻는 것이었다. 그러한 물음은 리드 철학을 방만주의로 규정하게 만든다.15) 하지만, 비판자들과 리드의 관점 모두 확실성 추구의 시대정신 속의 두 측면일 뿐이다. 다시 말해, 리드의 상식의 원리주의 관점에 대한 그 어떤 비판도 상식을 존중한 리드의 동기 자체를 파괴시킬 수는 없다. 그의 철학을 합리적 정당화 맥락에서 지식론의 관점에 몰입하여 바라보고 비판하는 사람은 그에게서 얻을 것이 없다.

2) 유일한 이론 관점의 반성

상식을 존중할 때 우리는 어떤 철학적 사유체계를 상식에 근거해 평가할 수 있다. 이로부터 상식이 유일하게 올바른 이론을 선별하는 원리와 같은 것으로 이해되어서는 안 된다. 외부세계의 존재성을 의심하지 않는 실재론적 태도가 곧바로 철학적 의미의 어떤 실재론과 연결되는 것은 아니다. 경험 안에 안주할 것인가, 경험 이전의 영역까지 사고를 확장시킬 것인가, 혹은 이러한 문제에서 탈출할 것인가를 고민할 수밖에 없는 철학적 탐구에서 상식이 선별의 규범적 척도는 될 수 없다. 리드가 상식에 근거해 흄의 회의론을 비판할 수 있지만, 우리 역시 상식에 근거해 리드의 원리주의 관점을 비판할 수 있다. 상식이라는 심리적 구조체의 유사성을 드러내주는 태도들이 정말 자명한 공리들의 지위를 가질 수 있는가? 이에 대한 리드의 최후 대답은 마음의 성질에 호소하는 것이다. 그는 물질과 독립된 실체로서 마음의 존재론적 지위를 의심하지 않았다. 실체적 이원론의 구도에서 자명한 원리가 마음 자체의 산물이라는 생각은 결코 상식 자체에서 도출될 수 없다.

리드와는 다른 형태의 원리주의가 있다. 현대 인식론의 정합론(coherentism)이 그렇다. 자명성과는 다른 방식이지만, 철학적 정합성

---

15) Priestley, J.(1774).

도 상식을 원리화한다. 현대 인식론에서 정합론은 일상생활에서 좋다고 평가되는 '그럴듯한 이유 대기'에 관한 것이 아니다. 정합론자는 믿음들이 서로서로 '내적 관계'를 맺고 있다고 보며, 믿음들 사이의 내적 정합성은 확률적, 추론적 혹은 설명적 관계 등으로 나눠진다. 또 정합성 자체를 진리와 동일시하는 '진리 정합론', 정합성을 진리 결정의 척도로 간주하는 '진리 기준의 정합론' 그리고 '합리적 정당화의 기준으로서 정합성'을 주장하는 정합론이 있다. 정합론의 다양한 형태 속에서 가장 중요한 것은 믿음들의 상호관계를 내적으로 본다는 점이다. 이러한 관점에서 일상적 믿음의 당연성은 그것의 증거, 곧 외부 대상과 단절된다. 믿음 속에 함축된 외부 대상에 대한 직접적 파악 능력은 내적 정합성의 관계로 양도된다. 정합론에서 그러한 능력은 인간에게 불가능한 외적 관점 혹은 '신의 관점(God's standpoint)'으로 취급된다. 외부 대상을 증거로 파악하는 능력을 신의 관점으로 취급하는 것은 그 능력의 일상적 자연스러움을 파괴시켜 자체 정당화를 꾀하는 것이다.

일상생활에서 당연한 믿음들은 서로서로 돕는 관계 속에서 하나의 체계로 기능하지만, 이것이 체계 전체의 추론적 혹은 설명적 정합성을 전제하는 것은 아니다. 정합론에 따르면 믿음체계의 합리적 측면은 그러한 내적 정합성을 전제한다. 믿음체계의 내적 정합성의 항상성이 우연적인 것이 아니라면, 외부세계는 단지 그러한 정합성의 유지에 대한 인과적 기반, 곧 자극들의 원천으로 전락한다. 외부세계의 실재성에 대한 확신은 정합적인 믿음체계에 수반되는 어떤 것일 뿐이고, 일상적 대상들의 존재론적 지위는 모호해진다. 그러나 상식의 차원에서 합리적 믿음은 증거를 요구하며, 증거는 대부분 일상적 대상들이다. 우리는 분명히 믿음의 형성에 필요한 개념적 능력이 성숙하기 전에 외부세계의 대상들을 의식하고 구별한다. 리드가 현대 인식론을 본다면 그의 관념에 대한 비판이 정합론에 그대로 유효하다고 주장할 것이다. 그의 눈에는 믿음들의 정합적 관계를 주장하는 것과 관념들의 그러한 관계를 주장하는 것 사이에 별다른 차이가 없게 비춰질 것이다.

외부세계의 대상들이 인간의 삶에서 간접적 지위로 전락하는 것은 비상식적이다. 외부세계의 실재성을 완전히 정당화하는 철학적 이론은 없다. 우리가 상식을 존중할 때 그 실재성이 우리 삶의 원초적 기반이라는 사실은 그 어떤 경우에도 무시될 수 없다. 리드와 정합론자를 관통하는 것은 인간 삶의 합리적 부분을 정당화 맥락 속에서 파악한 점이다. 상식은 리드의 공리적인 자명성과 정합론의 이상화된 믿음체계의 확실한 토대로 기능할 수 없다. 상식의 원리주의 관점을 부정한다면, 상식의 존중이 반드시 하나의 어떤 철학적 이론으로 귀결된다는 생각을 버려야 한다. 상식과 이론의 양립 가능성을 물음으로써 이론을 평가할 때 이론 수정의 근거로서 상식이 동원될 수 있지만, 상식은 유일한 이론 선별의 원리가 아니다. 리드는 일상적 믿음의 당연성을 자명성 속에 귀속시켜 상식을 원리화했다. 정합론은 일상생활에서 서로서로 돕는 믿음의 관계를 외부세계와 단절된 내적인 정합성의 관계로 획일화하여 상식을 원리화했다. 개연성과 시행착오를 허락하는 상식의 역사적 흐름 속에서 우리는 절대적으로 올바른 무엇 대신에 더 이상 용인할 수 없는 것이 무엇인지를 물어야 한다. 이 점은 상식을 존중한 상황윤리로서 실천윤리를 규정하는 데 운명과 같은 것이다.

상식을 원리화하는 사람은 사실 어떤 독단적인 이념을 전제하는 경우가 많다. 이러한 경우, 상식의 원리주의 관점은 올바른 유일한 이론의 관점으로 연결되기 쉽다. 상식을 존중한 리드는 지각경험론에서 그러한 유일한 이론의 관점을 펼치지 않았지만, 인식론에서 지식이란 확실히 정당화된 믿음이어야 한다는 합리적 정당화 맥락의 이념을 가졌다. 하나의 이념이 어떤 때는 서로 이질적인 두 이론으로 발전하는 양상은 역사에서 흔한 일이다. 지식체계를 공리화하는 리드의 지식의 토대론(foundationalism) 관점과 정합론의 입장도 그러한 실례에 속한다. 둘 다 정당화된 믿음에 대해서 지식의 지위를 부여한다. 상식에 근거해 둘 다 나름대로 이유를 가지고 있으나, 둘 다 상식에서 벗어난 측면을 갖는다. 상식에 근거해 절대적인 유일한 이론을 건설할 수 있다는 생각은 착각이다. 일상적 공감대로서의 상식이 삶의 기저로 작용하는 한에서, 상식을 초월해 순수한 비판능력에 근거해 그런 이론을 건설할 수 있다는 생각도 착각이다. 일상적 공감대로서 상식의 구조적 뼈대가 되는 여러 태도들을 둘러싼 믿음들은 고정된 것이 아니라 환경 변화에 따라 가변적이다. 생활세계 변화의 역사 속에서만 우리는 현재 더 이상 상식적으로 통용될 수 없는 것에 대해 말할 수 있다.

더 이상 상식적으로 받아들일 수 없는 것을 역사적으로 제거해 나가면, 언젠가 우리는 참다운 유일한 이론에 도달할 수 있을까? 올바른 것을 지향해야 하는 태도는 필요하지만, 나는 이 질문에 긍정할 수 없다. 지각경험처럼 타고난 생리적 제한 조건 및 자연의 여러 요인에 좌우되는 생활세계의 영역에 대해서는 일상경험에 부합하는 이론의 추구가 역사적 결실을 맺을지 모른다. 하지만, 인간의 행위와 관계에 대한 윤리의 실천적 영역은 아니다. 인간관계와 행위 방식은 일상적 공감대의 내적 분석 혹은 분해만으로는 설명될 수 없다. 그러한 분석 혹은 분해는 단지 현 상태에서 상식의 환경 적응도를 진단하는 데 효과를 갖는다. 개인 및 집단의 생존과 맞물린 관계와 행위 방식에 영향을 미치는 변수가 믿음체계 등의 내적인 것에 의해 통제 가능하다는 생각은 터무니없다.

원초적 지각경험은 환경 변화 속에서도 쉽게 요동치지 않지만, 경험 대상에 대한 인식 방식, 대상과 인식 주체의 관계 및 인식 주체들의 집단적 속성은 아니다. 지각경험과 관련해 실재론적 태도가 상식의 뼈대를 이룬다면, 인간관계와 행위 방식에 대해서는 선천적 본능의 작용에 근거한 태도가 그럴 것이다. 정상적인 사람이라면 위험 상황에서 공포감을 느낀다. 또 위험에 처한 사람에 대해 동정심을 갖는다. 이러한 본능이 믿음체계의 형성과 함께 행위 방식을 제한하는 어떤 태도를 산출할 것이라는 생각은 자연스럽다. 실례로 이유 없이 사람을 죽이지 말라는 준칙을 믿기 위해 그 누구도 일상생활에서 정당화의 노력을 시도하지 않는다. 이러한 당연성을 함축하는 행위 준칙은 명제로 표현되기 이전의 행위 방식의 자연스러운 태도와 관련된다. 이유 없이 사람을 죽이지 않는 것이 상식의 구조적 뼈대에 속한다고 할 때 도덕의 실천에서 중요한 문제는 무엇인가? 이유 없이 사람을 죽이지 않는 근거가 아니라 어떤 경우에 타인을 해쳐도 되는지를 따지는 것이 중요하다. 상식과 관련해 이렇게 예외 사례를 묻는 것이 실천에서 중요하기 때문에, 관계와 행위를 규정해주는 유일한 이론을 상식에 근거해 꿈꾸는 것은 어불성설이다.

지금까지 규범윤리의 이론들이 제아무리 세련되게 발전했을지라도, 그것은 상식의 자연스러운 어떤 태도, 곧 정당화를 요구하지 않는 어떤 태도를 보편화하거나 혹은 이론체계 속에서 정당화한다. 그리고 그것의 약점은 그러한 정당화에서 구체적 사례에 적용 가능한 행위 준칙을 끌어낼 수 있다는 착각이다. 현실세계에서 상식에 부합하는 행위는 아예 논쟁거리가 되지 않는다. 예외 사례들이 관심거리이며, 예외 사례들에 접근하는 사람들의 다양한 이해 방식을 중재할 수 있는 보편적 원리는 없다. 현실 문제의 해결에 개입하는 가치체계는 하나가 아니며, 모든 가치체계를 통합 설명하거나 가치체계들 중 올바른 것을 선별해주는 보편 이론은 없다. 상식을 둘러싼 다원적 가치체계들은 서로 정합적인 관계를 지향하지 않는다. 그것들은 상식을 둘러싼 채 문화와 역사 속에서 역동적 구조를 형성한다.

상식이 원리가 될 수 없고 또 상식에 근거한 하나의 이론이 실천윤리에서 불가능하다는 것은 결코 악덕이 아니다. 그 불가능성이 역으로 실천윤리에서 사례 분석의 도덕적 의미를 확실하게 해줄 것이다. 그 의미를 규명하는 작업은 상식을 존중한 상황윤리로서 실천윤리를 규정하는 작업과 직접적으로 맞물린다. 일상적 공감대로서 상식을 규정한 후 '상식의 보호대'와 '시행착오 속의 인본주의'라는 두 축을 갖는 상황윤리의 뼈대를 잡고, 현실세계의 공학 담론이 어떤 식으로 진행되어야 하는지를 논할 것이다. 이 시점에서 한 가지는 분명하다. 상식이 다양한 세계 이해 및 가치체계와 결합할 수 있는 탄력성을 지닌 일상적 공감대라면, 그것은 인간의 실천 영역에서 원리화의 대상이 아니다. 또 상식에 근거해 가변적인 상황에 처한 우리의 행위를 규정해주는 보편적인 유일한 이론도 없다.

3) 이기주의와 이타주의의 이분법 반성

상식을 일상적 공감대로 규정할 때 세 번째 피해야 할 것은 이기주의와 이타주의의 이분법이다. 이러한 이분법을 리드에게서 발견할 수 있다. 나와 타자의 구분 및 사고 능력을 타자에게도 부여하는 것은 상식을 존중할 때 당연한 것이다. 리드는 상식의 존중을 초월해 사고의 주관적 의식 자체가 사고의 주체인 마음의 존재성을 함축한다고 본다. 여기서 마음은 물질과 독립된 실체다. 일상생활의 당연한 믿음에 나와 너의 사고력이 함축된다고 하여, 사고의 주체인 실체로서 마음의 존재가 첫 원리라는 주장이 갖는 자명성은 상식에 호소할 수 없는 것이다. 그 주장은 우리의 사고 가능성 자체에 대한 하나의 형이상학적 가설일 뿐이다. 그러한 가설에 담긴 이원론이 상식과 결합할 수 있는 유일한 세계 이해는 아니라는 사실은 너무나 명백하다.

사람이 특정 제약 속에서 선택지를 고려하고, 종종 충동에 반하여 행위하는 것은 명백한 사실이다. 이로부터 무제약적인 '도덕적 자유(moral liberty)'가 보증되는 것은 아니다. 리드는 일상생활의 당연한 믿음 속에 첫 원리의 지위를 갖는 도덕적 자유가 함축되어 있다고 주장한다. 그의 주장은 도덕감에 대한 회의론을 피해 나가기 위한 임시방편에 불과하다. 리드가 상식을 확실한 지식체계의 토대로 원리화하였지만, 그는 그 자신이 파악한 공리들, 곧 첫 원리들에서 신 존재를 증명하지는 않는다. 역으로 그는 그러한 첫 원리들의 인과적 필연성을 신의 섭리와 연관시킴으로써 성령론의 체계를 완성하려고 한다. 상식을 원리화하여 자연과 인간 도덕성의 경험적 분석을 통해 규칙적 현상의 궁극인으로서 신 존재를 옹호하는 것이 '섭리 자연주의(providential naturalism)'의 기본 정신이다. 리드가 성령론을 완성하는 과정은 현재 논의의 주제는 아니지만, 섭리 자연주의를 펼치는 리드의 입장을 우리는 어떻게 이해해야 할까? 적어도 그의 상식주의는 그의 종교적 입장의 그늘을 벗어나지 못했다. 특정 종교적 입장을 옹호하기 위해 상식을 확실한 지식체계의 토대로 설정하는 과정에서 리드는 근대 확실성 추구의 시대정신에 충실한 인물이었다.

리드의 도덕적 자유는 칸트의 철학적 자율성 개념과 닮아 있다. 둘 모두에게 개인주의 관점에서 이성의 자율성이라는 이념이 반영되어 있다. 칸트가 이성의 비판기능에 호소함으로써 도덕적 인간을 규정하려고 했다면, 리드는 상식과 공조하는 이성에 호소한 것이다. 리드와 칸트에게 도덕적 개인의 지위 확보가 중요했다면, 또 다른 방향은 벤담(J. Bentham)에서 밀(J. S. Mill)로 계승되는 근대의 공리주의다. 여기서 흥미로운 점은 다음이다. 벤담이 리드의 상식주의의 영향을 받았지만, 그 둘의 윤리 이론은 서로 다른 형태를 띤다.[16] 벤담은 상식에 호소하면서 상식의 변화 가능성을 놓치지 않았다. 벤담은 상식의 변화 가능성 속에서도 고통을 피하고 쾌락을 증진하려는 습성을 집단적 삶의 공통 토대로 보았다. 하지만, 벤담 역시 상식을 원리화하여 그 토대를 합리적 추론의 첫 원리로 취급한다. 벤담의 쾌락공리주의(hedonistic utilitarianism)에서 고통과 쾌락은 합리적 행위 계산의 수단이 되며, 추후의 공리주의의 전개 과정은 그러한 수단의 선택 및 설정과 밀접히 관련된다. 도덕적 자유와 자율성의 강조는 근대의 규범윤리 전통에서 의무론으로 이어지며, 의무론은 공리주의 및 공리주의의 현대적 후손인 결과주의에 종종 대비된다. 그 둘은 확실성 추구의 시대정신이라는 근대의 나무에서 갈라져 나온 두 가지와 같다.

여기서 우리가 놓치지 말아야 하는 것이 있다. 리드와 벤담 둘 다 상식에 호소했지만, 그 둘이 상식을 원리화한 방식은 다르다. 리드의 방식이 원초적 도덕감(moral sense)을 구제하기 위해 상식을 이용했다면, 벤담은 처벌과 보상의 기제에 영향을 받는 인간의 습성을 정치론으로 확대하는 과정에서 상식을 이용한 것이다. 상식은 결코 리드와

16) Bentham, J.(1789).

벤담 어느 쪽에 일방적으로 손을 들어주지 않는다. 리드 및 칸트 방식의 사고는 이타주의로, 벤담 이후 공리주의는 이기주의로 굳어지는 역사적 경향이 강하게 나타났다. 인간 본성이 이기적인지 혹은 이타적인지를 따지는 근대 이후의 이기주의와 이타주의의 이분법 관점이 어느 정도로 강하게 득세했는지는 몇 가지 실례를 드는 것만으로도 충분하다.

영국과 미국에서 공리주의가 득세한 후, 일상성에 대한 구체적 분석과 관찰 없이 상식은 일방적으로 '자기 주위를 우선시하는 행위(prerogative action)'의 범주에 구속된 것으로 간주되었다. 극단적인 이기적 행위를 도덕적이라고 말하기 힘든 것은 명백하기 때문에, 이기주의와 이타주의의 이분법은 종종 개인의 손해를 감수한 '진성 동정심'의 가능성 논쟁으로 비화한다. 자기 주위를 우선시하는 행위에 상식을 국한시키는 것은 개인주의 합리성에 바탕을 둔 선택이론의 옹호에 사용되곤 했다. 개인의 이득을 지향하는 경우가 정말 전체의 이득으로 귀결되는지를 둘러싼 여러 딜레마가 출현했고, 논쟁은 개인주의와 공동체주의의 갈등 양상으로 번지곤 했다. 아예 서로 이질적인 결과주의와 의무론을 합성시키려는, 사실은 어울리기 힘든 두 가지를 합쳐 모호한 잡종을 만들어내려는 시도가 1980년대에 유행했지만 성공작은 출현하지 않았다. 상식이 개인이라는 자기 자신 및 친족 범위로 좁혀지자, 이타주의의 가능성을 구제하기 위해 자기 자신을 초월하게 하는 '절대적 관점' 혹은 '아무 데도 없는 곳으로부터의 관점(view from nowhere)' 등이 등장하기도 했다.

이기주의와 이타주의의 이분법 관점 속에서 나타난 일련의 중요한 논쟁들은 그 문헌의 목록만 정리해도 수쪽에 달한다. 그러나 전통의 관성 속에 벌어진 학자들의 그러한 논쟁들은 종종 바로 그 전통의 유래를 망각하고 있다. 의무론 전통이 칸트가 아니라 방법론의 측면에서 벤담에게 영향을 미쳤던 리드에게 기대었다면, 어떤 일이 벌어졌을까? 한쪽은 상식에 호소하여 도덕적 자유 혹은 자율성을, 또 다른 쪽 역시 상식에 호소하여 공리주의를 주장한 것이 역사적 대세가 되었다면, 이기주의와 이타주의의 양극화가 마치 당연한 것처럼 여겨지지 않게 되었을지도 모른다. 사회상태가 자연의 상태에서 제거되기 전, 서양 윤리의 전통에서도 이기주의와 이타주의의 이분법은 없었다. 아리스토텔레스 주석가들은 그가 많은 종류의 덕목을 다룬 것에 의아해 하지만, 그 이유 중 하나는 그의 실천지 영역에서 이기주의와 이타주의가 이분되지 않았기 때문일 것이다. 집단에 득이 되는 행위는 항상 계산과 동정심에 근거한 자발적인 것이 아니라 선천적 능력, 경험 및 훈련을 요구한다. 특정 상황에서 요구되는 여러 덕의 중재는 실천적 현명함을 요구하고, 여기에 이기주의와 이타주의의 이분법이 끼어들 구석은 없는 듯하다. 상황의 복잡성에 의한 여러 덕목의 개발은 개인에게 일방적으로 자신에 대한 사랑과 희생의 이분법을 강요하지 않는다.

후기 스토아 이후 키케로를 거쳐 아퀴나스에 이르는 여정을 살펴보면, 아리스토텔레스와 달리 덕목의 수는 줄어든다. 지향해야 할 덕목을 줄인 대신 갈등 상황을 중재하는 준칙의 수가 늘어나며, 준칙의 체계는 고정된 것이 아니라 역동적이다. 중세 재판에서 양심이 강조될 때 그것은 단순한 개인적 양심의 문제가 아니라 공동체 삶이 지향하는 동기 여부의 문제였다. 집단적으로 합의된 것에 대한 순응 의지가 이타주의로 불릴 이유는 없다. 동양에서 덕(德)이 예(禮)의 사회적 실천을 통해 개인에게 체득되는 어떤 것이라고 할 때 덕의 체득이 철학적 이타주의의 체득은 아니다. 상황에 부합하는 행위의 즉발성은 동양적 수양에서 자신에 대한 사랑 없이는 근본적으로 불가능한 것으로 여겨진다. 우물에 빠지려는 어린아이를 구하고 싶은 본능을 도덕성과 연관시킬 때 그 본능은 집단 결속을 위해 인간에게 가해진 자연적 제한의 일종이지 철학적 이타주의에 대한 증거는 아니다. 동양철학에서 천성(天性)과 결부되는 그러한 본능과 함께 상황에 합당한 행위는 단순한 계산의 결과가 아니다. 올바른 사리판단을 위한 분별력은 동양에서는 그러한 행위와 단절된 것이 아니라 바로 그러한 행위 속에 내재하는 것이다. 분별력이라는 것도 삶의 활동 속에 체득되는 것이며,

분별력이 이기주의와 이타주의의 양극 중 어느 쪽에 속하는가라는 질문은 동양철학 전통에서는 의미 없는 것이다. 기본적으로 도덕성의 우주론적 기원 문제와 맞물린 동양의 성선설과 성악설을 서양 근대의 전통에 뿌리를 둔 이타주의와 이기주의에 유추하는 것은 터무니없다.

상식이라는 일상적 공감대에서 철학적 이기주의나 이타주의는 내 눈에는 도대체 들어오지 않는다. 지나치게 이기적인 개인의 행위에 대한 비난을 가지고 개인의 이기적 성향을 문제 삼을 수는 있어도 철학적 이기주의를 옹호할 수는 없다. 또 개인의 희생을 감수한 이타적 행위가 항상 도덕적으로 추앙되는 것은 아니며, 여기에는 문화적 요인도 작용한다. 집단을 위한 자살 행위가 도덕적인지 아닌지를 결정해주는 보편적 이론은 실제로는 없다. 우리는 다만 이러이러한 상황에서 이러이러한 행위와 동기를 도덕적 혹은 비도덕적이라고 말할 수 있을 뿐이다. 상황 판단 및 상황에 합당한 행위를 하도록 사회와 문화 환경에 탄력적으로 적응하는 상식을 어떤 '주의'로 규정할 수는 없다.

직업 활동의 역사에서 미덕으로 정착한 것은 직업의 종류만큼이나 많다고 하는 것이 옳다. 우리는 그러한 미덕을 사전에 배워서 계산을 통해 발휘하는 것이 아니다. 특정 직업의 미덕은 실제 직업 활동에서 체득되며, 우리의 삶은 하나의 가치체계가 아니라 여러 다양한 가치체계를 옮겨 다닌다. 다양한 가치체계와 상식의 결합 방식은 항상 맥락 의존성을 갖는다. 미덕은 개인과 공동체 삶이라는 양자에 득이 되는 경우가 많고, 미덕은 특정 방향으로 우리의 행위를 유도한다. 다른 말로, 미덕은 특정 상황에서 우리의 생활양식을 제한한다. 네가 경력이 많은 유치원 선생이라고 해보자. 길거리에서는 옆에 우는 아이가 있어도 너는 사탕을 너의 아이에게만 줄지 모르지만, 유치원 안에서는 그렇게 할 수 없다. 유치원 선생이 갖춰야 할 덕목으로서의 공정성이 무차별하게 사회 전체에 확대되는 것은 아니다. 너는 너의 아이를 끔찍이 위하지만 유치원 안에서는 모든 아이를 공평하게 대해야 한다. 그래야 유치원생의 수가 줄지 않고 일정하게 유지된다는 사실을 너 자신이 너무나 잘 알고 있다. 유치원 안에서 유치원생들을 공평하게 대하는 너의 행동 방식이 이기주의와 이타주의 중 어디에 부합하는지를 따지는 것은 마치 닭과 달걀 중 무엇이 먼저인가를 논하는 것과 같다. 가족과 가족의 관계에서는 분명히 이기적 성향과 맞물린 미덕이 있다. 이러한 미덕이 사회로 확대될 때 나타나는 부작용을 문제 삼을 경우, 우리는 이기주의와 이타주의의 이분법 속에서 무조건 개인의 의식을 탓해서는 안 된다. 가족 밖의 생활에서 작용하는 미덕이 어떤 구조적 혹은 제도적 원인에 의해서 개인의 행위를 적절히 제한할 수 없게 된 이유를 따져야 한다.

리드의 상식주의가 우리에게 주는 교훈은 존재와 행위를 논할 때 상식을 존중하라는 것이다. 그러나 그의 상식주의에 담긴 상식의 원리주의 관점, 유일한 이론 관점 그리고 이기주의와 이타주의의 이분법 관점은 상식의 접근법에서 피해야 하는 것들이다. 이제 상식을 존중한 상황윤리로서 실천윤리를 규정하는 목적은 두 가지로 뚜렷해졌다. 첫째, 상식의 원리주의 관점, 유일한 이론 관점 그리고 이기주의와 이타주의의 이분법 관점에 빠지지 않고 일상적 공감대로서 상식을 좀더 명확히 규명해야 한다. 둘째, 일상적 공감대로서 상식이 다양한 세계 이해 및 가치체계와 결합하여 역동적 체계를 구성할 때 실천적 문제의 해결 자체가 도덕적 지위를 확보할 수 있는 틀을 마련해야 한다. 이 두 목적의 달성은 불확실한 세계 속에서 더불어 살아가는 방식을 함께 알아가겠다는 의지의 구현과 다르지 않다.

11장 일상적 공감대로서의 상식

구조와 경계

이 장에서는 일상적 공감대로서 상식을 규정할 것이다. 이러한 규정에서 피해야 할 세 가지 관점이 있다. 상식의 원리주의 관점, 유일한 이론 관점 그리고 이기주의와 이타주의의 이분법 관점이 그 세 가지다. 일상적 공감대를 삶의 기저로서 기능하는 심리적 구조체로 파악할 때, 상식은 역사와 시간을 초월하여 모든 문화에 공통된 것이 아니다. 하지만, 상식은 공시적 그리고 통시적 차원에서 구조적 유사성을 갖는다. 상식의 구조적 유사성을 살펴보고, 상식에 비해 국소적 상호주관성을 갖는 세계 이해 및 가치체계가 상식을 둘러싸는 방식을 논하기 위해 상식의 경계를 설정한다. 이와 함께 일련의 질문들이 던져질 것이다. 그 질문들은 상식과 가치체계의 결합 조건을 따지는 다음 장의 주제가 된다.

1. 논의의 윤곽

이론과 실천의 관계는 크게 세 가지로 나뉜다. 합리적 추론의 맥락에서 상황의 요인들을 초기 조건으로 파악하여 이론을 적용함으로써 문제를 푸는 방식이 있다. 실천적 문제 해결에서 이러한 방법의 한계는 더 이상 논할 필요가 없다. 둘째, 이론과 실천 사이의 상보적 관계를 생각할 수 있다. 실제 문제 해결은 문제의 주제와 연관된 상황적 특수성을 고려하여 이루어지고, 해결 방식에 동원된 행위 준칙은 이론적 차원에서 도덕적 정당화의 대상이 될 수 있다. 도덕적 정당화가 불가능할 때 실천은 이론 수정을 위한 치료제로 여겨진다. 이러한 이론과 실천의 상보적 관계는 해결해야 할 문제가 기존의 이론에서 논쟁된 경우에 큰 설득력을 갖는다. 이론과 실천의 상보적 관계가 생명의료윤리에는 통용될 수 있을지 모르지만 공학윤리에서는 아니라는 점은 벌써 논했다. 셋째, 이론과 실천의 독립적 관계에서 이론이 유의미한 경우, 이론은 실천적 문제 해결의 분석적 도구일 뿐이다. 이론화는 그런 도구의 개발로 이해되며, 이론은 실천 속에서만 의미를 갖는다. 철학에서 이론과 실천의 관계를 논할 때 이론은 주로 확실한 예증적 지식체계와 관련되어 이해되어 왔다. 이론과 실천의 독립적 관계를 강조할 때 실천은 그러한 확실성을 추구하는 이론 개념에 대비된 것이다. 그렇기 때문에, 실천이 문제 해결의 '분석적 도구'나 '방법론으로서의 이론' 개념을 부정하는 것은 절대 아니다.

아리스토텔레스는 확실한 예증적 지식체계를 얻는 이론적 방법에 대비된 실천적인 것의 독립성을 옹호했다. 실천적 판단은 목적 달성의 수단 선별과 관련된다. 이러한 수단 선별은 목적에 배어 있는 미덕과 무관할 수 없기 때문에, 실천적 판단은 도덕적 지위를 획득한다. 미덕은 합의된 사회적 가치체계와 행위자의 선천적 능력에 좌우되기 때문에, 목적 달성의 수단 선별이라는 실천적 판단은 미덕을 구현함으로써 합의된 가치체계의 유지를 지향한다. 이러한 실천윤리의 구도는 여러 가치체계가 다원화된 사회에 대해서는 통용될 수 없다. 하나의 가치체계가 실천윤리의 구상에 전제된 것은 하나의 지배세력 혹은 이념이 지배한 과거 시대의 반영일 뿐이다.

실천윤리의 정신을 현실에 맞게 구현하기 위해서는 여러 가치체계들이 근거하는 기반으로서 상식에 대한 고찰이 필요하다. 상식을 도덕적 판단의 원리로 확신하는 사람에게 이 작업은 좋은 소식이 아니다. 상식을 존중했지만 확실한 지식체계의 토대로서 상식을 파악한 리드의 상식주의를 비판적으로 살펴봄으로써 상식을 일상적 공감대로 규정할 때 피해야 하는 세 가지 관점, 곧 상식의 원리주의 관점, 유일한 이론 관점 그리고 이기주의와 이타주의의 이분법 관점을 지적했다. 이 지적을 받아들인다면, 상식이 탄탄한 도덕적 원리가 될 수 있다는 기대감은 붕괴한다.

일상생활에서 상식에 부합한다고 여겨지는 것을 가지고 말다툼이 벌어지는 경우는 드물다. 서로가 상식을 무기로 상대편을 공격할 때 어느 편이 상식적인가? 이러한 질문을 해결하기 위해 상식을 객관화하여 공리체계와 같은 것으로 만드는 시도는 결국 도덕적 차원에서 상식을 원리화하는 것에 지나지 않는다. 상식을 도덕적 정당화를 위해 원리화하거나, 상식에 근거해 어떤 상위 차원의 절대적 이론을 건설할 수 있다는 생각 혹은 상식에서 인간 도덕성에 관한 본성론을 완성할 수 있다는 생각은 선입관에 지나지 않는다. 그러한 선입관은 삶의 기저로서 상식이 일상생활 속에 표출되는 방식을 있는 그대로 살펴보는 것만으로도 통용될 수 없다. 또 어떤 질문에 대한 대답이 별 의미가 없다고 생각할 때 사람들은 그 대답에 '상식적'이라는 수식어를 갖다 붙이기도 한다. 이러한 성향은 비판적 사고와 상식의 대립 구도 속에 정신이 매몰된 지식인층에서 자주 나타난다. 상식을 문제 해결의 고정된 토대로서 파악하는 것과 상식의 존중 속에서 문제 해결을 지향하는 것은 다르다. 또 인간의 비판적 사고를 강조하는 것이 상식을 무용지물로 만들 수 없다. 상식을 존중한 상황윤리로서 실천윤리를 규정하기 위해 먼저 일상적 공감대인 상식의 구조와 경계를 설정할 필요가 있다.

2. 일상적 공감대로서의 상식의 구조

일상적 공감대로서 상식을 규정할 때 삶 속에서 정당화를 요구하지 않는 당연한 것들에 기대는 것은 자연스럽다. 일상적 공감대가 단지 개인이 아니라 집단적 삶의 기반이고, 우리의 삶은 합리적 계산과 정당화에 의해서만 이끌리지 않는다. 합리적 계산과 정당화는 전제를 요구한다. 일상생활에서 계산과 정당화의 근거는 상호주관성의 차원에서 당연한 것들이다. 하지만, 일상적 당연성이 자명한 원리는 아니다. 당연한 것들은 논리적으로 서로 독립된 객체도 아니다. 당연한 것들은 서로서로 돕는 관계 속에 하나의 체계로서 일상적 공감대를 구성한다. 그 돕는 관계가 논리적 정합성을 지향하는 것도 아니다. 그 관계는 실제 일상생활의 다양한 상황 맥락 속에 반영되는 것이지, 정합론의 정당화 맥락에서 말하는 정합적 관계가 아니다. 상식의 구조를 논하는 것은 다음 두 질문과 관련된다.

첫째, 상식의 구성원들은 무엇인가?

둘째, 상식의 구조에서 그러한 구성원들의 관계는 어떻게 되는가?

첫째 질문을 답함으로써 상식은 일종의 심리적 구조체로 규정된다. 둘째 질문을 답함으로써 언어적, 문화적 차이에도 불구하고 일상적 공감대로서의 상식은 구조적 유사성을 갖고 있음을 밝힌다.

1) 심리적 구조체로서의 상식

첫째 질문과 관련해 상식을 믿음체계로 국한시키는 것은 잘못이다. 일상생활에서 당연한 것들의 목차가 믿음들로만 구성되지 않기 때문이다. 그 목차가 믿음체계에 귀속 가능하다면, 다른 요인들, 실례로 감각과 감정 등은 행위 및 선택에서 부산물일 뿐이다. 또한 태도 등도 일종의 믿음 상태일 뿐이다. 상식의 구조를 분석하는 데 믿음체계가 중요한 것은 사실이지만, 상식이 믿음체계와 동등하다는 관점은 잘못된 것이다. 감정 등을 단순히 믿음에 수반되는 충동으로 여기는 것은 철학적 선입관에 기인한다. 그것이 선입관이 아니라면, 삶에 중요한 희망과 욕구 등도 일종의 믿음 상태이어야만 한다.

믿음은 언어적 상징 기호와 대상을 연결하는 개념적 능력과 밀접한 관계를 맺는다. 현대 서양철학에서 믿음은 일반적으로 '언어적 상태(linguistic state)'로 규정된다. 단어의 의미를 언어 전체와 연관시켜 믿음체계의 상호주관성을 옹호하는 입장이 있다. 이러한 언어철학의 입장에서는 언어가 심지어 합리성의 유일한 기준이 되기도 한다.[1] 합리성의 기준이 언어에 의해 결정된다면, 상식은 언어 능력을 상실한

1) 언어 능력이 있어야 합리적 동물의 자격을 갖는다는 주장에 대해서는 다음을 보라. Davidson, D.(1982).

사람이나 아직 언어 습득을 마치지 않은 어린 아이에게는 부여될 수 없다. 언어를 합리성의 기준과 연결시키는 주장은 신비스럽다. 그런 주장에 의하면, 언어 습득 과정에서 나타나는 의도나 지향성도 언어적 상태로서 일종의 믿음 상태이어야 한다. 어린 아이가 '파리'라는 단어를 배울 때 파리뿐만 아니라 다른 곤충 및 신체의 점과 같은 것에 대해서도 그 단어를 적용한다는 사실은 잘 알려져 있다. 아이들은 여러 유사한 대상에 하나의 단어를 의도적으로 적용함으로써 단기간에 언어를 습득할 수 있다. 언어 습득 과정에서 반영되는 의도성이 언어적 상태로서의 믿음의 일종이라면, 사람은 여러 대상에 대해 단어를 적용하게끔 해주는 '언어적 명령'과 같은 것을 타고나야 한다. 이 점은 너무나 신비해서 받아들일 수 없다. 의도와 지향성이 정말 언어적 믿음 상태에만 종속된다면, 언어 습득 과정에서 반영되는 의도성은 허구이어야 한다. 결국 언어 습득은 처벌과 보상에 의해 강화된 성향(disposition)에 근거해야 한다. 아이가 단어를 적합한 대상에 적용할 때 보상하고, 그렇지 않을 때 처벌하는 것이 언어 습득의 주요 기제라면, 사람은 짧은 기간에 올바른 단어 사용법을 배울 수 없다. 하나의 단어를 여러 대상에 의도적으로 적용해보는 것 혹은 의도적 시행착오는 언어 습득을 가속화시킨다.

명제적 내용과 연관된 의도가 언어 없이는 불가능하다는 것은 사실이다. 이 점 때문에, 일상생활에서 발견되는 모든 의도와 지향성이 명제적 내용을 갖는 일종의 믿음 상태라는 결론은 정당화되지 않는다. 상식을 믿음 상태로 한정시키려는 동기에는 감각과 감정을 단지 믿음의 입력, 부산물 혹은 충동으로 여기는 관점이 숨어 있다. 합리적인 것은 계산 혹은 추론과 관련되기 때문에, 감각과 감정은 행위와 선택에서 인지적 상태(cognitive state)가 될 수 없다는 것이다. 악취가 나는 음식을 피하는 행동이 비합리적이라고 말할 사람은 없다. 감각을 인지 상태로 보지 않는 사람은 이렇게 말한다. 냄새가 그저 특정 행동 패턴을 유발시키는 인과적 요인에 불과하기 때문에, 선택적 고려의 범주에 속하지 않는 감각은 인지적 상태가 아니다. 하지만, 현실세계 속의 선택은 선택의 맥락과 유기적 관계를 맺는다. 악취는 음식의 선택에서 일종의 '인지적 지름길(cognitive shortcut)' 역할을 한다. 썩은 냄새가 나는 음식을 즉각적으로 피함으로써 선택의 시간이 줄어든다. 냄새의 기능은 분명히 건강의 효과적 유지라는 맥락에서 합리적 구성원으로 여겨질 수 있다. 합리성과 관련된 모든 상황적 맥락이 계산과 추론에 종속될 수 없는 한, 언어적 상태로서의 믿음과 같은 것만이 인지적 상태라는 것은 잘못이다.

일상적 공감대인 상식을 발생적 관점에서 접근할 필요가 있다. 상식은 타고난 능력과 환경 요인의 제약 속에서 성장하는 일종의 배아(embryo)와 같다. 언어 습득 이전의 단계, 언어 습득의 단계 그리고 더불어 살아가는 데 필요한 관습을 익히는 단계를 거쳐 상식은 성장한다. 이렇게 성장하는 과정에서 우리 삶의 기반이 되는 상식의 구성원들, 곧 우리가 일상생활에서 공감하는 것들의 목차가 쌓인다. 그 목차에는 당연한 일상적 믿음들, 이러한 믿음들 속에 반영되는 태도들, 감각과 감정의 역할 그리고 유사한 선호 방식 등이 들어간다. 선호 방식에 개인차가 심하다고 해서, 환경 및 문화 요인에 따른 구조적 유사성이 없는 것은 아니다. 추운 지역과 더운 지역에서 음식을 선호하는 방식의 차이는 무조건 개인적 취향의 문제만은 아니다. 일상생활에서 공감하는 것들의 목차는 행위, 선택 및 설명의 심리적 기반이다. 여기서 심리적이라는 것은 일상 행위, 선택 및 설명에 개입하는 인지적 상태와 관련된다. 심리적이라는 것을 이렇게 이해할 때 일상적 공감대는 삶의 상호주관적 차원과 관계된 일종의 '심리적 구조체'다. 상식을 일상적 공감대로 규정한다면, 상식은 삶의 기저가 되는 심리적 구조체다. 이제 둘째 질문을 답함으로써 공감의 의미를 좀더 명확히 하고, 상식의 구조적 유사성을 규명할 차례다.

2) 상식의 구조적 유사성

일상적 공감대로서의 상식이 일상생활의 기저로 기능하는 심리적 구조체라고 할 때 요청되는 '상호주관성'의 개념은 백 퍼센트 동의나

의견의 일치가 아니다. 그렇다면 상식은 하나인가? 상식은 언어와 문화에 대해 상대화되는 여러 개인가? 상식이 고정된 틀로서 하나라는 것은 있을 수 없다. 핸드폰이 없던 시절의 상식과 지금의 상식은 다르다. 그렇다고 공시적으로, 통시적으로 우리가 공감하는 것이 없다는 것도 받아들일 수 없다. 고정된 틀로서 하나의 상식이란 없지만, 언어 및 문화의 차이에도 불구하고 상식이 갖는 '구조적 유사성(structural similarity)'을 규명한다. 이러한 규명 작업 없이 상식과 가치체계의 관계를 논한다면, 실천윤리를 상황윤리로 규정하는 데 상식을 존중한다는 의미가 불분명해진다.

상식의 구조적 유사성은 상식의 구성원들 사이의 관계를 물음으로써 규명된다. 상식의 구조적 유사성에 대해 적어도 두 가지 방법을 고려할 수 있다. 생활세계에서 당연한 것들의 분류 범주의 발생적 접근법이 그 첫째고, 당연한 것들의 상호주관성의 폭 차이에 근거해 살펴보는 접근법이 그 둘째다. 이러한 두 접근법을 차례대로 살펴봄으로써 상식의 구조적 유사성의 두 측면이 드러난다. 논의의 편의상 상식이 언어 학습을 거친 단계에 국한될 때 이 두 측면의 분석은 상식의 구조적 유사성이 당연한 믿음들 자체가 아니라 그 믿음들 속에 반영되는 태도 및 성향에서 더욱 강하게 나타남을 보여준다.

생활세계에서 당연한 것들의 목차에서 당연성은 믿음의 범주, 선호 방식의 범주, 태도 및 감정과 감각의 역할 분류에 따라 그 성격에서 차이를 드러낸다. 분류 범주에 근거한 접근법은 선천적 능력과 환경 사이의 관계 속에서 각 범주들의 발생 순서를 따진다. 언어 학습 이전의 단계에서도 선호 방식, 태도 및 감정과 감각의 역할 범주가 발견된다. 환경 변수에 영향을 받는 선호 방식의 유사성이 개념적 능력에 종속된다는 경험적 증거란 없다. 감각과 감정의 범주 역시 마찬가지다. 외부 대상의 존재에 대해 의심하지 않는 태도는 어린 아이뿐만 아니라 언어 능력을 상실한 사람들에게서도 발견된다. 믿음이 대상과 언어적 상징기호를 연결하는 개념적 능력을 전제한다고 할 때 믿음의 범주는 언어 학습 과정에서 출현하는 단계다. 상식의 구성원들의 분류 범주에서 발생적 순서는 선천적 인지 능력, 생리적 제약 및 언어와 같은 요인에 좌우된다. 분류 범주의 발생적 순서를 가정하는 것은 상식의 구성원들이 기능의 차원에서 서로 독립된 것임을 함축하지 않는다. 외부 대상의 존재에 대해 의심하지 않는 태도는 언어 습득 과정에서 굳어진 일상적 믿음들 속에서도 반영된다. 이러한 당연한 것들의 분류 범주의 발생적 과정은 공시적으로 그리고 통시적으로 사람들에게 유사하게 나타난다. 이 점은 상식의 구조적 유사성의 첫째 측면이다.

일상적 행위, 선택 및 설명에서 당연한 것들의 분류 범주는 서로 상호작용을 한다. 이러한 상호작용에서 당연한 것들은 상호주관성의 폭에서 차이를 드러낸다. 믿음과 태도의 관계만 따진다면, 일상생활에서 당연한 믿음보다는 태도가 상호주관성의 측면에서 더 큰 폭을 갖는다. 다른 말로, 외부 대상의 존재를 의심하지 않는 태도 혹은 이유 없이 사람을 해쳐서는 안 된다는 태도 등은 공시적, 통시적 관점에서 환경 변화에 둔감하다. 외부 대상의 존재를 의심하지 않는 실재론적 태도는 대상의 수적 변화(numerical change)와 무관한 반면에, 믿음들은 아니다. 공시적 관점에서 환경의 차이는 대상들의 차이를 수반한다. 두 환경에 공통된 지각경험의 대상 영역에서 벗어난 것들에 대해 일치하는 당연한 믿음들의 두 체계는 불가능하다. 이 점은 통시적 관점에서도 마찬가지다. 대상에 대한 우리의 선택 및 행위 방식에 대한 당연한 믿음들은 과학기술의 발전 등 다른 요인에 좌우된다. 백 년 전 누군가 한반도의 사람들이 아메리카 대륙의 사람들과 대화를 할 수 있다고 진지하게 주장했다면, 대부분 그의 주장을 무시했을 것이다.

상식을 상호주관적 차원에서 당연한 믿음들에만 국한시키는 사람은 이렇게 반박할 것이다. 생활세계의 당연한 믿음들의 체계가 시간과 공간 속에서 요동쳐도, 오랜 과거의 인류와 현재 인류 그리고 미래의 인류가 공유하는 근본 믿음(basic beliefs)들이 있다. 실례로 태양은 동쪽에서 떠서 서쪽으로 진다와 같은 믿음들이 있다. 일상생활에서 당연하게 나타나는 태도들은 그러한 근본 믿음들의 수반 속성일 뿐이다.

이러한 반박은 상식의 구조적 유사성의 첫째 측면에 위배된다. 상식을 구성하는 분류 범주의 발생 과정에서 실재론적 태도 등은 믿음에 선행한다. 대상에 대한 직접적 의식이 언어 학습과 관련된 개념적 능력을 전제한다는 경험적 증거는 없다. 그렇지 않다면, 개념 없이는 대상에 대한 의식이 불가능하다고 말해야 한다. 대상을 만지고 다루는 데에서도 실재론적 태도가 반영되기 때문에, 역으로 대상들에 관한 믿음들이 언어 학습 과정에서 실재론적으로 편향된다. 게다가 당연한 믿음들은 특정 언어 혹은 어족에 담긴 '존재론적 구분(ontological distinction)'에 자유롭지 않다.

믿음들이 개념적 능력을 전제한다면, 서로 다른 두 어족에 담긴 상이한 존재론적 구분이 두 믿음체계 속에 반영될 수 있다. 많은 논리학자 혹은 언어학자는 다양한 모든 언어에 공통된 논리적 구조를 가정한다. 진술의 의미로서 명제의 그 논리적 구조는 주어와 서술어로 구성된다. 논리적 주어(logical subject)에는 개체(individual)가 들어간다. 논리적 서술어(logical predicate)의 의미는 속성이다. 주어와 속성은 예화의 관계를 맺는다. '*a* is *F*'라는 기본 명제 형에서 'be' 동사는 그러한 예화의 관계를 함축한다. 개체 '*a*'는 속성 'being *F*'의 실례가 된다. 이러한 명제의 의미론적 해석에서 대상은 속성과 분리되어 독립적으로 다루어질 수 있고, 속성의 존재론적 지위에 따라 플라톤주의, 개념론과 유명론으로 나뉜다. 대상과 분리된 속성은 '노란 그 자체', '선함 그 자체' 혹은 '인간 그 자체'와 같은 추상성을 가지기 때문에, 속성에 대응하는 것은 추상적인 형상들이라는 관점이 플라톤주의다. 속성에 대응하는 개념을 가정하는 것이 개념론이고, 보편적인 속성은 존재하는 것이 아니라 명명에 불과하다는 것이 유명론이다. 명제의 논리적 구조가 모든 어족을 관통한다면, 논리적 주어에 들어가는 개체적 대상과 명제에 대응되는 사실 사이에 존재론적 구분은 필연적이다. 서구의 언어 다원주의(linguistic pluralism), 실제로는 언어 독점주의는 대상과 사실의 존재론적 구분을 전제한다. 이러한 언어 독점주의는 번역의 문제를 너무나 쉽게 다룬다. 인도유럽어족과 알타이어족의 문법적 구조가 달라도 심층 차원에서 논리적 구조는 동일하다는 것이다. “눈은 하얗다”와 “Snow is white”는 서로 다른 두 언어의 진술이지만 동일한 명제를 함축하기 때문에 번역 가능하다는 것이다. 하지만, 나는 이에 대해 그 어떤 경험적 근거를 언어놀이에서 찾을 수 없다.

모든 언어에 동일한 논리적 구조가 담겨 있다면, 생활세계의 변화에도 불구하고 우리가 세계를 존재론적으로 구분하는 방식은 유일해야 할 것이다.[2] 만약 언어의 논리적 구조가 사고에 영향을 끼친다면, 동양에도 일자(一者)와 다자(多者)의 문제와 관련해 서양의 플라톤주의, 개념론과 유명론에 대응하는 것들이 있어야 한다. 하지만 없다. 명제가 의미의 단위라는 생각은 의태어나 의성어를 의미의 영역에서 배제시키지만, 이것도 내 눈에는 그래야만 하는 당위성을 갖지 못한다. 우리말에서 인도유럽어족에 공통된 ‘be’ 동사와 같은 것이 있는가? 문법적 구조에서 동사형을 만드는 우리말의 조사가 논리적으로 영어의 ‘be’ 동사처럼 개체와 속성의 예화 관계를 함축한다는 증거는 없다. 인도유럽어족에 속하는 언어의 경우, ‘be’에 대응하는 형태는 표면 차원의 문법적 구조에서도 드러난다. 이 점은 우리말에 해당하지 않는다. “이 꽃은 아름답다”에서 동사화 조사 ‘다’가 꽃과 아름다움이라는 속성을 연결한다는 식의 해석은 자연스럽지 않다. 우리말에 인도유럽어족과 동일한 논리적 구조가 숨겨져 있다는 전제 아래 대상과 사실의 존재론적 구분을 인류 보편적인 것처럼 그리는 것은 일종의 ‘지적 환영(intellectual illusion)’이다.

고대 한문의 의미론을 연구하는 사람들은 사실과 대상의 존재론적 구분이 모든 언어에 공통되었다는 관점을 부정한다. 인도유럽어족에서 일반 명사들은 수 또는 관사에 의해 한정된다. 고대 한문에서는 관사와 맞물린 단수와 복수의 구분이 없다. 한문의 명사들은 물질 명사, 수 명사, 발생 명사 그리고 집합 명사의 형태로 나타나며, 명사에 의

---

2) 나는 이러한 관점을 ‘개념적 보수주의’로 규정하였다. 이상하(2001).

해 지칭된 것들 사이의 관계는 인도유럽어족과 달리 개체와 속성의 관계가 아니다. 임금은 임금다워야 한다는 '君君'에서 하나의 임금이 임금다움 자체의 보기라는 식의 의미론적 해석은 통용되지 않는다. 후자의 임금은 임금이 가져야 하는 자질 전체를 갖는다면, 전자의 임금은 그 전체 자질의 일부를 분유한다.[3] 이러한 해석에서 한문의 명사는 물질 명사이며, 한문에 담긴 존재론적 구분은 '전체 대 부분'의 관계가 된다. 세 마리 말 '三馬'에서 '삼'은 관사가 아니다. 그것의 해석은 세 마리인 것이 말이라는 세상의 부분과 같음을 뜻한다. '氣'는 분화 개념을 함축한 발생 명사로 분류된다.[4] 또 '君君'에서 임금이라는 단일류(singleton class)가 전체 임금의 부분이라는 주장도 있다. 이 경우는 한문의 명사를 집합 명사로 본다.[5] 한문의 명사들은 하나의 물질 전체(mass whole), 계속 분화 가능한 전체(ongoing whole) 혹은 모임 전체(collection whole)를 지칭한다. 이 점은 고대 한문에 복수형이 없다는 점과 일맥상통한다. 한문에서 두 명사의 결합은 'be' 동사와 같은 연결사를 필요로 하지 않는다. 대상과 사실의 존재론적 구분이 모든 언어 혹은 어족에 공통적이라는 생각은 유럽중심사상의 일종이거나 맹목적인 지적 환영에 불과하다.

언어 혹은 어족에 담긴 상이한 존재론적 구분이 사고에 반영된다면, 그것은 믿음체계에도 반영된다. 생활세계의 당연한 믿음들에서 나타나는 상호주관성의 폭은 그러한 존재론적 구분에서 벗어날 수 없다. 상식의 구조적 유사성의 첫째 측면은 생활세계에서 당연한 것들의 분류 범주에서 발생적 과정과 관련된다. 그 유사성의 둘째 측면은 그 당연한 것들을 상호주관성의 폭 차이에 근거해 살펴보는 것과 관련된다. 그 어떤 경우에나 믿음체계는 상식의 구조에서 뼈대가 될 수 없다. 당연한 믿음들의 체계는 상식의 발생 과정에서 다른 범주에 우선하지 않는다. 또 그것들은 언어와 어족의 존재론적 구분에서 자유롭지 않

3) Hansen, C.(1983).

4) Harbsmeier, C.(1981).

5) Mou, B.(1999).

고, 일상생활에서 반영되는 당연한 태도보다 상호주관성의 폭에서 좁다. 우리가 상식의 구조에서 믿음과 태도만을 고려한다면, 상식의 구조적 유사성은 믿음보다 태도에서 강하게 나타난다. 외부 대상이 머릿속에 들어 있지 않다는 실재론적 태도, 이유 없이 사람을 해쳐서는 안 된다는 삶의 태도는 과거와 현재 인간들이 강하게 공감하는 것들이다. 우리가 이렇게 공감하는 태도들은 생활세계의 당연한 믿음들 속에 반영된다. 그 태도들은 상식의 뼈대를 이룬다. 일상적 공감대로서의 상식은 그러한 뼈대와 뼈대를 둘러싼 살에 비유 가능한 당연한 믿음들로 구성된다.

리드는 상식의 존중에서 생활세계의 당연한 믿음들에 확실한 지식 도출을 위한 첫 원리의 지위를 부여하지 않았다. 그는 당연한 믿음들에 함축된 태도와 같은 것을 첫 원리로 삼았다. 하지만, 상식은 그가 원했던 것처럼 원리화될 수 없는 것이고, 하나의 이론으로 나가는 토대도 아니며, 이기주의와 이타주의의 이분법도 허락하지 않는다. 맹자(孟子)는 동정심과 같은 것을 성선설의 증거로 삼았다. 이 점은 감정의 역할을 상식의 구조적 뼈대로 본 것으로 재해석될 수 있지만, 상식은 성선설과 같은 특정 이론 채택에 결정적 증거로 봉사할 수 없다. 인간관계와 사물을 접하는 방식에서 상식은 다양한 이론 및 가치체계와 결합한다. 상식은 공시적, 통시적 차원에서 구조적 유사성을 갖는 것이지 결코 닫힌 자율적 체계(closed autonomous system)가 아니다. 이 점은 관습과 관련된 가치체계와 상식 사이의 경계 설정 문제에서 분명해진다. 그 경계는 방법론적 차원에서 일상적 당연성과 가치체계에 길들여진 당연성 사이에 모종의 구분법을 만들라고 우리에게 요청한다.

3. 상식의 경계

믿음, 태도, 감정 및 행위의 복잡한 관계는 여기서 다룰 수 없다. 그 관계가 단선적인 방향이 아니라는 것은 분명하다. 행위에 믿음이 전제되는 경우도 있지만, 또 행위 속에 믿음이 수반되는 점을 무시할 수 없다. 상식의 뼈대와 관련해 어떤 태도가 당연한 믿음들 속에 반영된다고 할 때 그 태도가 믿음들의 부수 현상은 아니다. 생존의 기저로서 실재론적 태도와 같은 것은 믿음체계와 달리 환경 변화 및 어족에 따라 상대화되지 않는다. 이 점은 상식의 뼈대를 일상생활에서 당연한 믿음들 속에 반영되는 태도 혹은 성향이라고 할 때 전제된 것이다. 상식의 구조를 믿음과 태도에 국한시키는 것은 논의를 편하게 하기 위한 것일 뿐이다. 그것이 믿음 형성에 언어가 필수적이라는 이유로 어린 아이들을 차별하는 것으로 이해되어서는 안 된다.

상식의 구조에서 뼈대를 둘러싼 당연한 믿음들은 환경 변화 및 어족에 따라 상대화되지만, 뼈대는 아니다. 이러한 상식의 구조적 유사성과 관련해 일상적 당연성은 크게 세 범주로 나뉜다. 경험적, 양상적 그리고 당위적 범주가 그 세 가지다. 경험적 범주에 속하는 당연성은 외부 대상들의 존재 및 관계에 대한 믿음들과 태도들에 귀속된다. 양상적 범주에 속하는 당연성은 행위와 세계의 가능성 및 불가능성에 대한 믿음들과 태도들에 귀속된다. 당위적 범주에 속하는 당연성은 인간 사회에서 지켜져야 하는 것에 대한 믿음들과 태도들에 귀속된다.

언급한 당연성의 세 범주가 상식에만 국한되는 것은 아니다. 과학자 집단의 가치체계는 재확인 및 재현 가능한 측정량과 가설의 연결성과 맞물려 있다. 정상적인 과학자가 자신의 실험이 의심받을 때 그는 실험 검증 절차를 회피하지 않는다. 이 점은 과학자들에게 지극히 당연한 것이다. 당연성이 특정 가치체계와 맞물릴 때 해당 가치체계의 생활양식에 의해 제한된 집단은 자신들이 믿는 것을 상식으로 부른다. 그래서 과학자의 상식, 종교인의 상식, 한국인의 상식 및 독일인의 상식과 같은 말은 분명히 나름대로 그 정당성을 갖는다. 그러나 누구의 상식이 '상식'인가? 특정 가치체계와 연관된 당연성을 상식으로 부를 수 있지만, 그런 상식은 여기서 규정된 상식이 아니다. 여기서 상식은 '일상적 공감대'로 규정되었다.

일상적 공감대로서의 상식이 고정된 것은 아니기 때문에, 상식은 가치체계들의 고정된 공통분모처럼 여겨질 수 없다. 다만, 상식이 다양한 가치체계와 결합하는 과정에서도 구조적 유사성을 갖는 정도로 이해되어야 한다. 중요한 문제는 상식과 가치체계 사이의 경계 설정이다. 얼핏 보면 이 문제는 성립할 수 없을 것 같다. 언어의 학습 과정과 맞물린 믿음체계의 형성에 기존의 가치체계가 영향을 끼친다. 특정 종교를 믿는 집안에서 태어난 사람이 그 종교에 귀의하는 경우, 일상적 공감대로서 상식의 형성에 그 종교의 가치체계가 스며든다. 상식과 그 종교의 가치체계는 하나의 체계로 합성되어 그의 생활양식을 규정한다. 그렇게 합성된 그 체계는 그와 그가 속한 집단에게는 상식처럼 작용한다. 이 점은 다른 집단에게는 통용될 수 없다. 한 집단에게 통용되는 그 어떤 가치체계도 우리 모두가 공감하는 것은 될 수 없다. 다양한 가치체계를 가로지르는 일상적 공감대로서 상식을 규정할 때 상식의 경계를 설정하는 작업은 의미가 있다. 그 작업은 한편으로는 상호주관적 차원에서 상식의 구조성을 더욱 명확히 해주며, 또한 상식과 다양한 가치체계의 융합 가능성을 이해하는 데 필요하다.

1) 상대론과 객관론의 사이에서

상식이 가치 매김의 기반으로서 기능할 때 상식은 충분하지 않다. '비상식적'이라는 표현에 담긴 가치 매김은 별다른 정당화의 요구 없이 통용되는 경우가 많다. 사회에서 문제가 되는 많은 경우는 상식을 바탕으로 가치 매김에서 의견의 일치를 볼 수 없는 상황들이다. 거짓말이 좋지 않다는 것에 대해서는 상식에 비추어 일반적인 동의가 있다. 상황에 따른 거짓말의 정도 및 허용 가능성에 대한 가치 매김에서 '비상식적'이라고 불리는 것들은 큰 문제를 발생시키지 않는다. 문제가 발생하는 경우는 그러한 가치 매김이 애매하거나, 여러 상황적 변수에 의한 개연성을 함축하거나, 혹은 심한 의견의 불일치가 있는 경우다.

거짓말하기에 관해 너와 내가 공유하는 개념 및 믿음들 FC가 있다고 하자. FC는 거짓말에 대한 평가의 원초적 기반으로 봉사한다. 거짓말에 대한 정도의 차이 및 허용 가능성에 대한 평가는 FC만으로는 부족하다. 우리 모두가 '뜨거움'이라는 원초적 개념을 공유해도, '좀더 뜨거움'이라는 개념의 역할을 일률적으로 정해주는 논리적 장치는 없다. '좀더 뜨거움'이라는 관계적 개념, 곧 적어도 2개 이상의 비교 대상을 갖는 개념의 역할은 그러한 대상의 성격 및 우리의 평가 기준에 좌우된다. 마찬가지로, 좀더 심한 거짓말 및 봐줄 수 있는 거짓말의 정도 차이는 일상적 공감대로서의 상식에만 의존하여 평가될 수 없는 것이다. 그러한 평가에는 상황 및 문화적 변수와 맞물려 형성되고 작용하는 가치체계도 개입한다. '좀더 뜨거움'이라는 관계적 개념의 양화는 구체적 방법론을 요구한다. 마찬가지로, 좀더 심한 거짓말 및 허용 가능한 거짓말의 정도에 대한 평가에 개입하는 가치체계 VS의 원활한 기능은 적절한 제도적 장치를 요구한다.

거짓말하기와 관련해 FC에 비해 VS의 상호주관성은 더욱 국소적이다. 거짓말의 정도 및 허용 가능성에 대한 평가에 개입하는 가치체계 VS의 기능은 상황 맥락에 좌우된다. VS의 수는 하나가 아닐 뿐더러, 동일한 VS에 대해서도 서로 다른 관심사를 가진 두 집단의 평가가 다를 수 있다. 상식의 차원에서 거짓말이 좋지 않다는 것은 당연하지만, 상식은 거짓말의 정도 및 허용에 대한 의견의 일치를 끄집어 내주는 토대가 아니다. 공학자 A는 국가 경쟁력에서 우위를 차지하기 위해 불확실하지만 잠재력을 가진 자신의 연구에 대중적 관심이 쏠리도록 과장 선전을 했다. A의 선전에 대한 공학자 집단과 경제 강국을 꿈꾸는 일반인의 평가는 다르게 나타날 수 있다. 또 경제 논리에 치중된 가치체계를 공유하는 사람들 사이에서도 A의 선전에 대한 평가는 다를 수 있다. 이러한 가치체계의 충돌을 중재하는 것은 현실세계의 문제 해결을 지향하는 실천윤리의 중요한 주제다. 여기서는 그러한 충돌이 당연성의 혼재로 나타난다는 사실이 분석되어야 한다.

당연성의 혼재에서 가치체계의 첫째 충돌 양상은 서로 다른 가치체계를 지향하는 두 집단에서 나타난다. 다수의 공학자는 연구에서 미래에 나타날 부작용을 교묘히 가린 채 긍정적 측면만을 부각시킨 A의 행위를 비판한다. 다수의 공학자는 이러한 비판을 당연하게 여기지만, 공학의 역사에 대해 정보가 부족한 일반인은 아니다. 당연성의 혼재에서 둘째 충돌 양상은 동일한 가치체계를 지향하는 집단에서 나타나는 의견의 차이다. 경제 논리에 치우친 가치체계를 공유하는 집단에서도 A에 대한 평가는 갈릴 수 있다. 일부는 나름대로의 정보에 근거해 A의 연구에 대중적 인기가 집중하는 것에 못마땅해 한다. 그들은 자신들의 입장을 당연한 것으로 여기지만, 나머지는 아니다. 가치체계, 배경 지식 및 정보의 차이에서 기인하는 당연성의 혼재는 피할 수 없는 현실이다.

각 집단에 대해 그들이 당연하게 여기는 것은 그들의 일상생활과 분리되지 않는다. 각 집단의 가치체계가 고유한 생활양식을 창출하기 때문에, 그 집단에 속한 개인에게 그 가치체계는 상식처럼 통용된다. 만약 상식이 이러한 식으로 규정된다면, 우리에게 남는 선택지는 두 가지다. 첫째는 완전한 상대론(relativism)이다. 어느 집단의 상식이 진정한 상식인지는 결정할 수 없을 뿐더러, 각 집단의 가치체계가 그 집단에 대해서는 상식으로 기능한다. 둘째는 완전한 객관론(objectivism)의 요청이다. 제3자의 관점에서 올바른 유일한 가치체계가 있어야 한다. 하지만, 현실적 문제를 둘러싸고 갈등하는 다양한 가치체계 중에서 하나의 올바른 가치체계를 선별하고 정당화해주는 상위 차원의 이론은 없다. 상식을 일상적 공감대가 아니라 특정 집단이 공유하는 가치체계의 일종으로 규정한다면, 우리는 상대론과 객관론 사이에서 갈팡질팡할 수밖에 없다.

거짓말의 정도 및 허용 가능성에 대한 의견의 불일치에도 불구하고, 거짓말이 좋지 않다는 일반적인 통념은 깨지지 않는다. 그러한 통념에서 거짓말의 정도 및 허용 가능성에 대한 일률적인 평가 방식이 도출될 수 없다는 사실은 단지 일상적 공감대로서 상식의 한계를 보여줄 뿐이다. 상식의 이러한 한계가 결코 실천에 대한 이론 우위성의 관점을 옹호하는 데 사용될 수 없음은 실천윤리를 상황윤리로 규정하는 곳에서 분명해진다. 여기서는 일상적 공감대로서의 상식은 특정 집단에 공유된 가치체계와 같은 것이 아님을 인식하면 된다. 그렇기에 일상적 공감대로서의 상식과 가치체계의 관계가 제3자의 관점에서 다뤄질 필요가 있으며, 그러한 필요성은 방법론적 차원에서 상식의 경계 설정 문제와 관련된다. 그 경계는 일상적 공감대와 맞물린 당연성, 그리고 가치체계와 맞물린 당연성을 구분함으로써 뚜렷해진다.

2) 경 계

일상적 당연성이 상식에 부여될 때 상식은 특정 집단이 공유하는 가치체계가 아니라 일상적 공감대로 이해되어야 한다. 상식과 가치체계의 경계는 당연성에서 상호주관성의 폭 차이를 따짐으로써 가장 쉽게 다뤄질 수 있다. 특정 가치체계와 맞물린 당연성은 상식과 맞물린 당연성에 비해 그 상호주관성의 폭이 국소적이다. 일상적 공감대인 상식과 맞물린 당연성은 공시적으로, 통시적으로 그 상호주관성의 폭이 더 넓다. 상식의 믿음체계에서 발견되는 당연성이 지각경험에서 대상의 수적 변화 및 어족에 담긴 존재론적 구분에 영향을 받는다면, 상식의 믿음체계 속에 반영되는 태도가 갖는 당연성은 아니다. 그러한 반영이 단순히 믿음체계에 수반되는 것은 아니기 때문에, 상식에 담긴 태도는 언어의 틀 속에 갇혀 있지 않다. 이 점은 11장 2절에서 논의되었다. 이제 상식과 다양한 가치체계의 다원적 관계 문제로 이행하기 위해 당연성의 세 측면을 분석한다.

(1) 경험적 당연성

경험의 상호주관성은 대상을 요구한다. 상식과 맞물린 당연성은 지각경험의 대상과 관계된다. 상식의 믿음체계에 부여되는 경험적 당연성은 최소한 세 가지 변수에 따라 요동친다. 첫째는 지각경험을 가능하게 해주는 감각기관의 개인적 차이다. 눈이 먼 사람은 태양과 별을 볼 수 없다. 태양과 별에 대한 그의 믿음은 의사소통에 의해 의미론적으로 구성된다. 이러한 차이에도 불구하고, 감각기관이 하나도 없어 생활세계에 참가 불가능한 사람은 상상하기 힘들다. 의식이 미리 주어진 것이 아니고, 또 지각활동 및 사고와 분리되어 다뤄질 수 없다면, 모든 감각기관이 완전히 부재된 상태의 인간적이라는 것은 불가능하다. 감각기관의 수와 기능에서의 차이에도 불구하고, 우리 모두가 공유하는 지각경험의 대상 영역은 있기 마련이다. 그러한 영역에서 경험적 당연성의 상호주관성을 완전히 제거하는 것은 불가능하다. 지각경험과 관련해 어려운 인식론적 문제는 이렇다. 지각경험의 대상은 인과적 의미에서 경험하는 순간 과거의 것이지만, 경험의 의식은 항상 현재적이다. 수십 광년 멀리 떨어진 별은 보는 순간에는 더 이상 존재하지 않을지도 모른다. 어떻게 과거가 지각경험의 시공간적 현재성 속에 구현되는가? 지각경험의 현재성은 점적(punctual)인 시점이 아니다. 어떻게 이것이 가능할까? 다행히 상식과 함께 생활세계의 존재론적 차원을 다루지 않는 한, 그러한 문제들은 이 작업의 장벽이 되지 않는다.

둘째 변수는 일상적 당연성과 연관된 지각경험의 대상 영역이 가변적이라는 점이다. 그 대상들을 일상적 대상들이라고 할 때 '일상적 대상'이라는 것 자체가 애매하다. 지구는 일상적 대상인가? 원시시대 인류와 현생 인류 모두 지구를 직접 경험할 수 없다. 실제 우리가 감각기관을 통해 직접 경험하는 것은 우리의 '시각의 방(visual room)'에 갇힌 땅바닥이다. 우리 모두가 달나라에 신혼여행을 가 둥근 지구를 맨눈으로 확인할 수 있는 미래에는 지구 또한 소나무와 같이 일상적 대상에 속할 것이다. 우리는 텔레비전 화면에 나타나는 둥근 지구를 확인할 수 있고, 둥근 지구는 학습 과정을 통해 우리의 믿음체계 속에 정착했다. 하지만, 오지의 사람들에게 인간이 직접 경험하는 땅 전체로서 지구가 둥근지 아닌지는 여전히 논란거리일 수 있다. 이러한 논란거리에도 불구하고, 우리 모두가 동의할 수 있는 일상적 대상의 양은 충분하다.

셋째 변수는 지각경험의 일상적 대상에 관한 존재론적 구분이 언어의 의미론적 구성에 영향을 받는다는 점이다. 일상적 대상의 규정에서 '대상' 개념은 인도유럽어족에 담긴 '대상과 사실'의 존재론적 구분을 전제하지 않는다. 자판을 두드리는 이 순간이 세계의 한 '부분'인지, 하나의 '사실'인지, 다른 사실을 구성하는 객체로서의 '대상'인지 혹은 사실과 존재론적으로 구분되는 하나의 '사건'인지 누가 나에게 묻는다면, 나의 대답은 간단하다. 원하는 것을 택하라! 한 언어에 담긴 존재론적 구분 방식이 다양한 세계 이해에 전제될 필연적 이유는 없다. 상호주관성의 폭에서 지각경험과 맞물린 경험적 당연성이 언급된 세 변수에 따라 요동치기 때문에, 상식의 믿음체계는 고정된 것이 아니라 하나의 역동적 체계다.

상식의 믿음체계 속에 반영되는 실재론적 태도는 언급된 세 변수에 큰 영향을 받지 않는다. 그것은 지각경험의 일상적 대상 영역의 수적 변화 및 언어의 존재론적 구분에 좌우되지 않는다. 지각경험에서 실재론적 태도와 같은 것이 일상적 공감대로서 상식의 뼈대라면, 일상적 대상과 관련된 경험적 당연성을 갖는 믿음들은 그 뼈대를 감싸는 살에 비유된다. 이 점은 이제 더 이상 강조될 필요가 없을 것이다. 여기서 중요한 점은 경험적 당연성이 지각경험의 일상적 대상 영역에 종속되지 않는다는 점이다. 과학자는 전자총으로 쏜 대상이 전자임을 믿어 의심치 않는다. 절실한 종교인은 자신이 숭배하는 대상의 존재를 의심하지 않는다. 전자와 종교적 숭배 대상은 감각기관에 의한 직접적 경험의 대상이 아니며, 그것들을 믿는 데 스며 있는 당연성의 상호주관성은 일상적 공감대의 그것에 비해 국소적이다.

특정 가치체계가 하나의 생활양식과 맞물려 있다고 가정하는 것은 자연스럽다. 과학자의 생활양식은 재확인 및 재생 가능한 측정량과 가설의 연결성에 의해 제한된다. 과학적 가설은 지각경험의 일상적 대상 외에도 유전자 및 전자와 같은 이론적 대상(theoretical entities)을 설정한다. 그러한 이론적 대상이 도구의 도움으로 조작 가능할 때 과학자에게 그 대상의 존재는 당연한 것이 된다. 이론적 대상의 속성은 경험 현상을 구제하거나 경험 현상에 대한 인과적 설명의 기반이 되기 때문에, 이론적 대상에 대해 과학자 집단이 공유하는 경험적 당연성은 가설적 성격을 갖는다. 이러한 가설적 성격 때문에, 과학 이론은 일상적 경험의 수정을 요구할 수 없다. 태양의 일주기 운동은 실제로는 지구의 자전에서 기인한다는 사실을 알아도, 아무도 아침에 일어나 현재 지구가 서쪽에서 동쪽으로 회전 중이라고 말하지 않는다. 또 과학의 분과 다양성에 따른 여러 이질적인 이론을 인정한다면, 일상적 공감대로서의 상식은 정합적인 체계를 추구하는 하나의 과학 이론에 종속될 수 없다.

특정 종교의 가치체계와 맞물린 생활양식을 가정하자. 그 양식에 공감하는 사람들은 신 존재를 의심하지 않는다. 그들은 신을 경험의 직접적 대상처럼 당연시 여긴다. 이러한 당연성은 상호주관성의 폭에서 지각경험의 일상적 대상 영역과 맞물린 경험적 당연성에 비해 국소적이다. 또 과학적 생활양식과 맞물린 가치체계와는 다른 방식으로 종교적 가치체계는 사람들의 사고와 행위를 제한한다. 신이 세계의 모든 것을 설명한다고 가정되었을지라도, 신이 재확인 및 재생 가능한 측정량과 연결되는 가설은 아니다. 과학에서 그러한 연결은 구체적이고 특수한 반면, 신과 세상의 연결은 그렇지 않기 때문이다. 종교적 가치체계는 과학적 생활양식과는 다른 통로에 의해 형성된다. 제의 및 기호의 상징 작용 등은 종교적 가치체계의 형성에서 큰 역할을 하며, 종교적 생활양식에 스며 있는 목적들은 과학적 생활양식의 그것들과 일치하지 않는다.

두 가치체계의 차이가 둘의 상호작용을 가로막는 것은 아니다. 여기서 상호작용은 단순히 공동협력의 좁은 의미를 갖지 않는다. 그것은 상호제한 및 갈등마저 포함한다. 어떤 과학자는 자신의 종교가 과학에 대한 형이상학적 밑바탕이라고 믿는다. 다른 과학자는 자신의 종교와 과학이 각기 다른 설명 영역을 갖는다고 믿는다. 또 과학과 종교는 서로 양립 불가능하다고 믿는 사람도 있다. 이러한 견해 차이들이 가치체계의 상호작용 속에 스며 있기 때문에, 상식을 둘러싼 정합적인 하나의 가치체계라는 것은 완전한 착각이다. 이 점은 상식의 원리주의 관점, 유일한 이론 관점을 부정할 때 논리적으로 귀결되는 것이기도 하다. 제3자의 관점에서 상식의 경험적 당연성과 특정 가치체계의 당연성은 구분되며, 상호주관성의 차원에서 전자가 후자보다 그 폭이 넓다. 경험적 당연성의 범주에서 상호주관성의 폭에 의한 상식과 가치체계의 경계는 둘의 다원적 결합 가능성을 열어준다. 그 가능성을 분석하기 위해 양상적 당연성과 당위적 당연성 또한 살펴보는 것이 필요하다. 하지만, 이 시점에서 상식을 존중한 상황윤리로서 실천윤리가 갖춰야 할 자질 중에서 하나는 분명해진다. 상식을 존중하는 태도 속에서 가치체계들의 특수성, 차이성 그리고 구체적 정보를 무시하지 않을 때 현실세계의 복잡한 문제를 풀어줄 해결의 실마리가 열린다. 가치체계들의 차이와 국소성을 무시한 실천윤리는 실패할 수밖에 없다.

(2) 양상적 당연성

경험적 당연성을 다룰 때 나타난 상식의 경계 설정은 다른 종류의 당연성, 곧 양상적 당연성과 당위적 당연성에도 해당한다. 상식의 믿음들은 역동적 체계를 이루지만, 그러한 믿음들 속에 반영되는 태도의 상호주관성은 공시적으로 그리고 통시적으로 더 안정화되어 있다. 상식에 비해 특정 가치체계의 상호주관성의 폭은 국소적이다. 그 가치체계의 운반자들에게 당연한 것은 다른 집단에게는 통용되지 않는다. 이 점은 종교적 교리를 둘러싼 일상적 논쟁과 같은 것에서 잘 드러난다. 양상적 당연성과 당위적 당연성은 경험적 당연성을 다룰 때 나타난 상식의 경계 설정을 좀더 설득력이 있게끔 해준다.

경험적 당연성이 세계의 서술과 관계된다면, 양상적 당연성은 사고, 행위, 선택 및 상태의 가능성, 불가능성 및 필연성과 관계된다. 상식의 믿음체계와 맞물린 양상적 당연성은 환경 적응을 위해 특정 행위를 촉발하거나 금지하는 것과 밀접한 관련을 맺는다. 여기에 작용하는 주요 변수는 인지적, 생리적, 신체의 기능적 제한과 경험적 혹은 당위적 당연성을 갖는 일상 믿음들이다. 환경 적응에 필요한 인지 능력으로서 셈 능력은 우리의 행위와 사고를 제한한다. 이러한 인지적 제한은 인간의 생활세계의 범위를 규정한다. 셈 자체에 대한 표상, 실례로 '1 + 1 = 2'와 같은 표상은 정수론의 지식 없이도 우리에게 필연적 의미에서 당연한 것으로 나타난다. 그러한 표상은 자연스러운 계산 능력 범위를 벗어나 전자계산기를 사용하는 경우가 아니라면 당연한 것이다. 인지적 제한의 극한을 규정하는 진술들은 그러한 제한 범위 내에서 우리에게 필연적인 것으로 나타난다.

생리적 그리고 신체 기능적 제한의 범위 속에서 "인간은 걸어서 달나라에 갈 수 없다"는 믿음은 당연하게 나타난다. 이러한 가능성의 배후에는 경험적으로 그리고 당위적으로 당연한 믿음들이 깔려 있다. 그러한 믿음들과 맞물린 양상적 당연성의 대부분은 특정 행위 및 선택을 금지하는 방식으로 나타난다. 특정 행위 및 선택을 금지하는 그 방식이 일상생활에서 즉각적으로 나타나기 때문에, 양상적 당연성을 갖는 믿음들 속에 반영되는 태도는 가능성 및 필연성과 연관된 구체적 진술 형태가 아니라 일종의 성향 혹은 습성을 묘사하는 형태로 표현된다. "사람들은 고통을 피하려고 한다", "사람들은 위험을 피하려고 한다"와 같은 진술 형태가 그러한 습성을 대표한다.

경험적 당연성을 갖는 상식의 믿음체계가 대상의 수적 변화에 민감하기 때문에, 새로운 도구의 출현과 사회적 확산은 가능성과 필연성에 대한 새로운 믿음들을 산출한다. 핸드폰을 작동하는 데 전자기학의 전문적 지식은 필요가 없다. 핸드폰이라는 도구가 확산되면, 과거에 불가능했던 원거리 의사소통은 당연한 것으로 생활세계에 정착한다. 그러나 이러한 원거리 의사소통의 가능성은 양상적 당연성을 갖는 믿음들 속에 반영되는 습성들의 변화를 가져오지는 않는다. 상식의 뼈대를 구성하는 태도들은 언어의 의미론적 구조와 환경 변화에 둔감하다는 점에서 공시적으로나 통시적으로나 가장 큰 상호주관성의 폭을 갖는다.

도덕과 관련해 중요한 것은 행위 및 선택의 허용 가능성이다. 장례식 때 교인들이 죽은 시신에 절을 하지 않는 것이 나에게는 무척이나 이상했으며, 또 그들에 대한 증오감마저 들었던 기억이 난다. 십자가와 같은 하나님을 상징하는 것 외에는 고개를 숙여서는 안 된다는 당위성은 특정 종교적 가치체계에 국한된 당연성을 갖는다. 상식의 상호주관성에 비해 특정 가치체계와 맞물린 국소적 차원의 당위적 당연성이 어떤 식으로 특정 행위 및 선택에 대한 허용 가능성을 함축하는지를 따지는 것은 매우 어렵다. 그러한 함축관계는 구체적인 상황 속에서 특정 가치체계를 실현하기 위한 수단 선택과 맞물리며, 수단의 타당성 및 효과성을 따지는 것은 단순한 논리적 작업이 아니다.

생활세계의 행위 및 선택의 허용 가능성은 상식에 의해 미리 결정된 것이 아니다. 양상적 당연성을 갖는 상식의 믿음들이 행위 및 선택을 금지하는 방식은 생활세계 전체를 덮을 만큼 포괄적이지 않다. 죽은 사람을 처리하는 제의에서조차 가치체계의 차이에 따른 행위 방식은 다양하다. 상식을 존중한다는 것이 상식을 원리화하여 하나의 올바른 이론 혹은 가치체계를 지향하는 것으로 이해되어서는 안 된다. 이렇게 평범한 사실은 근대 이후 서양 윤리학에서는 무시되어 왔다. 벤담이 양상적 당연성을 갖는 일상적 믿음들 속에 반영된 하나의 습성, 곧 고통을 피하려는 사람들의 일반적 습성을 진지하게 고려한 것은 상식에 대한 그의 존경심을 보여준다. 하지만, 그는 확실성 추구의 시대정신 속에서 그 습성을 합리적 정당화의 원리로 여겼다. 그 결과 쾌락 증진과 고통 감소가 합리적 행위를 가르는 척도 혹은 측정 수단이 되었고, 인간 본성이 이기적이라는 주장은 유행처럼 되었다. 실제 상식의 기능에서 이기주의와 이타주의의 이분법은 나타나지 않는다. 앞 장에서 언급된 이 점은 당위적 당연성의 분석에서 좀더 명확해진다.

일상적 공감대로서 상식을 규정하고, 도덕 담론에서 상식을 존중할 때 상식의 원리주의 관점, 유일한 이론 관점 그리고 이기주의와 이타주의의 이분법 관점은 피해야 하는 것들이다. 그러한 것들은 상식에 근거한 생활세계의 다양성을 파괴시키려는 것이고, 이 점을 심각하게 고려하지 않는 사람은 현실 문제의 실천적 해결을 추구하는 담론에 참가할 자격이 없다. 선 혹은 인간 본성을 규정하고 하나의 이론체계를 갖춘 담론만이 윤리학에서 허용되는 것일까? 도덕 담론을 철학적 분석의 대상으로 정초시킴으로써 서양 윤리학의 아버지로 불리는 소크라테스의 경우에도, 이 질문은 쉽게 긍정될 수 없음을 볼 것이다.

(3) 당위적 당연성

상식의 믿음들 중에 무엇을 해야만 하는가와 관련된 것은 당위적 당연성을 갖는다. 그러한 믿음들 속에 반영되는 태도들은 "이유 없이 사람을 해쳐서는 안 된다"와 같은 진술로 표현된다. 양상적 당연성을 갖는 믿음들 속에 반영된 것들이 특정 행위 및 선택을 즉각적으로 금지시키는 일반 습성과 관련된 반면에, 당위적 당연성을 갖는 믿음들 속에 반영되는 태도들이 특정 행위 및 선택을 금지하는 방식은 즉각적이지 않다. 이유 없이 사람을 해쳐서는 안 된다는 당위적 태도가 상식의 뿌리에 박혀 있다고 할 때 그 태도가 일상생활에서 진지하게 고려되는 경우는 희박하다. 상식의 당위적 태도는 명시된 의무처럼 작동하지 않는다.

알프레드 슛츠(A. Schutz)의 용어를 빌린다면, 여기서 말하는 상식의 태도들은 특별한 정당화를 요구하지 않는 '생활세계의 자연스러운 태도들(natural attitudes of the life-world)'이다.[6] 하지만, 행위 방식이 다양한 만큼 상식의 뿌리를 형성하는 태도들도 '자연스러움'이라는 문구 아래 한 묶음으로 취급될 수는 없다. 당위적 당연성을 갖는 상식의 부분은 습성처럼 작동하는 것이 아니라 그것에 반하는 행위를 고려하는 순간에 억압으로 작동하는 경우가 많다. 그러한 순간이 개인적 손해를 감수해야 하는 경우, 억압은 공포, 망설임과 함께 심각한 고민의 형태로 나타난다.

양상적 당연성을 갖는 믿음들 속에 반영된 것들이 특정 행위 및 선택을 즉각적으로 금지시키는 습성과 맞물리기 때문에, 그런 것들을 원리화하는 것은 철학적 이기주의로 전락할 수밖에 없다. 반면에 상식의 당위적 태도들은 손해를 감수해야 하는 예외 상황의 허락 여부에 대한 고려 속에서 표출되는 경우가 많다. 당위적 태도들을 원리화

6) Schutz, A. & Luckmann, T.(1973), 4-5쪽.

하는 것은 철학적 이타주의로 전락할 수밖에 없다. 철학에서 용어 '이타주의(altruism)'는 콩트(A. Comte)가 기독교적 신 개념을 대체하기 위해 고안한 것이다.[7] 그러나 타인을 위해 경우에 따라서는 자신의 손해를 감수해야 한다는 관점은 동서고금의 모든 종교에서 권장 사항으로 나타난다. 기독교의 아가페적 사랑 혹은 불교의 자비 등이 그 대표적 실례가 된다. 정치적 권력을 가졌던 종교가 이타적 행위를 장려했던 것은 집단 결속력의 차원에서 쉽게 수긍할 수 있다. 그러한 장려가 철학적 이기주의와 이타주의의 이분법을 전제하는 것은 아니다. 이 점은 아가페적 사랑의 지향이 자신에 대한 사랑에 뿌리를 두어야 한다는 기독교적 교리 혹은 자기와 타자의 구분에서 필수적이라고 과장된 자아 개념을 부정하는 불교적 교리 속에 반영되고 있다.

시시각각 변화하는 상황 속에서 사람은 어떤 경우에는 자신을 중심으로, 다른 경우에는 타인을 고려하여 선택하고 행위를 한다. 항상은 아니더라도, 이타적 성향을 띠는 선택 및 행위가 도덕적으로 칭찬받는 경우가 많다. 이러한 일상적 사실에 이기주의 또는 이타주의가 전제될 필연적 이유는 없다. 현상의 극한까지 달려가 현상을 규정하는 개념적 도구를 개발하는 철학적 사고방식은 현상의 유사성과 차이를 분석하는 데에는 효과적이다. 그러나 그러한 개념적 도구를 실체화함으로써 실제 현상이 도출된다는 생각은 지나치다. 개인 및 집단에게 좋은 상태가 무엇인가라는 질문이 인간 본성론을 전제해야만 하는 것처럼 학생들에게 가르쳐지며, 충동에 반하는 행위를 설명하기 위해서는 '자유의지', '이성의 자율성' 혹은 '도덕적 자유'와 같은 것이 있어야만 되는 것처럼 과장된다. 이러한 과장 속에서 인간의 이타적 성향은 철학적 이타주의로 상승하거나, 이타주의에 대한 회의는 인간 본성론에서 이기주의로 치닫는다.

근대 이후 서양철학에서 이기주의와 이타주의의 이분법은 행위를 단지 물리적 과정으로 보거나, 행위에 근거가 되는 독립된 심적 상태

---

7) Comte, A.(1852).

를 전제하거나, 또는 행위와 독립된 주체를 전제하는 데에서 기인한다. 도덕과 자연에 대해 확실한 지식체계를 꿈꾼 학자들 사이에 이기주의와 이타주의의 이분법은 크게 두 방향으로 나타났다. 첫째는 개인 중심의 관심을 도덕의 적으로 간주하는 방향이다. 앞 장에서 살펴본 리드의 성령론이 여기에 속한다. 리드는 상식을 존중했지만, 그는 결국에는 신에 호소해 도덕성을 논할 수밖에 없었다. 타자의 존재는 상식의 차원에서 당연하지만, 이러한 당연성에 이타적 행위의 근거로서 무제약적인 '도덕적 자유'가 함축된 것은 아니기 때문이다.

둘째 방향은 모든 관심이 궁극적으로 개인 중심의 관심이라는 것이다. 이타적 행위와 맞물린 동정심도 진정으로 타인을 지향하는 것이 아니다. 이러한 식의 사고방식은 벤담 이후의 공리주의 물결 속에 강하게 나타나며, 이타주의는 불가능한 것으로 전락한다. 심리적 동기 차원에서 둘째 방향에 대한 비판은 '진성 동정심'을 구제하려는 노력으로 이어진다. 실례로 동정심을 집단 차원에서 정의 가능한 행복과 연결시키는 콩트의 시도 혹은 우주적 진화의 마지막 단계에 도덕적 마음을 위치시키는 스펜서(H. Spencer)의 시도를 들 수 있다.

동정심이면 동정심이지, 도대체 자신의 이익을 배제한 순수한 혹은 진성 동정심이라는 것이 있는가? 마찬가지로 오로지 자기에게만 축소된 관심이라는 것이 가능한가? 이기주의와 이타주의의 이분법에서 이러한 질문에 쉽게 대답할 수 없다는 것은 실제 우리의 삶이 그러한 이분법을 보여주지 않기 때문이다. 그래서 철학자들은 이기주의와 이타주의 사이에 균형을 맞추기가 힘들다고 투정하지만, 실제 양상은 상황과 무관한 이기주의 혹은 이타주의는 없다는 것이다. 이러이러한 상황에서 우리가 이기적이라고 부르는 행위 유형이 있다고 해도, 그것이 자신의 관심사에만 국한된 순수한 이기주의를 함축한다는 증거는 없다. 순수한 이기주의가 없듯이, 순수한 이타주의도 실제로는 없다. 이러이러한 상황에서 우리가 이타적 행위라고 부르는 것도 행위자를 제외한 모든 사람에게 득이 되지는 않는다. 누군가 대의를 위해 투신자살을 해도, 그의 자살은 그의 주변 가족에게는 손해다. 또 그런 자살을 도덕적으로 칭찬할 만한 이타적 행위로 보지 않는 문화도 있다.

상식에서 발견되는 당연성을 경험적, 양상적 그리고 당위적인 것으로 구분했지만, 이러한 구분이 그 셋의 단절성을 함축하는 것은 아니다. 상식을 구성하는 것들은 서로 상호작용을 하며, 그러한 상호작용 속에서 삶의 기저인 상식은 하나의 역동적인 체계를 구성한다. 상식을 존중한다면서 철학적 이기주의와 이타주의의 이분법이 나오는 경우는 상식의 한 측면을 원리화하여 하나의 도덕론을 지향할 때 발생한다. 이 점은 벤담과 리드의 대비 속에서 드러났다. 사실 둘은 상식을 진정으로 존중한 것이 아니라 자신이 믿는 세계 이해 혹은 가치체계를 정당화하기 위해 상식에 호소한 것에 지나지 않는다. 리드가 근대 합리주의 전통에서 상식을 이성과 공조하는 것으로 파악했다면, 벤담은 아니다. 이러한 차이 자체가 상식과 다양한 세계 이해 및 가치체계의 결합 가능성을 보여준다.

4. 시각의 전환

생활세계의 공시적 혹은 통시적 상호주관성이 일상적 공감대로서 상식에 근거할지라도, 생활세계는 동질화될 수 있는 것이 아니다. 발생적 그리고 상호주관성의 폭 차이를 따지는 두 관점 속에서 상식의 구성원들과 구성원들의 관계를 논했다. 이렇게 함으로써 상식의 구조적 유사성을 살펴봤다. 일상적 공감대로서의 상식은 환경 변화와 맞물린 역동적 체계를 구성한다. 상식의 믿음체계가 대상의 수적 변화 및 언어의 존재론적 구분에 자유롭지 않다면, 상식의 뼈대를 이루는 태도들은 그러한 변화와 구분에 상대적으로 민감하지 않다. 이러한 상식의 구조성은 공시적 그리고 통시적으로 유사하게 나타나며, 상식의 상호주관성의 폭은 특정 가치체계의 그것에 비해 넓다. 가치체계가 하나가 아니기 때문에, 제3자의 관점에서 상식과 가치체계 사이의 경계 설정이 필요하다. 일상적 당연성의 세 범주, 곧 경험적, 양상적 그리고 당위적 당연성을 살펴봄으로써 상식의 경계를 그었다. 그 경계는 상식과 가치체계 사이의 단절성이 아니라 상식과 다양한 가치체계의 결합 가능성을 보여준다. 상식이 국소적인 당연성을 갖는 여러 가치체계와 결합 가능하기 때문에, 생활세계는 다양한 생활양식으로 계층화된다. 상식 자체는 그러한 계층화를 결정하는 원리가 아니다.

현실적 문제의 실천적 해결에서 상식의 존중을 윤리적 담론 속에 녹이려고 할 때 발생하는 난제가 있다. 상식이 올바른 가치체계 및 도덕론을 선별해주는 척도가 될 수 없다면, 상식을 존중한 상황윤리로서 실천윤리를 규정하려는 작업 자체가 논리적 딜레마는 아닌가? 이러한 질문 속에는 실천에 대비된 보편적 이론 없이 윤리학은 기능할 수 없다는 전제가 깔려 있다. 이론을 그저 문제 해결의 분석적 도구로 파악하는 나에게 그 전제는 제의화된 학습에 의한 선입관에 불과하다. 윤리학적 담론이 실천 속의 문제 해결의 도구가 아니라 실천을 규정해주는 이론적 토대에 근거해야 한다는 생각은 그러한 선입관에 해당한다.

상식을 존중한 상황윤리로서 실천윤리를 규정하고, 현실세계 속의 공학 담론을 그러한 상황윤리로 정초시키려면, 상식과 다양한 가치체계의 결합 가능성과 관련해 몇 가지 질문들이 다루어져야 한다. 그러한 질문들의 해부는 언급된 난제가 선입관에서 기인한 것임을 드러내 줄 것이다. 이를 위해 여기서는 상식과 다양한 가치체계의 결합 가능성과 관련된 몇 가지 질문들을 서양 윤리학의 정신적 기원으로 불리는 소크라테스의 회의적 방법에 비추어 이끌어낼 것이다.

1) 소크라테스의 회의적 방법

책 한 권 남기지 않은 소크라테스가 서양 윤리학의 정신적 기원으로 불리는 이유는 대충 이렇다. 누구나 행위를 할 때 동기와 의도를 가진다. 행위는 자극에 의한 반응으로서 단순한 생리적 혹은 신체적 표현이 아니다. 의도적으로 악을 지향하지 않는 한에서, 행위자는 당연히 자신의 동기가 옳다고 확신한다. 자신이 옳다고 믿는 것이 사실 그렇지 않음을 일깨워주는 것이 소크라테스의 대화식 방법론, 곧 '산파술(elenctics)'이다. 마치 산파가 아기를 낳는 데 도움을 주듯이, 논박을 통해 스스로 옳다고 여긴 것이 실제 그렇지 않다는 점을 깨우쳐 주는 데 산파술의 목적이 있다. 거창한 의미가 없어 보이는 이러한 산파술이 소크라테스를 서양 윤리학의 기원으로 만든다. 인간 행위 자체가 철학적 탐구 대상이 될 수 있다는 점, 이 점이 서양 윤리학의 출발로 평가되곤 한다.

그러나 소크라테스에 대한 위의 소개는 정확하지 않다. 그리스 철학자들 다수가 그렇듯, 소크라테스적 사고의 출발점은 행위 시점의 동기와 맞물려 있지 않다. 그것은 집단 사회 속의 인생 전체와 맞물려 있다. 무엇이 올바른 삶 혹은 생활양식인가? 올바른 삶은 결코 감정으로 파악될 수 없고 알 수도 없지만 추구해야 하는 어떤 것이다. 소크라테스적 사고의 출발점은 무리가 있다. 소크라테스에게는 문화와 상황을 관통하는 보편적인 선 자체가 있고, 그러한 선을 추구하는 인간만이 도덕적이다. 소크라테스는 그러한 선 자체가 그리스적인 전통문화와 가치체계에 내재한다고 여겼다. 소크라테스의 재판은 기존 가치체계를 고수하려는 집단과 변화시키려는 집단 사이의 갈등의 결과로도 볼 수 있다. 그가 기존 가치체계의 고수를 원했다면, 그의 적인 소피스트들(Sophists)은 변화를 원했다. 하지만, 무엇이 올바른 삶인가라는 질문 자체는 현명한 출발점이다. 소크라테스는 이 질문에 대한 모든 답변을 의심한다. 그리스적 가치체계가 진선미 자체의 일치성을 지향할지라도, 진리, 선함 그리고 아름다움 자체에 대한 규정은 항상 의심의 대상이다. 이러한 반성적 의심은 최소한 과거의 잘못을 알게 해주며, 다시 올바른 삶을 향한 시행착오라는 여정으로 인간을 유도한다.

소크라테스의 회의적 방법은 현대 철학에서 회의론의 일반적 경향과는 다르다. 현대 철학의 회의론은 특정 이론의 논리적 약점을 지적한 후 그 이론의 출발 문제를 사이비로 규정하거나 더 이상 추구하지 말아야 하는 것으로 규정한다. 소크라테스의 회의적 방법은 올바른 삶에 관한 물음을 되살아나게 만든다. 반성과 논박을 통해 옳다고 여겨진 것이 그렇지 않음을 깨닫는 순간, 원래 출발점인 문제를 다시 던져야 한다.

소크라테스의 회의적 방법이 우리에게 보여주는 것은 무엇인가? 반성적이지 않은 삶은 도덕적일 수 없다는 것이다.[8)] 이러한 대답은 올바른 삶이 뭔지 몰라도 우리가 지향해야 할 것임을 함축한다. 선에 대한 올바른 보편적 규정은 인류의 과업으로 남고, 사려 깊음과 반성적 태도는 사람들에게 도덕적 삶을 위한 의무감으로 다가온다. 우리가 확실한 것보다는 틀린 것을 더욱 잘 알 수 있기 때문에, 올바른 삶을 지향하기 위해 틀린 것을 제거해 나가는 것은 필수적이다. 인간은 과거 삶의 반성을 통해 올바른 삶에 대해 재차 질문할 수 있다. 이를 통해 과거 삶의 양식은 의문시되며, 새로운 대안이 요청된다. 그 대안은 항상 잠정적일 수밖에 없지만 최소한 과거의 잘못이 반복되지 않도록 계획된다.

소크라테스의 회의적 방법을 1장에서 다뤄진 "바늘 도둑이 소 도둑 된다"는 속담의 네 가지 해석과 연관시켜보자. 이론적인 것과 실천적인 것의 전통적 구분을 따를 때 그 네 해석은 다음과 같았다.

(1) 윤리학이 가능할 수 있게 해주는 그 어떠한 이론적 공통 기반은 없다.

(2) 그러한 공통 기반을 동기에서 찾든 아니면 복지와 같은 사회 상태에서 찾든, 상황과 무관한 도덕적 정당화는 가능하다.

(3) 상황에 의존하는 도덕적 판단은 확실성의 맥락에서 다루어질 수 없다.

(4) 도덕적 판단이 상황 의존적일지라도, 하나의 상황 및 행위자에게 적용 가능한 원리는 유사한 모든 상황 및 행위자를 관통하는 국소적 보

8) Williams, B.(1993), 제1장.

편성을 갖는다.

해석 (1)이 윤리학의 불가능성을 함축한다면, 그것은 소크라테스의 회의적 방법과 어울릴 수 없다. 하지만, 모든 다양성을 관통하는 이론적 기반이 없다고 윤리학이 불가능한 것은 아니다. 여기서 소크라테스의 회의적 방법은 다시 두 의미를 갖는다. 첫째, 소크라테스의 회의적 방법을 해석 (2)를 약화시킨 형태로서 해석 (4)와 만나게 하는 것이다. 상황과 무관한 도덕적 정당화는 현실세계에서 추구되어야 하지만, 소크라테스의 회의적 방법은 그러한 정당화가 실제로는 보편적이지 않다는 점을 보여준다. 회의적 방법에 따라 기존 이론을 수정함으로써 우리는 점진적으로 올바른 이론에 다가갈 수 있다. 소크라테스의 회의적 방법에 대한 이러한 식의 의미는 포퍼(K. Popper)의 '비판적 합리론(critical rationalism)'과 병행할 수 있다. 우리는 진리를 정확히 규정할 수 없지만, 진리를 지향하는 진보(progress)에 대한 합리적 기준은 있다. 소크라테스가 누구나 옳다고 믿는 것을 반박하여 올바른 삶의 문제를 다시 일깨워주듯이, 포퍼는 이론의 반증을 통해 진리에 접근할 수 있다고 믿는다.[9] 해석 (4)는 해석 (2)를 약화시킨 것이다. 국소적 보편성을 미래 시점의 지향의 관점에서 파악하면, 해석 (4)는 소크라테스의 회의적 방법에 대한 첫째 의미와 병행 가능하다.

소크라테스의 회의적 방법에 대한 둘째 의미는 올바른 삶을 이론적 규정 차원이 아니라 실천적 차원에서 이해할 때 드러난다. 올바른 삶은 지향되어야 하지만, 그것은 확실성의 맥락에서 이론적으로 규정될 수 있는 것이 아니다. 우리의 삶은 현실세계의 문제 해결과 맞물리며, 시공간을 초월해 인간의 실천을 규정해주는 보편적 이론을 지향할 필요가 없다. 이러한 둘째 의미는 상황에 의존하는 도덕적 판단이 확실성의 맥락 속에서 다뤄질 수 없다는 해석 (3)과 병행 가능하다. 누구나 잘못되었다고 인정하는 명백한 경우를 제외한다면, 실제 도덕적

---

9) Popper, K.(1998), 38-39쪽. 나는 진리 언급 방식과 관련해 포퍼의 비판적 합리론을 '미래 지향적 진리 언급 방식'으로 규정했다. 이상하(2004c), 제7장.

판단은 개연적이다. 그래서 옳고 그름의 판단에서 과거의 경험과 관습은 무시될 수 없다. 이론과 실천 사이의 독립성을 강조하는 아리스토텔레스의 윤리학은 소크라테스의 회의적 방법에 대한 둘째 의미와 공조한다. 여러 번 강조했듯이, 이론과 실천 사이의 독립성을 강조할 때 '이론'은 연역적 방법론의 우위성, 예측 가능성 및 비맥락주의의 보편성을 추구한다. 이러한 이론성의 이해 방식에서 '이론적인 것'은 현실의 상황적 조건들을 제거하여 이상화되고, 비시제적이며, 필연적이어야 한다.[10] 문제 해결의 실천적 맥락에서 '이론'은 분석적 도구이며, 분석적 도구로서의 이론은 실천에 대비된 이론적인 것으로 이해되어서는 안 된다.

이론적인 것과 실천적인 것의 전통적 구분을 따를 때 나의 작업은 이론과 실천의 독립적 관계를 따르며, 이 점은 9장에서 명시되었다. 문제 해결의 실천 영역에서 판단은 연역적 형식, 확실한 예측 가능성 및 비맥락주의를 지향하는 전통적인 관점의 이론적 판단이 아니라, '상황에 합당한 개연적 판단'이다. 문제 해결을 지향하는 개연적 판단은 목적 달성의 수단을 상황의 요인에 근거해 고려한다. 소크라테스의 회의적 방법에 대한 둘째 의미, 곧 그것을 실천적 맥락에서 이해한 것이 철학사적으로 잘못된 것이라는 근거는 없다. 소크라테스가 이론적 차원에서 올바른 삶에 대한 보편적 규정을 지향했다는 명백한 증거는 없다. 우리가 아는 소크라테스는 실제 소크라테스가 아니라 '플라톤적 소크라테스' 혹은 '크세노폰적 소크라테스'일 뿐이다. 크세노폰(Xenophon)과 플라톤의 저술에 등장하는 소크라테스는 일치하지 않는다. 크세노폰에 따르면, 신에 대한 불경만이 소크라테스 재판의 원인이 아니다. 소크라테스는 아테네 민주주의를 혐오했고 젊은이들을 방탕한 쾌락의 길로 유도했다는 죄목으로 재판에 회부된다.[11] 이러한 차이가 아테네적인 것에 대한 플라톤의 동경과 스파르타적인 것에 대한 크세노폰의 동경에서 기인하는 것인지는 알 수 없지만, 소크

---

10) 1장 3절 참조.

11) Xenophon, *Memorabilia*.

라테스의 회의적 방법의 첫째 의미만이 정확하다는 충분한 역사적 증거는 없다.

아리스토텔레스와 소크라테스에게 진선미를 동일시하는 그리스적 가치체계는 어떤 의미에서는 절대적이었다. 목적 달성의 현명한 수단 선택에는 그리스적 덕목이 깔려 있다. 하나의 가치체계가 지배할 때 문제 해결의 수단 선택이 지향해야 할 목적은 뚜렷하다. 이 점은 다원화된 가치체계가 기능하는 현대 사회에 적용될 수 없다. 상황과 무관하게 실천을 규정해주는 이론적인 것의 추구는 논리적 의미에서 윤리적 딜레마만 발생시킨다. 갈등은 현실 문제를 푸는 단서가 아니라 논리적 모순으로 규정되기 때문이다. 다양한 가치체계 모두가 상식과 중첩된다고 해도, 상식 자체는 올바른 가치체계 및 도덕론을 선별해주는 척도가 될 수 없다. 그렇지만, 확실성의 맥락에서 실천을 규정해주는 이론적 토대 없이는 윤리학이 불가능하다는 생각은 착각이다. 현실 문제의 실천적 해결을 통해 잘못된 것을 피해 나가는 방법에 유일한 이론적 토대와 같은 것이 전제될 이유는 없다. 이를 보이기 위해 소크라테스의 회의적 방법에 따라 몇 가지 질문을 끄집어낼 것이다. 그 전에 이 말만은 하고 싶다. 규범윤리의 어떤 이론을 소개하고, 그것의 현실적 적용 가능성을 학생들에게 강요하거나, 아니면 자신이 옹호하는 이론을 정당화하기 위해 충혈된 눈으로 그것의 약점을 찾느라 분주한 윤리학자가 있다면, 그는 철저하게 반소크라테스적이다.

2) 질문들

나치의 이념 혹은 가치체계가 악으로 규정될 때 그 근거는 어디에서 기인하는가? 상식이 나치 이념과의 결합 가능성을 배제한다면 좋겠지만, 우리는 더 이상 그 가능성을 무조건 부정할 수 없다. 양상적 당연성을 갖는 상식의 믿음들 속에 반영되는 태도는 일반적으로 자기 보존 습성과 맞물린다. 반면에 상식의 믿음들 중 당위적 당연성을 갖는 것들 속에 반영되는 태도는 습성에 반하여 선택 및 행위를 해야 하는 상황과 맞물린다. 이러한 두 측면의 균형 잡기는 상식 자체에만 근거하여 기능하는 것이 아니다. 이유 없이 사람을 해쳐서는 안 된다는 태도가 일상적 의미에서 당위적 당연성을 가져도, 그 당위성이 자기보존의 습성과 무관하게 본능처럼 작동하지 않는다. 어떤 경우에 타인을 해쳐도 되는지, 그리고 그 허용 범위는 상식에 근거해 확실하게 정해지지 않는다. 상식이 나치 이념과 결합 가능하다고 하여, 상식과 가치체계의 결합 방식이 무작위적인 것은 아니다. 그래서 우리가 다루어야 할 첫째 질문은 다음이다.

> 첫째, 상식과 가치체계의 결합 가능성에 대한 최소한의 조건은 무엇인가?

상식과 가치체계 사이의 경계는 제3자의 관점에서 설정된다. 맹목적으로 나치 이념에 갇힌 이들에게 그 이념은 상식의 일상적 당연성처럼 기능한다. 이 점은 상식과 나치 이념의 가치체계가 결합 가능함을 보여준다. 첫째 질문의 답이 가치체계의 도덕적 선별 조건에 귀속되지 않는다는 것은 확실하다. 나치 추종자들이 나치 이념에 이끌린 선택과 행위를 당연시 여기기 때문에, 우리는 소크라테스적 물음을 던질 수 있다.

> 둘째, 어느 집단이 신봉하는 가치체계가 옳다는 정당성을 상식에 호소해 확보할 수 없지만, 그 가치체계를 지향하는 것에 대해 상황과 무관한 상위 기준을 마련하는 것은 정말 가능한가?

둘째 질문은 나치 신봉자들에게 너희들이 믿는 것이 정말로 올바른지를 묻는 것과 관련된다. 상식과 결합 가능한 정치적 이념은 하나가 아니기 때문에, 나치의 신봉자는 상식에 호소해 나치 이념을 정당화할 수 없다. 그는 다른 방식을 찾아야 한다. 지금까지의 논의를 따라온 사람은 둘째 질문에 대한 나의 대답이 부정적일 것이라고 추측할 수 있다. 이렇게 추측할 수 있는 사람은 나에게 하나의 반문을 던지고 싶을 것이다. 나치 이념, 곧 히틀러를 중심축으로 한 '국가사회주의(national socialism)'는 상식과 결합 가능하더라도, 상식과 그것의 결합이 해악이라는 점은 벌써 역사적으로 규명되었다. 더 이상 논할 가치조차 없는 나치 이념에 소크라테스적 물음을 던지는 것이 무슨 의미가 있는가? 이러한 반문을 하는 사람은 여전히 상식과 가치체계의 다양한 결합 가능성을 제대로 인식하지 못하고 있다. 왜 그런지 살펴보기 위해 나치주의를 이해하는 두 방식을 서술해보자.

> 민족 우월주의 : 아리안족은 타민족에 비해 선택된 우월한 민족이며, 결속력을 갖춘 아리안족의 사회상은 모든 민족이 본받아야 할 이상이다. 아리안족의 우월성을 사회적으로 정착시키기 위해 사회 구성원은 개인보다 국가를 우선시해야 한다.

> 국가사회주의 : 사회와 자연은 서로 분리된 것이 아니며, 개인은 사회 속에서만 의미가 있다. 서구의 근대성은 잘못된 두 축에 근거한다. 그 하나는 자연이 인간만을 위해 존재한다는 것이며, 다른 하나는 사회의 집단적 상태가 개인의 속성에 의해 설명된다는 것이다. 이러한 두 축에 근거한 근대성은 자연을 인간 욕구 충족을 위한 대상으로 전락시켰고, 사회와 자연이 분리되지 않은 전체로서 존재 자체의 의미는 상실하게 되었다. 존재 자체에 대한 물음을 되살릴 때 죽음의 공포를 직시한 인간은 비로소 전체의 의미를 직시하여 참된 자아를 찾는다.

민족 우월주의가 타민족의 침입을 받았을 때 긍정적으로 작용할 가능성은 무조건 배제할 수 없지만, 민족 우월주의를 위해 타민족을 침략하거나 동질화하는 시도가 가져온 부작용은 역사 속에 산재해 있다. 게다가 대중의 의식 속에 민족 우월주의가 뿌리박히면, 그들을 만족시키기 위해 무리한 수단이 등장해야만 하는 사태가 발생한다. 그러한 무리한 수단은 상황 속에서 여러 가지 형태를 띤다. 민족 우월주의에 다른 가치체계, 실례로 과학기술을 종속시킴으로써 결국 예상치 못한 부작용이 발생하거나, 심지어 타민족을 침략하여 갈등의 불씨를 키운다. 민족 우월주의가 상식과 결합하는 것에 대해 경계해야 한다는 사실은 역사적 교훈이다.

나치 이념을 민족 우월주의의 형태로 이해할 때 그것은 복잡성의 증가를 향해 달리는 진화의 여정에서 가장 이상적인 인간형, 곧 아리안족이 나왔다는 가설에 의해 지원받기도 했다. 비교 해부학의 이론적 근거로 기능한 형태학(morphology)에서 도출된 그 가설은 과학적으로 논할 가치조차 없는 것으로 밝혀진 상태다. 국가사회주의는 어떠한가? 민족 우월주의가 다른 유럽 강대국들과 달리 변변한 식민지를 확보하지 못한 조국의 상황에 안타까워하는 독일인들의 마음을 움직였다면, 국가사회주의는 하이데거와 같은 지식인들의 마음을 움직였다.[12] 그는 서양 사상사의 비판적 고찰을 통해 국가사회주의가 유일한 대안적 가치체계라고 믿었다. 그렇기에 나치의 이념에 대해서도 소크라테스식 물음의 의미는 명백히 잘못된 것을 뭐 하러 묻느냐는

---

12) 오스트리아 빈의 빈민가 책방을 돌아다니며 서양 사상사를 섭렵한 히틀러는 당시 다른 인물들과 마찬가지로 유럽 문명의 위기에 대한 심리적 공포감을 갖고 있었다. 쇼펜하우어에서 니체로 이어지는 의지의 철학이 그에게 매력적으로 다가왔고, 그는 레닌의 방법론을 연구했으며, 스탈린의 강한 실천력에 찬사를 보냈다. 유럽 문명의 위기를 극복하기 위해 왜 새로운 제국이 건설되어야 하는가? 히틀러에게 유럽 문명의 위기와 쇠퇴에 대한 원인은 금권적 자본주의(plutocratic capitalism)였고, 그는 그것의 궁극적 뿌리가 유대 민족의 사상에 담겨 있다고 믿었다. 어떻게 위기에 처한 문명을 구제할 것인가? 히틀러는 '역사 급변주의'를 추종했다. 위기를 극복하고 새로운 문명, 곧 대제국을 건설하기 위한 가장 효과적이면서도 실천적 방법은 전쟁이라고 그는 믿었다. 히틀러 자신은 실천적 정치가이자 정치적 철학자인 동시에 메시아로 자청했지만, 이 메시아에게 필요한 것은 야만성이었다. 우리 독일 민족은 야만족이라고 그가 주장했을 때 쇠퇴한 유럽 문명을 야만성에 의해 구제할 수 있다고 믿었다. 히틀러는 선민사상을 가진 유대 종족이 유럽 문명의 위기를 불러온 만큼 그들이 책임을 져야 한다고 믿었다. 하지만, 그들이 책임을 지지 않는다면, 그들은 히틀러에게는 야만성의 공격 대상이 되어야 한다. 새롭게 건설된 제국을 어떻게 유지할 것인가? 히틀러는 독일을 중심으로 엘리트 교육이 이뤄져야 한다고 믿었다. 국가사회주의로 무장한 엘리트에 의해 대제국은 유지되며, 새로운 대제국 아래 여러 국가들은 조화롭게 공존할 수 있다고 믿었던 것이다. Trevor-Roper, H.(2000).

식의 반응 속에 퇴색하지 않는다.

하이데거의 공격 목표는 근대 개인 중심의 이성 개념이었다. 그는 국가사회주의의 이상을 실현하기 위해 현명한 수단의 선택과 관련된 아리스토텔레스적 실천지가 요청된다고 여겼다. 하지만, 하이데거와 아리스토텔레스 사이에는 큰 차이가 있다. 아리스토텔레스에게 수단의 선택에 부과되는 목적의 가치체계는 당시 사회적 전통 속에서 확립된 것이었다. 하이데거에게 실천지는 그의 이상, 곧 '인간 사회 개혁 프로그램으로서의 국가사회주의'를 실현하는 것과 관련된다. 사회의 역사에서 걸러지고 확립된 가치체계 속에서 목적과 수단을 연결시키는 노하우 또한 축적되기 마련이다. 이러한 사실은 미래 지향의 개혁 프로그램으로서 국가사회주의의 가치체계에 해당하지 않는다. 하이데거는 개인주의 이성 개념의 한계를 자각한 소수의 엘리트들이 개혁 프로그램을 주도할 수 있는 실천지를 가졌다고 믿었고, 그의 눈에 히틀러야말로 그러한 자격을 가진 지도자로 비춰졌다. 아리스토텔레스에게 실천지가 기술을 제어하거나, 기술로부터 사람들을 멀어지게 하는 식으로 작동해야 하는 이유는 전혀 없다. 반면에 기술이 개인주의 이성 개념의 화신으로서 자유주의 및 공산주의의 경제적 수레바퀴라고 본 하이데거에게 실천지는 기술에 대한 공격 무기로 둔갑한다.

하이데거의 제자들은 나치에 가담한 그의 정치적 활동과 철학을 분리하려고 무단히 시도했지만, 그들의 시도는 정설로 쉽게 인정되지 않는다. 하이데거의 저서 곳곳에 국가사회주의에 대한 동경은 남아 있다. 그는 1966년 독일 시사잡지 『슈피겔(*Der Spiegel*)』과의 대담에서 국가사회주의의 이상을 그대로 간직하고 있음을 밝혔다. 지도자들의 근시안적 사고가 나치의 실패를 가져왔고, 그 당시가 진정한 국가사회주의가 싹틀 수 있는 시대적 전환기로 자신이 착각을 했다는 것이다. 하이데거가 국가사회주의의 이념을 지향한 것은 나에게 아무런 문제가 되지 않는다. 그가 개인과 사회 그리고 사회와 자연을 분리하지 않았던 고대 전통을 빌려와 근대의 개인주의 이성 개념을 비판한 것은 좋다. 하지만, 그는 근대의 개인주의 이성 개념을 이데올로기화하여 비판한 것에 그친 것이 아니라, 자신의 이념, 곧 국가사회주의를 이데올로기화하기 위해 그렇게 비판한 것이다.[13] 개인주의 이성 개념에 근거한 이념의 한계를 지적하고 비판한다고 해서, 국가사회주의가 유일한 대안적 가치체계라고 말할 수 없으며, 역도 성립한다. 상식과 여러 가치체계의 다양한 결합 가능성을 인정한 상태에서 실천을 추구하는 것은 하이데거에게 통용될 수 없다.

상식과 다양한 가치체계의 결합 가능성에도 불구하고, 그 결합 방식이 무작위적이지 않다면, 그리고 가치체계의 선별에 대한 상황과 무관한 상위 기준이 없다면, 우리는 또 하나의 질문을 던져야 한다.

> 셋째, 상황 속에서 상식과 특정 가치체계의 긍정적, 부정적 결합 방식에 대한 담론은 가능한가?

두 번째 소크라테스적 질문은 이제 이렇게 바뀐다. 당시 상황 속에서 상식과 나치의 국가사회주의의 결합은 긍정적인가? 내가 당시 실제 그 상황 속에 속했다면, 다른 다수의 독일인처럼 그 결합이 긍정적이라고 당연하게 믿었거나, 그렇게 기대했을지도 모른다. 지나간 실패의 역사를 통해 현시점의 나에게 그 결합은 부정적인 것이다. 이런 식으로 답하는 것은 오랜 역사 속에 탄탄히 정착한 직업으로서 공학의 가치체계, 과학의 가치체계 및 종교의 가치체계 등에 대해 허용될 수 없다. 다음 장에서는 여기서 던져진 세 질문을 하나의 구체적인 실제 사례를 가지고 검토한다. 이렇게 검토함으로써 상식과 가치체계의 다원적 결합 방식을 구체화할 것이고, 이를 바탕으로 '상식의 보호대'와 '시행착오 속의 인본주의'라는 두 축을 갖는 '상식을 존중한 상황윤리'의 일반 틀을 짤 것이다.

13) 비판 대상의 이데올로기화와 이념을 위한 이데올로기화의 구분에 대해서는 4장 4절을 참조하라.

12장 상식과 가치체계의 다원적 결합 방식

고드름과 상식

앞 장의 마지막 부분에서 던져진 세 질문을 하나의 사례 분석 속에서 다룬다. 이렇게 함으로써 상식과 가치체계의 긍정적 결합 방식은 상황과 무관할 수 없음이 분명해질 것이다. 많은 현실적 문제들은 가치체계들의 갈등에서 기인한다. 가치체계들의 갈등이 어떤 가치체계의 내용적 수정을 반드시 요구하는 것은 아니다. 그러한 내용적 수정을 요구하는 가치체계들의 갈등 양상이 있고, 그렇지 않은 갈등 양상도 있다. 문제 해결의 맥락에서 가치체계들의 갈등 양상을 구분하고, 상황의 요인에 근거해 문제의 원인을 진단함으로써 상식과 가치체계의 결합 방식에서 나타나는 다원성이 구체화될 것이다.

1. 고드름과 상식

하나의 사례 분석을 통해 앞 장에서 던져진 다음 질문들을 다룸으로써 생활세계 속에서 상식과 가치체계의 결합 방식을 살펴본다.

첫째, 상식과 가치체계의 결합 가능성에 대한 최소한의 조건은 무엇인가?

둘째, 어느 집단이 신봉하는 가치체계가 옳다는 정당성을 상식에 호소해 확보할 수 없지만, 그 가치체계를 지향하는 것에 대해 상황과 무관한 상위 기준을 마련하는 것은 가능한가?

셋째, 상황 속에서 상식과 특정 가치체계의 긍정적, 부정적 결합 방식에 대한 담론은 가능한가?

사례는 어떤 문제 혹은 주제를 대표할 수 있는 하나의 전형적인 상황이다.[1] 불확실한 변수 속에서 공학자 집단과 경영진 혹은 집행부의 갈등 상황이 여기서의 관심사다. 이러한 갈등 상황은 끔찍한 재난으로 나타나기도 한다. 챌린저(Challenger)호 폭발 사건을 그러한 재난으로 분류하고 세 질문을 다룰 것이다. 이를 통해, 상황 속의 상식과 가치체계의 긍정적 결합 방식에 대한 고찰 자체가 직업 활동을 둘러싼 실천윤리의 중요한 주제임이 분명해질 것이다.

반복 사용 가능한 우주선의 아이디어는 1920년대 독일에서 처음 제안되었다. 아폴로 계획 이후 반전 운동의 고조 속에서 냉전 분위기가 식자, 존폐 위기를 맞은 나사(NASA)는 반복 사용 가능한 우주선 개발을 제안했다. 우주왕복선 계획은 화성 탐사 계획의 일부였다. 화성 탐사를 위한 핵추진 유인 탐사선은 현재의 기술로는 지구에서 직접 출발할 수 없다. 우주왕복선은 그러한 탐사선이 출발하고 머무를 수 있는 기지를 우주 공간에 건설하기 위해 계획된 것이었다.

초기 계획에 의하면, 우주선 2대, 곧 모선과 작은 셔틀(shuttle)을 만든다. 커다란 모선이 셔틀을 우주로 운반한 후에 지구로 귀환하며, 셔틀은 우주 기지 건설 작업을 시행한다. 모선을 만드는 데에는 비용이 많이 소모된다. 140억 달러로 추정된 연구개발 예산이 55억 달러로 삭감되자, 나사는 새로운 대안을 모색해야만 했다. 저예산으로 화려한 도구를 만들라는 정부의 방침을 만족시키기 위한 나사의 대안은 모선을 대체할 로켓부스터(SRB)를 설계하는 것이었다. 저예산으로 개발된 우주왕복선의 기능 단위는 백만 개를 넘는다. 여러 기능 단위는 나사에서 하청을 받은 회사 및 연구팀에 의해 설계되고 개발된다. 반복 사용 가능한 액체 연료 엔진 개발의 효율성은 나사 내에서 추정되었고, 엔진 디자인, 개발 및 생산 과정은 모턴 티오콜(Morton Thiokol)사가 담당했다. 이 전 과정에서 공학자 집단과 경영진 혹은 집행부 사이의 관계는 삐걱거렸다.

1) 사례와 상황의 관계는 2장을 참조.

연구개발 과정은 세부 예산 책정 및 분배, 해당 기술을 가진 조직체계를 선정하는 일, 테스트 과정 등과 맞물린다. 저예산에도 불구하고 정치적 압력에 의한 시간 맞추기 식의 로켓부스터 연구개발 과정은 수주 단계에서부터 문제를 발생시켰지만, 여기서는 테스트 과정만 간단히 살펴보자. 디자인 및 개발에 관련된 테스트 방식은 크게 두 가지로 나뉜다.

완성 후 역추적 테스트(all-up test) 방식 : 디자인에 의해 완성품을 개발한 후 테스트하여 역으로 이상 부분을 발견하고 수정하는 방식이다. 디자인에 동원된 지식들이 조직체계의 각 집단에게 투명한 경우, 그 방식은 주어진 기간 내에 목표를 달성하는 동시에 비용 절감에 효과적이다.

단계별 구성 부분 테스트(components test) 방식 : 현대 공학의 디자인은 대부분 집단적 합의 과정에 근거한 것이며, 완성품은 여러 기능 단위의 유기적 결합으로서 하나의 시스템이다. 시스템의 각 기능 단위가 개발될 때마다 테스트를 시행하고, 발생한 문제를 수정하는 동시에 자료로 남긴다. 이러한 방식은 디자인에 동원된 지식들이 각 집단에게 투명하지 않은 경우에 효율적이다.

우주왕복선은 당시에는 아직 존재하지 않는 인공물을 디자인하는 것이므로, 단계별 구성 부분 테스트가 요구된다. 공학자들은 완성 후 역추적 테스트 방식을 거부했지만, 기한 내 생산 압박과 비용 절감 문제를 고심할 수밖에 없었던 경영진은 공학자 집단의 의견을 받아들이지 않았다. 새로운 첨단 인공물을 개발하는 데 완성 후 역추적 테스트 방식이 비용 절감에 효과적일까? 많은 공학자들은 이에 동의하지 않았는데, 첨단 인공물에 이상이 발생했을 경우 역으로 원인을 정확히 진단하기 어렵기 때문이다. 공학자들은 저예산으로도 단계별 구성 부분 테스트를 할 수 있는 새로운 방법론을 고안했지만, 이 또한 무시당했다. 실제 우주왕복선 엔진 연구개발에서 완성 후 역추적 테스트 방식은 많은 부대비용을 발생시켰다.2)

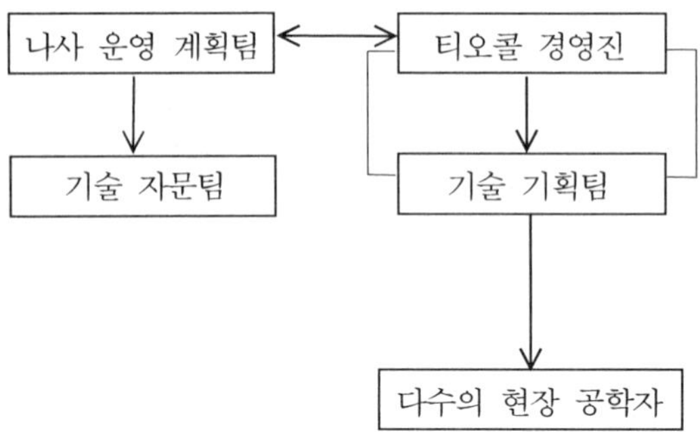

[도식 1]

챌린저호 폭발에 대한 궁극인(ultimate cause)은 첨단 기술에 걸맞지 않은 조직체계, 곧 재난 방지의 미덕을 일찍 깨달은 보잉사 공학자들이 '나사 문화(NASA culture)'로 비아냥거린 '편향된 조직체계(biased organization)'다. 편향된 조직체계 속에서 공학자들의 반대에도 불구하고 완성 후 역추적 테스트가 선호된 것이다. [도식 1]에서 화살표의 방향은 명령을 나타낸다. 다수의 현장 공학자는 조직체계의 능동적 행위자가 아니라 명령을 수행하는 일꾼의 위치를 점유하게 된다. 아래에서 위로 가는 것은 보고가 주이며, 공학자의 의견 및 제안은 공학 지식이 결여된 나사의 운영 계획팀과 티오콜사의 경영진에게 수렴되기 힘들다. 계획팀, 경영진, 기술 자문팀 및 기획팀에 공학자 출신의 매니저가 있다고 하더라도, 그들의 수가 적거나 혹은 권력의 측면에서 열세라면 무용지물이다. [도식 1]의 편향된 체계 속에서 현

2) 나사의 우주왕복선 개발에서 완성 후 역추적 테스트가 불러온 소모적인 부대비용에 대해서는 다음을 참조하라. Pinkus, R. L, Shuman, L. J., Hummon, N. P. & Wolfe, H.(1997), 159-163쪽. 정책 결정에 관여한 나사의 간부급 공학자 티쉴러(A. O. Tischler)는 완성 후 역추적 방식의 테스트가 불러올 위험성을 경고했으며, 저예산에도 불구하고 단계별 구성 부분 테스트를 수행할 수 있는 대안을 개발하기도 했다. 공학 지식이 결여된 나사 정책 집행부와 공학자 집단 사이를 연결하려고 애썼던 그는 1969년 우주왕복선 초기 설계 단계에 개입한 인물로서 수직적인 나사 조직체계에 환멸을 느껴 1974년 직장을 그만둔다. Tischler, A. O.(1969).

장의 문제는 쉽게 위로 전달되기 힘들다.

챌린저호가 터지기 전날로 돌아가자. 너는 발사 전 이상 유무를 검토하는 책임을 맡은 공학자다. [도식 1]에서 너는 다수의 현장 공학자들 중 한 명이다. 너는 과거에 경험하지 못했던 이상한 점을 발견한다. 낮은 온도로 엔진 부위에 성에가 끼고 고드름이 달렸다. 책임, 안전 그리고 숙련된 능력이라는 공학의 미덕을 직업 활동 속에 체득한 너는 스스로에게 반문한다. 엔진에 고드름이 달릴 정도로 이렇게 낮은 온도에서 발사가 제대로 될까? 혹시 오링(o-ring)의 팽창 계수가 떨어진다면, 공중 폭발은 불 보듯 뻔하다.[3] 우주왕복선이 터지면, 승무원 모두는 그 자리에서 죽는다. 너는 상부의 다른 공학자들에게 도움을 청하고, 나사 경영진이 발사 지연을 결정하기를 희망한다. 그러나 챌린저호는 발사되었고 공중에서 폭발했다. 사고가 난 후 국가 차원의 조사가 이뤄지고, 너는 사전에 위험성을 경고했다는 이유로 뜻하지 않게 내부고발자가 된다. 너는 보상 대신에 한직으로 밀려나게 되고, 결국 회사를 그만둔다.[4]

엔진에 고드름이 맺힌 특이한 사실은 공학자로서 너에게는 그냥 스쳐 지나갈 수 없는 것이었다. 낮은 온도가 재난을 불러올 수도 있다는 것은 너에게는 상식이다. 하지만, 너의 상식은 경영진 및 집행부의 인간들에게는 전혀 먹혀들지 않았다. 그들을 설득할 수 있는 과거의 부품별 테스트 자료도 남아 있지 않다. 경영진 및 집행부의 인간들은 비상식적인가? 그렇지 않다. 네가 생각하는 상식은 일상적 공감대로서의 상식이 아니다. 그것은 일상적 공감대에 너의 직업 활동 속에 체득된 공학의 가치체계가 결합된 것이다. 가치체계와 연관된 당연성은 일상적 당연성에 비해 상호주관성의 폭에서 상대적으로 좁다. 공학자

---

3) 챌린저호 폭발의 직접적인 물리적 원인은 낮은 온도에서 기인한 오링의 결함이었다. 이에 대해서는 제3부 16장을 보라.

4) 챌린저호 폭발 당시의 상황에 대해서는 다음을 보라. Lenk, H. & Maring, M. (1998), 8쪽. 의도된 내부고발과 의도되지 않은 내부고발의 구체적 분류는 제3부 16장에서 다뤄질 것이다.

로서 네가 처한 상황은 일상적 공감대로서의 상식과 다양한 가치체계의 다원적 결합 가능성을 보여준다.

2. 세 질문에 대한 답변

가치체계는 선호 방식의 차원을 넘어 인간의 생활양식을 규정한다. 가치체계가 다양한 만큼 생활세계의 양식 또한 다양하다. 공시적으로, 통시적으로 너와 내가 공유하는 일상적 공감대로서의 상식이 특정 가치체계와 결합하는 방식은 단순히 논리적인 것이 아니다. 그 방식은 사람이 처한 상황에 의존한다. 이 점을 극명하게 보여주는 것으로서 『장자(莊子)』의 양생주편(養生主篇)에 나오는 포정(庖丁)의 우화에 비교할 만한 것은 없다. 분류에서 본질주의 대 상대주의를 둘러싼 논쟁, 정치적 맥락에서 장자 해석을 둘러싼 논쟁, 그리고 도(道) 개념을 떠나서 포정의 우화를 접근한다면, 어떻게 직업적 특성이 사물을 바라보는 방식을 변화시킬 수 있는지를 보여준다. 소를 잡는 포정은 처음에는 다른 사람들과 마찬가지로 소를 살아 있는 생명체로 보았다.[5] 소를 잡는 직업적 미덕이 그에게 체득되자, 그의 눈에 소는 그저 뼈와 살의 집합체로 드러났다. 백정이 갖춰야 할 직업적 미덕의 체득은 포정의 생활양식을 변화시킨 것이다. 생활양식이 하나가 아니라는 평범한 사실은 상식과 여러 가치체계의 다원적 결합 방식을 반영하며, 현실세계의 실천적 문제 해결은 그 방식을 벗어나 다뤄질 수 없다. 이 점은 앞 절에서 언급된 세 질문에 답함으로써 분명해지고, 우리의 관심은 상식을 존중한 상황윤리로서 실천윤리를 규정하는 작업으로 자연스럽게 이동할 수 있다.

---

5) 첸양 리는 포정의 우화를 근거로 생활양식과 분류 방식의 유기적 연관성을 옹호했다. Li, C.(1993), 나는 생활양식과 분류 방식의 유기적 연관성은 인정하지만 장자의 철학이 과학적으로도 아리스토텔레스의 형이상학보다 뛰어나다는 그의 주장에는 동의할 수 없다. 이상하(2000).

1) 상식과 가치체계의 결합 조건: 첫째 질문에 대한 대답

리드의 상식주의의 긍정적 측면, 한계 그리고 상식의 구조와 경계를 살펴봄으로써 상식을 존중한 실천윤리가 피해야 할 세 가지 관점을 논했다. 상식의 원리주의 관점, 유일한 이론 관점 그리고 이기주의와 이타주의의 이분법 관점이 그 세 가지다. 상식을 존중한 실천윤리가 그 세 가지 관점을 피해야 한다면, 다양한 가치체계가 일상적 공감대로서의 상식과 결합하는 방식은 결코 무작위적인 것은 아니다. 그것은 적어도 다음 조건들을 만족한다.

(1) 엄격한 합리성 기준의 거부 조건

엄격한 합리성 기준은 믿음체계의 합리적 수정 과정에 부여된 이상적인 강한 조건이다. 그 기준에 의하면, 합리적 체계는 논리적으로 무모순하며 닫힌 체계(closed system)이어야 한다.[6] 그러한 닫힌 체계 또한 환경 변화에 따른 수정이 가능하지만, 이 경우 작은 변화에도 불구하고 믿음체계의 전반적인 수정이 요구된다. 이 점은 공동체 삶의 기저로 작용하는 상식에 해당하지 않는다. 표면적으로 날개가 없는 키위에 대한 경험이 모든 믿음을 거기에 맞게끔 정합적으로 수정되게끔 강요한다면, 우리 인생의 대부분은 소위 '합리적 믿음 수정' 과정에 소모된다. 엄격한 합리성 기준의 관점은 행위가 믿음을 제한하는 측면을 약화시키며, 또 그릇된 엘리트주의의 옹호에 도용될 수 있다. 철학적 의미에서 합리적 믿음 수정의 규칙을 따르는 인간만이 합리적이라면, 그런 인간의 수는 극소수일 수밖에 없기 때문이다.

엄격한 합리성의 기준이 인간을 모방하는 인공지능의 설계에는 효과적일지 모르지만, 그 기준은 일상적 관점에서 통용되기 힘든 철학적 전제들을 함축하고 있다. 엄격한 합리성의 기준은 합리적인 것과 심리적인 것의 이분법을 전제하기 때문에 인지적 상태와 비인지적 상

6) 엄격한 합리성의 기준은 다음 책 24쪽의 정의에 대응하는 것이다. Gärdenfors, P.(1988). 또 그 기준은 다음 책 81-82쪽의 세 조건과 동치이다. Stalnaker, R.(1984).

태의 이분법을 함축한다. 명제적 내용을 갖는 믿음 등에만 인지적 기능을 귀속시키는 것은 상식의 구조에서 감정과 같은 구성원들을 단지 부수적인 상태로 보는 것이다. 이 점은 11장 2절에서 벌써 비판되었다. 엄격한 합리성의 기준은 믿음의 수정에 개입하는 요인을 단지 외적 자극으로 취급하게끔 만든다. 그 결과, 믿음 수정의 증거를 외부 대상으로 파악하는 실재론적 태도 등 상식의 구조에서 뿌리에 속하는 것들은 무의미해진다. 이를 비켜나가는 하나의 방법은 그러한 태도를 믿음체계에 수반되는 것 정도로 치부하는 것인데, 이 점도 11장 2절에서 비판되었다.

논리적 무모순성은 상식에 근거한 합당한 논증에서 발견되는 것이지, 논증의 생성력을 갖는 상식 전체가 그러한 논리적 기준을 전제하는 것은 아니다. 합당한 논증에서 발견되는 무모순성을 가지고 논증이 내용과 무관한 추론 형식을 따른다고 말해서도 안 된다. 그러한 형식은 역으로 합당한 논증에서 발견되는 성격들을 특정 조건, 실례로 진리치의 쌍극성 조건 아래 이상화된 것으로 간주되어야 한다. 만약 상식과 가치체계의 결합이 반드시 강한 합리성의 기준을 만족해야 한다면, 그 결합 방식은 우리를 독단적 사고의 함정에 빠트린다. 이 점은 상식에 의한 부분적 제한 조건에서 드러난다.

(2) 상식에 의한 부분적 제한

엄격한 합리성의 기준이 가치체계와 상식의 결합에서 반드시 충족되어야 하는 조건이라고 해보자. 이 경우, 상식은 무모순한 가치체계의 부분집합이 되어야 한다. 가치체계의 믿음에서 도출 가능한 모든 것은 역시 동일한 가치체계에 귀속되기 때문이다. 가치체계는 논리적으로 닫힌 체계가 되며, 상식과 결합 가능한 가치제계는 하나라는 결론이 도출 가능하다. 그러한 가치체계는 무모순성과 정합성을 지향하는 유일한 이론처럼 여겨질 수 있다. 만약 엄격한 합리성의 기준에 따라 서로 다른 여러 가치체계가 상식과 결합 가능하다면, 상식은 가치체계의 평가 작업에서 무기력해진다. 엄격한 합리성 기준이 가치체계와 상식의 결합에 필수적인 논리적 장치라면, 우리에게 남는 것은 결국 독단적 사고의 두 측면이다. 상식을 부분집합으로 갖는 정합적인 단 하나의 가치체계를 가정하는 것이 그러한 사고의 한 측면이다. 상식의 접근에서 피해야 할 유일한 이론 관점을 멀리할 때 우리는 엄격한 합리성 기준을 만족하는 모든 것을 일단 받아들여야만 한다. 이것은 독단적 사고의 또 다른 측면이다.

독단적 사고를 발생시키는 엄격한 합리성 기준을 거부한다고 하여, 상식이 가치체계 생성에 아무런 제약을 가하지 않는 것은 아니다. 그렇다고 상식이 가치체계의 선별에 대한 원리로 작용할 수는 없다. 그 어떤 가치체계든, 개인 혹은 집단이 수용한 것은 상식에 의해 부분적으로 제한을 받는다. 상식의 태도와 믿음체계는 일상적 설명과 행위의 기저로 작용한다. 일상생활에서 당연하게 나타나는 상식의 구성원들은 동질화될 수 없다. 앞 장에서 보았듯이, 일상적 당연성은 경험적, 양상적 그리고 당위적인 것으로 계층화된다. 이러한 계층화를 동질화시킬 수 있는 첫 원리를 찾겠다는 꿈은 비판적 능력을 상식에 대비시키려는 철학자들의 뇌리 속에 박혀 있다. 이 작업이 그들을 해방시킬 수도 없지만, 그들의 꿈이 지금까지의 논의 구도에 개입할 근거는 아무 데에도 없다. 이 점은 둘째 질문과 관련해 다뤄질 것이며, 여기서는 상식의 구조와 경계를 다루는 부분에서 이미 함축된 상식의 부분적 제한성을 일상적 당연성과 관련해 언급한다.

가치 매김에 개입하는 과학 이론의 세계 이해 혹은 자연관이 상식의 경험적 당연성과 정면으로 배치된다면, 그것은 받아들여질 수 없다. 과학의 이론은 때때로 눈에 보이는 것을 믿지 말라고 우리에게 호소하지만, 일상경험에 대해 인과적 설명을 제공할 수 없는 혹은 현상을 구제할 수 없는 이론은 쉽게 수용되지 않는다. 눈에 드러나는 천구의 모든 운동이 겉보기 운동(apparent motion)일지라도, 건전한 평가의 대상이 되는 이론은 눈에 보이는 현상을 구제할 수 있는 것이다. 과학과 일상성의 갈등이 둘의 공존 가능성을 가로막는 내재적 마찰은 아니다.[7] 과학의 이론은 일상적 공감대로서 상식을 포기하라고 강요할 수 없으며, 강요하지도 않는다. 상식에서 발견되는 경험적 당연성은 과학 이론의 가설 설정에 제한을 가한다. 그 제한은 부분적이다. 상식 자체가 가설 선택의 원리로 기능할 수도 없다. 동쪽에서 떠서 서쪽으로 지는 태양의 겉보기 운동의 당연성에 대해 인과적 설명을 찾는 방식은 다양하며, 어느 설명이 최종적으로 옳은 것인지는 상식 자체에 의해 대답되지 않는다. 태양의 일주기 운동에 대한 경험적 당연성에 다양한 인과 가설이 부과될 수 있는 사실은 가치체계와 상식의 결합에서 상식의 부분적 제한을 보여준다.

경험적 당연성의 모든 측면을 포섭하는 정합적인 과학 이론은 없으며, 따라서 과학 이론에 담긴 자연관도 마찬가지다. 생존을 위해 특정 행위를 즉각적으로 금지시키는 일반 습성과 관계된 양상적 당연성의 측면과 행위 금지의 고려 속에서 드러나는 당위적 당연성의 측면 사이에 놓여 있는 간극은 상식의 부분적 제한을 더욱 극명하게 보여준다. 그러한 일반 습성을 획일화하는 경우에는 철학적 이기주의가 호소력을 얻지만, 행위 금지의 고려 속에 나타나는 당위적 당연성을 획일화하는 경우에는 철학적 이타주의가 호소력을 얻는다. 행위의 허용 가능성과 도덕적 평가에 개입하는 실제 삶의 가치체계는 철학적 이기주의와 이타주의의 이분법에 종속되지 않는다. 특정 행위를 금지하는 당위적 당연성, 실례로 이유 없이 사람을 해쳐서는 안 된다는 태도에 의해 제한된 사회적 규범 양식은 하나의 체계로 획일화될 수 없다. 또 특정 가치체계가 개인 및 집단적 생존과 관련해 이기적 성향에 치우쳤는지 아닌지는 해당 개인 및 집단이 처한 상황과 무관하게 평가될 수 없다. 가치체계가 상식과 결합할 때 엄격한 합리성 기준의 거부 조건과 상식에 의한 부분적 제한 조건은 그러한 결합이 상황에 대해 열려 있음을 함축한다.

---

7) 고전역학의 힘 개념을 둘러싼 역학적 힘 개념과 일상적 힘 개념의 갈등 또한 두 개념의 공존을 가로막는 내재적인 것이 아니다. 과학의 이론과 일상성의 갈등은 대부분 표면적이다. 이러한 표면적 갈등에 대한 논의는 다음을 참조하라. 이상하(2004d), 127-130쪽.

(3) 상황에 대한 열림

그 누구도 하나의 가치체계라는 바닷속을 헤엄치지 않는다. 우리의 삶은 상식에 의해 부분적으로 제한된 여러 가치체계들을 넘나든다. 공학자로서 직장 안의 생활양식과 가정 안의 생활양식은 상식에 의해 부분적으로 중첩되지만, 그 둘이 동일한 생활양식은 아니다. 하나의 가치체계가 우리의 삶의 일부를 파고드는 과정에는 우연도 개입한다. 포정이 소 잡는 직업을 가져야 할 필연적 이유는 없다. 이러한 우연적 요인을 논외로 하더라도, 개인 및 집단이 처한 상황의 변수에 대한 고려 없이 하나의 가치체계가 생활세계에 정착하는 방식을 고려하는 것은 무의미하다. 또 여러 가치체계가 생활세계 속에 배열되는 방식과 제도의 관계도 마찬가지다.

하나의 질문을 던져보자. 챌린저호 폭발 사건이 집단적 합의 과정의 실패작이라고 하여, 공학 지식이 결여된 경영 집단이 일방적으로 책임을 져야 할까? 챌린저호 폭발 사건은 책임 귀속 문제를 개인적 양심 차원에서 다룰 수 없는 사례다. 사고결과를 가지고 경영진이 무책임했다거나 비양심적이라고 말하면서 잘못된 결과에 대한 법적 구속 장치를 마련하는 것은 어리석다. 그러한 구속 장치가 잘못된 결과의 재발 가능성을 막을 수 없을 뿐더러, 집단적 이해의 상충 문제는 법체제 안에서만 다뤄질 수 없다. 생활세계 속에서 가치체계들의 원활한 기능을 현실화시켜주는 이상적인 제도와 법체제는 없다. 제도와 법체제는 단지 그러한 기능을 지향하는 집단적 노력의 반영일 뿐이다. 또 경영진을 설득할 수 없었던 당시 공학자들에게 무능력함을 이유로 책임을 떠넘길 수도 없다.

부정적 사건의 재발을 막기 위한 현명한 첫걸음은 사례 분석에 필요한 검토 사항을 마련하는 것이다. 앞 절의 [도식 1]에 함축된 편향된 조직체계가 굳어지게 된 요인들은 무엇인가? 가치체계가 고정된 것이 아니라면, 다양한 공중의 관심사를 고려한 공적 신뢰성(public trust) 없이 장기적 이윤을 산출할 수 없다는 현대적 경영 관점이 나사 정책 결정 집단에 결여된 이유는 무엇인가? 부정적 사건의 재발을 막기 위한 상황 설계, 제도적 정비 및 방법론의 개발은 어떤 식으로 이루어져야 하는가? 이러한 검토 사항은 가치체계와 상식의 다원적 결합 방식이 상황에 민감하다는 혹은 열려 있다는 인식을 요청한다. 상식을 존중한 상황윤리의 틀짜기 작업은 사례 분석을 이론적 규범윤리의 응용 차원이 아니라 현실적 문제 해결을 지향하는 실천윤리의 담론 속에 정초시키는 것이다. 이를 위해 가치체계와 상식의 다원적 결합 방식에 대한 이해가 나머지 둘째, 셋째 질문을 통해 좀더 심화되어야 한다.

2) 이론적 토대의 부정: 둘째 질문에 대한 대답

상식의 원리주의 관점을 거부할 때 상식에 근거해 하나의 유일한 이론을 건설하는 것은 불가능하다. 이론이 가치 매김에 개입할 때 그것은 특정 가치체계와 연관된다. 따라서 상식 자체가 올바른 가치체계의 선별 기준이 될 수는 없다. 집단에서 통용되는 그 어떤 가치체계도 상식에 의해 부분적인 제한을 받기 때문에, 상식에 완전히 반하는 가치체계라는 것도 없다. 또한 상식과 가치체계의 결합이 상황 의존적이기 때문에, 그 결합에 근거한 우리의 판단은 상황적 요인을 고려할 수밖에 없는 개연적 성격을 갖는다. 가치체계의 선별은 상황 속에서 목적 달성의 수단 마련을 위한 진단에 근거하는 것이지 경험을 초월한 선험성 혹은 확실한 이론적 토대를 전제하지 않는다.

가치체계 선별에서 상황과 무관한 이론적 토대를 거부하는 것은 많은 철학자들에게는 좋은 소식이 아니다. 그들은 그 거부가 윤리적 담론의 가능성을 가로막는다고 여긴다. 그들에게 가치체계가 지향하는 목적의 선에 대한 상위 기준으로서 이론적 토대를 찾는 작업은 최고의 철학적 미덕이 된다. 다시 말해, 앞 절에서 언급된 둘째 질문에 대한 이론적 긍정 가능성을 추구하지 않는 도덕적 담론은 그들에게 공허한 것이다. 이론의 응용 관점에서 실천을 파악하는 방식에 회의적인 입장은 그들의 환영을 받을 수 없다.

만약 상황과 무관한 이론적 토대를 가정하여 가치체계의 선별을 논할 수 있다면, 비판과 상식의 대립 구도가 요청된다. 이성은 상식에 대한 비판 능력으로 등장한다. 이성이 상식에 비판적 기능을 가함으로써 수용 가능한 것과 수용 불가능한 것 사이의 보편적 구분 장치가 마련된다. 그러한 보편적 구분 장치는 가치체계의 선별을 위한 이론적 토대로 작동한다. 그 이론적 토대는 상식의 불확실성과 상황의 변덕스러움을 극복할 수 있는 '이성의 힘', '이성에 따른 의지' 혹은 가공의 '철학적 자율성'에 호소한다.

이성 개념의 모호함 혹은 이성 개념의 서구적 기원 따위는 운운하지 않겠다. 이성을 그냥 비판 능력으로 보자. 비판 능력으로서의 이성이 상식과 대립한다는 일상적 증거는 아무 데에도 없다. 상식의 형성 과정 자체에서 인간의 원초적 비판 능력이 드러난다. 물이 반쯤 담긴 컵 속의 젓가락이 꺾인 상태로 눈앞에 드러날지라도, 상식을 가진 인간은 그렇게 판단하지 않는다. 젓가락과 나의 상호작용에 의해 시공간적 경험이 드러나는 방식과 젓가락 자체가 갖는 속성 사이의 구분은 지각경험의 원초적 비판 능력을 반영한다. 또 다양한 관습과 가치체계의 수용 과정에서 상식은 끊임없이 속임수, 이득 계산 및 상대방 행위의 수용 가능성의 문제와 맞물려 기능한다. 실제 너의 상식이 틀렸다는 비판은 일상적 공감대로서의 상식이 아니라 네가 옳다고 확신하는 것 혹은 고정관념에 대한 비판이다.

비판 능력과 상식의 대립 구도를 받아들일 일상적 이유가 없다면, 상식 자체가 상황과 무관하게 가치체계의 선별 원리로 기능할 수 있다는 관점도 받아들일 수 없다. 상식에 의해 부분적으로 제한을 받는 가치체계는 상황에 대해 열려 있기 때문에, 우리는 우선 그 둘의 다원적 결합 관계를 겸허하게 받아들여야 한다. 상황 속에서 그러한 결합 관계의 긍정적, 부정적 기능에 대해 관심을 돌릴 필요가 있다. 가치체계의 선별에 대한 상위 차원의 이론적 토대를 찾는 철학자는 이렇게 반문할 것이다. 그러한 토대 없이는 집단적 합의가 불가능하지 않은가? 만약 그 합의가 상황과 무관하게 모두 동의할 수 있는 그러한 것이어야 한다면, 철학자의 반문에 대한 나의 대답은 부정적이다. 현실세계의 실천적 문제 해결을 지향하는 실제 논증과 판단은 개연적일 수밖에 없다. 이로부터 예외 사례에 저항하는 일반 지식 혹은 행위 준칙이 불가능하다는 결론이 도출되지 않는다. "연한 고기가 건강에 좋다"라는 준칙은 상황적 조건들을 제거하여 이상화(idealization)되고 비시제적(atemporal)이며 필연적(necessary)인 이론적 지식이 아니다.[8] 어떤 경우 연한 고기가 건강에 나쁠 수 있다는 사실은 그 준칙의 보편성을 위협하지만, 그 준칙의 쓸모 있음은 예외 사례의 규정 속에서도 유지된다.

이론이라는 개념은 여러 관점에 따라 다측면을 나타낸다. 이론이 이상화되고 비시제적이며 필연적인 성격을 가져야 한다면, 실천은 이론에 대비될 수밖에 없다. 목적 달성을 위한 현명한 수단 마련이 실천윤리에서 무시될 수 없기 때문에, 윤리학은 이론적 영역에 귀속될 수 없다. 이 점은 이론과 실천의 독립적 관계의 핵심이다. 상황적 조건들을 제거하여 이상화된 이론들은 실천적 맥락에서 실제로는 문제 해결의 도구로 기능한다. 이론이 표상적 관점에서 보편성을 지향하더라도, 그것의 적용은 사용 맥락이라는 제한을 피할 수 없다. 여기서 부정하는 이론은 실천에 대비된 이론이지, 문제 해결의 도구 및 방법론으로서의 이론이 아니다.

가치체계 선별에서 상황과 무관한 이론적 토대를 가정하는 것에는 이론의 응용 영역으로 실천을 보는 관점이 깔려 있다. 하지만, 역사적으로 나타난 전통적 관점의 이론, 곧 보편성을 지향하는 이론은 하나가 아니다. 이러한 이론 다양성은 그냥 다양성으로 끝나지 않는다. 그것은 상황의 복잡성에서 기인한 갈등을 논리적 차원의 윤리적 딜레마로 규정하게 만든다. 산모와 태아 모두를 살릴 수 없는 경우, 여성의 건강권과 태아의 생명권을 동시에 보편화시키는 것은 문제 해결을 가로막는다. 보편성을 지향하는 다수의 이론들이 존재할 때 이론에 의존하는 것은 실천적 문제 해결에 도움을 주지 않는다.[9]

---

8) 이론과 실천의 대비 속에서 이러한 이론에 대한 전통적 관점은 1장을 참조하라.

2장에서 살펴보았듯이, 윤리적 딜레마와 함께 응용 차원에서의 규범윤리, 곧 응용윤리의 한계에 대한 인식은 현대 실천윤리의 길을 열게 만든 역사적 계기였다. 그러한 인식 속에서도 윤리 담론의 탄탄한 이론적 토대에 미련을 가진 철학자들은 '윤리 최소주의(ethical minimalism)'에 호소하기 시작했다. 그들 중 일부는 다양한 종교적 가치체계를 관통하는 미덕에 호소한다. 하지만, 서로 다른 종교에 타인에 대한 배려 및 상호호혜의 미덕이 강조된다고 하여, 그 미덕이 동일한 것은 아니다. 가치체계의 미덕은 표면적 용어 혹은 개념의 유사성이 아니라 사회적 기능의 측면에서 분류되기 때문이다. 다른 일부는 역사를 통해 민주주의의 원리로서 자유, 평등 및 공정성을 강조한다. 그 원리들은 인류사에서 합의를 위한 최소한의 '조율자 개념(regulative idea)'으로 정착했으며, 이상적 사회 상태는 그러한 조율자 개념에 따라 갈등을 해소해 나가야 한다.[10] 민주주의 원리에 합의해야 할 처지에 있지 못한 집단은 참을성 혹은 구원의 대상으로 전락하고, 그 집단의 가치체계, 실례로 종교적 가치체계는 잘못된 것 혹은 근본주의로 규정된다.

윤리 최소주의의 비현실성은 자유, 평등 및 공정성과 같은 것이 조율자 위치를 확보해 모든 가치체계의 위에 군림하려는 데 있다. 그러나 공학을 포함한 직업의 가치체계들이 형성된 역사적 경로는 그러한 조율자의 개념틀 속에 귀속되지 않는다. 가치체계들 사이의 상호작용 및 제한 속에서 자유, 평등 및 공정성은 책임, 안전 및 숙련된 능력으로 대표되는 공학의 가치체계와 연계시켜 볼 수 있는 또 다른 가치체계일 뿐이다. 또 공학의 가치체계가 기능하는 모든 맥락이 어떤 정치적 이념을 전제하는 것은 아니다. 챌린저호 폭발 사례에서 공학자의 설득이 실패한 원인을 자유, 평등 및 공정성이라는 민주주의 원리에 호소하여 개선할 수 있다고 생각하는 사람은 어리석다. 그러한 원리

---

9) 이 점은 2장에서 '이론 의존성의 위험'으로 규정되었다.

10) '반성적 평형 상태(reflective equilibrium)'로 불리는 그러한 사회 상태는 롤스 진영에 의해 옹호된다. Rawls, J.(1993); Daniels, N.(1996).

란 적절한 사례 분석 이후에 상정된 법안과 민주주의 이념 사이의 양립성을 정당화하는 데 개입할 뿐이다. 앞 절의 [도식 1]에 함축된 경영진 혹은 정책 집행부와 공학자 집단 사이의 편향된 조직체계는 독재국가 및 공산국가에서도 나타나는 것이며, 그 해결책은 해당 집단이 처한 상황을 초월할 수 없다. 어떤 정치적 이념과 맞물린 윤리 최소주의는 그에 반하는 다른 가치체계를 제거하려는 또 다른 종류의 독단에 불과하다.

가치체계의 선별에서 이론적 토대를 부정한다면, 가치체계의 선별 문제는 무의미한가? 수단 마련의 목적에 가치를 부여하는 것 자체를 완전히 상대화시키는 것만이 유일한 선택인가? 그렇지 않다. 상황적 요인에 의존하는 '가치체계의 관계적 기능'에 주목함으로써 상식과 특정 가치체계의 긍정적 결합 방식과 부정적 결합 방식을 진단할 수 있다. 이 점은 셋째 질문을 답함으로써 구체화된다.

3) 가치체계의 관계적 기능: 셋째 질문에 대한 대답

공학의 가치체계를 규정하는 책임, 안전 및 숙련된 능력이라는 미덕은 하나의 정합적 이론에 포섭될 수 없으며, 이 점은 다른 직업의 가치체계에도 해당한다. 그러한 미덕을 체득한 공학자에게 책임, 안전 및 숙련된 능력은 이론적 고찰 없이 직업 활동에서 의무계산으로 나타나며, 숙련된 능력에 바탕을 둔 효율을 얼마나 중시할 것인지는 실제 공학자가 처한 상황적 맥락에 의해 결정된다. 앞에서 살펴본 챌린저호 폭발 사례에서 공학자의 직업적 임무가 우주선의 기체 이상을 발견하는 것인 만큼, 그는 효율보다 안전을 중시해야 한다.

상식과 가치체계의 긍정적 혹은 부정적 결합에 대한 평가에서 가치체계는 '관계적 기능(relational function)'의 관점에서 다뤄져야 한다. 가치체계의 도덕적 위상은 목적 및 목적 달성을 위한 수단 마련에 여러 가치들을 부여하는 데 있다. 가치 부여는 상황 맥락에 따라 목적과 수단에 걸쳐 부여된다. 현실세계의 문제 해결 과정에서 목적과 수단의 관계는 좁은 도구적 합리성의 관점에 종속된 인과적인 것이 아니라 인지적인 것이다.[11] 목적과 수단을 인과적 관계에서만 이해하는 좁은 관점은 가치와 사실의 이분법에 근거하며, 도구에 의한 생활세계의 변화는 단지 편리함이라는 맥락에서 이해되었다. 지난 세기 기술과 문명 담론은 그렇게 균형 감각을 잃은 맥락 속에서 문명에 대한 기술의 위협론으로 비화되곤 했다. 또 합목적성에만 가치의 문제를 귀속시키는 버릇은 하나의 가치체계가 다른 가치체계들을 지배하는 과거의 사회 구조에서 기인한 것이기도 하다.

상식과 가치체계의 결합이 가치체계의 관계적 기능의 관점에서 평가된다면, 하나의 가치체계 자체에 대한 평가라는 것은 무의미하다. 상식과 가치체계의 긍정적 혹은 부정적 결합은 해당 가치체계가 구체적 문제의 맥락 속에서 기능하는 방식과 맞물려 평가되며, 그 기능은 해당 가치체계가 다른 가치체계와 관계를 맺는 방식과 무관할 수 없다. 그러한 관계 맺기는 현시점의 환경에 대한 가치체계의 적합성, 조직체계의 구조, 지식의 활용 및 제도와 같은 복잡한 요인에 의해 요동친다. 그러한 요인들을 동질화하여 가치체계의 기능을 어떤 보편 형식 혹은 하나의 유일한 이론 속에 가둘 수는 없다. 하지만, 이 점은 구체적인 문제 해결의 맥락에서 상황의 요인들에 근거한 가치체계 평가의 불가능성을 함축하지는 않는다. 다만, 상황을 초월한 그러한 평가에 대한 보편적 토대를 부정할 뿐이다.

챌린저호 폭발 사건으로 돌아가 보자. 그 사례를 공학자 집단과 경영진 사이의 의사소통 문제라는 주제와 연관시킬 때, 우리에게 흥미로운 점은 그것이 단순히 가치체계의 부적합성에 의한 갈등 양상으로 귀속되지 않는다는 데 있다. 그렇게 귀속되는 경우가 있고 아닌 경우가 있으며, 이 구분은 주제와 연관된 문제 해결의 사례 분석에 의존한다. 챌린저호 폭발 사건에 대한 사례 분석을 위한 기본 틀은 다음과 같다.

상황적 특수성 : 2장에서 다뤄졌듯이, 상황적 특수성은 개인 혹은 집

11) 4장 5절 참조.

단이 처한 여러 상황들을 하나의 주제 아래 묶어주는 요인들이다. 상부에 위험을 사전에 보고한 공학자들이 챌린저호 폭발 후 내부고발자로 몰린 것, 곧 의도되지 않은 내부고발은 하나의 상황적 특수성으로 분류될 수 있다.

주제 : 상황적 특수성은 문제 해결의 주제와 분리되어 다뤄질 수 없다. 의도되지 않은 내부고발이라는 상황적 특수성은 연구개발 조직체계 내에서의 집단적 의사결정 과정이라는 주제와 연결된다.

사례 : 사례는 그러한 주제를 대표하는 하나의 전형적인 상황이다. 챌린저호 폭발 사건은 조직체계 내에서의 집단적 의사결정 과정이라는 주제를 대표하는 하나의 실패 사례로 분류된다.

이러한 사례 분석의 기본 틀은 여러 상황적 요인을 고려한 실제적인 분석으로 확장되어야 한다. 재난 방지와 대책이라는 대목적과 관련된 구체적 분석 기법은 제3부의 주제 중 하나이기 때문에, 여기서는 가치체계의 관계적 기능에만 초점을 맞춘다. 사례 분석과 연관해 상식과 가치체계의 결합 방식은 사례의 주제에 비추어 평가되어야 한다. 챌린저호 폭발 사건이 반복되길 원하지 않는 재난으로 분류되기 때문에, 나사와 티오콜사의 집단적 의사결정 과정에서 상식과 가치체계의 결합 방식은 긍정적이지 않다. 그 결합 방식의 부정적 측면은 어떻게 진단되어야 하는지가 결정적 물음인데, 이 물음은 일련의 하부 질문을 답함으로써 대답된다.

첫째, 사건 당시 해당 공학자 집단에 국한해 상식과 공학의 가치체계가 결합한 방식이 부정적이라고 말할 수 있을까? 아니다. 이 점은 공학자들이 의도와 상관없이 내부고발자로 몰린 정황에서 분명해진다. 그들에게 책임, 안전 및 숙련된 능력이라는 공학의 미덕은 직업 활동 속에 체득된 것이다. 다만, 자율성이라는 미덕이 아직까지 공학 직업의 내재적 미덕으로 굳어지지 않은 세태에서, 공학자들이 의도와 상관없이 내부고발자로 몰리는 사례의 발생은 공학자들에게 '자기중심적 성향'을 자극할 수 있다. 그 결과 공학자들은 조직체계의 좁은 행위 규정에만 안주하게 될 것이고, 이것의 부정적 측면은 7장에서 언급되었다.

둘째, 사건 당시 해당 경영진에 국한해 경영의 측면에서 그들의 가치체계가 상식과 부정적으로 결합했다고 말할 수 있을까? 역시 아니다. 물론 하부 집단과의 신뢰성 결여 등을 강조하여 경영진의 이윤과 효율에 집중된 가치체계를 문제 삼을 수 있다. 하지만, 나사의 정책 결정 자체가 정치적 외압에 민감하다는 사실, 그리고 우주왕복선 이착륙이 항상 불확실한 조건 속에서 결정된다는 사실을 감안할 때 경영진의 가치체계를 일방적으로 문제 삼을 수 없다.[12] 더욱이 나사는 시민들의 직접적인 제어 속에 기능하는 사기업이 아니다. 고비용의 우주개발에 대한 시민의 불만은 나사에게는 예산 삭감 등의 변수로 작동하기 때문에, 경영진과 타집단의 신뢰라는 가치의 획득이 장기적 이윤에 도움이 된다는 현대 경영윤리의 준칙을 당시 나사 조직체계에 부과하기는 힘들다.[13]

셋째, 챌린저호 폭발 사례는 공학자 집단과 경영진의 가치체계가 문제 해결의 맥락에서 더 이상 순기능을 할 수 없는 데에서 기인한 '내재적 갈등' 사례로 분류 가능한가? 각 집단의 관점에서는 그렇게 보일 수 있으나, 제3자의 관점에서는 아니다. 첫째와 둘째 물음에 대한 대답을 따른다면, 각 집단이 책무를 게을리했다는 명백한 증거는 없다. 집단적 합의 과정에서 설득은 상대편의 가치체계 자체가 틀렸다기보다는 주어진 문제 해결에 적합하지 않다는 점에서 그 근거를 획득한다. 내재적 갈등은 한쪽을 틀린 것으로 규정할 정황이 있거나, 구체적 문제와 맞물린 두 가치체계의 지향점이 수렴할 수 없는 경우에 발

12) 챌린저호 발사 당시, 미국 독립일을 기념하기 위해 먼저 발사된 우주왕복선과 함께 챌린저호를 우주에 띄운 후 동시에 2대를 귀환시키는 것이 정치권의 계획이었다. 챌린저호 발사 지연으로 이 계획은 실현되지 않았지만, 계속되는 발사 지연은 경영진에게 큰 부담으로 작동했다.

13) 다양한 사례 분석에 근거해 그러한 현대 경영윤리의 준칙을 옹호한 작업은 다음을 참조하라. Hartley, R. F.(1993).

생한다. 챌린저호 폭발 사례가 여기에 직접 해당한다고는 보기 힘들다. 챌린저호 폭발 사례에서 나타나는 두 집단의 갈등은 구조적이다.

위 세 질문에 대한 답을 수긍한다면, 챌린저호 사례는 단순히 두 집단 사이의 의견 조정 실패나 가치체계 사이의 내재적 갈등과 직접 연관되지 않는다. 내재적 갈등은 해당 가치체계의 수정을 요구하는 반면, 챌린저호 폭발 사례는 공학자 혹은 경영자 집단의 가치체계 수정을 반드시 요구하는 것은 아니다. 그러한 사례는 지식 활용을 둘러싼 조직체계의 구성 방식을 조절함으로써 피할 수 있기 때문에, 두 집단의 가치체계들에서 나타나는 갈등은 내재적 갈등 양상에 해당하지 않는다.

상식과 가치체계의 결합에 대한 평가에서 가치체계들 사이의 내용적 관계만이 항상 핵심 사항은 아니다. 어떤 경우에는 지식의 활용, 제도 및 조직체계의 구조성 속에서 가치체계의 기능이 평가되어야 한다. 가치체계의 관계적 기능을 평가하는 보편적 기준은 없다. 챌린저호 폭발 사례를 가지고 상식과 가치체계의 결합 방식이 부정적이라고 할 때 이 평가는 그 사례에 의해 대표되는 유사한 상황들에 국한된다. 챌린저호 폭발 사례에서 상식과 가치체계의 부정적 결합 원인은 해당 가치체계들의 내재적 갈등이 아니라 지식 활용을 둘러싼 편향된 조직체계의 구조에서 기인한다. 연구개발에 걸맞지 않는 조직체계의 편향된 구조 때문에 공학자 집단과 경영진의 집단적 의사결정 과정이 삐걱거렸으며, 그러한 조직체계의 구조 속에서 해당 가치체계의 순기능은 기대하기 힘들다.

우주왕복선 연구개발이 새로운 복잡한 인공물 탄생을 지향하는 것이기 때문에, 사용되는 공학 지식은 단순하지 않다. 도구의 디자인에 의해 문제를 해결하는 공학 지식은 조직체계 내의 집단적 의사결정 과정 속에서 조직화된다. 지식의 측면에서 공학을 다룬 6장에서 분석되었듯이, 그렇게 조직화되는 공학 지식은 단순 지식과 복잡 지식으로 분류된다. 조직체계의 위계질서에서 하부 집단의 지식이 상부 집단에 투명할 때 그런 지식은 매뉴얼에 의해 대체되어 정보처럼 취급될 수 있는 단순 지식인 경우가 많다. 상부 조직의 통제 영역(control span)에 하부 조직이 흡수되어 전체 조직체계는 수직상하의 편향된 구조, 곧 오르가노그램(organogram) 형태의 구조를 갖는다.14) 그러한 편향된 구조가 분업화 모델에 따른 조립 생산체계에는 효율적이며, 이 점은 조직체계의 구조조차 문제 해결의 맥락에서 자유롭지 않음을 보여준다. 조립 생산의 측면에 국한된 조직체계의 편향된 구조적 효율성을 가지고 개인적 권리 혹은 자율권 침해 논의로 치달아서는 안 된다.

수직상하 명령체계의 편향된 조직체계의 구조는 기능 단위 구조의 일률적 대체 가능성을 갖는 '은폐된 복잡 지식'의 활용에 대해서는 부분적 효율성을 유지할 수 있다. 이 점은 이질적 집단의 공동협력 및 상호제한을 강하게 요구하는 '노출된 복잡 지식'의 활용에는 해당하지 않는다.15) 백만 개가 넘는 기능 단위들로 구성된 우주왕복선의 디자인 과정은 노출된 복잡 지식의 활용에 크게 의존한다. 초기 결정 과정, 중간 결정 과정, 예정표에 의한 작업 과정 그리고 되먹임 과정의 반복에 의해 틀이 잡히는 그러한 연구개발의 디자인에 대해 일방적인 수직상하의 명령체계를 갖는 조직 구성법은 적합하지 않다. 챌린저호 폭발 가능성을 경고한 공학자들은 사실 자신들의 임무를 다한 것이고, 공학자 집단과 경영진 사이에 우주왕복선의 초기 디자인 및 기능 단위 테스트 방식을 놓고 갈등이 있었다. 그 갈등은 가치체계들 사이의 직접적인 내용적 충돌에서 발생한 것이 아니다. 그 갈등의 원인은 연구개발이라는 문제 해결 맥락에 맞지 않는 조직체계 속에서 가치체계들이 순기능을 할 수 없었다는 데 있다.

특정 주제에 대해 성공 사례는 상식과 가치체계의 긍정적 결합 방식을 보여준다. 반면에 챌린저호 폭발 사례와 같은 실패 사례는 상식과 가치체계의 부정적 결합 방식을 보여준다. 상식과 가치체계의 결합은 가치체계의 관계적 기능, 곧 여러 요인들과 관계를 맺는 가치체

---

14) 오르가노그램에 대해서는 6장 5절 참조.

15) 단순 지식과 복잡 지식 그리고 은폐된 복잡 지식과 노출된 복잡 지식에 대해서는 6장 4절을 참조하라.

계의 기능 관점에서 평가되어야 한다. 가치체계의 관계적 기능 관점과 맞물린 다양한 요인들은 항상 주어진 것이 아니라 문제 해결의 맥락에서 선별된다. 어떤 경우에는 중재를 요구하는 가치체계들 사이의 내재적 갈등이 표면에 떠오르고, 다른 경우에는 가치체계들의 순기능을 가로막는 조직체계의 구성 방식이 표면에 떠오른다. 좋고 나쁜 가치체계의 선별에 대한 확실한 이론적 토대가 없다고 하여, 상식과 가치체계의 긍정적 혹은 부정적 결합 방식의 맥락 의존적 평가가 불가능한 것은 아니다. 그러한 평가는 문제와 연관된 주제를 설정하는 상황적 특수성과 사례 분석에 개입하는 상황적 요인들에 근거한 맥락 속에서 가능하다.

그러나 누군가 이렇게 반문할 것이다. 네가 말한 것은 상황을 구실로 악을 정당화할 수 있기 때문에 도덕적 위상을 갖지 못한다. 나의 간단한 대답은 공익을 지향하는 상황윤리에서 다수가 동의하는 악이 정당화되지 않는다는 것이다. 하지만, 어느 장소의 어느 집단을 위한 공익인가? 무제약적인 공익의 허망함에서 벗어난다면, 히틀러와 하이데거가 추종한 국가사회주의, 곧 나치의 가치체계도 아리안족의 공익을 추구한 것이 아닌가? 왜 역사적 실패로 끝난 나치의 가치체계는 나쁘게 평가되지만, 공학적 실패 사례에도 불구하고 공학의 가치체계는 그렇게 평가될 수 없는가? 이러한 질문들은 근거가 애매한 목적으로서의 공익이 아니라 역시 구체적 상황 속에서 의미를 갖는 공익의 실제 측면을 규명함으로써 대답되는데, 이것은 실천윤리를 상황윤리로 규정하는 다음 장의 주제이기도 하다.

3. 다원성: 가치체계의 배열 나침반

다음 세 질문을 챌린저호 폭발 사례에 비추어 답했다.

첫째, 상식과 가치체계의 결합 가능성에 대한 최소한의 조건은 무엇인가?

둘째, 어느 집단이 신봉하는 가치체계가 옳다는 정당성을 상식에 호소해 확보할 수 없지만, 그 가치체계를 지향하는 것에 대해 상황과 무관한 상위 기준을 마련하는 것은 가능한가?

셋째, 상황 속에서 상식과 특정 가치체계의 긍정적, 부정적 결합 방식에 대한 담론은 가능한가?

첫째 질문과 관련된 상식과 가치체계의 결합 조건은 세 가지 하부 조건들로 구성된다. 엄격한 합리성 기준의 거부, 상식에 의한 부분적 제한 그리고 상황에 대한 열림 조건이 그 세 가지다. 상식과 가치체계의 결합은 무모순하고 논리적으로 닫힌 이상화된 체계로 나타나지 않는다. 상식과 가치체계의 결합에 전통적인 엄격한 합리성의 기준이 부과될 이유가 없기 때문에, 그 결합은 열린 체계 혹은 개방계의 성격을 갖는다. 그러한 개방계의 성격은 상식에 의한 부분적 제한과 상황에 대한 열림 조건을 만족한다. 둘째 질문과 관련하여 비역사적이고 상황을 초월한 가치체계의 선별 기준은 부정되었다. 셋째 질문은 가치체계의 기능을 문제 해결의 맥락 속에서 다른 가치체계와의 관계, 상황적 요인들 그리고 조직체계의 구성 방식 등과 연관시키는 '가치체계의 관계적 기능' 관점에서 긍정되었다.

위 세 질문에 대한 대답을 수용할 때 상식과 가치체계의 결합 방식은 다원성을 갖는다. 그 다원성은 크게 정적인 측면과 동적인 측면으로 나눠진다.[16] 상식과 가치체계의 결합이 상황에 대해 열려 있지만, 그 결합은 상식에 의한 부분적 제한 덕에 무작위적이지 않다. 상식에서 발견되는 모든 종류의 일상적 당연성을 정합적으로 함축하는 가치체계란 없지만, 상식에 완전히 반하면서 생활세계에 통용되는 가치체계도 없다. 가치체계 선별의 비역사적이고 상황을 초월한 이론적 토대의 부정 때문에, 상식과 결합하는 가치체계들은 다양할 수밖에 없

16) 상식과 가치체계의 결합에서 나타나는 다원성의 정적인 측면과 동적인 측면은 좀더 형식적인 작업 속에서 '정적인 다원주의'와 '동적인 다원주의'로 구체화되었다. 이상하(2003a).

다. 이러한 다양성은 상식과 가치체계의 다원성에서 정적인 측면에 해당한다. 그 결합이 무작위적이지 않기 때문에, 언급된 다원성의 정적인 측면은 극단적인 상대론으로 귀속되지 않는다. 가치체계의 관계적 기능의 관점에서 특정 가치체계의 순기능은 가치체계들의 상호관계, 상황의 요인 및 조직체계의 구성 방식 등 여러 변수들을 고려함으로써 평가된다. 그러한 변수들은 상식과 가치체계의 결합 방식에서 나타나는 역동성과 관련된다. 가치체계의 관계적 기능 관점에서 상식과 가치체계의 다원적 결합은 역동적 측면을 갖는다.

상식을 존중한 상황윤리로서 실천윤리를 규정하는 작업으로 넘어가기 전에, 가치체계의 관계적 기능을 평가하는 방식에 대해 언급한다. 현실세계의 실천적 문제 해결은 상식과 가치체계의 다원적 결합 방식 속에서 가치체계의 배열 문제와 밀접한 관련을 맺기 때문이다.

1) 질적, 양적 요인들의 복잡성

어떤 가치체계가 상식과 긍정적으로 결합했을 때 이 결합은 그 가치체계와 다른 가치체계의 관계, 조직체계의 구성 방식, 참여자들의 인지 수준 및 경제적 자원 등과 맞물려 평가된다. 상식과 가치체계의 긍정적 결합은 그러한 요인들 속에서 해당 가치체계의 순기능을 지향하는 것이며, 단일 가치체계의 평가라는 것은 무의미하다. 이 점은 특별히 가치체계의 관계적 기능의 관점에 함축된 것이며, 상식과 가치체계의 긍정적 혹은 부정적 결합에 대한 평가에는 복잡한 질적, 양적 요인들이 개입한다. 가치체계가 지향하는 미덕들, 조직체계의 구성법 및 지식의 활용 방식 등이 질적 요인에 해당하며, 경제적 자원, 에너지 및 전문가의 수 등은 양적 요인들을 형성한다. 가치체계의 순기능, 곧 상식과 가치체계의 긍정적 결합 방식의 평가에 개입하는 질적, 양적 요인들의 복잡성을 인식하는 것은 현실세계의 실천적 문제를 푸는 첫 단추와 같다.

2) 내재적 갈등을 함축하는 배열

하나의 문제 해결 공간에 개입하는 가치체계는 일반적으로 단수가 아니다. 개연적 판단이 특정 가치체계와 맞물린 질적, 양적 요인들에 의존하기 때문에, 문제 해결 공간에서 가치체계들의 배열도 마찬가지다. 문제 해결 공간에서 한 가치체계의 기능은 그것을 둘러싼 환경, 곧 다른 가치체계 및 질적, 양적 요인들과의 적합성에 의해 평가되는데, 그 가치체계의 수정이 요구되기도 한다. 그러한 환경이 예외적이지 않을 때, 곧 전체 사회체계 속에서 자주 발견되는 현상일 때 해당 가치체계의 내용적 수정 요구는 다른 가치체계와의 갈등으로 나타난다. 특정 가치체계의 내용적 수정 요구와 맞물린 갈등은 '내재적 갈등'으로 규정된다. 여기서 '내재적'이라는 것은 가치체계를 둘러싼 환경과 무관한 것으로 여겨져서는 안 된다. 그것은 다만 특정 가치체계의 수정 없이 주변을 정리하는 것만으로는 갈등이 해결될 수 없음을 뜻한다.

반품 제도의 사례를 들어보자. 1960년대만 하더라도 반품은 제도화되지 않았다. 정보의 평등한 공유가 힘들었던 당시, 기업들은 소비자와의 신뢰라는 미덕을 중요하게 여기지 않았다. 대중매체의 발달에 따른 시민운동의 확장 속에서 기업의 경영 환경도 변화했다. 그 변화 과정에서 기업과 소비자 사이에 갈등이 빈번하게 일어났다. 그러한 갈등은 경영의 가치체계가 주변 환경에 적합하게 수정되지 않고서는 해소되기 힘든 양상에 속한다.17) 기업들은 점차 소비자와의 신뢰가 장기적 이윤에 필수적임을 깨닫고, 반품 제도는 정치적으로 제도화되었다. 여기에서 소비자와의 신뢰성이 진정한 동기에 바탕을 둔 것인

17) 이에 대한 대표적 사례로서 제너럴 모터스(General Motors)사의 자동차 코르베어(Corvair) 반품 시비 사건을 들 수 있다. 저가 스포츠카인 코르베어는 엔진을 뒤에 장착하게끔 설계되었다. 이 때문에 1959년 코르베어가 출시된 이후 급감속 시 사고가 빈번했지만, GM사는 무시했다. 변호사 네이더(R. Nader)는 GM에 맞서 10여 년간 대항했으며, 네이더의 대항은 대중매체의 도움에 의해 시민운동으로 확산되었다. 더 이상 사태를 간과할 수 없게 된 정부는 중재에 나서게 되었다. Hartley, R.(1993), 15-30쪽.

지, 이윤을 위해 소비자를 고려하는 것이 이기적인지 혹은 이타적인지를 묻는 것은 큰 의미가 없다. 그러한 물음들은 문제 해결 공간에서 가치체계의 배열 구조를 따지는 데 결정적 단서를 제공할 수 없기 때문이다.

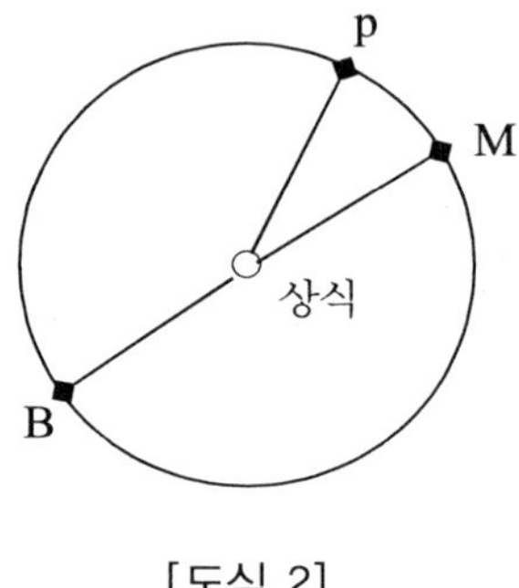

[도식 2]

반품의 제도화 과정에서 기업의 가치체계와 소비자의 가치체계 사이에서 발생하는 내재적 갈등을 '배열 나침반(coordinate compass)'이라는 은유적 도식을 통해 살펴보자. [도식 2]의 대원은 문제 해결 공간을 나타낸다. 반품 시비의 빈도수 증가가 그러한 문제 해결 공간이 된다. 대원 안의 소원은 일상적 공감대로서 상식을 나타낸다. M은 이윤 및 효율과 맞물린 기업의 경영 가치체계, P는 정치적 가치체계, 실례로 민주주의의 미덕을 지향하는 가치체계, 그리고 B는 저가 대비 고품질을 지향하는 소비자의 가치체계를 나타낸다. 상황에 처한 방식에 따라 개인 혹은 집단은 M, P 및 B 사이에서 건너뛰기를 한다. 소비자의 가치체계는 단지 요구와 관련된 선호 방식이지 가치체계로 규정될 수 없다는 반론이 있을 수 있다. 하지만, 구매 행위에서 나타나는 성향은 가치 매김의 집단적 판단 구조 속에서 기능한다. 그 성향이 시장의 구체적 구조와 맞물려 기능하는 한에서, 그것이 단순한 심리적 충족 기제에 흡수된다는 증거는 없다. 자본주의의 시민과 공산주의의 시민은 구매 행위에서 차이를 보이며, 이 점은 상식에 의해 부분적으로 제한된 가치체계들이 중첩되어 있는 경우가 많다는 사실을 보여준다. [도식 2]의 점으로 표시된 가치체계들은 단지 손쉬운 설명을 위해 도입된 도구로 보면 된다.

[도식 2]의 대원에서 M과 P의 간격은 B와 P의 간격에 비해 좁다. 이 점은 정치 집단이 기업과 더욱 밀접히 공조함을 보여준다. M과 B의 간격은 M과 P의 간격보다 넓은데, 이 점은 기업이 소비자의 요구에 둔감함을 보여준다. [도식 2]의 배열 구조가 무조건 나쁜 것은 아니다. 좋고 나쁨은 집단이 처한 상황의 복잡한 요인들과 관련된다. 대중매체의 발달에 의한 정보의 평등한 공유가 가속화된 환경에서 [도식 2]의 배열 구조는 효과적이지 않고, 반품 시비는 사회 담론의 표면에 떠오른다. 이러한 환경에서 소비자와의 신뢰를 무시하는 M은 부적합하며, M의 수정이 요구된다. 기업이 그러한 수정 요구에 대처하지 못할 때 M과 B는 내재적 갈등 양상을 띤다. 상식과 가치체계가 상황에 열린 개방계이기 때문에, 그것의 수정 가능성은 열려 있다. 기업이 주변 환경 변화에 능동적으로 대처함으로써 M의 적절한 수정이 이뤄지지 않는다면, 제3의 공권력인 정부의 중재가 필요하다. 그 어떤 경우든, 가치체계의 수정과 함께 조직체계의 변화가 수반된다.

[도식 2]와 동형의 배열 구조를 가짐에도 불구하고, 가치체계들의 내재적 갈등을 직접 함축하지 않는 경우도 있다. 그러한 경우를 살펴볼 것인데, 동형의 가치체계 배열들에서 나타나나는 갈등의 서로 다른 두 양상은 현실세계의 문제 해결이 상황에 합당한 개연적 판단에 근거한다는 사실을 더욱 명백히 해준다.

3) 구조적 갈등을 함축하는 배열

내재적 갈등을 함축하는 배열에서 주변 환경의 변화로 인해 특정 가치체계는 수정 요구를 받는다. 이러한 경우, 그 가치체계가 지향하는 목적은 다른 가치체계의 목적과 갈등하는 양상이 발생하곤 한다. 구조적 갈등을 함축하는 가치체계들의 배열은 주변 환경의 변화에 의한 가치체계의 명백한 수정 요구가 없는 양상을 띤다. 가치체계들의 갈등은 목적보다는 목적 달성에 필요한 수단을 수정함으로써 해소된다는 점에서 구조적이다. 문제 해결 공간의 가치체계들의 배열에서 나타나는 내재적 갈등과 구조적 갈등은 문제와 맞물린 상황에 의해 결정된다.

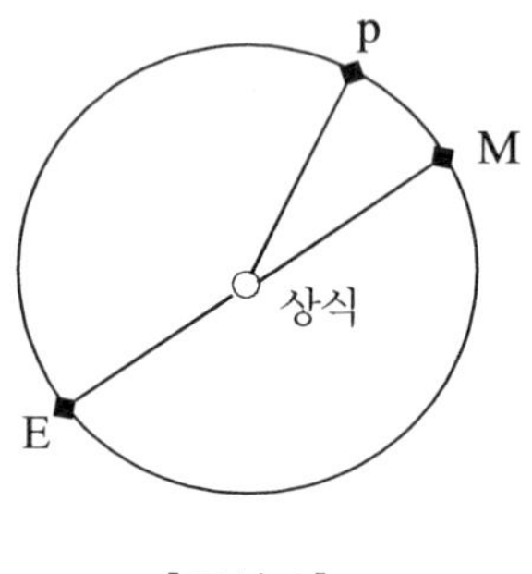

[도식 3]

동형의 배열 구조를 갖지만 내재적 갈등이 아니라 구조적 갈등으로 분류되는 사례는 그러한 갈등 양상의 상황 의존성을 드러내준다. [도식 3]에 함축된 가치체계들의 배열은 [도식 2]에 함축된 것과 동형이다. P, M과 E는 각각 정치적 가치체계, 경영의 가치체계와 공학의 가치체계를 나타낸다. [도식 2]의 B를 E로 대체시키면 [도식 3]을 얻기 때문에, 두 도식은 형식적으로 동형이 된다. 그러나 이러한 형식적 동형의 구조적 분석만으로는 실제 문제 해결의 단서를 찾을 수 없다. 문제 해결 공간이 하나의 사례와 연결될 때 그것은 그 사례를 규정하는 상황적 특수성 및 주제와 맞물린다. [도식 2]에 반환 제도 사례를 대응시켰다면, [도식 3]에는 챌린저호 폭발 사례를 대응시켜보자.

[도식 2]가 소비자의 반환 요구라는 상황적 특수성과 맞물린다면, [도식 3]에는 의도되지 않은 내부고발이라는 상황적 특수성이 걸린다. 반환 요구의 상황적 특수성은 소비자와의 신뢰라는 주제와 연결된다. 앞 절에서 살펴보았듯이, 챌린저호 폭발 사례에서 의도되지 않은 내부고발의 상황적 특수성은 연구개발 조직체계 내에서의 집단적 의사결정 과정이라는 주제와 연결된다. [도식 2]와 [도식 3]이 동형이지만, 둘의 문제 해결 공간은 상황적 특수성과 주제에 의해 성격을 달리한

다. 따라서 [도식 2]의 정치적 가치체계 P 및 기업의 가치체계 M이 기능하는 방식은 [도식 3]의 P 및 M의 그것과 다르다. 상황에 대한 열림 조건에서 다뤄진 챌린저호 폭발 사건의 사례 분석을 수긍한다면, [도식 2]의 M과 달리 [도식 3]에서 M의 가치체계가 우선적으로 수정되어야 할 명백한 근거는 없다. 형식적으로 동형인 두 가치체계의 배열이 상황적 의존성에 의해 서로 다른 두 주제를 함축하는 경우, 문제를 해결하는 방식에서도 차이가 나야 효과적이다. 챌린저호 폭발 사례가 특정 가치체계의 내용적 수정을 곧바로 요구하지 않는 구조적 갈등을 함축한다면, 공학 지식의 활용을 둘러싼 집단적 의사결정 구조의 개선이 우선적이다. 주변 환경의 계속되는 변화에 의한 가치체계의 수정 요구 가능성은 그 후의 문제다.

물론 가치체계들의 배열에서 내재적 갈등과 구조적 갈등 양상이 정확히 양분되는 것은 아니다. 두 갈등 양상의 개념적 구분은 단지 실제 문제 해결의 차원에서는 정도의 차이로 나타난다. 두 갈등 양상이 어느 한쪽을 우선시할 수 없을 정도로 혼재된 경우도 많다. 하지만, 주변 환경 변화에 맞게 가치체계의 목적을 수정할 것인지 혹은 가치체계의 원활한 기능을 위해 주변 환경을 개선할 것인지에 대한 방향 설정은 중요하며, 가치체계들의 배열에서 내재적 갈등과 구조적 갈등의 구분은 그러한 방향 설정의 '개념적 도구'로 작동한다. 실제 작동 방식은 더욱 구체적인 사례 분석 속에서 드러날 것이지만, 다양한 공학 직업군의 상황 분석 없이 공학자의 책임 의식과 공학의 가치체계를 문제 삼는 것은 사회의 공학적 문제 해결에 도움이 되지 않는다.

7장에서 언급되었듯이, 공학의 직업적 가치체계의 미덕들, 실례로 책임, 안전 및 숙련된 능력으로 대표되는 미덕들은 공학자에게 현장에서 자연스러운 의무계산으로 나타나야 좋다. 다수의 공학자가 여전히 생산 조직체계 속에서 일하기 때문에, 자율성은 아직 다양한 공학 직업군 모두를 관통하는 직업적 미덕으로 정착하지 않았다. 공공의 안전을 위한 공학자의 행위가 의도하지 않은 내부고발로 규정되는 현 상황에서, 공학의 가치체계와 공학자의 의식을 운운하는 것은 무책임한 발언이다. 공학적 문제의 상당수는 공학의 가치체계가 주변 환경에 부적합해서가 아니라 공학 지식 활용을 둘러싼 조직체계의 구성법에서 기인한다. 다시 말해, 집단적 의사결정 과정에서 나타나는 공학자 집단과 타집단의 충돌은 두 가치체계의 내재적 갈등보다는 구조적 갈등인 경우가 많다. 이러한 상황에서 공학 담론을 공학자의 윤리규정 문제로 몰고 간다면, 조직체계의 명시된 좁은 규정에 행위 반경을 스스로 좁혀버리는 '자기중심적 성향'의 선택은 공학자에게 현명한 결정일 수 있다. 공학적 재난이 발생해도, 해당 전문 지식을 가진 공학자보다는 타분야 전문가가 주로 방송 토론에 초대되는 것이 우리의 현실이다. 주변 환경 변화에 대한 부적합성으로 인한 가치체계의 수정 요구가 먼저인지, 가치체계의 원활한 기능을 도모하게끔 환경을 개선하는 것이 먼저인지를 따지지 않은 채 해당 집단의 의식과 윤리규정 강화를 외치는 것은 너무나 치졸하다.

[도식 2]와 [도식 3]에서 각 도식이 어떤 사례와 맞물리는지는 형식이 아니라 문제의 상황적 특수성과 주제에 의해 결정된다. 문제 공간의 실질적 내용은 상황의 요인들이며, 만족할 만한 문제 해결은 상황에 합당한 개연적 판단에 근거한다. 이 점은 인간의 사고가 내용과 분리된 형식의 지배를 받지 않는다는 사실과 부합하며, 형식은 사실 그러한 내용에서 발견되어 이상화된 것일 뿐이다. 형식이 문제 해결의 도구가 아니라 문제 해결의 전제가 될 때는 오히려 방해물로 작용한다. 실제 논증과 사고에서 발견되는 인간의 합리적 능력은 상황의 내용을 초월할 수 없다.18)

일상적 공감대로서의 상식은 다양하고 복잡한 상황 속에서 기능하는 탄력적인 심리적 구조체이다. 상식과 여러 가치체계의 결합은 무작위적이지 않지만 결코 닫힌 정합적인 하나의 체계를 지향하지 않는다. 상식과 가치체계의 긍정적, 부정적 결합을 평가해주는 상황을 초

18) 이 점은 9장의 핵심이기도 하다.

월한 이론적 토대는 없다. 이 점은 가치체계의 관계적 기능의 관점에서 그 결합의 복잡한 다원성을 보여준다. 상황 속에 기능하는 상식과 가치체계의 다원적 결합 가능성을 인정한다면, 도덕에 대한 담론도 그만큼 달라져야 한다.

13장 상식을 존중한 상황윤리로서의 실천윤리

상식을 보호한다는 것

상식을 존중한 상황윤리는 '상식의 보호대'와 '시행착오 속의 인본주의'라는 두 축으로 구성된다. 상식의 보호대는 상황 속에서 상식과 가치체계의 긍정적 결합을 추구한다. 상식과 가치체계의 결합 방식에 대한 진단은 확실한 미래를 보증할 수 없다. 시행착오 속의 인본주의는 실수와 실패를 반복하지 않으려는 집단적 노력 속에서 상식과 가치체계의 부정적 결합 방식을 피해 나가는 과정이며, 사례 분석의 중요성은 상식을 존중한 상황윤리 속에서 강한 도덕적 의미를 획득한다.

1. 논의의 윤곽

공시적으로, 통시적으로 우리가 공감하는 것들 혹은 당연하게 여기는 것들을 '상식'이라는 이름 아래 조직화하려고 할 때 우리는 상식이 무엇인가를 직접 묻지 말아야 한다. 당연한 것은 당연함에 대한 자체 원인을 직접 드러내지 않기 때문이다. 상식을 접근할 때 피해야 하는 것이 무엇인지를 따져야 한다. 공감한다는 것 자체가 시대적, 문화적 변수에 따라 요동치기 때문에, 그러한 요동을 분석하지 않은 채 신념에 이끌리는 것은 일상적 공감대로서의 상식이 아니라 특정 가치체계에 대한 호소로 끝난다. 그러한 호소는 문화적 다원성을 끌어안을 수 없다. 어른에 대한 공경이라는 미덕을 들어보자. 그 미덕은 인사하기와 같은 관습에 의해 집단 내의 갈등 완화를 지향한다. 하지만, 인사하기의 관습이 집단 완화의 유일한 제의(ritual)는 아니다. 약자 보호와 노인의 경험을 중시하는 것이 다양한 사회 형태에 반영된다고 하여, 그것이 인사하기의 관습과 맞물린 어른에 대한 공경이라는 미덕으로 정착될 필연적 이유는 없다. 특정 집단의 가치체계를 일상적 공감대로서의 상식과 혼동하는 것은 그 가치체계를 절대적 평가 기준으로 과장시킨다. 이 경우, 집단간 의사소통을 가로막는 갈등만 남게 된다.

상식을 일상적 공감대로 규정할 때 피해야 하는 것은 상식의 원리주의 관점, 유일한 이론 관점 그리고 이기주의와 이타주의의 이분법 관점임을 논했다. 이 점은 하나의 가치체계에 종속된 당연성과 그렇지 않은 일상적 당연성 사이의 경계를 인식하는 데에 스며들며, '뼈대와 살'로 이뤄진 상식은 구조적 유사성을 갖는다. 언어의 존재론적 구분 및 경험 대상의 영역 변화에 상대적으로 민감한 당연한 믿음들은 상식의 살을 형성하며, 그러한 영향에 상대적으로 둔감한 성향과 태도들은 상식의 뼈대에 속한다. 불과 백 년 전만 하더라도 집에서 오케스트라 음악을 들을 수 있다고 확신한 사람은 없었다. 상식의 내용적 측면은 변하지만, 이러한 변화가 과거 조상과 현재 우리에게 공유된 당연한 것들 전체를 송두리째 흔들 수는 없다. 그렇게 당연한 것들이 상황 속에서 기능하는 방식에 주목할 때 일상적 당연성은 경험적, 양상적 그리고 당위적 당연성으로 계층화된다. 이 계층화는 일차적으로 우리의 삶을 서술적 관점에서 분석할 때 드러난다.

계층화된 일상적 당연성들은 복잡한 상황 속에서 삶의 기반으로 작용하며, 삶의 기반은 하나의 공통된 생활양식을 전제하지 않는다. 하나의 생활양식과 관련된 가치체계가 상식과 결합하는 방식은 정합적으로 닫힌 체계를 지향하지 않기 때문에, 모든 가치체계는 단지 부분적으로만 상식에 의해 제한되어 있다. 또한 가치체계는 그 자체가 아니라 다른 것과의 관계적 기능 속에서 평가되어야 한다. 가치체계와 상식의 결합 방식은 다원적일 수밖에 없다. 이 점이 앞 장에서 도달한 결론이다.

하이데거가 추종한 나치의 국가사회주의는 상식과 양립 불가능한 것인가? 나치의 실패와 부작용을 인식한 사람들 중에서 성인군자인 척하는 사람은 이 물음에 긍정하고 싶겠지만, 현실은 그렇지 않다. 위 물음을 부정한다고 해서, 이것이 자동적으로 나치 옹호론을 뜻하는 것은 아니다. 단지 상황을 초월한 도덕적 판단의 원리로서 상식이 기능한다는 관점만이 거부되는 것이다. 너와 나 그리고 우리와 과거의 선조들이 이유 없이 사람을 해쳐서는 안 된다는 태도를 공유한다고 해서, 그 상식의 당위적 태도가 보편적 원리처럼 기능하는 것은 아니다. 특정 행위 제약의 고려에 개입하는 상식의 당위적 태도는 상황 속에서 다른 성향 및 태도와 유기적인 관계를 맺는다. 상식의 당위적 태도가 윤리적 담론의 분석틀로 작용할 때 그것은 구체적 상황의 분석 속에서만 의미를 갖는다. 7장에서 보았듯이, 인간 도덕성을 규정하는 방식이 항상 '철학적 자율성'을 전제하는 것은 아니며, 상식에 바탕을 둔 일상적 자율성 개념은 현실 문제 속에서 구체적 의미를 획득한다. 마찬가지로, 상식의 당위적 태도 자체에서 행위의 구체적 준칙이 나오는 것은 아니다.[1)]

이유 없이 사람을 해쳐서는 안 된다는 태도는 어떤 경우에 사람을 해쳐도 되는지에 대한 근거와 범위를 제공해주는 원리나 규칙이 아니다. 물론 그러한 태도의 당연성은 자기중심적 성향의 행위에 도덕적 비난이 부과되는 경우가 많다는 사실과 부합한다. 하지만, 자기중심적 성향이 상황과 무관하게 비도덕적이라는 결론은 정당성을 갖지 못하며, 이타적 행위의 반경도 상황 맥락과 무관할 수 없다. 이기주의와 이타주의의 이분법 관점에 대한 비판에서 논의되었듯이, 손해를 감수한 이타적 행위는 나 이외에 모든 타인을 포섭하는 것이 아니다. 특정 집단에 대한 개인의 헌신은 해당 집단 내에서는 이타적으로 불릴 수

---

1) 상식의 당위적 태도에 근거해 인간 생명 존엄성을 강조하는 것이 가능할지라도, 그러한 강조는 실제 문제 해결에서 구체적 기능을 할 수 없다. 또 이유 없이 사람을 죽이지 말라는 당위적 태도의 당연성이 인간 생명 존엄성을 필연적으로 함축하는 것도 아니다. 이에 대해서는 다음을 참조하라. Clouser, K. D. (1973).

있지만, 타집단에게는 집단 이기주의의 형태로 파악될 수도 있다. 모든 사람이 이타적 성향을 갖는 것도 반드시 좋은 사회 상태를 약속하지 않는다.

경험적, 양상적 그리고 당위적 범주로 계층화된 상식의 당연성은 복잡한 상황에 걸쳐 상식이 기능하기 위한 조건과 같다. 상식의 당위적 태도는 다른 성향, 태도 및 일상적 믿음들과의 유기적 관계를 맺는 가운데 다양한 가치체계 속에 반영된다. 나치의 국가사회주의는 상식과 양립 불가능한 것인가? 양립 가능하다. 나치의 세력이 확장된 시대적 배경을 따지지 않더라도, 나치를 추종한 당시 다수의 독일인들이 비상식적이라고 말할 수 없다. 상식 자체는 실제 문제 해결과 맞물린 도덕적 판단에서 상황을 초월한 절대적 원리가 될 수 없다. 가치체계 또한 그 자체로서가 아니라 다른 가치체계 및 여러 변수들과의 관계적 기능 속에서 평가되어야 한다. 상황의 복잡성은 특정 집단에게 희망을 불러일으킨 '상식과 가치체계의 결합 관계'가 결국 파국으로 끝날 수 있다는 사실을 숨기기도 한다. 실패의 교훈은 확실한 미래의 희망이 아니라 집단적 과거 경험의 인식에서 온다. 오랜 역사 속에서 다양한 변수에 저항해 살아남은 직업적 가치체계와 달리, 역사는 군사적 권력으로 무장한 나치의 국가사회주의와 상식의 결합이 부정적임을 우리에게 인식시켜준다. 역사 속에서 살아남은 미덕들은 예외 사례에서도 쉽게 거부되지 않는데, 그 이유는 그것들의 실천 가능성이 예외 사례에도 불구하고 남아 있기 때문이다. 여기에 나치의 국가사회주의가 해당하지 않기 때문에, 그것은 권장할 만한 것이 아니다.

좀더 철학적인 견해에서 본다면, 나치의 실패는 하나의 가치체계로 생활세계를 획일화하려는 짓에 대한 경고이기도 하다. 그러한 짓거리는 과거 십자군 전쟁에서부터 이슬람 문화권을 둘러싼 지금의 국지전에 이르기까지 이어지고 있다. 정치권력은 다른 분야의 가치체계를 문제 해결의 동등한 동반자로 보기보다는 특정 이념에 종속시키려는 성향에서 여전히 탈피하지 못하고 있다. 이 작업이 공학 담론을 상황윤리 속에 정초시키려는 목적을 갖기 때문에, 집단 사이의 문화 갈등 및 정치 외교의 문제는 논외로 한다. 이러한 전제 아래 공익은 더 이상 특정 원리의 준수 혹은 개인의 양심 차원에서 평가될 수 없다.

공익이 집단 내 생활세계의 원활한 기능을 지향한다면, 공익은 상식과 다양한 가치체계의 긍정적 결합을 도모하는 가운데 기대되는 상태이다. 이를 위해 유사한 사례들에 적용 가능한 준칙의 발견, 예외 사례의 규정 그리고 과거 사례의 분석에 근거한 만족할 만한 진단 및 방법론이 요구된다. 이러한 요구는 보편적 규범을 설정하고 정당화하는 방식이 아니라 실천윤리를 '상식을 존중한 상황윤리'로 규정하는 방식에 의해 충족된다. 상식을 존중한 상황윤리의 두 축, 곧 '상식의 보호대'와 '시행착오 속의 인본주의'를 살펴보기 위해 '상식을 보호한다는 것'의 의미를 먼저 구체화하자.

2. 상식을 보호한다는 것

상황을 존중한 상황윤리의 첫째 축인 상식의 보호대는 문제 공간에서 상식을 둘러싼 가치체계들의 배열 방식을 다룬다. 둘째 축인 시행착오 속의 인본주의는 상식과 가치체계의 결합 관계에 대한 역사적 평가 방식을 다룬다. 상식을 보호하겠다는 실천 속에서 사례 분석은 중요한 도덕적 위상을 획득한다. 이를 보기 위해서는 세 질문이 다뤄져야 한다.

상식을 존중한 상황윤리에서 '존중'의 의미는 어떤 것인가?

상식을 보호한다는 것의 의미는 어떤 것인가?

사례 분석은 어떤 의미에서 도덕적 위상을 획득하는가?

1) 상식의 존중

어떤 개인의 행위에 대해 우리는 상식적으로 납득할 수 없다고 말한다. 이러한 '상식'의 용법은 상식을 도덕적 평가의 토대로 여기게끔 만든다. 하지만, 실상은 상식이 기능하는 방식에 대한 경험적 용법일 뿐이다. 여러 상황에 걸쳐 기능하는 상식은 고립된 것이 아니라 다른 가치체계들과 결합한다. 그러한 가치체계들은 주어진 것이 아니라 문제 풀기의 역사적 과정 속에서 창출되고 시험되어 굳어진 것들이다. 개인은 특정 가치체계에 종속된 것이 아니라 상황 속에서 여러 가치체계들을 이리저리 옮겨 다닌다.

일상적 공감대로서의 상식과 가치체계의 연결 방식은 쌍방향성이다. 앞 장 2절에서 보았듯이, 가치체계는 상식에 의해 부분적으로 제한되어 있다. 이러한 제한 속에서 가치체계는 인간의 사고와 행위를 제한함으로써 하나의 생활양식을 규정한다. 그래서 상식적으로 납득할 수 없다는 말은 단순히 도덕적 토대로서 상식의 파괴를 뜻하지 않는다. 비상식적이라는 것은 계층화된 상식의 구조에서 당위적 측면이 상황에 맞게 기능하지 않음을 뜻한다. 상식의 당위적 당연성은 명령과 같은 것이 아니라 다른 것과의 유기적 관계 속에서 특정 행위를 제약하는 방식으로 표출되기 때문에, 그 표출은 상황에 합당한 개연적 판단과 맞물린다. 그러한 판단은 상식과 특정 가치체계의 결합에 의존한다. 사고와 행위가 적절한 가치체계에 의해 제한되지 않거나, 상식이 사욕을 위해 타인들과 공조할 수 없는 가치체계와 결합할 때 생활세계는 비상식적이라고 불리는 것들로 혼선을 겪게 된다.

생활세계에서 기능하는 모든 가치체계는 상식에 의해 부분적으로 제한되어 있기 때문에, 상식을 무시한 채 가치체계의 기능을 평가하는 것은 있을 수 없다. 이 점에서 상식의 존중은 도덕적 의미를 획득하지만, 그 의미는 매우 한정적이다. 상식의 존중은 상식과 가치체계의 다원적 결합 방식을 고려하지 않고서는 불가능하다. 그러한 결합 방식이 열린 체계이기 때문에, 상식 자체가 구체적 행위 준칙을 제공해주는 원리의 보편적 원천이 될 수 없다. 상식의 원리화는 단지 상식의 계층화된 한 측면만을 획일화한 것에 불과하며, 그런 획일화에 의해 남는 것은 이기주의와 이타주의의 철학적 이분법과 같은 것임을 보았다. 상식의 존중은 둘째 질문을 다루는 것에 의해 보충될 때 충분한 타당성을 얻는다.

2) 상식의 보호

나치의 국가사회주의에 대한 부정적 평가는 그것이 집단적 실패 사례라는 인식에 기인한다. 상식의 계층화된 구조는 경우에 따라서는 한 집단에 타집단이 동의할 수 없는 가치체계를 정착시키기도 한다. 유럽의 식민지 경쟁은 독일의 철강 산업을 발달시켰고, 더 이상 노른자위 땅을 차지할 수 없게 된 독일의 축적된 힘은 패권주의로 치달았다. 독일이 처한 시대적 상황은 나치의 선동과 함께 독일적이지 않은 모든 것을 열등한 것으로 취급하는 성향을 확장시켰다. 그 결과는 두 가지로 나타났다. 하나는 독일 국가 내에서 구성원들의 상식이 나치의 가치체계와 결합함으로써 강한 이타적 성향으로 쏠린 것이고, 이러한 쏠림 현상은 타집단에게는 집단 이기주의의 형태로 나타났다. 다른 하나는 유럽 패권주의 경쟁의 후발국인 독일의 패권주의가 제2차 세계대전으로 발산된 것이고, 생활세계의 안전성은 전 지구적 차원에서 흔들리게 되었다.

상식의 존중은 상식과 가치체계의 긍정적 결합을 도모하는 '상식의 보호' 관점 속에서 진정한 의미를 갖는다. 상식에 의해 부분적으로 제한된 하나의 가치체계는 다른 것과의 관계적 기능 속에서 평가되므로, 복잡한 상황과 맞물린 그러한 관계적 기능을 상위에서 규정해주는 보편적 이론이나 '가치체계들의 가치체계'와 같은 것은 없다.[2] 여기서 우리는 하나의 반론을 만난다.

> 너의 의견을 따라보자. 나치의 국가사회주의의 전반적인 부정적 측면에도 불구하고, 특정 상황 속에서 그것과 상식의 결합 가능성은 배제되지 않는다. 그것은 지금에 와서야 결과론적으로 그렇게 인식될 뿐이다. 인류가 지향해야 할 보편적 가치는 없게 된다. 이렇게 되는 경우, 현시

---

2) 12장 2절의 2)를 참조하라.

점의 관점에서 문제 해결에 개입할 수 있는 보증된 가치체계도 없다고 말해야 한다.

상식과 가치체계의 다원적 결합성은 특정 상황적 맥락 속에서 나치 국가사회주의의 가치체계가 상식과 결합할 가능성을 배제하지 않는다. 그 결합 방식의 부정적 평가는 실패의 경험에 근거한다. 이러한 점에서 그 평가가 현시점에서의 결과론적인 것은 맞지만, 여기에 부과되어야 할 것이 있다. 상식과 가치체계의 긍정적 결합 방식을 도모하는 것은 인본주의의 역사적 훈련이라는 관점이다. 우리는 그러한 역사적 훈련 속에서 지향해야 할 것과 피해야 할 것의 목록을 만들고 현재 상황의 진단에 참조할 수 있다. 자유와 평등이 인류가 지향해야 할 가치라면, 그러한 가치는 상식과 가치체계의 다원적 결합의 역사적 훈련 속에서 얻어진 것이다. 문제 해결 과정에서 특정 가치들을 지향한다는 것과 그런 가치들을 규범적 원리로 여기는 것은 다른 것이다. 후자의 경우는 제한적 의미에서 사후 정당화 작업에 도움을 줄지는 모르겠지만, 그것은 문제 상황을 윤리적 딜레마로 규정지어버림으로써 단서에 근거한 문제 해결의 가능성을 가로막는다. 자유와 평등이 아무런 마찰 없이 적용되는 상황은 문제 해결의 실천윤리의 담론에서는 특별한 주목 대상이 될 수 없다. 역사 속에서 발견된 일반 가치들은 문제 해결 과정에서는 고려 사항일 뿐이지, 모든 가치체계가 상황과 무관하게 그것들에 종속되는 것은 아니다.

현시점의 관점에서 문제 해결에 개입할 수 있는 보증된 확실한 가치체계란 없다. 그러나 문제 해결에서 요구되는 건전한 가치체계의 선별이 불가능한 것은 아니다. 나치 국가사회주의가 외세의 침략에 대항해 자국민 보호의 맥락 속에서 기능했더라면, 그것은 그 맥락 속에서는 긍정적 의미를 획득할 수도 있었다. 그러나 역사를 통해 정착된 여러 직업적 가치체계들과 나치 국가사회주의 사이에는 큰 차이가 있다. 그 차이는 예외 사례 규정에서의 비대칭성(asymmetry)으로 나타난다.

나치의 국가사회주의와 상식의 결합을 긍정적으로 평가할 수 있는 상황은 예외적이다. 반면에 공학 등 직업적 가치체계와 상식의 결합을 부정적으로 평가할 수 있는 상황은 예외적이다.

특정 상황 맥락에 국한된 나치 국가사회주의에 대한 긍정적 측면을 일반화할 수 없다. 그것의 부정적 측면은 긍정적 측면을 압도한다. 이것은 예외 사례가 부정적 측면과 연관되는 대다수 직업적 가치체계에 해당하지 않는다. 상식과 결합하여 긍정적으로 기능할 수 있는 직업적 가치체계의 가능성은 특정 예외 사례에 대해서도 강하게 반발한다. 직업적 가치체계의 부정적 측면은 다른 것과의 부적절한 관계 설정에서 기인하거나 그 자체의 수정 가능성을 열어놓는다.

역사 속에서 걸러진 가치체계들은 많이 있고, 대다수의 직업적 가치체계들이 그렇다. 상식에 의해 제한된 모든 가치체계는 상황에 대해 열려 있다.[3] 모든 가능한 상황 속에서 검증된 가치체계란 없다. 설령 그런 가치체계를 가정해도 그것은 다른 가치체계 및 제반 물리적 조건과 맞물려 기능하게 되기 때문에, 그것 자체의 평가는 실제적일 수 없다. 상식과 가치체계의 결합이 상황에 대해 열려 있기 때문에, 그것의 긍정적 측면은 정합성을 추구하는 합리적 정당화의 맥락에 종속될 수 없다. 상식과 가치체계의 긍정적 결합 방식은 문제 풀이의 실천적 해결 맥락에서 평가되어야 하며, 사례 분석은 평가의 기반이 된다.

3) 사례 분석의 도덕적 위상

검토 사항에 근거한 사례 분석에 의해 문제 해결의 방법론 개발을 지향하는 것은 무엇인가? 그렇게 지향하는 것은 어떤 의미에서 도덕적인가?[4] 지금까지의 논의를 바탕으로 이 물음에 대한 대답은 이렇다. 사례 분석에 의해 문제 해결의 방법론 개발을 지향하는 것은 상식

---

3) 12장 2절의 1)을 참조하라.

4) 이 물음들은 8장 3절에서 던져진 것이다.

과 가치체계의 긍정적 결합을 도모하는 것, 곧 상식을 보호하는 것이다. 이 점에 동의한다면, 사례 분석의 도덕적 위상은 두 차원에서 설득력을 얻는다.

(1) 거시적 차원

사례 분석의 거시적 차원은 전체 생활세계의 역동적 측면과 맞물린다. 특정 사례 분석이 구체적 주제의 문제와 관련되는 반면에, 사례 분석의 거시적 차원은 사례 분석들의 일반 목적과 관련된다. 생활세계의 역동적 측면이 상식과 다양한 가치체계의 결합 방식에서 기인하기 때문에, 거시적 차원에서 사례 분석의 도덕적 위상은 상식을 보호하려는 실천에 있다. 상식의 보호는 상식과 가치체계의 긍정적 결합을 도모함으로써 상식의 존중을 함축한다. 공익이 그러한 결합을 지향한다면, 그것은 모든 가치체계 위에 군림하는 최상의 가치가 아니다. 그것은 생활세계의 부정적 측면을 피함으로써 개선을 꾀하는 '상태 지향적 관점'에서 이해되어야 한다. '상태 지향적 공익'은 다음과 같은 일련의 성격을 갖는다.

> 첫째, 상태 지향적 공익은 가치체계의 선별에 대한 보편적 기준 혹은 이론을 전제하지 않는다. 상황과 무관한 가치체계의 선별은 실제로는 없으며, 하나의 가치체계에 대한 평가는 다른 가치체계, 가치체계 배열의 양적 혹은 질적 요인들과의 관계 속에서 이뤄진다. 무조건적인 다수의 이익을 고려한 혹은 이타적 선택이 그렇지 않은 선택보다 우선해야 할 필연적 당위성은 없다. 상황 속에서만 의미가 있는 상식과 가치체계의 긍정적 결합 방식은 이기주의와 이타주의의 이분법을 허락하지 않는다. 상태 지향적 공익이 보편적 원리가 아니며, 그것의 추구는 문제 해결의 실천을 통해 생활세계의 개선을 꾀하는 것이다. 상태 지향적 관점에서 각 시기에 개선되어야 할 것에 대한 합의는 그 시기의 고민거리인 문제들의 인식에서 출발한다.
>
> 둘째, 문제 해결은 특정 주제의 상황적 특수성에 근거한 개연적 판단

에 의존하기 때문에, 시행착오 없는 생활세계의 개선은 불가능하다. 그렇기에 상태 지향적 공익을 꾀하는 사람에게 요구되는 것은 과거의 실패를 거울로 삼아 현실 문제를 진단하는 실천 정신이다. 과거의 실패를 반복하지 않으려는 노력 속에서 사례 분석은 실천적 의미를 확보한다.

셋째, 상태 지향적 공익은 가치체계 선별에 대한 보편적 기준을 전제하지 않기 때문에 특정 이데올로기에 종속되지 않는다. 인권, 자유와 평등이라는 가치들이 일반적으로 권고될 수 있는 실제적 이유는 이데올로기로서의 작용 가능성, 곧 다른 것을 병적으로 진단하고 상황과 무관하게 지켜져야 할 보편적 잣대로서의 작용 가능성에서 도출되지 않는다. 그 실제적 이유는 축적된 과거의 경험, 그리고 현재의 상황에서 인권, 자유와 평등과 같은 가치들을 무시할 수 없다는 인식에서 온다. 그러한 가치들이 문제 해결 과정에서 고려되어야 할 권고 사항의 차원을 넘어서 이데올로기화된다면, 상황의 복잡성은 풀어야 할 문제 공간이 아니라 윤리적 딜레마로 규정되고 만다. 낙태의 문제에서 보듯이, 태아의 생명권과 산모의 건강권이 보편적으로 매끄럽게 적용되는 상황은 윤리 담론에서 별 다른 주목거리가 되지 않는다. 게다가 과거의 경험을 근거로 현 시점에서 지향해야 한다고 인식된 것이 이데올로기화되어 특정 권력의 선동 수단이 되는 경우, 남는 것은 집단 차원에서의 '마녀 사냥'일 수 있다.5)

거시적 차원에서 사례 분석의 도덕적 위상은 상태 지향적 공익을 추구함으로써 생활세계의 개선을 꾀하는 데 있다. 무엇이 어떻게 개선되어야 하는가는 추상적인 공익 개념이 아니라 특정 집단이 처한 시대적 상황을 규정하는 문제들과 연관되기 때문에, 상태 지향적 공익의 추구에서 윤리적 담론은 진행형일 수밖에 없다. 상태 지향적 공익이 거시적 차원에서 사례 분석의 일반 목적이라면, 상식을 존중한 상황윤리에서 사례 분석은 그러한 일반 목적을 달성하기 위한 현명한 수단을 마련하는 것과 관련된다. 그러나 고대 전통의 실천윤리와 달리, 주어진 지배적인 가치체계는 더 이상 전제되지 않는다. 상태 지향

5) 이러한 마녀 사냥의 실례는 19장에서 다뤄질 것이다.

적 공익이라는 일반 목적 아래 사례 분석이 구체적 담론 주제의 문제와 만날 때 사례 분석은 더 이상 수단의 차원에 머무르지 않는다.

(2) 국소적 차원

국소적 차원에서의 사례 분석은 구체적 담론 주제, 실례로 공학자 집단과 경영자 집단의 원활한 의사소통의 문제와 같은 주제와 맞물려 이해되어야 한다. 그러한 담론 주제와 맞물린 사례 분석에는 분석자의 주목 거리가 되는 특정 가치체계 VS가 등장한다. 일상적 공감대로서의 상식과 VS의 결합에서 VS는 다른 가치체계 및 VS를 둘러싼 주변 환경의 요인들과의 기능적 관계 속에서 평가된다. 그러한 요인들은 경제적 자원, 에너지 및 전문가의 수 등으로 대표되는 양적 요인들과 가치체계의 미덕들, 조직체계의 구성 및 지식의 활용 방식 등으로 대표되는 질적 요인들로 나눠진다. 국소적 차원에서의 사례 분석은 주제의 상황적 특수성에 비추어 그러한 요인들을 고려해 VS의 순기능을 지향한다.

VS의 순기능을 지향하는 것은 상식과 VS의 긍정적 결합 가능성을 타진하는 것이기 때문에, 가치체계의 배열 방식이 사례 분석의 중요한 고려 대상이 된다. 따라서 국소적 차원에서 사례 분석에 의해 문제 해결법을 찾는 것은 주어진 하나의 지배적 가치체계에 종속될 수 없다. 구체적 주제와 맞물린 사례 분석은 도구적 의미에서 주어진 목적 달성의 단순한 수단을 뜻하지 않는다. 구체적 사례 분석이 VS를 둘러싼 주변 환경의 양적, 질적 조건들을 고려해 가치체계의 배열 관계를 다루기 때문에, 문제 해결의 목적과 관련되는 가치체계들의 미덕들은 상황과 무관하게 주어지는 것이 아니라 분석의 구성 성분이 된다.

상식의 존중은 상식과 가치체계의 긍정적 결합을 도모하는 상식의 보호 관점 속에서 진정한 의미를 갖는다. 사례 분석의 도덕적 위상은 두 차원에서 파악될 수 있다. 거시적 차원에서 사례 분석의 도덕적 위상이 상태 지향적 공익이라는 목적을 달성하기 위한 현명한 수단을 마련하는 데 있다면, 국소적 차원에서 사례 분석의 도덕적 위상은 사례 분석에 가치체계의 배열 자체가 고려 대상이 됨으로써 획득된다. 문제 해결이 사례 분석에 근거하는 경우, 사례 분석의 도덕적 위상은 문제 해결에 전도된다. 사례 분석의 도덕적 위상이 상식을 존중한 상황윤리 틀 속에서 찾아진 것이기 때문에, 그 틀 안에서 문제 해결은 특정 윤리 이론에 호소하지 않고서도 도덕적 의미를 획득하는 것이다.

3. 상식의 보호대

'상식의 보호대'는 상식을 보호하는 방법론을 다룬다. 앞 절의 논의에 따라 상식의 보호대는 거시적 차원에서 상태 지향적 공익을 지향하고, 국소적 차원에서 가치체계의 배열 혹은 연결망을 다룬다. 일상적 공감대로서의 상식과 가치체계들의 역동적 결합 관계에 대한 역사적 평가는 '시행착오 속의 인본주의'에서 진단될 것이다.

실천윤리는 사례 분석에 근거한 문제 해결을 지향한다. 이러한 실천윤리의 전통은 확실성 추구의 시대정신 속에서 정착한 규범윤리의 전통보다 오래된 것이다. 과거의 실천윤리 담론은 하나의 지배적인 가치체계를 지향했기 때문에 현실에 그대로 적용될 수 없다. 하나의 종교적 가치체계가 지배했던 어떤 사회를 가정해보자. 그러한 사회에서 성직자는 또한 정치가이기도 하다. 만약 그의 종교적 가치체계의 미덕들을 원리화하여 다양한 관심사를 지배하려고 한다면, 남는 것은 해결할 수 없는 갈등이거나 지배층에 의한 피지배층의 강압적 독재 외에는 없다.

특정 종교가 여러 문화적 관심사를 아울러야 하거나 이미 정착한 다른 문화에 적응해야 하는 경우, 종교적 교리는 필연적 결론을 도출시켜주는 첫 원리 혹은 공리와 같이 작용할 수 없다. 그것은 사람들을 올바르게 유도하는 일종의 권고 사항처럼 기능함으로써 종교적 가치체계의 구현을 지향한다. 중세 결의법 전통에서는 교리에 부합하는 행위 준칙을 기준으로 하여 상황에 합당한 판단의 정도와 예외 사례를 규정하는 것이 중요한 담론의 주제로 떠올랐다. 준칙에 부합하는 판단의 정도와 준칙에 어긋나지만 허락해야 할 예외 사례의 규정은 행위자의 성격, 행위의 목적, 시점, 장소, 동기, 행위 수단 및 방식과 같은 상황적 요인들에 근거해 이뤄진다. 종교가 지배적인 가치체계로 기능했다는 것은 교리에 반하는 행위 목적의 허용 불가능성을 함축한다. 그렇지만, 교리에 따른 행위 준칙은 교리에서 연역되어 정해진 것이 아니다. 준칙체계는 행위의 허용 정도와 예외 사례 규정의 논증에서 끊임없는 수정 요구에 대해 열려 있다.

상황의 복잡성을 인간 이성의 한계에 대한 증표로 보는 결의법 전통이 설득 논증을 중요시 여겼다면, 예(禮)를 강조하는 동양 윤리의 한 전통에서는 행위의 규격화 혹은 격식화(格式化)를 강조했다. 규범으로서의 예는 행위 및 판단의 도출 원리가 아니다. 그것은 유교적 가치체계와 같은 특정 가치체계의 구현을 지향한다. 상황에 따라서는 예에 벗어난 행위가 허용되기도 하지만, 예외적 상황이 유교적 가치체계의 종말을 뜻하는 것은 아니다. 예외적 상황은 그 가치체계가 원활히 기능하게끔 제도적 개선을 꾀할 때 고려 사항이 된다.

1장에서 설득 논증을 중시하는 문제 해결법은 '중재'에, 그리고 행위의 관습화에 의해 갈등을 막는 문제 해결법은 '방패'에 비유되었다. 고대 전통의 실천윤리의 흐름에서 발견되는 중재와 방패의 방법론은 가치체계가 다원화된 현재에 있는 그대로 적용될 수 없다. 지배적 세력의 붕괴, 실례로 15, 16세기 종교개혁에 의한 교황 세력의 약화 과정은 당시의 사회, 정치적 맥락에서 파악되어야 한다.[6] 확실성 추구의 시대정신 속에서 결의법을 이단으로 몰게 된 시대적 맥락을 고려한다면, 과거 전통의 실천윤리 정신 자체는 사장되지 않는다. 단지 그것의 한계만 드러날 뿐이다. 실천적 문제 해결을 지향하는 실천윤리의 교훈은 가치체계의 다원성을 갖는 현실에 적용 가능하게끔 새롭게 정초될 필요가 있다. 제2부 전체가 그러한 필요성에 순응한 작업이라

6) 그러한 교황 세력의 약화 과정과 종교 개혁의 관계에 대해서는 다음을 참조하라. Toulmin, S. & Goodfield, J.(1965), Ch.3.

고 봐도 무방하다. 사례 분석에 근거한 문제 해결법의 두 축인 '중재와 방패' 또한 그냥 버릴 것이 아니라 상식과 가치체계의 다원적 결합 관계 속에서 재음미되어야 한다.

1) 중재와 방패

인지적, 환경적 그리고 사회적 제한 속에서 인간은 상황에 합당한 판단을 추구한다. 9장에서 보았듯이, 그러한 판단은 '주어진 것으로부터의 추론' 혹은 '초기 조건에 보편적 원리를 적용하여 결론을 도출하는 기제'에 종속된 것이 아니다. 그것은 개인 혹은 집단이 처한 상황 속에서 기능한다. 상황에 합당한 판단은 개연적일 수밖에 없다. 우리 모두 상황에 합당한 판단을 추구하더라도, 동일한 상황에 대해 의견의 차이를 줄일 수 없는 경우가 발생한다. 그러한 경우에 한쪽은 합리적이고 다른 쪽은 비합리적이라는 식으로 결론짓게 해주는 상위의 보편적 기제는 없다.

A와 B를 두 행위자라고 하자. 여기서 행위자는 개인 혹은 집단 양자 중 하나를 뜻한다. A와 B가 어떤 사안을 놓고 갈등한다고 할 때 모든 갈등이 중재를 요구하는 것은 아니다. 갈등이 깊어지지 않도록 해주는 여러 장치, 실례로 특별한 경우가 아니라면 웃어른의 권위에 대항하지 않는 관습과 같은 장치가 사회 속에서 기능한다. 그러한 관습은 사전에 갈등을 줄임으로써 사회적 부대비용을 절감하는 역할을 수행한다. 과거의 관습이 상태 지향적 공익 추구에 방해물로 작동하게 되는 경우, 그것은 악습(惡習)이 되어버린다. 관습의 평가는 어떤 이론에 근거해 내용적으로만 평가될 성격의 것이 아니다. 그 평가는 사회의 구조적 변동에 따른 관습의 적응성 관점에서 이뤄져야 한다.

A와 B의 갈등이 중재의 필요성을 갖기 위한 필요조건은 관습과 같은 권위의 방패에 의한 갈등 해소의 불가능성이다. A와 B의 갈등이 이 필요조건을 충족하는 경우, 갈등의 중재는 크게 두 가지로 나눠진다. 첫째, A와 B의 관심사의 만족도를 조정함으로써 갈등 중재가 이뤄진다. 둘째, A와 B의 관심사의 내용적 측면이 수정되어야 갈등 중

재가 가능해진다. 이 두 가지 갈등 중재 방식과 관련해 A와 B 둘 중 한 명은 자신의 관심사를 포기해야 하는 경우도 발생한다. 그러한 경우의 발생 여부는 실제 문제의 상황 속에서만 판단될 수 있다.

갈등 중재의 두 방식은 A와 B의 관심사와 가치체계의 관계에 의존한다. A와 B의 관심사가 동일한 가치체계 속에서 다뤄질 수 있는 경우, 그렇지 않은 경우에 비해 만족도 조정에 의한 갈등 중재 방식이 상대적으로 선호될 것이다. A와 B의 관심사가 그렇게 다뤄질 수 있는 경우, 그들의 관심사와 해당 가치체계의 양립 가능성이 담론의 주제로 떠오른다. A와 B의 사안이 과거의 유사한 사례에 기대어 분석되거나, 예외 사례로 규정될 때 그러한 양립 가능성의 근거가 결정적 기준으로 작용한다. 이러한 방식의 중재법은 서양의 결의법 전통에서 두드러진다.

A와 B의 관심사가 동일한 가치체계 속에서 다뤄질 수 없는 경우, 상황은 더 복잡해진다. 두 상이한 가치체계들을 묶어주는 제3의 혹은 상위 이론을 도입하여 문제를 해결하려는 시도는 실질적 의미를 갖기 힘들다. 사랑이라는 통념이 두 종교적 가치체계에 배어 있어 두 가치체계의 중첩이 일어날지라도, 각 가치체계에서 그것의 기능은 실제로는 다르다. 가치체계의 미덕이라는 것은 그 가치체계가 사람들의 사고와 행위를 제한하는 방식, 곧 특정 생활양식 속에서만 구체적 의미를 갖는다.

A와 B의 마찰이 두 가치체계의 갈등 양상으로 나타날 때 중재는 둘 모두의 혹은 둘 중 하나의 관심사가 내용적 측면에서 수정되어야 가능한 경우에 적용된다. 둘의 갈등이 개인적 차원이 아니라 관계적 기능의 관점에서 가치체계들의 배열과 관계된 경우는 사회적 담론에서 특히 중요하다. 사회체계를 하나의 유기체에 비유할 때 그러한 갈등은 유기체의 기능 이상, 곧 가치체계의 기능상 이상을 진단하는 데 필요한 증후군과 같다. 하나의 가치체계는 관계적 기능의 관점에서 평가되어야 하기 때문에, 그것의 수정 여부는 그것과 그것을 둘러싼 주변 환경, 곧 다른 가치체계와의 관계, 양적 혹은 질적 요인들로 구

성되는 환경 사이의 적합성을 고려함으로써 결정된다. 특정 가치체계의 내용적 수정을 요구하는 갈등은 가치체계의 배열에서 내재적 갈등을 함축하는 것으로 규정되었다.[7] 그러한 내재적 갈등의 제도적 해결 방책은 해당 가치체계의 기능을 제한하거나 특정 방향으로 유도함으로써 그 가치체계의 내용적 측면을 적절하게 수정하는 것이다. 이를 도식적으로 살펴보자.

A의 가치체계를 VS(A), 그리고 B의 가치체계를 VS(B)라고 하자. VS(A)의 환경은 다른 가치체계의 미덕들, 조직체계의 구성 및 지식의 활용 방식 등으로 대표되는 질적 요인들과 경제적 자원, 에너지 및 인적 자원 등으로 대표되는 양적 요인들로 구성되기 때문에, VS(A)의 환경은 당연히 VS(B)를 포함한다. 마찬가지로 VS(B)의 환경은 VS(A)를 포함한다. 여기서 중재와 관련해 생각해볼 수 있는 경우는 다음 두 가지다.

(1) 환경에 대한 VS(A)의 부적응성이 A와 B의 사안에 결정적 원인으로 여겨지는 경우 : VS(A)가 기업의 가치체계, 그리고 VS(B)가 소비자의 가치체계를 대표한다고 하자. 기존의 VS(A)가 소비자와의 신뢰를 무시함으로써 B의 반발이 일어났다. 이러한 사태의 빈번한 발생의 축적은 VS(A)에 해당하는 미덕의 목차에 '소비자와의 신뢰성'이라는 미덕이 들어가게 자극하겠지만, 제도적으로 새로운 소비 환경에 맞게끔 VS(A)의 내용 수정이 일어나게끔 유도하는 것이 좋다. 리콜(recall)제의 도입은 그 실례가 된다. 환경에 대한 VS(B)의 부적응성이 A와 B의 사안에 결정적 원인으로 여겨지는 경우는 VS(A)의 부적응성과 대칭적 관계를 맺기 때문에, 후자의 부적응성에 대한 논의는 전자의 부적응성에도 해당한다.

(2) VS(A)와 VS(B)의 부적응성 양자가 A와 B의 사안에 결정적 원인인 경우 : 이러한 경우는 두 가치체계 양자의 내용적 수정을 통해서 갈등 중재가 가능한 만큼 (1)보다 더욱 복잡한 분석을 요구한다.

7) 가치체계의 배열에서 내재적 갈등의 규정에 대해서는 12장 3절을 참조하라.

A와 B의 마찰이 두 가치체계의 갈등 양상으로 나타날 때 방패는 두 가치체계의 내용적 수정을 필요로 하지 않는 경우에 적용된다. 하나의 지배적 가치가 지배하는 사회에서 효과적으로 기능하는 관습 규범, 실례로 예(禮)와 같은 권위로서의 방패는 고려되지 않을 것이다. 이러한 조건 아래 방패는 구조적 갈등을 함축하는 가치체계들의 배열에 적용된다. 앞 장 3절에서 보았듯이 모든 갈등이 특정 가치체계의 내용적 수정을 요구하는 내재적 양상을 띠는 것은 아니다. 방패는 특정 가치체계의 내용적 측면보다는 지식의 활용법 및 조직체계의 구성법을 조율함으로써 문제 해결이 이뤄지는 경우에 적용되는 방법들을 은유한다. 방패와 관련해 생각해볼 수 있는 두 가지 경우를 들어보자.

(3) VS(A)와 VS(B)의 연결 방식이 효과적이지 못한 경우 : VS(A)의 미덕들과 VS(B)의 미덕들을 실현하는 것, 곧 두 가치체계의 효과적인 구현은 가치체계의 연결 방식에 의존한다. A와 B의 갈등이 어느 한쪽의 가치체계의 내용적 수정을 요구하지 않는다는 점에서 구조적인 것이라고 하자. 어떤 제도적 장치를 도입하여 VS(A)와 VS(B)의 내용을 수정하려는 정책은 오히려 갈등 해결을 지향하는 문제 해결을 가로막을 수 있다. 두 가치체계가 실제 문제 상황에서 질적 및 양적인 측면과 맞물려 배열된 방식, 곧 지식의 이동, 조직체계의 구성법 및 인적 자원의 분포, 재화의 흐름 등을 조율함으로써 문제가 해결되는 경우가 이에 해당한다. 가치체계들의 연결 방식이 상황에 맞지 않게끔 구성된 경우가 지속된다면, 가치체계의 미덕들은 해당 구성원들에게 체득되기 힘들다. 가치체계는 그들의 사고와 행위를 적절히 제한할 수 없게 되며, 그들은 사회설계의 능동적 참여자의 지위를 포기하기 쉽게 된다.

(4) VS(A)에 VS(B)를 종속시키려는 경우 : 특정 종교적 가치체계 VS(A)에 다른 가치체계를 종속시키기 위해 의무화된 종교교육을 예로 들 수 있다. 모든 사회 구성원들이 VS(A)에 동의하지 않는 상태에서 의무화된 종교교육은 다른 가치체계에 대한 명백한 침략행위이다. 가치체계가 다원화된 사회에서 공공 교육기관의 종교 선택권을 보장하는 것은 갈등 완화의 제도적 장치로 인식되어야 한다. VS(A)의 미덕들과 관련된

내용 자체가 수정될 이유가 없다면, 문제의 근원지는 가치체계 VS(A)가 아니라 VS(A)를 가지고 세상을 획일화하려는 신봉자 집단이다. 다양한 가치체계들의 효과적인 기능을 위해서 그러한 집단을 제압하는 정책은 필수적이다.

중재가 문제 해결 과정에서 특정 가치체계의 내용을 수정하는 경우에 적용되는 방법들을 은유한다면, 방패의 방법들은 가치체계들의 연결 방식을 구성하는 조건들을 수정하는 경우에 해당한다. 실제 문제의 상황들이 중재와 방패로 이분되는 것은 아니다. 중재와 방패가 스펙트럼의 양 끝에 비유될 때 중재와 방패 중 하나를 선별하거나 양자의 복합적 사용에서 하나를 순차적으로 우선시하는 것은 문제 해결 방식의 방향성을 설정해주는 개념적 장치로서 봉사한다. 그렇게 선별하고 우선시하는 것은 문제의 상황 맥락을 구성하는 요인들의 평가에 근거한다. 문제 해결의 방향성이 중재와 방패 중 어느 쪽에 속하는지가 결정되면, 구체적 문제 해결법은 특정 주제와 맞물린 사례 분석법에 의존한다. 사례 분석의 방법론적 틀 속에서 중재와 방패의 진단 기능을 살펴보자.

2) 중재와 방패의 사용법

하나의 문제는 고려되어야 할 혹은 풀려야 할 질문 형태를 갖는다. 문제 풀이 과정이 어떤 알고리듬 혹은 절차의 적용에 근거해 그것의 긍정 혹은 부정이 증명되는 단순한 경우를 먼저 분석해보자. 훌륭한 수학 선생의 자질은 학생으로 하여금 스스로 문제를 풀 수 있게끔 해주는 교수법과 무관하게 평가될 수 없다.[8] 그러한 훈련법에서 고려되어야 할 사항들은 무엇인가? 첫째, 주어진 문제가 어떤 영역에 속하는지를 판단할 수 있게 해주는 효과적인 훈련이 고려되어야 한다. 그러한 훈련은 문제의 성격을 진단하는 것과 관련되기 때문에 문제를 둘

8) 수학교수법에서 증명은 문제 해결 혹은 발견법의 맥락에서 접근되어야 한다는 일반 취지에 대해서는 다음을 참조하라. Polya, G.(1981).

러싼 배경 지식의 전달 과정 속에서만 의미를 갖는다. 둘째, 주어진 문제의 증명은 합당한 절차의 선택에 좌우되기 때문에, 증명은 유사한 문제 풀이의 반복적인 훈련을 요구한다. 셋째, 올바른 절차가 선택되면, 그 절차를 올바르게 적용할 수 있는 훈련이 필요하다. 교수법의 이러한 세 조건은 실천적 문제와 관련해서는 배경 지식에 근거한 주제의 산출, 검토 사항에 근거한 해결법 그리고 해결법의 적절한 적용에 유추 가능하다. 그러나 이 점은 과장되어서는 안 된다. 실천적 문제는 수학 문제가 아니며, 문제 해결에서 절차성의 유사성이 문제 해결의 실제 방식을 함축하는 것은 아니기 때문이다.

현실세계의 문제, 곧 실천적 문제로서 핵폐기물 처리 문제를 고려해보자. 그 문제가 과학기술 정책에서 시민과의 합의 주제에 속한다고 하자. 주제 선출, 곧 문제의 상황을 특정 주제에 귀속시키는 것은 배경 지식에 좌우된다. 공학의 기술적, 지식적 그리고 직업적 측면에서의 분석은 사회 속에서 현재 공학의 기능 방식과 관련되기 때문에 그러한 배경 지식을 제공해준다.[9] 특정 주제에 귀속된 문제의 상황이 그 주제와 맞물린 문제를 잘 보여주는 경우, 그 상황은 해당 주제에 대한 하나의 사례로 규정된다.

실천적 문제 해결은 사례 분석에 근거한다. 사례 분석은 해당 주제와 맞물린 상황의 요인들 혹은 단서들로 구성된 상황적 특수성을 고려한 일종의 개연적 판단이다. 따라서 실천적 문제의 해결은 알고리듬 적용에 의한 증명과 다르다. 여기서 가치체계들이 다원화된 사회 속의 실천적 문제가 갖는 성격을 따져보자.

(1) 하나의 상황이 특정 주제의 문제와 맞물린 사례로 규정될 때 그 문제는 많은 경우 집단간 이해관계를 함축한다. 그러한 이해관계는 해당 상황에 처한 개인 혹은 집단의 관심사 속에 표출된다. 핵폐기물 처리장을 둘러싼 지역 시민의 관심사는 그 지역 시민에 국한된 것이 아니다. 그 관심사의 주체는 해당 지역 시민이지만, 그 관심사는 시민과 정부 혹

9) 그러한 세 측면에서의 공학에 대한 분석은 제1부에서 다뤘다.

은 시민단체 사이의 갈등 양상을 함축한다는 점에서 관계적이다.

(2) 그러한 관심사에 함축된 갈등 양상은 가치체계들의 기능 방식과 관련된 경우가 많다. 그렇지 않은 경우는 상대적으로 사소한 것으로 여겨진다. 핵폐기물 처리 문제에서 시민과 정부 혹은 시민단체의 갈등 양상은 다양하게 나타날 수 있다. 지역의 경제적 이익을 최선으로 하는 사고방식, 정치적 권력 유지에 지나치게 이끌린 사고방식 혹은 모호한 생태계의 균형 개념에 의해 이념화된 사고방식에 따라 핵폐기물 처리를 둘러싼 집단간 갈등 양상은 다양한 방식으로 표출된다.

(3) 갈등 양상을 함축하는 실천적 문제 해결을 위한 보편적인 알고리듬은 없다. 실천적 문제 해결은 해당 상황을 초기 조건들로 설정하여 여기에 알고리듬 혹은 규칙을 적용함으로써 출력, 곧 결론을 도출하거나 증명하는 방식이 아니다. 실천적 문제 해결의 과정은 해결의 단서들, 곧 상황적 특수성과 유기적 관계를 맺는다.[10] 상황에 합당한 문제 해결은 올바른 단서 포착과 분리될 수 없고, 올바른 단서 포착은 문제에 함축된 갈등 양상의 성격 진단에 필수적이다.

성격 (1)-(3)이 모든 실천적 문제들에 해당하는 것은 아닐지라도, 그것은 다양한 가치체계들이 기능하는 사회에서 어떤 문제를 실천적 차원에서 의미 있는 것으로 규정해준다. 문제에 함축된 가치체계들의 갈등 양상이 진단되면, 문제 해결을 위해 갈등 양상이 논의되어야 한다. 가치체계들의 갈등이 내재적 갈등 양상에 속한다면, 중재의 관점 속에서 문제 해결을 위한 검토 사항들이 마련되어야 한다. 가치체계들의 갈등이 구조적 양상에 속한다면, 방패의 관점 속에서 문제 해결을 위한 검토 사항들이 마련되어야 한다. 따라서 중재와 방패의 방법은 문제 해결의 방향성을 설정해주는 장치의 역할을 갖는다.

---

10) 실천적 문제 해결은 상황에 합당한 개연적 판단에 근거한다. 이 점은 2장 및 9장을 포함해 지금까지의 논의를 따른다면 이제 별다른 설명을 요구하지 않을 것이다. 실천적 문제 해결에서 판단이 문제의 표상법과 유기적 관계를 맺는다는 것은 제3부 18장에서 구체화될 것이다.

핵폐기물 처리를 둘러싼 문제에 함축된 갈등 양상이 권력 기관의 개발 중심적 관심사에서 기인한다고 하자. 환경 보호에 대한 사회적 공감대가 마련된 경우, 그러한 관심사의 배후에서 기능하는 가치체계는 사회설계에 부적합한 것이다. 권력 기관의 사고와 행위를 제한하는 가치체계는 내용적으로 수정되어야 한다. 그러한 수정을 위한 중재의 역할에 능동적이지 않은 정부는 가치체계가 다원화된 사회의 설계 집단이 갖춰야 할 자질을 상실한 것이다.

핵폐기물 처리를 둘러싼 문제에 함축된 갈등 양상이 시민단체의 이념화된 특정 가치체계에서 기인한다고 하자. 시민단체는 이상화된, 그러나 실제 자연계에서는 존재하지 않는 '생태계의 평형상태'에 최고의 미덕을 부여함으로써 그에 반하는 모든 것을 병적으로 진단한다. 환경 보호의 인식은 특정 가치체계가 아니라 더 이상 간과할 수 없는 여러 환경 문제들에서 기인하는 것이기 때문에, 특정 가치체계에 근거한 환경 보호에 대한 유일한 정당화가 있다는 생각은 착각이다. 인간 중심주의적 가치체계에 근거해서라도 환경 보호에 대한 정당화는 가능하다. 개발로 인한 환경오염이 우리에게 해롭다는 인식이 생태계의 평형상태를 전제하지는 않는다. 시민단체의 가치체계 자체가 부정적인 것으로 평가되지 않는다면, 시민단체의 이데올로기적 행위, 곧 특정 가치체계에 모든 것을 종속시키려는 행위를 적절하게 제어할 수 있는 방패의 방법이 모색되어야 한다.

문제 해결을 위한 검토 사항들을 마련하는 데 있어 중재와 방패는 문제 해결의 방향성을 설정하는 역할을 갖는다. 문제 해결에 적합한 중재와 방패의 사용법은 상식과 가치체계의 긍정적 결합을 도모함으로써 상태 지향적 공익을 추구한다. 재난 방지와 대책을 둘러싼 일련의 주제들을 다루는 제3부에서는 주로 방패의 방법에 치우친 문제 해결법들을 살펴볼 것이다. 책임, 안전 및 숙련된 능력으로 대표되는 공학적 가치체계의 미덕들은 많은 경우 적절한 지식의 활용법 및 조직체계의 구성법 등에 의해 다른 가치체계와의 관계 속에서 구현되기 때문이다.

4. 시행착오 속의 인본주의

상식을 존중한 상황윤리는 '상식의 보호대'와 '시행착오 속의 인본주의'라는 두 축으로 구성된다. 상식의 보호대가 상식을 보호하는 방법론을 다룬다면, 시행착오 속의 인본주의는 상식과 가치체계의 결합 방식에 대한 역사적 평가와 관련된다. 왜 그냥 '인본주의'가 아니라 '시행착오 속의 인본주의'인가?

서양 인본주의는 자연보다는 인간의 역사를 더 잘 알 수 있다는 르네상스 전통에서 기인한다. 르네상스 인본주의자들의 주목적 중 하나는 그들의 시대에 고유한 독자성을 부여하는 것이었다. 그들은 중세를 암흑기로 규정함으로써 고전적인 것과 자신들 사이의 직접적인 연결성을 확립시키려고 애썼다. 르네상스 인본주의자들에게 그리스와 로마의 고전은 단순히 교육의 수단이 아니라 인간을 인간답게 만들어 주는 것, 곧 '후마니오라(humaniora)'였다. 르네상스 인본주의에서 천체는 더 이상 인간이 신을 숭배하기 하기 위해 만들어진 것도 아니며, 신이 인간에게 특별한 은총을 내린다는 인격신 개념 또한 거부된다. 자연은 인간을 위해 존재한다. 그래서 르네상스 인본주의는 '인간중심주의'의 출현과 밀접한 관련을 맺는다. 르네상스 인본주의에서 인간사에 영향을 미치는 하늘 혹은 신 개념은 거부되지만, 인간 본성의 규정은 종교적 교리의 특정 해석과 양립 가능해야 한다. 이러한 점에서 르네상스 인본주의를 '종교적 인본주의'의 한 형태로 본다면, '세속화된 인본주의'는 인간성의 규정에서 종교적 해석을 끌어들이지 않는다.11)

종교적 인본주의와 세속화된 인본주의를 관통하는 것은 인간의 욕구와 동기가 그 무엇보다도 가장 우선한다는 것이며, 선한 욕구와 동기의 경계를 긋기 위해 고정된 인간 본성 혹은 역사의 보편적 구조가 가정된다. 시행착오는 오류, 서투름, 무지 및 신적인 것에 대비된 인간의 한계와 관련되는 것이지 결코 생활세계의 개선에 필요한 미덕으

11) 인본주의의 역사적 변천 과정에 대해서는 다음을 참조하라. Walter, N.(1997).

로 여겨지지 않는다.

왜 나치 국가사회주의의 가치체계는 나쁜 것이고 공학의 가치체계는 그렇지 않은가? 인간 본성에 근거한 대답은 전자의 가치체계가 인간 본성에 반하거나 인간 본성을 파괴시키는 반면에 후자의 가치체계는 그렇지 않다는 것이다. 이러한 식의 대답이 제아무리 세련된 철학적 논증으로 무장하더라도, 그것은 현실세계의 문제 해결에서는 무기력하다. 그 어떤 가치체계도 독립적으로 기능하지 않기 때문에, 가치체계 그 자체에 대한 평가라는 것은 항상 그 근거가 애매할 수밖에 없다. 더욱이 다양한 가치체계들을 선별해주는 보편적 이론이라는 것은 없다. 인본주의 자체가 시기별로 여러 형태로 나타나기 때문에, 인본주의에 근거해 나치 국가사회주의의 가치체계를 악으로 규정하는 것은 사실 논증을 회피하는 것에 불과하다. 인본주의의 특정 이론에 의해 나치 국가사회주의가 악으로 규정될 수 있는 것이라면, 인본주의자는 단순화된 선악의 대립 구도 속에서 국가사회주의의 가치체계가 비상식적이라고 결론 내릴 수밖에 없다. 당시 유럽의 시대적 정황 등은 왜 그러한 가치체계가 상식과 결합할 수 있었는지에 대한 분석의 역사적 자료가 아니라 '인간적인 것'에 대한 파괴의 정당화에 대한 수단이 되어버린다. 이것은 일상생활에서 일률적으로 평가될 수 없는 '인간적인 것'을 특정 이론에 가둬버리는 짓에 불과하다.

일상적 공감대로서의 상식과 결합하여 특정 생활양식을 규정하는 가치체계들은 다양하다. 모든 가치체계들이 상식에 의해 부분적으로 제한되어 있고, 그 둘의 결합 가능성은 상황에 대해 열려 있다. 이 점을 인식한 상태에서 삶의 탄력적인 기반으로 작동하는 상식을 접근할 때, 상식의 원리주의 관점, 유일한 이론 관점 및 이기주의와 이타주의의 이분법 관점은 피해야 하는 것이다.12) 상식 자체에 근거해 하나의 가치체계가 평가될 수 없고, 또 모든 가치체계들 위에서 가치체계를 선별해주는 보편적 기준이나 이론이 있다는 생각은 버려야 한다. 실

12) 이에 대해서는 10장에서 논했다.

천적 현자는 상식과 가치체계의 역동적 결합 방식에 관심을 가져야 하며, 가치체계의 기능은 관계적이라는 것을 인정해야 한다. 관계적 기능의 관점에서 가치체계의 평가는 역사적이어야 한다. 나치의 국가사회주의가 나쁘게 평가되는 것은 그것이 인간 본성에 반해서가 아니다. 그것이 긍정적으로 평가될 수 있는 사례가 일반적인 것이 아니라 예외적인 것으로 규정되며, 그렇게 예외적인 것으로 판단하는 것은 과거의 실패 경험에 근거한다. 책임, 안전 및 숙련된 능력이라는 미덕을 추구하는 공학의 가치체계는 다른 직업적 가치체계와 마찬가지로 그것의 부정적 사례가 예외적으로 평가된다. 그렇기 때문에, 그것의 긍정적 기능 가능성은 부정적 사례에 의해 배제되지 않는다.

시행착오 속의 인본주의에서 상식과 가치체계의 결합 방식은 '합리성의 제한성', '실패를 통한 교훈'과 '열린 역사'라는 항목에 의해 평가되며, 이러한 평가는 유사한 과거의 실패와 실수를 반복하지 않겠다는 태도에 실천적 의미에서의 도덕적 목적을 부가한다. 그러한 목적은 도덕성의 이론적 규정과는 별도로 상식과 가치체계의 긍정적 결합을 지향하며, 이는 실천적 문제 해결을 통해 생활세계를 개선하겠다는 상태 지향적 공익 개념에 부합한다.

1) 합리성의 제한성

현실세계에서 인간의 판단은 상황에 합당함을 추구한다. 상황에 합당한 판단은 구체적 문제를 특정 담론 주제와 연결시켜주는 상황적 요인들, 곧 상황적 특수성을 고려할 때 가능하기 때문에, 상황에 합당한 판단은 상황을 초월할 수 없는 개연적 성격을 갖는다. 그 성격은 합리성의 제한성으로 드러난다.

일상생활에서 합리적으로 평가되는 판단은 상황에 합당한 개연적 판단이고, 그러한 판단은 생리적, 인지적, 환경적 그리고 사회적 요인들에 의해 제한되어 있다. 그러한 요인들을 '제한 요인'으로 규정할 때 제한 요인들은 판단 속에서 하나의 유기적 관계를 형성한다.13) 여기에 과거 경험 혹은 기억에 근거한 추론적 판단도 예외가 될 수 없다. 기억이 담고 있는 정보들의 양과 질은 생리적 요인들에 의해 제한된 것들이다. 그러한 요인들이 특정 환경 맥락과 유기적 관계를 맺기 때문에, 환경은 생리적 반응의 수준에서 이미 생태적(ecological)인 것이 된다. 그 어떠한 판단도 상황 속의 구체적 문제와 맞물려 있기 때문에, 기억에 근거한 추론에서 효과적인 정보 추출 또한 머릿속에 국한된 것이 아니다. 그것은 문제의 상황과 연관된 환경 맥락과 계산 및 기억 능력의 공조를 필요로 한다.

많은 경우, 효과적인 문제 해결은 적절한 단서 추출에 좌우된다. 판단에 필요한 단서들은 환경 맥락의 시공간적 구조를 알려주고, 적합한 단서 추출은 선천적 인지 능력, 학습 및 배경 지식 등에 좌우된다. 시각, 청각 및 후각은 대상의 형태, 위치 및 냄새와 같은 환경 단서들을 추출해주고, 선천적 본능은 즉각적 행동을 유발시킴으로써 생존에 필요한 비용을 감소시키기도 한다. 그렇게 비용을 감소시키는 방식이 항상 문제 해결의 효과적인 전략으로 작동하는 것은 아니다. 과거의 특정 환경 맥락에 적응된 행동 방식의 유전이 그 유전의 수레바퀴인 인간에게 일종의 자연적 제약으로 작동하는 것은 사실이지만, 인간관계의 복잡성, 곧 사회성이 그러한 유전에 종속되는 것은 아니다.

신체 기관 및 두뇌가 다양한 환경 맥락에 걸쳐 기능할 수 있는 가소성(可塑性)을 가지고 있더라도, 그 가소성이 과장되어서는 안 된다. 과거 환경에 적응된 여러 두뇌 기능들의 합성에 시시각각 변하는 상황의 모든 환경 맥락이 종속될 수 없기 때문이다. 특히 그러한 환경 맥락이 유기체들의 거래와 관련되는 경우 더욱 그러하다. 그러한 거래관계가 개체의 선천적 속성들에서 자유로운 것은 아니지만 결코 그 속성들에 환원되는 것은 아니다. 두뇌 기능의 가소성은 오히려 생태적 환경을 인간 능력의 한계 내에서 제어 가능하게끔 변형하는 것과 관련된다. 실제 인간에게 환경은 그러한 변형을 가능하게 만드는 각

13) 그렇기 때문에, 판단 또한 정보의 표상 방식에 의존한다. 이 점은 여러 이질적 집단간의 의사소통 과정에서 공학적 정보의 효과적 표상법을 다루는 18장의 주제이기도 하다.

종 관습, 제도 및 제도의 효과적인 기능을 위한 인공물들로 가득 차 있으며, 이러한 환경의 사회적 측면에 인간의 사고와 행위는 자유로울 수 없다.

사고와 행위가 생리적, 인지적, 환경적 그리고 사회적 요인들에 의해 제한되어 있다는 사실을 의심하는 것은 자연스럽지 않다. 그 사실은 별다른 정당화 작업을 요구하지 않을 정도로 일상적 관찰 수준에서 받아들여질 수 있는 것이다. 합리적 판단이라는 것은 상황에 합당한 판단이며, 그런 판단은 문제의 주제와 맞물린 상황적 특수성의 고려 속에서 얻어진다. 상황적 특수성의 고려는 사고와 행위를 제한하는 여러 요인들과 무관할 수 없다. 이러한 합리성의 제한성을 인정할 때 문제 해결은 해결자의 열망 수준(aspiration level)과 무관할 수 없고, 상황적 특수성과 맞물린 그러한 열망 수준을 무시한 보편적인 합리성의 기준이라는 것은 없다. 합리성의 기준에 대한 이론은 사실 특정 조건들 아래에서 기능하는 이상화된 형식 혹은 절차이며, 이론은 그러한 조건들을 만족하는 유사한 상황들에 적용됨으로써 계산을 줄여주는 미덕을 갖는다. 그 미덕은 이론이 보편성의 이름으로 과장될 때 오히려 사장된다.

합리성의 제한성으로 인해 실천적 문제 해결은 보편적 원리를 초기조건에 적용하여 결론을 끄집어내는 확실한 예측 게임에 속할 수 없다. 예측 게임은 현재 충분히 제어 가능한 특수한 조건들 아래에서만 실효성을 갖는 것이며, 그러한 조건들로 구성된 유사한 상황들에 적용 가능한 원리들을 다른 상황에 확장시킬 수 없다.

그러나 근대 이후 확실성 추구의 시대정신 속에서 합리성의 제한성은 합리성 자체의 본질로 간주되지 않았다. 그것은 단지 무지의 소산이거나, 경험의 한계에서만 비롯된 것으로 여겨졌다. 이를 정당화하는 가장 손쉬운 방법 중 하나는 다음 두 관점을 관철하는 것이다.

> 첫째, 관계성을 함축하는 모든 집단적 속성을 개인적 속성에 환원시킴으로써 사고와 행위를 제한하는 사회적 요인들의 실제적 기능은 합리성

의 영역에서 제거된다. 사회는 단지 개인들의 속성을 반영하는 창일 뿐 결코 새롭게 구성되는 것이 아니다. 또 환경적 요인들을 합리성의 영역에서 추방하기 위해 환경을 자극의 원천으로만 이해하는 방식이 유행했다. 그 이해방식은 환경을 동질적 물질계와 동일시하는 사고방식을 낳았고, 정신적인 것과 물리적인 것의 이분법은 하나의 논리적 귀결로 성립하게 되었다. 환경은 단지 마음을 촉발시키는 물질적 자극의 원천일 뿐이며, 합리성을 구성하는 모든 것은 마음의 속성으로 귀속된다.

둘째, 상황 속에서 환경적, 사회적 제한 요인들과 유기적 관계를 맺는 생리적, 인지적 제한 요인들을 합리성의 영역에서 추방하기 위해 그것들은 합리적 사고의 방해물로 여겨지게 되었다. 그것들은 정보 추출 및 인지 기능을 갖는 것이 아니라 단지 동물적 본능 또는 물질적 자극에 의한 충동으로 간주되었다. 합리성 개념은 이상화된, 곧 환경 맥락의 내용을 초월한 추론 및 계산의 형식에 종속되게 되었다.

확실성 추구의 시대정신 속에서 합리적인 것과 비합리적인 것의 이분법은 논리적 귀결이 되며, 합리성은 추론적 정당화 맥락에 포섭된다. 실천적 문제 해결에 필요한 가설 설정 및 발견에 개입하는 추측은 심리적 요인을 허락한다는 이유로 철학에서는 극복되어야만 하는 것으로 여겨졌다.[14] 그러나 인간의 사고 자체가 경험적 탐구의 대상이 됨으로써 언급된 두 관점은 유지되기 힘들어졌다. 인간의 사고가 자연적 조건과 무관할 수 없고, 또 실제적 판단은 내용, 특히 환경 맥락의 구조에 의존한다는 사실이 경험적 연구를 통해 밝혀졌다. 그러한 사실은 '철학의 자율성(autonomy of philosophy)' 관점을 위축시켰다. 철학의 자율성 관점에 따르면, 철학에만 속하는 특별한 주제들이 있고, 그 주제들은 다른 분야의 경험적 연구 결과와 무관한 철학적 비판 작업에 속한다. 합리성은 철학의 특별한 주제로 여겨졌다. 인간의 사

14) 그 결과, 몸짓 및 의성어 따위는 현대 서양철학에서는 효과적 의사소통의 심리적 수단일 뿐 의미의 구성단위로 취급되지 않았다. 하지만, 왜 꼭 그래야만 하는지를 따질 때 그 합당한 이유가 기대는 곳은 특정 전제들에 대한 신념일 뿐이다.

고 자체가 경험적 연구의 대상이 될 수 있다는 인식은 철학의 자율성 관점에 대한 회의를 불러일으켰다. 이는 19세기 이후 서구적 자연주의(naturalism)의 형성에 대한 역사적 모태로 작동했다.

인간의 사고와 행위를 제한하는 인과 기반을 경험적 연구의 도움을 받아 탐구하겠다는 자연주의적 태도는 합리성의 제한성 관점과 양립한다. 그러나 확실성 추구의 시대정신 속에서 철학의 자율성 개념에 대한 자연주의적 반발은 역으로 그러한 양립성을 위협하는 식으로 전개되었다. 그 하나는 사람들이 형식적 절차에 따라 판단하지 않는다는 경험적 사실에 근거해 인간은 오류를 범하게끔 인지적으로 편향되었다는 주장이다. 이러한 주장은 철학의 자율성 관점 속에서 탄생한 형식적 합리성에 대한 극단적 반발에 지나지 않는다. 올바른 반발은 합리적인 것과 비합리적인 것의 이분법에서 벗어나는 것이다. 합리성의 제한성 관점에서 합리적이라는 것은 상황에 합당한 판단과 맞물리며, 상황을 초월한 보편적 합리적 기준이라는 것은 없다. 추론 형식이라는 것도 그것들이 지켜지지 않았을 때 우리가 합당하다고 받아들일 수 없는 경우들에 대한 인식 없이는 설정될 수 없는 것이다. 논리적 무모순성은 합당한 판단이 가져야 할 자질과 같은 것이다. 실제 사고가 형식적 절차에 내용을 끼워 맞추듯 진행되는 것은 아니다.15)

확실성 추구의 시대정신 속에서 철학의 자율성에 대한 또 하나의 극단적 반발은 특정 이론 혹은 그 이론에 함축된 세계 이해에 근거해 모든 인지 및 심리 과정의 자연화(naturalization)를 꾀하려는 시도였다. 인지 및 심리 과정의 인과적 기반을 탐구하겠다는 태도에는 아무런 문제가 없지만, 그러한 탐구의 토대, 곧 '탐구의 탐구법'에 대한 확실한 특정 이론 혹은 관점을 전제하는 것은 그렇지 않다. 자연주의는

---

15) 이를 뒷받침해주는 심리학적 연구가 지난 세기에 많이 축적되었다. Simon, H. A.(1956); Wason, P. C.(1968); Fillenbaum, S.(1977); Nisbett, R. E. & Ross, L.(1980); Cohen, L. J.(1986); Allwood, C. M. & Montgomery, H.(1987); Gigerenzer, G. & Hug, K.(1992); Hirschfeld, L. A. & Gelman, S. A.(eds)(1994).

자연과 인간에 대한 탐구가 선험적 사고에만 의지할 수 없다는 역사적 인식에 근거한 일종의 형이상학적 태도이며, 그 인식은 특정 사고방식의 사장이 아니라 한계에 관한 것이다. 경험의 통합적 설명을 추구하는 그 어떤 형이상학적 태도 혹은 세계 이해도 단순 검증 혹은 반증의 대상이 될 수 없다.

자연주의적 태도를 견지하더라도, 그것이 하나의 특정 세계 이해로 단순하게 귀결되지 않는다. 어떤 설명에도 초자연적(supernatural)인 것을 들여놓지 않겠다는 태도는 여러 세계 이해 방식과 결합할 수 있다. 자연주의적 태도는 인과 기제가 보편법칙에 의해 닫혀 있다고 보는 결정론, 상호작용에 의한 계층화에 근거해 그렇게 보지 않는 유기체론, 물질의 형태와 운동에 의해 현상을 설명해보겠다는 기계론, 이에 대치된 기능적 세계 이해나 생기론, 대상의 속성을 강조하는 환원론 그리고 관계를 강조하는 전일론 등의 사고방식과 결합 가능하다. 그 결합 가능성은 해당 시기 과학기술의 수준에 따른 탐구의 관심사에 의존적이다. 자연주의적 태도 자체가 그러한 사고방식들 중 하나를 결정해주는 것도 아니며, 그것들은 현재 다양한 과학 분과들 속에 함축되어 있다. 과학적 탐구는 일반적으로 단 하나의 분과가 아니라 여러 분과들의 합성을 요구하기 때문에, 연구의 관심사, 목적 및 현재의 도구 수준에 따라 각 분과와 관련된 세계 이해들 사이에 일종의 거래가 이뤄진다. 표현형에 대응하는 염색체 부분을 연구하거나, 어떤 물질의 성분을 분석할 때 환원론적 세계 이해는 여전히 그 미덕을 발휘하고 있다. 연구의 관심사가 발생을 연구하거나 물질 성분의 합성에 의해 새로운 질적 속성을 얻어내는 작업에 집중될 때 환원론적 세계 이해 방식의 미덕은 축소되고, 다른 방식의 세계 이해가 중심축으로 작동하게 된다.

자연주의적 태도가 단 하나의 이론 및 그 속에 담긴 특정 세계 이해를 전제해야 할 필연적 이유는 없다. 그렇게 전제하는 것은 특정 이론을 인간과 자연에 대한 탐구의 보편적 개념틀로 확신하는 일종의 종교적 신념과 다르지 않다. 이론들도 문제 풀기의 과정에 내재한 합리성의 제한성이라는 장벽을 부술 수는 없다. 자연주의를 하나의 지배적 이론에 근거해 규정하는 것, 곧 단선적 자연주의의 규정 관점은 타분야와 무관한 철학적 사유를 지향하겠다는 철학의 자율성 관점만큼이나 독단적인 것이다.16)

철학의 자율성 관점에 대해 살펴본 두 가지 극단적 반발은 확실성 추구의 시대정신 속에서 탄생한 보편적이고 형식적인 합리성 개념을 거부하지만, 그 두 가지 반발에 함축된 관점들 역시 확실성 추구 정신의 새로운 양상들에 지나지 않는다. 그 하나는 합리성에 대한 허무주의 관점이며, 또 다른 하나는 단선적 자연주의의 규정 관점이다. 합리성의 제한성을 인정할 때 우리에게 필요한 것은 그 두 관점이 아니다. 상황에 의존적인 합리성의 역동적 맥락을 인정해야 하며, 문제 풀기의 분석적 도구에 지나지 않는 이론을 이상화시켜 합리성을 단선적으로 규정하려는 환상에서 벗어나야 한다.

합리성의 제한성을 인정할 때 합리적이라는 것은 상황에 합당한 것으로서의 현명한 판단을 추구하는 것이다. 합리성의 맥락 의존성 때

16) 단선적 자연주의는 역사 속에서 여러 양태로 나타났다. 유물론의 종류 중에서 19세기 '과학적 유물론(scientific materialism)'을 그 실례로 들 수 있다. 이에 대해서는 [부록] A5을 보라. 또 다른 실례로서 오로지 진화론에 근거해 문제 풀기에 개입된 인지 전략의 효과성을 따지는 '진화심리학(evolutionary psychology)'의 한 분파를 들 수 있다. 그러한 인지 전략의 효과성을 따질 때 인지적, 환경적 그리고 사회적 요인을 고려해 전통적 합리성 개념을 비판하는 것은 정당하지만, 그 분파가 그 요인들이 실제 사고와 행위를 제한하는 방식을 따진 것은 아니다. 진화론의 적응 개념에만 의지해 인지 전략의 효과성을 계산한다면, 환경적 요인 및 사회적 요인은 단지 그러한 계산의 고려 사항일 뿐 실제적 제한 기능을 잃어버리게 된다. 인지적 기능 단위들이 과거 환경에 적응된 것들일지라도, 이로부터 그것들의 조합 방식이 결정되는 것도 아니며, 그러한 현재의 조합 방식은 적응적 평균이득 계산의 맥락에도 종속되지 않는다. 자연선택은 유전자 부동(gene drift)과 함께 진화를 구성하는 여러 기제들 중 하나일 뿐이며, 또한 진화론이 인간의 정신 및 심리 현상에 대한 생물학적 탐구의 중심축이라는 생각은 논리적으로, 그리고 역사적으로도 잘못된 것이다. 진화심리학의 옹호자들이 확실성 추구의 시대정신 속에서 탄생한 전통적 합리성 개념을 비판했지만, 그들 중 일부는 '단선적 자연주의' 관점에 빠졌다. 그러한 관점 역시 확실성 추구 정신의 새로운 양태일 뿐이다.

문에, 나에게 합리적이라고 여겨진 것이 다른 경우 혹은 타인에게는 아닐 수 있다. 일반적인 상황에서 미친 짓으로 불리는 행위가 특수한 상황에서는 합리적인 것으로 평가될 수도 있다. 실례로 외교에서 강자의 논리에 순응해도 당하게 되고, 그렇게 하지 않아도 당하게 되는 상황이 있다. 손익계산에서 순응과 거부의 차이가 현실적 의미를 갖지 못할 때 강자의 예측 및 기대 범위를 벗어난 돌발적 행위가 약자에게는 현명한 전략일 수 있다.

합리성의 제한성을 인정할 때 우리가 합의하기 쉬운 것은 합리적인 것보다는 그렇게 보기 힘든 것들에 대한 평가다. 그렇게 보기 힘든 것들은 단순히 개념적으로 합리성과 대칭 관계를 이루는 비합리성의 범주에 속하지 않는다. 그것들은 우리가 문제 해결의 과정에서 허락할 수 없거나, 예외적인 것으로 규정해야 하거나, 말도 안 되는 것이거나, 아니면 실패나 실수로 여겨진 것들을 총칭한다. 그렇게 여겨진 것들을 고려하지 않고 행위하는 것은 동기 및 행위의 예측 결과와 무관하게 과거의 실패를 반복하는 원인이 된다. 상황에 합당한 판단을 통해 문제 해결을 추구하는 실천적 현자에게 요구되는 것은 점적(punctual)인 시점에서 합리적인 것과 비합리적인 것을 딱 잘라 구분해주는 '합리성의 이론(theory of rationality)'이 아니다. 그러한 보편적 이론은 합리성의 제한성을 인정할 때 현실적으로 불가능한 것이다. 실천적 현자에게 요구되는 것은 합리성의 이론이 아니라 여러 상황에서 합리적이라고 여겨지지 않은 것들의 목차를 만들고, 그러한 목차에서 반복되어서는 안 되는 것들을 선별하여 원활한 문제 해결을 추구하는 것, 곧 유사한 실수와 실패를 되풀이하지 않겠다는 실천적 태도이다. '실패를 통한 배움의 태도'는 과거의 시행착오를 단순히 무지의 소산 혹은 잘못된 계산의 결과로 여기는 것이 아니라, 이를 상황에 합당한 판단의 내재적 고려 대상으로 삼는다. 이러한 태도가 합리적 차원에 속하는 근거는 합리성의 제한성을 인정하는 것 그 자체에 있다.

2) 실패를 통한 교훈

우리의 사고와 행위가 제한된 방식은 상황을 초월하여 동질화될 수 없다. 하지만, 그러한 제한 방식이 결코 무작위적인 것은 아니며, 유사한 조건들에 대처하는 집단적 방식이 생겨난다. 합리성의 제한성에 의해 생활세계는 여러 생활양식(mode of life)들로 분할된다. 여러 요인들에 의해 제한된 사고와 행위가 집단적 차원에서 특정 방향성을 나타나는 경우, 그 방향성은 하나의 생활양식으로 규정된다. 생활양식들의 다발은 결코 서로를 배척하는 관계를 맺지 않는다. 그러한 생활양식들이 생리적, 인지적 그리고 환경적 요인들에 의해 제한된 일상적 공감대로서의 상식에 기반을 두기 때문에, 각 생활양식의 형성은 상식과 특정 가치체계의 결합 과정과 맞물린다. 그 결합 과정은 사회적이고 문화적인 요인들에 의존한다.

상식과 가치체계의 결합이 서로가 서로를 구속하는 쌍방향성을 갖고, 또 상식 자체가 하나의 고정된 정합적인 체계도 아니기 때문에, 상식 자체가 상황과 무관한 도덕 원리로 작용할 수 없다. 상식의 원리화는 사실 상식의 한 측면을 잘라내어 세상사를 잣대질하는 독단적 사고방식에 속할 뿐이다. 그렇다고 세상사의 보편적 척도로 작용할 수 있는 어떤 별도의 가치체계가 있는 것도 아니다. 하나의 가치체계는 합리성의 제한성에서 나타나는 집단적 양상, 곧 '집단적 제한 양상'을 갖기 때문에, 그것 자체가 현실적 문제 해결을 위한 평가의 기반이 될 수 없다. 그 어떤 가치체계든, 그것의 평가 기준들은 그것의 소유자들에게는 미덕들로 나타난다. 그러한 미덕들은 그것의 집단적 제한성으로 인해 그들의 사고와 행위 속에서 암묵적 의무계산 속에 반영되기 때문이다. 가치체계의 평가는 다른 것과의 관계적 기능 관점 속에서 이뤄져야 하며, 상식과 가치체계의 다원적 결합 방식을 고려하지 않은 상식의 존중이라는 것은 허망한 것이다.

합리성의 제한성에서 나타나는 집단적 측면, 곧 가치체계의 집단적 제한성과 함께 다양한 가치체계에 대해 상식의 열려 있음을 인정할 때 개인 차원의 심적 구조보다는 상식을 둘러싼 가치체계의 구조성이 실천윤리 담론의 핵심으로 떠오른다. 현실세계의 의미 있는 문제와 맞물린 개인간 심적 갈등은 집단적 평가 방식의 차이에서 자유로울 수 없고, 올바른 심성의 강조 또한 어떤 가치체계에 근거한다.[17] 이 점은 동서양의 관습윤리 전통에 녹아 있다. 관습은 사고와 행위를 규격화함으로써 집단간 갈등을 완화하는 성격을 갖는데, 그러한 규격화는 올바른 심성을 길러주는 것으로 여겨졌다. 전통적인 관습윤리는 하나의 지배적인 가치체계가 기능했던 시절의 산물이기 때문에 지금의 현실에 적용될 수 없다. 이에 대한 대안을 찾는 과정에서 확실한 도덕체계를 꿈꾸거나 그런 도덕체계로 세상을 동질화하려는 '이론적 몽상가(theoretical dreamer)' 혹은 '도덕 경찰(moral policeman)'과 '실천적 현자' 사이에는 뚜렷한 차이가 나타난다.

이론적 몽상가는 모든 가치체계를 생활세계에서 걷어낸 후 남는 것에서 상황과 무관한 선악의 보편적 기준을 찾으려고 한다. 하지만, 그렇게 얻어진 기준은 그의 가공물일 뿐이며, 그것에 대한 집단적 합의는 실제로는 정치적 권력, 학습 제도 및 종교적 제의화 등에 의해 이뤄진다. 모든 가치체계를 걷어낸 상태의 생활세계라는 것은 존재하지 않는다. 설령 그렇게 걷어내는 것이 가능할지라도, 다양한 상황에 걸쳐 기능하는 일상적 공감대로서의 상식은 결코 고정된 본성과 같은 것이 아니다. 이론적 몽상가는 그러한 상식의 한 측면을 잘라내고 획일화하여 거창한 도덕적 본성론을 펼친 후 거기에서 모두가 쫓아야 할 가치체계를 건설한다. 기후와 같은 환경적 요인에 의해 여러 가치체계의 건설이 가능하다고 인정해야만 할 때 그는 자신의 본성론과 다양한 가치체계의 양립 가능성을 역설한다. 그리고는 자신의 본성론에 반하는 가치체계의 형성 과정에서 드러난 일체의 조건들을 병적으로 진단하고 그 본성론에서 추방하거나, 아니면 악의 본질적 원천으로 가정한다. 결국 그는 상황과 무관한 선과 악의 이분법 혹은 이타주의와 이기주의의 이분법 관점에 빠질 수밖에 없다. 그러한 관점은 개

17) 내부고발과 같은 문제를 개인 차원의 심리적 갈등 관계에서 접근하는 것은 문제 해결을 가로막는다. 이 점은 제3부 16장에서 분석될 것이다.

연적 판단으로 가득 찬 생활세계의 분석에서 피해야 하는 것이다.

도덕 경찰은 합리성의 제한성으로 인한 집단적 실패의 역사를 인정한다. 하지만, 그는 그러한 실패에 대한 지금까지의 서술이 새로운 개념체계를 만들기에 충분하다고 보는 점에서 수정주의자이다. 도덕 경찰은 모든 집단적 생활양식이 그러한 개념체계를 만족하게끔 수정 혹은 유도되어야 한다고 여긴다. 그는 그 개념체계를 이념화하여 세상사를 판단한다. 그것에 반하는 것은 그에게 반성 및 고려의 대상이 아니라 병적인 것으로 진단된다. 그러한 진단은 단순히 비판 대상을 이데올로기화하는 것이 아니라 자신의 이념을 절대적 이데올로기로 승화시키려는 동기를 깔고 있다.[18]

그러나 자유, 균등, 평등, 평형 및 여러 권리들이 이념으로 등장할 때 그것들의 실제적 의미는 구체적 문제 속에서 획득된다. 그것들의 구체화된 의미는 그것들 앞에 '정치적', '경제적' 혹은 '교육적'과 같은 형용사적 수식어를 요구하며, 구체적 문제 속에서 그것들의 우선순위가 정해진다.[19] 자유, 균등, 평등, 평형 및 각종 권리들이 아무런 상황적 제약 없이 동시에 구현될 수는 없다. 그렇게 구현하기 위한 강제적인 시도에서 집단간 갈등은 해결해야 할 실천적 문제 공간이 아니라 이론적인 윤리적 딜레마로 귀결되어버린다. 도덕 경찰들은 자신의 선한 동기에 호소하지만, 그들은 사실 문제 해결을 가로막는 장애물과 같은 존재들이다. 그들간의 이념 갈등은 상황과 무관한 것으로 가정된 보편성의 충돌에서 기인한 것이기 때문에, 문제는 상황적 요

---

18) 비판 대상의 이데올로기화와 이념을 위한 이데올로기 비판의 구분은 4장 4절에서 다뤄졌다.

19) 이러한 점은 일제강점기 때 조소앙(趙素昻)의 삼균주의(三均主義) 사상이 개입된 임시정부의 헌법안에도 함축되어 있다. 조선의 신분제도의 부작용은 북학파(北學派)의 실학사상까지 거슬러 올라간다. 구한말 선각자들에게 신분제도에 의한 사회의 고정된 위계질서는 우선적으로 극복되어야 할 것으로 여겨졌기 때문에, 균등은 그들에게 최선의 이념으로 받아들여졌다. 이 경우, 자유는 정치적 영역에서 선거권 등과 맞물려 보장되지만 경제적 영역에서는 토지의 국유화 정책 등에 의한 제약을 받게 된다. 조소앙의 삼균주의에 대해서는 다음을 참조하라. 신용하(2005).

인의 분석에 의해 집단적으로 풀려나가는 공간의 지위에서 이념 전쟁의 공간으로 추락한다.

실천적 현자는 함부로 고정된 본성론이나 평가의 절대적 개념체계를 건설하지 않는다. 그러한 것은 과거 실패의 교훈이 될 수 없다. 그러한 것은 자신이 추구하는 것을 보편적으로 정당화하기 위해 실패를 남용한 결과일 뿐이다. 실천적 현자는 세상의 유기적 관계들과 그 전개 과정에 주목한다. 그는 현실적 문제와 맞물린 특정 가치체계를 고립시켜 그것 자체의 내용이 아니라 다른 것들과의 관계 속에서 그것의 역동적 기능 방식을 평가한다. 그러한 평가는 절대적 이론을 전제하지 않기 때문에 항상 잠정적이다. 합리성의 제한성으로 인한 생활세계의 분할 과정에서 나타나는 시행착오를 통해 실천적 현자는 절대적 평가의 기준을 찾지 않는다. 그렇게 하는 것은 합리성의 제한성을 거부하는 것과 마찬가지다.

실천적 현자는 과거의 실패를 통해 피해야 할 것과 예외적으로 규정되어야 하는 것들의 목차를 만들어가는 과정에서 권고 사항들 혹은 준칙들을 마련한다. 권고 사항들은 무제약적으로 유효한 것은 아니기 때문에 다양한 상황에 걸쳐 고려 가능한 일반적인 것들과 구체적 주제와 연계된 특수한 것들로 나눠진다. 자유, 균등, 평등, 평형 및 여러 권리들은 그러한 일반적인 권고 사항들로서 부정적 결과를 피하기 위한 실천적 노력의 산물들이다. 하지만, 문제 해결에서 일반적으로 고려되어야 할 바람직한 권고 사항들이 문제의 상황과 무관하게 특수한 권고 사항들에 항상 우선하는 것은 아니다. 이 점은 상식을 보호한다는 것의 의미를 구체화하기 위해 2절에서 다뤄진 것이지만 여기서 다시 재음미해볼 필요가 있다.

첫째, 가치체계들 중에서 그것의 긍정적 기능 가능성이 아주 예외적인 것으로 규정되는 것들이 있다. 나치의 국가사회주의, 식민지 제국주의, 극단적 파시즘과 같은 가치체계는 타집단의 강압적 침입과 같은 조건 아래에서는 집단 보존에 효과적으로 작용할 수도 있지만, 이러한 경우는 예외적으로 규정된다. 그러한 가치체계의 확장이 가져오는 부정적 측면은 시공간적으로 국소적 영역에 머물지 않았기 때문이다. 자유와 평등과 같은 권리들은 특정 가치체계들이 생활세계에 침투하는 것, 곧 그것의 긍정적 기능 가능성이 예외적으로 규정되는 것들과 상식의 결합 가능성을 막아주는 개념적 장치다. 현재 권장되는 일반 권리들은 그러한 개념적 장치들로서 상식과 가치체계의 결합에서 나타난 과거의 실패에 주목함으로써 얻어진 역사적 산물들이다.

둘째, 가치체계들 중에서 그것의 긍정적 기능 가능성이 아니라 부정적 기능 가능성이 예외적인 것으로 규정되는 것들이 있다. 그러한 것들 중 한 부류는 가치체계의 부분적 내용을 수정함으로써 그것의 부정적 측면을 제거할 수 있는 것들이다. 그러한 가치체계의 내용은 다른 가치체계를 포함한 주변 환경에 부적응적인 것으로 진단되기 때문이다. 이러한 경우, 거시적 관점에서 특정 가치체계가 생활세계에 정착하는 것을 막는 데 있어 고려되어야 할 일반 권리들의 입지는 상대적으로 약화된다. 부정적 기능 가능성이 예외적으로 규정되는 가치체계들의 또 다른 부류는 가치체계의 내용보다는 주변의 외적 조건들을 개선함으로써 부정적 측면을 제거할 수 있는 것들이다. 문제 해결 공간에서 가치체계의 배열 방식을 다룰 때 앞의 부류가 가치체계들의 내재적 갈등과 관련된다면, 이번 부류는 가치체계들의 구조적 갈등과 관련된다. 그러한 구조적 갈등을 다룰 때에는 실패의 역사 속에서 걸러진 권고 사항들로서의 일반 권리들보다는 유사한 사례에 적용 가능한 특수한 준칙 및 예외적인 것의 규정 방식이 강조된다.

생활세계에 특정 가치체계의 허용 여부를 따질 때 고려되는 일반 권고 사항들로서의 자유 및 평등과 같은 것은 과거 실패를 주목함으로써 얻어진 역사적 교훈이다. 실패를 통한 역사적 교훈은 거기에서 그치지 않는다. 자유 및 평등과 같은 것이 문제 해결의 일반적 권고 사항의 지위를 넘어 상황과 무관한 보편적 이념으로 작동할 때 문제는 실천적 해결의 대상이 아니라 이론적 차원에서의 윤리적 딜레마로 규정되고 만다. 더욱이 많은 직업적 가치체계들은 역사적 시행착오를 통해 걸러진 것들로서 그것들의 긍정적 기능 가능성이 부정적 측면을 압도한다. 그렇기에 사회에서 현재 공인된 직업적 가치체계들의 기능에서 부정적 측면이 우선적으로 관심의 대상이 되며, 그것들의 미덕은 그러한 부정적 측면에 의해 사장되지 않는다. 이것은 실패를 통한 또 하나의 중요한 교훈이다. 이 교훈은 실천적 문제 해결에서 가치체계들의 배열 방식을 다루는 것, 곧 상식을 존중한 상황윤리의 또 다른 축인 상식의 보호대를 구성하는 중재와 방패의 방법에 함축되어 있다. 직업적 가치체계의 갈등과 관련된 실천적 문제의 해결에서는 특정 정치적 가치체계의 허용 방식에 대한 평가에 개입하는 일반 권고 사항들의 역할은 축소된다. 그 대신 유사한 사례에 적용 가능한 준칙 및 예외 사례의 규정 가능성이 더욱 중요해지는 것이다. 실천적 현자와 달리 도덕 경찰들은 상황 맥락에 의존적인 그러한 일반적인 권고 사항들과 특수한 사항들을 혼돈한 채 모든 현실적 문제에 그들의 이념을 투사함으로써 문제를 교착 상태에 빠트린다.

3) 열린 역사

합리성의 제한성과 실패를 통한 교훈이 상식과 가치체계의 결합 방식에 대한 평가 항목들로 여겨질 때 윤리적 담론은 실천적 문제 해결의 관점 속에서 진행되어야 한다. 그 담론은 확실성의 예측 게임과 같은 것이 될 수 없다. 실천적 현자에게 가치체계의 평가는 역사에 대해 열려 있다. 여기서 역사에 대해 열려 있음은 단순히 미래의 불확실성을 뜻하지 않는다. 그것은 특정 시기의 독자성뿐만 아니라 역사의 보편적 구조성을 정당화하려는 일체의 시도를 거부한다. 이론을 특정 조건 아래 유사한 사례들에 적용 가능한 분석적 도구의 차원을 넘어서 이상화된 이념으로 여기는 도덕 경찰에게 역사는 평가의 대상일 뿐 평가의 역사성이라는 것은 없다.

도덕 경찰은 과거 사건에 대한 경험적 연구가 보편적 이론 설정에 충분할 만큼 축적되었다고 여긴다. 자신의 이론이 추구 가능하거나 구현되어야 하기 때문에, 과거는 현재의 독자성을 확보하기 위해 '암흑기'로 규정되거나, 현재의 정당화에 대한 필연적 계기로 인식된다. 자신의 이론이 현시점에서 추구 불가능한 것으로 판단될 때 도덕 경찰은 특정 과거 시기, 곧 자신의 이념인 이론에 부합된다고 여겨지는 시기를 이상적인 세상으로 미화시킨다. 그 어떤 경우든, 도덕 경찰은 역사를 자신의 이론에 맞게 조율해버린다. 문제의 집단적 인식의 역사성을 강조하고 실천에 대한 이론 우위성의 관점을 비판한 근대 후기 사상가들 대부분 역시 실제로는 보편적 이론의 환영에서 벗어나지 못했다. 그들은 기껏해야 개인 중심의 합리성 혹은 이성의 자율성에 근거한 전통적인 이론 개념을 '집단적 실천의 역사적 구조'로 바꾼 것에 불과하기 때문에, 사실 그들은 실천 위에 또 다른 종류의 이론 개념을 올려놓은 것이고, 역사는 그들의 이론에 맞춰 평가되고 조율되어버린다.[20]

역사가 특정 이론에 맞게 조율되어 어떤 보편적 구조성을 갖게 되거나, 아니면 특정 시기를 정당화하는 수단으로 전락할 때 문제 해결을 통한 생활세계의 개선을 꾀한다는 '상태 지향적 공익'은 그 도덕적 위상을 잃어버리게 된다. 상태 지향적 공익의 관점에서 '공익'은 어떤 보편적 이론을 전제하는 것이 아니다. 그것의 구현은 특정 시기의 특정 집단이 인식한 문제들에서 출발한다. 해결되어야 할 문제의 인식과 선별은 도덕 경찰에게는 자신의 이론을 정당화하는 역사적 필연성으로 과장되기 때문에, 문제의 인식 자체는 실천적 차원에서 도덕성을 확보할 수 없다. 해결되어야 할 문제의 인식과 선별은 선과 악, 흥망과 성쇠를 구분해주는 전제로서의 어떤 보편적 기준을 전제해야 하며, 그 기준은 도덕 경찰에게는 응당 자신의 이론이 된다. 그에게 모든 실천적인 것은 문제 해결의 대상이기 이전에 자신의 이론과의 양립 가능성 시험을 통과해야만 하는 것이다.

공익이 문제 해결을 통해 생활세계의 개선을 꾀하는 상태 지향적인 것이 아니라 특정 이론에 의해 사전에 정당화되어야 하는 것이라면,

---

20) 이 점에 대한 실례들은 이 작업의 종결부인 20장에서 분석될 것이다.

공익을 실현하기 위한 현명한 수단을 마련하는 것으로서의 사례 분석 또한 그 이론의 시녀로 전락한다. 가치체계의 배열이 사례 분석에서 고려될 때 그 고려는 문제 해결의 관점이 아니라 특정 이론에 의거해야 한다. 이 경우, 사례 분석은 단지 이론적으로 걸러진 가치체계의 기능을 끌어 올리는 도구에 불과해진다. 거시적 차원에서 상태 지향적 공익을 달성하기 위한 현명한 수단을 마련하고, 국소적 차원에서 가치체계의 배열을 다룸으로써 사례 분석이 갖는 도덕적 위상은 문제 해결에 전도될 수 없게 되어버린다. 이론이 실천 속에서만 의미를 갖는다는 관점은 역사마저도 이론의 평가 대상으로 여기는 도덕 경찰에게는 이질적인 것이다.

실천적 현자에게 역사는 이론에 비추어 평가될 수 있는 대상이 아니다. 그는 특정 이론에 기대어 어떤 시기의 독자성을 정당화하지 않고, 또 역사의 보편적 구조성을 가정하지 않는다. 이론이 문제 해결의 목적을 규정하는 것이 아니라, 문제 해결의 실천적 목적이 이론의 사용법을 규정한다. 실천적 현자에게 이론은 공학적 인공물의 디자인에서 제도의 개발 및 진위 판별의 시험을 거쳐야 하는 과학적 가설에 이르기까지 실천적 문제 해결을 위한 분석 장치다. 이론은 유사한 사례들에 효과적으로 적용되어 문제 해결의 시간을 줄여줄 뿐만 아니라 실패를 사전에 막아주는 미덕을 갖는다. 상황의 복잡성으로 인해 문제 해결에서 예외 사례의 규정이 중요하고, 또 사례에 적용될 이론의 선별은 상황적 요인들에 의존하기 때문에, 문제 해결 과정이 기존 이론의 한계를 드러내주고 새로운 대안 장치를 마련하라는 동기를 부여해준다. 보편적인 단일 이론 혹은 서로 정합적인 관계를 맺는 이론들의 충만성이 상황적 내용을 초월해 실천을 규정해줄 수 있다는 생각은 완전한 착각이다.

도덕 경찰과 실천적 현자가 표면적으로나마 서로 공조할 수 있는 공간은 아주 예외적인 경우다. 과거의 집단적 실패로 인해 더 이상 상식과 결합되어서는 안 된다고 판단되는 특정 가치체계가 생활세계에 다시 지배적인 이데올로기로 등장하는 경우, 각자 특정 윤리 및 정치 이론을 절대적으로 섬기는 도덕 경찰들은 그 등장을 막기 위해 노력한다. 그러나 그들의 노력이 성공했을 때 도덕 경찰들 사이에 이념 전쟁은 피할 수 없게 된다. 성공은 도덕 경찰들에게는 각자 섬기는 이론을 정당화해주는 구실이 되어버리기 때문이다. 각자의 이론을 평가의 절대적 기준으로 여기는 그들은 '자신의 것'이 아닌 것에 대해 '나머지 것' 혹은 '타자'라는 용어를 즐겨 쓰며, 그 나머지 것 혹은 타자를 '범주적 악(categorical vice)'으로 규정하기 힘들게 만드는 현실적 제약들을 숨겨버리기 위해 '똘레랑스(tolerance)'라는 상징물을 전면에 내세운다.

거시적 차원에서 더 이상 허용되기 힘든 가치체계가 생활세계에 유입되는 것을 막기 위해 동원된 이론들에서 실천적 현자가 주목하는 것은 각 이론의 정당화가 아니라 각 이론의 비판에 담긴 상황적 요인들이다. 나치 국가사회주의에 대한 자유주의적 비판과 좌파적 비판이 동시에 가능한 것은 그 어떤 것도 완벽한 대안이 될 수 없음을 함축한다. 국가사회주의를 진단하는 데에 효과적인 그러한 비판이 자유주의와 좌파의 특정 이론을 보편적인 것으로 만들어주는 것은 절대 아니다. 실제 그 비판은 특정 이론에서 도출된 것이 아니라 나치 국가사회주의의 확장이 가져온 혹은 가져올 부정적 결과를 가늠케 해주는 상황적 요인들에 근거하기 때문이다. 더욱이 현실의 많은 문제들은 주변 환경에 대한 가치체계의 부적응성, 가치체계들의 부적절한 연결방식에서 기인한다. 그러한 문제들을 해결할 때 특정 가치체계에 대한 이데올로기적 비판은 그리 도움이 되지 않는다. 그러한 문제들과 연관된 가치체계들은 일반적으로 그것의 긍정적 기능 가능성이 부정적 기능 가능성을 압도한다는 점에서 역사적 시험 무대를 통과한 것들이다. 생활세계에 특정 가치체계의 허용 여부 문제와 그렇지 않은 문제들을 구분하지 않는 경향이 도덕 경찰들에게서 발견된다. 그들은 후자 종류의 문제들마저 자신들의 이념 전쟁의 수단으로 삼음으로써 문제 해결의 단서들, 곧 영원히 지속 불가능한 상황적 요인들을 사장시킨다. 이것은 그들의 동기와 무관하게 유사한 문제들을 만나게 될 미래 세대에 책임을 전가시키는 것이다.

가치체계의 관계적 기능의 평가에서 합리성의 제한성과 실패를 통한 교훈이라는 항목을 인정한다면, 그 평가는 역사에 대해 열려 있다. 특정 시기의 독자성을 정당화하기 위해 혹은 역사 자체의 보편적 구조를 가정하기 위해 역사가 특정 이론의 평가 대상이 되거나 그 이론에 의해 조율될 수는 없는 것이다. 상식과 가치체계의 결합 방식에 대한 평가에서 '합리성의 제한성', '실패를 통한 교훈'과 '열린 역사'라는 세 항목을 겸허하게 받아들인다면, 실천적 현자는 그의 사회적 지위 여부를 막론하고 유사한 실패를 반복하지 않겠다는 태도를 견지해야 한다. 그러한 태도 속에서 과거 기록들은 특정 이론을 정당화하는데 필요한 조건들이 아니라 문제 해결에 필요한 단서들을 담고 있는 '역사적 창고'로 인식된다. 사례 분석은 문제 해결에 동원된 그러한 기록들과 현시점의 단서들을 체계적으로 배열하여 후대에 넘겨주는 '역사적 매개물'로 인식되어야 한다. 사례 분석은 실천적 현자에게는 일종의 의무와도 같은 것이다. 역사의 기록들과 단서들을 현명하게 사용하는 것, 이 주제는 이 작업의 종결부를 장식할 것이다.[21]

문제 해결의 관점에서 실천은 이론의 응용 장소가 될 수 없기 때문에, 이론은 실천적 맥락 속에서 기능하는 문제 해결의 분석적 도구이거나, 아니면 이론과 실천은 서로 상보적 관계를 맺는 가운데 연결성을 가져야 한다. 전자의 경우는 실천에 대비된 전통적 이론 개념, 곧 확실한 예측성과 상황과 무관한 보편성을 함축한 이론 개념을 부정한다. 후자의 경우는 실천에 이론을 적용하고 실천을 통해 이론을 수정해 나감으로써 올바른 이론 선별을 추구한다. 실천에 대비된 전통적

21) 문제 해결을 담고 있는 과거 기록들을 간과할 때 올바른 추론이 잘못된 결론을 정당화할 수도 있다. 고대 그리스의 수학에서 무리수가 발견되었다는 주장을 그 실례로 들 수 있다. 그리스 수학에 관한 여러 기록에 담긴 단서들을 존중한다면, 그러한 주장은 받아들이기 힘든 것이다. 이에 대해서는 [부록] A6을 보라.

이론 개념을 그대로 유지한다면, 전자의 경우는 '이론과 실천의 독립적 관계 관점'으로, 그리고 후자의 경우는 '이론과 실천의 연결성 관점'으로 명명되었다.

사례 분석에 의한 문제 해결의 방법론 개발이 지향하는 것은 어떤 의미에서 도덕적인가? 윤리적 담론이 이론과 실천의 연결성 관점에서 진행될 때, 실천적 문제 해결의 목적은 규범윤리의 이론에 근거해 간접적으로 윤리적 위상을 갖게 된다. 그러한 위상에서 문제 해결은 특정 윤리 이론에 근거해 하나의 목적과는 결부되겠지만, 그 목적 자체가 규범윤리 이론들의 다양성 때문에 모든 실천적 목적들을 규정해줄 수는 없는 것이다. 이론과 실천의 연결성 관점은 결국 실천적 목적들과 이론들 사이의 양립성을 따지는 메타 논쟁에 귀속될 운명에 처할 수밖에 없다. 또 그 관점은 사실 실천에 대한 이론 우위성의 관점에서 다뤄진 일련의 주제들에 고착된 것이라는 비판을 피해 나가기 힘들다. 직업적 갈등을 포함한 일상 수준에서 여러 실천적 문제들의 폭은 생명, 자율성 및 권리와 같은 전통적인 윤리 담론의 주제들에 한정되지 않는다. 이론과 실천의 연결성 관점은 근본적으로 사례 분석 자체에 어떤 도덕적 의미를 부과하기 힘들다.

이론과 실천의 연결성 관점에 대한 하나의 대안은 이론을 실천 속에 기능하는 분석 장치로 여기는 것이다. 표상의 진위 여부 또한 실천적 행위 및 과정과 맞물린 것으로 취급되기 때문에, 이론은 유사한 사례들에 적용 가능성을 갖는 분석 장치로서 영역 특수성을 획득하게 된다. 이 점은 특정 문제 풀이의 맥락에서 이론이 갖춰야 할 자질을 상황과 무관하게 이상화시킨 전통적 이론 개념을 부정한다. 그렇기 때문에, 여기서 이론과 실천의 독립적 관계 관점은 단순히 반이론적인 것이 아니다. 그것은 실천적인 것에 대비된 이론적인 것의 전통적 관점에 반할 뿐이다. 이러한 맥락에서 이론과 실천의 관계를 진지하게 따지는 이는 규범윤리의 그 어떤 이론도 무턱대고 담론틀로 채택하지 말아야 한다. 그렇게 채택하는 것은 그러한 이에게는 자기모순적이기 때문이다. 그는 규범윤리 전통을 비판적으로 응시하면서 실천윤리의 새로운 담론틀을 찾아 나서야 한다. 제2부 전체에 걸쳐 펼쳐진 '상식을 존중한 상황윤리'는 그러한 담론틀로 제안된 것이며, 사례 분석은 그 어떤 이론에 근거하지 않고 실천적 차원에서 강한 도덕적 의미를 획득하게 되었다.

상식을 존중한 실천윤리는 상식의 보호대와 시행착오 속의 인본주의라는 두 축을 갖는다. 일상적 공감대로서의 상식과 가치체계의 다원적 결합 방식과 맞물린 실천적 문제들을 접근하는 방법들, 곧 중재와 방패로 은유된 방법들은 상식의 보호대에서 다뤄졌다. 거시적 차원에서 사례 분석의 도덕적 위상은 상식과 가치체계의 긍정적 결합 방식을 도모함으로써 생활세계를 개선하겠다는 상태 지향적 공익 개념에 의해 확보된다. 국소적 차원에서 사례 분석의 도덕적 위상은 가치체계들의 배열과 연결망을 다룸으로써 얻어진다. 이러한 두 도덕적 위상은 사례 분석에 근거한 모든 실천적 문제 해결 노력에 전도된다. 일상적 공감대로서의 상식과 가치체계의 결합 방식에 대한 역사적 평가는 시행착오 속의 인본주의에서 다뤄졌다. 그러한 역사적 평가의 세 항목, 곧 합리성의 제한성, 실패를 통한 교훈, 열린 역사가 실천적 현자가 갖춰야 할 자질로 이해될 때 사례 분석은 과거의 유사한 실패를 반복하지 않겠다는 태도와 함께 실천적 현자에게 부과되는 의무와 같은 것이 된다.

이제 제1부에서 진단된 현대 공학의 세 성격에 근거해 제2부에서 얻어진 상식을 존중한 상황윤리의 틀 속에서 공학 담론을 진행할 차례다. 의무론, 공리주의 혹은 결과주의와 같은 규범윤리의 그 어떤 이론도 등장하지 않을 것이다. 이것은 실천윤리가 상식을 존중한 상황윤리로 규정될 때 당연한 귀결이기도 하다.

[제 3 부]

상황윤리로서의 공학 담론

14장 체계적 공학윤리의 길

시계 대 아메바

제1부에서는 현대 공학의 성격을 기술적, 지식적 그리고 직업적 측면에 근거해 진단했다. 제2부에서는 상식을 존중한 상황윤리를 문제 해결의 관점에서 실천윤리의 일반 틀로 규정하였다. 제3부의 목적은 제1부와 제2부의 논의를 바탕으로 공학 담론의 한 측면으로서 '재난 방지를 위한 체계적 공학윤리'의 길을 여는 것이다. 이 장에서는 이를 위한 전체적인 방법론과 주제들의 윤곽을 짤 것이다.

1. 시계 대 아메바

상식을 존중한 상황윤리는 문제 해결을 지향하는 실천윤리에 속한다. 그러한 상황윤리의 틀에 근거해 공학 담론의 한 측면을 다룰 것이다. 재난 방지를 위한 체계적 공학윤리의 가능성을 여는 데 필요한 방법론적 윤곽을 짜고 주제들을 선별한다. 먼저 제1부에서 다뤄진 공학의 세 성격을 '시계 대 아메바'의 비유 속에서 재정리해본다.

공학 지식이 현재의 것에 비해 단순했던 과거에는 수직상하의 명령체계, 곧 오르가노그램(organogram)의 조직체계가 효과적이었다는 사실을 무시할 수는 없다. 복잡성과 다양성이 증가한 현대 공학 지식은 그러한 오르가노그램 속에서 더 이상 효과적으로 다루어질 수 없게 되었다. 디자인의 성격에 맞게끔 공학 지식을 사용하려면, 수직상하의 조직체계를 상황적 맥락에 맞게끔 수정하는 것이 요청된다. 그러한 수정 과정 없이 공학자에게 양심에 바탕을 둔 자율성을 요구하는 것은 일종의 희생을 강요하는 것과 같다. 과거 공학과 현대 공학의 차이는 '시계 대 아메바'의 은유 속에 반영된다.

> 시계 : 시계는 기계를 대표하는 도구였다. 설계에 따라 제작된 시계는 인간 생활양식을 크게 변화시켰지만, 시계는 필요에 의해 탄생한 도구일 뿐이다. 시계 자체가 생활 세계에 예측 불가능할 정도의 영향력을 행사하는 것은 아니다. 그것은 어디까지나 이용 대상일 뿐이다.

> 아메바 : 아메바라는 유기체는 주변 환경의 문제를 만날 때 제한된 능력 안에서 스스로 풀어 나간다. 아메바가 특정 질병에 치료 효과를 가졌다고 해보자. 우리는 아메바를 가지고 약품을 만들 수는 있지만 아메바를 완전히 조종할 수는 없다.

현대 공학이 살아 있는 유기체는 아니지만 아메바의 은유 속에서 이해될 성질을 지닌다. 반면, 시계는 과거 공학을 대표한다. 네가 아주 뛰어난 시계공이라고 가정하자. 주문이 늘자 너는 회사를 설립하고 직원을 고용한다. 주문이 늘수록 너는 시계 조립 과정을 분업화한다. 시계 설계에 대해 정확한 지식을 가진 너는 적절한 위치에 공학자를 배치시킬 수 있다. 공학자들의 사기를 위해 너는 능력별로 적정 수준의 봉급을 지급한다. 이러한 보기는 다음과 같은 전형적인 조직체계의 구성 방식을 보여준다.

개인적 이윤 추구자로서 일꾼들 ⟶ 조직적 연결 ⟶ 생산성

위 조직체계의 구성 방식은 테일러(F. W. Taylor) 및 포드(H. Ford)에 의해 대표되는 고전주의 경영학 속에 담겨 있다. 공학자는 명령을 효율적으로 수행하는 일꾼의 지위를 갖는다. 테일러의 경우, 일꾼들과 생산성 사이의 조직적 연결은 분업체계로 형성된다. 일꾼은 커다란 생산 기계의 부속품처럼 취급된다. 주어진 명령에 따른 작업은 특정

부품의 기능에 유추된다. 포드의 경우, 조직적 연결은 생산라인(production line)에 의해 형성된다. 적은 비용에 양질의 상품을 생산하게끔 생산라인은 전체로서 조절된다. 이에 의해 생산 단가와 가격이 낮아진 상품은 시장에서 경쟁력을 획득한다.[1] 고전주의 경영학의 한계는 꾸준히 지적되어 왔지만, 공학자가 집단적 의사결정 과정의 능동적 참가자로 여겨진 것은 아니었다.[2]

과거와 달리, 공학 지식은 사회설계의 단순한 이용 도구로 여겨질 수 없다. 초기 컴퓨터가 처음 등장했을 때 인터넷 사회를 예측한 사람은 없었다. 현대 공학은 생활양식의 급격한 변화를 가져오며, 새로운 환경은 새로운 문제를 낳는다. 복잡한 공학 지식은 새로운 문제 해결에 필수적이며, 공학과 타분야의 대화 가능성이 주제로 떠오른다. 여러 분야의 협동에 의해서 규명될 성질을 가진 기술 변화(technological change)는 1970년대만 하더라도 수리경제학의 중요한 주제였지만 지금은 아니다. 수리경제학에서 독립하여 기술변동학이라는 것이 형성될 만도 했는데 그렇지 못한 이유는 뭘까? 수리경제학에서 기술 변화는 수요, 공급, 생산성 및 신뢰성 등의 변수와 함께 양적으로 측정되는 분과였다. 다시 말해, 공학 및 기술 변화의 변수 자체는 공학 및 기술에 내적인 것이 아니라 외적인 것으로 여겨졌다. 이 점은 공학이

---

1) 프랑스 공학 기술자인 빠욜(H. Fayol)에 이르러 생산 조직체계는 행정(administrative)의 차원에서 구체적으로 재해석되었고, 베버(M. Weber)는 일꾼과 집행자 사이의 관계를 관료제(bureaucracy) 속에서 파악했다. da Silva, F. S. C. & Agustm-Cullell, J.(2003), 21-28쪽.

2) 이러한 한계를 공식적으로 거론한 인물은 훗날 허버트 사이먼(H. A. Simon)에게 영향을 미친 조직경영학의 대부 바나드(C. I. Barnard)이다. 그는 생산 영역의 개인을 단순히 집행부에 의해 조작된 일꾼들로 보지 않았다. 그들과 집행부가 공동의 목적을 지향할 때 효과적인 조직이 형성된다. 그러한 공동의 목적은 양자 사이의 공동협력에 의해 가능하며, 효과적인 조직은 정적(static)이 아니라 수시로 변하는 외부 환경에 대해 동적(dynamic)으로 적응해야 한다. 하지만, 생산 영역의 공학자는 바나드에게 있어서 여전히 수동적 행위자이다. 집행부의 의사결정 기능 속에서 생산 영역의 개인들이 소유한 지식은 상대적으로 열등한 것으로 여겨진다. Golembiewski, R. & Khunert, K.(1994).

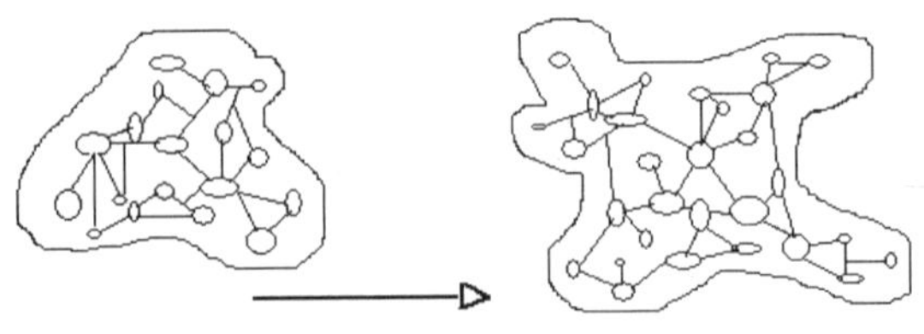

[도식 1]

사회설계의 이용 도구일 뿐이라는 과거의 관점을 반영한다.

공학 자체가 생활양식의 능동적 변인이자 사회설계의 중요한 변수임을 인식할 때 도구의 생산 및 사용의 이상적인 디자인은 아메바의 은유 속에서 파악되어야 한다. 시계 생산의 경우에 테일러 및 포드의 생산 방식이 효과적임은 부정할 수 없다. 하지만, 시계 생산에서는 조직체계의 하부가 소유한 지식이 의사결정권을 가진 집행부에 어느 정도 투명하다. 이러한 경우에 고전주의 경영학의 이론은 적절하다. 고전주의 경영학의 오류는 특정 상황을 확대시켜 공학을 이용 수단으로, 그리고 공학자를 단순한 일꾼으로 여긴 데 있다. 공학의 발전과 함께 상황은 달라졌다. 공학은 더 이상 타분야의 목적에 종속될 수 없다. 공학은 설계와 조립이라는 하나의 주제 속에 통합될 수도 없다. 산업공학에서 유전공학에 이르기까지 많은 공학의 분야는 기계라는 은유 속에 더 이상 포섭되지 않는다. 공학이 탄생시킨 도구는 여러 이질적인 지식의 결합체로서 그 자체가 하나의 시스템이다. 아메바의 은유를 공학과 관련해 시각화시켜보자.

[도식 1]의 아메바는 문제 해결 공간을 나타낸다. 디자인의 목적이 정해지면 문제 해결을 위한 디자인에 들어가는데, 문제 해결 공간은 주어진 것이 아니라 아메바 안의 작은 원 및 타원들의 연결 방식에 의해 정해진다. 원들은 공학자와 타분야의 종사자들을 나타낸다. 복잡한 설계일수록 능력 있는 공학자는 자신의 지식과 연결될 지식의 소유자를 식별할 수 있어야 한다. 다시 말해, 자신이 아는 것보다는 모

르는 것이 무엇인지를 알아야 한다. 로봇의 설계에서 훌륭한 프로그래머는 자신의 프로그램을 현실화시켜줄 기계공학자를 원한다. 기계공학자는 프로그램의 실현 가능성을 제한한다. 프로그래머가 원하는 것이 항상 실현될 수 있는 것은 아니기 때문이다. 이러한 식으로 공학자들, 그리고 공학자들과 타분야 종사자들 사이의 연결망이 형성된다. 상대적으로 면적이 큰 원에 해당하는 공학자의 지식은 문제 해결에서 기여도가 큰 사실을 나타내며, 그는 조직체계의 위계질서 구성에서 적절한 위치를 점유해야 한다. 개인의 능력보다는 지식의 연결망 구성과 관련된 조직적 능력(organizational competence)이 중요하다. 내가 아는 것보다 내가 모르는 것이 무엇인지를 아는 것은 연결망의 핵심이다.[3]

조직적 능력에 기반을 둔 집단적 디자인은 문제 해결을 위한 표적도구 생산에 바탕이 된다.[4] 이렇게 생산된 표적도구 자체가 여러 지식의 그물망을 담은 하나의 시스템이다. 표적도구가 사용되면서 예측하지 못했던 문제와 사회적 요구가 발생한다. 무전기 모양을 닮았던 핸드폰이 처음 세상에 나왔을 때 LCD(liquid crystal digital)가 핸드폰에 장착되어 사진기 역할을 할 것이라고 예측한 사람은 많지 않았다. 그 당시 LCD는 어디까지나 TV 화면용으로 개발 중이었고, 기억 용량이 큰 반도체 칩이 나온 것도 최근이기 때문이다. 생산된 도구가 사용되면서 기대하지 않았던 부작용이 발생하는 경우도 있다. 그러한 경우, 디자인 과정 자체에서 안전이라는 미덕이 더욱 강조된다. 도구는 새로운 상황의 변인이 되고, 새로운 상황은 새로운 문제를 발생시킨다. 새로 발생한 문제를 해결하기 위해 다시 집단적 디자인 과정에 들어간다. 결과는 변형된 문제 해결의 공간이고, 그 공간은 [도식 1]에서 오른쪽 아메바에 비유된다. 문제 해결 공간이 왼쪽에서 오른쪽으로 이동한 과정은 마치 아메바가 이동한 경로와 유사한 모습을 갖

3) 비슷한 관점에 근거한 좀더 자세한 설명은 다음을 보라. Pinkus, R. L. B., Schuman, L. J., Hummon, N. P. & Wolfe, H.(1997), 33-41쪽.

4) 표적도구와 수단도구의 구분은 4장 1절을 참조하라.

는다.

아메바의 은유 속에서 조직체계는 정적일 수 없다. 조직적 능력을 발휘하여 집단적 디자인을 효과적으로 수행하려면, 공학자의 지식이 의사결정 과정에 능동적으로 개입될 수 있게끔 조직체계를 구성해야 한다. 쉬운 일은 아니지만 결코 불가능한 일도 아니다. 이 주장의 정당성은 제3부의 주제들을 다룸으로써 자연스럽게 확보될 것이다. 시계 대 아메바의 비유 속에 반영된 공학의 변천사를 인식한다면, 제1부에서 다뤄진 세 측면에서의 현대 공학의 성격은 쉽게 재인식될 수 있다.

공학 기술의 성격 : 기술로서의 공학은 가치중립적이지 않고 그 자체로서 이데올로기도 될 수 없다.

공학 지식의 성격 : 수단도구에 의해 표적도구를 디자인함으로써 실천적 문제 해결을 지향하는 공학 지식은 집단적 의사결정 과정 속에서 조직화된다.

공학 직업의 성격 : 역사 속에서 정착된 각 직업의 미덕은 직업 종사자의 활동 속에서 체득되고 의무로 반영된다. 다수의 공학자는 생산 조직체계 속에서 일한다. 아직까지 자율성은 공학 직업의 내재적 미덕으로 정착하지 않은 상태다. 이러한 상태에서 제도적 개선 없이 그 누구도 공학자에게 조직체계의 준수사항을 넘어서 행위하라고 강요만 할 수는 없다.

공학 기술이 시계의 은유에 의해 대표되던 시절에는 공학은 사회 진보의 단순한 수단으로 여겨졌다. 그 결과, 기술은 가치중립적인 분야로 이해되었다. 기술은 단지 생활세계를 개선하는 인과적 기반으로만 여겨졌다. 현대 공학이 생활세계의 구조까지 변화시킬 수 있다는 사실이 인식되면서, 기술의 부정적 측면은 기술의 이데올로기적 이해를 산출시켰다. 공학 기술의 발전과 함께 수단이 목적으로 전도되면서, 기술의 효율성에 생활세계의 모든 가치체계가 종속된다는 주장을 들 수 있다. 우리가 기술의 사용 맥락에 주목할 때, 그리고 기술을 사회 속에 기능하는 체계로 인식할 때 기술의 가치중립성 이해와 이데올로기로서의 기술 이해는 받아들일 수 없는 것이다. 이 점은 4장과 5장에서 논의되었다.

공학 지식은 도구를 디자인하고 생산함으로써 현실 문제 해결을 지향한다. 다수의 공학자가 생산 조직체계에 속해 있기 때문에, 문제 해결을 위한 표적도구의 디자인과 생산에 개입하는 공학 지식은 집단적 의사결정 과정 속에서 조직화된다. 공학 지식이 단순했던 시절에는 수직상하의 명령체계에 근거한 오르가노그램형의 조직체계 구성법이 효과적이었다. 조직체계의 위계질서에서 공학 지식이 상부에 투명했던 시절의 공학은 시계의 은유에 의해 대표된다. 이 점은 현대 공학에 더 이상 통용될 수 없다. 현대의 공학적 디자인에는 이질적인 여러 지식이 개입하며, 공학 지식은 타분야의 종사자에게 더 이상 투명하지 않다. 공학 지식 또한 여러 분과로 나눠진다. 의사결정 과정에서 조직화되는 공학 지식은 체계의 성격을 갖는다. 공학 지식의 성격은 6장에서 논의되었다.

다수의 공학자는 생산 조직체계 속에서 일한다. 자율성이 직업의 내재적 미덕으로 굳어진 의료 행위의 경우, 해당 지식의 활용은 의사의 고유 권한에 속한다. 이 점은 공학자에게 해당하지 않는다. 자율성은 공학 직업의 내재적 미덕으로 정착하지 않았기 때문에, 자율성은 공학자의 의무계산에 능동적으로 개입하지는 않는다. 공학자에게 자율성이 직업 활동의 제도적 권리로 굳어지지 않은 반면, 복잡한 현대 공학 지식의 활용은 공학자에게 자발적 행위자가 될 것을 요구한다. 이러한 이중적 상태에서 득보다는 실이 조직체계의 준수사항을 넘어 행위하는 공학자에게 돌아오는 경우가 많다. 다수의 공학자는 조직체계가 정한 행위 반경 속에 안주하게 된다. 생산 조직체계의 구성 및 공학 직업과 타분야의 관계 설정에 대한 제도적 정비 없이 공학자에게 능동적 행위자가 되라고 요구하는 것은 약자에 대한 강자의 억압과 다를 바 없다. 현대 공학 직업의 성격은 7장에서 논했다.

2. 상식을 존중한 상황윤리로서의 공학 담론

일상적 공감대로서의 상식은 가치체계와 결합하여 우리의 사고와 행위를 제한한다. 책임, 안전 및 숙련된 효율이라는 미덕으로 대표되는 공학적 가치체계는 공학자의 생활양식을 규정한다. 생활양식은 가치체계에 의해 제한된 사고와 행위의 방향성으로 규정되기 때문이다. 이렇게 공학적 가치체계의 기능과 공학자의 생활양식을 연관시키는 것은 공학자의 삶이 특정 가치체계에 종속됨을 뜻하지 않는다. 그것은 공학자가 직업 활동 속에서 공학적 가치체계의 미덕들을 체득하는 것을 뜻한다. 특별한 교육 없이도 그러한 미덕들은 공학자의 암묵적 의무계산 속에 반영된다.

상식을 존중한 상황윤리의 틀 속에서 사례 분석의 도덕적 위상은 보편적 원리에서 도출될 수 없다. 이 점은 상식과 가치체계의 결합이 상황에 대해 열려 있는 다원적 방식임을 인지할 때 분명해진다. 제2부의 9장에서 13장에 걸친 긴 논의는 이를 보여준다. 여기서 그 긴 논의가 반복될 필요는 없다. 제3부만 별도로 읽으려는 이들을 위해 핵심만 언급한다.

상식의 구조와 경계 : 상식의 구조는 살과 뼈대에 유추된다. 살에 유추되는 상식의 믿음체계가 대상의 수적 변화 및 언어의 존재론적 구분에 민감하다면, 뼈에 유추된 상식의 태도들은 그러한 변화 및 구분에 대해 상대적으로 안정화되어 있다. 이러한 상식의 구조는 공시적 그리고 통시적으로 유사하게 나타나며, 상식의 상호주관성의 폭은 특정 가치체계의 그것에 비해 넓다. 가치체계가 하나가 아니기 때문에 제3자의 관점에서 상식과 가치체계 사이의 경계 설정이 필요하다. 일상적 당연성의 세 범주, 곧 경험적, 양상적, 당위적 당연성을 살펴봄으로써 상식의 경계를 그었다. 그 경계는 상식과 가치체계 사이의 단절성이 아니라 상식과 다양한 가치체계의 결합 가능성을 보여준다. 상식이 국소적 당연성을 갖는 여러 가치체계와 결합 가능하기 때문에 생활세계는 다양한 생활양식으로 계층화된다. 상식 자체는 그러한 계층화를 결정하는 원리가 아니다.

상식과 가치체계의 결합 방식 : 상식과 가치체계의 결합은 이상화된 합리성 기준을 만족하는 닫힌 체계가 아니다. 상식은 다양한 가치체계에 대해 열려 있고, 상식과 결합하는 모든 가치체계는 부분적으로 상식에 의해 제한을 받는다. 이러한 상식과 가치체계들의 쌍방향적이고 다원적인 결합 방식은 상황에 대해 열려 있다.

상식의 존중 : 생활세계에서 기능하는 모든 가치체계는 상식에 의해 부분적으로 제한되어 있기 때문에, 상식을 무시한 채 가치체계의 기능을 평가하는 것은 있을 수 없다. 이 점에서 상식의 존중은 도덕적 의미를 획득하지만, 그 의미는 매우 한정적이다. 상식의 존중은 상식과 가치체계의 다원적 결합 방식을 고려하지 않고서는 불가능하다. 그러한 결합 방식이 열린 체계이기 때문에, 상식 자체가 구체적 행위 준칙을 제공해 주는 보편적 원리의 원천이 될 수 없다. 상식의 원리화는 단지 상식의 계층화된 한 측면만을 획일화한 것에 불과하다. 그러한 획일화에 의해 남는 것은 현실세계의 문제 해결에서 쓸모없는 '이기주의와 이타주의의 철학적 이분법'일 뿐이다.

상식을 보호한다는 것과 사례 분석의 도덕적 위상 : 상식의 존중은 상식과 가치체계의 긍정적 결합을 도모하는 '상식의 보호' 관점 속에서만 의미를 갖는다. 상식에 의해 부분적으로 제한된 가치체계는 그것의 주변 환경을 구성하는 다른 것들과의 관계적 기능 속에서만 평가될 수 있다. 상황에 합당한 개연적 판단을 추구하는 인간 합리성의 제한성 때문에, 그러한 관계적 기능을 상위에서 규정해주는 보편적 이론이라는 것은 없다. 가치체계의 평가는 '진행형 관점' 속에서 이뤄져야 하며, 문제의 실천적 해결은 사례 분석에 의존한다. 사례 분석의 국소적 차원이 구체적 문제에 국한된다면, 사례 분석의 거시적 차원은 사례 분석들의 일반 목적과 관련된다. 거시적 차원에서 사례 분석의 도덕적 위상은 생활세계의 부정적 측면을 피함으로써 개선을 꾀하는 '상태 지향적 공익'을 추구한다.[5] 구체적 주제의 문제와 맞물린 국소적 차원에서 사례 분석의 도덕

5) 상태 지향적 공익은 가치체계 선별에 대한 보편적 기준 혹은 이론을 전제하지 않는다. 상태 지향적 공익을 꾀하는 사람에게 요구되는 것은 과거의 실패를 거울삼아 현실 문제를 진단하는 실천 정신이다. 그렇기 때문에, 그 공익 개념은 특정 이데올로기에 종속되지 않는다. 상태 지향적 공익 개념을 구성하는

적 위상은 사례 분석에 가치체계들의 배열 방식 자체가 고려 대상이 됨으로써 획득된다.

상식을 존중한 상황윤리는 '상식의 보호대'와 '시행착오 속의 인본주의'라는 두 축을 갖는다. 상식의 보호대가 상식을 보호하는 방법론을 다룬다면, 시행착오 속의 인본주의는 일상적 공감대로서의 상식과 가치체계들의 역동적 결합 관계에 대한 역사적 평가와 관련된다.

상식의 보호대 : 상식을 존중한 상황윤리로서의 실천윤리는 사례 분석에 근거한 문제 해결을 지향한다. 사례 분석은 해당 문제의 주제와 맞물린 상황의 요인들 혹은 단서들로 구성된 상황적 특수성을 고려한 일종의 개연적 판단이다. 하나의 상황이 특정 주제의 문제를 잘 보여주는 사례로 규정될 때 그 문제는 많은 경우 집단간 이해관계를 함축한다. 가치체계가 다원화된 사회 속에서 그러한 이해관계는 단순히 개인의 심리적 차원에 국한되지 않는다. 그것은 가치체계들의 기능 방식 속에 함축된 집단간 갈등을 반영한다. 그러한 갈등은 크게 두 종류로 나뉜다. 그 첫째는 가치체계들의 배열에 함축된 갈등이 특정 가치체계의 내용적 수정을 요구하는 '내재적 갈등 양상'이다. 그 둘째는 지식의 활용법 및 조직체계의 구성법 등에 근거해 가치체계들 사이의 연결망의 수정을 요구하는 '구조적 갈등 양상'이다. 가치체계들의 갈등이 내재적 갈등 양상에 속하는 것으로 판단되는 경우, 특정 가치체계의 내용적 측면을 수정함으로써 문제 해결을 도모하는 '중재'의 방법들이 고려되어야 한다. 가치체계들의 갈등이 구조적 갈등 양상에 속하는 경우, 가치체계들의 연결 구조 자체에 관심을 둔 '방패'의 방법들이 고려되어야 한다. 중재와 방패의 방법 중 어느 것을 택하는가에 따라 문제 해결의 방향성이 설정된다.

시행착오 속의 인본주의 : 하나의 가치체계는 관계적 기능의 관점에서 평가되어야 한다.[6] 그 자체로서 좋다는 가치체계는 없다. 상식에 의해 부분적으로 제한된 모든 가치체계의 기능은 다른 것과의 관계 속에서 이해되고 평가되어야 한다. 역사라는 여과기에 의해 걸러진 직업적 가치

이러한 세 성격에 대해서는 13장 2절을 참조하라.

6) 이 점은 12장 2절에서 구체적으로 논의되었다.

체계의 부정적 측면이 예외적으로 규정된다면, 우리가 피해야 할 가치체계는 그것의 긍정적 측면이 예외적으로 규정되는 것들이다. 후자의 가치체계와 달리, 전자의 가치체계는 예외적인 경우에도 불구하고 긍정적으로 기능할 가능성을 갖고 있다. 전자의 가치체계들은 문제의 사례 축적 속에서 부분적 수정을 강요받거나 혹은 주변 환경을 변화시킴으로써 긍정적으로 기능할 가능성과 연관된다. 가치체계의 역사적 평가는 '합리성의 제한성', '실패를 통한 교훈', '열린 역사'라는 세 항목으로 구성된다. 합리성의 제한성은 역사 자체가 평가의 대상이 되는 것이 아니라 평가에 역사성이 깃들어 있다는 사실을 일깨워준다. 무지의 소산이라는 식으로 시행착오를 합리성의 영역에서 제거시킬 수 없기 때문에, 과거의 실패를 반복하지 않겠다는 실패를 통한 교훈은 합리적이자 도덕적인 것이다. 열린 역사는 과거를 문제 해결을 위한 단서들의 '창고'로 인식시켜준다. 이러한 평가의 세 항목은 동시에 실천적 현자가 갖춰야 할 자질과 같은 것이기 때문에, 사례 분석은 그에게 일종의 의무와도 같은 것이다. 사례 분석은 문제 해결에 동원된 과거 기록들과 현시점의 단서들을 체계적으로 조직화하여 후대에 넘겨주는 '역사적 매개물'로 인식되어야 한다.

역사 속에서 걸러진 여느 직업적 가치체계와 마찬가지로, 공학적 가치체계의 순기능은 눈에 띄지 않는다. 사회에서 주목받는 공학적 문제들은 주로 공학의 부정적 측면과 관련된다. 그러한 부정적 측면은 공학 자체가 아니라 공학 지식의 활용법, 공학과 타분야의 관계 및 조직체계의 구성법에서 기인한다. 공학적 문제들은 공학의 단일 규정 방식이 아니라 현재 공학의 세 측면, 곧 공학 기술, 공학 지식 그리고 공학 직업 성격의 측면에서 분류되어야 한다. 각 측면과 관련된 문제들은 특정 사례와 연관해 담론 주제들을 산출한다. 공학 담론은 그러한 주제들을 다루는 분과로 규정된다. 공학 담론이 규범윤리의 응용 차원에 근거하는 것이 아니라 제2부에서 그려진 '상식을 존중한 상황윤리'의 틀 속에서 진행될 때 그것은 사례 분석에 의해 문제 해결을 추구하는 실천적 분과가 된다.

3. 동기와 주제들

[부록]에서 보듯이, 현재 공학윤리에서 다뤄지는 주제들은 다양하다. 그 모든 주제들을 다루지는 않을 것이다. 여기서 진행될 공학 담론은 재난 방지와 대책이라는 목적에 국한될 것이다. 이에 대한 나의 동기는 세 가지다.

첫째, 이 작업의 주목적은 현재 공학윤리에서 다뤄지는 주제들을 소개하고 분석하는 것이 아니었다. 실천윤리를 '상식을 존중한 상황윤리'로 규정함으로써 문제의 실천적 해결을 위한 사례 분석의 도덕적 위상을 마련하는 것이 그 주목적이었다. 주어진 목적 달성을 위한 현명한 수단을 마련하는 것이 전통적 실천윤리의 과업이었다면, 이 점은 가치체계가 다원화된 현실에 더 이상 적용될 수 없다. '상식의 보호대'와 '시행착오 속의 인본주의'라는 두 축을 갖는 '상식을 존중한 상황윤리'가 상식과 가치체계의 역동적 결합 방식 속에서 문제 해결을 지향하는 도덕적 담론의 틀로 정착할 때, 그 도덕적 위상은 보편적 원리에서 찾아지지 않는다. 그 위상은 상식과 가치체계의 긍정적 결합을 도모함으로써 생활세계의 개선을 꾀하는 데 있다. 재난 방지라는 담론 주제가 실천윤리에서 매력적인 이유 중 하나는 그것이 규범윤리의 응용 차원에서 다뤄질 수 없다는 것이다. 또 그 담론 주제는 문제 해결 과정에서 찾아진 준칙을 사후에 이론적으로 정당화함으로써 '이론과 실천의 연결'을 꾀하는 실천윤리의 한 흐름에도 종속되지 않는다. 사람을 직접 상대하는 의료 행위에서 발생하는 문제들은 기존 규범윤리의 담론 주제와 중첩되기 때문에, 이론과 실천의 연결을 꾀하는 방식이 생명의료윤리의 분야에서 매력적일 수 있었다. 하지만, 이 점은 집단적 의사결정의 차원에서 지식의 조직적 활용에 의해 문제 해결을 지향하는 공학 담론에는 해당하지 않는다. 현실세계에서 추상화된 이론을 규범적 담론틀이 아니라 문제 해결의 도구로 보는 관점, 곧 이론과 실천의 독립적 관계의 관점에서 실천윤리를 접근하는 것은 둘 사이의 연결성을 찾는 방식보다 더 포괄적인 것이다. 상식을 존중한 상황윤리는 그러한 접근법에 대한 하나의 담론틀이다.

둘째, 공학적 재난은 단순히 공학적 문제로 끝나는 것이 아니라 생활세계 전체를 위협하곤 한다. 반복되는 재난은 역사적으로 정착된 가치체계들의 기능을 저하시킨다. 적절히 사고와 행위를 제한함으로써 갈등을 완화시키는 가치체계의 순기능이 마비되어, 사람들은 개인적 이익에 따라 자의적으로 판단하는 자기중심적 성향을 갖기 쉽게 된다. 그러한 성향 자체가 일상적 공감대로서의 상식의 파괴를 뜻하지는 않는다. 그것의 타락성은 다수의 공감 영역을 차지할 수 있는 가치체계와 상식의 결합을 거부함으로써 개인을 생활세계의 방관자로 만드는 데 있다. 다양한 상황 맥락에 걸쳐 기능하게끔 계층화된 상식이 이기주의와 이타주의의 이분법을 허락하지 않기 때문에, 그러한 방관자는 최악의 경우 역사 속에서 부정적으로 판가름이 난 가치체계, 실례로 나치의 국가사회주의를 대안으로 택하기도 한다. 또 상식의 당위적 태도는 행위에 대한 구속력을 잃어버려 그로 하여금 사익을 위한 끔찍한 행위를 합리화하게끔 만들어버리기도 한다. 반복되는 유사한 재난들은 분명히 상식과 가치체계의 긍정적 결합 방식을 가로막는다. 거시적 측면에서 볼 때 재난 방지를 위한 문제 해결법을 찾는 시도는 그러한 긍정적 결합 방식을 도모한다는 점에서 도덕적 위상을 차지한다. 그러한 문제 해결법은 생활세계의 개선이라는 일반 목적을 달성하기 위한 현명한 수단을 찾는 것과 다르지 않다. 재난 방지의 문제 해결법이 구체적인 사례 분석과 맞물릴 때 그것은 수단의 차원을 벗어난다. 공학적 문제 해결을 위한 구체적 사례 분석은 주어진 하나의 지배적 가치체계에 종속되는 것이 아니다. 구체적 문제와 맞물린 사례 분석은 상황 속에서 상식과 결합하는 가치체계들의 긍정적 배열을 문제 삼기 때문에, 문제 해결에 개입하는 목적들 자체가 사례 분석에 내재하게 된다.[7]

셋째, 상식을 존중한 상황윤리의 틀 속에 공학 담론을 정착시킬 때,

---

7) 거시적 차원과 국소적 차원에서 사례 분석의 도덕적 위상에 대해서는 13장 2절에서 논했다.

공학자가 기존의 규범윤리 이론에 기댈 이유는 없어진다. 13장에서 가치체계의 갈등을 둘러싼 문제 해결을 접근하는 두 방식으로서 '중재'와 '방패'를 논했다. 중재의 방법이 환경 변화에 따른 특정 가치체계의 부적응성에 의한 갈등, 곧 가치체계의 배열에 내재적인 갈등과 관련된다면, 후자는 구조적 갈등과 관련된다.[8] 미래 세대에서는 달라지겠지만, 공학을 둘러싼 현재 많은 문제는 가치체계 배열의 구조적 갈등에서 기인한다. 따라서 그러한 문제는 책임, 안전 및 숙련된 능력의 미덕으로 대표되는 공학적 가치체계의 내용적 수정보다는 지식의 적합한 활용법, 조직체계의 구성 방식 등 공학적 가치체계를 둘러싼 주변 환경을 개선함으로써 풀려나간다. 여기에 생명의료윤리의 중요한 주제인 온정적 간섭주의(paternalism)와 같이 사람들 사이의 직접적 관계를 함축한 갈등 구조나 삶에 대한 개인적 태도는 큰 논란거리가 못 된다. 상식을 존중한 상황윤리로서의 공학 담론과 생명의료윤리의 차이를 잘 보여줄 수 있는 담론 주제로 봉사할 수 있는 것이 재난 방지이다.

상식을 존중한 상황윤리의 틀 속에 정착한 공학 담론이 체계적 모습을 갖췄을 때의 분과가 공학윤리로 여겨진다면, 공학윤리는 완성된 분과가 아니라 지금 형성되고 있는 분과이다. 공학 담론이 그러한 모습을 갖췄을 때 공학윤리의 훈련을 받은 공학자들은 사회체계의 설계자로 인식될 것이다. 그렇게 인식될 길을 열기 위해, 재난 방지라는 담론 주제 아래 어설프게나마 다음 소주제들을 다룰 것이다.

공학 직업의 특성표 짜기 : 공학만큼이나 다양한 분과로 구성된 분야는 드물다. 현재 공학적 가치체계에 배어 있는 공학 직업의 특성들이 그 모든 분과에 일률적으로 적용될 수는 없다. 효과적으로 재난을 방지하기 위해서는 공학 직업의 다양한 영역들에서 발견되는 편차에 주목해야 한다. 또한편 동일 분과에서도 공학자에게 요구되는 행위 준칙은 상황적

8) 가치체계의 배열에서 나타나는 내재적 갈등과 구조적 갈등에 대해서는 상식과 가치체계 결합의 다원성을 다룬 12장 3절에서 논했다.

요인에 따라 달라져야 한다. 공학의 다양한 분과에서 나타나는 편차 그리고 동일 분과 내의 상황적 요인에 따른 준칙 적용의 차등을 다룰 것이다.

내부고발 : 전문직 종사자들의 내부고발의 의미를 살펴보고 내부고발의 방식을 분류한다. 생산 조직체계 안에서 주로 일하는 공학 직업의 경우, 많은 공학자의 내부고발은 의도하지 않은 방식으로 분류된다. 조직체계에 대한 충성을 강요받는 공학자들에게 자율성은 아직까지 직업 활동의 내재적 미덕으로 정착하지 않았기 때문이다. 공학자의 의도하지 않은 내부고발이 조직과 개인의 갈등으로 번질 때 공학자들이 조직체계의 명시된 준수사항을 넘어 행위하기란 힘들어진다. 이러한 세태의 지속은 공학자로 하여금 자기중심적 성향을 갖게 만들고, 재난의 예측은 어려워진다. 사회에서 요구되는 능동적 공학자상과 실제 공학 직업 활동 사이에서 발생하는 간극을 줄이려는 노력 없이 공학자의 인성을 운운하는 것이야말로 무책임한 것이다.

재난의 꾸러미 분석 기법 : 상황에 합당한 개연적 판단의 가장 자연스러운 형태는 단서 추정법이다. 단서 추정법에 근거해 재난의 근접인과 궁극인을 추적하는 데 있어 공학 지식의 활용법을 살펴본다. 재난의 사례 분석은 단순한 원인 분석으로 끝나서는 안 된다. 현실적 제한 조건 아래 재난의 근접인과 궁극인의 제거 방식이 고려되어야 하는 동시에 유사한 재난을 막기 위한 여러 대안 설정이 꾸러미로 이뤄져야 한다. 그렇지 않은 경우의 재난 분석이 실질적인 효력을 발휘하기 힘든 이유를 밝힌다.

시각소통 : 공학 지식의 효과적이고 현명한 활용법은 전통적으로 시각소통에 기반을 두고 있다. 시각적 표상 기법으로서의 도면 꾸러미는 공학자 집단의 상호작용을 위한 기반이다. 그러한 도면 꾸러미를 집단적으로 완성시키기 위한 초기 스케치가 공학적 발상에 필수적이라면, 도면들에 담긴 정보 및 통계 자료의 시각적 디자인은 공학자 집단과 타분야의 의사소통을 촉진시키는 설득의 기예에 속한다. 이렇듯, 공학의 시각소통은 상호작용, 발상 및 설득이라는 세 측면을 갖는다. 공학자 집단 내의 상호작용과 관련된 각종 시각적 표상 기법은 공학교육에 제도화되어 있

지만, 시각소통의 발상과 설득의 측면은 아니다. 이는 현재 공학교육이 여전히 사회설계의 차원이 아니라 사회봉사의 차원에 국한되어 있음을 반영하고 있다.

기술 결과 평가의 제도화 : 제어하기 힘든 공학의 효과와 위험성을 사전에 평가하는 기술 결과 평가의 제도화는 현대 사회에 필수적이다. 많은 공학적 재난과 실패는 단순히 공학적인 것으로만 끝나지 않는다. 그것은 이데올로기 전쟁의 무기로 전락해 집단 사이에 극도의 긴장관계를 산출시키기도 한다. 인권 및 각종 권리 개념은 반대 집단을 병적으로 진단하거나, 역으로 이념 대립 속에서 실패의 원인 제공자가 책임을 회피하는 데에 도용되기도 한다. 남는 것은 서로가 서로를 사회에서 배척시키려는 쌍방향성의 새로운 현대판 마녀 사냥이다. 마녀 사냥 참가자들은 서로가 선을 행한다고 착각하지만, 결과는 문제 해결을 가로막는 교착상태다. 기술 결과 평가의 제도화는 목적 달성의 수단으로 여겨져서는 안된다. 그것 속에는 집단간 갈등 완화를 위한 가치체계 배열의 도덕적 위상이 내재한다.

공학 직업의 특성표 짜기와 내부고발의 주제는 공학 직업의 측면과 주로 관련된다. 재난의 꾸러미 분석 기법과 시각표상의 주제는 공학 지식의 측면과 주로 관련된다. 기술 결과 평가의 제도화는 공학 기술의 측면과 주로 관련된다. 각 주제들에 해당하는 사례들이 세밀하게 분석되지는 않을 것이다. 상식을 존중한 상황윤리의 틀 속에 공학 담론을 정초시킴으로써 문제의 실천적 해결 자체에 도덕적 위상을 부여하는 것이 이 작업의 주목적이었기 때문이다. 사례 분석은 그러한 공학 담론의 방향성을 보여주는 것이고, 좀더 구체적 분석이 필요한 부분은 [부록]으로 덧붙일 것이다.

15장 공학 직업의 특성표 짜기

두 종류의 편차 측정

각 직업에는 지켜야 할 의무가 있고, 그러한 의무는 직업적 가치체계의 미덕을 반영한다. 직업 활동 속에서 개인에게 체득되는 미덕들은 공학자의 암묵적인 의무계산 속에서 반영된다. 공학자들이 주로 생산 조직체계 내에서 일해 왔기 때문에, 자율성이라는 미덕은 공학 직업의 가치체계에 정착되지 않았다. 하지만, 이제 공학의 복잡성과 분과 다양성의 축적으로 인해 자발적인 공학자의 상이 사회에서 요청된다. 공학 직업에서 나타나는 일반 성격은 모든 공학 분과에 일률적으로 해당하지 않는다. 효과적인 재난 방지와 대책을 위해서는 공학 직업의 영역별 편차가 주목되어야 한다. 또 동일 분과 내에서도 상황적 맥락 변동에 따른 편차가 주목되어야 한다. 이러한 두 종류의 편차를 찾아내어 각 직업군에 맞게끔 제도를 개발할 필요가 있다. 공학 직업 특성표 짜기의 목적은 그렇게 함으로써 생활세계를 개선하는 것이다.

1. 배 경

공학 직업 활동을 규정하는 변수들로서 공학 교육, 공기업과 사기업에 종사하는 공학자의 수적 분포, 정치제도 및 생산 방식을 들 수 있다. 그러한 변수들의 평가는 어떤 보편적 원리에서 도출되는 것이 아니라 상황적 특수성, 곧 특정 주제를 명확히 해주는 단서들에 근거해 이뤄진다. 공학 직업 활동을 규정하기 위한 현재의 평가는 미래에 그대로 적용될 수 없으며 수정 요구에 열려 있다. 더욱이 현대 공학은 여러 이질적인 특성을 갖는 다양한 분과들로 구성된다. 따라서 일률적인 공학 직업의 성격 규정은 사실 불가능하다. 그럼에도 불구하고 과거에서 지금에 이르는 공학 직업의 일반 성격, 곧 공학자 다수의 직업 활동에 배어 있는 성격이 없는 것은 아니다. 그 성격은 다음과 같은 특성들로 구성된다.[1)]

E1. 전문직 종사자로서의 공학자 다수는 직접 사람을 상대하지 않는다. 공학자와 고객 사이의 관계는 직접적이지 않다.

E2. 의사와 변호사 등 다른 전문직 종사자와 달리 공학자는 독립적 행위자로 여겨지지 않는다. 의사와 변호사 또한 특정 조직체계 속에서 일하기도 하지만, 해당 지식 활용은 그의 고유 권한에 속한다. 이 점은 생산 조직체계에 속한 다수의 공학자에게 해당하지 않는다.

E3. 공학자가 몸담고 있는 생산 조직체계는 경제적 이윤과 관련된 경우가 많다. 공학자는 경제적 이윤을 추구하는 조직체계의 위계질서에 종속되어 명령 수행의 일꾼으로 전락하기도 한다.

E4. 공학자는 조직체계의 관심에 반하는 행위를 해서는 안 되는 것으로 여겨져 왔다. 그 결과, 조직체계에 대한 충성(loyalty)이 공학자에게 강요된다.

책임, 안전 및 숙련된 능력으로 대표되는 공학 직업의 미덕은 공학이 다른 분야와의 관계 속에서 기능해온 역사적 결과로서 정착했다. 직업적 미덕은 실제 직업 활동 속에서 체득되어 해당 종사자의 암묵적인 의무계산에 반영된다. 자신의 직업 활동에 충실한 공학자는 특별한 윤리 교육 없이도 책임, 안전 및 숙련된 능력이라는 미덕을 발휘한다. 공학 직업의 일반 성격 E1-E4는 자율성이 공학적 가치체계에 내재하는 미덕으로 정착하지 않았음을 보여준다. 그렇기 때문에, 제도적 차원에서 자율권은 공학자에게 일반적으로 보장되지 않는다. 이 점은 다수의 공학자들이 상부에 의해 계획된 '예정표에 의한 작업 참가자'의 위치를 차지하고 있다는 사실 속에서 반영된다. 사회의 안전을 위한 행위가 공학자에게 불이익으로 돌아간다면, 그는 조직체계의 준수사항을 넘어서 능동적으로 행위를 하기 힘들다. 하나의 사례를 살펴보자.

---

1) 이에 대해서는 7장에서 논했다.

공학자 A는 유조선을 건설하여 납품하는 대기업에 근무하고 있다. 최근 발트 해역의 유조선 충돌로 인해 대량의 기름이 방출되었다. 이 재난이 유조선의 운항 잘못에서 기인한 것인지, 아니면 유조선의 조타 장치(steering system)의 이상에서 기인한 것인지를 놓고 기업과 유조선 소유 회사 사이에 마찰이 일어났다. 만약 조타 장치의 이상이 재난의 원인이라면, 기업은 곤란에 처하게 된다. 금전적 보상 외에도 기업의 대외적 이미지가 손상을 입게 되기 때문이다. 조타 장치의 설계팀에 속한 A는 기름 유출 사건의 원인을 추적하라는 임무를 맡게 되었다. 조사 결과, 조타 장치의 자동 항법 부분(autopilot system)에서 결함이 발견되었다. 해당국 고위층과의 교섭에 들어간 기업 회장은 A에게 당분간 그 결함을 은폐하라고 명령했다. 가족을 부양해야 하는 A로서는 회장의 명령을 따를 수밖에 없었다. A가 조타 장치의 결함을 대외에 알렸을 때 그에게 돌아오는 것은 보상이 아니라 처벌일 것이 뻔하다.[2)]

자율성이 공학의 가치체계에 내재적 미덕으로 정착하지 않은 상태에서 우리는 무조건 A를 비난할 수 없다. 제도적 개선 없이 공학자의 인성 혹은 공학자의 자기중심적 성향을 탓하는 것은 무책임한 짓이다. 이 점은 7장 공학자의 자율성 측정을 논하는 부분에서 다뤄졌다.

재난 방지와 대책을 위해 공학자의 일반 윤리규정을 엄격하게, 그리고 복잡하게 만드는 것은 효과적이지 않다. 공학자의 윤리규정은 결코 공학자의 윤리 의식 고양의 수단으로 여겨질 수 없다. 그것은 현대 공학을 둘러싼 문제를 해결하기 위한 지침서들의 목록과 같은 것

2) 이와는 유사하지만 결과적으로 반대인 경우가 실제 일어났다. 2001년 4월 16일 현대조선에서 만들어진 유조선 발틱 캐리어(Baltic Carrier)가 덴마크 인근 해역에서 다른 유조선 테른(Tern)과 충돌했다. 이 충돌은 덴마크 역사상 최악의 기름 유출 사건으로 기록되었다. 발틱 캐리어의 선원들은 항해 중 방향타가 말을 듣지 않았다고 증언했다. 발틱 캐리어의 소유 회사는 유조선 조타 장치의 이상을 들어 사건 책임을 현대조선에 전가하려고 했다. 현대는 즉각 전문가들을 파견했고, 여러 주에 걸친 테스트 결과 자동 항법 부분과 조타 장치에는 아무런 결함이 없었다. 이로서 사건은 당시 발틱 캐리어의 운항 미숙으로 종결되었다. 이 사건의 경위는 브래드포드(Bradford)에서 간행되는 『재난 방지와 경영(*Disaster Preventing and Management*)』의 2001년 재난 데이터베이스(Disaster Database)에 기록되어 있다.

이다. 공학자의 윤리규정은 정해진 것도 아니다. 공학의 성격이 변함에 따라 윤리규정도 변해야 한다. 더욱이 각 조직체계에서 요구되는 공학자의 구체적 준수사항은 공학자의 일반 윤리규정에서 도출될 수 없다. 공학은 단일 분야가 아니라 여러 다양한 분과들로 구성된 다발체이기 때문이다. 그 다양성은 인문학, 사회학 그리고 과학을 능가한다.

공학의 직업군은 다양하다. 문화와 사회의 구성 방식은 공학의 동일한 직업군에 대해서도 지역적 차이를 만들어낸다. 실례로 많은 컴퓨터 관련 전공자는 생산 조직체계가 아니라 자영업에 분포되어 있는 것이 우리의 현실이다. 또한 공학의 동일 직업군이 작동하는 방식은 어떤 경우에는 상황 맥락에 따라 커다란 편차를 보인다. 우리는 두 종류의 편차에 주목해야 한다. 그 하나는 다양한 공학 직업군들 사이에서 나타나는 편차이고, 다른 하나는 동일 직업군의 상황 맥락 변동에 따른 편차이다. 공학 직업의 일반 성격 E1-E4는 이 두 종류의 편차를 찾아내는 데 작업가설로 봉사할 것이다.

2. 두 종류의 편차와 사례들

그 어떤 종류의 편차든 간에, 편차의 평가는 기준을 요구한다. 기준 없는 편차라는 것은 의미가 없다. 공학 직업의 특성표 짜기에서 주목해야 할 편차는 두 종류다. 먼저 공학 직업 공간의 분포적 편차를 살펴보자. 공학 직업 공간은 공학의 다양한 영역 혹은 직업군들의 모임으로서 4개의 축, 곧 T, X, Y, Z 에 의해 구성된다고 하자. T 축은 공학자가 직접 사람을 상대하는 정도를 나타내는 것으로서 E1과 관련된다. X 축은 공학자가 독립적 행위자로 여겨질 수 있는 정도를 나타내는 것으로서 E2와 관련된다. Y 축은 공학자가 조직체계의 운반체로 여겨지는 정도를 나타내는 것으로서 E3와 관련된다. Z 축은 조직체계에 대한 공학자의 충성 요구의 정도를 나타내는 것으로서 E4와 관련된다. 공학 직업의 일반 성격을 규정하는 E1-E4가 각각 T, X, Y, Z 축

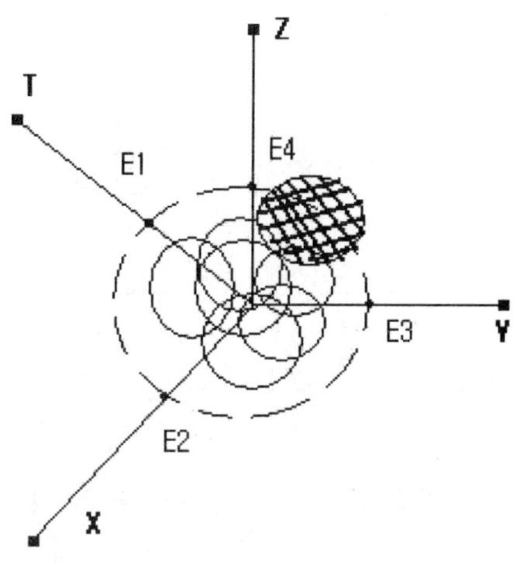

[도식 1]

의 영점을 기준으로 특정 간격(interval)들인 (0, E1), (0, E2), (0, E3), (0, E4)에 해당한다고 하자. 우리는 [도식 1]에서 점선의 경계를 갖는 4차원상의 구를 생각할 수 있다.[3)]

점선 경계에 포함된 구들은 공학 직업의 일반 성격 E1-E4를 만족하는 직업군들을 상징한다. 반면에 사선으로 처리된 구로 대표된 직업군은 점선 경계의 속에 완전히 포함되지 않는다. 그 직업군은 E3와 E4에 대해 편차를 갖는 것으로 이해된다. 공학의 어떤 직업군이 그러한 편차를 갖는지는 구체적 사례를 통해서 밝혀진다. 공학 직업의 특성표 짜기에서 주목해야 할 첫째 종류의 편차, 곧 공학 직업 공간의 분포적 편차는 정적(static)이다. 공학의 다양한 직업군에서 나타나는 이러한 정적인 편차에서는 상황 맥락의 변동이 고려되지 않았다. 공학 직업 특성표 짜기에서 주목해야 할 둘째 종류의 편차는 상황 맥락의 변동을 고려한 것이다.

3) 4차원 공간은 상상할 수 없기 때문에, [도식 1]은 그러한 공간을 3차원적으로 흉내를 낸 것이다.

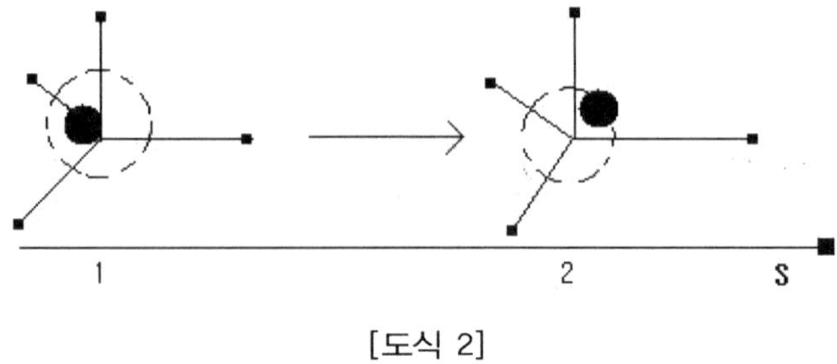

[도식 2]

동일 직업군의 상황 맥락 변동에 따른 편차는 공학 직업 공간이 상황축 *S*를 따라 좌우로 움직이는 상상 속에서 이해될 수 있다. [도식 2]에서 그러한 직업군은 검은 구로 표상되어 있다. 상황축 *S*의 상황 맥락 1에서 검은 구의 직업군은 공학 직업의 일반 성격 E1-E4를 충족하고 있다. 그 직업군은 상황 맥락 2에 이르러 점선 경계의 구 안에 포함되지 않는다. 이는 그 직업군이 상황 맥락 2에서는 공학 직업의 일반 성격 E1-E4와 편차를 가져야 순기능을 할 수 있음을 뜻한다.

공학 직업의 특성표 짜기에서 주목 대상인 두 종류의 편차에 대한 사례를 살펴보기 전에 2장에서 다뤄진 상황과 사례의 관계에 대해 회상해보는 것이 좋다. 상황은 개인 혹은 사물이 처한 방식이다. 하나의 관심사에 의해 제한된 상황들 중에서 특정 주제를 산출하는 단서를 포함한 것이 있을 수 있다. 특정 상황에 처한 개인 혹은 사물의 독특한 행위 혹은 행동 방식과 연관된 그러한 단서는 '상황적 특수성'으로 규정된다. 특정 주제를 잘 보여주는 상황은 그 주제에 대한 사례로서 분류된다. 우리의 관심사가 공학 직업의 특성표 짜기라고 할 때 제시될 사례들은 그 특성표 짜기에 필요한 두 종류의 편차 찾기라는 주제와 관련된 것들이다.

1) 공학 직업 공간의 분포적 편차

공학 직업의 다양한 직업군들에서 나타나는 편차들을 사례 분석에 근거해 따져보자. 그러한 공학 직업 공간의 분포적 편차를 따질 때 다양한 사례들을 먼저 열거하고 어떤 것들이 논의 대상에 속하는지를 따져야 한다. 8개의 가상 사례들을 열거한다.

C1. 동료 승진 문제를 놓고 고민하는 공학자

여성 공학자 B와 C는 7년 동안 같은 회사에 근무했다. 전기오븐을 만드는 공장에서 둘 다 중간관리직을 맡고 있다. 경영진은 기존의 태도를 바꾸어 최초로 여자 부공장장을 임명하기로 결정했다. 경영진은 B를 염두에 두고 있었다. 이 사실을 안 C는 고민에 빠졌다. 질투 때문이 아니었다. C가 생각할 때 B는 부공장장으로서 모든 면에서 부족하다. C는 자신의 의견을 털어놓기 위해 평소에 잘 아는 부장과 만나자고 전화를 한다.

C2. 다른 기업 친구를 위한 공학자의 행위

공대생 D는 어렵게 학부를 마치고 대기업에 입사했다. 그는 몇 년간의 노력 끝에 중책을 맞게 되었다. D가 속한 기업은 자동차를 생산하고 있다. 지금까지 특정 중소기업이 D가 속한 기업에 엔진 콜벤을 납품해 왔다. 그 콜벤에 결함이 발견되었다. 그 중소기업의 E는 D와 같은 대학을 나온 절친한 친구였다. E는 D를 고급 룸살롱으로 초대했지만, D는 거절했다. 둘은 한적한 공원에서 만났고, E는 D에게 사정을 했다. D로서는 들어줄 수 없는 부탁이었다. 콜벤을 조사하던 D는 결함의 원인을 알아냈고 E에게 연락했다. E는 즉시 그 결함을 개선하였다. 중소기업 경영진은 새로 개선된 우수한 콜벤을 당분간 기존의 가격에 납품하겠다고 대기업에 제안했다. 대기업은 그 제안을 받아들였다. 모든 것이 순조롭게 진행되었다. 대기업의 경영진은 후에 D와 E 사이의 관계를 알게 되었다. 경영진은 사내규정에 따라 D에게 책임을 묻겠다고 한다.

C3. 현장 부서 발령에 불만이 가득 찬 신입 사원

F는 대학에서 산업공학을 전공한 후 부수적으로 컴퓨터 기사 자격증을 땄다. 회사에서 F의 꿈은 생산성을 올리는 방법론을 개발하는 것이었다. 시간당 생산성을 올리려면 조직부서 사이의 의사소통 구조를 연구해야 한다. 그러한 구조를 실제 생산라인에 접목시키기 위해서는 시뮬레이

션 및 통계 기법도 필요하다. F는 자신의 꿈을 실현하기 위해 공부했다. 그 사이에 딴 컴퓨터 기사 자격증의 효과였는지, F는 드디어 1년간의 실업자 생활을 접고 모 기업에 취직하게 되었다. 약간의 연수를 받은 후 발령이 났다. F는 큰 실망에 빠졌다. 그의 꿈과 달리 현장 부서로 발령이 났기 때문이다.

C4. 시민들의 항의에 부딪친 섬유공장

섬유공장 사장은 20년 동안 지역 사회를 위해 봉사했다고 자부한다. 20년 전 황무지나 다름없던 지역에 섬유공장이 들어섰을 때 시민들은 환영했다. 공장 덕에 주위에 다른 기반 산업들이 속속 성장했고, 안정된 직업을 얻게 된 시민들은 자식들을 대학에 보낼 수 있었다. 그랬던 시민들이 이제 공장 앞에서 데모를 한다. 공장에서 나오는 폐수로 인해 지역 사회의 암 발생률이 높아졌다는 것이다. 사장에게 시민들의 반응은 은혜를 모르는 괘씸한 짓이었다. 시민들은 값비싼 정화기를 공장에 설치하라고 요구했다. 화가 난 사장은 아예 공장을 다른 지역으로 옮기겠다고 으름장을 놓았다. 하지만, 일이 그렇게 간단하지 않았다. 공장 후보 지역 시민들도 반대를 했기 때문이었다. 할 수 없이 사장은 공장에 새로운 정화기를 설치하기로 했다.

C5. 1986년 체르노빌 원전 방사능 누출 사건

1986년 우크라이나 체르노빌 원자력 발전소의 폭발은 예상치 못한 피해를 가져왔다. 방사능 누출은 전 유럽에 영향을 미칠 정도로 컸다. 체르노빌 원자력 발전소 폭발의 원인을 규명하고 대책을 세우기 위해 투입된 공학자들은 방사능에 노출되었다. 그 양은 기준 허용치의 6천 배에 달했다. 그 공학자들 중 한 명은 이렇게 말했다. "누군가 해야만 하는 일입니다. 내가 아니면 이 일을 누가 대신 하겠습니까?"[4)]

C6. 대기업도 함부로 할 수 없는 공학자

G가 속한 기업의 핵심 산업은 천연가스를 다룬다. 기업의 큰 공장에 자주 화재가 일어났다. 사람을 문책하고 바꾸기를 반복했지만, 화재는

---

4) 언급된 인용은 당시 사건 원인을 규명하기 위해 현장에 파견된 한 공학자가 미국 방송국 CBS의 프로그램 *60 Minutes*와의 인터뷰에서 한 말이다.

주기적으로 일어났다. 과장급 공학자 G는 새로운 제안을 했다. 명령 수행 방식의 현장 직원 훈련 방법에 문제가 있다는 것이었다. G의 제안에 따라 모든 현장 직원들은 회사 전체의 조직들이 어떻게 연결되어 있는지, 각 부서와 가장 긴밀하게 협조를 해야 하는 부서가 무엇인지를 배웠다. 이러한 직원 훈련과 함께 효율적인 전체 생산라인이 G에 의해 새로 디자인되었다. 기업 경영진의 주목을 받게 된 G의 앞날은 밝았다. 문제가 하나 터졌다. 유부남인 그가 기업의 매우 중요한 대주주의 젊은 부인과 눈이 맞았다. 이 둘의 사건은 곧 알려졌다. 흥분한 대주주는 G를 당장 해고하라고 으름장을 놓았다. 그러나 기업으로서는 매우 난처했다. 조직체계를 그만큼 잘 다룰 인물을 찾기란 매우 어려웠기 때문이다. 기업의 회장은 결국 대주주를 설득했다.

C7. 2003년 과학상점 조직 사건

2003년 카이스트 학생들은 '과학상점(science shop)'을 조직했다. 조직의 목적은 과학기재나 교재를 만들어 파는 것이 아니다. 전문가 집단과 대중 사이의 효과적인 의사소통의 부재에서 기인한 여러 지역적인 문제가 있다. 환경오염 등과 관련해 지역 주민은 그 오염이 얼마나 심각한지, 그리고 어떻게 대처해야 할지 잘 모르는 경우가 많다. 과학상점의 목적 중 하나는 과학기술을 둘러싼 지역적 문제를 다룸으로써 대중 속에 살아 있는 과학기술을 실천하는 것이다.

C8. 사람을 매일 상대하게 된 공학자

K는 컴퓨터공학을 전공한 후 화학회사에 입사를 했다. 그녀는 전산실에서 근무하게 될 것으로 생각했다. 그런데 그녀는 외부업무 이사의 특별 보좌관으로 발령을 받았다. 그녀의 활달함과 거침없는 말솜씨가 간부들의 눈에 들었기 때문이다. 그러나 K는 당혹감에 빠졌다. 그 외부업무 중 하나는 공장 인근 지역 주민을 설득하는 작업이었다. 외부업무 이사의 임무는 설득을 통해 보상 문제를 포함한 지역 주민과의 갈등을 줄이는 것이었다. 내키지는 않지만 어쩔 수 없이 K는 외부업무 이사의 특별 보좌관 역을 수행하기로 했다.

위 8개의 사례들 중에서 C1-C4는 직업 활동의 여러 측면을 보여준다. C1-C4는 공학 직업 공간의 분포적 편차를 따지는 작업에는 부적합한 것들이다. 각 사례의 주인공이 처한 상황적 특수성이 E1-E4에 근거해 공학 직업군들 사이에서 나타나는 편차를 측정하려는 주제의 맥락에 포섭된다고 보기는 힘들기 때문이다.

C1-C2 분석 : 공학자 C가 회사를 위해 B의 승진을 가로막으려고 하는 사례 C1은 직업 활동에서 대인관계와 관련된다. C2는 조직체계의 준수사항을 둘러싼 직업 활동의 일반 성격에 해당되기 때문에, 그것을 공학 직업의 특수성과 연결시키는 것은 무리가 있다. C2가 흥미로운 점은 조직체계 내에서 일하는 공학자에게 요구되는 성실성, 곧 '공학적 성실성(engineering integrity)'이 '정직(honesty)'의 일반 통념에 종속되지 않는다는 것이다. C2의 주인공 D는 정직하지 못한 인물인가? D가 우정을 고려해 상황에 합당한 선택을 한 것으로 본다면, 우리는 무조건 D를 정직하지 못한 사람이라고 비난할 수 없다. 그는 친구를 위하는 동시에 회사에 피해가 가지 않도록 노력했고, 그의 동기에서 불순한 점을 찾기는 어렵다. 다양한 상황에 걸쳐 통용되는 정직의 일반 통념은 상황 맥락 속에서 기능하는 특정 조직체계 및 집단의 준수사항 속에 반영된다. 그렇게 반영된 성실성 개념은 모든 구체적 상황을 덮을 수 없기 때문에, 특정 조직체계 및 집단에서 요구하는 성실성 규정과 정직에 대한 일반 통념 사이에는 간극이 생기기 마련이다.[5)]

C3-C4 분석 : 현장 부서 발령에 불만을 품은 신입사원의 사례 C3는 목적상 차이가 나는 집단과 개인 사이의 갈등을 보여준다. 공학자 F는 훗날 현장 경험이 오히려 그에게 득이 되었다고 회고하게 될지도 모른다. 물론 전문 지식의 사회적 활용의 측면에서 개인과 집단의 갈등이 심화되는 것은 바람직하지 않다. 시민들의 항의에 부딪친 섬유공장의 사례 C4는 고객과의 신뢰가 환경의 고려와 맞물리게끔 외압에 의한 경영의 가치체계 수정 과정을 보여준다. C4를 가지고 모든 공학자들에게 직업 활동에서 환경을 고려하라고 요구하기는 힘들다. 다수의 공학자가 생산

5) 그러한 간극은 '과학적 신뢰성(scientific integrity)'과 정직의 일반 통념 사이에서도 나타난다. 이에 대한 사례로서 파스퇴르의 경우는 [부록] A7을 참조하라.

조직체계 속에서 일하는 현실을 감안할 때 그 요구는 조직체계의 경영 관점에서 이해되는 것이 더 실질적이다.

사례 C5-C8은 공학 직업 공간의 분포적 편차를 분석하는 데 의미가 있는 것들이다.

C5 분석 : 체르노빌 원전 공학자들에게 공학 직업의 일반 성격 중 E1, E2와 E4는 잘 들어맞지만 E3에 대해서는 아니다. 원자력 발전소는 대개 국가 소속의 공기업에 의해 운영되며, 발전소의 이윤은 사기업의 운영 차원에 종속될 수 없다. 당시 원전 운영이 일방적으로 KGB의 감독 아래 있었기 때문에, 공학자에게 자율성을 권리로서 보장하는 제도적 장치는 없었다. 이것이 결국 공학자들에 의한 사전 경고가 상부 책임자에 의해 무시당하게 된 원인이었고, 냉각 제어장치의 결함으로 원전 4호기가 폭발하게 되었다. 사회의 안전을 위해 공학의 미덕이 충성의 형태로 발휘되어야 하는 경우, 위험 상태에서 명령을 수행해야 하는 책무가 공학자에게 부여되기도 한다. E3에 대한 약간의 편차를 인정하더라도, C5는 [도식 1]의 점선 경계의 구 안에 거의 포함되는 사례이다. C5에서 흥미로운 점은 그 사례가 의도하지 않은 내부고발의 경우로 봉사할 수 있다는 것이다. 정치권은 서방 방송국 인터뷰에 응한 공학자의 동기를 개인적 영웅심으로 돌리면서 그를 마치 배신자처럼 취급했다. 그 공학자는 사건 당시 방사능 노출로 인해 오랜 투병생활 끝에 결국 사망했다.

C6 분석 : 사례 C6는 C5에 대비된 것이다. C6의 공학자 G는 조직체계의 설계와 조율을 담당하는 위치를 차지하고 있다. 이러한 사례는 현재 공학 직업의 일반 성격 E1-E4에서 상당히 벗어난 경우다. C6는 성공한 공학자의 개인적 사례로서 취급될 수도 있지만, 그것은 공학 지식의 능동적 활용에 대한 사회적 필요성이 증가한 현실을 반영하고 있다. 현재 18개에 이르는 정부부처들 중 과학기술부, 정보통신부를 비롯해 공학기술에 직간접적으로 의존하는 것들은 상당수에 이른다. 그러나 사회체계의 설계자 혹은 조율자로서 공학자들이 공직에 참가할 수 있게 해주는 제도적 장치는 부족한 상태다.

C7 분석 : 일부 공학자들은 생산 조직체계를 벗어나 연구개발뿐만 아니라 시민단체에서 그들의 전문 지식을 활용하고 있다. C7는 이러한 사실을 반영하는 것으로서 [도식 1]의 점선 경계의 구 안에 포섭되지 않는다. 과학상점은 단순히 과학 지식을 대중에게 전파하는 목적으로 생겨난 것이 아니다. 1970년대 초 네덜란드에서 시작된 과학상점은 대중을 지식 전파의 대상 혹은 계몽의 대상으로 삼지 않는다. 그것은 실제 현실 문제를 풀어가는 가운데 대중과 연구자 사이의 직접적 대화와 연결을 꾀한다.[6] 그런 가운데 과학상점의 주목적 중 하나는 지역 사회에서 발생한 과학기술적 문제를 시민과 함께 풀어 나가는 것으로 굳혀졌다. 그 목적 달성 과정에서 공학적 문제 및 공학 지식의 비중은 점차 커질 수밖에 없다. 영국의 경우 아예 '기술 네트워크(technology networks)'와 같은 명칭이 '과학상점'을 대체하기도 했다. 공학 기술의 사회적 권위가 상대적으로 낮은 우리의 현실을 감안할 때 학생과 교수가 함께 지역 사회의 공학적 문제를 풀어 나가는 공대 중심의 '공학상점' 운동도 필요하다.

C8 분석 : 사람을 매일 상대하게 된 공학자의 사례 C8은 E1에서는 벗어났지만 E2-E4에 대해서는 아니다. K의 지식 활용은 개인 권한에 속하지 않고, K가 속한 조직체계는 경제적 이윤을 추구한다. K가 특정 공학적 문제를 놓고 지역 시민을 설득할 때 그녀는 조직에 대한 충성을 강요받는다. 이렇듯, 공학 직업 공간의 분포적 편차는 많은 경우 부분적이다. 지역 사회의 공익을 위해 K가 회사 방침을 놓고 선택의 갈등을 할 때 제도적 보완 없이 그녀에게 사회의 공익을 우선적으로 고려하라고 강요만 할 수는 없다.

공학 직업의 일반 성격 E1-E4는 어떤 직업군이 공학에 해당하는지를 결정해주는 보편적 기준이 아니다. 그것은 단지 현재 공학의 일반 성격을 나타내줄 뿐이며 다양한 공학 직업군의 편차 측정에 대한 잠정적 작업가설로 봉사한다. 현재 공학 직업의 일반 성격 E1-E4를 기준으로 어떤 특성에서 뚜렷한 편차를 보이는 공학 직업군에 대해서는

6) Dickson, D.(1984).

그에 합당한 준수사항과 정책이 필요하다. 공학자의 윤리규정이 구체적인 공학 직업군의 준수사항 및 정책 짜기에 도움을 준다면, 그 규정은 어디까지나 준수사항 및 정책을 마련하는 데 필요한 방향성 설정의 관점에서 이해되어야 한다. 특정 직업군에 대해 요구되는 준수사항 및 정책은 그 직업군이 사회체계 속에 처한 여러 상황적 변수들을 고려하여 얻어질 때 그것의 실질적인 순기능을 기대할 수 있다.

2) 동일 직업군의 상황 맥락 변동에 따른 편차

공학 직업 공간의 분포적 편차 측정은 상황 맥락의 변동을 고려하지 않았다는 점에서 정적이다. 하나의 직업군은 유사한 상황 맥락 속에서만 기능하는 것이 아니다. 직업 종사자에게 요구되는 수칙은 상황 맥락의 변동을 고려하여 짜여야 한다. 그렇지 않을 경우, 참사가 발생할 수도 있다. 하나의 사례를 살펴보자.

> L은 지하철 기관사로 일하고 있다. 어느 날 사회에 불만을 품은 사람이 전동차 의자에 불을 질렀다. 연소에 민감한 재질로 구성된 전동차는 역에 도착하자마자 순식간에 불바다가 되었다. 1079호 기관사 L은 수칙에 따라 사령실에 연락을 했지만 즉각적인 지시를 받지 못했다. L은 몇 분을 기다리다가 수칙에 따라 마스콘키(Maskon-Key)를 뽑아 대피했다. 반대편에서 역으로 들어오던 1080호 기관사 M은 화재 상황을 감지하고 수칙에 따라 역시 사령실에 연락을 했다. 하지만, 문을 열고 승객을 대피시키라는 사령실의 명령은 7분이 지나서야 떨어졌다. 결국 1079호의 불이 1080호에 번지면서 대규모의 참사가 발생했다.

이 사례는 2003년 2월 18일 오전에 발생한 대구지하철 참사를 묘사한 것이다. 200여 명의 사망자를 발생시킨 그 참사의 원인과 대책은 여러 각도에서 진단되어야 한다. 인간 행동을 완전히 제어할 수 있는 공학 기술이라는 것은 없기 때문이다. 관련 보고서와 발표문의 대부분은 실천적 내용을 결여하고 있다. 소방대 구조의 활약상과 정부의 대책 과정에 초점을 맞춘 후 국외 연구 방향을 언급하면서 재난에 대비한 대국민 리더십(leadership) 강화를 강조한 것이 있다.[7] 당시 지하철 운송망의 조직체계 및 기관사 수칙 등에 대한 정확한 검토 없이 기관사의 양심을 비판의 도마에 올린 경우도 있다.[8] 또 재난을 자신이 배웠거나 옹호한 이론의 적용 장소쯤으로 치부하는 경우도 있다.[9]

대구지하철 참사의 원인을 공학 기술의 측면에 국한시켜 따질 때 많이 거론되는 것들은 이렇다. 부적합 객실 내부의 재질 외에 지하철 역내 설계 구조상의 문제들로서는 좁은 통로, 흡배기 시설의 미비 및 연기의 배출 통로와 대피로가 일치한다는 점이 지적되었다. 여기서는 현재 공학 직업의 일반 성격 E1-E4에 비추어 동일 직업군의 상황 맥락에 따른 편차라는 주제에만 논의를 국한시키자.

재난 방지와 대책이라는 관심사 아래 위 사례에서 발견되는 상황적 특수성, 곧 특정 주제를 잘 대표해 줄 수 있는 단서는 무엇일까? 두 기관사 L과 M이 재빨리 화재에 대처하지 못한 채 사령실에 연락을 취하느라 머뭇거린 점에 주목을 해야 한다. 인성에 문제가 있어서 승객의 안전을 무시했다거나, 안전 불감증 때문에 두 기관사가 그렇게 머뭇거린 것은 절대 아니다. 그랬다면 그들은 즉시 자신의 생존을 위해 도피했을 것이다. 화재 발생 상황에서 두 기관사가 사령실에 연락을 취하느라 머뭇거린 상황적 특수성을 분석해보자.

L의 경우 : 당시 기관사 수칙을 보면, 역 구내에 화재가 발생할 때에도 기관사는 사령실의 지시를 따르도록 되어 있다. 이러한 수칙에 따라 1079호 기관사 L은 사령실에 연락을 취한 것이다. 희미한 작은 모니터로 현장 상황을 제대로 인식할 수 없었던 사령실 직원들은 우왕좌왕했고, 그 사이에 불은 전동차 전체를 뒤덮었다. 기관사가 열차를 떠날 때 반드시 마스콘키를 뽑아 가지고 가야 하는 것도 수칙에 들어 있었다. 기관사 L은 그 수칙에 따라 마스콘키를 뽑아 가지고 대피한 것이었다. 마스콘키를 뽑으면 문이 자동으로 잠긴다. 그러나 전동차 전체에 번진 불

7) 실례로 다음 글을 들 수 있다. 김중양(2003).

8) 실례로 다음 글을 들 수 있다. 김태윤(2005); 곽호환, 박창호(2005).

9) 실례로 다음 글들을 들 수 있다. 곽호환, 박창호(2005); 양기근(2003).

때문에, 모든 전기 회로가 다 타버린 상태였다. 마스콘키를 뽑든 말든 이미 기능을 상실한 전원공급선 때문에, 객차 출입문은 수동으로 열 수 없었던 상태였다.

M의 경우 : 당시 기관사 수칙을 보면, 기관사는 사령실의 판단에 따라 열차를 움직이고 멈추게 할 뿐이다. 운행 중 이상이 발생할 때 언제든지 멈출 수 있는 권한을 현장 기관사는 갖고 있지 않았다. 만약 그러한 권한을 기관사가 가졌다면, 1080호 기관사 M은 역내 진입을 시도하지 않았을 것이다. 그랬다면, 1079호의 불이 1080호로 번지지는 않았을 것이고, 많은 인명 피해를 줄일 수 있었다.

위 두 경우를 살펴보면, 대구지하철 참사에 대해 기관사를 비롯한 현장 인력에게만 일방적으로 그 책임을 전가시킬 수 없다.[10] 그들도 우리와 마찬가지로 일상적 공감대로서의 상식을 분유(分有)하고 적절한 가치체계에 의해 사고와 행위를 제한받는 사람들이다. 기관사들이 책임과 안전이라는 미덕에 대해 불감증을 가진 것은 절대 아니었다. 가치체계의 순기능은 단순히 인성 함양에 의해 얻어지는 것이 아니다. 가치체계는 다른 것과의 관계 속에서 기능하며 상황적 제약을 초월할 수 없다. 기관사들에게 화재 당시 제도적으로 자율권이 보장되어 있었다면, 그들은 당시 상황에서 많은 인명을 구할 수도 있었다.[11]

그러나 우리는 모든 직업군에 대해 자율권을 제도적으로 무조건 보장할 수 없다. 자율권은 직업 공간의 분포적 편차 이외에 동일 직업군의 상황 맥락에 따른 편차에도 주의를 기울여 고려되어야 한다. 기관사의 자율권을 무조건 강화시키는 것은 부작용을 낳을 수도 있다. 평상시 전철 운송에서 정보의 교환은 '중앙 집결 후 분산' 방식으로 이뤄진다. 그것은 기관사들이 현재 위치를 중앙에 연락하고 중앙에서 일괄 지시하는 방식이다. 과거와는 다르게 정보 이동이 신속해진 상황에서 그런 방식은 충돌 사고를 막는 데 효과적이다. 그러나 정보의

---

10) 당시 실형을 선고받은 5명 모두는 현장 종사자들뿐이었다.

11) 이 점을 언급한 논문은 다음이다. 이재열, 김동우(2004).

중앙 집결 후 분산 방식은 예측할 수 없는 화재 발생 상황에 대해서도 효과적인가? 지하철 법안 및 기관사 수칙을 만들 때 이 문제를 가지고 전문 공학자들과 토론한 적이 있는가? 지하철의 객차 및 지하의 공학적 구조물을 제아무리 안전하게 설계하고 시공해도, 모든 위험 요소가 제거되는 것은 아니다. 연기를 빨아 들여 외부로 내뿜는 환풍기의 성능이 강해도 폭우가 쏟아질 때에는 제 기능을 발휘할 수 없다. 또 역 주변의 지리적 제약을 고려하지 않은 채 수백 평방미터의 지하 공간을 대안으로 제안하는 것은 현실세계를 제안자 개인의 생각 속에 가두려는 것과 다르지 않다.

지하 터널로 달리는 전동차에서 불이 난다면, 빠른 대책이 절실하다. 따라서 전동차에서 불이 났을 때 가장 중요한 것 중 하나는 기관사의 자발적 대처 능력이다. 이를 위해 먼저 화재에 대처하고 사후에 보고할 수 있는 자율권이 기관사 직업군에게 보장되어야 한다. 대구 지하철 참사 당시 기관사들은 거의 5-7분 동안 중앙 사령실에 연락하고 지시를 기다리기를 반복했다. 당시 기관사 수칙에 의하면 화재 상황에서도 기관사는 반드시 중앙 사령실에 보고하고 명령을 받게 되어 있었기 때문이다.

평상시 전철 운송체계는 [도식 2]의 상황 맥락 1에 해당한다. 기관사 직업군에게 요구되는 것은 현재 공학 직업의 일반 성격을 벗어나지 않는다. 하지만, 이 점은 화재 발생의 상황 맥락 2에 대해서는 해당하지 않는다. 상황 맥락 2에서 요구되는 기관사 직업군의 성격은 특히 E2에 대해 편차를 보인다. 화재 발생 때 기관사 스스로 상황 판단을 하여 신속히 대처할 수 있도록 제도적 정비가 있어야 한다. 그러한 제도적 정비는 무조건적으로 기관사의 자율권을 보장하는 것이 아니라 상황 맥락 변동을 고려하여 이루어져야 한다. 직업 활동에서 상황 맥락의 변동에 따른 편차를 무시하고 보편적 행위 수칙을 가정하는 것은 비현실적일 뿐더러 대구지하철 참사와 같은 재난의 원인이 될 수도 있다.

지금 이 순간에도 어떤 이는 당시 기관사들에 대해 명청하다고 말할지 모른다. 내가 보기에는 그렇게 말하는 사람이 멍청하다. 자율성이 직업 내에 제도적으로 보장되지 않은 위치에서 일해본 사람이라면 그렇게 말할 수 없다. 더욱이 기관사는 전문직으로서 공학자의 지위를 갖는지가 논의 대상이 될 수 있는 만큼, 그들이 자발적으로 직업적 미덕을 발휘하기란 상대적으로 더욱 어렵다. 기관사가 전문직 종사자로서 공학자의 지위를 갖느냐의 문제와는 상관없이, 기관사의 직업군은 공학 직업의 공간에 속한다. 공학을 사회체계 속에 기능하는 하나의 체계로서 이해한다면, 공학의 직업군들이 전문 공학자들로만 구성되지 않는다는 것은 명백하다. 따라서 상황 맥락의 변동에 따른 기관사의 적절한 행위를 연구하고 분석하는 것은 공학 담론에 속한다. 사고의 근접인만 찾아서 의자를 바꾸는 방식은 유사한 재난을 막는 데에도 부족하다. 좀더 체계적인 재난의 원인 분석과 방지법은 17장에서 다룬다.

지하철 공사의 기관사들이 우리의 공학자 다수가 처한 현재 상황을 대변한다고 자신한다. 공학적 부작용에 대해 사회적으로 권위를 누릴 수 없는 사람들에게 일방적으로 책임이 전가되는 상황에서 공학자는 책임, 안전 및 숙련된 능력이라는 공학의 미덕을 능동적으로 발휘할 수 없다. 과학자 집단의 경우도 상황은 그리 좋은 편이 아니다. 자율성이 과학의 미덕으로 정착했다고 하지만, 그 미덕은 어디까지나 연구에 국한된 것일 뿐이다. 사회적 문제에 과학자 다수의 의견조차 반영되기 힘든 것이 우리의 현실이다. 제도적으로 많은 새로운 장치가 만들어지고 있지만, 많은 경우 홈페이지의 깨어진 링크와 같다.

3. 목적과 검토 사항들

공학 직업의 특성표 짜기의 목적은 무엇인가? 이 물음이 여러 관점에서 고찰될 수 있는 만큼, 그 대답도 관점에 따라 달라질 수밖에 없다. 여기서는 제3부의 대주제인 재난 방지의 관점에서 이 물음에 접근해보자.

재난에는 예측 가능한 것과 예측 불가능한 것이 있다. 그 어떤 경우에나 과거 재난의 기록과 분석은 유사한 재난을 사전에 방지하고 재난 발생 시 효과적인 대처를 위한 보물 창고와 같다. 모든 재난의 원인들은 재난 발생 상황과 무관할 수 없다. 각각의 재난은 고유한 개성을 갖는다고도 볼 수 있다. 재난의 원인이 다발적이기 때문에, 재난의 분류는 어떤 원인에 주목하는가에 따라 달라진다. 공학의 다양한 직업군의 특성과 상황 맥락 변동에 따른 적절한 행위 방식 또한 재난 방지를 위한 주목의 대상이 되어야 한다.

조직체계의 준수사항 및 직업 종사자의 수칙이 공학 직업 공간의 분포적 편차를 고려하지 않은 채 몇몇 소수에 의해 책정된다면, 해당 직업 종사자는 그 직업에 대한 사회적 요구에 상응하는 행위를 할 수 없다. 이것은 재난의 잠재적 원인이 될 수 있다. 동일 직업군의 상황 맥락에 따른 편차가 고려되지 않고 조직체계의 준수사항 및 직업 종사자의 수칙이 몇몇 소수에 의해 책정된다면, 이것은 특정 상황에 합당한 행위를 가로막음으로써 재난 및 재난 확대의 원인이 될 수 있다. 대구지하철 참사는 이에 대한 사례로 간주될 수 있다.

공학 직업 공간의 분포적 편차와 동일 직업군의 상황 맥락 변동에 따른 편차에 주목해 직업 특성표를 짜는 것은 재난 방지라는 목적 달성에 필요한 작업이다. 유사한 재난의 반복적인 발생은 일상적 공감대로서의 상식과 역사 속에서 걸러진 가치체계들의 긍정적 결합을 가로막는다. 특정 방식의 사고와 행위를 제한하는 가치체계의 순기능이 파괴될 때 공동체의 삶은 위협을 받는다. 사례 분석에 의한 효과적인 재난 방지책을 마련하는 것은 문제 해결을 통해 생활세계의 개선을 도모하는 '상태 지향적 공익' 개념에 근거한다.12) 그러한 상태 지향적 공익은 상위의 추상적인 공익의 정의에서 도출되는 것이 아니라 상식을 둘러싼 가치체계들의 연결망을 조율하는 진행형 관점에서 이해되어야 한다. 개개의 가치체계가 내용을 갖고 있다면, 그것의 기능은 그

12) 상태 지향적 공익 개념에 대해서는 13장 2절을 참조하라.

자체로서가 아니라 다른 것과의 실제적 연결 관계 속에서 파악된다. 그렇기 때문에, 공학적 가치체계의 순기능을 꾀하는 것은 어떤 보편적 이론이 아닌 그러한 연결 관계가 함축된 상황적 진단에 의존해야 한다.

사례 분석을 통해 공학 직업의 특성표를 짜고 유사한 재난 발생을 막으려는 시도는 거시적 차원에서 상태 지향적 공익과 관련된 도덕적 위상을 차지한다. 국소적 차원, 곧 실제 구체적 문제와 관련된 차원에서 그 시도는 공학적 가치체계의 순기능을 지향한다. 공학적 가치체계의 기능은 다른 가치체계들과의 관계 및 주변 환경의 양적, 질적 요인들과 맞물려 있다. 거시적 차원에서 공학 직업의 특성표 짜기가 상태 지향적 공익의 추구라는 목적 달성을 위한 현명한 수단을 마련하는 것이라면, 국소적 차원에서 그 작업은 수단의 의미를 벗어난다. 그 작업은 가치체계들의 배열과 미덕을 다루기 때문이다.

우리는 공학 직업군의 종사자, 곧 공학 기술자들이 책임, 안전 및 숙련된 능력이라는 공학적 가치체계의 미덕을 능동적으로 발휘할 수 없는 상황적 제약에 관심을 가져야 한다. 그들의 부적절한 행위는 상식의 파괴에서 기인하는 것이 아니다. 그러한 행위는 특정 상황에서 공학적 가치체계가 제한자의 기능을 잃어버리는 데에서 기인한다. 그렇기 때문에, 재난 방지를 위해서는 공학자의 인성을 탓할 것이 아니라 먼저 어떤 상황에서 무엇이 공학적 가치체계의 순기능을 가로막는지를 검토해야 하는 것이다. 공학 직업의 특성표 짜기에 필요한 일반적인 검토 사항들은 다음과 같다.

(1) 현재의 공학 직업에서 발견되는 일반 성격을 진단하라.

(2) 공학 직업의 공간을 구성하는 다양한 직업군들의 목차를 만들라.

(3) 사례들의 분석을 근거로 하여 공학 직업 공간의 분포적 편차에 주목하라.

(4) 사례들의 분석을 근거로 하여 동일 직업군의 상황 맥락 변동에 따른 편차에 주목하라.

(5) 해당 직업군의 수칙 제정, 수칙의 수정 과정 및 조직체계의 구성에서 단계 (3)과 (4)에서 얻어진 결과를 고려하라.

이 장에서는 검토 사항들 (1)-(5)에 따른 작업의 일반 형태를 보이려고 애썼다. 실제 중요한 작업은 (5)이다. 대구지하철 참사와 관련해 예측할 수 없는 화재 발생 시 기관사의 자율권 조항이 기관사 수칙에 들어가야 함을 강조했다. 이러한 강조는 보편적 권리로서의 '자율권' 개념에 근거한 것이 아니다. 그것은 공학 직업의 일반 성격 E1-E4에 비추어 기관사 직업군의 상황 맥락 변동에 따른 편차에 주목함으로써 얻어졌다. 자율권이 가치체계들의 역동적 관계의 역사 속에서 발견된 일반 권리라고 할 때 그것은 문제 해결 과정에서 고려되어야 할 권고 사항으로 여겨져야 한다. 그것이 모든 상황을 초월하여 행위 방식을 규정하는 보편적 원리로 취급된다면, 그것은 오히려 문제 해결을 가로막는 장벽이 될 수 있다.

공학 직업의 일반 윤리규정과 실제 법적 구속력을 갖는 특정 직업군의 수칙 사이의 관계는 보편적인 것에서 필연적인 것을 도출하는 방식에 의존하지 않는다. 일반 윤리규정은 현재의 공학적 가치체계를 반영하는 거울과 같은 것이다. 공학 직업의 일반 윤리규정은 특정 직업군의 수칙 짜기에서 지침서 역할을 하는 것이지 결코 공학자의 행위 제약의 원리로 이해되어서는 안 된다. 특정 직업군의 구체적 수칙은 그 직업군이 처한 상황 맥락을 고려하여 제정되어야 한다. 공학 직업의 일반 윤리규정은 현재의 공학 직업 공간 전체에 분포되어 있는 만큼 그 공간의 한 영역을 차지하는 특정 직업군이 처한 모든 상황적 변수들을 포괄할 수는 없다. 따라서 공학의 순기능을 통해 생활세계의 개선과 안전을 도모하려면, 현재 공학 직업의 일반 성격에 비추어 다양한 공학 직업 공간에서 발견되는 편차 그리고 동일 직업군의 상황 맥락 변동에 따른 편차에 주목해야 하는 것이다. 그러한 두 편차에 주목하는 것이 현재 공학적 가치체계의 전반적 내용 수정을 함축하는 것은 아니다. 따라서 검토 사항들 (1)-(5)가 갖는 방향성은 방패의 방법에서 이해되어야 한다.[13)]

13) 상식을 존중한 상황윤리는 '상식의 보호대'와 '시행착오 속의 인본주의'라는 두 축을 갖는다. 상식의 보호대를 구성하는 두 가지 일반적인 방법, 곧 중재와 방패에 대해서는 13장 3절을 참조하라.

16장 내부고발

공학 직업의 사회적 위치 진단

전문 지식의 평가 관점에서 공학적 내부고발을 접근할 때 공학적 내부고발의 사례 분석은 공학 직업의 사회적 위치 진단에 유용하다. 의도된 내부고발과 그렇지 않은 내부고발의 비교 분석에서 특히 후자 방식의 공학적 내부고발의 사례는 우리의 현재 공학이 극도로 '편향된 조직체계' 속에서 기능하고 있음을 보여준다. 조직체계에 대한 충성을 강요받는 공학자들에게 자율성이 직업 활동의 내재적 미덕으로 정착하지 않은 상태에서, 공학자들은 조직체계의 명시된 준수사항을 넘어서 행위하기 힘들다. 공학적 내부고발의 연구와 정책은 사회에서 요구되는 능동적 공학자상과 실제 공학 직업 활동 사이의 간극을 줄이려는 노력과 맞물려야 한다.

1. 내부고발을 둘러싼 오해와 공학적 내부고발의 분류

내부고발(whistle-blowing)은 조직체계의 전직 혹은 현재 구성원이 조직체계의 권위에 대항해 불법적이거나 사회의 안전을 위협하는 행위 및 절차를 폭로하는 실천으로 규정된다. 이러한 내부고발의 규정 방식은 과거 경영학 및 조직학의 관점에서 규정된 것보다 폭이 넓은 것이다.[1] 이처럼 폭넓은 내부고발의 규정이 일반적 의미에서 필요한 것은 사실이지만, 그것 자체에서 '공학적 내부고발'의 성격이 도출되는 것은 아니다. 또 공학자에 의한 내부고발 모두가 공학적 내부고발로 분류되지는 않는다. 연구개발 과정에서 상위 책임자의 공금횡령을 폭로하는 것은 엄격한 의미에서의 공학적 내부고발로 보기 힘들다.

1) 경영학 및 조직학의 관점에서 내부고발을 규정하는 방식에 대해서는 다음을 참조하라. Near, J. P. & Miceli, M. P.(1985).

공학적 내부고발은 어떻게 분류되어야 하는가? 우선 이 질문에 답하기 위해서 내부고발을 둘러싼 다섯 가지 오해를 규명한다.

1) 내부고발을 둘러싼 다섯 가지 오해

피고용자가 고용자에게 호루라기를 분다는 어원적 의미를 갖는 '내부고발'은 조직체계 내의 의사결정 과정에서 나타나는 의견 차이와 무관할 수 없다. 하나의 조직체계는 더 이상 단일 직업군으로 구성되지 않기 때문에, 그러한 의견 차이는 직업적 판단의 차이이기도 하다. 그것은 여러 직업적 가치체계들에 의해 규정되는 생활양식의 충돌이기도 하다. 내부고발이 조직체계의 권위에 위협을 가하는 경우, 조직체계 내에서 내부고발자에 대한 동료의 시선은 따가울 수도 있다. 다양한 조직체계가 기능하는 사회에서 내부고발에 대한 의견의 일치는 힘들다. 하지만, 내부고발 문제를 접근하는 데 있어 지적해야 할 오해들이 있다. 그러한 오해들은 내부고발에 대한 편향된 규정 방식을 드러내준다.

(1) 좁은 공익 개념에 근거한 오해

내부고발을 둘러싼 첫째 오해는 이렇다. 조직체계의 권력이 법적으로 명시된 것을 위반할 때 이것을 폭로하는 것이 내부고발이다. 만약 그러한 폭로만이 내부고발이라면, 이를 위해 선결되어야 할 전제가 있다. 그것은 '공익'이라는 것이 시대와 상황을 초월해 보편적으로 명시 가능해야 한다는 전제다. 아니면 '공익'이라는 목차는 점진적으로 채워질 수 있다고 가정해야 한다. 이러한 경우에만 우리는 공익에 반하는 행위를 잠정적으로 법체계 속에 귀속시킬 수 있다.

그러나 일상생활에서 탄력적으로 사용되는 공익 개념이 상황과 무관하게 보편적으로 명시 가능한 것은 아니다. 이유 없이 사람을 죽이지 말라는 준칙에는 누구나 동의할 수 있다. 중요한 것은 사람을 해쳐도 되는 예외 상황에 대한 공적 기준이며, 어느 곳 어느 시대에나 통용 가능한 그러한 기준은 없다. 인간의 도덕적 판단이 일상적 공감대로서의 상식과 다양한 가치체계의 역동적 결합 방식에 의존한다는 사실을 받아들일 때, 공익은 고정된 특정 이론에 근거할 수 없다. 우리에게 필요한 것은 공익의 실천적 규정 방식이다. 상식과 가치체계의 긍정적 결합을 도모함으로써 생활세계의 개선을 지향하는 '공익', 곧 '상태 지향적 공익'의 관점에서 가치체계의 선별에 대한 보편적 기준은 전제되지 않는다.[2] 실천적 문제 해결은 상황적 특수성에 근거한 개연적 판단에 의존하기 때문에, 상태 지향적 공익을 꾀하는 사람에게 요구되는 것은 과거의 실패를 거울삼아 현실 문제를 진단하겠다는 실천 정신이다.

생활세계의 상태에 대한 실제적 합의는 어떤 보편적 이론이 아니라 특정 시기, 지역의 집단이 직면한 문제에 대한 인식에 근거한다. 따라서 공익에 반하는 것으로 여겨지는 것은 항상 법이라는 규칙 속에 귀속되는 것이 아니다. 현행법을 위반한 사례를 폭로하는 내부고발의 방식은 복잡한 분석을 요구하지 않는다. 중요한 내부고발의 사례는 책임자를 현행법으로 쉽게 처벌할 수 없는 경우다. 내부고발은 뚜렷하게 드러나지 않았던 조직체계와 사회의 이상기능(malfunction)에 대한 단서와 같은 것이다. 내부고발 사건에 정부 기관이 적극적으로 개입함으로써 제도 및 정책의 개선을 꾀할 수 있다. 만약 내부고발 행위가 정책적으로 보호받지 못한다면, 사람들은 이상기능을 발견해도 침묵하는 전략을 택할 수밖에 없다.

불행히도 우리 정부의 내부고발 정책 속에는 '좁은 공익 개념에 근거한 오해'가 그대로 반영되고 있다. 정책 관련 연구보고서들은 2001년에 설치된 '부패방지 위원회'와 '금융감독 위원회'를 중심으로 한 고발자 포상제를 내부고발 정책의 훌륭한 본보기로 미화시키고 있다. 그러한 위원회, 금전적 포상제와 시민단체의 활동을 열거하면서 내부고발 정책에서는 우리가 아시아의 본보기임을 강조한다. 이렇게 강조하는 이들에게 부패방지 위원회 설치 후 2002년 38건에 다다랐던 내

2) 상태 지향적 공익 개념의 이러한 성격들에 대해서는 13장 2절에서 다뤘다.

부고발 건수가 2005년에는 4건으로 줄었다는 사실은 위원회의 업적을 과시하는 수단으로 비춰질 수 있다.

그러나 부패방지 위원회와 금융감독 위원회의 활동은 주로 공직자와 공공기관에 국한되며, 위원회가 다루는 부패는 법적으로 명시된 위법 사항들과 관련된 것들이다.[3] 위법 사항은 본질적으로는 현행법 내에서 처리할 수 있는 것이며, 내부고발 건수 자체가 급격히 줄어들었다는 사실은 내부고발자 개인을 보호할 수 없는 장치의 부재를 뜻할 수 있다. 또 시민단체들이 관심을 갖는 내부고발의 대부분은 그들의 이념에 부합하거나 사회적 주목 거리가 될 수 있는 것에 국한되어 있다. 조직체계의 이상기능을 진단하는 자료로서 내부고발을 이해하고 접근하는 태도는 정부와 시민단체 양자에게 결여되어 있다.

(2) 내부고발 대상의 범위를 축소시킴으로써 벌어지는 오해

좁은 공익 개념에 근거한 오해는 내부고발을 둘러싼 둘째 오해로 귀결된다. 내부고발 대상의 범위를 축소시키는 것이 그것이다. 내부고발 대상은 현행법에 반하는 것 외에도 정보의 왜곡, 조직체계의 구성 방식 및 의사결정 과정의 문제까지 포함한다. 하나의 사례를 들어보자.[4]

> 회사는 정부로부터 새로운 미사일 개발 계획을 따냈다. 주변 국제 정세의 변화로 1년 후 초기 개발 예산이 급격히 삭감되었다. 회사 경영진은 경비 절감을 위해 일단 미사일 개발을 완성한 후에 테스트를 하기로

3) 박홍식(2004).

4) 이 사례는 미국 우주왕복선 개발 과정에서 실제 있었던 사건에 유추한 것이다. 나사(NASA) 공학자 티쉴러는 저예산 우주왕복선 개발에서도 단계적 그리고 부분별 테스트를 강조했다. 그는 그의 의견이 나사 경영진에게 받아들여지지 않자 나사 기관지에 글을 기고했고, 편집인이 그의 의견을 교묘히 수정하는 사태가 발생했다. Tischler, A. O.(1969). 디자인 및 개발과 관련된 두 테스트 방식인 '완성 후 역추적 테스트(all-up test)'와 '단계별 구성 부분 테스트(components test)'는 12장 1절에서 다뤘다. 성공 여부가 불확실한 연구개발 과정에서는 후자의 테스트 방식이 재난 방지를 위해서 더욱 효과적이다.

결정했다. 공학자 A는 이에 반대했다. 수만 개의 기능 단위(modules)로 이루어진 로켓의 경우, 개발 과정에서 기능 단위별 테스트가 필요하다는 것이 A의 이유였다. 회사가 A의 의견을 무시하자, A는 대중 과학기술 잡지에 그 위험성에 관한 글을 기고했다. 경영진으로부터 미움을 산 A는 자의반 타의반 회사를 그만둘 수밖에 없었다.

이러한 사례에서 현행법으로는 회사의 경영진을 처벌할 수 없다. 위 사례의 쟁점은 확실히 예측 가능한 결과가 아니라 잠재적 위험성을 둘러싼 두 집단간의 판단 차이에서 기인했기 때문이다.[5] 그렇지만, A의 행위는 사회의 안전을 위한 내부고발의 방식으로 여겨질 수 있다. A에 의해 이질적인 두 분야, 곧 경영과 공학의 의사소통 문제가 공론화될 수 있고, 정부는 적절한 제도적 장치를 고려한다. 이것은 A의 사례가 긍정적으로 사회에 수용된 경우다. 반대로 A의 항변이 단순한 두 집단간의 심리적 갈등으로 취급됨으로써 A가 복직에 실패한다고 하자. 문제 해결에서 중요한 이질적 집단 사이의 의사소통 문제는 사회적으로 그리고 정치적으로 관심을 끌 수 없게 되고, 전문 지식의 부적절한 합성은 커다란 재난의 불씨가 될 수 있다. 그러한 불씨를 사전에 막기 위해서도 내부고발 대상의 범위를 법적인 테두리 속에 축소시켜서는 안 된다. 공학적 위험성을 충분히 제어할 수 있는 법체계라는 것은 없다.

(3) 동기의 관점에 근거한 오해

셋째 오해는 사람들이 내부고발을 개인적 동기의 차원에서 이해하면서 벌어지는 것이다. 내부고발자의 동기를 따지는 것은 내부고발 방식의 분류에 필수적이지만, 그것이 내부고발의 규정과 동일한 것은 아니다. 그렇게 동일시하는 경우, 조직체계의 기능에서 직업적 판단 차이는 내부고발의 규정에 반영될 수 없다. 내부고발을 이기주의와 이타주의의 이분법 관점 속에서 이타적 동기에 국한시키는 규정 방식

5) Gravander, J. W.(1980).

을 들여다보자. 내부고발을 포함한 모든 행위의 궁극적 원인을 심리적 차원에서 찾는 사람은 행위의 목적을 동기에서 찾기 때문에, 내부고발의 도덕적 위상은 심리적 차원으로 귀속된다. 어떤 행위의 동기가 자기중심적이지 않고, 자발적이며, 제3자의 관점에서 좋은 결과를 지향할 때 그것은 이타적이다.[6] 내부고발을 이러한 이타적 행위에 국한시키는 것은 설득력이 없을 뿐더러 비현실적이다.

내부고발의 동기가 반드시 타인의 이득을 지향하는 것은 아니다. 자신의 이득을 위한, 심지어 복수를 위한 내부고발도 그것이 조직체계의 이상기능을 반영한다면 무시될 수 없다.[7] 그 누구도 상사에 대한 개인적 복수심이 사회적 책임 의식을 촉발시킬 가능성을 배제할 수 없다. 더욱이 내부고발자의 보호 정책의 중심축은 우선적으로 내부고발자의 직업적 보호 장치와 관련되어야 하는 것이지 금전적 포상제가 되어서는 안 된다. 그러한 금전적 포상제는 공금횡령과 같은 위법 행위에 대해서만 실질적 효과를 가질 뿐더러, 업무 과정에서 발생한 것이 아니라 포상금을 노린 내부고발의 남발은 장려할 만한 것이 못 된다.

행위에 담긴 동기가 이타적인지 아닌지를 판단하기는 어렵다. 나를 제외한 모든 타인을 위한 순수한 이타적 동기 그리고 오로지 자신의 주변만을 우선시하는 순수한 이기적 동기라는 것은 실제로는 없다. 동기가 얼마나 자기중심적인지 아닌지를 따지는 것은 필요하지만, 그것이 이기주의와 이타주의의 철학적 이분법을 전제하는 것은 아니다. 내부고발의 규정은 우선적으로 특정 사건의 정황 판단에서 벌어지는 의견 차이에 근거해야 한다. 내부고발의 분류에서 필요한 개인적 동기 문제를 내부고발의 규정에서 본질적인 것으로 삼는다면, 남는 것은 내부고발자의 인성을 둘러싼 잡음밖에 없다.

자발성의 일상적 의미가 철학적 자율성 개념을 전제하는 것은 아니다. 어떤 외적 압력의 부재 속에서 이뤄지는 행위라는 것은 없기 때문

6) Leeds, R.(1963).
7) Bock, S.(1980).

에, 자발성은 무제약적인 의지와 같은 것 혹은 어떤 심리적 해방감과 같은 것이 아니다. 직업 활동 속에서 해당 직업의 미덕들이 체득된 개인에게 자발성은 가급적 외부의 강요 없이 이루어진 행위의 동기와 관련된다. 순수한 이타적 동기와 이기적 동기의 이분법이 성립하지 않기 때문에, 내부고발에서 자발적 행위의 동기가 순수한 이타적인 것은 될 수 없다. 자발적 행위로 분류되는 내부고발은 암묵적 의무계산, 곧 해당 직업의 미덕들을 직업 활동 속에 고려하는 것이 가급적 외부의 강요 없이 행위로 옮겨진 경우이다. 이러한 점에서 살펴본 사례의 공학자 A의 내부고발은 자발적인 것으로 분류될 수 있다. 하지만, 모든 내부고발이 자발적 행위에 귀속되는 것은 아니다. A가 서로 상이한 두 조직체계와 관계를 맺고 있는 경우 혹은 제3세력의 정치적 압력을 받는 경우, A의 내부고발은 자발적 행위로 분류되기 힘들 수도 있다.

행위 시점의 동기에 함축된 미래의 결과가 제3자의 관점에서 선을 지향할 때 그러한 동기가 자기중심적인 것이 아님은 분명하다. 하지만, 그러한 결과의 예측은 실제적으로는 과거 경험에 근거한 개연적 판단의 일종이다. 좋다는 것은 공익에 대한 어떤 보편적 규정에서 도출되는 것이 아니다. 문제 해결을 통해 생활세계를 개선하겠다는 상태 지향적 공익의 관점에서 볼 때 좋다는 것은 당면한 문제의 인식에 근거한다. 그러한 인식에서 완전한 의견의 불일치라는 것은 없듯이 완전한 의견의 일치라는 것도 없다. 문제의 인식과 해결에 필요한 복잡한 상황적 변수들을 제어하는 것은 집단적 차원에서 동질화될 수 없다. 그렇기 때문에, 내부고발을 둘러싼 갈등 상황에서 내부고발자만 제3자 관점에서 좋은 결과를 지향하고 반대쪽 입장은 아니라는 식의 단순 논리도 성립하지 않는다. 그러한 단순 논리를 펴는 사람은 경영에서의 이윤 추구는 도덕적 가치와 무관한 것으로 결론 내리기 쉽다. 그는 사회적 문제의 윤리적 접근에서 '목적과 수단의 전도'라는 표현을 습관적으로 내뱉는다. 윤리적 정당화의 구조에서 목적과 수단의 범주적 구분은 필요하지만, 상황 맥락과 무관하게 목적과 수단의 각 범주에 들어갈 것들이 고정되어 있다는 생각은 잘못이다. 그렇게 생각하는 이는 사회 속에서 기능하는 경영 및 공학 등 다양한 분야에 대한 '윤리적 제어론자(ethical controller)' 혹은 타인을 교화 대상으로 여기는 '도덕 경찰'에 불과하다. 그는 타분야 종사자들을 그 자신의 목적 달성의 수단으로 삼음으로써 실천적 문제 해결에 필요한 의사소통을 가로막는 장본인이다.8)

여전히 동기의 관점에 근거해 어떤 철학적 이론틀 속에서 내부고발을 규정하는 이들이 있다. 내부고발에 대한 그러한 이의 서술 방식이 제아무리 세밀한 개념 분석으로 무장해봤자, 그것은 현실세계의 실천적 문제의 진단과 해결에는 무용지물이다. 그것은 특정 시기의 시대적 고민을 담은 염원으로서의 이론과 현실을 혼돈한 것에 지나지 않는다. 그는 동기에 근거한 내부고발 방식의 분류와 내부고발의 규정을 구분하지 못한 것이며, 전자가 후자를 대체할 수 없다. 내부고발의 규정은 다양한 현상 속에 내재하는 규칙성(regularity) 혹은 상수(constant)를 찾아내는 작업이 아니다. 시시각각 변하는 상황 속에서 완벽한 내부고발의 규정은 불가능하다. 하지만, 내부고발의 규정 작업은 실제 사례 분석에 근거한 다양한 분류법과 양립할 수 있는 그러한 것을 추구해야 한다.

(4) 내부고발 시점을 둘러싼 오해

인간은 다른 동물과 마찬가지로 상황적 제약 속에서 살아간다. 이 점은 상황적 제약을 억지로 부정하거나, 그러한 제약을 극복하려고 할 때 개인이 받는 심리적 압박에 의해 뒷받침된다. 그러한 심리적 압박을 해소하는 하나의 효과적인 전략은 특정 동기를 유보하는 것이다. 따라서 동기와 행위의 시점이 항상 일치하지 않는다는 것은 일상적

---

8) 현대 사회의 문제는 이질적 분야들의 학제간 의사소통을 요구하기 때문에, 문제 해결 과정에서 특정 분야의 독식은 부작용만 발생시키기도 한다. 이 점은 1970년대 이후 환경정책론의 변화 과정 속에 특히 잘 드러나 있다. Jänicke, M., Kunig, P. & Stizel, M.(2003), 34-36쪽.

사실이다. 그 행위가 가져올 예측할 수 없는 결과는 한 개인에게 행위의 원래 의도를 다른 것으로 대체시키는 '사후 합리화 전략'을 자극하기도 한다. 그러한 사후 합리화 전략이 반드시 의도적으로 채택되는 것은 아니기 때문에, 동기의 관점에 근거한 내부고발 규정의 한계가 또다시 드러나게 된다.

동기와 행위 시점의 불일치를 고려하지 않고 내부고발을 규정한다면, 내부고발은 사건이 터진 시점에 국한해 규정되기 쉽다. 모든 내부고발의 행위가 사건 당시에 의도된 것은 아니다. 로켓 개발 과정에서 부적절한 테스트 방식을 대중 과학기술 잡지에 기고한 A는 내부고발을 의도한 것일까? 조직체계 내의 의사결정 과정에서 갈등 양상을 함축한 직업적 판단의 차이가 내부고발로 번질 때에는 조직체계 내에서 그러한 갈등이 해소될 수 없는 경우다. A가 부적절한 테스트 방식이 불러올 잠재적 위험성을 잡지에 기고한 시점이 곧 내부고발의 시점이라는 결론은 성립할 수 없다. A의 사례와 달리, 제3자의 관점에서 행위 시점이 아니라 사후에 내부고발로 분류되는 명백한 경우가 있다. 전혀 내부고발을 의도하지 않은 행위가 사후에 터진 공학적 재난 혹은 참사에 의해 내부고발의 한 방식으로 분류되는 사례들이 있다. 이것은 무엇을 의미하는가? 이 질문은 공학 직업의 사회적 위치 진단을 할 때 분석될 것이다.

(5) 갈등의 심리적 이해에 근거한 오해

동기의 관점에서 내부고발을 접근할 때 내부고발에 함축된 갈등은 심리적 차원에 귀속되기 쉽다. 내부고발이 조직체계의 의사결정 과정에서 벌어지는 직업적 판단의 차이를 함축하기 때문에, 내부고발에 함축된 갈등은 분명히 개인 대 개인, 개인 대 집단, 집단 대 개인 혹은 집단 사이의 심리적 줄다리기이기도 하다. 그 갈등은 또한 조직체계의 의사결정 구조에 잠재된 이상기능을 반영한다. 연구 대상으로서 실제 의미가 있는 내부고발은 그러한 이상기능을 반영해주는 것들이다. 내부고발에 대한 연구와 정책은 조직체계 및 조직체계들의 연결망에 잠재된 이상기능을 진단함으로써 생활세계의 부정적 요인들을 제어하는 데 그 궁극적인 목적을 두어야 한다. 내부고발에 함축된 갈등이 심리적 차원에서만 이해된다면, 사회적 차원에서 내부고발의 실질적 의미는 선과 악 혹은 배반과 집단 결속력의 이분법 논쟁에 묻혀 버리고 만다. 그러한 논쟁 속에서 내부고발에 함축된 갈등의 구조적 원인에 대한 진단은 도외시되고, 서로가 서로를 적대시하는 집단간 마녀 사냥의 전쟁만 남게 된다.

2) 전문 지식의 평가에 근거한 행위로서의 공학적 내부고발

인간은 상황적 제약 속에서 행위하기 때문에, 특정 시점에서 의미 있는 내부고발들은 고정된 것이 아니라 가변적이다. 내부고발이 공익을 지향한다고 할 때 이것은 현실세계의 문제를 해결함으로써 생활세계의 개선을 도모하는 상태 지향적 관점에서 이해되어야 한다. 우리가 원하는 상태는 이상화된 어떤 보편적 이론에서 도출되는 것이 아니다. 그렇게 원하는 것은 문제들의 인식과 유기적 관계를 맺는다. 의사결정 과정에서 직업적 판단의 차이에 근거한 내부고발은 조직체계의 이상기능을 드러내줄 수 있기 때문에, 내부고발은 해당 집단이 해결해야 할 문제들을 드러내주는 것이기도 하다. 내부고발을 둘러싼 다섯 가지 오해는 그러한 문제들의 진단에서 피해야 하는 것들이다. 내부고발의 실천적 규정은 현시점에서 그렇게 피해야 하는 오해들을 반성함으로써 얻어진다.

W1. 모든 상황적 제약을 초월한 '완전히 합의된 공익'은 없다. 공익은 현실 문제를 해결함으로써 기대되는 생활세계의 상태와 연관되기 때문에 법체계에 종속되지 않는다. 불법적인 것을 명시한 법체계는 과거의 경험에 근거해 '공익에 반하는 것'을 막는 장치이지 새로운 부작용을 예측해주는 장치는 아니다. 내부고발의 일반 규정에서 공익 개념은 명시된 사항들로 대표될 수 없다.

W2. 누구나 잘못된 것으로 여기는 것보다는 그렇지 않은 것과 연관된

내부고발이 사회적 문제 진단에서는 더 의미가 있다. 처벌 기준에 대한 근거가 애매한 내부고발의 경우에 직업적 판단의 차이는 집단간 갈등 양상과 관련된다. 그러한 갈등 양상은 조직체계의 이상기능을 반영한다. 내부고발의 규정에서 내부고발의 대상은 사회의 안전을 위협할 수 있는 의사결정의 절차까지 포함해야 한다.

W3. 직업적 판단의 차이에서 기인하는 내부고발을 규정할 때 행위의 동기는 그 규정의 근간이 될 수 없다. 행위의 동기는 내부고발의 분류에 중요하지만, 내부고발의 사회적 기능이 동기에 귀속되는 것은 아니기 때문이다.

W4. 내부고발의 규정에서 내부고발의 행위 시점은 반드시 사건 당시의 의도에 의해 결정되는 것이 아니다. 내부고발자에 대한 보복 행위 및 압력이 가해지는 시점은 상황에 따라 사건 당시 혹은 사후가 될 수 있다.

W5. 내부고발의 규정에서 내부고발자와 상부 사이의 갈등은 심리적 차원에서의 반감과 같은 것으로 여겨져서는 안 된다. 그 갈등은 우선적으로 조직체계의 기능에 대한 평가 사항으로 고려되어야 한다.

이제 도입부에서 명시된 폭넓은 내부고발의 규정은 W1-W5로 구체화되었다. 이러한 내부고발의 일반 규정 아래 공학적 내부고발은 어떻게 분류되는가? 어떤 내부고발을 공학적인 것으로 분류하게끔 해주는 성격은 무엇인가? 그러한 성격 진단은 동기와 같은 심리적 요인보다는 공학의 사회적 기능 방식과 연관된다.

공학의 성격은 단선적 규정의 대상이 아니다. 공학의 성격은 지금까지 공학이 걸어온 역사적 여정 속에서 분석되어야 한다. 그러한 분석은 적어도 세 측면에서 접근 가능하다. 그 세 측면은 기술로서의 공학, 지식으로서의 공학 그리고 직업으로서의 공학이다. 세 측면에 의거한 공학의 성격에 대한 분석을 반복하지는 않겠다.[9] 여기서 중요한

9) 그 분석은 제1부에서 다뤘다.

질문은 다음이다. 공학적 내부고발의 성격은 공학의 기술, 지식 및 직업의 측면 중에서 어떤 것에 기대어 진단되어야 하는가? 이 질문은 내부고발의 사회적 활용 목적에 따라 상대적으로 대답될 수밖에 없다.

재난 방지라는 대주제 아래 내부고발은 공학 직업의 사회적 위치 진단에 활용될 것이다. 이 경우, 공학적 내부고발의 성격을 직업적 측면에 근거해 진단하는 것은 적합한 전략이 아니다. 공학의 여러 측면들은 유기적 관계를 맺는 가운데 사회체계의 기능 단위가 되기 때문에, 각 측면의 성격 분석은 다른 측면에 의존적이다. 공학 직업의 사회적 위치 진단을 목적으로 내부고발을 접근할 때 공학 지식의 측면에 우선 주목해야 한다. 공학 지식은 수단도구를 사용해 표적도구를 디자인하고 생산하는 과정에서 조직화된 지식체계이다. 도구들의 배열과 조직화는 집단적 의사결정 과정과 맞물린다. 현대 공학 지식은 타분야에 항상 투명하지 않기 때문에, 그 부작용은 단순히 조직체계의 목적이 아니라 지식의 사용 방식 자체에 기인할 수 있다. 공학 지식의 복잡성 증가는 외부에서 부여되는 목적과는 별도로 효과적인 공학 지식의 사용과 제어라는 사회적 목적을 산출시켰다.

공학을 사회체계의 설계를 위한 기능 단위가 아니라 목적 달성의 수단으로 여기는 관점은 더 이상 통용될 수 없지만, 그러한 관점은 여전히 사람들의 의식 속에 도사리고 있다. 공학 기술의 이득 대신 오로지 부작용에 대해서만 주목하는 '기술 몽유병(technological somnambulism)'은 약화되지 않았다. 여기에는 공학 기술이 목적 달성의 수단에 불과하다는, 곧 가치중립적이라는 낡은 시각이 자리 잡고 있다. 공학 기술의 가치중립성 관점의 한계를 인식한 학자들 중 일부는 기술 자체가 인간 역사를 결정한다는 식의 가공의 이데올로기를 만들기도 했다.

도구의 디자인에 의해 문제를 해결하는 공학 지식의 성격을 충분히 인식할 때, 공학 지식의 복잡성 수준과 조직체계의 구성 방식이 유기적 관계를 맺는 사실은 더욱 분명해진다. 사회 문화적 차원에서 공학의 가치체계는 다른 것들과의 관계 속에 기능하고, 생산 조직체계의 차원에서 공학 지식은 집단적 의사결정 과정 속에서 조직화된다. 공학의 가치체계 및 지식이 다른 것과의 관계 속에서 기능한다는 점을 망각할 때 기술 자체에 대한 왜곡이 발생한다. 기술은 가치중립적이거나 또는 그 자체로서 이데올로기라는 것이다.10) 공학 지식을 단순한 목적 달성의 수단이 아닌 도구의 디자인과 생산 과정에서 조직화된 '체계'임을 인지하는 것은 그리 어렵지 않다. 당장 주머니에서 핸드폰을 꺼내어 그 작은 인공물을 개발하고 생산하는 데 얼마나 많은 종류의 지식들이 합성되었는가를 스스로에게 질문해보라. 그렇게 복잡한 합성을 사전에 혼자서 계획하고 감당할 수 있는 지식의 소유자란 없다. 핸드폰의 사용은 기존의 사회적 목적들과 유기적 관계를 맺고, 핸드폰 출현이 또한 새로운 사회적 목적들을 만들어낸다. 설명 구조에서 상부에 목적을, 하부에 수단을 배치키는 것은 개념적으로 효과적이지만, 목적과 수단의 실제 관계는 상호제한적이다.

생산 조직체계의 위계질서에서 상부에 투명할 수 없는 현대 공학 지식의 성격을 제대로 이해한다면, 내부고발의 사회적 중요성은 너무나 명백한 것이다. 도구의 디자인 및 생산 과정에서 발생할 수 있는 부정적 측면이 조직체계 내에서 자율적으로 되먹임될 수 없거나, 대외적으로 알려질 그 어떤 통로도 막혀 있다면, 그 부정적 측면은 단순한 공학적 실패에서 끝나지 않고 사회 구조 자체를 뒤흔드는 재난을 불러올 수 있다. 따라서 공학적 내부고발을 공학 지식의 성격에 근거해 진단할 때 그것은 '전문 지식의 평가에 근거한 행위'로 분류된다.

타분야 종사자 및 일반인에게 불투명한 전문 지식에 근거한 위험평가는 지금까지 알려진 부정적인 것들을 명시한 법체계 및 행위 준칙의 체계 속에 가둘 수 없다. 문제의 상황적 특수성에 근거한 그 어떤 판단도 개연적이기 때문에, 그러한 판단에 근거한 내부고발의 대상은 위법적으로 규정된 범주의 틀 속에 종속되지 않는다. 직업적 판단에 깔린 개인적 갈등 때문에, 그 판단에 함축된 조직체계의 기능 방

10) 그러한 오해는 4장과 5장에 걸쳐 비판되었다.

식에 대한 평가가 무의미해지는 것은 아니다. 내부고발의 일반 규정 W1-W5는 공학적 내부고발을 전문 지식의 평가에 근거한 행위로 분류하는 것과 양립한다. 전문 지식은 하나가 아니기 때문에, 그렇게 공학적 내부고발을 분류하는 것이 공학적 내부고발을 특별하게 만들지는 않는다. 무엇이 공학적 내부고발을 특별하게 만드는가? 의학적 지식에 근거한 내부고발과 공학적 내부고발 둘 다 전문 지식 평가에 근거한 것으로 분류될 때 공학적 내부고발은 어떤 측면에서 특별한가? 이러한 질문에 대해 공학적 재난 방지를 위해서라는 식으로 담론의 대주제를 남발하는 것은 무의미하다. 공학적 재난은 전문 지식의 잘못된 사용법에 의한 사회적 부작용이라는 넓은 범주에 속하고, 그러한 부작용을 측정하는 데 개입하는 전문 지식은 다양하기 때문이다. 전문 지식에 대한 사회적 인식 및 권위를 둘러싼 직업의 사회적 위치에 주목할 때 언급된 질문은 대답될 수 있다. 공학 직업의 사회적 위치 진단을 위한 내부고발의 활용법을 따지기 위해 먼저 상이한 두 가지 사례를 분석하자.

2. 내부고발 시점을 둘러싼 비대칭적 두 가지 사례

조직체계가 직면한 문제의 해결 과정은 서로 이질적인 여러 지식의 합성을 요구하고, 그러한 합성은 순차적인 의사결정의 단계를 거쳐 이뤄진다. 각 단계에서 특정 지식의 소유자에게 명백한 것이 다른 이에게는 아닐 수 있다. 지식의 전문성에서 기인한 의사소통의 불협화음이 추후에 재난과 같은 부작용과 인과적으로 연결되는 경우, 그는 자신의 원래 의도와 달리 내부고발자로 몰리게 되기도 한다. 전문 지식의 평가에 근거한 내부고발은 반드시 의도된 내부고발의 범주에 속하지 않는다. 이를 보기 위해 먼저 의도된 내부고발의 한 사례를 살펴보자.

1) 의도된 내부고발

아래 사례는 1998년 황하일을 비롯한 5명의 철도 검수원들의 내부고발 사건에 유추된 것이다. 그 5명은 상부에 의해 재판에 회부되었고, 제2심에서는 승소했으나, 대법원에 가서는 패소했다. 직장을 잃은 그들은 2005년이 되어서야 복직할 수 있었다.

> 사례 1 : 바퀴에 불이 붙어 열차 3량을 떼어 내는 사고가 발생했다. 유사한 사고가 6개월 동안 18건이나 발생했다. 철도 검수원으로 일하는 H는 차축 화재의 원인이 두 가지임을 밝혀냈다. 첫째는 불량 윤활유의 사용이고, 둘째는 검증되지 않은 헐값의 중고 부속품을 사용해 왔다는 것이다. H의 개선 요구는 상부에 의해 거절되었다. H를 비롯한 5명의 검수원들은 철도청 안전비리를 신문에 제보했다. 내부고발자로 몰린 그들은 상부로부터 징계처분을 받았다. H와 동료들은 직장을 그만둘 수밖에 없었다.

[사례 1]에서 H는 자신의 지식에 근거해 열차의 화재 원인을 평가한 것인데, H와 상부의 갈등이 그 지식의 복잡성에 기인했다고 단정할 수는 없다. [사례 1]이 전문 지식의 평가에 근거한 내부고발로 분류되더라도, 그것은 내부고발의 전형적인 인과 구조(causal structure)를 보여준다. [도식 1]에 함축된 그러한 인과 구조는 의도된 내부고발에 의해 대표된다.

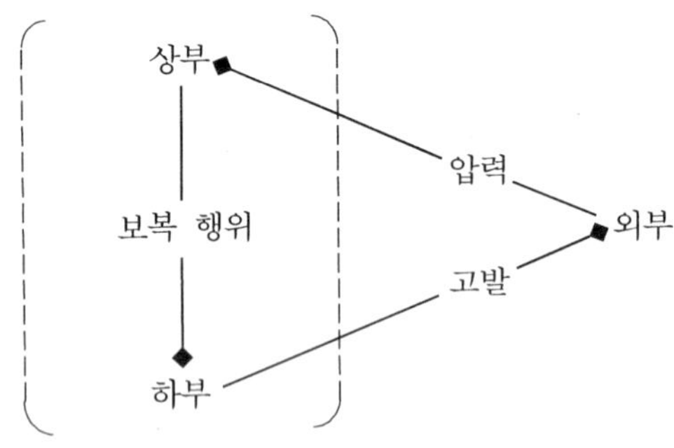

[도식 1]

[도식 1]에서 상부와 하부의 위계질서를 갖는 조직체계는 점선으로 표현되었다. 하나의 조직체계는 집단적 의사결정 과정의 단위로 여겨질 수 있기 때문에, 그 체계는 항상성을 갖는 유기체처럼 기능한다. 의사결정 과정의 단위로서 조직체계는 고유성을 유지하면서도 외부 환경에 적응해 나가는 가운데 구조적 변형의 역사를 갖는다. 문제 해결에 관한 직업적 판단에서 상부와 하부 행위자 H의 의견 차이가 조직체계 내부에서 자율적으로 조정될 수 없는 경우, H는 외부의 권력에 호소한다. 그러한 외부로서 시민단체, 정부 기관, 방송 및 언론 기관을 들 수 있다. 조직체계의 상부가 외부에서 받은 압력은 책임 회피를 위해 내부고발자에 대한 보복 행위로 나타나기 쉽다. 또는 수주 과정에 개입한 정치적 세력 등의 압력에 의해 상부가 어쩔 수 없이 내부고발자를 보복하기도 한다.[11]

사회 현상의 규명에서 인과적 관계는 논리적 혹은 법칙적 필연성 유무 논쟁에 귀속될 수 없기 때문에, 그것은 정확한 예측이 아니라 부정적 결과를 피하기 위한 관점에서 분석되어야 한다. 여기서 중요한 것은 '하부', '외부', '상부'에서 다시 '하부'가 순차적 인과 관계들, 곧 '고발', '압력'과 '보복'에 의해 연결된 인과 사슬(causal chain)의 구조를 형성한다는 점이다. 그러한 구조는 의도된 내부고발을 대표한다. 외부의 기관 혹은 단체가 조직체계의 상부에 압력을 가하게 되는 데에는 하부 행위자의 고발 행위라는 인과적 요인이 결정적 변수로 작용했다.

[도식 1]에 함축된 인과 구조를 갖는 의도된 내부고발은 가장 쉽게 접근될 수 있는 것이고, 또 사회적으로 가장 많이 인식된 것이기도 하다. 내부고발의 다양한 방식이 그러한 인식에 일방적으로 가려지는 경우, 전문 지식의 평가를 둘러싼 조직체계의 의사결정 구조의 개선과 같은 좀더 근원적인 문제는 책임 귀속 문제에 묻혀버린다. [사례 1]과는 전혀 다른 방식의 내부고발을 살펴보자.

---

11) 그러한 정치적 압력에 대항해 조직체계의 상부에 속한 이가 내부고발자가 되는 경우도 있다.

2) 의도되지 않은 내부고발

내부고발자인 공학자에게 가해지는 부당한 처사가 항상 그의 의도와 인과적으로 연결되는 것은 아니다. [사례 1]의 [도식 1]에 함축된 것과 달리, [도식 2]는 의도되지 않은 공학적 내부고발의 전형적인 한 방식을 보여준다. 조직체계의 하부에 속한 공학자는 자신의 지식에 근거해 위험 분석을 한다. 그는 사전에 재난과 같은 부작용이 일어날 가능성을 상부에 경고했지만, 그의 경고는 수용되지 않는다. 재난이 발생하지 않는다면, 그의 경고는 그냥 과거사로 묻혀버릴 것이다. 그러나 그의 경고가 현실로 나타나는 경우, 상황은 달라질 수 있다.

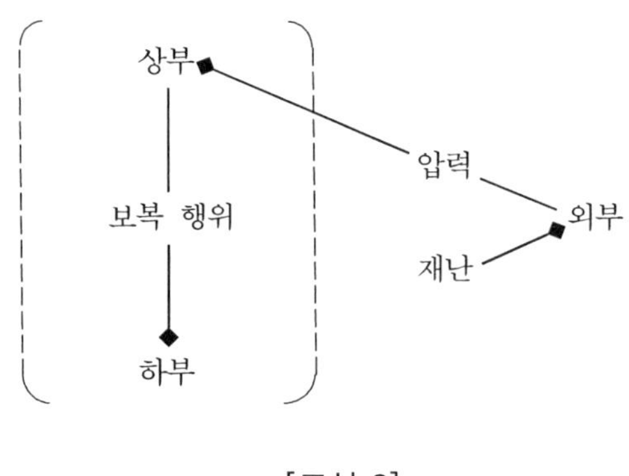

[도식 2]

재난이 공적인 담론 주제로 떠오르면서, 책임 귀속의 문제가 불거지게 된다. 재난에 대한 사전 경고가 있었다는 사실은 사람들을 흥분시키기도 한다. 어떤 사람들은 단순히 상부 책임자뿐만 아니라 위험성을 대외적으로 알리지 않고 조직체계 내의 경고로 그친 공학자도 함께 처벌해야 한다고 주장한다. 외부의 압력이 조직체계의 상부에 가해질 때 그 압력은 사전에 위험을 경고한 공학자에게 보복으로 돌아가기도 한다. 공학자는 경고 당시 상황을 폭로함으로써 사건 당시가 아니라 사후에 내부고발자의 길을 걷게 된다. 이러한 경우는 어떤 이가 전직 후에 과거 조직체계의 비리를 폭로하는 것과 다르다. 우리의 공학자는 위험 분석에 근거해 미래에 발생할 수 있는 재난을 막기 위해 경고성 보고를 했기 때문이다.

전문 지식의 평가에 근거한 내부고발이 의도되지 않은 것으로 분류될 때 그러한 내부고발에 대한 접근법은 단순히 책임자 처벌의 관점에 국한되어서는 안 된다. 그러한 내부고발은 책임자를 현행법으로 처벌할 근거가 애매한 경우가 많다. 전문 지식을 둘러싼 의도되지 않은 내부고발이 새로운 법조항 혹은 기존 법체계의 개선에 도움을 줄 수 있는 것은 분명하지만, 유사한 재난이 그러한 개선 작업에 의해 효과적으로 제어될 것이라는 생각은 어리석기 그지없다. 전문 지식의 평가에 근거한 내부고발 중에서 의도되지 않은 범주에 속하는 것은 조직체계의 구성 및 집단적 의사결정 과정의 이상기능을 반영하고 있는 경우가 많다. 그러한 이상기능은 단순히 명령과 보고의 위계질서를 수정함으로써 제거되지 않는다. 그것은 지식 활용의 관점에서 접근되어야 하고, 이러한 접근 과정에서 해당 직업의 사회적 위치가 진단된다. [도식 2]를 함축하는 실제 사례 하나를 분석해보자.

살펴볼 사례는 우주왕복선 챌린저(Challenger)호 폭발 사고와 관련된 로저 보이스졸리(R. Boisjoly)의 경우이다. 그의 경우는 너무나 유명해졌지만, 그의 경우가 어떤 방식의 내부고발에 속하는지는 다뤄지지 않았다. 공학자 보이스졸리의 존재가 부각된 시점은 노벨물리학상 수상자인 리처드 파인만(R. Feynman)이 참가한 챌린저호 사고 원인 조사가 막바지에 이르렀을 때이다. 공학자 보이스졸리의 경우는 전문 지식의 평가에 근거한 공학적 내부고발 중에서도 의도되지 않은 것으로 분류된다.

사례 2 : 파인만은 1986년 1월 28일 발사 후 73초 만에 공중 폭발한 챌린저호 참사 원인 규명을 위한 조사위원회의 중책을 맞게 된다. 그의 첫째 임무는 참사의 인과적 원인을 밝히는 것이었고, 둘째 임무는 유사한 사고 방지를 위한 대안을 마련하는 것이었다. 우주왕복선의 추진체계는 주엔진, 연료탱크 그리고 2개의 로켓부스터(rocket booster)로 구성된다. 연료탱크의 상부는 액화 산소, 하부는 액화 수소로 채워져 있다. 로켓부스터의 추진제(propellant)가 액체 연료와 뒤섞이면서 주엔진이 점화된다. 사진 분석 결과, 챌린저호 폭발의 여러 원인 중 가장 직접적인 물리적 근인(praximate cause)은 로켓부스터와 연료탱크 사이의 결합부에서 찾아야 했다.[12] 온도 변화에 민감한 '오링(o-ring)'의 이상기능이 챌린저호 폭발로 이어졌던 것이다. 파인만은 로켓부스터의 설계와 생산을 담당한 모턴 티어콜(Morton Thiokol)사의 보이스졸리를 포함한 여러 공학자들이 발사지연을 요청한 사실을 알게 되었다. 그의 관심은 참사의 물리적 원인에서 나사(NASA)의 조직체계, 의사결정 과정 및 문화로 이동했고, 정부 관계자는 이를 못마땅하게 여겼다. 파인만은 조사위원회 보고서 작성을 거부하게 되었다. 그와 정부 관계자의 최후 합의에 의해 그의 의견은 보고서 본문이 아니라 부록으로 처리되었다. 보이스졸리는 보복으로 인해 한직으로 좌천되었고, 결국 회사를 그만두게 된다.

[사례 2]와 관련해 챌린저호의 여러 기술적 원인들에 대한 세부 분석, 오링 결함의 증명 과정, 그리고 참사의 내막이 알려지면서 진보와 보수를 가장한 방송계와 언론계의 기회주의적 행동에 대한 파인만의 분노 등은 다루지 않겠다.[13] 공학 직업의 사회적 위치를 진단하는 데 [사례 1]과 [사례 2]를 교차 비교하기 위해 보이스졸리의 경우가 단순히 개인 차원의 책임 귀속 혹은 선악의 논쟁으로 환원되지 않음을 분명히 하자.

(1) 러시아 룰렛

연료탱크에 추진제가 가해짐으로써 점화될 때 그 압력은 연료탱크 외벽으로 전달된다. 연료탱크와 로켓부스터의 결합 부분이 뒤틀리게 됨으로써 고열이 역으로 추진제로 꽉 찬 로켓부스터로 흘러들어갈 수 있다. 만약 그렇게 된다면, 우주왕복선의 폭발은 피할 수 없다. [도식

12) 재난의 원인 분석에서 근인(proximate cause)과 궁극인(ultimate cause)의 구분은 다음 장에서 분석된다.

13) 챌린저호 사건의 원인 규명 과정에 대한 파인만의 여러 견해는 다음을 참조하라. Feynman, R.(1986); Feynman, R.(1988).

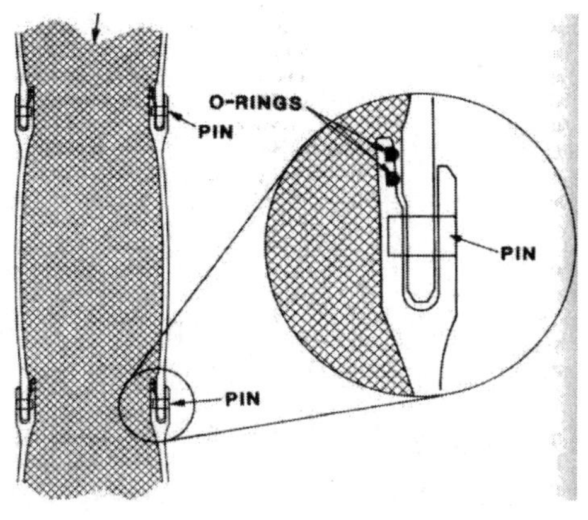

[도식 3]

3]에서 보듯이, 이를 막기 위해 고안된 것이 오링이다. 원리적으로 볼 때 누수를 막기 위해 고안된 수도꼭지의 패킹과 오링의 작동 방법은 동일하다. 오링 또한 고무 패킹처럼 일정 팽창 계수를 갖고 있어 고열의 누수를 막는 기능을 갖는다. 오링의 재질은 수도꼭지의 패킹과는 비교할 수 없을 정도의 고열에 견딜 수 있어야 한다. 불행히도 그러한 온도 변화에 견딜 수 있는 완벽한 재질은 아직 없다.

오링은 우주왕복선 초기 계획에서는 전혀 고려되지 않은 기능 단위였다. 파인만의 말대로 언젠가 총알이 발사되게 되어 있는 러시아 룰렛과 같은 결합부의 설계가 어떻게 우주왕복선에 구현되었을까? 원폭의 성공적인 개발과 달탐사 계획에서 과학기술자들은 오늘날 정부 주도의 '거대과학(big science)'의 연구와 비교해 상대적으로 자유로웠다. 하지만, 두 계획의 성공은 시간 절차에 따른 결과 산출 식으로 과학과 기술에 대한 정치적 압박을 가속화시켰다. 우주왕복선은 그러한 압박 속에서 이뤄진 대규모의 계획이었다. 우주왕복선은 유인 화성탐사를 위해 우주기지 건설을 목적으로 계획되었다. 정치적 변동 및 미소 냉전 분위기의 약화와 함께 유인 화성탐사 계획은 철회되었고, 우주왕복선 개발에 책정된 재정은 절반으로 줄었다. 최초 설계와 달리, 공학자들은 저비용의 압박 속에서 연료탱크를 바깥으로 빼내고 로켓부스터의 추진제에 의해 점화시키는 방식으로 설계를 변화시켰다. 오링은 그러한 설계 구현을 위해 도입되었던 것이다.

그러나 예산 삭감이 챌린저호 폭발 사고를 가져왔다고는 단언할 수 없다. 공학자들은 환경 변화 속에서 그들의 설계를 변형해 나간다. 공학자들은 백만 개 이상의 기능 단위를 갖는 안전한 우주왕복선 개발을 위해서 '단계별 구성 부분 테스트(components test)'를 요청했다. 하지만, 비용 절약을 위해 집행부는 '완성 후 역추적 테스트(all-up test)', 곧 인공물의 완성 후에 이상기능을 찾는 방법을 택했다.[14] 공학자들은 그러한 테스트 방법을 가지고 기능 단위들의 복잡한 연결 방식에서 나타나는 결함을 다룰 수 없을 뿐더러, 장기적으로는 더 많은 비용이 소모되게 된다고 항변했다. 그들의 항변에 대해 정부의 납품 업체로 전락한 나사의 집행부는 민감하게 반응할 수 없었다. 선술집에서 자유롭게 나눌 수 있는 대화란 나사의 의사결정 구조 속에서는 불가능하게끔 이미 '조직체계의 강성화'가 굳어진 상태였다.

(2) 컴퓨터의 현명한 사용

챌린저호 발사 시점에 이르러 주변 온도는 매우 낮아진 상태였다. 당시 공학자들의 회고에 따르면, 주엔진 주변에는 고드름이 달렸을 정도였다. 우주왕복선에는 일반적으로 4대의 컴퓨터가 장착되어 있다. 각 컴퓨터에는 궤도 계산 외에 주변 온도와 같은 환경 변수와 기능 단위의 데이터를 처리할 수 있는 알고리듬이 담겨 있다. 문제는 연구개발 과정에서 실제 구성 부분별 테스트가 없었기에 그런 데이터는 실험이 아니라 알려진 재질의 특성에 관한 이론적 계산에 의존해야만 했다. 게다가 어떤 이론을 선택하는가에 따라 위험성에 대한 통계치는 요동친다. 온도 변화에 따른 오링의 결함 여부에 대한 통계치는 1/100,000에서 1/300의 변동폭을 나타냈다. 전문 공학자들이 1/1000에서 1/300의 결함 발생률을 계산했다면, 우주왕복선 컴퓨터에 기록

---

14) '완성 후 역추적 테스트'와 '단계별 구성 부분 테스트' 방식에 대해서는 12장 1절을 참조하라.

된 발생률은 1/100,000이었다.

컴퓨터의 계산 결과는 변수 선택에 의존하며, 그러한 선택은 컴퓨터 자체에 의해 일방적으로 결정되는 것이 아니다.[15] 거기에는 인간의 목적과 의도가 개입한다. 오링 전문가들은 실험의 부재 상태에서 1/100,000이라는 결함 발생률을 신뢰하지 않았다. 컴퓨터에 입력할 변수들에 대한 충분한 사전적 합의가 없다면, 계산 결과는 항상 실재와 격차를 가질 수밖에 없다. 게다가 그러한 결과가 나온 과정이 도외시된 채 결과의 수치에 전적으로 의존해 의사결정이 이뤄진다면, 참사는 예정된 수순인 경우도 있다. 특히 권력이 요구하는 빠른 효과와 성공 보장에 민감한 나사의 집행부에게 적은 위험성의 수치는 매력적일 수밖에 없었다.

우주왕복선에 장착된 4대의 컴퓨터 중 2대 이상이 경고 반응을 보이면, 발사는 지연된다. 우연의 일치지만, 당시 로켓부스터와 연료탱크의 결합부에 들어가는 오링 전문가 또한 4명이었다. 그 중 최고 고참이 보이스졸리였다. 보이스졸리를 포함한 2명은 발사 지연을 권고했고, 다른 2명은 불확실하다는 잠정적 입장을 취했다. 온도 변화에 따른 오링의 결함 여부에 대한 실험 자료가 컴퓨터 계산에 입력되지 않았다는 사실을 기억하자. 이러한 경우, 오링 전문가에 의한 발사 지연 요청을 컴퓨터 경고 반응 여부에 근거해 무시하는 것이 합리적인가? 그렇다고 대답하기 힘들며, 여기에 대해서는 엄밀한 정당화조차 요구되지 않는 듯하다.

(3) 안전모 대 경영모

보이스졸리는 티오콜사 공학자이다. 티오콜사와 나사가 로켓부스터 연구개발에서 하나의 의사결정 구조를 형성하기 때문에, 그의 발사

15) 어떤 예정된 목적 달성을 위해 임의로 변수를 선택하여 컴퓨터 계산 능력을 도용하는 것은 GIGO(garbage in garbage out)라고 불린다. 온도 변화에 따른 오링의 탄성 계수 변화에 대한 실험 자료가 컴퓨터 계산에 입력된 것이 아니라는 점은 또다시 강조되어야 하겠다.

지연 요청은 자신의 임무에 따른 행위였다. 그는 보편적 선을 위해서, 근거가 애매한 가공의 사회적 공익을 위해서 혹은 인간의 이타적 측면을 증명하기 위해서 발사 지연을 요청한 것이 아니다. 챌린저호 폭발 가능성에 대한 사전 경고가 있었다는 사실이 사후에 외부에 폭로된 후, 보이스졸리는 내부고발자로 몰리게 된다. 그의 경우는 의도되지 않은 내부고발에 속하며, 이것은 전문 지식의 활용 차원에서 이해되어야 한다. 보이스졸리의 경우를 가지고 경영 자체가 가치중립적이라는 주장 혹은 조직체계를 구성하는 각 직업군의 성격을 무시한 채 신뢰가 마치 사회의 통합 이념이나 되는 것처럼 과장하는 주장은 무의미하다. 그러한 주장은 현실적 문제에 대한 지식인들의 불감증을 반영해주는 것일 뿐이다.

보이스졸리가 내부고발자로 몰리기 전, 곧 발사 지연을 요청한 시점으로 돌아가 보자. 그는 낮은 온도에 의한 오링의 결함 가능성을 팀장 맥도널드(Allen McDonald)에게 보고했다.[16] 보이스졸리와 맥도널드의 발사 지연 요청에도 불구하고, 나사 운영 계획팀의 래리 물로이(Larry Mulloy)는 티오콜 경영진과의 협의를 통해 발사를 강행하려고 했다. 보이즈졸리와 맥도널드는 동료 공학자 룬드(Robert Lund)에게 도움을 청했고, 룬드는 티오콜 기술 기획팀에 속한 또 다른 공학자 제리 메이슨(Jerry Mason)에게 협조를 부탁했다. 메이슨에게서 돌아온 답변은 다음과 같았다.

> "너의 안전모(engineering hat)를 집어 던지고, 경영모(management hat)나 써라."

메이슨과 마찬가지로 룬드는 공학자이지만 [도식 4]의 기술 기획팀에 속하는 매니저이기도 했다. 메이슨의 말은 룬드에게 부품의 공학적 결함을 찾는 일에 신경을 끄고 경영인의 자세로 돌아오라는 충고로 해석될 수 있지만, 그것은 또한 한번 결정된 일에 대해 상부를 설

16) 파인만은 맥도널드와의 면접을 통해서 보이스졸리의 존재를 알게 되었다.

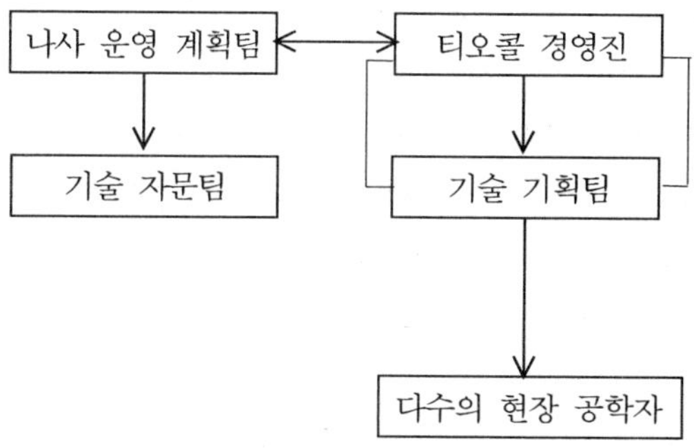

[도식 4]

득하는 것은 불가항력이라는 의미로도 여겨질 수 있다. 그 어떤 경우에나 하부의 의견을 무시했다는 것은 법적 처벌의 대상이 될 수 없다. 메이슨의 말을 가지고 경영 자체를 본질적 악으로 규정하거나, 경영에서의 선택과 계산이 가치중립적이라고 주장할 근거는 아무 데에도 없다. [도식 4]의 조직체계 구성표에서 많은 공학자들이 상부에 위치하고 있다. 하지만, 백만 개 이상의 기능 단위들을 갖는 복잡한 인공물을 다루는 데 개입하는 이질적인 모든 지식들을 제어할 수 있는 공학자는 없다. 하부에서 활용되는 지식은 상부에 투명하지 않다. 그렇게 투명하거나 혹은 한 구성 성분을 연결망과 무관하게 대체할 수 있는 경우, 수직 상하의 위계질서를 갖는 조직체계의 구성법은 효과적일 수 있다. 그러나 우주왕복선과 같은 복잡한 인공물의 연구개발에 대해서는 아니다.

[도식 4]에서 화살표는 명령 전달의 방향을 나타낸다. 하부가 상부에 보고할 수는 있지만 상부를 제어할 수 있는 제도적 장치는 완전히 결여된 상태다. 이렇게 '편향된 조직체계'의 구성법은 알려진 지식을 활용해 대량 생산을 목적으로 하지 않는 첨단 연구개발에는 비효과적이다. 집행부는 조직체계 구성의 수정 기회마저도 가질 수 없었다. 챌린저호 발사 당시 레이건 정부는 '스타워즈(star wars) 방위 계획'을 선전하기 위해 2대의 우주왕복선을 순차적으로 발사시킨 후 동시에

귀환토록 나사를 압박했다. 레이건 정부의 계획은 실현되지 않았지만, 나사의 조직체계가 재정적 지원의 구실로 끊임없는 정치적 압박에 시달려 왔다는 것은 명백한 사실이다. 공학자들이 조직체계 내의 직업적 위치와 무관하게 호프집에서 맥주를 마시면서 집단적 결속력을 과시할 수는 있지만, 연구개발에 필요한 의사소통을 가로막는 편향된 조직체계에서는 경영진과 공학자 집단뿐만 아니라 공학자들 사이의 정보 교류도 단절된다.

공학적 재난이 조직체계의 운영과 사회적 평판에 치명적이라는 사실을 일찍 터득한 보잉(Bowing)사 등의 대규모 항공 업체 관계자들은 나사의 편향된 조직체계 구성법을 '나사 문화(NASA Culture)'라는 표현으로 비꼬아 왔다. 우주왕복선 연구개발에서 공학자들에 의한 '단계별 구성 부분 테스트' 요청이 무시된 시점부터가 사실은 참사의 시발점이었다. 오링 외에도 우주왕복선 몸체를 뒤덮은 수십만 개의 세라믹 타일들의 결함 또한 지속적으로 지적되어 왔던 문제였다. 결국 2003년 또 다른 우주왕복선 컬럼비아(Columbia)호가 그러한 결함으로 폭발하자, 연구개발 과정에 비효과적인 나사의 편향된 조직체계의 구성법은 비로소 '나사 문화'의 비판이라는 명목 아래 본격적으로 분석되기 시작했다.17)

현재까지 진행 중에 있는 나사의 조직체계 및 나사를 둘러싼 의사결정 구조가 어떤 식으로 수정되었는지는 알 수 없다. 그 수정은 아마도 그네들의 비밀 사항에 속하겠지만, 두 가지는 명백하다. 첫째, 복잡한 인공물의 연구개발은 나사 단독이 아니라 나사를 둘러싼 수십 개의 하부 조직체계들로 구성된다. 그 구성법에서 [도식 4]처럼 나사와 하부 조직체계가 단지 상부 집행부만을 중심으로 연결될 수는 없다. 둘째, 챌린저 참사에 대한 파인만의 분노는 오링의 결함이 아니라 연구개발에 부적당한 나사의 조직체계 그리고 정부의 납품 업체로 전락한 나사의 문화에 관한 것이었다. 그의 분노는 그로 하여금 과학기

17) Chandler, D. L.(2003).

술의 사회적 기능을 다시 고려하게끔 만들었고, 1988년 죽기 전 그의 공식적인 마지막 글 역시 챌린저호 참사에 관한 것이었다.[18)]

3. 내부고발의 사례 분석과 공학 직업의 사회적 위치 진단

살펴본 두 가지 공학적 내부고발의 방식을 공학 직업의 사회적 위치 진단과 결부시켜보자. 공학적 내부고발을 전문 지식의 평가에 근거한 내부고발로 분류할 때 그것은 다시 의도된 것과 의도되지 않은 것으로 나뉜다. 우리의 첫 번째 질문은 다음과 같다.

[사례 1]과 [사례 2]를 관통하는 공학 직업의 성격은 무엇인가?

두 사례를 관통하는 것은 자율성이 현재 공학 직업의 내재적 미덕으로 정착하지 않았다는 점이다.[19)] 특정 직업의 가치체계에 어떤 미덕이 내재적으로 굳어진 경우, 그러한 미덕은 해당 직업 종사자의 직업 활동 속에서 암묵적 의무로 나타난다. 일상적 공감대로서의 상식이 그 직업의 가치체계와 결합하면서, 그 미덕은 행위 속의 심사숙고의 대상이 아니라 당연한 것이 되어 특정 행위를 제한한다. 직업적 미덕은 단순히 준수사항으로서 명시된 것이 아니라 행위 속에서 체득되는 것이기 때문에, 자율성이 공학 직업 전체에 걸쳐 내재적 미덕으로 정착하지 않았다는 사실은 자율권 조항 및 면책권이 공학 직업의 활동 범위 속에 제도화되지 않았음을 반영한다. 이러한 세태 속에서 내부고발자를 보호할 제도적 장치의 마련 없이 공학자에게 사회설계의 능동적 참가자가 되라고 기대하는 것은 지나치다. 직업적 판단에 근거한 공학자의 의견 표출에 대한 대가가 보복으로 끝나는 현실 속에서 공학자는 자기중심적인 성향을 갖게 되기 쉽고, 그 성향은 철학적 이기주의와 같은 논쟁이 아니라 사회 속에서 기능하는 공학 직업의

18) Feynman, R.(1988).

19) 직업에 내재적인 자율성과 외재적인 자율성의 구분은 7장 4절에서 다뤘다.

사회적 위치 평가의 관점에서 이해되어야 한다.

자율성이 공학 직업의 가치체계에 내재적으로 정착하지 않은 세태를 직시할 때 공학 직업의 사회적 위치 진단은 공학적 내부고발의 양적 평가에만 의존해서는 안 된다. 그러한 세태 속에서 공학자들은 적극적으로 부정적 예측에 대한 의견을 제시할 수 없기 때문에, 공학적 내부고발 빈도수의 증감률에 의존한 공학 직업의 사회적 위치 진단은 권력의 자기 합리화 논리에 도용당하기 쉽다. 실제 정부 관계자나 관련 연구소의 보고서 등은 해당 직업군이 처한 현재의 성격을 무시한 채 그러한 증감률을 자의적으로 사용하기도 한다.

공학자는 조직체계에서 초기 결정 및 중간 결정 과정 참가자, 예정표에 의한 작업 참가자 그리고 되먹임 과정 참가자의 위치를 점유하는데, 여전히 대다수의 공학자는 예정표에 의한 작업 참가자의 역할을 수행한다.[20] 이러한 상황에서 어떤 제도적 개선 없이는 공학자가 의무계산에 자발적이기 힘들기 때문에, 그가 사전에 인지한 위험성을 적극적으로 개진할 가능성도 줄어든다. 그러한 위험성이 불확실한 경우는 더욱 그럴 것이다. 게다가 인공물이 사회에 확산된 후에 나타난 부작용에 대한 공적 평가의 노력이 조직체계에 위해를 가하는 것으로 여겨진다면, 그러한 평가에 근거한 공학자의 되먹임 참가자 역할마저도 기대하기 힘들다. 공학적 내부고발의 사례들이 공학 직업의 사회적 진단이라는 주제와 맞물릴 때 그 사례들은 단순히 양적 차원이 아니라 검토 사항들에 근거해 질적으로 분석되어야 한다. 그러한 질적 분석의 맥락 속에서 양적 차원의 분석도 실질적 의미를 갖는다. 그 어떠한 평균치도 구체적 상황과 무관하게 임의로 해석될 수 없다.

현실적 주제와 맞물린 문제 해결이 사례 분석에 근거할 때 실천윤리에서 그것은 검토 사항에 근거한 개연적 판단, 곧 일종의 진단이다. 사례가 해당 주제를 대표하는 상황에 지나지 않고, 주제는 그러한 대

20) 공학 지식은 조직체계의 집단적 의사결정 과정 속에서 조직화된다. 그러한 의사결정 과정의 모델로서 '초기 결정 과정', '중간 결정 과정', '예정표에 의한 작업 과정' 그리고 '되먹임 과정'을 6장에서 예시하였다.

표성을 드러내주는 상황의 단서들, 곧 상황적 특수성에 의해 파악된다. [사례 1]과 [사례 2] 둘 다 공학 직업의 사회적 위치 진단과 관련될 때 각각의 상황적 특수성이 그 주제와 연결되는 방식은 다르다. [사례 1]의 인물들을 둘러싼 환경은 [사례 2]의 그것과 다르다. 이는 동일한 검토 사항에 대해서도 [사례 1]과 [사례 2]의 분석은 공학적 내부고발의 문제가 다른 방식으로 풀려 나가야 함을 암시한다.

공학 직업의 사회적 위치 진단이라는 주제 아래 [사례 1]과 [사례 2]를 구분지어 주는 각각의 상황적 특수성은 무엇인가? 그리고 이 물음과 관련해 선결되어야 할 문제는 무엇인가? [사례 1]에 함축된 상황적 특수성이 의도된 내부고발과 관련된다면, [사례 2]의 그것은 의도되지 않은 내부고발과 관련된다. 공학자들을 사회설계의 능동적 참여자로 끌어올리기 위해 선결되어야 할 문제는 내부고발자가 받는 피해를 줄이는 것이다. 그 문제를 해결하기 위한 중요한 일반 검토 사항은 다음과 같다.

> 공학적 내부고발이 단순히 심리 차원의 개인적 갈등이 아니라 조직체계의 집단적 의사결정 과정 속에서 파악될 때 내부고발을 둘러싼 갈등 설정은 어떤 식으로 이뤄져야 하는가?

12장에서 논의되었듯이, 가치체계들의 갈등 양상은 크게 두 가지로 나뉜다. 그 하나는 특정 가치체계의 내용적 수정을 요구하는 내재적 갈등이며, 또 다른 하나는 그런 요구에서 상대적으로 자유로운 구조적 갈등이다. 두 양상이 현실세계 속에서 이분되는 것은 아니지만, 구조적 갈등은 우선적으로 조직체계의 구성법 및 주변 환경을 바꿈으로써 가치체계의 순기능을 회복할 수 있는 경우에 해당한다. 그 어떤 경우에서든 물질적, 제도적 조건의 실질적 수정이 필요하지만, 갈등 양상의 구분은 문제 해결의 방향성을 결정한다. 공학에 대한 인식의 변화가 반드시 다른 직업군의 가치체계의 내용적 수정을 전제하는 것은 아니기 때문에, 가치체계들의 갈등 양상을 무조건 내재적인 것으로 취급하는 것은 문제 해결을 가로막는 장애물로 작동하기도 한다. 실례로 모든 갈등이 상호신뢰에 의해 풀릴 수 있는 것처럼 주장하는 것은 지나친 과장에 불과하다. 해당 가치체계의 순기능이 그것을 둘러싼 주변 환경의 구조적 원인으로 인해 가로막힌 경우, 그러한 원인의 사전 제거 없이 신뢰를 강조하는 것은 문제 해결에 실질적 도움이 되지 않는다.

공학의 가치체계를 논할 때 그것은 다수의 공학자들에 해당하는 것이다. 공학 직업의 다양성 때문에, 자율성이라는 미덕이 한번에 일률적으로 공학 직업의 가치체계에 정착될 수는 없다. 현재 각 공학 직업군의 특성을 고려해 자율성의 강도 조정이 제도적 차원에서 고려되어야 하는 것이지, 그러한 고려 없이 무조건적인 자율성 강조 또한 실질적 의미를 결여한 공허한 논쟁으로 끝나기 쉽다. 그렇기 때문에, [사례 1]과 [사례 2]의 직업적 판단에 함축된 집단간 갈등은 우선적으로 구조적 관점, 곧 현재 공학의 가치체계의 순기능을 가로막는 변수들에 초점을 맞춘 관점에서 파악될 필요가 있다. 이렇게 방향 설정이 정해지면, 각 사례 분석에 동원된 단서들, 곧 상황적 특수성과 연관된 요인들에 근거한 사례 분석은 문제 해결을 위한 판단 자료가 된다.

> [사례 1]과 [사례 2]를 교차 비교하는 데 필요한 각각의 상황적 특수성을 가로지르는 변수들은 무엇인가?

앞 절의 사례 분석을 따를 때 그러한 변수들 중에서 지식의 복잡성과 조직체계의 구성법에 주목하는 것이 자연스럽다. 의도된 내부고발로 분류된 [사례 1]에 개입된 지식은 그렇지 않은 [사례 2]의 그것에 비해 단순하다. 그 지식이 비록 조직체계의 상부에 완전히 투명하지 않을지라도, [사례 1]의 사건이 그 지식의 복잡성 자체에 의해서 발단했다고 볼 수 없다. 그것은 오히려 조직체계의 하부 공학자에게 책임을 전가한 상부를 처벌할 수 없는 제도적 결함 혹은 은폐를 원하는 정치적 권력의 압력 등에 의해 발단했다. 그렇기 때문에, [사례 1]에 함축된 상부와 하부의 갈등이 조직체계 구성법상의 치명적 결함을 반영한다고 단정짓기 힘들다.

[사례 2]의 공학 지식은 예측하기 힘든 연구개발과 관련된 것이다. [사례 2]에서 공학 지식은 조직체계의 다양한 집단간에 공통적으로 사용되거나 혹은 고정된 매뉴얼에 의해 지배를 받는 단순한 정보처럼 취급될 수 없다. 공학 지식의 복잡성 증가는 단일 종류의 지식의 차원이 아니라 이질적인 지식의 합성과 맞물리기 때문에, 그 복잡성의 효과적인 제어는 조직체계의 내부 구성법과 밀접히 맞물린다. 집단적 의사결정 과정 속에서 조직화된 공학 지식의 복잡성 증가는 이질적 지식의 합성 관점에서 조직체계의 구성법 및 조율에 관한 담론 주제를 산출시킨다.

공학적 내부고발은 사회체계 속에서 공학적 가치체계의 순기능을 가로막는 요인들을 알려주는 신호와 같기 때문에, 내부고발 방식의 분류, 사례 분석 그리고 내부고발자 보호 문제는 중요한 담론 주제가 된다. 공학적 내부고발 중에서 의도된 내부고발로 분류된 [사례 1]과 의도되지 않은 것으로 분류된 [사례 2]의 분석은 내부고발자 보호 문제 해결을 위해 무엇을 제시하는가?

[사례 1]에 함축된 상부와 하부의 갈등이 전문 지식 활용을 둘러싼 조직체계 내의 구성법에서 기인했다는 결정적 단서가 없는 한, 내부고발자 보호 문제는 우선적으로 '외부 조율'에 의존한다. 그러한 외부 조율의 대상은 조직체계 자체의 구성 방식보다는 조직체계를 둘러싼 주변 사회적 연결망, 곧 수주 방식 및 책무 귀속 문제와 관련된 법적 제도 등을 망라한다. 외부 조율의 중심축이 조직체계의 주변 연결망 개선이라고 할 때 이것이 조직체계 내의 구성법을 무시하는 것은 절대 아니다. 하지만, 조율 영역의 중심축을 사례의 상황에 적합하게 설정하지 못하는 경우, 문제는 해결을 위해 투자된 돈과 시간을 무색하게 만들 만큼 꼬이게 될 수 있다.

[사례 2]에 함축된 갈등은 이질적인 지식의 합성과 집단적 의사결정 구조의 복잡성에서 기인했기 때문에, 내부고발자 보호 문제는 우선적으로 '내부 조율'에 의존한다. 그러한 내부 조율은 해당 조직체계의 주변 연결망보다는 조직체계의 구성 방식 자체를 개선시키는 것을 중심축으로 하여 이뤄진다. [사례 2]의 경우, [도식 4]에 함축된 편향된 조직체계의 구성법, 곧 의사결정 과정에 공학 지식의 능동적 개입을 차단시킨 구성법은 연구개발이라는 상황 맥락에 부적합하다. [사례 2]와 관련해 내부 조율이 강조될 때 이 또한 외부 조율을 무시하는 것은 아니다. 다만, 조율의 중심축을 조직체계 내의 구성법과 조직체계를 둘러싼 주변 연결망 중 어디로 잡을 것인가를 따져야 한다는 것이다. 사례의 상황적 특수성을 구성하는 실제 단서들에 근거해 논하지 않는다면, 논의는 문제 해결에 도움이 되지 않는 공허한 짓으로 끝나기 쉽다. 행위를 유도하거나 가로막는 상황적 조건들에 대한 분석 없이 집단간 신뢰, 화합, 사랑 혹은 의식 개혁을 강조하는 것은 무능력의 반영일 뿐이다.

이제 공학적 내부고발을 공학 직업의 사회적 위치 진단과 결부시킬 때 다음과 같은 일반 준칙을 언급할 수 있게 되었다.

(1) 공학적 내부고발이 전문 지식의 평가에 근거한 행위로 파악될 때 그것은 다시 의도된 것과 의도되지 않은 것으로 분류된다. 그러한 두 방식의 사례 분석이 공학 직업의 사회적 위치에 대한 진단에 활용될 때, 양자에서 발견되는 공학 직업의 일반 성격은 자율성이 공학의 가치체계에 내재적 미덕으로 정착하지 않았다는 것이다. 이러한 현 세태에서 공학자의 자율성은 다양한 공학 직업군에서 나타나는 편차, 그리고 동일 직업군의 상황 맥락 변동에 따른 편차에 초점을 맞춰 평가되어야 하는 것이다.[21] 그것은 결코 공학자의 의식 개혁 혹은 공학에 대한 사회적 인식을 강조함으로써 자신의 사회적 입지를 확보하려는 입바른 자의 먹잇이 되어서는 안 된다.

21) 이 점은 앞 장의 논의에서 얻어진 결론이기도 하다.

(2) 책임, 안전 및 숙련된 능력이라는 공학의 미덕들이 사회에 긍정적으로 구현되기 위해서는 구체적인 사례 분석 속에서 공학의 가치체계의 순기능을 가로막는 요인들이 검토되어야 한다. 공학적 내부고발에 함축된 집단간 갈등이 특정 가치체계의 내용적 수정을 요구하는 '내재적 갈등' 양상에 속하는지, 아니면 조직체계의 구성법과 그 주변 환경의 개선을 요구하는 '구조적 갈등' 양상에 속하는지를 따져야 한다.22) 공학 직업은 실제로는 여러 조직체계 속에서 기능하는 다양한 직업군들의 다발이기 때문에, 모든 공학적 내부고발에 함축된 갈등이 항상 내재적 양상에 속한다고 생각하는 것은 착각이다.

(3) 공학적 내부고발을 구조적 갈등의 관점에서 접근할 때 공학 직업의 사회적 위치는 의도된 내부고발 방식과 그렇지 않은 방식의 구분에 따라 크게 두 갈래로 나뉜다. 사용되는 공학 지식의 제어 가능성이 어느 정도 확보된 상태에서 조직체계 내의 공학과 타분야의 관계는 환경 변화에 대해 구조적으로 안정화되어 있다. 반면에, 사용되는 공학 지식의 제어 가능성이 아직까지 확보되지 않은 상태에서 조직체계 내의 공학과 타분야의 관계가 주변 환경 변화에 대해 상대적으로 안정화되어 있지 않은 경우도 있다. 전자를 '공학의 안정적 위치', 그리고 후자를 '공학의 불안정한 위치'로 규정할 때 공학의 사회적 위치는 조직체계 내에서 그러한 두 위치를 상황 맥락에 따라 왔다 갔다 한다. 조직체계 내에서 공학의 불안정한 위치와 관련된 공학 지식은 공학의 안정적 위치와 관련된 것에 비해 더욱 복잡한 체계의 성격(system character)을 갖는다.

(4) 조직체계 내에서 공학의 안정적 위치가 확보된 경우보다 그렇지 않은 경우에 공학자는 자신의 의도와 무관하게 사후 재난 등에 의해 내부고발자로 몰리기 쉽다. 공학적 내부고발을 구조적 갈등의 관점에서 접근할 때 특정 조직체계의 내용적 수정을 도모하는 '중재'의 방법보다는 조직체계의 구성법과 주변 환경의 개선을 꾀하는 '방패'의 방법이 선호된다.23) 그 방패의 방법은 다시 두 가지, 곧 '외부 조율'과 '내부 조율'로 나뉜다. 외부 조율의 방법은 조직체계 내의 구성 방식보다는 조직체

22) 갈등의 내재적 양상과 구조적 양상의 구분에 대해서는 12장 3절을 참조하라.
23) 중재와 방패의 방법은 13장 3절에서 다뤘다.

계를 둘러싼 사회적 연결망을 개선함으로써 공학의 가치체계의 순기능을 지향한다. 외부 조율의 방법은 해당 공학 지식의 제어 가능성이 확보되어 조직체계 내에서 공학과 타분야의 관계가 안정화되어 있는 경우에 효과적이다. 외부 조율의 방법과 달리, 내부 조율 방법의 중심축은 해당 조직체계 내의 구성 방식 자체를 우선적으로 조율하는 데 있다. 특히 그 성공성이 불확실한 연구개발을 둘러싸고 벌어지는 문제들은 내부 조율 방법의 차원에서 우선적으로 접근될 필요가 있다. 그러한 연구개발은 현재 제어 가능한 지식들을 다루는 것이 아니기 때문이다.

공학적 내부고발을 공학의 사회적 위치 진단에 활용할 때 현시점에서 일반적으로 언급할 수 있는 준칙들 (1)-(4)는 그러한 진단을 위한 담론틀과 같은 것이다. 내부고발자의 보호와 같은 문제의 실질적 해결은 문제의 상황 맥락에 대한 더욱 구체적 분석을 요구한다. 그러한 분석으로 구성된 담론만이 진정한 의미에서의 '공학윤리'로 불릴 수 있기 때문에, 여기서 펼쳐진 담론은 공학윤리로 상승하기 위한 하나의 소박한 실천적 시도에 불과하다. 규범윤리의 특정 이론 혹은 인간 역사의 어떤 가공의 보편적 구조를 전제하는 것은 그러한 소박한 실천적 시도조차 할 수 없도록 가로막는다. 현실세계의 모든 상황들에 대한 충분한 개념적 분석틀이 갖춰졌다는 착각 혹은 가공의 보편성과 확실성의 착각 속에 갇힌 그 어떤 시도도 실천적인 것으로 불릴 자격이 없다.

17장 재난의 꾸러미 분석 기법

고의적으로 버려진 사례

앞서 두 장에 걸쳐 공학 직업의 측면에서 두 주제를 다뤘다면, 이 장에서는 재난의 원인 분석과 원인 제거법을 공학 지식의 활용법의 관점에서 다뤄본다. 상황에 합당한 개연적 판단의 자연스러운 한 형태는 단서 추정법이다. 단서 추정법에 근거해 재난의 근접인과 궁극인을 추적하는 데 있어 공학 지식의 활용법을 살펴본다. 재난의 사례 분석은 단순히 원인 분석으로 끝나서는 안 된다. 재난의 근접인과 궁극인의 제거 방식이 고려되어야 하는 동시에 유사한 재난을 막기 위한 여러 대안 설정이 꾸러미로 이뤄져야 한다. 그렇지 않은 경우, 재난 분석이 실질적인 효력을 발휘하기 힘든 이유를 밝힌다.

1. 단서 추정법과 인과의 범주

인간의 합리성은 상황, 곧 개인 및 집단이 처한 방식을 구성하는 요인들을 초월할 수 없다. 여기서 합리성의 제한성은 인지전략의 평균이득 계산에서 여러 선택적 맥락을 고려할 때 나타나는 '제한성'이 아니다.[1] 그것은 인간의 실제 행위와 사고가 환경적, 사회적 그리고 문화적 요인에 의해 제한받는 방식에 근거한 것이다. 인공물 설계에 근거한 생활세계가 다양한 생활양식의 기능을 가로막지 않을 정도로 안정화되어 있는가? 이러한 문제를 따지는 것은 결코 개체수 증감률 혹은 전략의 성공률에 따른 평균이득 계산에 종속되지 않는다. 생활양식들의 중첩된 기능 방식이 실제로는 생활세계 구조 자체의 변동을

1) 이에 대해서는 13장 4절을 참조하라.

가져오기 때문에, 생활세계의 안정성은 변이의 원천으로서의 환경과 환경에 대한 적응 대상의 이분법을 함축하지 않는다. 그 안정성은 환경과 생활양식의 역동적 체계에 대한 분석을 요구한다.

사고와 행위를 제한하는 것들로서 생리적, 인지적, 환경적, 그리고 사회적 요인들이 있다. 실례로 생리적 반응, 특정 환경 구조에 적응적인 선천적 인지 능력들, 외부 환경의 구조, 악수하기와 같은 관습 규범들을 들 수 있다. 그러한 것들을 '제한 요인'들이라고 할 때 그 요인들에 의해 제한된 사고와 행위가 집단적 차원에서 특정 방향성을 나타내는 경우, 그 방향성은 하나의 '생활양식'으로 규정된다. 한 생활양식의 형성은 일상적 공감대로서의 상식과 특정 가치체계의 결합 과정과 다르지 않고, 그 결합은 삶의 기저로 작동한다. 그래서 공학의 가치체계를 체득한 이에게 책임, 안전 및 숙련된 능력이라는 미덕은 직업 활동 속에서 암묵적 의무로 나타나게 되며, 그의 배경 지식에 의해 타인에게는 설명을 요구하는 어떤 것들이 그에게는 당연한 것으로 나타난다.

한 개인이 하나의 가치체계 속에 종속되는 것은 아니다. 그는 여러 가치체계들을 옮겨 다닌다는 점에서 '복수의 역할(multiple roles)'을 수행한다.2) 하지만, 그러한 복수의 역할 강조가 특정 생활양식과 관련된 가치체계의 고유성을 퇴색시킬 수는 없다. 가치체계와 상식의 결합 과정에서 개인은 변화하는 상황 속에서 문제 해결의 특별한 방식을 익히기 때문에, 특정 직업군 혹은 집단에 적합한 문제들이라는 것의 의미는 퇴색하지 않는다. 다만, 생활세계의 가치체계들이 다양하게 분화하면서 사회적으로 중요한 문제들의 해결은 이질적 지식의 합성을 요구하며, 재난과 같은 공학적 문제도 예외가 될 수 없다. 만약

2) 과학의 가치가 사회에서 과학자들의 복수의 역할과 무관할 수 없고, 또 그러한 복수의 역할이 사회적 영향력에서 자유로울 수 없기 때문에, 과학의 가치는 사회적 맥락 속에서 구성되는 것이라는 주장에 대해서는 다음을 보라. Merton, R. K.(1970). 그러나 문화적인 것과 자연적인 것의 이분법 속에서 과학적 발견의 역사적 경로가 개념체계의 내적 요인과 무관한 구성물이라는 관점은 성립하지 않는다.

공학 지식을 단지 재난의 물리적 원인 분석에만 국한시킨다면, 이것은 이질적 지식의 합성을 요구하는 사회적 문제로서의 공학적 문제를 해결하는 데 걸림돌이 된다. 효과적인 재난 방지는 원인 분석에서 대책 마련까지 하나의 '꾸러미(package)'를 갖춰야 하며, 공학 지식은 그 중심축에서 기능해야 한다.

공학 지식의 활용 측면에서 재난 방지와 대책이라는 주제를 접근할 때 두 가지 물음이 먼저 대답되어야 한다. 첫째, 재난의 원인 추적에 대한 일반 분석틀은 어떻게 설정되어야 하는가? 둘째, 유사한 재난을 막기 위해 재난의 원인들은 어떤 식으로 분류되고 다뤄져야 하는가? 첫 번째 물음을 '단서 추정법', 그리고 두 번째 물음을 '인과의 두 범주'와 관련해 대답해보자.

1) 단서 추정법

어떤 결과의 원인을 추적하는 것, 곧 인과 추적의 자연스러운 한 형태는 '단서 추정법'이다. 어떤 상황이 특정 주제와 연결될 때 그러한 주제 설정은 그 상황의 특수성에 근거한다. 개인 혹은 집단이 환경에 처한 특별한 방식을 구성하는 상황적 특수성의 요인들은 특정 문제, 실례로 인과 추적 문제 해결의 단서가 된다. 특정 주제와 맞물린 그러한 문제는 그냥 하늘에서 떨어진 것이 아니라 주목 대상을 요구하고, 상황적 특수성의 요인들 중 일부가 주목 대상이 된다. 그러한 주목 대상을 '주목 단서(attention cues)'로 명명할 때 인과 추적은 그러한 주목 단서들과 상관관계를 맺는 또 다른 단서들, 곧 '설명 단서(explanatory cues)'들에 근거한다. 주목 단서들과 설명 단서들의 상관관계는 인과 가설로 설정되고, 그 인과 가설 속에 함축된 원인은 가설 테스트를 통과한 경우에 진짜로 취급된다. 그러한 테스트가 실패한 경우, 진짜 원인을 찾기 위한 되먹임 과정이 인과 추적에 부과된다.

단서 추정법은 주목 단서와 설명 단서의 연결 관계에 근거한 인과 가설 생성의 과정이다. 가설 생성 과정은 인지적, 환경적, 문화적 그리고 사회적 요인에 제한되어 있고, 이러한 제한 속에서 사고의 형태는 여러 패턴을 띠게 된다. 그 패턴들이 구체적 문제와 맞물린 원인 추적 과정의 그물망 속에서 의미가 있기 때문에, 단서 추정법은 사고 패턴들을 이상화시킨 구조, 실례로 연역 혹은 귀납 구조에 종속되는 것이 아니다. 단서 추정법은 또한 지난 세기 과학철학에서 논의된 가설과 증거의 어떤 논리적 구조에 의해 대표될 수도 없다. 그러한 구조에서 증거는 가설 생성을 위한 단서가 아니라 확증된 결과물로서의 가설과 논리적 관계를 맺는 어떤 것이다. 현재 확증되었다고 여겨지는 결과물로서 가설에 근거해 이상화된 그 어떤 논리적 구조도 실제 가설 생성이라는 다양한 발견 과정을 획일적으로 대체할 수 없다.

단서 추정법이 상황 의존적인데다가, 그 의존성은 해당 직업 종사자의 경험 및 배경 지식과 무관할 수 없다. 단서 추정법이 인과 추적의 자연스러운 한 형태라고 할지라도, 그것의 작동 방식은 해당 직업의 성격, 지식 및 다른 분야와의 관계 맥락 속에서 요동친다. 따라서 공학 직업군에게는 무리 없이 합의 가능한 단서들 및 단서들의 연결 방식이 다른 분야의 직업군에게는 아닐 수 있다. 그렇기 때문에, 최초의 인과 가설 설정에 대한 공인에서부터 이질적 분야 사이의 원활한 의사소통이 요청된다. 이 점을 챌린저호 참사 사례에 비추어 간략히 살펴보자.

(1) 유사한 재난을 방지함으로써 생활세계의 안정을 꾀한다는 의미에서의 공익은 공익에 대한 별도의 이론적 혹은 정당화의 토대를 요구하지 않는다. 그러한 토대를 어설프게 전제하는 것은 오히려 공학 담론을 가로막는다.

(2) 챌린저호 참사와 같은 유사한 재난을 막아야 한다는 점에는 누구나 동의하지만, 대부분은 어떻게 막을 것인가라는 거대 질문에 머물게 되거나 거기서 더 나아가지 못한다. 이러한 진퇴양난의 처지에 빠졌을 때 특정 집단의 의식을 탓하거나, 그 근거가 애매한 상호신뢰를 강조하는 이는 결코 실천적 현자로 분류될 수 없다. 실천적 현자는 자신의 지식 범위 밖에 위치한 구체적 문제, 곧 무엇이 참사의 인과적 원인인가와

같은 문제를 해결할 수 있는 타분야 지식의 소유자를 존중한다.

(3) 참사 현장과 자료들에서 설명을 요구하는 주목 단서들은 적절한 배경 지식의 소유자들, 곧 공학자들에게 인지된다. 이러한 주목 단서의 인지에 의해 인과 추적의 구체적 문제가 던져진다. 여러 주목 단서들 중 폭발 당시 로켓부스터와 연료탱크의 결합부에서 뿜어져 나온 흰 연기가 우선적으로 설명되어야 할 것으로 채택되었다. 주목 단서들 중 우선적으로 설명되어야 할 것의 채택 여부는 평가에 필요한 지식 소유자들의 의견에 근거해야 한다.

(4) 어떻게 유사한 재난을 막을 수 있을까라는 거대 질문은 이제 주목 단서에 근거해 구체적 질문으로 좁혀졌다. 무엇이 로켓부스터와 연료탱크의 결합부에 이상을 가져왔는가? 이 질문과 함께 비로소 인과 추적다운 작업이 시작된다.

(5) 주목 단서에 근거한 구체적 질문에 답하는 것은 새로운 단서, 곧 설명 단서를 요구한다. 챌린저호 참사의 경우, 그러한 설명 단서는 로켓부스터와 연료탱크의 결합부에 위치한 오링의 결함이었다. 주목 단서와 설명 단서가 온도 변화와 오링 팽창계수의 상관관계 가설에 의해 연결됨으로써 낮은 온도에 따른 오링 작동 결함이라는 인과 가설이 설정된다.

(6) 공학에서 인과 가설 테스트는 탐정 홈즈가 범인을 유인해 잡듯이 일종의 시연의 성격을 갖는다. 효과성 및 안정성을 시각화하는 시연 테스트는 인과 가설이 타분야 종사자들에게도 공인될 수 있게 해주는 동시에 권위를 갖도록 해주는 일종의 의사소통 장치와 같다. 특정 실험을 통과한 과학적 데이터, 실례로 온도 변화에 따른 오링 팽창계수의 반응에 대한 데이터 등은 공학에서는 그러한 시연 설계 속에서 재구성되어 구체적 의미를 획득하게 된다.

재난 방지와 대책이라는 대주제 아래 재난의 원인 분석은 구체적 인과 추적 작업을 요구하고, 단서 추정법에 근거한 인과 가설 설정은 공학 지식의 활용에 의존한다. 그러나 그러한 의존성이 단지 재난의 직접적인 물리적 원인 규명에만 머문다면, 이것은 유사한 재난 발생의 불씨를 그대로 남겨두는 것과 마찬가지다. 재난의 원인 분석에서 공학 지식의 활용은 다른 지식과 결합하여 의사결정 과정에서 조직체계의 구성법에 이르기까지 확장되어야 한다. 이를 보기 위해 인과의 범주 구분을 따져보자.

2) 인과의 범주

인과 범주를 따지는 것은 원인과 결과의 상관관계를 규정하는 작업이다. 그러한 상관관계가 어떤 보편적인 법칙성을 전제해야만 한다면, 사실 인과 범주를 따지는 것은 사소한 작업이다. 그것은 단지 법칙성의 종류 구분에 국한되고, 인과에 대한 언급은 주로 예측과 관련되게 된다. 그러나 과학이든 공학이든 실제 인과 추적 작업은 법칙을 적용하기 위한 초기 조건을 얻는 작업이 아니며, 게다가 그것은 추적자의 관점에 자유로울 수 없다. 이 점은 개인의 관점을 초월한 객관성만이 인과의 실재성을 구출할 수 있다고 여기는 이들에게는 '인과의 객관적 개념틀'을 건설하라는 일종의 강박관념으로 작용하기도 했다.3)

단서 추정법을 인과 추적 작업의 한 방법이라고 할 때 이것은 결과물로서의 지식체계라는 표상과 실재의 의미론적 관계를 따지는 사후 정당화 맥락에서 이해되어서는 안 된다. 그 방법은 문제 해결, 곧 발견법의 맥락에서 이해되어야 한다. 이 경우, 법칙으로 불리는 것은 단서 추정에 필요한 분석적 도구로서의 작업가설(working hypothesis)일 뿐이다. 상황적 특수성을 구성하는 요인들은 법칙이 적용될 초기 조건과 같은 것이 아니라 추정의 방향성을 설정하는 방향타와 같은 것들이기 때문에, 상황을 초월한 가설 선택이라는 것은 실제로는 없다. 주목 단서와 설명 단서의 선택과 특정 작업가설, 실례로 온도 변화와 오링 팽창계수 사이의 상관관계 가설이 맞물릴 때 이 과정에서 행위

3) 실례로 다음 작업을 들 수 있다. Salmon, W. C.(1984).

자의 사고를 제한하는 요인들은 결코 개념의 산물들이 아니다. 그렇기 때문에, 단서 추정에 개입하는 개인적 관점은 '객관'에 대비된 '주관적인 것'이 아니다.

더욱이 단서 추정법에 근거한 새로운 인과 가설의 생성 과정은 기존의 지배적인 가설 하나에 의해 이끌리는 것이 아니다. 대개는 다수의 가설들이 그 과정에 개입하며, 각 가설이 갖는 고유의 설명 영역에 의해 인과 범주 또한 단일하게 규정되지 않는다.[4] 인과 범주가 단일하게 규정되지 않기에, 단서에 근거한 새로운 인과 가설도 마찬가지다. 인과 설명의 충분성은 단일 법칙에 의해 일의적으로 정해지는 것이 아니다. 그 충분성은 문제 해결에 필요한 단서에 기존의 가설들이 개입함으로써 상보적 관계 속에서 마련되는데, 그러한 상보적 관계는 각각의 설명 영역을 평면 공간에 배치함으로써 획득되는 것이 아니다. 그것은 오히려 일종의 '거래관계' 속에서 획득된다. 이에 대한 구체적 분석은 이 작업의 주제에서 벗어나기 때문에, 하나의 실례를 살펴보는 것으로 만족하자.

홍채의 특정 색에 대한 유전적 원인은 무엇인가? 이 질문은 문제 해결자의 배경 지식 및 관심사의 차이로 인해 동질적으로 다뤄질 수 없다. 홍채의 색과 연관된 염색체의 특정 덩어리, 곧 유전자들을 규명할 때 발생 과정에 개입하는 다른 요인들은 부수적 조건들로 고정된다. 반면에 홍채에 특정 색이 착색되는 전 발달 과정을 규명하는 경우, 그렇게 고정된 조건들은 더 이상 무시될 수 없다. 더욱이 왜 다른 색이 아니라 굳이 그 색인가를 규명할 때에는 개체를 둘러싼 주변 생존 환경의 요인들도 고려되어야 한다. 이렇듯, 탐구 대상의 범위와 인

---

4) 과학적 발견에서 이러한 다수 가설들의 역할을 솔직하고 설득력 있는 문체로 그려낸 작업은 다음이다. Chamberlin, T. C.(1965). 빙하학 및 지구의 미세 행성 기원론으로 더 잘 알려진 챔벌린은 다수 가설들의 역할을 시민사회의 관계론까지 적용하여 그 가능성과 경계해야 할 점을 따졌다. 어떤 의미에서 그는 윤리 담론을 실천적 문제 해결의 관점에서 접근한 것이다. 그의 이 작업은 1897년 『지질학회지(*Journal of Geology*)』에 실렸고, 그 중요성이 재인식되면서 1965년 『사이언스(*Science*)』에 다시 게재되었다.

과 가설의 설명 영역은 탐구의 목적과 관심에 따라 일종의 거래관계 속에서 상보적 관계를 맺는다. 특정 목적과 관심이 부각될 때 다른 목적과 관심은 양보를 하게 되며, 이러한 거래는 설명 영역의 이동에 의해 역전된다.

챌린저호 폭발의 원인은 무엇인가? '오링의 결함'이라는 표현은 관점에 따라 여러 의미를 갖게 된다. 우주왕복선 폭발과 관련된 직접적 단위에 관심을 갖는 경우, 원인은 오링이라는 물리적 단위로 좁혀진다. 관심의 초점이 오링 결함을 사전에 예측할 수 없었던 이유로 옮겨질 때 원인은 연구 개발에 부적합한 테스트 방식으로 귀결된다. 그러한 테스트 방식이 채택된 이유를 따지게 된다면, 나사의 조직체계 구성법과 문화가 거론되게 된다.

홍채 색의 유전적 원인 규명 작업처럼 공학적 재난의 원인 규명 작업 또한 탐구의 목적과 관심에 따라 단서들에 적용되는 작업가설들은 달라진다. 이에 의해 인과 가설 생성도 하나로 고정되지 않는다. 인과의 범주는 생성된 인과 가설과 그 설명 영역에 따라 물리적 단위의 범주, 과정적 범주 및 구조적 범주 등으로 나눠지고, 우리는 각 범주에 오링, 연구 개발에 부적합한 테스트 과정 및 나사의 편향된 조직체계를 나열할 수 있다.

그러나 공학적 문제는 합당한 인과 설명을 찾고 실험적으로 규명함으로써 해결되지 않는다. 그러한 규명 작업은 사실 문제 해결을 위한 첫 단계에 지나지 않는다. 원인을 제거하라는 실천적 목적 달성을 위해서 좀더 탄력적인 인과 범주의 구분법이 요청된다. 공학 지식을 인공물의 디자인과 생산 과정에서 조직화된 지식체계로 이해할 때 효과적인 재난 방지를 위해서는 그 조직화의 시간적 순차와 공간적 배치를 따져야 한다.[5] 사건 발생 시점을 기준으로 결과에 가장 근접한 원인이 우선 고려되어야 한다. 그러한 원인을 '근접인(praximate cause)'이라고 할 때 근접인의 원인, 곧 근접인의 발생에 대한 책임성을 갖는

5) 공학 지식의 그러한 이해 방식은 6장에서 다뤘다.

원인을 '궁극인(ultimate cause)'이라고 하자. 궁극인은 시간적 차원에서는 근접인을 발생시킨 과정과 관련되며, 공간적 차원에서는 조직체계의 구성법, 조직체계와 타분야의 연결망 및 공학에 대한 타분야의 인식 등을 망라한다. 인과 범주를 근접인에 근거한 것과 궁극인에 근거한 것으로 분류하고, 이를 간단히 '근접인 범주'와 '궁극인 범주'로 명명할 때 다음과 같은 도식을 얻을 수 있다.

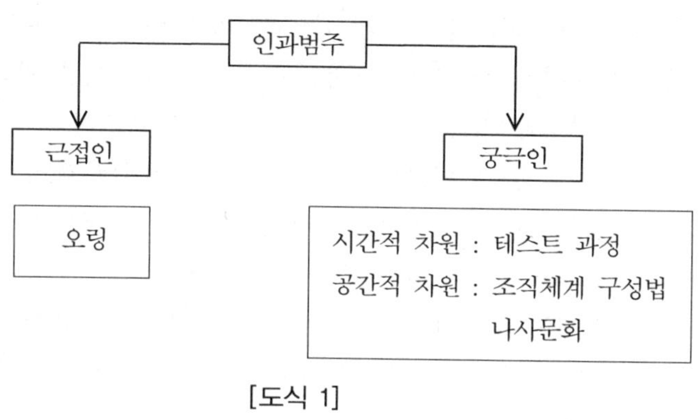

[도식 1]

재난의 꾸러미 분석 기법은 근접인뿐만 아니라 궁극인을 제거함으로써 유사한 재난을 막을 수 있다는 관점에 근거한다. 챌린저호를 인체에, 그리고 챌린저호 참사를 외과시술을 요하는 질병에 비유한다면, 외과시술의 제거 대상은 오링의 물리적 결함이 된다. 하지만, 그 질병이 환자의 식생활과 연관되어 있다면, 그의 생활 습관이 바뀌게끔 도모함으로써 유사한 질병을 좀더 궁극적으로 막을 수 있다. 이는 오링의 결함을 가려버린 테스트 과정을 수정하는 것에 대응한다. 환자의 식생활이 단순히 개인 차원이 아니라 술잔 돌리기와 같은 문화적 풍습과 연관되어 있다면, 그러한 풍습을 개선할 수 있는 제도적 방안을 고려해야 한다. 이는 공간적 차원에서 나사의 조직체계 구성법과 문화를 수정하는 것에 대응한다.

이제 재난의 꾸러미 분석 기법을 구체적 사례에 근거해 살펴볼 차례인데, 그 전에 하나의 질문을 먼저 다루고 넘어가자.

재난의 원인 제거에서 근접인과 궁극인에 속하는 것 중 무엇이 우선적 제거 대상으로 고려되어야 하는가?

누가 이 질문에 근접인이라고 자동적으로 대답한다면, 그는 인간의 모든 실천적 판단이 개연적이라는 사실에 무감각하며, 또한 현재 공학의 성격에 무지하다. 위 질문에 대한 자동적인 대답은 불가능하다. 공학적 인공물의 복잡성으로 인해 근접인을 제거하는 대신 해당 인공물 사용을 포기하거나 단종시키는 경우도 발생한다. 아예 재난을 일으켰던 위험성을 감수하고 근접인의 부분적 수정에만 만족해야 하는 경우도 있다. 체르노빌 원전 재난은 그 실례가 된다.

원자로에 남은 핵 연료봉 전체의 인공적 제거에 필요한 재정은 유럽의 모든 국가가 달려들어도 감당하기 힘들 정도로 크다. 서구의 여러 국가가 핵발전소 건설을 포기하는 실제적 이유는 핵 쓰레기의 사후 처리에 드는 부대비용이 만만치 않기 때문이다. 가장 효과적인 경제적 방법은 우라늄 원소의 반감기를 이용해 안전한 장소에 묻고 방사능이 자연적으로 소실될 때까지 기다리는 것인데, 그러한 장소 선정에서부터 문제가 발생한다. 핵 쓰레기도 아닌 핵 연료봉의 경우는 땅에 묻고 마냥 기다릴 수도 없는 것이다. 또 당시 우크라이나 지역의 심각한 전력 부족 상황도 고려해야 했다. 결국 사고가 난 4호기 원자로는 안전장치의 보완 및 궁극인과 관련된 조직체계, 곧 소련 정보국 KGB에 의해 운영된 조직체계 구성법의 개선과 함께 재가동 중에 있다. 남은 핵 연료봉을 빨리 사용해 없앤 후 그 쓰레기를 적당한 곳에 묻자는 것이 어떤 의미에서 체르노빌 원전 참사의 최종 대책안이었다.

어쩔 수 없는 상황이라는 것을 인정하기 싫어하는 순수주의자 혹은 실천적 문제 해결이 일종의 불확실성 속의 게임이라는 사실을 거부하는 이상주의자에게 체르노빌 원전 참사의 대책 방식은 납득하기 힘들지도 모르겠다. 하지만, 구체적 문제 해결의 맥락 속에서 인간의 사고와 행위를 제한하는 요인들, 곧 한정된 시간, 인지 능력, 경제적 자원 및 현재의 과학기술 수준과 같은 현실적 제약들을 고려하여 체르노빌 원전 참사의 대책 방식을 평가한다면, 그 방식이 현시점에서 어쩔 수 없이 만족해야 하는 것이라는 점에 대해 그 누구도 쉽게 시비를 걸 수 없다.

2. 재난의 꾸러미 분석 기법

재난의 꾸러미 분석 기법은 일련의 다음 조건들을 만족해야 한다.

(1) 인과 추적에서 원인과 결과의 복잡한 중층적 연결 관계는 요인 분석뿐만 아니라 경로 분석 양자 모두를 요청한다. 원인과 결과에 대응하는 요인들의 선별만 가지고는 재난을 불러온 원인을 충분히 제거할 수 있는 대책 마련에는 역부족이다. 요인들 사이의 인과 경로도 분석되어야 한다. 그래야만 원인의 근접인 범주와 궁극인 범주가 문제의 맥락에 맞게 구성된다.

(2) 근접인과 궁극인의 범주적 구분은 원인 찾기를 넘어서 원인 제거의 관점에서 다뤄져야 하며, 근접인 외에도 궁극인의 제거 없이는 재난 방지의 목적은 충분히 달성될 수 없다는 인식이 재난 분석에 전제되어야 한다.

(3) 근접인과 궁극인들의 제거 순위 결정에 따라 재난 방지를 위한 대안 설정이 달라지기 때문에, 원인 분석은 그러한 대안 설정과 연결망을 이뤄야 한다.

(4) 현대 공학 지식은 문제 해결을 위한 인공물의 디자인과 생산 과정 속에서 조직화된 체계성을 갖기 때문에 조직체계의 구성법 및 의사결정 과정과 분리되어 이해될 수 없다. 따라서 재난 분석에서 공학 지식은 단순히 물리적 원인 찾기와 제거에 국한되어서는 안 된다.

(5) 효과적인 재난 방지라는 문제 공간에서 공학 지식은 원인 분석에서 대안 마련에 이르기까지 타분야의 지식체계와 공조해야 한다.

재난의 물리적 원인 규명만이 공학자의 몫이고 방지와 대책은 아니라는 식, 곧 공학을 단지 정책 및 관리 차원의 수단으로만 파악하는 방식은 재난의 꾸러미 분석 기법에서 부정된다. 그렇게 파악하는 방식이 낡은 것이라는 것에 대해 누구나 동의할지 모르지만, 우리의 현실은 여전히 이와는 반대로 굴러가고 있다. 단적인 예로 과학기술 정책 관련자를 뽑을 때 과학자와 공학자에게 그 문은 여전히 굳게 닫혀 있는 상태다. 이러한 상태의 지속은 거시 차원에서 볼 때 재난의 잠재적 원인으로도 여겨질 수 있다. 하나의 사례를 살펴보자.

어느 날 아침 출근 시간대에 교량이 갑자기 붕괴했다. 교량의 붕괴는 많은 인명 피해를 가져왔다. 그 교량은 교량 상부의 안전망을 없앤 게르버 트러스(Gerber Truss) 공법으로 설계되었다. 그만큼 교각 사이의 응력이 한 곳에 집중되어서는 안 되는 공법이었다. 상대적으로 약한 교각과 교각 사이의 한 부분에 응력이 집중되는 것은 교량의 붕괴를 가져올 수도 있기 때문이다. 교량이 붕괴된 부분에서 발견된 여러 주목 단서들을 설명해주는 또 다른 단서들을 추적하는 과정에서 사고의 근접인 목록이 마련되었다. 첫째는 수직재 핀 부위의 용접부의 파열, 그리고 둘째는 상부 핀 부위와 하부 핀 부위를 연결하는 수직재 하부의 심한 부식이었다. 부식된 수직재의 하부가 먼저 붕괴되면서 상부 핀 부위의 용접부 파열이 교량 붕괴를 불러왔다는 인과 가설이 설정되었고, 그 가설은 공학자들의 기대 수준을 만족시킬 수 있는 그러한 것이었다. 정부도 원활한 사건 해결을 위해 최초로 기술직 출신의 서울 시장을 임명하였으나, 그는 취임 후 11일 만에 정치권 인사로 대체되었다.[6] 공학자들은 여러

---

6) 정부는 사건의 신속한 해결을 위해 당시 부시장이었던 기술직 출신의 우명규를 서울특별시 시장으로 임명했다. 기술직 출신이 서울 시장으로 발탁된 것은 해방 후 처음이었다. 그러나 우시장은 취임 후 11일 만에 경질되었고, 정치권과 유착 관계에 있던 최병렬이 새로운 서울 시장으로 취임하게 된다. 우시장은 그의 능력을 제대로 활용할 기회조차 갖지 못했다. 그의 경질 이유는 당시 부시장으로서 성수대교 관리를 제대로 하지 않았다는 것이었다. 그의 정치적 행적과 무관하게, 잘못된 제도로 인해 기술직 출신들이 정책 기관에 턱없이 부족한 상태에서 관리 소홀을 물어 그를 경질시킬 수 있는 것인지는 여전히 의문으로 남는다.

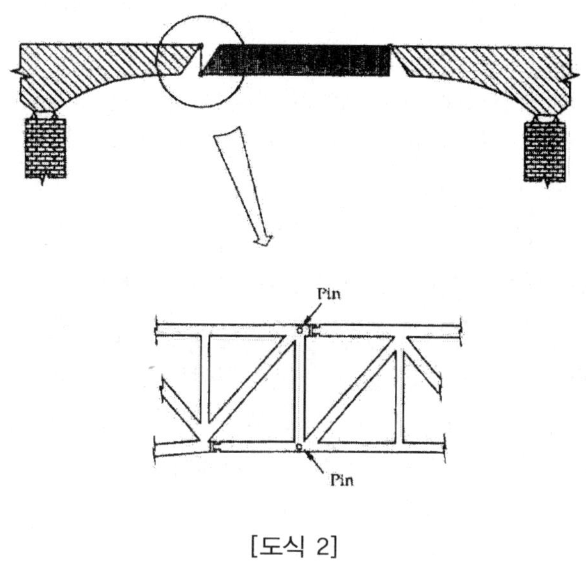

[도식 2]

근접인을 발생시킨 요인들을 시간적, 공간적 차원에서 추적했으나, 그들은 궁극인에 대한 가설들을 충분히 검증할 재량권을 갖지 못했다. 그들 대다수는 사고조사 범위를 넘어서 공학 지식을 능동적으로 활용할 수 없었고, 공학 지식이 재난 방지를 위한 대책 마련과 정책 수립에 개입하는 것은 불가능했다. 도시 환경을 구성하는 각종 공학적 인공물의 전문적 관리는 현대 사회에서 매우 중요한 주제다. 교량 붕괴 참사 이후에도 정책 수립 과정에 능동적으로 개입할 수 있는 공학자의 수는 부족한 상태이며, 다양한 분야의 지식 합성을 요구하는 문제 공간에서 공학을 협동자로 보게끔 촉진하는 제도 마련은 여전히 도외시되고 있다.

위 사례는 1979년 완공되어 1994년 붕괴되면서 수십 명의 목숨을 앗아간 성수대교 사건을 묘사한 것이다. 성수대교 사례는 재난의 꾸러미 분석 기법에 반하는 것으로 여겨질 수 있으며, 여기에는 현대 공학 지식의 성격에 대한 인식 결여가 반영되고 있다. 이 점은 성수대교 사건을 재난의 꾸러미 분석 기법에 따라 재분석하는 과정에서 분명해진다. 재난의 꾸러미 분석 기법은 단순한 형태의 순서도(flowchart)로 표상될 것인데, 성수대교 사건을 그러한 순서도에 대비시켜 분석하기 전에 두 가지가 먼저 언급되어야 하겠다.

첫째, 재난 분석에 필요한 여러 분석적 도구들, 실례로 요인 및 경로와 관련된 통계 방법들, 데이터에 근거한 가설의 적합성을 테스트하는 방법들과 컴퓨터 시뮬레이션을 위한 적절한 소프트웨어 선별법 등은 이 작업에서 다룰 수 없다. 재난 방지와 대책이라는 문제 공간에서 공학 지식의 위상이 이 작업의 관심사이기 때문이다. 둘째, 상식을 존중한 상황윤리의 정신 아래 공학 담론이 펼쳐질 때 과거는 문제 해결을 위한 흔적들의 저장 창고로 인식되어야 한다.[7] 과거의 흔적들이 영원히 보존되는 것은 아니기 때문에, 사례 분석은 그러한 흔적들을 조직화하여 기록으로 남기는 동시에 미래의 유사한 문제에 대비하는 성격을 갖는다. 그러한 성격이야말로 재난 방지와 대책이라는 주제에 윤리적 성격을 부가해주는 것인데, 성수대교 붕괴의 사후 처리 과정은 일종의 고의적인 사건 은폐에 가깝다. 이 점 또한 다음 [도식 3]의 분석에서 명백해질 것이다.

단계 1 : PC는 근접인들의 목록을 나타낸다. 인과 추적의 자연스러운 한 형태인 단서 추정법에 의해 근접인들의 목록 PC가 얻어졌다고 하자. 모든 근접인들이 결과에 대해서 서로 독립적인 관계를 맺는 것은 아니기 때문에, 실제로는 부수 효과(side effect)에 불과한 것들과 그렇지 않은 것들이 추려져야 한다. 실례로 수직재 상부 핀의 용접부 파열이 교량 붕괴에 결정적 기여가 있었는지, 아니면 부식된 수직재 하부의 붕괴에 의한 부수 효과였는지가 검토되어야 한다. 그러한 검토에 의해 장차 고려되어야 할 근접인들을 선택하는 과정 S가 진행되어야 한다. 선택 과정 S에 의해 일련의 근접인 PC(i),⋯,PC(j)가 얻어진다.

단계 2 : 게르버 트러스 공법에 따라 핀플레이트와 수직플렌지를 X자 맞대기 방식이 아니라 I자 수동 용접을 한 것이 응집 집중을 가져오게 만든다는 점에서 잘못된 것임에 분명하지만, 용접부 파열이 성수대교 붕

7) 이에 대해서는 13장 4절을 참조하라.

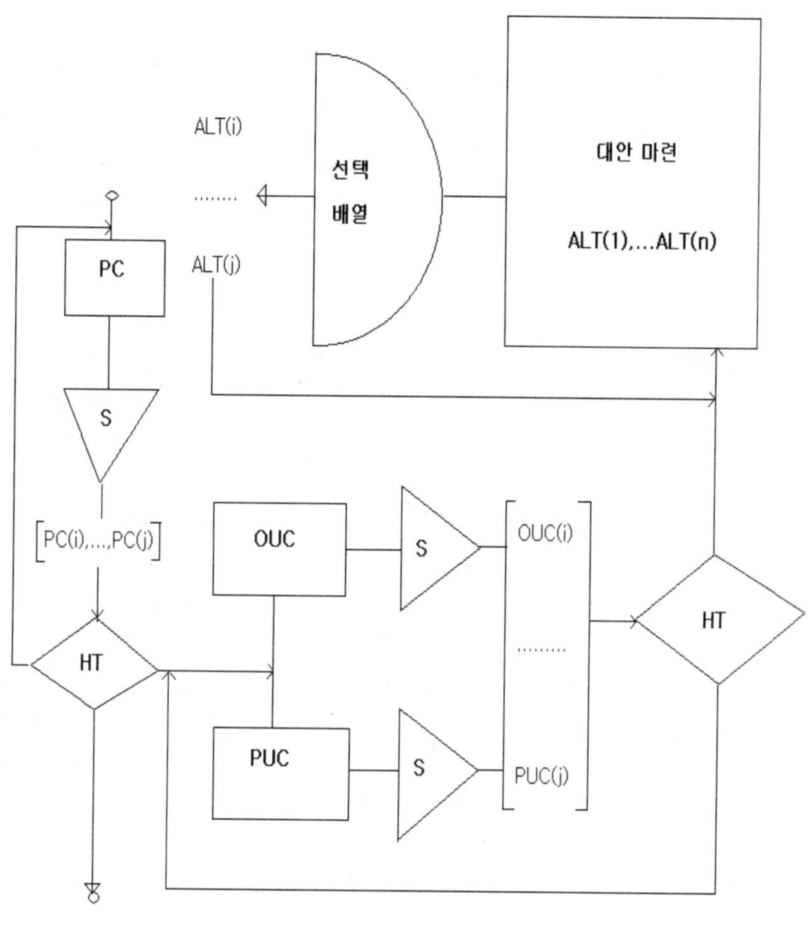

[도식 3]

괴에 얼마나 결정적이었는지는 나로서는 알 수 없다. 그 파열이 부식된 수직재 하부 붕괴의 단순한 부수 효과였는지 아닌지는 정확히 검토되었다고 보지 않기 때문이다. 당시 용접부가 견뎌줬더라면, 수십 명의 인명 피해를 가져올 정도로 교량이 갑자기 붕괴되지는 않았다고 하자. 이렇게 가정할 때 원인 제거의 관점에서 수직재 하부의 부식뿐만 아니라 용접부 파열도 별도로 고려되어야 한다. 수직재 하부의 붕괴와 함께 용접부가 파열되면서 갑작스런 교량의 붕괴가 가능했다는 인과 가설이 설정된다. 그러한 인과 가설은 배경 공학 지식 및 컴퓨터 시뮬레이션 계산 등에 의해 가설 검증 과정 HT를 통과해야 한다. 근접인에 대한 가설이 부적절한 것으로 판명된 경우, 분석은 [단계 1]로의 되먹임 과정을 밟게 된다. 근접인에 대한 가설이 적절한 것으로 판명된 경우, 근접인과 관련된 궁극인의 추적에 들어간다. 근접인의 제거만으로도 충분히 재난을 방지할 수 있는 경우, 분석은 그러한 제거 작업에서 멈춘다. 그렇지 않은 경우, 분석은 [단계 3]으로 이동한다.

단계 3 : 근접인에 의한 인과 가설이 HT를 통과한 경우, 분석의 관심사는 궁극인들의 목록을 마련하는 작업으로 옮겨진다. 그 작업은 일반적으로 병렬처리 과정을 밟는다. 시간적 차원에서는 수직재 하부의 부식 및 용접부 파열에 대한 과정적 궁극인들의 목록 PUC가 마련된다. 공간적 차원에서는 조직체계의 구성법, 행정, 관리 및 정책 등과 관련된 조직적 궁극인들의 목록 OUC가 마련된다. PUC와 OUC가 병렬적 관계를 맺기 때문에, 각각의 궁극인들의 목록을 마련하고 선택하는 과정 S에는 지식의 활용 관점에서 공학과 타분야의 밀접한 상호작용이 요청된다. 그렇게 선택된 과정적 궁극인들로서 구체적 행위 정보를 담은 '샵드로잉(shop drawing)'의 부재와 겨울철 과도한 염화칼슘의 사용을 들 수 있다. 샵드로잉의 부재는 잘못된 용접 방식 및 조립 순서에 대한 인과적 책임성을 가짐으로써 용접부 파열과 수직재 하부의 부식을 가져왔다. 제설작업에 동원되는 염화칼슘은 철근 구조물의 부식을 가속시키는 것으로 알려져 있기 때문에 수직재 하부의 부식에 대한 인과적 책임성을 갖는 것으로 여겨질 수 있다. 조직적 궁극인들로서는 시공사의 의사결정 구조, 수주 과정 및 해당 법률과 서울시의 관리 방식을 들 수 있다.

단계 4 : 고려되어야 할 과정적, 조직적 궁극인들이 선택되는 과정이 병렬처리 방식을 밟기 때문에, 궁극인들에 대한 인과 가설은 대개는 단수가 아니라 복수가 된다. 궁극인들에 대한 가설 검증 과정 HT는 최적 가설의 선택이 아니라 원인 제거의 관점에서 복수의 가설들을 다룬다. 가설들이 HT를 통과하지 못하는 경우, 분석 작업은 과정적, 조직적 궁극인들의 목록을 만드는 부분으로 되먹임하게 된다.

단계 5 : HT를 통과한 가설들에 근거해 원인 제거의 관점에서 재난 방지를 위한 대안 마련 작업에 들어간다. 가설이 하나가 아니기 때문에, 고려되어야 하는 대안들도 하나가 아니다. 대안 마련 과정에서도 공학 지식은 배제되어서는 안 된다. PUC와 OUC의 병렬적 관계로 인해 궁극인들에 대한 가설 설정 작업이 지식의 활용 관점에서 공학과 타분야의 공동협력을 요구하는 만큼, 공학자의 능동적 개입을 가로막은 채 효과적인 대안 마련을 기대하는 것은 어리석다. 현실적 제약을 고려해 대안들의 순위를 정해 선택된 것들을 해당 조직체계들에 배열시키는 작업에서도 공학과 타분야의 학제간 협력이 필요하다.

단계 6 : 선별 및 배열 작업을 거친 대안들 ALT(i),⋯,ALT(j)는 시행과정에서 일종의 '사회적 시험(social test)'을 거치게 된다. 부적합한 대안들은 시행착오의 과정 속에서 다른 것으로 대체되어야 하는데, 이를 위해 문제 해결의 첫 단계로 거슬러 올라갈 수는 없다. 그렇게 하는 것은 많은 사회적 간접비용을 발생시키며, 또한 근접인 추적을 위한 과거의 단서들이 무한정 계속 보존되는 것은 아니기 때문이다. 대안 마련 작업에서 얻어진 일련의 대안들 ALT(1),⋯,ALT(n)을 재검토하는 것이 가장 효과적이다. 그러한 대안들의 다발은 현시점과 미래의 관점에서는 유사한 재난을 막겠다는 동기를 담고 있지만, 그것은 또한 문제 해결을 위한 과거의 정보들을 담고 있다. 재난의 꾸러미 분석 기법은 그러한 대안들의 다발을 마련하는 과정에서 문제 해결에 필요한 정보 누수를 막기 위한 장치와도 같다.

[단계 1]-[단계 6]의 과정은 재난의 꾸러미 분석 기법에 따른 것이다. 성수대교 사건은 어떠한 식으로 처리되었는가? 그 처리 방식은 재난의 꾸러미 분석 기법에 반하는 것이었다. 이를 진단하기 위해 당시 사건 처리를 위한 조직 편성표를 살펴보자.

[도식 4]의 조직 편성표에서 대다수 공학자들은 사고 조사반에 속해 있었다. 성수대교에 투입된 공학 지식이 상부에 투명하다면, 수직 상하의 명령체계에 불과한 [도식 4]의 조직 편성표로도 충분하다. 문제는 그렇지 않다는 데에 있다. 물론 사람들이 조직 편성표에 따라 일

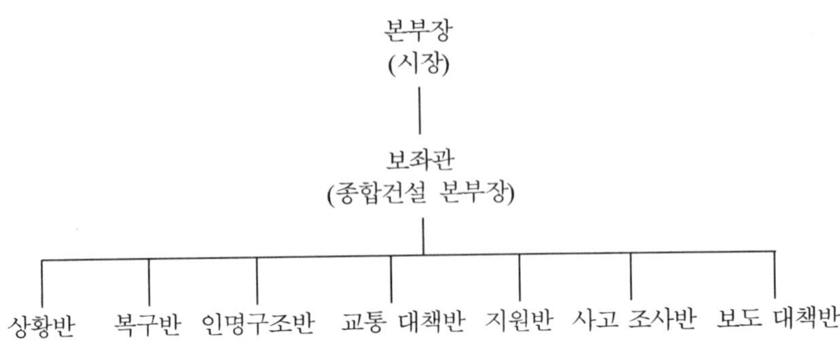

[도식 4]

의적으로 행동하는 것은 아니지만, 그것은 분명히 사람들의 행위와 사고를 제한한다. 그렇기 때문에, 선한 동기도 잘못된 구조 속에서는 나쁜 결과로 나타날 수 있고, 그 반대도 가능한 것이다.

성수대교 붕괴의 근접인들에 대한 합의가 이루어진 이후, 궁극인들의 추적 과정에서 공학자 집단과 타분야 종사자들 사이에 협력은 원활하게 진행되지 않았다. 다시 말해, [단계 3]에서 PUC와 OUC가 병렬의 관계를 맺어야 함에도 불구하고, 공학 지식은 궁극인들의 목록 작성 과정에 능동적으로 개입할 수 없었다. 그 결과, 겨울철 염화칼슘의 과다 사용과 수직재 하부 부식 사이의 인과적 연관성은 테스트조차 될 수 없었다. 그러한 테스트조차 당시에는 검찰의 허가가 필요했기 때문이다.[8] 복잡한 문제 해결을 위한 공학과 타분야의 공조가 [단계 3]에서 깨어지면서, 성수대교의 사건 처리 과정 전체는 재난의 분석 꾸러미 기법에 반하는 식으로 전개되었다.

샵드로잉의 부재로 인한 잘못된 조립 순서와 염화칼슘의 과다 사용 모두가 수직재 하부의 부식을 불러일으킬 수 있다고 할 때 염화칼슘의 과다 사용이 그 부식에 얼마나 결정적이었는지는 미궁으로 남게 되었다. 정부의 최종 보고에 따르면, 염화칼슘의 과다 사용은 성수대교 붕괴와는 무관한 것이었다. 수직재 상부 핀 부위에는 염화칼슘에

8) 유철수, 변성구, 장승필, 최계식, 최진택(1994).

의한 부식 상태가 나타나지 않았다는 것이 그 이유였다. 그러나 그것은 합당한 이유가 될 수 없다. 잘못된 조립 방식에 의해 수직재 하부가 빠르게 부식되었다면, 각종 물질이 수직재의 틈을 타고 흘러들어가 부식을 일으켰다고 봐야 한다. 그렇다면, 염화칼슘에 대한 하부재의 견고성 정도가 당시에 테스트되었어야 마땅했다. 공학자들은 그러한 테스트를 시행해볼 재량권조차 갖지 못했다. 이러한 세태에는 공학을 단지 정책 및 관리 차원의 수단으로만 여기는 낡은 관점이 반영되고 있다.

3. 고의적으로 버려진 사례

성수대교 붕괴 사건에 대처한 방식은 유사한 재난을 막기에 적절한 것이었다고 말할 수 없다. 그 방식은 '고의적으로 버려진 하나의 사례'로서 여겨질 수 있다. 실천윤리를 '상식을 존중한 상황윤리'로 규정한 방식을 간략히 재음미해보는 것은 고의적으로 버려졌다는 것의 의미를 명확히 하는 데 도움을 준다. 그렇게 함으로써 고의적으로 버려진 사례에 규범윤리의 이론적 차원이 아닌 실천적 차원에서 도덕적 비판을 가할 수 있다.

제2부 전체에 걸쳐 실천윤리를 '상식을 존중한 상황윤리'로 규정했다. 상식을 존중한 상황윤리는 '상식의 보호대'와 '시행착오 속의 인본주의'라는 두 축을 갖는다.9) 상식의 보호대는 상식과 가치체계의 긍정적 결합을 도모함으로써 거시적 차원에서는 '상태 지향적 공익'을 추구한다. 그것은 국소적 차원에서는 가치체계들의 배열 및 연결망을 다룬다. 실천적 담론에서 갈등은 개인 차원이 아니라 집단 차원에서 이해되며, '중재'와 '방패'의 방법이 갈등 해소의 방법론으로 제안되었다. 중재의 방법이 주변 환경에 부적합한 특정 가치체계의 내용적 수정을 요구하는 내재적 갈등 양상과 관련된다면, 방패의 방법

9) 이 점은 13장에서 다뤄졌다.

은 가치체계의 순기능을 위해 조직체계의 구성법 등을 개선함으로써 풀리는 구조적 갈등 양상과 맞물린다.

재난의 꾸러미 분석 기법은 특정 가치체계의 내용적 수정보다는 공학 지식의 효과적 활용법에 근거하기 때문에 방패의 한 방법으로 이해될 수 있다. 재난의 꾸러미 분석 기법이 상태 지향적 공익을 추구한다는 점에서 도덕적 위상을 갖는 것은 분명하지만, 고의적으로 버려진 사례의 의미는 상식을 존중한 상황윤리의 또 다른 축인 시행착오 속의 인본주의를 되새겨봄으로써 구체화된다.

시행착오 속의 인본주의를 논할 때 상식과 가치체계들의 역동적 결합 방식에 관한 역사적 평가가 다뤄졌다. 어떤 이론적 전제를 가정하지 않고 문제 해결을 통한 생활세계의 개선을 도모하는 상태 지향적 공익의 추구는 문제들의 선정 및 집단적 평가를 요구한다. 그러한 선정과 평가에 개입하는 다양한 가치체계들을 선별해주는 보편적 기준이라는 것은 없다. 일상적 공감대로서의 상식의 존중에서 피해야 할 세 가지 관점, 곧 상식의 원리주의 관점, 유일한 이론 관점 및 이기주의와 이타주의의 이분법 관점을 떠올릴 때 상식 자체 또한 그러한 선정과 평가에 대한 도덕적 토대가 될 수 없다.[10] 상식과 가치체계들의 역동적 결합 방식에 대한 평가는 시행착오를 허락하는 역사적인 것일 수밖에 없다. 시행착오 속의 인본주의의 세 속성인 '합리성의 제한성', '실패를 통한 교훈'과 '열린 역사'는 상태 지향적 공익의 관점에서 유사한 실수와 실패를 반복하지 않겠다는 노력에 도덕적 의미를 부과한다. 성수대교 붕괴 사건은 그러한 세 속성에 반하는 사례라는 점에서 고의적으로 버려진 것에 해당한다.

인간의 실제적 판단은 상황을 초월할 수 없는 개연적 성격을 갖고, 상황에 합당한 판단은 생리적, 인지적, 환경적 그리고 사회적 요인들에 의해 제한되어 있다. 그러한 제한성으로 인해 실천적 문제 해결은 보편적 원리를 초기 조건에 적용하여 결론을 끄집어내는 확실한 예측

10) 이 점은 10장 5절에서 논의되었다.

게임에 속할 수 없다. 확실한 예측 게임은 현재 충분히 제어 가능한 특수한 조건들 아래에서만 실효성을 갖는 것이며, 그러한 조건들로 구성된 유사한 상황들에 적용 가능한 원리들을 다른 상황으로 확장시킬 수 없다. 재난 분석에 개입하는 인과 추적 작업은 법칙성에 근거한 예측 작업도 아닐 뿐더러, 재난을 불러일으킨 다발적 원인들과 관련된 기술은 쉽게 제어 가능한 것도 아니다. 이 점을 고려할 때 재난 분석은 신속한 사고처리 차원의 조사 영역에 국한되어서는 안 되는 것이다. 성수대교 붕괴 사건은 이와는 반대로 진행되었다는 점에서 고의적으로 버려진 사례에 해당한다.

합리성의 제한성은 가치체계 자체의 독립적 평가를 부정한다. 상식과 가치체계의 긍정적, 부정적 결합에 대한 평가에서 가치체계는 관계적 기능의 관점에서 다뤄져야 한다.11) 목적 달성과 관련된 실패가 그러한 결합의 부정적 평가를 함축하는 경우, 특정 가치체계의 긍정적 기능 가능성이 예외적인 것으로 평가되어야 하는 종류의 것이 있고, 그것의 부정적 기능 가능성에도 불구하고 상식과의 결합을 허용해야 하는 것이 있다. 실질적 권리들, 실례로 인권 및 자유로운 종교의 선택권 등은 실천윤리에서 보편적 원리가 아니라 문제 해결의 고려 사항이 되는데, 이것은 아주 예외적인 상황에서의 긍정적 기능 가능성에도 불구하고 일반적으로 허락될 수 없는 가치체계에 대한 역사적 인식에 근거한다. 그 인식은 더 이상 예외적인 것으로 규정될 수 없는 특정 가치체계의 집단적 실패에서 얻어진다. 반면에 대다수 직업적 가치체계들의 경우, 그것의 실패는 예외 사례로 규정된다. 실패의 반복 가능성은 특정 가치체계의 내용적 수정 혹은 가치체계의 순기능을 도모하는 구조적 개선에 의해 약화되는데, 이때 실패 사례는 현실 속에서 풀어야만 하는 구체적 문제와 맞물린다. 재난 방지의 목적은 공학적 가치체계의 순기능을 도모하는 것과 무관할 수 없고, 또 그러한 순기능이 다른 가치체계와 관계적 기능을 맺는다면, 재난의

---

11) 이에 대해서는 12장 2절을 보라.

분석은 근접인 영역에만 국한될 수 없다. 성수대교 붕괴 사건의 경우, 공학은 단지 정책 및 관리 차원의 수단 정도로 취급되었다. 이 점에서 성수대교 붕괴 사건은 고의적으로 버려진 사례에 해당한다.

인간의 사고와 행위가 생리적, 인지적, 환경적 그리고 사회적 요인들에 의해 제한되어 있기 때문에, 역사의 보편적 구조라는 것은 없다. 그러한 보편적 구조의 이론적 설정은 열린 역사에 대한 두려움에서 근거하거나, 역사에 대한 지금까지의 경험적 서술이 문제의 진단과 해결에 대한 어떤 개념적 틀을 보편화할 만큼 충분하다는 착각에서 기인한 것이다. 열린 역사의 관점에서 과거의 실패들은 문제 해결을 위한 일종의 '정보 저장 창고'로 간주된다. 또 유사한 실수와 실패를 피하기 위한 대안은 확실한 예측이 될 수 없다. 그것은 하나의 가능성으로 이해되어야 하기 때문에, 재난의 분석은 원인 추적에서 여러 가능한 대안들을 고려하는 꾸러미 형태를 갖춰야 한다. 성수대교 붕괴 사건은 이에 반한다는 점에서 고의적으로 버려진 사례에 해당한다.

18장 시각소통

공학교육 다시 생각하기

공학 지식은 이론과 같은 분석적 도구 및 실험 장치와 같은 물리적 도구로 구성된 수단도구들을 사용해 표적도구, 곧 최종 인공물을 디자인하는 과정에서 '조직화되는 지식체계'이다. 이러한 공학 지식의 효과적이고 현명한 활용법은 시각소통에 기반을 두고 있다. 시각적 표상 기법으로서의 도면 꾸러미는 공학자 집단의 상호작용의 기반이다. 그러한 도면 꾸러미를 집단적으로 완성시키기 위한 초기 스케치가 공학적 발상에 필수적이라면, 도면들에 담긴 정보 및 통계 자료의 시각적 디자인은 공학자 집단과 타분야의 의사소통을 촉진시키는 설득의 기예에 속한다. 공학자 집단 내의 상호작용과 관련된 각종 시각적 표상 기법은 공학교육에 제도화되어 있지만, 시각소통의 발상과 설득의 측면은 아니다. 이는 현재 공학교육이 여전히 사회설계의 차원이 아니라 사회봉사의 차원에 국한되어 있음을 반영한다. 공학교육 학제에 시각소통을 도입하는 것은 공학교육을 다시 생각하게끔 우리를 자극한다.

1. 사회통계학과 아이소타입

칠판과 분필 혹은 화이트보드와 마커가 없는 공학자의 모임이라는 것은 생각하기 힘들다. 심지어 그러한 것들이 없는 상황에서도 공학자는 손짓을 통해 자신의 생각을 시각화하여 전달하려고 애쓴다. 어느 전자공학자가 자신의 발상을 선배에게 장황하게 설명할 때 선배는 그에게 그만 지껄이고 회로도를 보여 달라고 요구한다. 시각소통(visual communication)은 공학자들에게 의사소통의 기반이다.

인공물을 디자인하고 생산함으로써 문제의 실천적 해결을 추구하는 공학에서 '정보의 시각적 디자인(visual design of information)'은 논증을 도와주는 보조 수단 혹은 시각적 추론(visual inference)의 단위에 국한되지 않는다. 건물의 설계도와 전자회로도 등의 시각적 표상들 자체가 집단 내 상호작용의 공적 기반이 되는 경우는 공학에서 두

드러진다. 거기에서 시각은 언어적 이해를 위한 보조 수단이 아니다. 철자와 같은 상징기호(symbol)나 단어가 오히려 시각적 이해를 도와주는 보조 장치가 된다. 시각소통이 과학적 발견 및 추론과 관련되어 강조되어 왔지만, 시각소통의 폭은 과학보다는 공학에서 더 크다.

시각소통의 수단은 정보의 시각적 디자인이며, 그 목적은 정보의 공유와 상호교환이다. 여기서 정보의 존재론적 위상을 논할 필요는 없다. 의사소통에서 시각적 정보와 언어적 정보가 갖는 성격상의 차이가 중요하기 때문에, 정보는 기억의 단위가 될 수 있는 내용이라는 정도의 정의에 만족하자. 기억의 단위와 관계를 맺는 세상의 부분들이 개념적으로 '대상', '사실', '사건' 및 '행위'로 분류되는 것과 무관하게, 그것들에 대한 시각경험의 자료화는 가능하다. '데이터(data)'는 세상의 부분들을 물리적으로 기록한 것이기 때문에, 데이터의 해독 과정은 그 부분들에 대한 정보를 추출해내는 작업이다. 시각적 디자인은 그러한 정보를 시각적으로 표상한 것이다. 시각적 정보는 형태지각 차원에서는 언어적 정보보다 직접적이다. 대상들의 유기적 관계나 역동적 변화는 언어보다는 시각적으로 나타내기 쉽다. 시각적 정보는 언어 능력을 전제한 여러 개념적 해석에 열려 있다는 점에서 탄력적(flexible)이다.

여러 해석을 허락하는 시각적 정보는 언어적 표현으로 단일하게 명시될 수 없다는 점에서 '암묵적(implicit)인 것'으로 분류되기도 한다. 여기서 '암묵적인 것'은 '명시적(explicit)인 것'을 언어적 이해와 연관시켜온 전통에 대비된 것이다. 암묵적인 것과 명시적인 것의 대비는 정보의 차원에서만 나타나는 것이 아니다. 그 대비는 정보에 근거한 사고의 상태, 행위자의 관점 및 구성력과 관계된 지식의 영역에서도 나타난다.[1)] 진위 여부의 판단 대상이 되는 지식과 달리, 세상의 상태를 변화시키는 행위에 개입된 지식은 '암묵지(implicit knowledge)'로 분류되는 경우가 많다. 전체적인 기능에서 단위들의 기능적 연결망을

1) 지식과 정보의 구분 및 연관성은 다음 논문에서 다뤘다. 이상하(2004a).

다루는 지식은 단순히 진위 여부의 명제적 판단으로 환원되지 않기 때문이다. 그러한 지식을 명제적 판단에 대비된 암묵지라고 할 때 암묵지의 습득과 활용에 효과적인 정보의 디자인은 시각적인 경우가 많다. 더욱이 지식 자체가 기억의 단위가 될 수 있는 동물에게는 지식의 정보화도 가능하며, 시각적으로 재처리된 암묵지가 일반적으로 기억하기 쉽다. 생활세계의 구조를 변화시키는 공학에서 암묵지는 중요하다.[2] 시각적 정보가 공학에서 차지하는 비중은 다른 분야에 비해서 클 수밖에 없다.

시각소통에서 공학자들의 상호작용 기반은 도면 꾸러미다. 전자공학자들은 인공물 디자인의 전체 윤곽으로서 초기 회로도를 설계한다. 그들의 사전(lexicon)은 단어들로 채워진 것이 아니라 각종 기하학적 형태들과 선들로 구성되어 있다. 그러한 기하학적 형태들은 콘덴서와 저항들을, 그리고 선들은 그들 사이의 기능적 관계를 나타낸다. 물리학의 각종 방정식들과 언어적 표현들만으로는 단위들의 유기적 관계들을 함축적으로 잡아낼 수 없다. 그 관계들은 기하학적 형태들과 선들에 의해 회로도상에 시각적으로 표현된다. 초기 회로도에 빠진 구체적 정보들, 실례로 저항의 극저온 처리법, 무산소 납땜법과 같은 것들은 샵드로잉(shop drawing)으로 초기 회로도에 덧붙여진다. 도면 꾸러미는 디자인이 인공물로 승화하게끔 유기적으로 구성되어야 하고, 그 꾸러미의 시작 혹은 종결부를 장식하는 플로우차트는 전체 공정 과정을 다루는 '공학 디자인(engineering design)'의 시각적 표상이다.

도면 꾸러미의 비효과적인 정보 디자인 및 정보 누수는 공학자들의 상호작용을 깰 수 있기 때문에 재난의 원인이 되기도 한다. 성수대교 참사에서 샵드로잉의 부재는 참사의 결정적 원인 중 하나였다. 현대 공학에 요구되는 시각소통은 공학자들의 상호작용을 위한 도면 꾸러미에만 국한되는 것이 아니다. 설득과 창의적 발상이라는 시각소통의 다른 측면들도 중요하다. 공학의 시각소통이 갖는 세 측면, 곧, 상호

2) 이에 대해서는 다음의 논문들을 참조하라. Collins, H. M.(1974); Ferguson, E.(1976); Latour, B.(1986).

작용, 설득과 발상을 교육에 도입할 때 현행 공학교육의 학제는 반성의 대상이 된다. 이를 보기 위해 먼저 시각소통에서 설득과 상호작용의 두 측면을 구체화하자.

1) 사회통계학의 교훈

정부기관의 중간 관리직을 맞고 있는 너는 어떤 문제로 고민에 빠졌다. 그 문제란 의료보험 정책과 관련된 것이었다. 지속적인 출산율 감소와 평균 수명 연장을 동시에 고려할 때 의료보험비는 올라갈 수밖에 없을 것이며, 그로 인해 미래의 세대간 갈등은 피하기 어려울 것이다. 젊은 세대는 노인들의 의료비를 감당해야 하는 것에 못마땅해 할 것이고, 노인들은 자신들의 사회적 기여를 망각한 젊은이들을 질타할 것이다. 각종 통계 자료에 근거해 너는 치과를 포함한 몇몇 의료 분과에 대해서는 정기 검진 유무에 따른 보험비 차등 지급제를 도입해야 한다고 결론지었다. 그렇게 함으로써 장기적으로 의료비 상승 요인을 억제할 수 있다고 판단했기 때문이다. 그러나 너의 제안은 정부 관료뿐만 아니라 시민의 호응도 얻을 수 없었다. 너는 어떻게 그들을 설득할 것인가?

위 사례와 유사한 문제는 통계 정보의 시각적 디자인 혹은 시각화와 관련해 사회통계학(social statistics)에서 등장한다. 사회통계학의 이념은 사회 문제가 통계 기법의 도움으로 풀릴 수 있다고 여긴 벨기에의 수학자이자 천문학자인 아돌프 케틀레(A. Quetelet)에게서 기인한다. 19세기 통계 기법은 라플라스(P. Laplace) 등에 의해 오차를 측정하고 오차(error) 범위를 줄이는 기법에서 벗어나 변이(variation)를 모형화하고 측정하는 방법론으로 발달했다. 케틀레는 고전 확률 개념에 담긴 엘리트적 인간상인 '합리적 행위자' 대신에 '평균 인간(average man)' 개념을 도입했다. 평균 인간은 행위를 예측하기 힘든 개인 대신에 집단적 성향을 갖는 '추상적 인간' 개념에 근거한 것이다. 케틀레의 평균 개념이 통계적 분포라는 과학적 개념과 양립 가능하다고 해서 모든 과학 분과에서 환영을 받은 것은 아니다. 통계의 역할이 상대적으로 중요하지 않았던 분과의 과학자, 실례로 실험생리학의 베르나(C. Bernard) 등은 그 개념을 비꼬았다. 심지어 사회학의 대부 콩트마저도 '평균 인간' 개념에 대해 비판적 입장을 취했다. 하지만, '평균 인간' 개념의 철학적 정당성과 무관하게 케틀레의 사회통계학이 갖는 역사적 입지는 그대로 유지된다. 사망률, 출생률, 평균 소득 및 빈부 격차와 같은 집단적 특징은 사회 문제의 진단과 정책 짜기에서 중요하기 때문이다.

통계 기법을 사회 문제에 적용할 때 당장 나타나는 난제는 복잡한 통계 자료에 담긴 정보의 효과적 전달이다. 현대적 통계학(statistics)은 통계 자체가 수학적 탐구 대상으로 굳어지면서 형성되었는데, 그 기여자 중 한 명인 칼 피어슨(K. Pearson)은 1911년 그러한 난제를 별도로 다루기 위해 대학에 '응용통계학(applied statistics)' 분과를 설립했다. 여기서 응용은 방정식을 적용해 문제를 푸는 것과 같은 것이 아니다. 그것은 통계 자료의 효과적 활용을 위해 시각화를 포함한 자료의 재처리 기예와 관련된 것이다. 통계 정보의 시각적 디자인은 오랜 전통을 갖고 있지만, 그것이 사회통계학과 접목되어 20세기 초 응용통계학에 일부 흡수되는 과정에는 한 여성의 공헌을 빼놓을 수 없다. 그녀는 공중위생 개선에 평생을 바친 나이팅게일(F. Nightingale)이다. 피어슨 당시 영국의 통계학은 우생학(eugenics)과 밀접한 관계를 맺고 있었고, 피어슨의 교수 자리는 유전 및 형질 분포 연구에 통계 기법을 본격적으로 도입한 골턴(F. Golton)의 개인 기금에 의해 마련된 것이었다. 나이팅게일은 런던 대학에 마련될 통계학 교수좌 안건과 관련해 자신의 입장을 골턴에게 피력했다. 그녀의 입장은 위생, 범죄, 아동 노동, 식생활 등 사회 문제의 해결에서 '통계의 효과적 사용법' 자체가 통계학의 한 영역이 되어야 한다는 것이었다.[3] 케틀레와도 교류를 했던 나이팅게일은 사회통계학의 정신을 정책 차원에서 실현시키기를 갈망했고, 응용통계학 분과의 탄생은 통계의 사회적 활

3) Hogg, R. V.(1989).

용법에 대한 시대적 인식을 반영하는 것이기도 했다.[4]

사회통계학에서 통계 자료의 정보를 시각화하는 데 동원되는 기법들은 크게 '통계적 도표(statistic graphics)'와 '주제별 지도제작법(thematic cartography)'이라는 두 전통에 기대고 있다. 전자가 자료의 공간적 시각화를 꾀한다면, 후자는 주제별 지역적 특성을 시각화하려는 목적을 갖는다. 현재 사용 중인 시각적 디자인의 여러 표상 기법들 대부분은 19세기 중엽 이후에 개발되었다. 그러한 기법의 개발은 18세기에 개발된 '삼색체계' 등 여러 도구 및 공법의 발전에 의존적이다. 나이팅게일이 고안한 '콕스콤브(coxcomb)'는 통계 정보의 공간적 시각화의 모범으로 간주될 수 있다. 그것은 전쟁 기간 동안 매월 사망률을 '중추극선 영역 도식(polar area diagram)'으로 재표상한 것이다.[5]

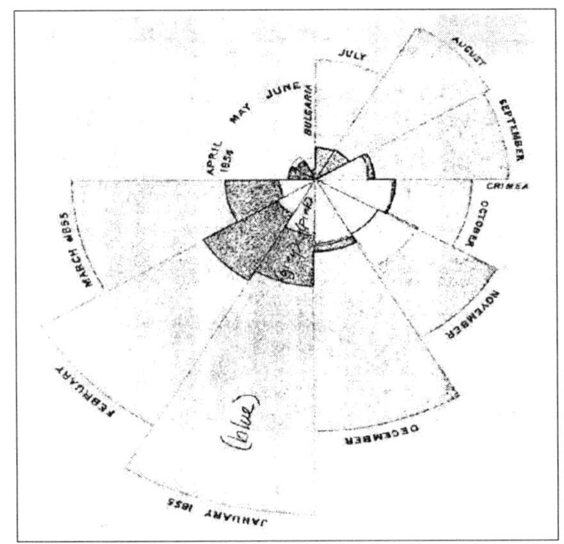

4) 케틀레와 나이팅게일의 서신왕래에 대해서는 다음을 참조하라. Diamond, M. & Stone, M.(1981).

5) 콕스콤브의 현대적 재구성에 대해서는 다음을 참조하라. Osborne, H.(ed.) (1975), 293-297쪽.

전쟁 중 부상으로 인한 사망률, 기타 질병에 의한 사망률 그리고 악화된 위생 상태로 인한 사망률은 콕스콤브에서 숫자와 테이블이 아니라 공간적 분포로 나타나 있다. 파란색(blue)으로 처리된 영역은 전쟁 중 위생 상태의 악화로 감염에 의해 사망한 사람들의 수를 나타내는데, 그것은 검은색으로 처리된 부상에 의해 사망한 사람들의 수보다 항상 크다. 전쟁이 심할 때 검은색 영역이 증가하지만, 파란색 영역으로 표상된 사망률도 급증한다. 이는 병원의 위생 상태를 개선시키는 것만으로도 사망률을 대폭 줄일 수 있음을 암시한다. 19세기 빅토리아 시대에 병원의 살림살이를 도맡았던 간호사 직업을 전문 의료직으로 승화시킨 나이팅게일이 콕스콤브를 개발한 의도는 무엇일까? 이 질문에 답하는 것은 시각소통에서 설득의 측면을 잘 드러내준다.

나이팅게일이 콕스콤브를 개발할 때 초기 스케치(sketch)는 그녀의 발상과 관련된다. 그러한 스케치는 개인적 요소를 많이 품고 있지만 결코 주관적인 것은 아니다. 나이팅게일은 타인과의 교류 속에서 초기 스케치를 시각소통의 모형으로 승화시켰다. 이렇게 탄생한 콕스콤브가 일상언어와 상보적 관계를 맺는 가운데 상호작용의 공통 기반으로 작용할 수 있는 '대안언어(alternative language)'에 속하는 것은 아니다. 그것은 설득의 기예 차원에서 이해되어야 한다. 18세기 말 공기과학의 대부이자 민중 교육의 개혁가인 프리스틀리(J. Priestley)가 정보의 시각적 디자인을 설득의 기예로 사용했을 때 '설득의 시선'은 위에서 아래로 향한다. 그가 개발한 '역사 연표(historical timeline)', 곧 역사적으로 중요한 인물들의 연대기를 시간축의 수평 선분으로 표상한 것은 아동 교육을 위한 것이었다.[6)]

콕스콤브는 통계 지식을 결여한 정책 결정자를 설득하기 위한 시각적 장치라는 점에서, 그 설득의 시선은 설득자를 중심으로 아래가 아니라 위로 향한다. 여기서 설득 시선의 방향성은 위계질서의 맥락에 의존적이다. 프리스틀리의 경우에서 사회적 위계질서와 지식의 위계

6) [도식 2]는 프리스틀리의 역사 연표이다.

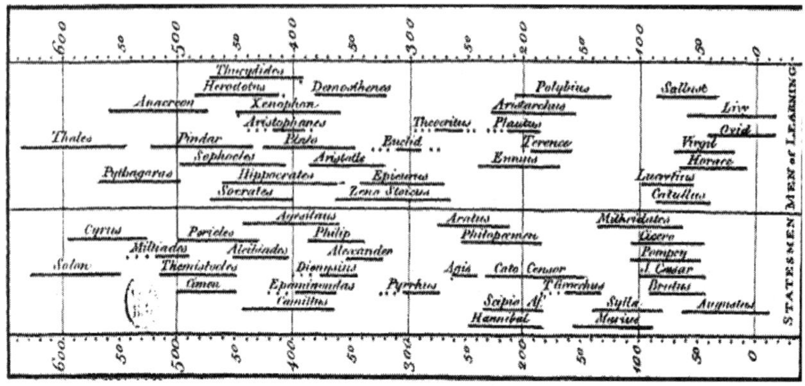

[도식 2]

질서가 거의 동일한 구조를 이룬다면, 나이팅게일의 경우는 다르다. 지식의 위계질서 차원에서 정책 결정자는 나이팅게일의 아래에 위치하게 되지만, 사회적 위계질서의 차원에서 그는 그녀의 위에 있다. 이렇게 지식의 위계질서와 사회적 위계질서가 상충하는 경우, 설득의 기예는 더욱 중요한 담론 주제가 된다. 통계 지식에서 열등하지만 실질적 결정권을 가진 상부를 설득하여 병원의 위생 환경을 개선시키겠다는 나이팅게일의 동기를 고려할 때 설득의 시선은 아래에서 위로 향한 것으로 평가될 수 있다.

콕스콤브에 동원된 중추극선 영역 도식 기법은 유사한 문제에 적용될 수 있다. 그러나 설득을 위한 분석적 도구로 개발된 그 기법이 집단적 상호작용의 공통 기반이라는 지위를 갖는 것은 아니다. 또 그 기법은 문제의 인식과 주제 설정의 장치로는 명백한 한계를 갖는다. 시각소통에서 설득 능력은 현대 공학자가 갖춰야 할 자질 중 하나로 부각되고 있지만, 공학자 집단에게 시각소통의 중심축은 우선적으로 도면 꾸러미와 같은 것이다. 그러한 도면 꾸러미는 집단 내 통합과 상호작용의 공통 기반으로 작용하는 만큼 공학자들에게는 일종의 언어와 같은 것이다. 도면상의 기하학적 형태들, 형태들의 배열 및 관계를 규정하는 일련의 규약들은 설득을 위한 기법이 아니라 의사소통의 협약

(convention)으로 이해되어야 한다. 그러한 협약은 설득의 특정 목적에 종속되지 않는다. 사회통계학의 발달사에서 정보의 시각적 디자인이 설득의 측면을 넘어서 상호작용의 공통 기반으로 체계화될 수 있다는 관점은 '아이소타입' 속에 반영되어 있다. 환경 구조의 정보를 나타내는 상징적 그림에서 교통신호체계에 이르기까지 아이소타입은 현재 사회의 곳곳에서 기능하고 있다.

2) 아이소타입의 교훈

아이소타입(ISOTYPE: International System of Typographic Picture Education)은 1930년대에서 1940년대 사회학자이자 철학자 오토 노이라트(O. Neurath), 교육학자 마리 라이데마이스터(M. Reidemeister)와 미술가 게르트 아른츠(G. Arntz)를 중심으로 개발된 시각언어체계이다. 아이소타입은 환경 구조의 정보를 담기 위해 구조적으로 단순화된 시각적 기호(visual sign)를 지칭하기도 하지만, 그것은 또한 계층간 문화적 통합을 추구하는 언어체계이다. 언어체계로서의 아이소타입은 그림원소(pictorial element)들과 그림원소들의 배열 및 관계에 관한 규칙들로 구성된다. 그림원소가 이름에 대응한다면, 그림원소들의 조합은 진술에 대응한다.

[도식 3]

기호로서의 그림원소는 아이콘(icon)과 지표(index)를 합성시킨 것이다. 그것은 문자보다 직접적으로 대상을 상징하는 아이콘이면서 동시에 대상을 둘러싼 환경 정보를 암시하는 지표이기도 하다. 실례로 [도식 3]은 미술가 아른츠가 중심이 되어 만든 1,140개의 그림원소들 중 일부인데, 각 원소는 운송, 생산 및 전쟁체계의 기능 단위를 상징한다. 육상, 수로, 항공, 철로로 나눠진 운송체계의 기능 단위들로서 자전거에서 비행기에 이르기까지 각 단위들이 상징적으로 시각화되어 있고, 전투기를 대표하는 그림원소는 운송체계와 중첩된 전쟁체계에 속하게 된다. 그림원소는 논리적 단위로서의 주어와 같은 것이 아니라 사회적 기능 단위를 상징하기 때문에, 그림원소들의 조합은 그러한 기능 단위들의 관계들로 형성된 사회적 구조를 나타낸다. 이 점에서 아이소타입은 통계 자료에 함축된 정보의 시각적 변환을 다루는 사회통계학의 여러 기법들과 성격을 달리한다.

통계적 도표의 기법들에 의해 설득의 측면에서 통계 정보가 시각적으로 표상될 때 설득 목적 자체가 그 표상에 직접 함축되는 것은 아니다. 그러한 표상은 어디까지나 설득을 위한 분석 장치라는 점에서 원래의 통계적 자료와 대등한 지위를 갖는다. 반면에 시각언어체계로서의 아이소타입은 정보의 평등한 공유를 촉진시킴으로써 사회의 계층간 문화적 통합을 추구한다. 그러한 정보는 공동체 삶을 위한 도구의 사용법 등에 국한되지 않는다. 그것은 사회 문제의 인식 장치로서도 기능한다. 이 점은 다음의 아이소타입 분석에서 잘 드러난다.[7]

[도식 4]는 특정 지역의 백인 가족과 흑인 가족 사이에서 나타나는 수입 격차를 보는 이로 하여금 하나의 중요한 사회 문제로 인식시켜 주는 장치이다. 그러한 문제는 타고난 인지적 제한의 범위 안에서 가급적 추론과 분석의 과정 없이 눈에 의해 직접적으로 보는 이에게 전달되어야 한다. 인종간 수입 격차의 문제가 효과적으로 전달되기만 한다면, 그 문제의 분석을 위한 통계 정보 모두가 시각적으로 표현될

7) Neurath, O.(1939), 7-8쪽.

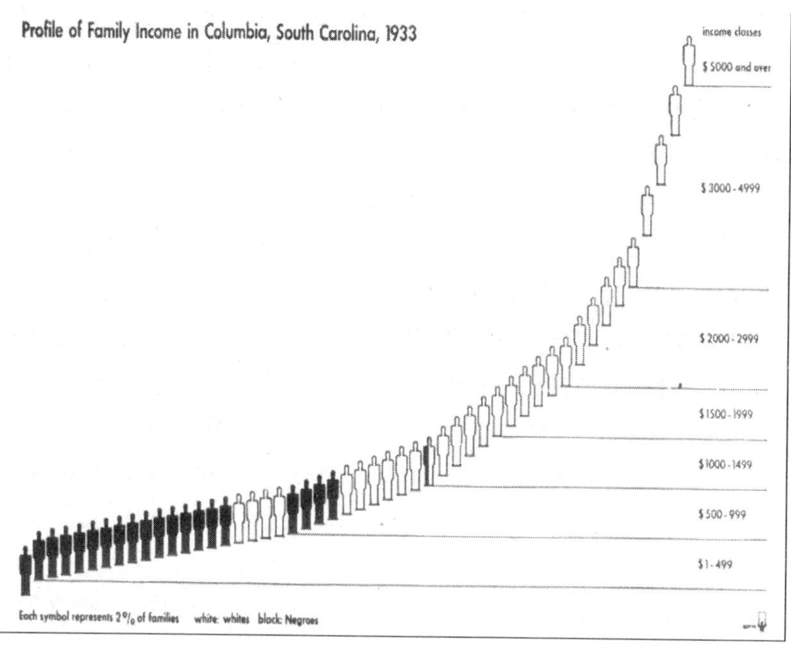

[도식 4]

필요는 없다. 분석은 보는 이가 아니라 아이소타입을 제작하고 전파시키는 교육자에게 필요한 것이다.

전체 인구 중에서 5천 달러 이상의 연간 수입은 0.2%에만 해당한다. 사람 모양의 그림원소를 그 0.2%에 대응시킬 경우, 그 그림원소는 양적인 측면에서 일관성을 유지한 채 사용되어야 한다. 검은색이 흑인 가족을, 흰색이 백인 가족을 상징할 때 각 수입 영역의 상부는 백인 가족들이 차지하고 있다. 1,500달러 이상의 영역에는 아예 흑인 가족이 없다. 아이소타입의 이해에서 이와 관련된 통계 자료의 정확한 정보는 불필요하다. 심지어 0.2%라는 단위의 의미가 보는 이에게 정확하게 전달될 필요도 없다. 그 양이 일관성을 유지한 채 표상된 경우, 노이라트는 인종간 수입 격차라는 사회 문제가 별다른 분석과 추론의 과정을 거치지 않은 채 보는 이에게 시각적으로 전달될 수 있다고 여겼다. 여러 계층의 집단이 동일한 사회 문제를 놓고 소통하기 위한 선결 조건은 타고난 인지적 제한의 범위 내에서 문제가 표상되어야 한다는 것이다. 정보의 시각적 디자인이 그러한 표상 방식을 대표할 수 있다고 할 때 그 디자인은 나이팅게일의 콕스콤브와 달리 설득을 위한 분석 장치에 국한되지 않는다. 그것은 문제 자체의 인식 장치로도 기능해야 하는 것이다.

시각언어로서의 아이소타입체계에서 그림원소들의 디자인과 조합을 다루는 규칙들, 곧 문자적 언어의 문법에 유추될 수 있는 것들은 타고난 인지적 제한 범위 내에서의 '시각적 파악'에 관한 것들이다. 여기서 '파악'은 언어적 추론을 전제한 '이해' 개념에 대비된 것이다. 그림원소들의 디자인과 조합에 관한 규칙들은 아이소타입의 전신인 '그림 통계학의 비엔나 방법론(Viennese Method of Picture Statistics)'의 개요를 100개의 시각적 디자인과 함께 소개한 1930년으로 거슬러 올라간다.[8)]

보는 이로 하여금 첫눈에 핵심 사항을 알게 해주게끔 그림원소들이 디자인되고 배열되어야 한다. 첫눈에 파악되지 않은 것은 두 번째 관찰을 통해 보는 이에게 인지되어야 한다. 노이라트는 공간적 영역, 좌표축, 선분 및 각종 사회통계학의 도식 기법이 그러한 인지에는 비효과적이라고 봤다. 시공간적 경험은 연속적 속성을 갖고 있지만, 기억은 경험에서 필요한 것을 단위화하여 잘라낸다. 양적 비교는 선천적 능력으로서의 셈(counting)에 의존할 때 가장 쉽게 파악될 수 있으며, 질적 관계 또한 셈 능력에 의해 파악 가능한 양적 대조 관계로 재처리되어야 한다. 통계 자료의 정보를 누수 없이 정확하게, 그리고 설득의 분석 장치로서 시각화시키는 통계적 도표 기법과 달리, 아이소타입의 기법은 사회 문제와 관련된 핵심 사항을 만인에게 공유시켜 문제 해결을 위한 집단적 움직임을 자극하려는 교육적 목적을 갖는다. 아이소타입의 교육 목적은 사회적 차원에서는 계층간 문화 통합이다.

N1. 생활세계의 원활한 기능을 위한 유용한 정보는 시각적으로 처리

8) Neurath, O.(1930).

되어 여러 이질적 집단에게 공유되어야 한다. 그렇게 처리된 정보는 하나의 사회에서 여러 계층의 공존과 상호작용의 기반이 되는 것이다.

N2. 생활세계의 원활한 기능을 위해서 부정적 문제는 도외시될 수 없기 때문에, 그러한 문제 또한 시각적 정보로 처리되어 이질적 집단에게 공유되어야 한다. 상호작용의 기반으로서의 시각소통은 기존의 체계 유지에만 국한되어서는 안 된다. 그것은 해결되어야 할 문제를 사회에 공유시킴으로써 체계의 개선을 꾀하는 진보성을 가져야 한다.

공학에서의 시각소통을 살펴보기 전에 N1, N2와 관련된 두 질문만 짚고 넘어가자. 시각소통이 문제 해결의 실천적 차원에서 벗어나 권력의 상징물 혹은 선동의 화두가 되어버릴 수도 있기 때문이다. 노이라트가 가장 경계했던 것이기도 한 이 점은 특히 두 번째 질문에 반영되어 있다.

질문 1 : 노이라트가 1930년대 빈 우파 세력에 밀려 네덜란드로 이주한 후, 그리고 나치의 박해를 피해 영국으로 망명한 후, 아이소타입의 체계는 정교화되고 국제화되었다. 그런데 사회통계학자들 중 일부는 그 시기를 정보의 시각적 디자인 역사에서 암흑기로 규정한다. 왜 그럴까?

질문 2 : 노이라트 사후에도 아이소타입은 네덜란드에 남은 미술가 아른츠에 의해 지속적으로 개발되었다. 또 마리 라이데마이스터는 영국에서 아이소타입을 교육학, 특히 아동교육학에 접목시켰다. 하지만, 이들의 노력은 최근에 와서야 본격적으로 재조명되게 된다. 왜 그럴까?

[질문 1]은 시각소통에서 설득의 측면과 상호작용의 측면을 구별할 때 사소한 것이다. 설득의 분석 장치로서 통계적 도표 기법들 대부분이 19세기에 집중적으로 개발되었다. 컴퓨터가 시각적 디자인에 도입되기 전까지 새로운 기법들이 생성되지 않은 것은 사실이다. 사회통계학에서 정보의 시각적 디자인은 상호작용을 위한 공통 기반으로서의 시각언어라는 위상을 갖지 않는다. 아이소타입에 개입된 기법들은

전통적인 통계적 도표 기법들과 다르다. 시각언어로서의 아이소타입은 집단간 상호작용의 기반으로 작동함으로써 계층간 문화적 통합을 꾀한다. 일상언어와 공조하는 대안언어로서 시각언어의 중요성은 대중매체의 발전과 함께 더욱 중요해졌다. 시각소통에서 정보의 시각적 디자인이 설득을 위한 분석 장치의 기법과 연관될 때 20세기 초반은 암흑기로 여겨질 수도 있다. 반면에 시각적 디자인이 계층간 통합을 위한 시각언어와 연관될 때 노이라트, 라이데마이스터와 아른츠의 시도는 시대를 앞선 것으로 평가된다.9)

공공기관, 방송, 길거리, 심지어 화장실에서도 우리는 아이소타입의 흔적을 발견할 수 있다. 하지만, 아이소타입의 개척자들은 최근에 와서야 본격적으로 재조명되게 된다. 이에 대한 이유 중 하나는 그 개척자들의 정치적 성향과 관련된다. 그들 모두는 사회주의 계열의 좌파 이념을 갖고 있었고, 지난 세기 냉전 이데올로기는 그들의 이름이 전면에 등장하는 것을 가로막는 역사적 계기로 여겨지기도 한다.10) 노이라트는 1910년대 독일 뮌헨 지역에서 좌파 정부 설립 계획에 참가했다가 추방당했고, 또 빈에 귀국해서는 사회주의 계열 잡지 『투쟁(*Der Kampf*)』의 편집을 맡았다. 빈이 우파 세력에 넘어가자, 그는 라이데마이스터, 아른츠와 함께 네덜란드에서 그의 사회주의 이념을 추구했다. 히틀러의 득세와 함께 노이라트와 라이데마이스터는 영국으로 망명하게 된다. 그에게는 급진적 좌파라는 꼬리표가 따라다녔고, 냉전 이데올로기 속에서 아이소타입과 그를 연결시키는 것은 자본주의나 자유주의에 반하는 것으로 여겨질 수도 있었다.

그러나 노이라트의 아이소타입은 자본주의든 공산주의든 양 진영 모두의 입맛에 맞게 재포장되었다. 아이소타입에 담긴 통합 목적 중 N2는 권력 집중이라는 정치적 기제에서 탈피하지 못한 양 진영에 의해 사회의 담론 주제로 부각되지 못했다. 냉전 시대 아이소타입 개척자들의 정치적 성향이 [질문 2]에 대한 하나의 표면적 이유는 되겠지

9) Hartmann, F. & Bauer, E. K.(2006).

10) Lewi, P.(2006), 제6장.

만, 그 이면에는 실천적 맥락의 도덕 담론에서 문제의 인식이 이념에 우선할 수 있다는 이해의 결여가 도사리고 있다. 이를 간략히 살펴보는 것은 제2부에서 펼쳐진 '상식을 존중한 상황윤리'에 담긴 의도를 되새기게 해준다.11)

사회주의자인 노이라트가 개인의 선택보다 공동체를 중요시한다고 할 때 이것은 집단적 획일화를 뜻하지 않는다. 그는 자본주의적 경제 논리에서 재화로 선택의 자유를 측정하는 것에는 본질적 오류가 있다고 보았다. 사회 속에 기능하는 다양한 계층들은 각자 그 나름대로의 행복을 추구하는 방식을 갖기 때문에, 그는 자본주의야말로 사람들의 다양한 생활수준들을 '평균 인간'이라는 환영 속에 감춰버린다고 보았다. 직업적 성격을 무시한 채 무차별하게 평균값을 낼 수 없다. 통계는 계층간 차이를 측정하는 데 사용되어야 하는 도구이지 절대 '평균 인간'이라는 모호한 것을 산출해서는 안 된다. 그렇게 산출하는 것이야말로 노이라트에게는 '통계의 자본주의적 남용'이었다. 현금 거래 경제 체제를 현물 거래에 의한 생산과 분배 체제로 대체시키려는 노이라트의 이상은 분명히 비현실적인 측면을 갖는다. 그러나 그의 이상 속에 담긴 과학기술 지식의 사회적 사용법은 정치적 이념과 무관하게 되새겨볼 필요가 있다.

노이라트는 과학기술 지식이 계층간 문화적 통합에 사용될 수 있다는 신념을 가졌다. 문제는 전문적 과학기술 지식이 곧바로 그러한 통합의 기반으로 작동할 수 없다는 것이다. 과학기술 지식은 타고난 인지적 제한 범위 내에서 모두가 공유할 수 있도록 아이소타입의 체계

11) 잡지 『투쟁』의 편집과 함께 노이라트는 과학철학에서 논리실증주의의 기원으로 취급되는 빈학파(Vienna Circle)를 이끌었다. 빈학파는 하나의 이념에 이끌린 동질적 집단이 아니었다. 노이라트가 생각한 물리주의(physicalism)는 심신이론의 환원론과 같은 것이 아니라 그의 사회주의 이상을 실현하기 위한 존재론이었다. 또 그가 추구한 통합과학은 과학적 지식체계를 통합하기 위한 형식언어에 국한되지 않는다. 그것은 만인을 위한 사회설계와 연관되어 있다. 이러한 점에 대해서는 다음을 참조하라. Watkins, J. W. N.(1974); Cartwright, N., Cat, J., Fleck, L. & Uebel, T.(1996); Okruhlik, K.(2004).

속에서 기능해야 한다. 아이소타입의 체계는 집단간 상호작용의 공통 기반이며, 그 체계의 목적은 계층간 문화 통합이다. 통합은 해결되어야 할 사회 문제의 인식과도 맞물리기 때문에 단순히 정보 공유의 차원에 국한되지 않는다. 통합은 사회를 개선시키는 진보성을 동시에 갖는다.

과학기술의 사용과 아이소타입 제작의 주체는 노이라트에게 잘 교육된 엘리트 집단이며, 노이라트는 그런 집단만이 단기간에 사회주의 혁명을 산출할 수 있다고 믿었다. 그러한 혁명이 엘리트 의식을 담은 것은 아니다. 그것은 마르크스적 혁명 개념에 대한 회의적 입장과 교육에 대한 낙천적 입장을 동시에 담은 '사회적 실험으로서의 혁명' 성격을 갖는다. 계층간 지식의 격차가 좁혀지지 않는다면, 다수는 소수의 권력층에 의해 영원히 제어당할 수 있다. 자본주의의 부작용에 대한 시대적 인식을 전제한 마르크스적 혁명 개념은 노이라트에게는 너무나 낙천적이며, 또한 지식인에게는 무책임한 것이었다. 역사가 사회주의의 편이라는 보장도 없으며, 실천적 좌파는 사회주의의 역사적 정당화를 시도하지 않는다. 그렇게 정당화하는 것은 시기와 장소에 국한되지 않은 실천 가능성을 사회주의에서 박탈하는 꼴이다. 지식인은 교육자여야 하며, 교육의 목표는 삶에 필요한 유용한 정보와 부정적 문제가 사회에 공유되게끔 하는 것이다. 교육은 위에서 아래로 향하는 계몽의 방식이 되어서는 안 된다. 교육은 계층간 소통을 위한 방법론 개발에 근거해야 한다. 그러한 방법론으로 개발된 교육체계는 모든 이에게 손쉽게 접근 가능한 아이소타입과 같은 것이어야 한다. 노이라트는 아이소타입의 교육을 통해 사회주의의 실현 가능성이 극대화된다고 본 것이다. 이것은 너무나 낙천적이다.

시각언어로서의 아이소타입이 '손쉬운 파악'의 관점에서 문자보다 효과적일지라도 '사용의 관점'에서는 그렇지 않다. 일반인 모두가 아이소타입의 제작자가 될 수 없으며, 아이소타입의 제작은 많은 경비와 제도적 지원을 요청한다. 정치적 이념과 무관하게 그러한 지원은 현실적으로 권력의 힘에 의존할 수밖에 없다. 권력층이 만인이 아니라 그들에게 필요한 정보만 사회에 공유되기를 희망한다면, 그리고 부정적 문제는 공개되길 원하지 않는다면, 아이소타입은 권력층의 이념적 선동 장치로 전락할 수 있다. 실례로 [도식 4]에 약간의 선동문구나 아이콘을 적절히 삽입시키면, 그것은 인종간 수입 격차라는 사회 문제가 아니라 백인 우월주의 선동에 사용될 수도 있다. 실제 아이소타입의 기법은 히틀러가 나치의 국가사회주의를 선동하는 데, 그리고 스탈린이 그의 독재를 유지하는 데 도용되었다. 이를 인식한 노이라트에게 탈출구는 아이소타입 제작자에게 도덕적 의무를 부과하는 것이었다.

아이소타입 제작자에게 요청되는 도덕적 의무는 노이라트의 사회주의 이상인가? 그렇지 않다. 교육에 대한 그의 낙천적 태도는 역설적으로 아이소타입의 사용이 특정 정치적 이념에 종속되지 말아야 함을 반영한다. 아이소타입의 통합 목적 N1, N2 자체가 특정 정치적 이념을 전제하지도 않지만, 노이라트는 유용한 정보와 풀어야 할 문제의 공유화를 통해 사회주의 이념을 달성할 수 있다고 여겼기 때문이다. 교육에 대한 그의 낙천적 태도와 무관하게, 아이소타입의 기법이 여러 정치적 이념의 선동 장치로 도용된 사실은 우리에게 중요한 사실을 알려준다. 문제의 인식은 반드시 특정 이념이나 보편성을 가장한 이론에 종속되지 않는다는 것이다. 많은 철학자들은 여전히 이념이나 이론 없이는 문제 해결에 도덕적 가치가 부과될 수 없다고 여긴다. 제2부 전체에 걸쳐 논의된 '상식을 존중한 상황윤리'는 문제 해결 관점에서의 도덕 담론틀로 제안된 것이며, 거기에 그 어떤 정치적 이념이나 보편성을 가장한 이론도 전제되지 않았다.

복잡성의 증가를 따르는 인공 환경의 진화로 과거보다 계층간 분화가 심화된 현대에 와서 소통은 중요한 주제다. 하지만, 상황 요인에 근거한 문제의 인식이 정치적 이념에 종속되는 것이 아니라 이념 자체가 그러한 인식의 고려 대상일 뿐이라는 관점은 사회 전체에 확산되지 않았다. 이러한 세태에서 소통은 사실 특정 이념을 위한 편향의 수단으로 전락하거나 화두에 불과할 수 있다. 홍보와 정책을 구분하지 못하는 권력층에게 아이소타입의 기법은 또한 선동의 수단으로 비춰질 수 있다. 정보의 평등한 공유는 모두에게 식상한 구호처럼 되었지만, 정보가 사회의 부정적 문제와 연관될 때 그러한 정보는 소통의 영역에서 잘려 나가거나 왜곡되어 전달되기 일쑤다. 다시 말해, 아이소타입의 통합 목적인 N1, N2에서 특히 N2에 담긴 진보성을 처리할 만큼 사회가 성숙한 것은 아니다. 문제 자체를 모두가 공유할 수 있는 사회, 이것은 다양한 정치적 이념과 무관하게 노이라트가 우리 모두에게 남긴 하나의 과업이다.

2. 공학에서의 시각소통

시각소통을 상호작용, 발상, 설득이라는 세 측면에서 접근할 때 공학적 도면 꾸러미는 상호작용의 측면에, 스케치는 발상의 측면에, 그리고 시각화된 각종 분석 장치는 설득의 측면에 속한다. 살펴본 통계의 시각적 디자인에 담긴 설득의 목적 그리고 아이소타입에 담긴 계층간 통합의 목적은 현대 공학자에게도 필요한 것이지만, 그 두 목적이 공학에 직접 적용될 수 있는 것은 아니다. 집단적 의사결정 과정에서 조직화된 공학 지식은 그 자체로서 하나의 체계를 형성하기 때문에, 공학에서의 시각소통은 집단간 거래관계의 구조 맥락에 더욱 의존적이다. 상호작용의 측면은 공학자 집단 내의 소통 기반으로서 이해되어야 하며, 설득의 측면은 설득의 대상이 공학자 집단인지 아닌지에 따라 논의되어야 한다. 새로운 아이디어의 구조화 초기 단계와 맞물린 발상의 측면은 설득의 측면과 겹치면서도 그 측면에 종속되지 않는 성격을 갖는다.

1) 상호작용과 도면 꾸러미

공학에서의 시각소통을 상호작용의 측면에서 접근할 때 적어도 두 질문이 다뤄져야 한다. 첫 번째 질문은 도면 꾸러미의 성격에 관한 것이다.

공학적 도면 꾸러미의 구성에서 발견되는 일반 성격은 무엇인가?

도면 꾸러미는 여러 도면들의 유기적 관계로 구성된다. 공학은 분석적 도구와 물리적 도구라는 수단도구의 배열에 근거해 표적도구를 디자인하고 생산함으로써 문제를 해결하는 실천적 분야로 이해된다. 공학 지식은 그러한 디자인 및 생산 과정에서 조직화된다. 도면 꾸러미는 그렇게 조직화된 지식체계의 시각적 표상으로서 공학자 집단에게는 상호작용의 기반이 된다.

표적 디자인, 곧 최종 인공물의 구성과 생산 공정을 담고 있는 도면 꾸러미가 해당 공학 지식의 세세한 모든 것을 담고 있는 것은 아니다. 통계 및 실험 자료는 도면 꾸러미에서 보조 자료의 역할을 하거나 심지어 빠지는 경우도 있다. 공학자 집단에게 상호작용의 기반이 되는 도면 꾸러미가 시각언어의 일종으로 이해될 때 기능 단위들을 상징하는 기호들, 그리고 그것들의 관계를 설정하는 기호들이 하나의 사전(lexicon)을 형성한다. 통계의 시각적 디자인과 달리, 양의 비교보다는 기능 단위의 유기적 관계가 공학의 시각적 디자인에서 중요하다. [도식 5]에서 보듯이, 콘덴서, 저항과 같은 단위들의 유기적 연결은 그것들의 기능적 관계를 구성한다. 각 단위에는 그것 자체의 기능을 규정

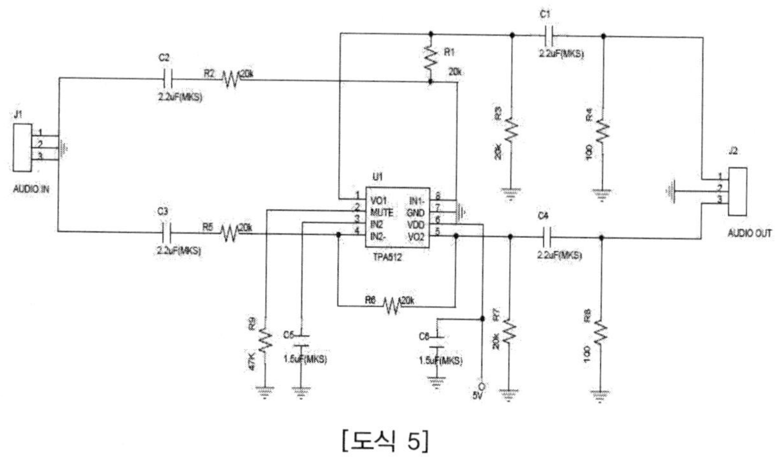

[도식 5]

하는 수치적 자료가 대응하지만, 그러한 자료는 공학자의 배경 지식에 포함되거나 도면 꾸러미의 부수적 분석 장치로 작동하는 경우가 많다.

도면 꾸러미는 [도식 5]와 같이 전체 설계 방식을 담은 하나의 도면이 아니다. 도면 꾸러미는 도면들의 유기적 관계로 구성된다. 공학적 디자인의 최종 인공물인 표적도구를 실현하기 위해 각 구성 대상이 구체화되어야 한다. 그러한 구체화는 샵드로잉의 세분화된 도면 속에 반영된다. 구체화된 대상은 전체의 유기적 관계 속에서 의미를 획득하는 기능 단위이다. 그러한 단위들의 유기적 관계가 도면들 속에 반영되어야 한다. 이렇게 완성된 도면 꾸러미는 여러 대안들 중에서 선택된 것이기 때문에, 그 속에는 선택의 만족 수준이 반영되어 있다. 구성 대상의 구체화, 관계들의 조직화, 대안 선택 및 선택의 만족 수준과 연계된 도면 꾸러미는 공학자 집단에게 상호작용의 기반이 된다.[12)]

도면 꾸러미가 시각소통에서 상호작용의 기반으로 기능할 때 그 목적은 무엇인가?

아이소타입의 체계가 상호작용의 소통 기반으로 작동할 때 그것은 문제의 평등한 공유에 의한 계층간 통합을 꾀한다. 반면에 공학적 도면 꾸러미는 공학자 집단 내의 상호작용 기반으로 작동한다. 공학자 집단이 다양한 직군들로 구성되는 것은 사실이지만, 도면 꾸러미가

12) 구성 대상의 구체화, 관계들의 조직화, 대안 선택 및 만족 수준은 각각 OR (operations research)의 대상의 공식화(formulation of objects), 체계의 관점(systems perspective), 대안들(alternatives) 및 최적화(optimization)에 대응될 수 있다. 주어진 대안 중에서 현실적 제한 조건을 고려해 만족할 만한 것을 선택하는 것이 최적 선택은 아니다. 하지만, OR에서도 최적화는 이상화된 것으로 여겨지기 때문에, 실질적 업무에서 만족할 만한 선택이 최적 선택에 우선하는 경우가 많다. '공학 디자인(engineering design)'이라는 분과를 도면 꾸러미와 연관시킬 때 공학 디자인과 OR 사이에 유사성이 드러나는 것은 당연하다. 이에 대해서는 다음을 참조하라. Holzman, A. G.(1979).

공학자 집단과 타분야를 가로지르는 소통의 장치는 아니다. 도면 꾸러미는 집단 내 통합 목적을 갖고, 그 집단은 어디까지나 공학자라는 전문가들로 구성된다.

시각언어로서 아이소타입의 체계가 계층간 통합을 꾀할 때 지식과 정보의 평등한 공유는 타고난 인지적 제한 범위 내에서 이뤄져야 한다. 모든 관계는 가급적 셈 능력에 근거해 파악 가능하게끔 양적 대조로 시각화되는 것이 좋다. 아이소타입의 이러한 성격은 도면 꾸러미에는 해당하지 않는다. 도면 꾸러미가 시각언어로 작동할 때, 그것은 최종 인공물의 디자인 과정 및 생산 공정에 따라 공학자들을 움직이고 생각하게 만드는 '의사결정의 지도(decision map)'가 되어야 한다. 그러한 지도를 바탕으로 공학자 집단 내의 통합이 촉진된다.

도면 꾸러미가 공학자 집단의 상호작용의 기반으로 작동할 때 그것의 성격은 최종 인공물을 구성하는 기능 단위들과 관계들에 의해 규정된다. 도면 꾸러미는 공학자 집단에게 의사결정의 지도가 되기 때문에, 그것은 공학자 집단 내의 통합 목적을 갖는다. 이러한 사실은 시각소통이 적어도 두 방식에 의해 접근되어야 함을 보여준다. 그 하나의 접근법은 사회적 문제의 평등한 공유와, 다른 하나는 전문 지식의 활용에 의한 문제의 실천적 해결법과 관련된다. 아이소타입의 체계가 전자에 근거한다면, 공학적 도면 꾸러미는 후자에 근거한다. 이러한 접근법의 차이에 따라 시각소통의 담론도 달라질 수밖에 없다.

2) 발상과 스케치

[도식 6]은 전하가 외부 물체에 힘을 가할 수 있다는 생각을 시각적으로 표상한 것이다. 서로 다른 극의 전하 사이에는 인력이, 동일한 극의 전하 사이에는 척력이 작용한다. 이렇게 '힘의 선(lines of force)'을 시각적으로 표상한 것은 장(field) 개념의 효시가 되는데, 그것의 기원은 패러데이(M. Faraday)로 거슬러 올라간다. 정규 교육을 받지 못했을 뿐더러 건망증이 심했던 패러데이는 자신의 인지적 약점을 기록 습관에 의해 극복했다. 여기서 기록은 단순히 '문자적 기록'에 국

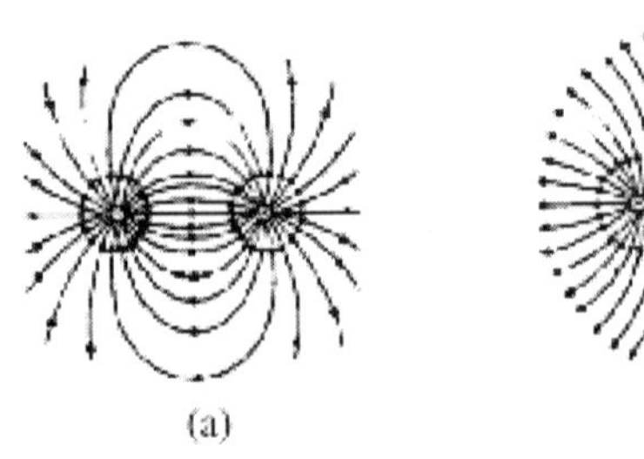

[도식 6]

한되지 않는다.

미분방정식도 풀 수 없었던 패러데이는 14세 때부터 출판사 사원으로 일하면서 여러 실험을 모방했고, 또 저명한 과학자들의 강연회에 참석했다.13) 그의 기록은 일종의 '구조화된 지식체계'를 담고 있다. 실험 방법의 절차, 결과 및 문제들이 유기적으로 구성되어 있는데, 도식과 그림들이 그러한 구성에 효과적으로 작동하고 있다. 문제 해결을 위한 초기 발상이 구조화되어 타인에게 전달되기 전까지, 기록 방식은 개성을 갖는다. 그러한 개성은 필체에 국한되지 않는다. 양의 표상, 관계의 규정 및 구성법 등에 관한 기법에는 개인차가 나타나기 마련이다. 문제 해결을 위한 발상이 만족 수준에 도달한 경우, 그것은 소통을 위해 다듬어져야 한다. 여기서 스케치는 시각적으로 그렇게 다듬어진 디자인을 일컫는다.

[도식 6]은 발상의 전달을 목적으로 한 모범적인 스케치에 해당한다. 스케치는 발상의 직접적 전달이라는 목적을 달성하기 위한 시각적 수단이기 때문에 그것은 나이팅게일의 콕스콤브와 같은 설득을 위한 분석 장치가 아니다. 또 그것은 아이소타입의 체계와 같은 시각언어도 아니다. 특정 시각적 디자인이 스케치에 해당하는가는 실제로는 집단, 디자인 대상 및 배경 지식의 성격에 따라 상대적으로 결정된다.

13) 지금과 달리, 당시에는 국가가 대학 연구소나 교수들에게 연구비 지원을 전담하지 않았다. 왕립협회 소속 교수들 또한 대중 강연을 해야 했다. 강연 수입금은 연구비 및 운영비로 사용되었다. Hamilton, J.(2002).

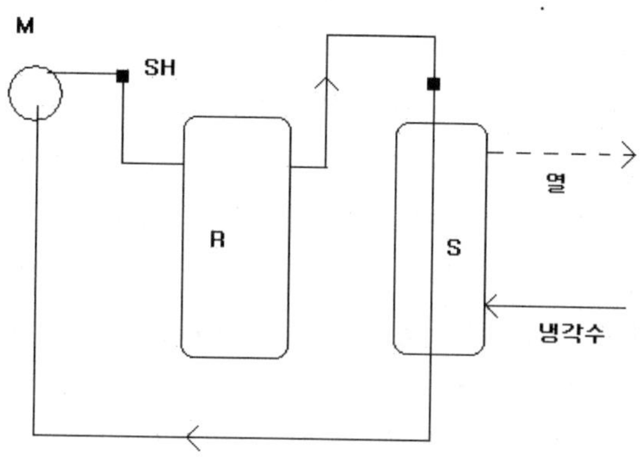

[도식 7]

공학에서 발상은 도면 꾸러미로 체계화되기 전 단계에서 주로 나타난다. 샵드로잉의 부재로 인한 구체성의 결여가 재난을 발생시킬 수도 있지만, 부적합한 발상 또한 재난의 원인이 되기도 한다. 이는 중요한 사실 하나를 우리에게 보여준다. 인공물의 구성 방식으로서의 디자인은 결코 방정식이나 수치해석과 같은 것에 종속되지 않는다. 하나의 사례를 살펴보자.

[도식 7]의 발전 방식은 1979년 소량의 방사능 유출만으로도 시민사회에 큰 파장을 불러일으켰던 쓰리마일섬(Three Mile Island) 원자력 발전소에 설치된 것이다. [도식 7]은 체르노빌 원전의 가열 방식과 달리 냉각수를 이용하는 발전 방식에 대한 공학적 스케치로 여겨질 수 있다. R은 원자로를, M은 물을 돌려주는 모터, 검은색의 작은 네모로 표시된 SH는 흡입기, 그리고 S는 증기발생기를 뜻한다. 원자력 발전의 큰 윤곽을 아는 데 원자로 내부를 자세히 알 필요는 없다. 원자력 발전의 기본 원리는 핵분열 연쇄반응에 의해 얻어진 열을 전기로 바꾸는 것이다. 원자로에서 발생한 열은 증기발생기를 거쳐 터빈 엔진의 원료가 된다. 핵분열에 의한 고열을 직접 사용하는 것이 아니

다. 데워진 물에서 나오는 열을 사용하는 것이다. 방사능 누출을 막기 위해서 그렇게 데워진 물은 냉각수에 의해 식은 다음 다시 원자로로 되돌아간다.

원자력 발전에 대한 구조화된 지식체계를 소유한 공학자들에게 [도식 7]에 담긴 발상은 쉽게 전달된다. 발상은 도면의 다발 속에 체계화된다. 인공물의 안전한 기능에 적합한 디자인은 초기 발상 자체에 의존하기도 한다. 모든 공학적 디자인 과정이 수정 단계를 거치지만, 인공물을 구성하는 단위들의 기능적 관계는 최초의 발상에 의해 제한되는 경우가 많다. 그렇기 때문에, 공학적 디자인은 수치해석, 방정식과 같은 분석적 도구의 활용법에 종속되지 않는다. [도식 7]에 담긴 발상은 냉각수를 이용한 원자력 발전 방식에 부적합한 것이다. [도식 7]의 스케치에 기반을 둔 설계 방식은 온도 차에 의한 공기나 액체의 대류(convection) 현상을 불가능하게 만들기 때문이다.

증기발생기를 거쳐 냉각수에 의해 식은 물은 자연스럽게 상승할 수 없기 때문에, 상부의 모터가 물을 빨아들이고, 또 흡입기라는 보조 장치가 필요하다. 원자로에서 데워진 물은 상승하려는 속성을 갖기 때문에, 물을 증기발생기로 끌어오기 위한 또 다른 흡입기가 필요하다. 대류 현상의 부재로 발생하는 잔여 열(residual heat)은 원자로 과열을 불러일으킬 수 있다. 조작자의 실수도 있었지만, 쓰리마일섬 원전 방사능 누출 사고의 결정적 원인 중 하나는 부적합한 설계 방식이었다.

[도식 8]은 [도식 7]을 수정한 것이다. [도식 7]의 발상에서 원자로와 증기발생기가 대등한 높이에 위치한다면, [도식 8]의 발상에서 증기발생기는 원자로보다 높은 곳에 위치하게 된다. 이에 의해 모터는 하부에 위치하게 되며, 모터에 의해 원자로에 유입된 물은 데워져 기계적 도움 없이도 증기발생기로 흘러가게 된다. 증기발생기에서 열을 잃어버린 물은 아래로 내려가게 된다. 이렇듯 자연스럽게 대류 현상이 발생하기 때문에, 별도의 흡입기도 필요 없게 된다. [도식 8]의 스케치가 도면 꾸러미로 체계화되고, 그러한 도면 꾸러미에 근거한 원자력 발전소는 [도식 7]의 그것보다 더욱 안정적이다. 이 점은 인공물

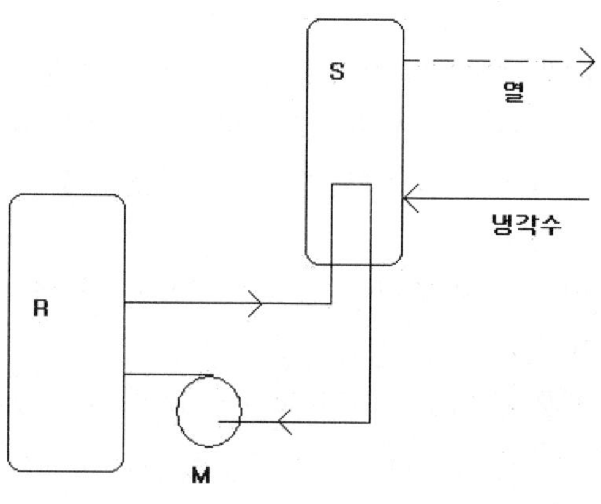

[도식 8]

의 공학적 디자인 구성 자체가 재난의 원인이 될 수 있음을 보여준다. 공학자에게 상호작용의 기반이자 의사결정의 지도로 작동하는 도면 꾸러미는 디자인 구성 방식을 담고 있으며, 디자인은 발상을 담은 초기 스케치 단계의 검토를 거치는 것이 좋다.14) 냉각수를 이용한 현재의 원자력 발전소의 설계 방식은 [도식 8]의 발상에 근거하고 있으며, 쓰리마일섬 원전 방사능 누출 사건과 같은 실패를 반복하지 않겠다는 태도가 현실화된 것이다.

3) 설득과 효과적인 분석 장치

인간의 합리성이 문제 해결의 맥락에서 이해될 때 판단과 정보 표상은 유기적 관계를 맺는다. 효과적인 정보 표상은 문제 해결의 맥락에 합당한 판단을 쉽게 산출할 수 있는 것이어야 한다. 이 점은 시각소통의 세 측면인 상호작용, 발상, 설득 모두에 해당하는 것이지만,

14) 쓰리마일섬 원전 방사능 누출 사건 후, 냉각수를 이용한 발전 방식은 [도식 8]의 설계 방식으로 수정되었다. 이에 대해서는 다음을 참조하라. Kletz, T. (2001), 122-134쪽.

각 측면의 성격은 정보의 표상 방식을 제한한다. 상호작용의 측면과 관련된 표상은 문제의 공유 및 의사결정의 집단적 기반이 될 수 있는 시각언어이다. 발상의 측면에서 표상은 유사한 배경 지식의 소유자들에게 개인의 아이디어가 전달되게끔 해주는 스케치이다. 설득의 측면에서 요구되는 표상은 문제의 특정 해결안을 인식시키기 위한 분석 장치이다.

문제 해결의 맥락에 합당한 판단을 시각적 디자인 기법에 근거해 유도할 때 그러한 판단을 산출시킬 수 있는 인지적 용이성은 시각적 디자인의 효과성 평가에 중요한 항목이 된다. 설득의 측면에서 표상의 인지적 용이성은 설득의 대상과 무관할 수 없다. 설득을 위한 분석 장치가 전문 지식과 연관된 경우가 특히 그러하다. 그러한 경우에 설득의 대상은 해당 전문 지식을 소유한 집단과 그렇지 않은 집단으로 크게 나뉜다. 해당 전문 지식을 소유하지 않은 집단이 설득의 대상이 될 때 설득의 측면은 다른 측면에 비해 상대적으로 중요해진다. 전문 지식의 습득은 오랜 훈련 기간을 필요로 하며, 전문 지식의 불특정 다수의 공유라는 것은 사실상 불가능하기 때문이다.

특정 전문 지식의 소유자 P가 문제의 어떤 해결책을 다른 집단, 곧 설득의 대상 N에게 권고할 때 P가 자신의 지식에 근거한 분석 장치를 직접 사용하는 것은 좋지 않다. 그 분석 장치는 N에게 알기 쉽게 재처리되어야 한다. 시각적 디자인은 그러한 정보 표상의 재처리 기법에 속한다. 설득의 대상 N 또한 크게 두 부류로 나뉘어 고려되어야 한다. N이 불특정 다수인 경우가 있고, N이 P와 문제 해결을 위한 협조자가 되는 경우가 있다.

(1) N이 불특정 다수인 경우 : N의 처지를 고려하는 것은 전문 지식의 차이를 고려하는 것이기도 하다. N이 불특정 다수를 대표하는 경우, 설득을 위한 분석 장치는 일반 대중 교육의 범위 내에서 이해되게끔 시각적으로 재표상되는 것이 좋다. 분석 장치의 원래 내용은 재표상된 시각적 디자인 속에 함축되어야 하며, 왜곡이나 과장이 있어서는 안 된다.

(2) N과 P 둘 다 문제 해결을 위한 의사결정 구조에 속하는 경우 : 설득자 P에게 N은 설득 대상이자 문제 해결을 위한 의사결정 과정에서 협조자가 된다. 이러한 경우, 문제 해결 과정에서 P와 N이 소유한 지식의 합성이 일어난다. P에 의해 작성된 분석 장치가 N에게 접근 가능하게끔 시각적으로 재표상될 때 불특정 다수가 아닌 N의 배경 지식과 관심사가 고려되어야 한다.

나이팅게일의 콕스콤브를 대표하는 [도식 1]은 위생의 중요성을 설득하기 위해 통계 수치를 시각적으로 재표상한 것이다. 당시의 일반 교육 배경을 고려할 때 [도식 1]의 콕스콤브는 경우 (2)에 속한다. 의무교육이 제도화된 현재의 교육 배경을 고려할 때 [도식 1]의 콕스콤브는 경우 (1)에도 속한다. 설득의 분석 장치를 타고난 인지적 제한 범위 내에서 시각적으로 재표상할 때에는 아이소타입 기법이 효과적일 수 있다. 하지만, 아이소타입 기법이 설득의 분석 장치 개발에 사용될 때, 주의할 것이 있다. 시각언어로서의 아이소타입의 체계는 분석이라는 인지적 과정을 줄임으로써 정보와 문제의 평등한 공유를 도모하기 때문에, 정보의 누수가 발생할 여지가 있다. 반면, 설득의 장치는 문제의 즉각적 전달이 아니라 문제의 특정 해결안에 대한 합당성을 따지는 데 필요한 분석 도구이다. 아이소타입의 기법이 지나치게 정보를 단순화시켜 특정 해결안의 설득에 사용된다면, 설득은 합의를 위한 분석 과정을 잘라내어버린 선동에 불과할 수 있다.

발상의 스케치인 [도식 7]과 [도식 8]이 함께 배열될 때 그 배열은 원전 설계 변경을 설득하기 위한 분석 장치로 여겨질 수도 있다. 그러나 그 배열이 경우 (1)과 (2) 양자에 충분하다고 볼 수는 없다. [도식 7]과 [도식 8]의 배열에 근거한 설명만으로는 원전 설계 변경의 필요성을 일반 대중에게 납득시키기 힘들다. 더욱이 그 필요성을 설득하기 위한 분석 장치는 통계 수치의 시각화에 종속되는 것이 아니라 인과 설명과 연관된다. 로마 제국의 수사학자이자 변론가인 퀸틸리아누스(Quintilianus)가 지적했듯이, 유추의 방법은 배경 지식을 결여한 이들을 설득하는 데 강력한 분석 무기가 된다.[15] 유추의 방법은 좀더 확실한 것 혹은 이해하기 쉬운 것에 불확실한 것 혹은 이해하기 어려운 것을 대조시킴으로써 분석적 이해를 산출한다. 냉동 기능의 설계에서 대류 현상 발생이 필요하다는 사실은 우리 주변의 인공물, 실례로 냉장고 속에 함축되어 있다. 원자력 발전에서 대류 현상의 중요성이 그러한 인공물의 작동 방식에 유추되는 경우, 원전 설계 변경의 필요성에 대한 설득은 그렇지 않은 경우에 비해 쉬워진다. 설득의 대상 집단 N이 설득자 P와 동일한 의사결정 구조에 속한 경우, 곧 (2)의 경우, P는 설득의 분석 장치를 N의 배경 지식과 관심사에 적합하게끔 재표상해야 한다. N이 경영과 관리를 담당하는 집단이라고 하자. 원전 설계 변경의 필요성에 대한 인과 설명 외에도 효과성, 경제성 및 관리의 수월성 등에 대한 평가가 재표상 공정에서 고려되어야 할 것이다.

3. 공학교육 다시 생각하기

현재의 공학교육 학제에서 공학 지식의 활용법은 주로 시각소통의 상호작용 측면에 국한되어 있다. 도면 꾸러미가 공학자들에게 의사결정의 기반이 되기 때문에, 도면 작성의 기법이 공학교육 과정에서 집중적으로 훈련되어야 하는 것은 당연하다. 그러나 디자인 과정에서 조직화되는 공학 지식의 성격을 고려한다면, 그 훈련이 오로지 그러한 기법 훈련에만 국한되어서는 안 된다. 공학교육의 학제에서 시각소통의 세 측면이 유기적 관계를 맺도록 구성되는 것이 바람직하다. 현장 업무에서 그러한 유기적 관계에 균열이 생기는 것은 재난의 불씨가 될 수도 있기 때문이다. 공학교육 학제에 시각소통의 세 측면을 도입하는 것은 우리로 하여금 공학교육을 다시 생각하게끔 만든다. 이를 보기 위해 다음 두 질문을 다룬다.

15) Quintilianus(1891), Ch.6.

첫째, 공학자의 기계화는 어떻게 규정되는가?

둘째, 공학자의 기계화를 막기 위한 공학교육의 학제는 어떤 식으로 구성되어야 하는가?

1) 공학자의 기계화

시각소통의 발상과 설득의 측면이 공학교육의 학제에서 빠지게 된 이유는 무엇일까? 공학 지식의 긍정적 기능을 가로막는 요인들을 고려할 때 이 물음은 대답될 수 있다. 제1부에서 살펴봤듯이, 그 어떤 분야보다도 공학에 대한 단선적 규정은 실질적 의미를 갖기 힘들다. 공학의 지식, 기술 및 직업의 성격은 서로 의존적이다. 공학 지식의 활용 관점에서 시각소통을 다룬 경우, 공학 기술 및 공학 직업의 성격에 주목해야 한다.

공학 기술은 가치중립적이지 않고 그 자체로서 이데올로기도 될 수 없다. 이러한 공학 기술의 성격이 무시될 때 기술은 그저 진보의 수단으로 여겨지기 쉽다. 또는 기술 자체가 효율성이라는 본래적 가치를 갖고 있기 때문에, 모든 가치체계는 기술의 발전에 의해 효율성에 종속된다는 식의 주장도 있다. 전자는 기술의 가치중립적 이해에 근거한 것이고, 후자는 이데올로기로서의 기술 이해에 근거한 것이다. 기술의 가치중립적 이해는 기술이 가치체계의 구조적 변화에는 영향을 끼치지 않는다는 과거의 관점을 반영한다. 그 관점에서 기술은 사회의 봉사 수단일 뿐 사회설계의 능동적 구성단위가 될 수 없다. 그 결과, 공학자에게 필요한 창의성과 설득력을 길러주는 교수법은 교육적 차원에서 제도화되지 않았다.

이데올로기로서의 기술 이해는 제어하기 힘들어진 현대 기술의 복잡성에 대한 극단적 반발의 일종이다. 그 이해에 의하면, 기술은 외부에서 제어되어야 한다. 아니면, 가치체계가 기술에 종속되지 않기 위해 문명은 기술과 거리를 두어야만 한다. 효율성은 제어와 비판의 대상이 되어버린다. 효율성이 기술의 사회적 기능 방식과 연관된 하나의 특징이 아니라 기술 자체의 본질로 여겨지기 때문에, 그러한 비판과 제어는 기술 자체에 대한 것으로 확장된다. 공학 지식은 단지 평가를 위한 자료의 역할만 갖게 되므로, 공학자 집단은 이념 교육의 대상으로 전락한다. 도덕과 올바른 가치체계는 공학교육 자체에 내재할 수 없기 때문에 공학의 외부에서 공학을 제어해야 하는 것으로 여겨지게 된다. 공학자는 공학 지식의 활용이 아니라 거기에 부과되는 외부의 이념 혹은 목적에 의지할 때 도덕적일 수 있다. 결국, 이데올로기로서 기술을 이해하는 자는 공학자를 이념 교육의 대상으로 삼기 쉽다.[16]

기술의 가치중립적 이해 그리고 이데올로기로서의 기술 이해 양자를 관통하는 것은 공학을 가치체계의 구조와 변화의 과정에서 절연시키는 것이다. 기술의 가치중립적 이해가 학제를 지배할 때 공학교육은 사회봉사의 수단에만 국한될 것이다. 기술의 가치중립적 이해가 낡은 것으로 취급되게 되었지만, 공학교육의 학제가 이러한 현실에 적응된 것은 아니다. 발상의 측면은 도면 작성의 기법 훈련 과정에서 개인적으로 습득될 수 있어도, 심리적 자극이 요구되는 설득의 측면은 그에 적합한 교육 과정에 대한 설계를 요청한다. 타분야 혹은 대중을 설득하기 위한 교수법을 개발하고 학제에 적극적으로 도입하는 것은 아직 정착하지 않았다. 여기에 이데올로기로서의 기술 이해가 중첩될 때 공학 지식의 활용이 문제의 맥락에 따라 다양한 가치들의 배열을 다룬다는 생각은 통용될 수 없다. 공학 직업의 성격을 고려할 때 이러한 세태의 지속은 '공학자의 기계화'를 불러올 수 있다.[17]

생산 조직체계에서 활동하는 대다수 공학자에게 자율성이라는 미덕은 제도적 차원에서 권리로 굳어지지 않았다. 책임, 안전 및 숙련된 능력이라는 공학의 미덕이 직업 활동에서 공학자에게 체득되더라도, 그러한 미덕이 공학자의 암묵적 의무계산에 반영되도록 하기 위한 공

16) 기술의 가치중립적 이해 그리고 이데올로기로서의 기술의 이해는 4장 3절과 4장 4절에서 다뤘다.

17) '공학자의 기계화'는 우리나라에서 '공돌이'라는 말로 표현되고 있다.

학교육 학제가 요청된다. 공학 지식이 사회봉사 수단의 차원이 아닌 사회설계의 능동적 구성체로 인식되게끔 공학교육의 학제가 짜여야 한다. 그렇지 않다면, 공학자의 기계화는 강화될 수 있다. 다수 공학자의 직업 활동이 생산 조직체계의 구조에 제한되어 있다는 사실을 감안할 때 공학자의 기계화를 막는 방안은 공학교육의 학제 짜기에서 고려되어야 하는 것이다.

우리보다 먼저 공학이 전문 교육 과정으로 정착한 곳의 경우, 공학자의 기계화 문제는 이미 1950년대에 교육의 중요한 주제로 떠올랐다.[18] 기계적인 공학자는 사회설계에서 단지 명령만 수행하는 수동적인 공학자를 의미하므로, 공학자의 기계화는 세 가지 특징을 갖는 성향으로 규정될 수 있다.

체계적 사고의 동기 유발을 가로막아 버리는 것 : 사회설계가 아닌 봉사의 수단 차원에서 이뤄지는 공학교육은 공학자들로 하여금 체계적 사고의 동기 유발을 가로막는다. 공학과 타분야 사이의 관계가 수업에서 도외시될 때 그러한 관계에 의해 구성되는 조직 및 사회의 체계성에 대한 중요성은 공학자들의 의식 속에 자리 잡기 힘들어진다.

탄력적 사고와 행위를 가로막아 버리는 것 : 공학이 단지 사회설계의 인과적 수단으로만 여겨질 때, 심지어 공학도 및 공학자에게도 그렇게 여겨질 때 공학자는 조직체계 내에서 벌어지는 문제에 탄력적으로 대처할 수 없다. 문제를 발생시킨 상황 맥락에 따라 사고하고 행위하는 탄력성이 현대 공학자에게 요청되지만, 이러한 요청이 현 공학교육 과정에 현실화된 것은 아니다.

자기중심적으로 만들어버리는 것 : 조직체계의 준수사항을 넘어서 행위할 수 있는 공학자의 상이 현대 사회에서 요청되지만, 이 요청에 부합하게끔 사회의 제도적 장치가 마련된 것은 아니다. 공학자의 내부고발은 조직체계의 이상기능을 진단하는 증표로 여겨지지 않고 있으며, 내부고발자로 몰린 공학자에게 돌아오는 것은 불이익인 경우가 많다. 이러한

18) 실례로 다음과 같은 논문을 들 수 있다. Eckles, R. B.(1951).

세태 속에서 공학교육의 학제가 사회봉사의 수단 차원에 귀속된다면, 공학자는 교육 훈련 과정에서 이미 자기중심적 성향을 갖게 될 수 있다.[19]

기계와 중장비를 다루는 공학 분과의 교육 환경을 더욱 정서적으로 꾸미는 것, 실례로 건물에 전시장을 설치하는 것 등도 공학자의 기계화를 막는 하나의 방편으로 여겨질 수 있다. 그러나 공학자의 기계화를 막기 위해서는 공학교육 학제가 재고려되어야 한다.

2) 공학교육 학제 짜기

공학자의 기계화를 막기 위해 공학교육의 학제는 어떻게 구성되어야 하는가? 이 질문과 관련해 고려될 수 있는 세 가지 일반 사항들이 있다. 학습 기간 연장, 과목의 수를 줄이는 것, 그리고 교양 학습 증가가 그 세 가지 사항들이다. 이 세 가지 사항들을 따지는 경우, 공학자의 기계화를 막기 위해 공학교육의 학제가 재조직화되어야 하는 이유, 그리고 시각소통의 세 측면을 공학교육에 도입하는 것이 그러한 재조직화에 기여할 수 있는 이유가 드러날 것이다.

먼저 학습 기간 연장이라는 사항을 따져보자. 사회설계에 능동적으로 참여할 수 있는 공학자를 키워내기 위해 학습 기간의 연장이 무조건적으로 고려될 수는 없다. 학습 기간은 공학에 대한 사회의 수요와 공급이라는 변수와 무관할 수 없기 때문이다. 그러한 변수를 고려할 때 다양한 공학 분과들 모두에 걸친 학습 기간 조정이라는 것은 불가능하다. 일단 특정 분과의 학습 기간이 정해지면, 전공 및 전공을 준비하기 위한 과목 그리고 교양 과목의 내용과 수가 복합적으로 고려되어야 한다. 공학도를 사회설계의 능동적 참가자로 키우기 위해 전공 및 전공 준비를 위한 과목 수를 줄일 수는 없다. 도구의 디자인과 사용법에서의 숙련된 능력은 집중적이고 체계적인 훈련을 요구하기

19) 자기중심적 성향에 대해서는 7장 5절을, 그리고 그러한 자기중심적 성향이 이기주의와 이타주의의 철학적 이분법을 전제하지 않는다는 것에 대해서는 10장 5절을 참조하라.

때문에, 중복 가능성이 있는 공학 교과목이 아니라면 임의로 누락시킬 수 없다. 이러한 현실적 제약을 고려할 때 교양 과목의 수 또한 무조건적으로 늘릴 수 없다.

공학교육 학제를 짜는 데 가장 중요한 것은 전공 및 전공 준비를 위한 과목 그리고 교양 과목이 서로 유기적 관계를 맺어야 한다는 것이다. 그러한 관계 속에서 해당 분과별로 학습 기간, 교과목의 배열 및 교과목 수가 고려되어야 한다. 학습 기간 연장, 과목 수를 줄이는 것, 그리고 교양 학습 증가라는 세 가지 사항을 따져본다면, 공학교육 학제가 하나의 체계가 되도록 재조직화되어야 한다는 것이다. 현재 미국을 모방한 공학교육인증제의 목적도 그러한 재조직화라고 하지만, 중요한 것은 형식이 아니라 내용이요, 목적이 아니라 합당한 수단이다. 키케로가 강조했듯이, 목적지가 정해져도 적합한 마차와 마부가 없다면 그 누구도 목적지에 도착할 수 없다.[20] 지향해야 할 이념의 정당성에서 추구해야 할 목적이 도출되는 것은 아니다. 현실세계의 그러한 목적은 문제의 인식에 근거하며, 현명한 수단의 마련은 문제를 발생시킨 상황에 대한 개연적 판단에 근거한다.

목적과 수단의 개념적 구분이 가치 판단에서 그 둘의 이분법을 함축하는 것은 아니다. 평가에서 가치가 오로지 목적에만 부여되고 수단에 대해서 아니라는 생각은 실천적 맥락에서 통용될 수 없다. 목적과 수단의 관계는 상황 맥락에 의존적이며, 평가에서 그 둘은 분리될 수 없다.[21] 그래서 어느 이가 실천적 현자인지를 따지는 것은 그가 내세운 명분(名分)에 종속되지 않는다. 이 점은 입신(立身), 곧 독서 및 학문에 힘쓰는 바와 행사(行事)를 보고 사람의 학식(學識)을 평가하라는 혜강(惠岡) 최한기(崔漢綺)의 말과 일치한다.[22] 환자의 진단에 있어 현명한 의사가 증후군에 근거해 치료의 목적을 정하고 처방을 내리듯, 실천적 현자는 어떤 문제를 문제로 만드는 상황 요인에 근

20) Cicero, *De Republica*, Book II.

21) 이에 대해서는 4장 5절을 참조하라.

22) 최한기, 『추측록』, 제4권.

거해 목적을 세우고 해결책을 찾는다. 문제 해결 공간에서 목적과 수단은 연결성을 가져야 하고, 그 둘의 관계는 다른 공간에서는 역전되기도 한다. 만일 목적과 수단이 문제를 문제로 인식하게 만드는 상황적 특수성에 근거하지 않는다면, 목적은 허울 좋은 이름일 뿐이요, 수단은 목적의 합당성을 위협할 수 있다.

체계적인 사고를 갖추고 상황에 맞춰 탄력적으로 행위하는 공학자를 키워내야 한다는 것은 다수가 합의할 수 있는 목적이다. 이 목적을 불러일으킨 문제 중 하나는 공학자의 기계화였다. 공학자의 기계화를 불러온 상황적 특수성을 고려하지 않고 학제를 재조직화한다면, 목적과 수단 사이의 괴리가 발생할 수 있다. 공학과 타분야의 관계가 사회설계에서 중요하다는 인식은 현행 공학교육인증제 학제에 배어 있다. 그러나 그 내막을 들여다본다면, 공학자의 기계화를 불러온 실질적 요인들에 대한 고려 없이 학제가 구성되어 있다. 이것은 공학자의 기계화를 오히려 강화시킬 수 있으니, 사회에 대한 책임감을 지닌 능동적 공학자를 키워내겠다는 원래의 목적은 실(實) 없는 이름에 불과해진다. 현재 진행 중인 공학교육인증제 학제의 실상은 수, 내용 그리고 연결 조건의 측면에서 그 목적을 달성할 수 없다.

수의 조건 : 공학의 분석적 도구, 노하우와 기법들은 반복적이고 집중적인 훈련 속에서만 공학자들에게 체득될 수 있다. 그렇기 때문에, 전공 및 전공을 위한 준비 과목들을 무턱대고 줄일 수 없다. 그러한 과목들에 타분야의 것들을 더하는 방식, 곧 '부가 방식(add-on method)'은 지나치게 과목 수를 늘림으로써 학생들의 수업 부담감만 가중시킬 수 있다. 공학 지식과의 내용적 양립성 그리고 그 연결 가능성을 고려하지 않고 경영학, 글쓰기, 비판적 사고와 같은 과목을 학제에 도입하는 것은 공학도 다수의 공감을 얻기 힘들다. 인문학 학제에서는 공학의 분과들이 있는 그대로가 아니라 재처리되어, 심지어 자의적으로 재처리되어 가르쳐진다. 인문학의 과목이 공학 학제에 그대로 도입되어 가르쳐져야 한다는 것에는 공학이 단지 사회봉사의 수단이라는 낡은 관점이 도사리고 있다.

내용의 조건 : 공학교육인증제 학제에 도입되는 타분야의 과목들은 공학 지식의 성격에 맞는, 그리고 우리의 현실에 적합한 내용으로 구성되어야 한다. 공학 지식은 디자인에 의해 문제를 해결해 나가는 과정에서 조직화되고 체계화되는 성격을 갖고 있기 때문에, 그 성격에 맞게끔 타분야 과목의 내용이 설계되어야 한다. 글쓰기 과목은 그러한 성격을 둘러싼 사례들에 근거해야 하며, 비판적 사고와 같은 과목은 안정성에 적합한 디자인 및 공학적 측정을 따지는 방식과 연계되어야 한다. 또 공학윤리에서는 우리 현실에 비추어 공감할 수 있는 사례들이 다뤄져야 한다. 문제의 실천적 해결은 보편적 원리에 근거하지 않고서도 도덕적 위상을 가질 수 있다. 이러한 관점이 결여된 내용은 현대 실천윤리를 대표하는 공학윤리에 부적합한 것이다. 그렇게 부적합한 것이 공학도에게 강요되어야 한다면, 이것은 윤리학 없이는 공학자가 도덕적일 수 없다는 망상에 불과하다.

연결의 조건 : 공학교육인증제의 학제는 상급 과정의 대학원 과정이나 공학 기술 경영학처럼 특수 분과가 아니라 공학을 전공하는 일반 학생들, 곧 장차 현장 업무를 맡게 될 학생들을 대상으로 한 것이다. 그들의 문제 해결력을 키우기 위해 경영학부의 경영학 등이 공학교육 학제에 있는 그대로 도입될 필요는 없다. 특히 공학의 분과 다양성으로 인해 공학교육인증제 학제는 전공 준비 과정에 설치되는 것이 좋다. 많은 공학적 디자인들은 공학 지식의 활용 차원에서 타분야의 과목과 내용적으로 합성될 수 있다. 실례로 공학자 집단의 의사결정 지도인 도면 꾸러미 안에는 이미 조직체계의 기능 방식이 담겨 있기 마련이기 때문에, 실제 도면 꾸러미의 구성 방식을 가지고도 공학과 타분야의 긍정적, 부정적 관계를 논할 수 있는 것이다.

도면 꾸러미가 공학자 집단에게 상호작용의 기반으로 작동하는 만큼, 시각소통은 공학교육에서 중요하다. 시각소통의 발상과 설득의 측면도 공학교육 학제에 도입될 필요가 있다. 공학적 디자인의 잘못된 발상이 재난을 불러올 수 있음을 보았다. 또 설득의 측면에서 시각소통의 문제는 자연스레 공학과 타분야의 관계 문제로 확장된다. 시각소통의 세 측면과 수, 내용 및 연결 조건을 고려해 공학교육 학제를 구성하는 것은 공학자의 기계화를 막을 수 있는 하나의 대안이다. 공학적 디자인의 다수가 시각적 표상으로 구성되는 만큼, 공학교육 학제에 시각표상을 도입함으로써 지나치게 과목 수를 늘리지 않은 채 공학과 타분야 과목의 합성이 가능해진다.

사실 기존 학제에 다른 것들을 부가시켜 과목 수를 늘리는 것은 학제의 재조직화가 아니다. 불행히도 현행 공학교육인증제 학제의 구성은 그러한 부가 방식에 불과하다. 적어도 무엇이 공학자의 기계화를 불러오고, 또 어떻게 사회봉사가 아닌 설계의 차원에 공학자들을 참여시킬 수 있는지에 대해 진지하게 고민을 한 사람이라면, 공학교육 학제를 그렇게 짤 수는 없는 것이다. 현행 공학교육인증제 학제를 짠 자들에게 학식은 세상에 득이 되기 위한 것이 아니라 처세의 수단에 불과했다.

시각소통의 세 측면을 학제에 도입하는 것은 공학교육 학제를 다시 생각하게끔 만든다. 공학자의 기계화를 막기 위한 공학교육 학제의 재조직화는 공학이 사회설계의 구성단위라는 인식에 근거한다. 그러한 학제의 재조직화는 사회 속에서 공학의 순기능을 도모한다. 이 점에서 시각소통의 세 측면을 공학교육 학제에 도입하는 것은 문제 해결을 통해 생활세계의 개선을 꾀하는 상태 지향적 공익 개념에 부합한다. 공학자가 사회봉사가 아니라 설계의 능동적 참가자가 될 때 그는 가치체계의 배열을 다룬다. 사회설계의 능동적 참가자로 공학도를 육성시키는 교육이 갖는 도덕적 가치에 규범윤리의 특정 이론이 전제될 이유는 없다.

19장 기술 결과 평가 TA

균형 잡기의 기예

상식을 존중한 상황윤리에 공학 담론을 정초시킬 때 시민은 특정 가치체계의 대표자가 된다. 가치체계가 다원화된 사회에서 시민들의 생활양식은 동질화될 수 없다. 사회 전체에 영향을 미치는 문제들은 집단간 갈등 양상과 맞물린 경우가 많다. 기술을 둘러싼 사회적 문제들도 예외가 될 수 없다. 가치체계들 사이에 충돌은 생활세계의 균열을 불러오기도 한다. '기술 결과 평가'는 과학기술 자료에 근거해 균형 잡힌 정책을 유도하는 의사결정 구조이자 제도적 장치이다. '균형 잡힌 정책'의 만족 수준은 각 이해 집단이 부정하기 힘든 정도에 의해 결정된다. 기술 결과 평가에서 요구되는 '균형 잡기의 기예'는 다양한 가치체계의 배열을 다루고 상태 지향적 공익을 추구하기 때문에, 기술 결과 평가의 도덕적 위상은 그 기예에 내재한다. 기술 결과 평가를 위한 규범윤리의 보편적 이론이 별도로 있어야 한다는 생각은 착각이다. 현대 기술이 과학과 공학의 결합에 근거한다는 사실을 인식할 때 기술 결과 평가에서 공학의 역할은 무시될 수 없다.

1. 배 경

새로운 기술이 가져올 수 있는 이점은 무엇이고, 부작용은 무엇인가? 새로운 기술은 사회에 어느 정도까지 허용되고 확대되어야 하는가? 새로운 기술이 가져올 사회적 변동은 어떠할까? 이러한 질문들이 '기술 결과 평가', 곧 TA(technology assessment)에서 다뤄진다.[1] 여기서 기술은 연장과 같은 것이 아니라 과학과 공학의 결합에 의한 체계를 뜻한다. 사회 속에 기능하는 체계로서 기술을 평가하는 TA의 일반적 기능은 예보(forecasting), 감시(monitoring), 제어(control)로 분류된다.

예보는 특정 기술의 도입이 가져올 변화에 대한 단기, 중기, 장기적

1) 현재 진행 중인 TA 일반에 대해서는 다음을 참조하라. Decker, M. & Ladikas, M.(eds.)(2004).

결과를 평가한다. 여기서 평가는 법칙성에 의한 예측이 아니라 상황적 요인에 좌우되는 진단을 의미한다. 생활세계의 변화는 기술, 경제, 환경 제반에 걸쳐 일어나기 때문에, 기술 결과 평가에서 예보는 기술적인 것에만 국한되지 않는다. 감시는 예보의 유효성을 평가하는 것이다. 특정 기술의 사회적 도입이 원래 예상한 변화를 가져왔는지, 아닌지를 평가하는 것이다. 제어는 그러한 감시를 바탕으로 해당 기술의 사회적 확대를 촉진할 것인가, 억제할 것인가, 또는 해당 기술의 긍정적 기능을 가로 막는 요인을 제거할 것인가에 대한 평가 작업이다. 위험 분석 및 이득 계산의 여러 TA 기법들은 예보, 감시, 제어라는 기능과 맞물려 있다. 여기서 그러한 기법들을 다루지는 않겠다. 예보, 감시, 제어라는 기능을 이해하는 방식, 곧 사회 속에서 기능하는 기술에 대한 이해 방식이 변천해온 과정과 함께 현대적 TA의 성격을 살펴볼 것이다.

TA의 필요성은 우선 사회를 구성하는 모든 체계가 그 자체로서 평가될 수 없다는 인식이 선행될 때 드러난다. 또한 진정한 평가는 가치평가라는 인식이 요구된다. 이러한 두 인식은 모든 가치체계의 기능이 다른 것과의 관계 속에서 평가되어야 한다는 관점과 맥락을 같이한다. 실제적 평가에서 가치와 사실의 이분법이 허락되지 않기 때문에, 효과적인 TA에서 과학과 공학 지식의 활용은 평가 수단으로만 여겨질 수 없다. 현대적 TA의 궁극적인 목적은 균형 잡힌 기술 정책을 유도하는 의사결정 구조를 마련하는 데 있다. 그러한 정책은 사회 속에 허용 가능한 가치체계의 배열을 다루기 때문에, TA는 '균형 잡기의 기예'로서 이해되어야 한다.

1) 과 거

현대적 TA의 기원은 언제로 잡아야 할까? 이 질문은 TA가 갖춰야 할 최소한의 조건이 파악될 때 대답될 수 있다. 사회를 구성하는 모든 체계가 그 자체로서 평가될 수 없다는 인식 그리고 기술 평가가 가치체계의 배열을 다룬다는 인식이 현대적 TA에 배어 있다고 하자. 이 경우, 사회의 다양한 관심사를 고려하여 특정 기술의 사회적 허용 여부를 결정하는 것은 TA가 갖춰야 할 최소한의 조건이 된다. 현대적 TA의 기원은 제도적 차원에서만 볼 때 1970년대로 거슬러 올라간다. 그때부터 각국에 TA 기관들이 본격적으로 설치되었고, 현재 약 150여 개의 TA 기관들이 24개 국가에서 활동 중에 있다. 그러나 언급된 조건에 비추어 TA의 역사는 훨씬 과거로 거슬러 올라간다. 과학과 공학 기술의 결합에 의한 진보가 본격화된 19세기 유럽에서 TA의 기원을 잡는 것은 결코 과장이 아니다. 이에 대한 하나의 사례를 살펴보자.[2)]

철도가 19세기 유럽의 중요한 운송 수단으로 자리를 잡을 때 모든 사람들의 열렬한 환영을 받은 것은 아니다. 1835년 독일 바이에른 주에 기차가 사람의 운송 수단으로 채택될 무렵, 반대가 거셌다. 당시 의학계에서는 기차가 승객뿐만 아니라 주변 관찰자들에게도 나쁜 영향을 끼칠 것이라고 평가했다. 증기 기관에 의한 고속 운동은 승객에게 심한 '정신착란증(delirium furiosum)'을 불러일으킨다고 믿었기 때문이다. 심지어 고속 운동을 보는 것만으로도 그러한 정신착란증이 일어난다고 당시 의학계는 평가했다. 공중의 안전을 고려한다면, 증기 기관 열차의 도입은

---

2) 독일에 철도가 사람들의 운송 수단으로 자리 잡게 된 과정에 대해서는 다음을 참조하라. Schivelbush, W.(1977). 위 사례와 관련해 TA의 기원을 19세기 유럽 전통에서 찾는 작업으로서는 다음을 들 수 있다. Joerges, B.(1994). 쉬벨부시의 책과 비교해볼 만한 것은 18세기 스웨덴에 새로운 기계 엔진의 도입 과정을 다룬 다음의 책이다. Lindqvist, S.(1984). 18세기는 19세기의 과학과 공학의 결합을 준비한 동시에 과학의 분과 다양성을 마련한 시기였다. 이 시기에 스웨덴 인물들의 기여는 간과할 수 없다. 화학의 기초를 마련하는 데 기여한 셸레(C. W. Scheele), 분석화학(analytical chemistry)의 대부 베르그만(T. Bergmann), 화학적 정량분석 기법을 개척한 베르쩰리우스(J. Berzelius)를 비롯한 많은 스웨덴 과학자들이 있었고, 텅스텐, 코발트 등 여러 산업 자원들이 스웨덴에서 발견되었다. 19세기 과학과 공학의 결합 역사를 주도할 여건은 스웨덴에 마련되어 있었지만, 그렇게 되지는 않았다. 스웨덴에서 개발된 기계엔진은 재판정에 서게 되었고, 1736년 국가에 의해 거부되었다. 과학과 공학의 결합에 필요한 산업 기반은 잘못된 국가 정책에 의해 확장될 수 없었고, 스웨덴은 19세기에 이르러 국가 경쟁에서 뒤처지게 된다.

금지되어야 한다. 하지만, 산업 확장 및 공중의 편의를 위해 철도 여행을 무조건 막을 수만도 없었다. 당시 의학계의 최종 평가는 정신착란증의 위험을 감수하겠다는 이들에게 열차 이용을 허용하되 주변 사람들을 보호할 장치를 마련해야 한다는 것이었다. 최소한 2미터의 방어벽이 철로 양쪽에 설치되어야 한다는 최종 권고안이 마련되었다.

증기 기관차의 운동이 승객뿐만 아니라 주변 관찰자에게도 심한 정신착란증을 발생시킨다는 가설은 그 후에 거짓으로 밝혀졌다. 당시 의학계는 증기 기관차라는 새로운 인공물에 반감을 가졌던 것일까? 역사 읽기에서 위험한 방법 중 하나는 '현시점주의'다. 현재의 지식을 가지고 과거의 사건을 평가해서는 안 된다. 과거의 사건은 그 당시 정황에 맞추어 평가되어야 하며, 현재의 지식은 비교 분석에 사용되어야 한다. 의학이 생화학이나 생리학의 도움을 받아 과학적 면모를 본격적으로 갖춘 시기는 19세기 말로 보아야 정확하다. 기관의 기능을 구조적 측면에서 이해하는 해부학의 오랜 전통이 있었지만, 해부학이 실제 질병 치료에 많은 도움을 준 것은 아니다. 당시 의학에서 해부학은 어디까지나 인체를 이해하기 위한 사전 분과로 이해되고 있었다. 여전히 히포크라테스의 체액설에 근거한 사혈법(venesection)이 유행했다. 제약 및 치료술의 발달은 동물 물질(animal matter)과 식물 물질(vegetable matter)의 구분이 깨어지고, 실험실 안에서 그런 물질을 인위적으로 합성할 수 있게 되고, 또 신진대사의 생리학적, 화학적 기반이 밝혀지면서 급격히 발전하게 된다.

당시 의학계는 정말 증기 기관차의 고속 운동이 승객뿐만 아니라 주변 관찰자에게도 심한 정신착란증을 불러일으킨다고 믿었다. 의학계가 기술에 대한 반감을 가졌던 것은 아니다. 불확실한 상황 속에서 당시 의학계는 공중의 보건, 국가의 경제적 측면, 산업 기반의 확장 등 여러 요인을 고려하여 나름대로 합당한 권고안을 마련한 것이다. 그러한 요인들이 사회의 다양한 관심사와 관련되기 때문에, 당시 의학계는 그러한 관심사를 고려하여 새로운 기술의 사회적 허용 조건을 결정한 것이다. 다시 말해, 당시 의학계의 권고안은 일종의 TA의 자질을 갖춘 것으로 여겨질 수 있다.

그러나 다양한 관심사를 고려해 새로운 기술의 사회적 허용 여부 및 허용 범위를 평가하는 것이 현대적 TA의 충분한 자격 요건으로 여겨질 수 없다. 균형 잡기의 실천적 기예로서의 현대적 TA를 이해하기 위해서 20세기 TA의 실패 사례, 실례로 TA를 실험하고 개척했지만 현대적 TA 구축에 실패한 미국의 사례에 성공 사례를 대조시켜 볼 것이다. 그리고 난 후, TA가 필요한 이유를 우리의 사회적 맥락 속에서 진단해볼 것이다.

2) 현 재

현대적 TA가 제도적으로 정착한 시초는 미국의 OTA(Office of Technology Assessment)를 들 수 있다. 의회 의사결정의 자문 기관으로 1972년에 설치된 OTA는 1995년 예산 삭감과 함께 문을 닫게 된다.[3] 당시 의회의 최종 결정에 따르면, OTA의 기능이 다른 기관의 것과 중복된 것이기에 OTA가 예산 삭감의 우선 대상이 되어야 한다는 것이다. 그러나 OTA는 의회의 여러 자문 기관 중 가장 작은 규모였고, 미국 내 진보 성향의 신문 및 보수 성향의 신문 양쪽에서 호응을 얻었던 기관이다. 전문적 과학기술 지식을 결여한 의원들도 정책결정에서 OTA의 자료에 의지했다. OTA 자료가 정치적 중립성을 가진다고 해도, OTA는 통치 지배권의 맥락에서 벗어날 수 없었다. OTA의 기술 정책 자문 자료는 정치인의 입맛에 따라 자의적으로 도용당하기 일쑤였고, 1990년대 미국의 환경 및 에너지 정책에 비판적이었던 OTA는 어떤 의미에서 정치적 지배욕의 희생양이 되었던 것이다. 이에 대한 의분에 찬 언급 하나를 들어보자.[4]

"실수, 태만과 정치적 지배욕에 의해 의회는 무지를 선택했고, 최상이

3) OTA의 23년 역사에 대해서는 다음을 참조하라. Kunkle, G. C.(1995).

4) Morgan, G.(1995).

자 적은 규모의 예산으로 운영된 정부 기관의 23년 역사를 끝내 버렸다."

위 언급이 의회 결정에 대한 개인적 분노로 여겨질 수도 있겠지만, OTA가 의회의 직접적 지배를 받는 정부 기관으로 시작했다는 사실 자체를 비극의 불씨로 볼 수 있다. OTA가 균형 잡힌 정책을 유도하는 의사결정 구조이자 제도적 장치로 진화하기 위해 정치의 지배 구조에 종속되는 것은 좋지 않다. 정치적 행위가 하나의 세력 혹은 이념에 의해 사회를 지배하려는 시도에 저항하는 것 자체로 권력 집단에 인식되지 않는다면, 그러한 종속은 기술의 민주화를 가로막게 된다. 여기서 '기술의 민주화(technological democratization)'는 특정 지배 구도 속에 기술을 종속시키는 행위를 '반정치적(antipolitical)인 것'으로 규정하는 것에 근거한다. 기술의 민주화를 위한 최소한의 형식적 절차가 국가적 차원에서 마련되지 않는다면, 기술 결과 평가 기관의 긍정적 진화는 기대하기 힘들다. 미국 의회의 하부 기관으로 설치된 OTA의 기구한 운명은 이를 반영한다.

OTA의 과업은 설립 당시 환경 및 에너지 정책 결정을 위한 기술 평가에 집중되어 있었다. 그 후 OTA의 과업은 여러 영역으로 분화되는데, 환경 정책에 국한해 OTA가 붕괴된 이유를 따져보자. 1970년대 환경 정책은 정부와 산업체 사이의 수동적 연결 방식에 의존하고 있었다. 산업체의 기업들은 주로 정부의 하청 단체로 기능하고 있었고, 효율성과 경제성이 그 둘 사이의 관계를 결정하는 중요한 요인이었다. 환경 감시 및 보호 단체가 정부를 억압할 때 그들의 의견이 항상 신뢰할 만한 과학기술 지식에 바탕을 둔 것은 아니었다. 그들은 경우에 따라 이념 집단으로 기능했고, 정치권은 과학기술 지식에 근거한 OTA의 정책 자문을 비판에 대한 대중적 보호막으로 여겼다. 1974년 이후에 불어 닥친 에너지 위기는 강대국 환경 정책에 감속 효과를 가져왔다. 환경 단체와 신문 방송 매체는 연대하여 정부와 산업체를 압박했고, 그 결과로서 정부와 산업체의 공조 관계가 강화되는 현상이 나타났다. 그 후, 환경 기술이 개발되면서 정부, 산업체, 환경 감시 및 보호 단체, 환경 기술 소유 집단들 사이에 쌍방향성의 연결망이 요구되었다. 그러한 요구의 정치적 제도화에 성공적이지 못한 미국에서 의회 권력에 소속된 OTA의 붕괴는 어쩌면 자연스러운 귀결일지도 모른다.

OTA의 붕괴 역사에서 또 하나 간과할 수 없는 것은 기술을 둘러싼 이데올로기적 대립이다. OTA의 관련자들이 기술의 정치적 중립성을 주장할 때 그 주장은 기술의 가치중립적 이해를 전제한 것이 아니다. 실질적 평가에서 사실과 가치의 이분법은 허락되지 않기 때문이다. 그런데 1970년대 사회구성주의자 일부는 기술의 평가에서 과학기술 지식을 단지 수단으로만 여겼다. 기술의 평가는 근본적으로 기술 외적인 분야에 속한다고 규정함으로써 그들 스스로 과학기술인과의 대화를 단절시켜버렸다.[5] 심지어 그들 중 일부는 특정 이념을 가지고 상대편을 병적으로 진단하는 차원을 넘어서 절대화시키기도 했다. 그렇게 절대화된 이념, 곧 '이데올로기'는 사회에서 허용 가능한 가치체계들의 연결망 구축을 가로막는다. 다시 말해, 그것은 기술의 민주화를 가로막은 요인으로 간주될 수 있다.

우리 모두는 지난 세기 여러 정치적 변화를 겪었다. 그러한 변화는 독재 정권의 붕괴, 미소 냉전 체제의 붕괴, 동구권의 정치체제 붕괴 등 여러 붕괴 현상과 관련되어 있다. 동구권의 붕괴를 단순히 공산주의 체제의 붕괴가 아니라 소련의 영향권에서의 해방으로 인식한다면, 일련의 정치적 붕괴 현상은 보편적 정치 이념 자체의 규정 가능성에 대한 의구심을 낳는다. 19세기 유럽 학자들처럼 현실적 시세 혹은 새로운 대안에 대한 보편적 정당화를 꾀하는 이들이 여전히 남아 있지만, 그들의 정당화는 근본적으로 현실세계가 아니라 이상화된 세계에서나 실현 가능한 것이다. 지난 세기의 정치적 변동을 고려할 때 '정치적인 것'에 대한 보편적 규정은 힘들어 보인다. 하지만, 이러한 사

5) 그러한 규정에 대한 실례로 다음과 같은 1970년대의 논문을 들 수 있다. Skolimowski, H.(1974).

실은 '반정치적인 것'에 대한 우리의 현실적 이해를 도와준다. 반정치적인 것은 단일 이념 아래 혹은 특정 지배 구도 속에 모든 것을 획일화하려는 전체주의적(totalitarian)인 것이고, 민주화된 상태는 이념과 무관하게 반정치적인 것을 허용하지 않는 상태를 의미하게 된다. 그래서 OTA의 붕괴는 종교적 근본주의로 가장한 미국적 민주주의가 원인으로 취급되든 말든 간에 기술의 민주화 과정의 실패 역사를 보여준다.

성공적으로 TA가 제도화된 나라들, 네덜란드, 덴마크, 독일, 스웨덴, 스위스, 오스트리아, 프랑스 등 유럽 국가들의 경우에 기술의 민주화가 적어도 형식적으로나마 제도적 차원에서 이뤄졌다. 기술 정책이 정치적 권력의 관심사에 종속되기 쉬운 구조, 특히 소수 전문가들로 구성된 자문위원회에 의존할 때 나타난 부정적 결과들이 정치권에도 인식되었다. 그러나 환경 기술 정책의 경우만 보더라도, 정부, 산업체, 환경 감시 및 보호 단체, 환경 기술 소유 집단 사이에 대화를 촉진시킬 수 있는 연결망의 구축이 정치적 인식의 탈바꿈으로만 실현될 수 있는 것은 아니다. 그러한 연결망은 문제 해결의 맥락 속에서 구체적이고 신뢰할 만한 지식의 활용법에 근거한 의사결정 구조가 되어야 한다.[6] 많은 사회적 문제가 과학기술과 맞물린 만큼, 현대적 TA의 목적은 예보, 감시, 제어로 대표되는 전통적 기능을 상황 변화에 장기적으로 대처 가능한 의사소통 구조 속에 정초시키는 것이다.

전통적인 TA에서 개발된 일반 기법들, 실례로 위험, 효과성 및 공적 차원의 이득 분석이 모든 영역에 일괄적으로 적용될 수 있는 것은 아니다. 또한 기술 정책의 중장기 성격에 따라 의사결정 참여 집단의 수와 폭이 중요한 주제로 등장했다. 기술의 민주화와 함께 현대적 TA의 제도화가 성공한 곳의 경우, TA는 크게 두 갈래로 진화했다. 그

6) 이 점은 RCT(Randomized Controlled Trial)의 개척자이자 전염병 연구를 의학 분과로 끌어 올린 코크란의 공중 의료 정책에도 부분적으로 반영되어 있다. 코크란을 읽지 않고 의료 보건 정책가로 행세하기 힘들다고 할 만큼, 다음 책은 중요하다. Cochrane, A. L.(1972).

한 갈래는 과학기술 분과 성격에 따른 TA의 분화다. 환경 기술, 에너지 기술, 보건 기술, 제약 기술 등을 둘러싼 문제들은 각 기술의 성격에 근거해 평가되고 구체적 해결법이 제안되어야 하기 때문에, 기술 결과 평가의 분석 기법은 환경, 보건, 제약 등 영역별로 분화된다.7) TA의 또 다른 진화 갈래는 기술 결과 평가 참여 집단에 따른 TA의 분화다. 대표적으로 시민 참여 모델과 그렇지 않은 모델을 들 수 있다. 신속한 방역과 같은 문제와 달리 상부에서 일방적으로 결정될 수 없는 문제들, 실례로 유전자 조작 식품의 허용 문제와 같은 것들이 현실세계 속에서 발생하고 있기 때문이다. 기술의 민주화 과정 속에서 TA 제도가 정착한 곳의 경우, 거대 규모의 체계와 분화된 체계들 양자가 하나의 그물망을 형성하고 있다.

과연 역사적으로 다른 맥락에 서있는 우리에게 TA라는 것이 필요한가? 이 질문을 다룸으로써 우리의 상황에 합당한 TA의 시민 참여 모델이 필요한 이유를 따져본다.

2. 집단간 마녀 사냥

과학과 기술의 결합을 정책적으로 촉진하거나 유도할 때 기술은 주로 '공학 기술'을 뜻한다. 그래서 정책의 대상이 되는 현대적 기술은 과학과 공학의 결합이라고 해도 무방하다. 과학과 공학 지식 모두 오랜 훈련을 요구하는 동시에 대중에게 쉽게 파악될 수 없는 전문성을 지니고 있다. 과학과 공학의 결합 과정 및 결과의 사회적 기능이 정책에서 평가되어야 하기 때문에, 여기서 그 두 분야의 성격 규명 작업이 재차 반복될 필요는 없다. 중요한 것은 정책에 의존하는 과학과 공학

---

7) 이에 대한 하나의 실례로 2006년에 설립된 오스트리아의 'HTA(Health Technology Assessment) 루드비히 볼츠만 연구소'를 들 수 있다. 오스트리아 보건복지부, 2개의 대학 등이 출자하여 설립된 HTA 루드비히 볼츠만 연구소는 각 지역 병원 및 의사단체들과 연대하여 의료망을 합리적인 국민 보건 정책을 위한 의사결정 네트워크로 발전시키려고 한다. 이에 대해서는 다음 논문과 [부록] A8을 참조하라. Wild, C.(2006).

의 결합 방식이다. 크게 연구 결과가 어느 정도 예측되는 '결과 중심의 결합'과 그렇지 않은 '가능성 중심의 결합'을 들 수 있다. 그 둘의 유기적 관계가 정책에서 중요한데, 전자의 결합 방식은 산업체에, 후자의 결합 방식은 대학 및 정부 연구 기관에 집중되는 것이 일반적 경향이다.

장래에 무엇이 경제적 효과를 산출할지는 현시점에서 완전히 예측하기 힘들기 때문에, 연구 분과 다양성의 확보가 가능성 중심의 과학과 공학의 결합 방식에서 특히 강조된다. 가능성에 초점을 맞춘 기초 연구에 동원된 물리적 도구들이 후에 경제적 가치를 지닌 인공물로 발전하기도 하는데, 이 과정에는 여러 우연적인 요인들이 개입하게 된다. 또 결과 중심의 과학과 공학의 결합에 근거한 인공 환경의 변화는 사회의 구조적 변동을 가져옴으로써 새로운 가능성에 대한 탐구를 자극하기도 한다. 과학과 기술, 특히 과학과 공학의 결합에서 나타나는 이러한 양면성은 과학기술의 오랜 전통을 지닌 국가에서 당연한 것으로 여겨지고, 또 그렇지 않은 곳에서도 기초학문의 육성이라는 명목 아래 강조된다. 그러나 기술이 국가 정책에 본격적으로 도입된 이후에야 과학과 공학의 결합이 강조되기 시작한 곳의 경우, 가능성 중심의 결합마저도 결과 중심의 결합 방식에 귀속되어버리는 경향이 나타나곤 한다. 구분 속에서 그 두 결합 방식이 유기적으로 연결될 때 비로소 한 국가의 과학기술의 내부 기반이 구축된 것이라고 할 수 있다. 가능성이 결과에 귀속되어 과학기술이 단지 경제적 수단으로만 여겨진다면, 과학기술의 내부 기반은 구축되기 힘들어진다. 과학기술의 덕은 공평하게 분배될 수 없을 뿐더러, 과학기술을 둘러싼 사회적 혼선, 심지어 '집단간 마녀 사냥' 현상이 일어나기도 한다. 하나의 사례를 살펴보자.

현재 선거 및 각종 권리에 대한 정치적 보호 장치가 마련된 어느 곳의 과거에는 독재 정권이 지배했다. 국가 주도의 계획 경제 아래 과학기술은 산업 확장의 수단으로만 여겨졌다. 재분배(redistribution) 현상이 급

성장 과정에 수반됨으로써 절대 빈곤의 평균 수치는 감소했다. 인구, 자원 및 국토 크기의 제한으로 인해 경제 성장에 의한 재분배 효과가 계속 지속되기 힘든 상황이 도래했다. 성장 과정에 수반되는 재분배와 정책적 분배(distribution)는 다른 것이다. 그러한 정책적 분배는 현대 사회에서 재화의 분배만을 의미하지 않는다. 그것은 경제 발전의 수단이라는 단순 논리에서 벗어나 과학기술의 내부 기반을 구축하는 것도 포함한다. 하지만, 시세 변화에 적응하지 못한 정치권은 시민의 실질적 삶의 질을 고려하지 않고 성장만이 살 길이라며, 또 성장을 위해서 과학기술을 발전시켜야 한다고 홍보했다. 정치권은 과학기술 정책에서 결과 중심의 결합과 가능성 중심의 결합을 혼돈한 채 예측 불허한 가능성을 결과로 둔갑시키는 선동을 주도했다. 그러한 선동의 물결을 타고 스타 과학기술자들이 출현했다. 그 결과는 다수 과학기술자들의 노예화였고, 과학기술이 아니라 스타를 둘러싼 집단간 이념 공방이 벌어졌다. 가능성이 결과로 실현되지 않았을 때, 스타가 연구 절차를 어겼을 때 그러한 이념 공방은 도덕을 가장하여 서로가 서로를 까대는 집단간 마녀 사냥으로 번졌다.

위 사례와 유사한 것들이 우리의 현실 속에서 발생하고 있다. 가능성 중심의 결합이 결과 중심의 결합에 귀속됨으로써 마치 단계적 계획에 의해 실현될 것처럼 선전된다. 집단적 연구의 구성법은 분업화 모형의 위계질서에 의해 획일화되고, 결과물 산출의 압박으로 인해 연구자들이 호기심에 근거한 장기적 연구에는 뛰어들기 힘들어진다. 정치적 선동 속에 탄생한 스타 과학자의 예언이 실패하거나, 연구 절차에서 부적절한 행위가 밝혀질 때 이를 둘러싼 집단간 마녀 사냥이 시민사회에서 벌어지기도 한다. 이러한 집단간 마녀 사냥은 시민 세력 사이의 이념 대립이 아니라 과학기술을 가지고 세력 확장에 여념이 없는 집단들의 '대리전쟁'에 불과하다.

우연과 여러 이질적 지식의 역사적 연결망에 의해 가능성이 상업화로 실현되는 과정은 완전히 통제될 수 없으며, 그 과정이 하나의 국가에 귀속되는 시절은 벌써 지났다. 그런데도 가능성을 결과로 가장하여 그 결과로 인해 마치 우리가 세계를 주도하게 될 것처럼 주장하는 집단, 그리고 이에 맞서 과학기술의 긍정적 기능이 외부, 실례로 종교나 인문학의 조율 속에서 가능하다고 주장하는 집단 사이의 대립은 시민사회로 확장된다. 실제 문제를 문제로 만드는 정보의 부족 속에서 그들의 대립은 대리전쟁의 양상으로 번지고, 그 양상은 전쟁을 불러일으킨 집단에게는 책임 회피 및 정당화의 구실로 도용된다.

과학기술의 오랜 전통을 가진 곳에서는 위 사례와 같은 것이 발생하지 않을까? 정도의 차이일 뿐, 그렇지 않다. 특히 과학기술이 인간 생명을 조작할 수 있게 됨으로써, 그리고 과학기술이 단순히 생활세계의 편의를 위한 수단이 아니라 생활세계의 구조 자체를 바꾼다는 사실에 대한 인식이 확대됨으로써, 과학기술을 둘러싼 문제가 사회적 차원에서 고려되기 시작했다. 과학기술을 둘러싼 사회적 문제 해결의 공간은 서로 이질적인 집단의 공조를 요구한다. 그러한 공조는 다양한 지식의 연결과 의사소통의 그물망에 근거하는데, 전통적인 정책 중 하나는 전문가로 구성된 소수 자문위원회에 의지하는 것이다. 과학기술의 오랜 전통을 가진 곳에서는 한 곳에 몰아주는 식의 편향된 연구비 정책이나 연구의 특성과 무관하게 획일화된 양적 관리 방식은 벌어지지 않는다. 하지만, 과학기술을 둘러싼 문제가 집단적 해결 과정을 요구한다는 사실이 인식되기 시작한 것은 최근이다. 소수 자문위원회의 결정에 의지한 기술 정책이 집단간 마녀 사냥을 불러일으키고, 그 결과로 과대한 사회 간접비용이 발생할 수 있다는 가능성은 단순한 다음의 논리 속에 반영된다.

첫째, 현대 기술의 체계적 성격을 파악한 경우, 자문위원회를 구성한 소수 전문가들이 새로운 기술의 사회적 확장을 예측하고 제어할 수 있다는 낙천적 입장은 허용될 수 없다. 그러한 입장은 소수 자문위원회가 사회 속에 기능하는 모든 체계 및 가치체계의 기능 방식을 충분히 파악하고 제어할 수 있는 경우에만 성립될 수 있다. 다시 말해, 소수 자문위원회에 의지한 기술 정책은 기술에 의한 사회 분화의 정도가 약한 상태에서만 효율적일 수 있다.

둘째, 소수 자문위원회는 정치적 중립성을 지키기 힘들다. 소수 자문위원회가 문제 해결 과정에서 정부 산하 기관과 공조하더라도, 두 집단 모두 실질적 권력을 쥔 서클에 속해 있다. 그 결과는 편향된 정책 결정으로 나타날 수 있다. 그러한 편향된 정책 결정은 소수 자문위원회 전문가들의 의도와 무관할 수 있다는 점에서 구조적인 성격을 갖는다.

셋째, 소수 자문위원회의 입장이 정치권의 선동에 부합할 때 새로운 기술을 둘러싼 여론의 양분화나 집단적 갈등이 발생하기도 한다. 그러한 양분화나 집단적 갈등은 실제 해당 기술에 대한 평가 없이 단지 정책의 실효성을 둘러싼 이념 대립의 양상을 띠기도 한다. 게다가 정확한 평가 없이 정보가 각종 언론 매체에 의해 정보의 홍수로 둔갑할 때 사람들은 어쩔 수 없이 입맛에 맞는 것만 선택할 수밖에 없다. 그 결과, 골이 깊어진 집단적 갈등은 해결 차원을 넘어서 손을 대기 힘들어진다.

기술의 민주화가 적어도 제도적으로 정착한 곳에서는 소수 자문위원회에 의지한 정책 결정 방식은 폐지되거나 그것의 기능이 축소된 경향을 나타낸다. 기술의 민주화를 위한 제도적 장치의 구축 자체가 실패를 반복하지 않겠다는 인식의 반영이다. 정치적 중립성이 보장된 TA 기관이 설치되고, TA는 다양한 관심사를 고려한 의사결정 구조 속에서 새로운 기술에 대한 예보, 감시, 제어 기능을 수행하게 된 것이다. 신속한 대처가 필요한 방역과 같은 문제가 아니라면, 새로운 기술, 특히 시민의 건강과 삶의 방식에 지대한 영향을 끼칠 것으로 여겨지는 기술의 사회적 확장 여부, 확장 범위에 대한 평가에서 시민의 다양한 관심사가 사전에 저울질되는 것이 좋다. 이러한 목적으로 개발된 것이 시민을 참여시킨 형태의 TA, 곧 '참여적 기술 결과 평가(PTA: Participatory Technology Assessment)'이다.[8] PTA는 결코 다

8) PTA는 1990년대 초 덴마크에서 시범적으로 시행되었다. 그 이후, 유전자 조작 식품의 허용 여부를 둘러싼 1998년 프랑스의 시민 협의회(French citizen's conference)와 1999년 스위스의 PubliForm이 PTA의 성공 사례로 들 수 있다. 2000년대에 들어와 유럽의 덴마크 기술 위원회(Danish Board of Technology), 네덜란드 라텐나우 연구소(Dutch Rathenau Institute), 독일 기술 결과 평가 사

수결의 원리를 따르거나 관심사에 가중치를 부여해 평균 이득을 계산하는 과정이 아니다. PTA의 의사결정 과정은 '균형 잡기의 기예'에 근거해야 하며, PTA의 정치적, 도덕적 위상 자체도 그 기예에 내재하는 것이다.

3. 균형 잡기의 기예

기술 결과 평가에서 정치적 중립성이 요구된다고 할 때 이것은 TA 자체가 정치적 성격을 갖고 있지 않다는 것을 의미하지 않는다. 문제 해결 과정에서 여러 관심사를 저울질하여 균형 잡힌 기술 정책을 산출하는 의사결정 구조의 개발도 일종의 정치적 행위에 속한다. TA의 정치적 중립성은 특정 세력의 정치적 관심사에 종속되지 말아야 함을 의미한다. 시민의 관심사를 고려하는 것은 자연스럽게 특정 정치 세력의 독점화를 제어할 수 있다. 가치체계가 다원화된 사회에서 시민의 관심사는 하나가 될 수 없기 때문이다. 이 점은 참여적 기술 결과 평가 PTA의 장점으로 여겨질 수 있지만 또 한편 현실적 난제를 발생시킨다. 공간적 차원에서 접근할 때 기술을 둘러싼 지역별 인식의 차이를 무시할 수 없고, 또 그 인식은 시간적 차원에서도 고정된 것이 아니기 때문이다. 그러한 차이는 문제를 접근하는 방식에 있어 국가 사이에 간극을 만들어내기도 한다.9)

모든 지역에, 모든 시기에 적용 가능한 PTA의 제도화라는 것은 실

무소(German Breau for Technology Assessment), 스위스 과학 협회 TA 프로그램(TA-Project of Swiss Science Council), 웨스트민스터 대학(University of Westminster) 그리고 오스트리아 기술 결과 평가 연구소(Austrian Institute of Technology Assessment)가 유럽 연방 차원에서 거대 TA 기관인 EUROpTA를 설립했고, TA의 합당한 시민 참여 모형을 개발하기 위해 16개의 사례 연구를 수행했다. 이에 대해서는 다음을 참조하라. Joss, S. & Belluci, S.(eds.) (2003).

9) PTA에서 참여 시민 집단 구성법, 의사결정 과정에 개입하는 윤리적 문제들의 성격은 국가별 차이를 드러낸다. 이에 대한 사례로서는 다음을 참조하라. Reber, B(2006).

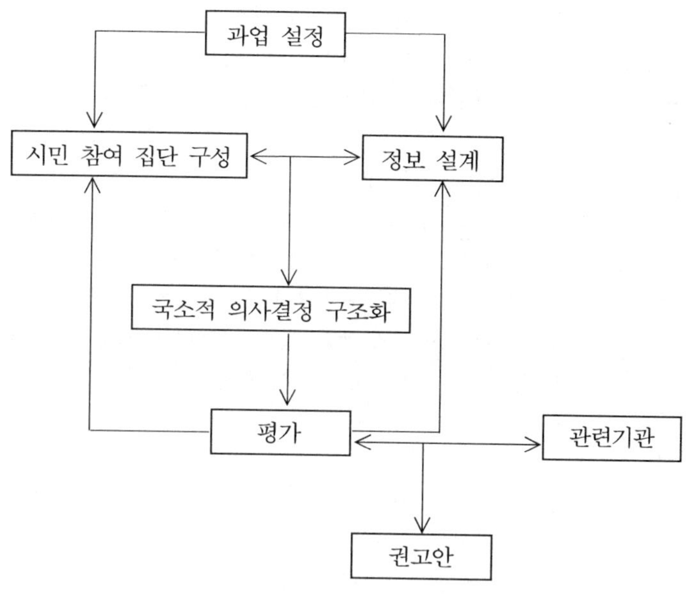

[도식 1]

질적으로 불가능하다. 그러나 우리의 현실적 상황에 비추어 PTA의 일반 의사결정의 절차, 특히 정치적 중립성을 보장하는 절차를 설정해보는 것은 유익한 일이다. 인구수, 정보의 공유 가능성, 기술을 둘러싼 여론의 양분 가능성 정도, 정부 기관의 구조, 시민단체와 정부와의 관계 등 여러 요인들이 분석되어야 한다. 이러한 종류의 분석은 우리의 현실에 맞는 PTA 자체에 대한 집단적 연구에서나 가능하기 때문에 한 개인이 할 수 없는 것이다. 다만, 기술을 둘러싼 사회적 반응에 대한 개인적 경험을 근거로 [도식 1]의 PTA 절차를 따져본다.

(1) 과업 설정 : 과업 설정은 담론 주제를 선출하는 작업이다. 주제는 기술을 둘러싸고 현실세계에서 벌어지는 문제와 관련을 맺어야 한다. 다시 말해, 그러한 문제를 발생시킨 상황적 요인들에 근거해 주제가 선별되어야 한다. 과업 설정에서 중요한 것은 '시점 포착(timing)'이다. 진행중인 문제가 지금은 사소해 보이지만 미리 손을 쓰지 않는다면 집단간

마녀 사냥 현상을 발생시킬 만큼 심각해질 수 있다. 또 미리 건드려 봤자 실익이 없는 문제도 있다. 과업 설정 단계에서부터 PTA 전문가에게 현실적 감각이 요구된다. 그러한 감각은 상황 진단 능력에 좌우된다.

(2) 시민 참여 집단 구성 : PTA에 참가할 집단이 구성되어야 한다. 크게 두 가지 방식을 들 수 있다. 하나는 무작위로 시민을 선출하는 것이다. 다른 하나는 주어진 주제에 대해 다양한 의견을 대표하는 시민들을 선출하는 것이다. 다뤄야 할 주제에 대한 구체적 의견들이 시민사회에 아직 드러나지 않은 경우, 무작위 선출 방식이 적합할 것이다. 그렇게 드러난 경우라면, 각 의견을 대표하는 시민들이 선출되는 것이 적합할 것이다. 후자의 경우, 실제 시민 중심의 연대 조직망이 갖춰져 있어야 한다는 조건이 따른다. 그 어떤 경우든, PTA 참가자에게 불이익이 돌아가서는 안 된다.[10] 시민 참여 집단 구성에서 고려되어야 할 또 다른 것은 참가 인원의 수이다. PTA는 단답형 설문조사가 아니기 때문에, 통계치는 평가에 반영될 뿐, 그러한 통계치가 평가의 목적은 아니다. 참가 인원의 수는 PTA의 규모에 의존하고, 그 규모는 주제의 성격에 의존한다.

(3) 정보 설계 : 과학과 공학이 결합된 현대 기술에 대한 정확한 정보는 모든 이에게 접근 가능한 것이 아니다. 실제 기술을 둘러싼 사회적 잡음은 그러한 정보에 대한 이해 부족에서 오는 경우가 많다. 정보 설계는 문제를 발생시킨 핵심 정보를 일반인들이 쉽게 파악할 수 있게끔 다시 디자인하는 작업이다. 정보 설계는 단순히 과학기술적 영역에 국한되지 않는다. 우선 문제와 관련된 기술이 가능성과 관련된 것인지, 결과와 관련된 것인지가 정보 설계 속에 명확하게 표상되어야 한다. 새로운 기술의 확장이 가져올 위험, 효과성, 공적 차원의 이득이 과장이나 왜곡 없이 전달되게끔 정보 설계 속에 표상되어야 한다. 앞 장에서 살펴본 시각소통의 기법들이 정보 설계 작업에 적절히 사용될 수 있을 것이다. 또 새로운 기술의 사회적 확장에 대해 이미 알려진 시각의 차이, 곧 가치판단의 차이들이 정보 표상 속에 드러나 있는 것이 좋다.

---

10) 선출된 시민이 소액의 참가비를 받고 직장의 인사고과에서 가산점을 얻을 수 있도록 해주는 제도적 장치가 PTA 시행 국가에서는 일반적으로 마련되어 있다.

(4) 신뢰할 만한 정보에 근거한 상호 담론 : 정보 설계 작업에 의해 얻어진 자료는 어떤 관점을 시민에게 심어주기 위해 만들어진 것이 아니다. 그것은 전문 지식 소유자와 다양한 관심을 가진 시민 사이에 소통을 촉진하기 위한 분석 장치의 일종이다. '시민 참여 집단 구성'과 '정보 설계'는 그렇기 때문에 쌍방향성의 담론관계를 맺어야 한다.

(5) 국소적 의사결정 구조화 : [도식 1] 전체가 PTA의 의사결정 과정이라면, 국소적 의사결정 구조화는 참가자들의 여러 의견을 조율하는 방식을 다룬다. PTA의 정치적 중립성을 유지하기 위해 국소적 의사결정 구조화 단계에 정치권이나 기타 이념 집단의 입김이 반영되는 것은 바람직하지 않다. 다루는 주제와 주제를 생성한 현실적 문제를 고려해 개인별 설문조사 방식을 취할 것인지, 조별 토론에 의한 방식을 취할 것인지가 결정된다. 여기서 설문조사는 정보 설계에 근거해 새로운 기술 허용 및 허용 범위 여부에 대한 검토 사항들을 묻는 것이기 때문에 통계치를 얻기 위한 단답형 설문조사와는 다른 것이다. 특히 정보 설계가 일반 시민에게 접근 가능하도록 구성되었는지를 사후에 평가하기 위해 설문 항에는 서로 모순되는 것 혹은 양립 불가능한 것들이 혼합되어 있어야 한다. 만약 그러한 것에 동시 긍정하거나 부정한 빈도수가 높게 나온다면, 애초의 정보 설계에 대한 합당성은 의심의 대상이 된다. 그것은 수정되어야 한다. 조별 토론 방식을 도입하는 경우, 동일한 관심사를 공유한 조별 찬반 토론이 있을 수 있다. 또 다른 경우는 조원들이 서로 이질적인 관심사를 갖고 있게끔 구성되는 경우다. 이 경우, 각 조별로 토론을 진행해 자체 결론이 나와야 한다. 그 어떤 경우든, 토론 내용, 특히 참가 집단의 가치판단의 내용과 결론이 가급적 정보의 누수 없이 수집되도록 의사결정 과정이 구조화되어야 한다.

(6) 평가 : 국소적 의사결정 구조화 단계에서 얻어진 자료들은 평가 작업을 거친다. 평가는 두 갈래로 나뉜다. 하나는 시민 참여 집단 구성 및 정보 설계의 합당성에 대한 자체 감사의 의미를 갖는 평가다. 다른 하나는 자료에 근거해 새로운 기술 허용 및 허용 범위에 대한 각 관심사를 명확히 하고 조율 가능성을 추정하는 것이다. 어떤 경우, 나치 국가 사회주의의 가치체계를 신봉하는 인물이 PTA에 참가할 수도 있다. 그 가치체계는 민주주의 사회에서 더 이상 허용될 수 없는 반정치적인 것

이기 때문에 다양한 관심사의 조율 가능성 평가에서 배제된다. 만약 그러한 가치체계의 이념적 선동에 기술이 노예가 된 경우, 그 원인 자체가 PTA의 담론 주제가 될 수 있다. '시행착오 속의 인본주의' 역사에서 걸러진 가치체계들, 곧 현시점에서 허용 가능한 가치체계들에 근거한 모든 관심사들은 조율 가능성 평가의 대상이 된다.[11)]

(7) 관련 기관과의 담론 : 평가 결과는 정부 및 다른 관련 기관과의 담론 자료로 사용된다. 새로운 기술에 대한 시민의 인지도, 새로운 기술의 허용 및 허용 범위에 대한 여러 의견 그리고 실제 정책 결정에 영향력을 가진 집단의 의견이 평가 결과에 근거해 저울질되어야 한다. 정부 기관이 일방적으로 기술 정책을 결정한 경우, 정부와 시민 사이의 간극은 완충지대가 없어 더욱 커질 수 있다. 정부 기관에 의한 단순한 기술 정책 결정 과정은 두 측면에서 소모적일 수 있다. 첫째, 복잡한 기술을 다루기 위해 관련 기관의 규모는 비대해지지만, 그 기능은 투자비용에 비해 비효율적일 수 있다. 결국 시민사회에 실질적 이득이 돌아가지 않은 채 공적 자금만 소모될 여지가 있다. 둘째, 기술을 둘러싼 특정 문제를 놓고 정부와 시민 사이의 갈등을 중재할 완충지대가 없다면, 깊어진 갈등은 국정 운영 전반에 차질을 불러와 엄청난 사회 간접비용을 발생시킬 수도 있다.

(8) 권고안 마련 : 관련 기관과의 담론을 통해 특정 기술의 허용 및 허용 범위에 대한 권고안이 마련된다. 권고안은 여러 의견에 가중치를 부가해 평균 이득을 얻는 방식에 의해 마련되지 않는다. 권고안은 다양한 관심사를 가진 집단이 만족할 수 있는 수준을 조준하여 마련되는데, 여기서 만족 수준은 평형 상태와 같은 것이 아니다. 제시된 권고안이 각 집단에 의해 쉽게 부정될 수 없을 때 그 권고안은 어느 정도 만족 수준의 조준에 성공한 것이다. 권고안은 어디까지나 정책 결정을 위한 권고안일 뿐이기에, 그것이 실제 정책으로 구현된다는 보장은 없다. 하지만, 그러한 권고안에 바탕을 둔 정책 결정과 그렇지 않은 정책 결정 사이에는 질적인 차이가 있다.

---

11) '시행착오 속의 인본주의'는 13장 4절에서 다뤘다.

기술 결과 평가 기관은 정책 결정 기관이나 정부 심의 기관과 같은 것이 아니다. 그것은 다양한 관심사를 고려해 문제 해결을 위한 균형 잡힌 정책을 유도하는 의사결정 구조를 다룬다. 실제 중요한 것은 [도식 1]의 PTA 모형을 사례 연구에 근거해 그 실효성을 따지는 작업이다. 여기서 사례 연구는 실험과 사후 분석 양자 모두를 포함한다. 실험을 하기 위해서는 초보적인 상태라도 TA 기관이 있어야 한다. 문제는 우리에게 그러한 기관에 대응하는 것이 없다는 것이다. 이질적 지식의 합성을 요구하는 TA 분야에 대해 개인의 얄팍한 지식에 근거한 가상의 사례 연구를 제시하고 싶지는 않다. 한 가지는 분명하다. 만에 하나라도 TA를 기술 조율 혹은 제어 기관으로 인식하는 자들이 TA 기관 설립을 주도하는 경우, 그 순간 이 땅의 TA는 사형선고를 받는 셈이다. TA는 여러 관심사를 고려해 균형 잡힌 기술 정책을 유도하는 의사결정의 구조이자 제도적 장치이며, 기술 정책은 상황에 합당한 과학기술 지식의 활용에 근거해야 하기 때문이다.

기술 결과 평가 TA의 도덕적 위상은 어디에 있는가? 이 질문은 철학자들에 의해 종종 다른 대응물로 대체된다. TA의 윤리학은 무엇인가? 이렇게 대체된 질문이 의미를 가지려면, 또 다른 질문이 긍정되어야 한다. TA를 위한 별도의 윤리 이론이 있어야 하는가? 만약에 그 이론이 전통적 규범윤리의 이론, 곧 근대 이후 확실성 추구의 시대정신 속에서 탄생한 윤리 이론이라면, 우리는 상황적 제약 속에서 꿈틀거리는 문제를 헤치고 앞으로 나아갈 수 없다. TA 연구자들이 규범을 다루는 방식은 두 측면에서 접근 가능하다. 하나는 [도식 1]의 전체 의사결정 구조와 관련된 거시적 접근법이고, 다른 하나는 [도식 1]의 한 단계인 의사결정 구조와 관련된 국소적 접근법이다. 거시적 접근법에서 중요한 윤리적 문제는 올바른 행위의 정당화가 아니라 다양한 관심사를 조율할 수 있는 절차에 관한 것이다. 행위의 정당화 원리로서의 규범 개념에서는 좋은 의사결정 과정을 위한 절차가 도출될 수 없다. 그러한 절차와 관련해 TA 연구자들이 규범을 강조할 때 그것은 좋은 절차를 위한 안내서 혹은 지침서를 의미한다. 만약 누가 그러한 절차의 어떤 형식적 구조를 산출해내는 보편적 이론에 관심이 있다면, 그는 그러한 이론을 대안으로서 내놓아야 한다.

그러나 실제 TA에서 거시적 차원의 구조는 의사결정 과정의 국소적 단계들에 의해 제한을 받는다. 국소적 의사결정 과정에서 참가자들의 다양한 가치 판단이 나타난다. 철학자들은 그러한 가치 판단에 어떤 윤리 이론을 연관시키길 좋아한다. 좋은 TA라는 것은 그러한 다양한 가치 판단을 조율할 수 있어야 한다. 그러한 조율에 전통적 서양의 규범윤리 이론이 전제될 필요는 없으며, 게다가 TA는 학적 윤리교육 과정이 아니다. TA, 특히 PTA에 참가하는 시민들이 결과주의, 공리주의 혹은 의무론의 이론을 알 필요는 없다. 이러한 점을 파악한 학자들은 '형식화되지 않은 윤리', '규정되지 않은 윤리', '암묵적인 윤리 태도'와 같은 용어를 즐겨 쓴다. 중요한 것은 TA 참가자들이 동질화될 수 없다는 것이다. 다양한 가치 판단은 다원화된 가치체계의 구조를 반영하는 현실의 거울일 뿐이다. 만약 누가 좋은 TA 절차의 보편적 형식을 이론화하여 대안으로 내놓을 수 있다면, 현재 허용 가능한 모든 가치체계는 그의 대안 이론에 종속되어야 한다. 이것은 꿈에 불과하다. 이를 인식한 이는 "이론 없는 실천은 마비되며, 실천 없는 이론은 맹목적이다"라는 화두를 던진다. 표상의 관점에서 이론이 보편적 형식을 갖추더라도, 실천적 맥락에서 이론은 문제 해결의 분석적 도구다. 그 화두를 던진 이가 이러한 실천 속의 이론 관점을 거부하고 이론과 실천의 연결성 혹은 상보적 관계를 주장한다면, 이것은 어쩔 수 없다. 하지만, 그의 주장이 이론물리학과 실험물리학에 해당할 수 있는지는 모르겠지만 현실세계 속의 공학 담론에 대해서는 아니다. 현실세계 속의 판단은 상황적 제약을 초월할 수 없는 개연성을 가지며, 현실적 문제 해결에서 요구되는 것은 보편적 지식이 아니라 유사한 상황에 적용 가능한 '일반 지식'이기 때문이다.[12)]

제2부에서 펼쳐진 '상식을 존중한 상황윤리' 속에서 현실 세계 속

---

12) '일반 지식'에 대해서는 1장 3절을 참조하라.

의 공학담론이 진행될 때 사례 분석의 도덕적 위상은 문제 해결 과정에 내재하게 된다. TA도 문제 해결의 관점에서 이해되어야 한다. 거시적 접근법에서 TA는 과학과 공학의 가치체계가 다른 분야와 맞물려 긍정적으로 기능하게끔 하는 목적을 갖는다. 새로운 기술을 둘러싼 문제는 최종 결과 혹은 이상화된 상태를 표적으로 한 것이 아니라 진행형 관점에서 이해되어야 한다. 다양한 관심사를 고려해 상황에 합당한 기술 정책을 유도하기 위한 의사결정 구조를 개발하는 것, 곧 균형 잡기의 기예 속에는 문제 해결을 통해 생활세계를 개선하겠다는 상태 지향적 공익 개념이 내재한다. 이것이 거시적 접근법에서 TA의 도덕적 위상을 마련해준다.

국소적 접근법에서 TA는 가치체계들의 배열을 다루고 평가한다. TA 참가자들의 다양한 윤리적 태도들은 실제로는 일상적 공감대로서의 상식과 가치체계의 다원적 결합 방식을 보여줄 뿐이다. 시행착오의 인본주의 역사 속에서 걸러진 가치체계들, 곧 현시점에서 허용된 가치체계들은 긍정적 기능 가능성 그리고 그 기능 속에서 개인의 수양과 관련된 덕들을 포함하고 있다. TA의 국소적 접근법에서도 가치체계의 배열을 다룬다는 도덕적 위상이 균형 잡기의 기예에 내재하는 것이다.

TA의 도덕적 위상이 균형 잡기의 기예 자체에 내재한다는 이 단순한 결론은 하나의 긴 논증, 곧 상식을 존중한 상황윤리의 담론틀에 의지하고 있다. 역으로 TA 논의는 공학 담론이 그 담론틀 속에 정초될 수 있음을 보여준다. 하지만, 왜 '공학윤리'라는 용어 대신에 '공학 담론'이라는 용어를 고수하는가? 너 자신이 3장에서 공학윤리를 상황윤리에 정초시키겠다는 속내도 드러내지 않았는가? 제3부에서 펼쳐진 주제들은 분명히 공학윤리에서 다뤄질 성격을 갖췄다. 하지만, 펼쳐진 논의들이 공학윤리의 충분한 성격을 갖추기 위해서는 좀더 주제에 합당한 방법론에 근거해야 한다. 그러한 방법론의 개발은 여기서 엄밀히 다뤄지지 않았다. 이 작업의 목적은 단지 그러한 방법론이 개발되어 체계적 공학윤리가 탄생하기 위한 길을 여는 데 있다. 적어도 상식을 존중한 상황윤리가 진행형 관점의 윤리 혹은 문제 해결 관점의 윤리의 담론틀로 받아들여진다면, 서양 규범윤리의 이론, 곧 근대 이후 확실성 추구의 시대정신 속에 탄생한 것에 의해 공학의 도덕적 위상이 마련된다는 관점은 착각에 지나지 않는다.

20장 후 기

열린 역사에 대한 두려움

현실세계의 실천적 윤리 담론은 확실성 추구의 관점이 아니라 문제 해결 관점에서 이해되어야 한다. 실천적 윤리 담론은 일상적 공감대로서의 상식과 가치체계의 긍정적 혹은 부정적 결합 방식에 대한 역사적 평가에 의존하기 때문에 확실성의 게임이 될 수 없다. 이 경우, 윤리 담론은 '진행형 과정'의 성격을 갖는다. 진행형 과정의 성격을 결여한 윤리 담론은 어느 이론가에게는 최상의 목적이 될 수 있어도 현실세계의 문제를 해결하기 위한 '역사의 현명한 사용'을 가로막는다.

1. 지배적 가치체계에 근거한 두려움

역사의 열려 있음은 단순히 비결정론(indeterminism)이나 미래의 불확실성을 뜻하지 않는다. 그것은 특정 시기의 독자성뿐만 아니라 역사의 보편적 구조성을 정당화하려는 일체의 시도를 거부한다.[1] 이론이 특정 조건 아래 유사한 사례들에 적용 가능한 분석적 도구의 차원을 넘어서 모두가 지향해야만 하는 것이라면, 역사는 이론에 의한 평가의 대상일 뿐 평가의 역사성이라는 것은 없다. 열린 역사에 대한 두려움은 어떤 역사적 성향을 가능케 한 현실적 조건들의 연결 방식을 특정 관점에 가둬버림으로써 '역사의 현명한 사용'을 가로막는다. 역사의 현명한 사용은 문제 해결에서 어떤 성향을 가능케 한 현실적 조

1) 이에 대해서는 13장 4절을 참조하라.

건들에 대한 진단에 근거하는 것이기 때문이다.

열린 역사에 대한 두려움에서 '두려움'은 어떤 심리적 공포감을 뜻하는 것이 아니라 두 가지 사고방식을 희화화한 것이다. 첫째, 그 두려움은 특정 지배적인 가치체계에 근거한 사회형태 혹은 그러한 가치체계를 함축한 세계 이해의 변동 가능성에 대한 보수적 성향을 뜻한다. 열린 역사에 대한 이 두려움은 지배적 가치체계에 근거한 두려움으로 규정된다. 열린 역사에 대한 둘째 종류의 두려움은 어떤 본질을 가정하여 미래의 불확실성을 제거하거나 현실을 대안적 미래를 위한 정당화의 수단으로 삼는 것이다. 먼저 지배적 가치체계에 근거한 두려움에 대한 하나의 사례를 살펴보자.

하늘이 지상의 인간사에 영향을 미친다는 생각은 고대 동서양을 관통한다. 고대 중국의 상제(上帝) 개념이 그렇고, 달을 경계로 지상계와 천상계를 구분하고 천상계를 신성(神聖)과 연관시킨 신학의 한 전통도 그렇다. 이러한 양자에 공통된 것은 우주론적 담론틀 속에서 인간 도덕성이 논의된다는 점이다. 사회 상태는 개인의 속성으로 결코 환원될 수 없고, 좋은 사회는 자연의 상태와 무관할 수 없다. 하늘이 인간사에 영향을 미친다는 생각은 동서양 사상사에서 붕괴되는데, 그 전개 과정은 사뭇 다르다.

신유학(新儒學)의 이기론(理氣論)은 고대 상제(上帝) 개념과 결부된 귀신론을 멀리한 공자(孔子) 사상을 계승한 것이지만 또한 맹자(孟子)가 혐오한 양주(楊朱) 사상 및 노장(老莊) 사상에도 빚지고 있다. 천하의 이득보다 나의 정강이 털 한 올이 더 귀하다는 양주의 선언은 난세에 신변을 보존하기 위한 처세술을 반영한다. 그것은 동시에 상제 개념에서 탈피하기 시작한 일종의 역사적 증표이다. 만물의 생성과 통합 원리로서 도(道)의 가정도 상제 개념에서의 탈피를 보여준다. 그러한 탈피가 인간 도덕성에 대한 우주론적 담론틀의 붕괴를 함축하는 것은 아니다. 그것은 인간사에 개입하는 초월적 존재의 부정을 함축한다. 그러한 부정은 두 가지 가능성을 낳는다. 도덕성은 초월적 존재가 아닌 자연의 원리, 곧 천리(天理)를 따른다는 입장과 인

간 도덕성을 천리와 연관시킬 근거가 없다는 입장으로 나뉜다.2)

하늘이 인간사에 영향을 미치지 않는다는 관점은 서양에서는 크게 두 갈래로 나뉜다. 그 하나는 인간 합리성을 이상화시킨 관점이고, 다른 하나는 인간 도덕성이 자연에 내재한다는 관점이다. 도덕적 자연 개념의 복권은 관념론 유파의 자연철학 및 낭만주의(romanticism) 계열에서 시도되었다. 물질과 정신을 이분하는 시대정신에 대한 역사적 반발로 이해되어야 하는 그 시도는 정신적 본질에 근거한 두려움을 다룰 때 간략히 서술될 것이다. 여기서는 전자의 관점에서 세계를 이해하게끔 자극한 코페르니쿠스의 『천구의 회전』을 둘러싼 잡음을 분석한다. 이것은 열린 역사에 대한 첫 번째 종류, 곧 지배적 가치체계에 근거한 두려움에 대한 사례가 된다.

다른 동물을 잡아먹고 살아가는 인간이 속한 지상계는 불완전한 곳이고, 신성이 깃든 하늘은 인간의 찬양 대상이라면, 자연은 신 자체를 위해 존재하는가? 중세의 다양한 세계 이해 방식을 파악하는 데 중요한 이러한 물음을 자세히 분석하는 것은 이 작업의 목적에 부합하지 않는다. 중세에서 르네상스를 거쳐 근대에 이르기까지 분명한 것은 신성 영역을 천상계에서 지구를 포함한 전 우주로 확대시키려는 지속적인 노력이 있었다는 사실이다. '우주시장(cosmic market)'에서 싸구려에 불과한 지구의 가치를 별과 동급으로 만들려고 노력했던 15세기 유명론(nominalism) 전통, 그리고 인간 역사에 대한 지식을 가장 확실한 것으로 취급한 르네상스 인본주의(humanism) 전통을 들 수 있다. 르네상스 인본주의 전통과 어울릴 수 있는 사고방식 중 하나는 자연이 인간을 위해 존재한다는 것인데, 이를 위해서는 역시 지상계와 천상계의 구분에 대한 붕괴가 요청되었다. 코페르니쿠스의 지동설은 자

2) 인간의 도덕성을 천리와 분리시키지 않은 경향에 대해 강하게 반발한 경우가 순자(荀子)다. 인간 본성을 천리와 연결시키는 맹자의 사고방식에서는 측은지심의 즉발성과 같은 선함의 유심적 발단이 있어야 한다. 순자는 그러한 연결을 부정하기 때문에 또한 선함의 유심적 발단을 부정한다. 이것이 순자 성악설의 근간이다.

연에서 인간의 위치에 관한 여러 이해 방식의 교차 관계 속에서 그 역사적 위상을 드러낸다.[3)]

코페르니쿠스의 『천구의 회전(*De revolutionibus orbium coelestium*)』은 지구를 천문학에 귀속시킴으로써 지구의 가치를 별과 동급으로 만드는 동시에, 눈에 보이는 천구의 겉보기 운동을 초월해 실제 우주 구조를 알 수 있다는 열망을 불러왔다. 그러한 열망은 이성 자체에서 자연과 도덕에 대한 확실한 지식체계를 얻을 수 있다는 근대적 '이성의 자율성' 이념으로 확대되는데, 코페르니쿠스 당시의 반응은 어땠을까? 루터파 신학자인 오시안더(A. Osiander)는 코페르니쿠스의 지동설을 담은 책 제목을 『우주 물체의 회전(*De revolutionibus orbium mundi*)』에서 『천구의 회전』으로 바꿨고, 원래 서문을 뺀 후 새로운 서문을 집어넣었다. 오시안더는 그의 동기를 그 자신이 자의적으로 덧붙인 서문에서 이렇게 밝히고 있다.[4)]

> "하나의 동일한 운동과 관련된 여러 가설들이 시기별로 제안되었다. … 천문학자들은 그들 중에서 가장 파악하기 쉬운 것을 선호한다. 철학자들은 그 대신에 가장 그럴듯한 것이 채택되어야 한다고 요구할 것이다. 그러므로 이 (지동설에 관한) 새로운 가설들을 기존의 가설들과 함께 세상에 알려지게끔 허락하자. (천문학의) 가설들은 그 자체로는 그럴듯하지 않지만 멋지고, 쉽게 습득되며, 저장된 관측들과 잘 맞아떨어진다. 그리고 가설들이 유효하다면, 그 누구도 천문학에서 어떤 확실성(진리)을 기대할 수 없다. 왜냐하면, 천문학이 우리에게 확실한 어떤 것도 제공할 수 없기 때문이다."

이 인용구에서 코페르니쿠스가 단지 유용성과 실용적 측면에서만 지동설을 주장한 것처럼 되어 있으나, 실제 양상은 달랐다. 지구를 천문학에 귀속시킨 코페르니쿠스 이후, 물질의 운동을 다루는 물리학과

---

3) 코페르니쿠스 지동설의 역사적 배경과 동기에 대해서는 다음을 참조하라. Blumenberg, H.(1975).

4) Copernicus, N.(1543), 오시안더의 서문.

천문학의 통합을 시도한 이는 케플러였다. 화성 궤도 설명과 관련해 타원운동을 도입한 『새로운 천문학(*Astronomia nova*)』에서 그는 오시안더의 서문을 '가장 터무니없는 얘기(fabula absurdissima)'로 묘사했다. 실제 코페르니쿠스는 항해술 등에 필요한 수학적 도구로서 지동설을 주장한 것이 아니었다. 그렇다면, 우리는 오시안더의 각색된 서문에 담긴 동기를 어떻게 이해해야 할까? 이 물음에는 두 가지 대답이 가능하다. 하나는 툴민 방식의 접근법이고, 다른 하나는 '지배적 가치체계에 근거한 두려움'이다.

툴민은 오시안더의 각색을 종교에 의한 갈등 중재로 볼 것이며, 그는 그러한 중재에 담긴 사고방식에 대해 '이성의 균형(balance of reason)'이라는 은유를 사용했다.[5] 그 은유는 크게 다음의 두 성격을 갖는다.

(1) 지식의 고정된 위계질서와 연역적 방법론의 우위성, 예측 가능성의 보편성 그리고 비맥락주의의 보편성으로 대표되는 근대 확실성 추구의 시대정신이 정착하기 전에는 실천적 경험 속에서 다양한 의견들의 지성적 공존은 가능했다.[6]

(2) 확실성 추구의 시대정신이 정착하기 전에는 이성은 확실성, 필연성 및 보편성을 하나의 꾸러미로 묶는 단수의 개념이 아니라 복수의 개념이었다.

오시안더가 코페르니쿠스 저술의 제목에서 '우주 물체'를 '천구'로 고쳤을 때, 그는 코페르니쿠스의 지동설이 실제 우주의 구조가 아니라 눈에 보이는 천구의 현상에 관한 것임을 천명한 것이다. 오시안더가 코페르니쿠스와 교회와의 갈등을 막기 위해 사전에 각색한 것이라면, 그는 코페르니쿠스의 지동설이 신학적 동기를 갖고 있지 않음을 천명한 것이다. 과학적 논증을 종교에서 분리하기 시작한 유명론 전

5) Toulmin, S.(2001), 제2장, 제13장.

6) 확실성 추구의 시대정신에 대해서는 1장을 참조하라.

통의 입장이 17세기를 거쳐 대세가 되기 이전, 분과 적용성에 합당한 근거를 가진 가설은 허용된다. 그 합당성은 물론 당시 종교적 가치체계에 부합하는 것이어야 한다. 이성의 한계를 인정하는 전통, 곧 신성을 인간의 초라함과 연관시키는 전통에서 볼 때 인간 능력을 극대화시키기 위해 우주시장에서 지구의 가치를 높이는 지동설은 종교에 대한 위협이 될 수 있다. 종교적 가치체계 내에서 오시안더의 각색은 툴민에게 일종의 갈등 중재 혹은 코페르니쿠스의 보호막으로 비춰진 것이다.

근대 이전의 윤리학 전통에서 배울 점이 있다면, 실천적 판단에서 상황적 제약을 무시하지 않았다는 점이다. 결정론적 세계관 속에서 최적 선택에 대한 보편적 형식 계산이 가능하다는 사고방식과 달리, 근대 이전의 불확실성 개념은 상황의 복잡성 그 자체에서 기인하는 것으로 여겨졌다. 아리스토텔레스의 경우, 실천적 삼단논법의 결론을 얻는 데 필요한 중간항은 경험에서 얻어진다. 중간항의 선별은 대전제, 곧 목적 달성을 위한 상황에 합당한 선택과 관련된다. 그 선택은 합리적 추론을 위한 초기 조건과 같은 것이 아니라 예외 상황을 허락하는 상황 인식에 근거한다. 상황 인식을 중요시 여기는 전통은 중세 결의법으로 이어졌고, 행위 준칙의 개발 및 예외 규정과 관련된 사례 분석, 설득의 기예 그리고 관습의 무의식적인 역할 등이 부각되었다. 현실세계의 실천적 해결을 지향하는 윤리 영역에서 결의법을 부활시킨 툴민의 역할은 의미가 있다.

그러나 현실세계의 문제는 상황에 합당한 논증법에 의해서만 풀릴 수 없으며, 많은 경우 다양한 가치체계들이 문제 공간에 개입한다. 툴민이 이 점을 의식했다고 하지만, 그는 가치체계의 관계적 기능을 진지하게 고려하지 않았다. 아리스토텔레스가 여러 덕목을 목적과 연관시킬 때 그 덕목은 실제로는 하나의 지배적 가치체계에 귀속된 것이며, 결의법에서는 당연히 기독교적 가치체계가 지배적 역할을 수행했다. 하나의 지배적 가치체계가 당연하게 혹은 무의식적으로 공인될 때 실천윤리는 단지 현명한 수단 선택에만 국한된다. 목적은 미리 주어져 있기 때문이다. '다양한 가치체계 속에서 더불어 삶'이라는 주제는 결의법을 강조한 여러 학자들에게 중요하게 인식되지 않았다.[7] 그 주제의 심각성을 인식한 이들은 몇몇 덕목이 여러 종교 및 윤리관을 관통한다는 입장, 곧 소위 '윤리 최소주의' 입장을 펼쳤다. 이 경우, 사례 분석은 종교들의 공통된 미덕들을 지향하게 되어버린다. 윤리 최소주의 입장은 과거의 중재 정신을 잃어버리고 독단화된 로마 교황청에게 제안되어야 할 것이지, 우리에게는 아니다.

'다양한 가치체계 속에서 더불어 삶'이라는 주제를 중요하게 여길 때 오시안더의 각색은 지배적 가치체계에 근거한 두려움의 표출이다. 그는 결의법 전통의 예수회 소속이 아닌 종교개혁을 이끈 루터파 소속이었다. 그가 어느 소속이든, 이성과 신앙의 '영역 분할 신화'에 근거해 과학과 종교의 공존을 모색한 근대 이전에는 지구의 가치를 드높여 인간의 합리적 능력을 극대화시키는 것은 양자 모두에게 신성에 대한 도전이었다.[8] 오시안더는 자신의 지배적 가치체계를 위해 코페르니쿠스를 도용한 것이다. 천문학은 신이 창조한 우주의 실제 구조를 건드릴 수 없다고 오시안더가 천명했을 때, 그는 자신의 공포감을 유명론적 논증 속에 감춘 것이다. 지구의 가치를 드높인 코페르니쿠스의 새로운 '우주시장'은 오시안더의 종교적 가치체계를 위협했고, 오시안더는 그 새로운 우주시장이 공개되기를 꺼렸다.

2. 정신적 혹은 실천적 본질에 근거한 두려움

다양한 생활양식을 규정하는 가치체계의 서술 방식은 법사회학 논쟁에 익숙한 사람에게는 낯설 것이다. 법사회학의 논쟁에서 가치는 직업 활동 등 인간의 실천적 역사에서 굳어진 미덕과 같은 것이 아니라 엄격한 이론체계의 규범적 관점에서 이해되어 왔기 때문이다. 그

7) 결의법을 이단으로 몰지 않으면서도 비판적 고찰을 통해 그 주제를 던진 인물은 존스턴이다. Johnston, G. A.(1914).

8) 영역 분할의 신화에 대해서는 다음을 참조하라. 이상하(2005).

러한 이론체계의 규범적 관점을 담은 '고전 법률 사상(classical legal thought)'을 살펴보는 것은 여기서 말하고자 하는 '정신적 본질에 근거한 두려움'의 이해에 도움을 준다.

고전 법률 사상은 내용적 측면과 형식적 측면 양자에서 정합적인 이론체계 건설을 추구하며, 그러한 이론체계의 규범들은 행위 및 사회형태를 규정한다. 그것들은 가치매김의 규범적 틀로 작용하는데, 고전 법률 사상에서 국가는 개인의 권리, 계약의 자유 및 자율성을 확대시키게끔 도와주는 '제도적 권력'의 위상을 획득한다. 그 어떤 경우에나 고전 법률 사상은 개인주의(individualism)에 기대고 있다.[9)]

인간의 경험적 한계를 인정하면서도 상황과 역사를 초월한 보편성을 추구하는 시대정신은 근대에 확립된 것이다. 사회 상태를 자연과 분리시키는 세계 이해 속에서 자연과 도덕 둘 다 합리적 사고의 대상이라는 관점이 근대에 굳어진다. 합리적 사고의 능력으로서 이성은 개인주의 관점에서 이해되었고, '사회적이라는 것'은 별도의 의미를 가질 수 없었다. 그것은 개인의 속성에 의해 설명될 수 있는 것이며, 이상적인 사회 상태는 그러한 속성에 의해 규정된다. 이성은 인간과 동물을 구분해주는 정신적 본질로 여겨졌지만, 이성의 기능과 폭에 대해 의견의 일치가 있을 수는 없었다. 이성의 능력 자체에서 자연과 도덕의 보편적인 첫 원리를 얻을 수 있다고 여긴 합리론자들, 이성은 단지 물질에 의해 촉발된 마음의 현상, 곧 경험에 비판적 역할만을 수행한다고 여긴 경험론자들, 그리고 확실한 지식체계의 건설에서 이성의 기능을 의심한 회의론자들이 있었다. 자연에 대한 확실한 지식은 경험을 가능케 하는 마음의 선험적 조건에 부과되는 사고의 형식에서 도출되며, 객관적 자연의 실체, 곧 물 자체는 이성에 의해 요청된다고 주장함으로써 합리론과 경험론의 화해를 모색한 칸트가 있었다.

이성에 의해 얻어진 첫 원리에서 자연법칙을 도출할 수 있다는 합리론은 형이상학에 근거해 과학적 지식체계를 건설할 수 있다는 관점

---

9) Kennedy, D.(2004), 1033쪽.

이다. 감각적으로 주어진 데이터의 조합만으로도 과학적 지식체계를 건설할 수 있다고 보는 경험론에서 이성은 형이상학을 과학적 지식체계 외부에 위치시킨다. 이 말은 과학적 지식의 가능성을 탐구하는 형이상학 자체에서 그 지식이 도출되지 않는다는 뜻이다. 이성은 과학적 지식이 물질적 속성을 표상해야 한다는 요청을 비판적으로 수행할 뿐이다. 회의론은 이러한 이성의 기능에 대한 비판이지 이성을 거부하는 관점이 아니다. 칸트에게 과학적 지식의 필연성은 보편자와 보편자 사이의 관계가 아니라 경험 대상의 심적 구성 조건들에 근거해 확보된다.[10] 이렇게 함으로써 그는 과학적 지식이 경험 안에서 유의미한 동시에 보편적으로 확실하게 된다고 믿었다. 그 어떤 사유방식을 따르든 간에, 자연은 정신의 본질로서 이성에 대비된 수동적 대상으로 전락한다.

근대 개인주의 관점에서 이해된 이성은 고대 전통과 달리 자연과 분리된 것이기 때문에, 상황 및 상황에 개입하는 자연적 제약, 실례로 기후는 사회적인 것과 합리적 판단의 근본적인 구성 요소가 될 수 없었다. 그러한 것은 제어되거나 극복되어야 할 대상 혹은 본성을 왜곡시키는 것으로 파악되었고, 당연히 자연은 인간을 위해 안정화된 것

---

10) 경험론자와 마찬가지로 칸트에게 이성은 과학적 지식체계의 위에 군림하는 것이 아니라 옆에서 비판 기능을 수행한다. 과학적 지식의 가능성을 탐구하는 형이상학 자체에서 과학적 지식체계의 도출은 불가능하며, 물(物) 자체는 예증될 수 있는 것이 아니라 이성에 의해 요청된다. 하지만, 경험론자들과 달리 칸트의 경험은 감각적으로 주어지는 것이 아니다. 마음의 선험적 조건에 따라 구성된 직관(intuition)에 이해력, 곧 분류의 상위 범주인 양(quantity), 질(quality), 관계(relation) 및 양태(modality)와 개념이 개입함으로써 대상 인식, 곧 경험적 통각(empirical apprehension)이 가능해진다. 현대적 용어를 빌리자면, 경험적 통각은 소리, 색 등의 감각을 합성하여 경험의 대상으로 구성하는 것이다. 이러한 구성은 감각적으로 수용된 것, 곧 직관에 이해력이 개입함으로써 가능하기 때문에, 직관 없는 개념은 공허하다. 과학적 지식이 마음에 미리 주어진 경험 대상의 구성 조건들과 관계하기 때문에, 과학적 지식의 확실성 자체가 선험적이다. 칸트에게 이성은 형이상학에서 직접 과학적 지식을 도출하는 역할을 수행하지는 않는다. 과학의 외부에서 비판 기능을 하는 이성은 경험 대상의 구성 조건에서 필연적 과학지식을 얻는 데 개입한다.

으로 여겨졌다. 안정화된 자연의 염원은 결정론적 세계 이해와 결탁했고, 현실세계의 불확실성은 자연 자체가 아니라 경험적 한계 혹은 무지에서 비롯된 것으로 여겨졌다.

공리주의의 기원으로 불리는 쾌락공리주의에서 합리적 행위가 쾌락 증진과 고통 감소의 원리에 입각한다고 할 때 쾌락과 고통은 합리적 계산의 대상이다. 감정은 합리적 판단 자체의 구성 성분으로 여겨지지 않았으며, 이를 위해서 합리적인 것과 심리적인 것의 이분법이 요청되었다. 쾌락공리주의 이후 공리주의의 발전은 합리적 계산 대상을 다른 것으로 대체하는 과정과 맞물린다. 국가는 개인적 선택의 자유를 확장시킴으로써 복지를 꾀할 수 있는 제도적 권력으로 이해되었다. 이성에 의해 자연적 제약, 특히 충동이 제어 가능하다는 관점은 사회계약론에도 등장한다. 인간 본성을 충동 만족과 관련시킬 때 그것은 이기적일 수밖에 없다. 이기적 인간들이 공동협력을 통해 상호호혜적 사회 상태를 건설할 수 있는 여러 방식과 최소한의 의미에서 지켜져야 하는 것, 실례로 개인의 권리에 대한 논의가 있었다.

자연적 제약이 본성을 왜곡시킨다는 관점은 칸트에게 구체적으로 등장한다. 그는 집단 형성에 영향을 끼치는 기후와 지리적 환경이 본성을 왜곡시키지만, 인간 본질은 결코 파괴되지 않는 것으로 여겼다.11) 경험론자나 계약론자와 달리, 칸트는 인간 본질을 충동에 반하여 스스로 결정할 수 있는 의지와 의지에 따른 내적 동기인 의무에 근거시켰다. 이러한 의미에서만 도덕적 인간은 자율적 인간이 되는데, 여기서 자율성은 일상적 의미를 초월한 것이고, 자율성 개념도 서양 사상사에서 여러 변천 과정을 겪었다. 칸트는 모든 외적인 것을 이성에 의해 궁극적으로 극복되어야 할 어떤 것으로 여겼다. 그렇기 때문에, 그는 그러한 외적인 것에 영향을 받는 집단 또한 '자율적 입법자'인 개인을 위해 극복되어야 하는 것으로 봤다. 이 점은 모든 개인에게 해당하기 때문에, 칸트에게 가장 이상적인 사회 형태는 민족과 집단

11) Kant, I(1798).

사이의 문화적, 지역적 경계를 극복한 '세계주의(cosmopolitanism)'가 된다. 현실적인 모든 건전한 국가는 그러한 세계주의를 추구해야 하며, 이를 위해서 물질적 풍요가 전제되어야 한다.12) 자율적 입법자로서의 개인은 타인을 수단으로 삼지 말아야 한다는, 그리고 나의 준칙이 자연법칙처럼 타인에게도 허용되는지를 테스트해야 한다는 칸트의 황금률은 의식주의 해결 없이는 집단 차원에서 충족될 수 없기 때문이다.

개인주의 이성의 관점에서 철학자들이 무엇을 옹호하든 간에, 그들은 하나의 이상적인 사회 형태를 설정한다. 그들에게 자연적 제약 아래 형성되는 관습, 직업 활동의 역사적 과정 속에 굳어진 다양한 가치체계 및 생활양식의 역동성 따위는 합리적 탐구의 대상 영역에서 배제된다. 일상적 공감대로서 상식의 믿음체계가 그런 것들에 의해 영향을 받기 때문에, 상식은 이성에 대립하는 것으로 여겨지거나, 또는 인간 본성의 이기주의 혹은 이타주의 관점에 대한 옹호에 도용되었다. 상식과 가치체계의 다원적 결합 과정에서 나타나는 문제들 자체를 윤리 담론의 출발로 삼겠다는 사고방식이 끼어들 자리는 없었다.

개인주의 이성의 관점에서 볼 때 자연과 인간 정신의 역사는 불가능하다. 자연은 그 자체로서 목적을 가질 수 없고, 수동적이며, 결정론적 기제에 종속되어 있는 것으로 파악되었기 때문에, 새로운 것을 산출하는 자연의 역사는 불가능하다. 인간 정신의 본질로서 이성이 정적인 것으로 이해되었기 때문에, 동적인 정신의 역사라는 것은 불가능하다. 이 두 불가능성을 극복하는 방식 중 하나는 이성을 개인이 아니라 자연의 생성적 힘, 곧 범신론적 신(god)과 관련시키는 것이다. 초유기체(super organism)에 유추되는 자연은 그 자체의 목적에 따라 진화하며, 인간 정신은 그 진화 과정의 산물이다. 자연의 산물로서 인

12) 칸트 해석에서 이 점은 이중적 양상으로 나타난다. 자율적 입법자로서 개인을 보장하는 칸트의 세계주의가 전체주의로 귀결된다는 골드만(L. Goldmann) 입장과 그러한 세계주의는 자본주의에 의해서만 달성 가능하다는 하이에크(F. A. Hayek)의 입장이 바로 그것이다. Goldmann, L.(1971); Hayek, F. A.(1960).

간 정신은 다른 자연의 부분에서 일탈할 수 없기 때문에, 자연적 제약 및 심리적인 것은 합리적 사고와 상호작용을 하게 된다. 그러한 상호작용에 의한 집단정신은 신의 특정 관념이 구현된 것이다. 이러한 '객관적 관념론(objective idealism)'의 뼈대는 헤르더(J. G. Herder)에서 시작해 셸링(F. W. J. Schelling)을 거쳐 헤겔(G. W. F. Hegel)에 의해 종합되는데, 이 종합은 단순한 철학적 사유 과정의 결과가 아니다.[13] 그것은 적어도 다음과 같은 시대적 배경을 갖는다.

자연과학의 확장 : '생물학'이라는 용어만 없었을 뿐이지 18세기 말 특히 프랑스를 중심으로 인간 육체의 구조와 기능을 이해하려는 광범위한 시도가 있었다.[14] 그러한 시도에 근거해 인간을 자연의 일부로 봄으로써 정신적인 것을 생리적 기능과 연관시키려는 전통이 있었다.[15] 생물의 성장과 발생에서 나타나는 합목적성에 관한 사변 전통도 있었다. 그 하나는 생기론적 유물론(vital materialism)이고, 다른 하나는 19세기 개체발생학의 유기체론(organicism)이며, 또 다른 하나는 관념론적 형태론(idealistic morphology)이다.[16] 언급한 헤겔의 종합 과정은 관념론적 형태론 전통과 밀접한 관계를 맺는다. 생기론적 유물론에서는 유기체의 성장과 발생에서 나타나는 합목적성을 주관하는 내적 작인(internal agents) 혹은 생기(vital force)가 가정된다. 생기는 살아 있는 물질에 내재하는 것으로 여겨졌다. 다양한 물질의 활성, 곧 에너지의 형태들이 양화 가능하게 되고, 실험 방법론의 발달과 함께 생기론적 유물론 전통은 생리학 및 생화학에 양도된다. 19세기 개체발생학의 유기체론은 전체가 부분의 합이 아니라는 유기체론의 일반 준칙을 따른다. 하지만, 부분이 전체에

13) 여기서 '관념'은 주관적 관념론(subjective idealism)의 개념이 아니다. 그 '관념'은 생성적 자연의 정신인 신에 속하며, 신의 구현 속에 드러나는 자연의 측면, 곧 소산적 자연은 우리와 무관한 독립적 실재성을 갖는다.

14) 이에 대해서는 다음의 논문을 참조하라. Holmes, F. L.(1963).

15) 대표적으로 프랑스의 의사 카바니스(P. J. G. Cabanis), 기능적 관점에서 해부학을 연구한 스위스의 할러(A. v. Haller)를 들 수 있다. Jahoda, G.(1993), Ch.4.

16) 이러한 세 전통의 자세한 구분은 여기서 다룰 수 없다. 자세한 구분은 추후에 생물학의 개념 변천사를 다루는 작업에서 밝힐 것이다.

의존하는 방식에서 전체는 부분에 반영된다. 개체발생은 계통발생을 반복한다는 주장이 그 실례가 된다. 그런 주장은 현대 생물학에서 사장되었지만, 부분의 상호작용에 의한 전체의 환원 불가능한 속성, 곧 '창발적 속성'은 여전히 논의되고 있다. 관념론적 형태론은 유기체의 형태 발달에서 나타나는 규칙성을 관념들과 연관시키는데, 여기서 관념은 개인 정신이 아니라 자연의 원초적 힘인 신의 정신에 속하는 것이다. 관념은 개체들의 유사한 형태에 담긴 '원형(archetype)'으로 이해된다. 과학 전통에서 화석화된 관념론적 형태론 전통은 언급한 헤겔의 종합 과정과 겹칠 뿐더러, 그 속에는 객관적 관념론의 정신이 깔려 있다.

집단정신의 발견 : 개인중심의 관점에서 합리적 인간상은 소수 엘리트 집단에 의해 만들어진 것이다. 집단의 속성이 개인의 속성으로 환원 가능한지와 무관하게, '민족', '민중' 및 '민초'라는 용어는 항상 사용되어 왔다. 그리고 다수의 대중은 그러한 용어를 엘리트 집단과는 다른 방식으로 이해해 왔다. 개인으로 환원 불가능한 집단정신의 발견은 18세기 중엽 유럽의 경제적 부의 축적과 깊은 관련을 맺는다. 유럽이 세계의 중심이 되면서, 유럽의 지식인들은 유럽 인종을 기준으로 다른 인종을 열등한 것으로 규정하기 시작했다. 문화는 평등한 관점이 아니라 우열 비교의 관점에서 이해되었기 때문에, 근대의 문화 개념은 문명 개념을 함축한 것이었다. 유럽의 경제적 발전은 중산층 계급을 확대시켰다. 교육의 기회가 중산층에게도 주어지고, 인구의 이동이 자유로워지면서, 유럽 내의 문화적 편차가 식자층에 인식되기 시작했다. 귀족의 품에서 해방된 새로운 독일의 지식인들, 실례로 레싱(G. E. Lessing) 등은 18세기 말 과학기술과 문화의 측면에서 프랑스에 뒤처진 독일의 현실을 안타까워했다. 그들에게 '독일적이라는 것'에 대한 재인식이 요청되었다. 새로운 지식인들은 연극과 문학작품을 통해 독일적인 것을 숭고하게 만드느라 여념이 없었다. 이러한 현상은 문화적 열등감이 민족주의로 표출된 것이기도 하다. 유럽 인종과 다른 인종의 비교에서 '유럽 평균인'의 우월성이 강조된 반면에, 유럽 내에서도 각 민족을 대표하는 집단정신을 찾느라 분주했다.[17]

17) 민속심리학은 그러한 집단정신을 경험적으로 규정하는 데 목적을 둔다. 민속심리학에 대해서는 [부록] A9을 참조하라.

이러한 두 시대적 배경 속에 정착한 헤겔의 종합을 헤겔적으로 표현하면 이렇다. 자연은 죽은 물질의 세계가 아니라 생성적 힘을 갖는다. 그 생성적 힘은 신이며, 신의 자기구현적 발달 과정의 가장 밑 단계는 '주관적 정신'이다. 주관적 정신은 인간의 심리적 차원에 유추되는 것이다. 주관적 정신 상태의 유기체는 자기 자신의 감각을 의식한다. 신의 자기구현적 발달 과정의 중간 단계는 '객관적 정신'이다. 객관적 정신 상태에서 사고는 사회적이고 정치적인 형태로 표출된다. 신의 자기구현적 발달 과정의 최고 단계는 '절대 정신'이다. 이 단계의 정신은 주관과 객관의 대립을 벗어나 완전히 자유로운 상태가 된다. 절대 정신은 예술 작품을 통해 생성력이라는 자연의 본모습을, 종교적 믿음을 통해 자연의 도덕성을, 그리고 철학을 통해 자연의 객관성을 드러낸다. 여기서 헤겔의 전략은 칸트의 도덕적 자유 혹은 자율성을 개인 정신이 아니라 자연의 생성적 원천에 위치시킨 후 그것을 다시 자연의 생성 과정 속에 드러내게 하는 것이다.

신의 자기구현적 발달 과정의 세 단계는 일종의 논리적 범주체계와 비슷한 것이다. 개인들은 주관적인 것과 객관적인 것의 대립과 통합 과정에서 계몽되고 자유로워지며, 개인들이 획득한 집단정신들의 위계질서가 그 논리적 범주체계에 의해 설정된다. 고도의 정치체제를 갖췄어도 예술과 철학을 결여한 민족은 헤겔의 관점에서는 열등하다. 당시 유럽 문화를 절대 정신에 도달한 것으로 여긴 헤겔은 유럽적인 것을 기준으로 다른 집단의 예술, 철학 및 종교를 사이비 혹은 열등한 것으로 규정했다.[18] 여기서 우리는 헤겔 철학의 양면성을 발견하게 된다. 신의 자기 구현적 발달 과정의 논리적 범주체계를 강조하지 않는다면, 헤겔 철학은 각 문화의 고유성을 허락한다. 그러한 논리적 범주체계의 부재 속에서는 문화 및 집단정신의 우열 비교가 사라지기 때문이다. 실제 헤겔 철학을 이러한 식으로 몰고나가는 경향이 있다.

18) 헤겔은 그의 『역사철학(*Philosophie der Geschichte*)』에서 유럽 문명권에서 멀리 떨어진 사하라 이남 지역의 아프리카 사람들은 세계사에 기여한 것이 없다고 묘사했다. 이에 대한 반박은 다음을 보라. Kuykendall, R.(1993).

하지만, 각 문화의 고유성을 그렇게 지저분한 방식으로 옹호할 이유가 도대체 어디에 있단 말인가? 내 눈에는 없다. 또 헤겔 철학을 현대 유행에 맞추려고 하는 것은 올바른 역사적 접근법이 아니다. 우리는 과거 모든 사건을 과거 당시의 관점에서 평가하려고 노력해야 한다. 과거가 현시점에 갇힌다면, 우리가 역사에서 얻을 것은 없다.

모든 철학자들이 동의하듯이, 역사는 사건들의 단순한 기록이 아니다. 어느 시대의 특징은 그 당시의 특정 관점 속에서만 그렇게 이해되기 때문에, 역사학자는 그럴듯한 이유를 찾아야 한다. 그 이유는 구체적 문제와 맞물려 대답될 수 있는 것이다. 18세기 예술사와 과학사를 접근하는 방식은 겹치기도 하지만 동일할 수는 없다. 헤겔은 다양한 역사 읽기를 초월한 세계 역사의 보편적 발달 범주를 설정함으로써 모든 고기를 한꺼번에 담을 수 있는 통발을 고안하려고 한 것과 같다. 역사라는 바다에서 내가 어떤 고기를 잡으면, 헤겔은 이렇게 말할 것이다. "네가 잡은 고기는 나의 통발 안에 벌써 있었다네. 자연의 생성적 힘 혹은 신의 구현 단계에서 나타난 객관적 정신의 일종이야." 하지만, 나에게 그 헤겔의 통발은 도대체 보이지 않아서 역사는 열린 것이며, 잡은 고기를 제쳐두고 고기의 출현 과정을 운운하는 것은 실제 고기 잡는 법과 무관하다. 현실 문제의 실천적 해결을 추구하는 관점에서 윤리 담론을 접근할 때 우리는 역사에 겸허해야 한다. 과거 기록의 분석에 근거해 문제 해결의 단서를 찾으려는 노력에 역사의 보편적인 발달 구조라든가 세계정신의 구현 단계 따위가 전제될 이유는 없다.

자연과 인간의 역사는 어떻게 가능한가? 역사를 현명하게 사용하는 방법은 무엇인가? 이 두 질문은 다르다. 상식과 가치체계의 다원적 결합의 열린 역사를 인정하고 현실 문제를 진단하는 데 전자의 질문이 심각하게 고려될 필요는 없다. 역사의 가능성에 대한 그 어떤 추상적 규정도 그러한 진단에 도움을 줄 수 없다. 역사의 가능성 자체를 탐구하는 것은 과학적 지식의 가능성을 규정하려고 했던 노력의 후손이다. 확실성 추구의 시대정신은 사라지지 않았으며, 단지 탐구 대상의 관심사가 과학적 지식에서 역사적 지식으로 이동한 것이다. 헤겔처럼 마르크스 또한 자연과 인간 역사의 가능성에 관심을 가졌다. 마르크스 역시 유럽 중심 사관과 목적론적 사회 진보의 관점 아래 역사의 보편적 구조의 이념에서 벗어나지 못했다. 그가 그러한 구조의 본질을 정신적인 것이 아니라 '노동'이라는 실천적인 것을 가정했다는 사실은 그를 특별하게 만들지 않는다. 예링(R. v. Jhering), 에어리히(P. Ehrlich), 살레유(S. F. R. Saleilles), 뒤기(L. Duguit), 귀르비치(G. Gurvitch) 등 마르크스의 적수로 알려진 인물들도 개인의 속성으로 환원 불가능한 '사회적인 것'을 정의하는 데 있어 인간 행위의 실천적 조건, 물질적 조건 및 제도에 관심을 가졌다.[19] 마르크스를 특별하게 만드는 것은 그 누구보다도 사회의 계층간 갈등을 진지하게 인식하고 새로운 형태의 사회상을 추구한 실천에 있다.

물질의 운동에 관한 보편적인 자연법칙을 인정하더라도, 세계의 인과성이 그러한 법칙에 의해 닫혀 있다는 결론이 반드시 성립하는 것은 아니다. 자연과학의 각 분과 역사는 그 자체의 적용 영역에 대한 한계를 명백히 긋는 방식으로 발전해온 경향을 갖는다. 많은 과학도는 이 사실을 인정하기 싫어하겠지만, 현대 자연과학은 통합 이론이 아니라 분과 다양성에 의해 그 설명 영역을 확대시켜 왔다. 인간의 행위가 물질의 운동법칙에 종속된 것이 아니라면, 자연과 인간의 역사를 관통하는 원초적 힘, 절대정신 혹은 신과 같은 본질이 필연적으로 전제될 이유는 없다. 변증법적 유물론(dialectical materialism)은 이 점에서 출발한다. 인간의 실천적 행위가 자연을 변화시키고, 변화된 자연이 인간에게 영향을 미친다. 마르크스 사상을 변증법적 유물론에 국한해 해석하는 경우, 그것은 단지 자연의 변이 가능성에 대한 19세기 인식을 18세기 결정론적 유물론에 투사한 것 정도로 비춰지기 쉽다.[20]

19) 그렇기 때문에, 현대 자본주의와 공산주의의 역사적 관계는 '개인 대 집단' 혹은 '개인주의 대 공동체주의'라는 이분법 속에서 파악될 수 없는 것이다.

20) 그렇게 여긴 대표적 인물은 영국의 관념론 전통을 대표하는 콜링우드다.

그러나 마르크스의 변증법적 유물론에 깔린 의도는 인간 정신의 추상적 본질을 부정하고 사회형태의 변동 속에서 인간을 파악하는 것이다. 사회는 더 이상 인간 사고의 반영이 아니다. 사회의 변동이 인간의 의식 및 관계를 변화시킨다. 마르크스가 정신적 본질을 부정했다고 해서 인간의 실천적 본질까지 부정한 것은 아니다. 자연을 변화시키는 실천적 본질은 그에게 노동이다. 노동 과정의 두 구성 요소인 노동력과 생산수단은 자본주의 생산양식에서는 자본의 형태로 나타난다. 자본주의가 봉건제를 극복하고 중산층 시민계급을 확대시키는 데 역사적 기여를 하지만, 자본주의적 가치체계의 생활양식은 자본 축적 증가 자체의 과정으로 전개된다. 생산수단인 기술의 진보는 과잉생산을 불러오고, 과잉생산에 의한 자본 축적은 소수에게 집중된다. 경쟁 속에서 소수가 과잉생산을 지배하기 위한 노동력 착취는 불가피하다. 자본주의의 노동자 계급 착취는 공산주의의 이행에 대한 역사적 조건이 된다.

마르크스는 노동이라는 실천적 본질에 근거해 '사회형태 변동론의 과학화'를 꾀한 것이다. 그의 태도는 자본주의에 사회형태를 종속시키려는 시도에 대해서는 급진적이다. 그러나 노동 가치라는 실천적 본질에 근거한 그의 사회형태 변동론 속에는 열린 역사에 대한 두려움이 도사리고 있다. 궁극적 목적, 곧 공산주의로 귀결되는 '사회형태 변동의 발달 구조' 이념은 마르크스에게서도 사라지지 않았기 때문이다. 그는 유럽 중심 사관에서 다른 지역, 실례로 중국의 사회형태 발달 과정을 해석했으며, 이러한 해석은 실제 역사와 동떨어진 것이다.[21] 사회형태의 변동은 모든 지역에 걸쳐 동질적 양상을 띠는 것이 아니기 때문에, 국소적 공산혁명이 진정으로 성공하기 위해서는 세계 차원에서의 노동 계급의 연대가 요청된다. 이것은 마르크스 자신이 파악한 것이기도 하지만 분명히 이상적이다. 더욱이 그는 당시 다른 인물들처럼 기술을 사회 진보의 수단으로 여겼다. 기술이 생활세계

Collingwood, R. G.(1956), 122-126쪽.

21) 안드레 군더 프랑크, 이희재 옮김(2003), 73-75쪽.

변화의 인과적 기반인 동시에 가치체계를 변화시키며 다양한 직업군을 산출한다는 변수는 진지하게 여겨지지 않았다.

마르크스의 사상을 꼭 경제 결정론의 관점에서 읽을 필요는 없다. 제4장 4절에서 '비판 대상의 이데올로기화'와 '이념을 위한 이데올로기 비판'을 구분했다. 전자가 비판 대상을 이데올로기화하여 그것의 부정적 측면을 드러낸다면, 후자는 자신의 이념만이 옳다는 것을 정당화하기 위해 비판 대상을 병적으로 진단한다. 비판 대상의 이데올로기화 관점에서 마르크스를 바라볼 때 그의 동기는 자본주의 생산양식의 부정적 측면을 고발하기 위한 목적으로 노동이라는 실천적 본질을 수단으로 삼은 것이다.[22] 중요한 것은 그의 이론이 아니라 그가 사회의 계층간 갈등을 사회 발전의 동인으로 보았다는 것이다. 그러한 갈등은 현실세계의 문제 해결을 지향하는 실천가에게는 하나의 '사실'이 되어야 한다. 현실세계에는 다양한 생활양식들과 맞물린 가치체계들이 기능하며, 그 기능 방식은 공존과 갈등 사이에서 요동친다. 갈등이 해결의 기미를 전혀 보이지 않을 때, 특히 지배층의 권력이 하나의 가치체계에 다른 모든 것을 종속시키려는 단선적 방향을 추구할 때 피지배층의 불만은 다양한 형태의 혁명으로 분출될 수 있다. 이것 외에 혁명에 역사적 정당성을 부여해주는 것은 실제로는 없다.

3. 역사의 현명한 사용

역사가 마음을 구성하는 조건들에서 도출되는 것은 아니다. 또한 역사가 반드시 한 개인이나 집단에게 의식될 필요는 없다. 우리가 현재의 경험을 과거의 기록과 비교할 수 없다면, 역사적 물음은 성립할 수 없다. 기록 없이 역사적 담론은 진행될 수 없지만, 기록 자체가 역사적 담론을 결정하는 것은 아니다. 역사적 담론을 구성하는 것은 특

22) 이러한 방식으로 마르크스 사상을 해석한 책은 다음이다. 알렉스 캘리니코스, 정성진 · 정진상 옮김(2004).

정 사건의 기원, 배경, 일련의 사건들의 관계, 그러한 관계에서 발견되는 특징 및 성향을 묻는다. 그런데 성숙한 역사의식은 이러한 역사적 물음들을 다루는 것만으로는 부족하다고 주장하는 이들이 있다. 바로 열린 역사에 대한 두려움을 가진 이들이다. 이들 중 일부는 기독교적 세계 이해가 유럽인들에게 진정한 역사의식을 심었다고 주장한다. 기독교 교리의 해석 및 평가와 무관하게, 유럽 사회의 성숙한 역사의식은 창조, 종말, 최후의 심판, 구원이라는 역사 발달론을 함축한 기독교에 빚지고 있다는 것이다.

그러나 성숙한 역사의식이라는 것이 무엇인가? 성숙한 역사의식은 반드시 역사에 대한 어떤 규정을 전제해야 하는가? 그렇게 전제하는 것은 유형론적 역사관을 산출한다. 과거에서 현재에 이르기까지 일련의 사건들을 유형화하는 것은 역사적 담론의 대상이 될 수는 있어도, 역사적 담론이 역사의 어떤 규정에 종속될 논리적 이유는 없다. 그러한 규정에 의해 어떤 집단의 역사의식이 얼마나 성숙한가를 논하는 것은 역사를 우열 논리에 가두는 짓에 불과하다.

문제 해결 관점의 윤리 담론에서 요구되는 합리적 태도는 과거의 실패를 반복하지 않겠다는 것이다. 그 태도는 어떤 사건을 과거의 것과 비교 분석하여 사례로 남기는 실천을 요청한다. 실천적 현자가 되고 싶은 이는 열린 역사에 대한 두려움을 극복하고 역사의 보편적 규정 대신에 역사의 현명한 사용에 우선적으로 관심을 가져야 한다. 역사의 현명한 사용은 세 가지 인식, 곧 '역사적 성향과 유형의 구분 인식', '조건이 성향에 우선한다는 인식' 그리고 '불확실성 속의 삶에 대한 인식'으로 구성된다. 여기서 그 세 인식의 구성 방식에 대한 자세한 논의를 펼칠 수는 없다. 그 논의 자체가 꽤 긴 작업을 요구하기 때문에, 단지 그 뼈대만을 언급한다. 하지만, 상식을 존중한 상황윤리로서 실천윤리의 담론틀을 짠 제2부 전체 논증에 관심을 가진 이는 언급될 뼈대에 대한 동기를 파악할 수 있을 것이다.

1) 역사적 성향과 유형의 구분 인식

인지적 한계 및 경험의 환경 의존성으로 인해 인간이 세상을 이해하는 방식에는 몇 가지 관계들, 곧 하늘과 땅, 안과 밖, 앞과 뒤 혹은 선후의 관계들 정도만이 깔려 있을 뿐이다. 그러나 그 관계들은 다양한 방식으로 표출되어 인간사를 산출해 낸다. 반복 사용 가능한 지식의 축적 과정, 지식을 사용해 인공 환경을 구축해 나가는 과정, 인간관계를 조율하는 제도의 환경 적응 과정 속에서 어떤 역사적 성향이 발견되기도 한다. 실례로 하늘과 땅의 관계와 관련해 하늘이 인간사에 영향을 끼친다는 생각은 강세에서 약세로 기울어졌다. 이러한 역사적 성향이 동서양 양쪽에서 나타났다고 해서 하나의 공통 유형이 역사 담론을 치장할 이유는 없다. 어떤 역사적 성향이 내용과 기능의 양 측면에서 복합적으로 평가될 때 우리는 비로소 그것 속에 포함되는 지역과 시간의 폭에 대해 얘기할 수 있다.

하늘이 인간사에 영향을 끼친다는 생각에는 고대에서도 동서양의 차이가 있었다. 그러한 차이는 생각이 변화하는 과정에 영향을 끼치기 마련이다. 하늘이 인간사에 영향을 끼친다는 생각에서 탈피한 결과의 내용에서도 동서양에 차이가 있다. 그 차이는 기능의 측면에서도 나타난다. 중국의 경우, 인간사에 영향을 미치는 하늘 개념에서의 탈피 과정은 정치적 힘이 중앙에 집중되는 양상으로 나타났다. 서양의 경우, 그 개념에서의 탈피 과정은 르네상스 말기 이후 정치적 힘이 유럽 각 지역의 군주들에게 분산되는 양상으로 나타났다. 인간사에 영향을 미치는 하늘 개념에서 탈피하게 된 역사적 성향을 내용과 기능의 양 측면에서 접근한다면, 그 성향이 동서양을 관통하는 어떤 유형으로 묘사될 근거는 없다.

역사의 유형론적 사관은 특정 지역 A에서 나타난 어떤 성향을 이론적으로 형식화한 것이기 때문에 A 중심 사관을 함축할 수밖에 없다. 그 결과, 유사한 성향을 나타낸 B 지역의 역사는 A 지역의 것을 기준으로 평가된다. 둘 사이에 나타난 표면적 유사성에 함축된 내용적, 기능적 차이가 무시되기 때문에, A에 근거한 유형 T(A)에 맞아

떨어지지 않는 것들은 의문의 대상이 되어버린다. 그래서 자신이 A 중심 사관에 빠져 있다는 사실을 인식하지 못하는 이는 이런 질문을 던진다. 하늘이 지상에 영향을 끼치지 않는다는 생각이 대세가 되면서 보편적 과학 지식의 이념도 생겨났는데, 왜 과학 발전에 필요한 기술력이 먼저 축적되고 그러한 생각의 나무가 서양보다 더 일찍 자라난 중국은 그렇지 못했을까? 니담(J. Needham)이 던진 이러한 질문은 특정 역사적 성향 A의 유형화 속에서 그 성향을 만들어낸 조건들의 유기적 연결 방식을 무시한 것이다.[23] 그래엄(A. C. Graham)이 지적했듯이, 그러한 조건들의 유기적 연결 방식을 고려하지 않은 채 성향 A를 만든 특정 지역의 조건들의 유무만 가지고 타 지역의 역사를 평가하는 것은 정당치 못하다.[24] 그렇기 때문에, 인간사에 영향을 끼치는 하늘 개념에서의 탈피 과정과 근대 과학 출현 사이의 연관성에 대한 유의미성은 무차별적으로 확대될 수 없는 것이다.

역사의 유형론적 사관이 성숙한 역사의식으로 미화될 때 동일 지역 내에서도 서로 다른 시기에 나타난 두 성향을 둘러싼 '유형의 충돌'은 피할 수 없게 된다. 근대에 발견된 어떤 성향 M과 중세에 발견된 어떤 성향 S 사이의 관계에 대한 유사성과 차이성이 논의되는 대신에, M을 근대적인 것으로 규정해주는 유형 T(M)이 역사적 담론의 중심 주제로 떠오른다고 해보자. 어떤 이는 T(M)에 근거해 다른 시기에서는 찾아볼 수 없는 근대의 독자성을 미화할 것이고, 또 다른 이는 근대를 약속된 미래로 도약하기 위한 준비 단계 정도로 여길 것이다. 누구의 유형이 근대를 더 근대적인 것으로 규정하는지를 놓고 '근대의 합법성(legitimacy of the modern age)' 논쟁이 발생할 수밖에 없다. 그 어떤 경우든, 자신의 유형에 초점을 맞춘 역사 읽기, 곧 특정 유형 중심의 사관은 피할 수 없게 된다. 자신의 유형에 부합하지 않는 역사적 경로는 성숙하지 못한 유아기의 단계로 규정된다.

근대의 합법성 논쟁을 둘러싼 유형의 충돌은 열린 역사에 대한 두

23) Needham, J.(1959).

24) Graham, A. C.(1992).

려움을 가진 이들, 특히 정신적 혹은 실천적 본질에 근거한 두려움을 가진 이들에게서 나타났다. 이들에 맞서 근대의 독자성 자체를 부정하는 이들이 나타났다. 또 다른 종류의 열린 역사에 대한 두려움, 곧 지배적 가치체계에 근거한 두려움을 가진 이들이 그들이다. 그들은 근대적 특징들 중에서 목적론적 진보 관점이 실제로는 중세 기독교적 세계 이해의 '세속화된 각색'이라면서 근대의 합법성을 부정한다. 창조, 종말, 심판, 구원으로 이어지는 기독교적 세계 이해는 목적론적이다. 현재든 미래든, 그것을 위기 다음의 구원의 정점에 위치시키는 것은 초자연적인 신 존재 가정과 무관하게 기독교적 세계 이해의 각색일 뿐이다. 이러한 주장에 따른다면, 근대 이후 지속된 유럽의 세속화 여정의 실제 양상은 종교에서의 일탈이 아니라 단지 전통의 새로운 수용 방식이다. 그러나 그 여정은 내용의 측면에서뿐만 아니라 기능의 측면에서도 과거 전통과는 다르다. 세속화의 실제 기능은 종교성을 부정하거나, 종교에 대한 보편적 대안론을 제공하는 것이 아니다. 그 기능은 특정 종교적 이념의 세력, 지배권 혹은 유일성의 쇠퇴를 유럽 사회에 가져다준 것에 있다.[25)]

문제 해결 관점에서 역사적 성향들이 유용하게 사용될 수 있으려면, 그 성향들은 유형화되어서는 안 된다. 두 형식이 유사한 구조, 심지어 동형의 구조로 파악되더라도, 인간의 실제 판단은 형식보다는 내용 및 기능과 연관된 조건들에 의존한다. 문제 해결 과정에서 미래를 어떤 역사적 성향에 근거해 진단할 필요가 있는 경우, 우리는 그 성향을 산출해낸 조건들과 조건들의 유기적 연결 방식에 주목해야 한다. 그것들이 문제 해결에 실질적 도움을 주는 역사적 성향의 내용과 기능을 드러내주기 때문이다.

2) 조건이 성향에 우선한다는 인식

어떤 역사적 성향이 기원에서 종말 혹은 구원까지 발달의 유형으로

25) Bruce, S.(2002).

구조화되고, 역사적 판단이 그런 유형에 의존한다면, 어떻게 되는가? 실제 그 성향을 산출시킨 조건들은 상황에 의존하는 '역사적 조건들'이 되는 것이 아니라 판단의 정당화를 위한 '필연적 조건들'로 각색된다. 조건들의 유기적 관계는 그러한 정당화 속에서 무시된다. 유형보다는 성향이, 그리고 성향보다는 성향을 산출한 조건들과 조건들의 유기적 관계에 먼저 관심을 가져야 한다. 성향은 단지 그런 조건들과 조건들의 유기적 관계에서 우리가 찾아낸 것이기 때문이다.

과학이 형성되고 발달한 역사적 과정은 다양한 성향을 우리에게 보여준다. 과학이 하나로 동질화될 수 없기 때문이다. 운동, 구조, 기능, 과정 모두가 하나의 과학 분과 속에 포착될 수 없다. 그런데 과학의 분과 다양성이 축적되어 온 역사적 경로 속에서 나타난 하나의 성향만 뽑아내어 유형으로 승화시키는 이들이 있다. 실례로 2개의 순차적 과학혁명 유형에 과학사를 종속시키는 이들이 있다. 근대에 들어와 보편법칙의 이념과 함께 자연의 수학적 서술이 가능해진 것이 첫 번째 혁명이고, 19세기에 이르러 자연주의의 확장과 함께 과학의 분과 다양성이 가능해진 것이 두 번째 혁명이라는 것이다. 과학적 발견이 도구에 제한받는다는 사실을 충분히 인식한 경우, 그 누구도 기술의 발전사를 배제시킨 채 과학사를 충분히 서술할 수 없다. 더욱이 과학사가 순차적 과학혁명의 유형에 귀속된다면, 18세기는 그저 17세기 과학의 결과물들에만 안주한 휴식기란 말인가? 19세기 과학사에서 중요한 사건 중 하나로 거론되는 것은 전통적인 기독교적 세계 이해에서 빠진 '자연의 변형 역사'에 대한 발견이다. 하지만, 그 자연의 변형 역사는 과학사에 가장 건드려지지 않은, 그렇지만 가장 흥미로운 시기인 18세기 사유의 모험에 빚지고 있다. 그 모험을 다루는 것은 새로운 과업으로 남기자. 여기서 필요한 것은 2개의 순차적 과학혁명 유형에 맞춰 과학을 논하는 이들에 대한 간략한 정신병리학적 진단이다.

근대 과학을 가능케 했던 조건으로서 유럽의 지역적 분화에 따른 교역 증가와 자본주의의 출현, 자연의 입법자로서의 신 개념과 보편적 자연법칙의 이념 성립, 가설 확증과 연계된 실험적 방법론의 성립,

선형적 시간 개념의 확립, 그리스의 논리학과 기하학, 인도의 수체계 그리고 아랍의 대수학과의 만남 등이 자주 언급된다. 이러한 조건들이 과학이 가능하기 위한 필연적 조건들은 분명히 아니다. 그것들은 단지 여러 문명권의 발견들이 유럽 지역에 흘러 들어와 과학의 모습으로 분출된 과정에 국한된 조건들일 뿐이다. 그런데 순차적 과학혁명 유형에 맞춰 역사를 분석하는 이들은 언급된 일련의 조건들을 마치 근대 과학이 형성되기 위한 고유 조건들로 승화시킨다. 그 조건들의 유무에 의해 동양에서 과학이 형성될 수 없었던 논리적 이유가 제공되는 가운데, 한 지역의 실제 역사는 자의적으로 난도질당한다. 또 아랍 문명권에 근대 과학 형성을 위한 조건들이 갖춰져 있었다는 역사적 사실을 인정해야만 할 때 그들은 새로운 조건을 자신들의 목록에 등재시킨다. 유럽에는 자유로운 토론 문화를 일찍 정착시킨 사회적 조건의 제도화가 갖춰진 반면에, 아랍 문명권의 종교적 근본주의는 그러한 제도화를 가로막았다는 것이다.[26] 이러한 주장에 대한 충분한 반론을 여기서 펼칠 수는 없다. 중요한 것은 어떤 성향성을 보이는 역사적 과정을 구성하는 조건들이 개별적으로 다뤄질 수 없다는 인식이다.

역사적 조건들이 어떤 성향과 연관될 때 그것들의 기능은 그 성향을 산출시킨 시대적 상황 속에 가능한 것이다. 그만큼 성향은 그것들의 유기적 관계에, 그리고 그것들의 유기적 관계는 상황에 의존적이다. 역사적 성향은 특정 조건들이 갖춰지면 다양한 현상 속에서 발견되는 상수(constant)와 같은 것이 아니다. 특정 역사적 조건들과 조건들의 유기적 관계에 의해 산출된 그 어떤 성향도 시공간적으로 제한된 상황에 의존적이기 때문에, 상황을 초월한 역사 유형이라는 것은 실재하는 것이 아니다. 그런 유형이 역사분류학에는 도움이 될지라도 역사적 평가의 기준은 될 수 없다. 유럽에 근대 과학이 형성된 과정은

26) 실례로 문명교류사 관점에서 과학사를 서술하겠다면서, 실제로는 유럽 중심 사관의 과학사회학의 서술 방법에 지나지 않는 다음과 같은 작업을 들 수 있다. Huff, T. E.(2003).

유럽의 역사적 상황에 의존하는 것이기 때문에, 그 과정을 유형화하여 근대 과학의 성립에 대한 필연적 혹은 고유한 조건들이 상정될 수 없다. 동양이나 아랍 문명권에서 근대 과학이 형성되지 못한 실제 이유를 따지는 경우, 그런 조건들의 부재가 답이라는 식의 단순 논리는 성립하지 않는다. 역사적 조건들과 조건들의 유기적 관계 속에서 성향을 논하는 것이 성숙한 역사의식을 반영하는 것이라면, 어떤 역사의 규정을 전제하는 이들의 역사의식이야말로 아직 유아기 단계에 머물러 있는 것이다.

3) 불확실성 속의 삶에 대한 인식

평가가 단순한 기록이 아닌 이유는 거기에 가치 판단이 배어 있기 때문이다. 가치 판단에서 나타나는 집단적 차이는 삶의 격식(格式), 곧 생활양식의 차이를 반영하며, 생활양식의 차이는 상식과 가치체계의 다원적 결합 방식에서 기인한다. 삶 속에서 상식의 발생은 실제로는 특정 가치체계와의 중첩 과정이지만, 제3자의 관점에서 그 둘의 기능 차이를 논하는 것은 가능하다. 일상적 공감대로서의 상식은 인지적, 생리적, 환경적, 사회적 제한 속에서 다양한 상황에 걸쳐 기능하는 '심리적 구조체'다. 상식은 일상생활에서 당연하게 여겨지는 태도와 믿음들 속에서 반영되는 만큼, 생활양식의 다양한 분화는 상식에만 호소해 설명되지 않는다. 그 분화는 상식과 가치체계의 결합 방식과 맞물려 있다. 상식이 특정 가치체계와 결합하는 과정은 상황과 역사에 대해 열려 있다. 이는 공간적인 측면과 시간적인 측면에서 적어도 두 가지 불확실성이 인간의 삶에 내재하고 있다는 사실을 함축한다.

공간적 측면에서의 불확실성은 상식과 가치체계의 결합 방식이 상황에 대해 열려 있다는 사실에서 기인한다. 모든 상황에 걸쳐 완벽하게 기능하는 그런 결합 방식은 현시점에서 알 수도 없으며, 또 실제로도 존재하지 않는다. 결국 시행착오는 우리 인간이 피할 수 없는 것이다. 우리가 현시점에 처한 상황들의 공간은 문제들의 공간이며, 이 공간은 보편법칙에 근거한 예측에 의해 채워질 수 없다. 공간의 여백은 남기 마련이다. 그러나 불확실성 속의 삶에 대한 인식은 우리로 하여금 시행착오를 단순히 경험의 한계나 정보의 부족으로 인한 무지에서 비롯된 것으로 여기지 않게 만든다. 시행착오는 여러 제한 조건들 속에서 기능하는 합리성의 실제 기능, 곧 합리성의 제한성을 드러내준다. 과거 사례를 중요시 여기는 것은 현재의 문제를 해결해 나가는 과정에서 실패를 줄이려는 것이고, 현재의 실패를 사례화하여 기록으로 남기는 것이야말로 미래 세대를 위해 책임을 다하는 것이다.

시간적 측면에서의 불확실성은 상식과 가치체계의 긍정적, 부정적 결합 방식에 대한 평가가 역사에 대해 열려 있다는 사실에서 기인한다. 여기서 열려 있다는 것은 단순히 미래의 불확실성을 뜻하지 않는다. 하나의 가치체계는 다른 것들과의 관계적 기능 속에서 평가될 수 있기 때문에, 상식과 가치체계의 긍정적, 부정적 결합 방식에 대한 평가는 역사적 지식을 요구한다. 그 결과, 가치 판단이 개입된 모든 평가에는 역사성이 배어 있기 마련이다. 역사적 지식은 상황을 초월한 확실한 지식체계로 구성될 수 없다. 그럼에도 불구하고, 현실세계의 문제를 해결하기 위해 역사의 유형화된 규정이 필요한 것은 아니다. 문제의 실천적 해결은 상황적 요인을 고려한 진단에 근거해야 하기 때문이다.

이것으로 이 지루한 작업의 끝에 도달했다. 상식, 합리성, 역사에 대한 여러 의문이 사라지거나 약해진 것이 아니라 오히려 더 증폭시킨 것은 아닌지 모르겠다. 그러나 한 가지는 분명하다. 확실성 추구의 시대정신 속에서 탄생한 서양 규범윤리 이론들이 실천적 윤리 담론, 특히 현실세계 속의 공학 담론틀로는 기능할 수 없다는 것이다. 그 이론들은 과거 특정 지역의 시대적 요청에 의한 산물이다. 시대적 요청에 의한 산물로서 이상화된 윤리 이론들이 문제의 실천적 해결을 위한 담론틀이 될 수는 없다. 그 이론들은 단지 윤리 역사 담론의 대상이 될 뿐이다. 그 이론들이 탄생하게 된 시대적 고민과 배경은 배제된 채, 그리고 이 땅의 문제를 문제로 만드는 상황의 요인들이 그 이론들에 의해 가려진 채 윤리 담론이 진행된다면, 이에 대한 책임은 전적으로 우리가 져야 한다. 그것은 이 시대 '자기 사유의 부재'를 증명하는 것이기 때문이다.

[부 록]

A1 공학윤리의 주제들

공학윤리는 공학을 둘러싼 실천적 문제들을 다루는 윤리 담론이기 때문에, 공학윤리의 주제들은 특정 지역, 특정 시기의 사회 속에 기능하는 공학의 성격과 맞물린다. 공학의 일반 성격에 의해 공통적으로 다뤄질 수 있는 주제들도 있지만, 주제들의 중요성은 지역간 차이를 보이기 마련이다. 또 특정 지역에 해당하는 특수한 주제들도 있다. 다음 주제들은 현재 공학윤리에서 많이 다뤄지는 주제들이다.1)

공공의 안전 및 복지와 연관된 공학자의 책임과 자율성 : 과거와 달리 공학적 디자인은 공공의 안전 및 환경에 직접적인 영향을 끼친다. 재난은 그 대표적인 실례가 된다. 이와 관련해 공학자의 자율성이 중요한 주제로 떠오른다. 공학자가 조직체계 내의 준수사항을 지키는 것만으로는 재난의 효과적인 방지와 대책이 이루어질 수 없다. 공학 지식의 자발적이고 능동적인 사용을 위한 제도 개발이 요청된다.

공학적 설계의 위험 분석 과정에서 요구되는 집단적 합의 절차 : 도구 디자인에 개입하는 생산 조직체계의 목적은 고객 및 사용자와의 신뢰성과 무관할 수 없다. 도구의 공학적 디자인 초기 단계부터 이해 당사자간의 동의가 필요한 경우가 많다. 집단적 합의 절차가 중요한 주제로 떠오

1) 이 주제들은 사회와 조직체계 내에서 공학자의 행위 방식에 주로 국한된 우젝(J. W. Wujek)과 존슨(D. G. Johnson)의 목록을 폭넓은 의미로 새롭게 수정한 것들이다. 실례로 우젝과 존슨은 데이터의 통합과 표상에서 다른 집단의 이해를 돕기 위한 정보의 효과적인 전달 방식을 언급하지 않았다. Wujek, J. W. & Johnson, D. G.(1992).

른다.

갈등하는 관심의 중재 : 공학자는 종종 서로 다른 관심을 갖는 여러 의뢰인들에게 봉사해야 하는 상황에 처하곤 한다. 그들의 관심이 서로 갈등하는 경우, 실례로 어떤 의뢰인의 관심이 효율에 치우치고 다른 의뢰인의 관심이 안전에 치우친 경우, 중재의 역할이 공학자에게 부여되는 경우가 있다. 그 역할은 공학 지식의 폭넓은 활용을 요구하기 때문에, 공학교육 자체가 담론의 주제로 떠오른다.

데이터의 통합, 표상 및 효과적인 전달 방식 : 공학적 분석은 데이터의 신빙성과 적절한 양에 좌우된다. 데이터의 날조, 지나친 수정 그리고 부적절한 표상은 연구개발 과정에서 부작용을 불러일으킬 수 있다. 더욱이 위험성 분석 등과 관련하여 데이터의 표상은 원활한 정보 이동의 관점에서 다루어져야 한다. 경영진의 이해를 유도하기 위해 특정 수치해석의 데이터는 적절하게, 실례로 시각적으로 재표상되어야 한다.

내부고발 : 경영자, 고객 혹은 의뢰인의 비윤리적이거나 합법적이지 않은 관심에 대항하여 내부고발을 한 공학자는 조직체계 속에서 종종 피해자가 된다. 내부고발 상황의 빈도수를 감소시키는 조직적 정비 및 내부고발 당사자의 보호를 위한 사회적 장치가 요구된다. 내부고발은 공학자 개인의 차원을 넘어서 개인과 조직 그리고 조직과 사회의 관계에 대한 문제로 이어진다.

직업 선택과 직업 특성 : 공학자는 직업 선택에서 도덕적 고민을 하기도 한다. 그러한 고민은 개인의 신념과 현실적 제약 사이에서 나타나는 간극에서 기인하는 경우가 많다. 어떤 공학자는 개인의 지식을 군수산업에서 발휘하기를 원하지 않는다. 어쩔 수 없는 직업 선택은 종종 공학자를 수동적 행위자로 만든다. 이는 사회 전체의 효율적 유지에 부정적 결과를 초래할 수 있다. 공학자의 능동적 참여 행위를 자극하기 위해서는 사회적 차원에서 각 직업별 특성을 정기적으로 검토해야 한다. 이러한 검토는 공학자의 직업 선택 자료로서 봉사하는 동시에 공학자의 동기부여를 위해 필요한 것을 알려준다.

고객과 의뢰인에 대한 책무 : 공학자는 주로 조직체계 속에서 활동하기 때문에, 공공의 안전 및 복지에 대한 공학자의 책임은 조직체계의 준수사항 속에 반영된다. 그러한 준수사항은 현대 공학의 복잡성을 충분히 제어할 수 없다. 신뢰와 정직에 바탕을 둔 고객과 의뢰인에 대한 공학자의 책무도 강조되어야 한다. 이러한 강조가 공학자의 행위 제어론으로 치달아서는 안 된다. 그렇게 되는 경우, 공학자는 그저 조직체계의 준수사항만 지키는 자기중심적 성향을 갖기 쉽다.

자격 요건 : 공학 지식의 활용은 적절한 훈련과 소양을 요구하기 때문에, 적절한 자격이 적절한 인물에게 부여되어야 한다. 공학적 데이터를 제대로 다룰 수 없는 사람은 의도하지 않은 표절을 할 수 있고, 이로 인해 재난이 발생할 수도 있다. 공학 지식의 분과별 자격 요건이 중요한 주제로 떠오른다.

특허 및 기술 이전에 의한 책임 기간 문제 : 현대 전문 기술은 많은 경우 특허권을 해당 발명 공학자가 소유하거나 조직체계와 공유한다. 공학자의 직업 이전은 기술 이전으로 이어지고, 이에 의해 그가 몸담은 과거 조직체계는 피해를 볼 수 있다. 산업스파이의 경우가 아니더라도, 곧 뚜렷한 악의 동기가 없는 상황에서도, 특허 및 기술 이전과 관련된 공학자의 책임 기간 문제가 발생한다. 기술 이전을 둘러싼 공학자의 행위 제약과 직업 선택의 자율권 사이에 나타나는 갈등이 중요한 주제로 떠오른다.

선물과 뇌물 : 공학 지식이 중요해지면서, 공학자도 직업 활동에서 제3자의 보답이 선물인지 뇌물인지 심각하게 판단해야 하는 상황에 처할 수 있다. 어떤 경우에는 본의 아니게 선물이 뇌물로 둔갑할 수도 있다. 공학 지식 활용을 둘러싼 처벌과 보상에 대한 기준이 하나의 주제로 떠오른다.

공평한 대우 : 다수의 공학자는 조직체계 속에서 일한다. 공학 지식의 중요성이 강조되지만, 공학자 다수가 조직체계의 상층부를 점유한 상황은 아니다. 공학자에 대한 부당한 대우는 공학자의 직업 활동에 부정적 영향을 미치고, 그러한 영향의 파장은 조직체계뿐만 아니라 사회까지 미

칠 수 있다.

위의 공학윤리 주제들 중 우리에게 특히 심각하게 고려되어야 하는 것들이 있고, 상대적으로 사소한 것들이 있다. 또한 우리에게 특수한 주제들이 다뤄지지 않는다면, 공학윤리는 그 실천적 의미를 잃어버리게 된다. 국외 특정 국가의 사례들로 치장된 공학윤리의 교과서가 번역되어 이 땅에서 권위를 획득하는 것은 바람직하지 않다. 더욱이 국외의 공학윤리 담론이 그 사회의 공학자들이 공감할 만큼 구체적인 문제들을 다루는 수준에 도달했다고 생각하는 이가 있다면, 그는 착각에 빠져 있는 것이다. 다인종 국가인 미국의 경우, 다음과 같은 문제는 공학윤리 담론에서 중요한 주제로 취급되어야 마땅하다.

> 흑인 공학자들의 사회적 지위는 백인 공학자들에 비해 어떠한가? 과연 그들 중 몇 퍼센트가 각종 조직체계에서 능동적으로 의사결정 과정에 참가할 수 있는가?

아직까지 위 질문을 솔직하게 다룬 미국의 공학윤리 학자는 단 한 명도 본 적이 없다. 젠더(gender) 논쟁이 공학윤리까지 침투한 상태에서도, 위 질문을 심도 깊게 다룬 논문을 찾아보면 아예 거의 없다는 것이 옳다. 위 질문에 답하기를 거부하는 이는 분명히 기득권의 논리를 유지하고 싶거나, 고의적으로 민감한 문제를 가려버리고 싶은 태도를 지녔거나, 아니면 현실 감각을 결여한 자들이다. 미국의 공학윤리학자들 대다수가 위 질문에 대해 고민하지 않는 한, 그들은 결코 현실적 문제의 실천적 해결을 추구하는 현자들로 불릴 수 없다. 인공적으로 체계화된 학문적 지식의 권위에 달라붙은 기생충들일 뿐이다.

미국이 인종간 벽을 허물려는 운동이 활발히 일어난 때는 오히려 1960-70년대이다, 그 이후 사태는 진전되지 않았다. 흑인은 절대 유클리드 기하학을 이해할 수 없다는 제퍼슨(T. Jefferson)의 언명에 따른 결과인지, 미국 정부는 공식적으로 각종 아카데미에서 흑인이 차지하는 비율을 공개한 적이 없다고 한다. 1990년대 말 비공식 조사에 따르면, 예술과 과학 분야에 등재된 학자들 중 흑인들은 약 1-2%에 불과했다. 국가 과학기술 정책 개발 및 평가에 참가하는 NAS(National Academy of Sciences)의 경우, 약 1,800명이 넘는 회원들 중 흑인은 단 2명이다. NAE(National Academy of Engineering)의 경우, 약 2천명이 넘는 회원들 중 흑인은 단 8명이었다.[2] 이러한 통계치를 가지고 어떤 인종주의자, 실례로 제퍼슨의 후예들은 흑인의 지능을 탓하겠지만, 흑인들에게 주어지는 교육의 질과 생활환경을 고려할 때 그의 논리는 먹혀들 수 없다. 중요한 것은 흑인의 교육 질을 높이는 동시에 그들에게 기회의 균등을 보장할 정책 개발이다. 인종간 갈등이 심해지는 것은 미국 장래에 위험한 불씨가 될 수 있기 때문이다.

직업적 측면에서 공학을 접근할 때 기업체 및 현장직 종사자들 중 흑인 공학자들의 수는 많다. 먹고 살아야 하는 문제로 인해 흑인들은 상대적으로 직업을 찾기가 쉽고 안정된 보수를 보장하는 전공을 택할 수밖에 없다. 또 전문 교육을 받은 공학자가 아닌 기능공인 경우, 흑인 종사자의 수는 압도적으로 늘어날 것이다. 그런데 실제 정책에 개입할 수 있는 흑인 공학자 수는 2천 명 중에서 단 8명이다. 또 그 8명이 흑인의 권익을 생각한다는 보장은 전혀 없다. 이러한 세태에서 흑인 공학자 및 기능공들의 처우 개선, 그리고 그들을 사회 설계의 능동적 참가자로 유도하기란 힘들다. 아니 거의 불가능하다.

공학 직업에서 인종간 지위 차이 여부는 미국 사회에서는 아주 중요한 주제로 부각되고 다뤄지고 연구되어야 마땅했다. 그런데 관련 논문은 눈을 씻고 뒤져도 단 한 편 건지기 힘들다. 공학적 문제 해결에서 진성 거짓말과 그렇지 않은 거짓말을 논하는 것이 얼마나 가치가 있는 것인지는 모르겠지만, 그런 것을 논한 논문들은 쉽게 구할 수 있어도, 여기서 던져진 문제를 다룬 논문은 거의 없다는 것이다. 고작해야 사회학에서 전통적으로 다뤄온 인종간 문제에 관한 것밖에 없다.

---

2) National Academy of Engineering(1999).

공학 직업에서 인종간 지위 차이 여부를 심각하게 다루지 않는 미국의 공학윤리 담론의 세태를 고발하려는 것이 아니다. 현실적 제약 속에서 기능하는 우리의 공학이 갖는 성격, 사회적 위치 및 공학자들의 처지를 심각하게 고려하지 않은 채 국외의 담론을 수입해 그것이 마치 인류 보편적인 것처럼 과장되는 우리의 세태를 되짚어보자는 것이다.

A2 규범적 정당화

'규범적 정당화(normative justification)'에 대한 하나의 보기를 분석해보자.

A는 사귀던 애인을 버리고 최근에 선을 본 젊고 유능한 의사와 결혼하기로 결심했다. 심리학 석사 과정 학생 B는 연구를 위해 과 선후배들에게 인터뷰에 응해줄 것을 요청했고, A는 B에 협조하기로 했다. B는 A에게 물었다. "왜 사랑하는 사람을 버리고 선을 통해 알게 된 사람과 결혼하려고 하니?"

B의 질문은 일상생활 속에서 행위 및 선택의 당위성에 관한 전형적인 것에 해당한다. 무엇을 해야만 한다는 당위성은 대개 삶의 태도 변화를 요구하는 일상적 상황에서 뛰쳐나온다. 기대할 수 있는 A의 다양한 대답을 3개의 방식으로 나눈다.

방식 1 : 어쩔 수 없잖아, 나는 안정적이고 화려한 삶을 살고 싶어.

방식 2 : 선택의 결과가 가져올 이득을 고려해서 행동을 해야만 해. 애를 잘 키우려면 돈이 많이 들고, 나의 선택은 배반의 차원이 아니라 공익의 입장에서 바라본다면 타당한 것이야.

방식 3 : 우리 전통에서 결혼은 단순히 개인 대 개인의 결합이 아니라 가족 대 가족의 결합이야. 나는 이 전통을 무시할 수 없어.

윤리학에서 도덕적 정당화는 당위성과 가능성의 관계를 포함해 무척이나 복잡한 분야다. 이 작업이 도덕적 정당화 문제에 직접 해당하지 않는다는 사실 자체가 나에게 안도의 숨을 쉬도록 만든다. 여기서는 세 방식 중에 어느 것이 규범적 정당화에 해당하는지가 관건이다. 세 방식 모두 일상적 논증에 속하기 때문에, 결정적 논거는 다음이다. 어떤 방식이 개인의 주관적 측면이 아닌 객관화(objectification) 가능한 규범에 근거하는가? 이 질문은 규범적 정당화의 기저로서 규범 자질의 필요조건이 객관화임을 함축한다. 사실판단과 가치판단을 구분할 때 그 객관화는 사실 여부에 근거한 참 거짓에 의해 좌우될 수 없다. 윤리학의 도덕적 정당화 전통의 객관화는 제3자의 관점에서 재구성 가능한 논증에 부여되는 속성이다.[1] 개인의 주관적 측면과 선호방식을 완전히 제거한 논증은 이론적으로만 가능하지 현실적으로는 불가능하다. 따라서 논증의 목적, 곧 행위의 결정적 의도가 주관적 측면에 좌우될수록 해당 논증은 규범적 정당화의 자질을 결여한 것이다. 이러한 관점에서 [방식 1]은 규범적 정당화로 재구성되기 힘들다. 그것은 개인의 심리적 동기에 근거하기 때문이다. 심리적 동기가 얼마나 이기적인가는 근본적으로 규범적 정당화의 성격을 결정하지 않는다.

[방식 2]와 [방식 3]은 규범적 정당화의 성격을 갖는 논증으로 재구성 가능하다. 이 두 방식에는 중요한 차이가 있다. [방식 2]를 규범적 정당화의 성격을 갖는 논증으로 재구성할 때 그것의 핵심은 철학적 추론의 형태로 나타낼 수 있다. [방식 2]는 공리주의의 역사적 연장선인 결과주의의 원리에 따라 그런 추론 형태를 가질 수도 있다. 공리주의의 두 핵심 개념은 선택의 자유와 선택의 자유를 증진하는 조건에 의해 규정되는 복지이며, 결과주의에서 그러한 조건은 행위가 가져올 미래의 이득에 근거한다. [방식 2]의 기저에 깔린 보편적 원리는 합리적 인간이란 행위의 결과에 따라 선택한다는 것이다. 제3자의 관점에

1) Nida-Ruemelin, J.(1995), 172쪽.

서 객관화된 이러한 원리로부터 A의 이유가 도출되기 때문에, [방식 2]는 규범적 정당화로 재구성 가능하다. A에게 비록 암묵적일지라도, 언급된 원리는 그러한 정당화의 논리적 출발점이다. 원리와 규범은 종종 교차되어 사용된다. 용어 '이론적 규범'을 사용할 때 그것은 어떤 윤리 이론, 곧 어떤 규범윤리 이론의 원리를 뜻한다. 물론 [방식 2]는 일상적 의미에서 볼 때 제3자 관점에서의 보편적 원리에 따른 논증이 아니다. 그것은 자신의 선택을 합리화시키는 방편인 경우가 실제로는 더 많다.

[방식 3] 또한 규범적 정당화로서 재구성 가능하다. 이 경우 [방식 2]와 달리 그러한 재구성의 기반은 규범 윤리의 특정 원리 혹은 이론적 규범이 아니라 문화적 관습이다. 관습은 보편성과 필연성을 전제하지 않기 때문에 개연적 판단의 근거로서 준칙에 해당한다. 이러한 준칙이 특정 집단의 일반 지식으로 통용될 때, 준칙에 근거한 정당화는 주관적인 것이 아니다. 그런 정당화는 보편성이라는 이론적 요청을 만족할 수는 없더라도 해당 집단에 대해 주관적인 것으로는 분류되지 않는다. 한 개인이 그가 속한 집단의 관습과 같은 준칙을 받아들이느냐 아니냐는 별도의 문제다. 규범적 정당화에서 '규범'은 관습 등의 준칙과 이론적 규범 양자를 포함할 정도로 사용 폭이 넓다.

A3 컴퓨터 그물망 속의 마렝 메르센

메르센(M. Mersenne)은 1588년 프랑스 마렝에서 태어나 1648년 파리에서 죽었다. 메르센이 활약하던 시기에는 과학자 및 수학자 집단의 의사소통을 위한 잡지나 대중매체가 없었다. 메르센의 중요한 업적 중 하나는 여러 과학자 및 수학자와 서신왕래를 통해 새로운 발견을 유럽 전역에 전파한 일이었다. 그와 서신왕래를 한 학자들로서 페르마(P. de Fermat, 1601-1665), 파스칼(B. Pascal, 1623-1662), 가상디(P. Gassendi, 1592-1665), 호이겐스(C. Huygens, 1629-1695), 갈릴레이(G. Galilei, 1564-1642) 및 토리첼리(E. Torricelli, 1608-1647) 등을 들 수 있다. 메르센 자신이 과학자 및 수학자 집단의 의사소통 중심축이었다.

메르센의 과학적 업적은 갈릴레이를 계승하고 알린 것이었다. 그는 진자운동의 원리를 표준시간 단위를 정하는 데 응용하였고 음향학에 관심이 많았다. 수학에서 그의 이름은 소위 '메르센 소수'와 결부되어 회자된다. 소수는 1과 자신 이외에 다른 수로는 나누어질 수 없는 수이다. 2, 3, 7, 11 등이 소수가 된다. 소수는 다른 수보다 순수하거나 신성한 것으로 여겨졌다. 소수가 아닌 12는 '3 × 2 × 2'로 표현 가능하다. 이러한 실례는 임의의 자연수가 소수의 조합으로 구성됨을 뜻한다. 갈릴레이의 추종자로서 메르센은 원자론에 관심이 깊었다. 원자는 더 이상 쪼개어질 수 없고 다른 것에 의해 침투당할 수 없다는 성질을 갖는다. 수의 세계를 원자론의 관점에서 파악한다면, 소수는 메르센에게 매혹적일 수밖에 없었다. 메르센은 오랜 소수 연구의 결과로서 다음의 정리를 얻었다.

자연수 n 이 $2p-1$이라고 하자. n 이 소수라면, p 도 소수이다.

위의 정리는 정수론을 공부한 사람이라면 증명할 수 있다. 위 정리의 역은 어떠한가? 임의의 소수 p 에 대해 n, 곧 $2p-1$ 또한 소수인가? 이 문제를 대답해주는 알고리듬은 아직까지 밝혀지지 않았다. 메르센 소수는 바로 위 정리의 역을 만족하는 수 n 을 뜻한다. 메르센 자신이 발견한 가장 큰 그러한 소수는 257이었다. 여기서 한번 스스로 메르센 소수를 발견하려고 해보자. 당장 큰 어려움을 만난다. 257 이상의 큰 소수를 발견하는 작업은 인간 두뇌의 계산용량으로 볼 때 벅차다. 매우 큰 소수의 발견에 인간 두뇌보다 계산의 측면에서 빠르고 용량이 큰 컴퓨터라는 도구가 도움을 준다. 지금까지 알려진 것보다 더 큰 메르센 소수를 찾는 작업은 개인 컴퓨터로는 불가능하다. 거대 연구소의 슈퍼컴퓨터가 필요하다. 하지만, 정치권력이 아무런 경제적 이윤이 없는 메르센 소수를 찾는 작업에 슈퍼컴퓨터 사용을 허락하지는 않을 것이다.

인터넷의 출현은 컴퓨터 네트워크를 통해 네티즌들이 메르센 소수를 발견할 수 있는 가능성을 열어놓았다. 우리가 컴퓨터 작업을 할 때 많은 경우 그냥 켜놓는다. 컴퓨터 CPU의 일정량은 그대로 놀고 있는 경우가 많다. 네티즌들은 이렇게 놀고 있는 상태의 CPU를 순수 발견을 위해 집단적으로 이용할 방법을 찾았다. 특수 프로그램을 이용해 수십만 대의 컴퓨터 네트워킹, 곧 그물망을 형성하는 것이다. 그러한 프로그램은 다음 두 조건을 만족한다. 첫째, 켜진 채 놀고 있는 나의 컴퓨터 CPU는 다른 사람의 작업에 기여한다. 둘째, 내가 작업을 시작하면 나의 컴퓨터 CPU는 다시 나의 작업에만 봉사한다. 이러한 방식에 의해 매우 큰 메르센 소수를 찾아내는 계획이 가능해졌다. 컴퓨터는 인간 계산을 도와주는 도구에서 벗어나 상호작용에 의한 집단적 발견의 기반(heuristic infrastructure)으로 봉사할 수 있다.

지금 이 순간에도 네티즌들의 협력에 의한 몇몇의 연구가 진행되고 있다. 하나의 실례를 살펴보자. 유료 뉴스그룹(newsgroup)을 사용하는 경우, 사용 용량에 제한이 있다. 몇몇 유료 뉴스그룹 대행사는 옥스퍼드 대학 및 국립 암센터 기금(National Foundation for Cancer Research)과 협정을 맺었다. 옥스퍼드 대학과 국립 암센터 기금은 연구에 필요한 대형 자료 처리와 계산을 위해 네티즌들과 함께 컴퓨터 그물망을 형성하기를 원했고, 유료 뉴스그룹 대행사는 이에 동참하는 사용자에게 더 많은 사용 용량을 제공한다. 이렇게 함으로써 회사의 공적 가치가 올라가고, 사용자는 공적 연구에 기여할 수 있다. 네티즌들의 참가에 의해 구성된 컴퓨터 그물망에 바탕을 둔 연구는 대형 계산이 필요한 생명유전정보학 등에서 여러 발견을 가져올 것이다. 컴퓨터는 이제 단순히 생활에 편리한 도구 차원을 넘어서 발견의 기반으로 이해되어야 한다.

A4 학제간 연구에서 여유 공간의 제도화

학제간 연구는 이질적인 지식의 합성을 통해 목적을 달성하는 문제해결의 과정이다. 기술을 기반으로 한 여러 연구 행위는 현대 학제간 연구를 대표한다. 이질적인 지식의 소유자들 사이에 원활한 발상의 교환은 학제간 연구에 필수적이다. 과학과 기술의 결합 과정의 역사를 살펴보면, 연구 공간 내에서 의사소통을 촉진시키기 위한 여러 암묵적인 장치들이 전통으로 정착했음을 알 수 있다. '티타임(tea time)'과 '랩미팅(lab meeting)' 등이 그러한 전통을 대표한다. 티타임과 랩미팅은 개인간 혹은 집단간 발상의 교환을 촉진시키는 기능을 갖기 때문에 '학제간 연구에서 여유 공간의 제도적 장치'로 여겨질 수 있다. 여기서 '여유 공간'은 실험 등 직접적 연구의 참여가 아니라 연구 과정에서 시시각각 발생하는 문제들을 적절한 시점에 해당 집단 전체에 드러내주는 동시에 토론을 제공해주는 제도적 장치를 상징한다.

그러나 티타임과 랩미팅과 같이 전통에서 굳어진 장치로만 현대적 학제간 연구를 촉진시키는 데에는 한계가 있다. 지식의 배열 문제가 국가적 차원에서 과학기술 정책의 핵심이 된 시점은 생각보다 그리 오래되지 않았기 때문이다. 사실 과학의 분과 다양성을 산출한 19세기 중엽 이후 반세기 동안에도 학제간 연구 자체는 국가 정책의 핵심사항은 아니었다. 학제간 연구에서 상호간 의견 교환을 촉진시키는 여유 공간의 제도화 자체가 과학기술 정책의 중요한 주제임을 보게 될 것이다. 기술을 기반으로 한 연구들의 복잡성과 각 연구별 영역 특수성을 인정할 때 그러한 제도화가 전통 속에서 암묵적으로 굳어진 티타임의 제의와 같은 것에 머무를 수 없고, 또 일률적으로 명시화된 조항과 같은 것이 될 수 없다. 오로지 다양한 연구의 성격 진단에 근거해 연구들을 구분하고 학제간 연구를 가로막는 요인들을 분석함으로써 각 연구 집단에 나름대로의 여유 공간이 산출될 수 있도록 해주는 '방향성의 정책'이 요청된다. 이를 보기 위해 티타임과 랩미팅이 연구 전통으로 정착한 과정에 대한 윤곽을 먼저 잡아야 할 것이며, 과거와 달라진 현실의 양상을 진단해야 한다.

1. 과 거

현재 인공 환경의 물질적 뼈대는 과거 과학과 기술의 결합 과정의 역사적 산물이다. 그 과정에 기여한 중요한 사회적 요인은 과학 및 기술 공동체에 대한 권위의 사회적 인정이다. 그러한 사회적 인정은 철학에서는 종종 과학기술 직업군의 자율성으로 정당화되어 미화되지만, 중요한 것은 과학과 기술의 지속적 결합을 가능케 한 실제적 요인에 주목하는 것이다. 그러한 요인의 인식만이 학제간 연구 역사에서 굳어진 티타임과 랩미팅 전통의 진면목을 드러내주기 때문이다.

운동의 동질적 단위로서 물질(matter) 개념이 근대에 정착했지만, 그러한 개념만으로는 현상의 다양성과 질적 차이를 품에 안을 수 없었다. 물질 개념 등장 이후에도 현상의 질적 차이를 설명하기 위해 원소(element) 개념은 여전히 살아남아 있었다. 데카르트 역시 물질로 구성된 3원소, 곧 천체 구성 원소, 지구상의 원소, 그리고 천체 원소를 매개해주는 원소를 가정했다. 모든 질적 차이를 입자의 운동에 의해 설명하겠다는 기계론의 득세 속에서도 전통적인 원소 개념들은 나름대로 변화된 방식 속에서 기능하고 있었던 것이다. 특히 전통적인 4원소, 곧 흙, 공기, 물과 불이 과학적 설명에서 갖는 지위는 17세기 화학 전통에서도 격하되지 않았다. 다만, 그러한 원소들의 질적 성향을 입자적 운동으로 설명하려고 했다는 점에서 과거 전통의 재해석 양상을 띤다.

공기가 단일 원소가 아니라는 사실은 17세기에 실험적으로 밝혀졌고, 뒤이어 18세기 말에 물과 흙 또한 단일 원소가 아니라는 사실이 밝혀졌다. 이러한 일련의 발견 과정은 결합과 반응성을 설명하기 위해 기계론적 세계 이해의 수정을 가져왔고, 도구의 발전은 새로운 가설을 산출시켰다. 불원소는 여러 과정을 거쳐 열소 개념에서 탈피해 열에너지 개념으로 변화하게 되는데, 이 과정에서 중요한 것은 자연의 규칙성을 통합 설명해주는 가설의 발견만이 아니라 효과적인 연소 기관의 개발이었다. 그러한 공학적 기관의 디자인에서 기존의 가설과 이론은 철저히 디자인을 위한 분석적 도구로 봉사한다. 디자인의 수정은 기존의 가설과 이론을 바꾸기도 하며, 열역학 탄생 과정은 연소 기관의 공학적 디자인 역사와 맞물려 있다. 효과적인 연소 기관의 상업화는 생활세계의 구조를 바꿨으며, 이러한 구조의 변화는 삶의 방식과 가치체계의 변화를 수반한다.

다른 곳도 아닌 유럽에서 과학과 기술의 지속적 결합이 가능했던 이유는 무엇일까? 여러 요인들 중에서 과학 및 기술 공동체의 결속력, 특히 외부 세력에 저항할 수 있는 결속력을 무시할 수 없다. 학회 구성, 교과서 채택을 통한 권위의 사회적 확산과 대물림, 과학 및 기술 공동체의 정치적 영향력 등에 의해 형성된 공동체의 문화적 뿌리가 담론의 표면으로 부상한다. 유럽 근대 과학의 형성에 여러 문명권의 이점들, 실례로 그리스의 기하학, 아랍의 광학, 천문학과 대수학, 인도의 수체계, 중국의 종이, 화약과 나침반 등이 기여했다는 사실이 공인된 후, 자율적인 과학기술 공동체의 형성은 과학과 기술의 지속적인 결합을 위한 유럽적 특징으로 과장되기도 했다.

'과학 혁명'이라는 개념은 사실 과학에 기대어 중세를 암흑기로 규정하고 근대의 독자성을 확보하기 위해 날조된 것이다. 근대 과학의 형성은 개념적 측면에서 유럽의 독자적인 것이 아니라는 사실, 곧 그 형성은 문명 교류사 관점에서 이해되어야 바람직하다는 사실이 공인되는 분위기 속에서 일련의 학자들은 다른 측면에서 근대의 독자성을 확보하려고 시도했다. 그들의 관심사는 법제도 및 학제에 치중되었다.

그들은 일찌감치 개별 과학 분과들이 공식적으로 유럽 대학의 학제에 도입된 점에 주목했다. 중국의 경우, 학제는 철저히 국가 관리 아래 있었고, 천문지리와 기술은 정책 마련 및 시행의 수단으로만 여겨져 지속적인 과학과 기술의 결합이 불가능했다는 것이다. 유럽의 12, 13 세기 대학 학제가 이슬람의 단과대학에 해당하는 '마드라사(madrasa)'의 영향을 받은 것은 사실이지만, 마드라사는 근본적으로 이슬람 종교성의 유지와 관련된 기관이라는 것이다. 마드라사는 권위를 가진 선생에 의해 제자의 학습 능력이 인정되었다는 점에서 선생의 지식과 성향에 좌우되는 특수성을 가지고 있었고, 개별 과학 분과들은 학제에서 빠져 있었다는 것이다. 그러한 특수성은 이슬람 문명권에 자생적으로 타세력에 저항할 수 있는 과학기술 공동체 형성을 가로막았다는 것이다.[1] 또 그러한 특수성으로 인해 근대 과학의 특징인 자연의 보편적 법칙성 개념이 이슬람 문명권에 쉽게 출현할 수 없었다는 것이다.[2]

그러나 유럽 대학과는 비교할 수 없을 정도로 방대한 도서실을 소유하고 있었던 이슬람 단과대학들이 단지 유럽에 지식을 전달해주기 위한 기록의 저장창고에 불과했단 말인가? 아리스토텔레스주의자로 불리는 그 많은 이슬람 자연철학자들은 이슬람 문화권에서는 상대적으로 탈종교적 색채를 가진 사소한 별종들에 불과했단 말인가? 하나의 마드라사를 지배한 선생은 공식적으로 법학자였지만 광범위한 의술의 지식을 소유한 인물이었다. 인체를 우주에 유추하는 사고방식이 남아 있던 시절, 개별 과학 분과들은 의술을 배우기 위한 기초 과목과도 같았다. 그만큼 마드라사의 선생들은 당시의 과학과 기술의 지식을 소유하고 있었고, 개별 과학을 섭렵한 후에야 의술을 배울 자격이 생기는 것은 중세 유럽의 대학 학제에도 반영되고 있다. 우리가 잘 아는 갈릴레이조차 마지막으로 의술을 배운 것으로 되어 있다. 또 단과대학별로 연구의 특수성과 개성을 갖는 것이 과학기술 공동체 형성에

---

1) Makdisi, G.(1981).

2) Merton, R. K.(1973).

방해물로 작동했다는 주장은 논리적으로 근거가 없다. 코페르니쿠스에 앞서 천체 구조의 객관적이고 보편적인 합법칙성을 주장한 이들은 이슬람 학자들이었다.

역사적 과정에서 어떤 결과물과 원인의 관계는 논리적 필연성을 따짐으로써 정당화되는 성격을 갖지 않는다. 그 원인이 그 결과물에 연결되는 데에는 예기치 못한 사건들이 개입되어 있다. 만약 오스만 제국의 유럽 침략이 없었더라면, 그래서 스페인을 거점으로 한 이슬람 문명이 어쩔 수 없이 유럽 문명과 융합을 해야만 하는 역사적 계기가 있었더라면, 이슬람 전통의 마드라사 학제가 기존의 방식 그대로 유지되었을까? 만약 문명권별로 분업화된 과거 세계 경제권에서 중국의 세력이 일찍 쇠퇴했더라면, 중국인들이 유럽 과학에 무관심한 채 그대로 그들의 관료적 학제를 유지했을까? 이러한 질문에 자동적으로 고개를 끄덕일 바보는 없을 것이다. 그렇다면 타세력으로부터 저항할 수 있는 과학기술 공동체의 형성은 타문명권을 평가하는 데에 개입될 수 없다. 그것은 단지 유럽 지역에서 발생한 특수한 역사적 계기에 불과한 것이라고 말해야 정당하다.

유럽에서 과학기술 공동체의 출현 과정은 종교 개혁이라는 역사적 사건과 밀접히 맞물려 있다. 종교 개혁 이후, 유럽은 하나의 종교가 지배적 이념으로 작동하면서도 서로 경쟁하는 여러 지역들로 분할된다. 이러한 상황에서 군주와 군주에 기생한 지배층인 귀족들의 세력 및 권위는 그들의 지역에서는 절대적이다. 이성의 도움에 의해 자연의 법칙과 도덕의 원리에 관한 확실한 지식체계를 세울 수 있다는 선민사상의 지배 아래 과학과 기술의 결합에 의한 가설의 발견과 각종 인공물의 개발은 지역간 경쟁의 대상이기도 했다. 이 점은 마치 과거 우주의 신비를 탐구하겠다는 그럴듯한 목적 아래 미국과 소련이 앞다투어 경쟁적으로 우주 탐사를 시도했던 것에 비유될 수 있다.

갈릴레이의 종교 재판이 보여주듯, 갈릴레이 당시에도 자율적인 과학기술자 공동체라는 것은 없었다. 교황 세력의 붕괴 후, 유럽이 하나의 이념 아래 쪼개지면서 과학과 기술의 결합을 주도했던 인물들은 귀족들이었다. 그만큼 그들의 세력에 직접적으로 저항할 수 있는 집단은 없었다고 해야 마땅하다. 지역간 경쟁 속에 과학과 기술의 결합이 '귀족들의 게임'에 속한 이상, 그 게임은 지역마다 차이가 있지만 적어도 19세기 중엽까지 지속될 수 있었다. 실제 대학 중심의 연구 성과와 사교 클럽 중심의 연구 성과를 비교해보면, 후자의 경우가 전자의 경우보다 질적으로나 양적으로 모두 앞선다. 이러한 양상의 과학과 기술의 결합 방식이 인류 보편적일 수는 없는 것이며, 당장 20세기 이후의 기술 기반 연구에도 해당하지 않는다.

과학과 기술은 귀족들에게 지역 민중의 계몽 수단이기도 했다. 과학과 기술의 결합이 대학 학제에 본격적으로 정착된 시기는 사실 유럽에서도 19세기 중엽 이후이기 때문에, 유럽의 독특한 학제를 가지고 과학기술 발달에 근거해 유럽 역사의 독자성을 확보하려는 시도는 유럽의 역사에도 빗나간 것이다. 과학기술이 민중 교육에 침투해 민중 해방론의 무기로 이해된 시기도 19세기 중엽 이후로 봐야 한다. 과학과 기술의 결합에 의한 인공 환경 건설이 촉진된, 그리고 민중의 생활양식이 분화된 과정이 19세기에 가속화되었고, 이로 인해 귀족을 위한, 또 계몽의 수단으로서의 과학기술의 위상은 더 이상 유지될 수 없는 시기가 도래한 것이다. 과학기술 교육은 사회에서 더욱 공적인 위치를 차지하게 되었고, 대학 안에서 귀족층과 교회세력을 쫓아내려는 학자들의 움직임이 있었다. 그리고 19세기 초만 하더라도 대중적 강연과 시연을 통해 연구비의 상당 부분을 마련해야만 했던 각종 연구소들은 국가의 정책적 지원을 받게 되었다. 그 결과, 19세기 말에 이르러 각 대학에는 실험실, 곧 '랩(lab)'이라는 것이 정착되게 되었다.

그러나 한 세기의 노력은 사장되거나 다음 세대에 구현된다. 학제간 연구가 본격적으로 대학에 귀속되기 시작한 19세기 중엽 이후에는 오늘날 과학기술 정책에 대응하는 것은 엄밀히 말해 없었다. 그만큼 19세기 대학의 학제와 연구는 정치 세력으로부터 자유로웠다. 독일이 19세기 중엽 이후 생물학과 화학에서 급부상할 수 있었던 원인 중 하나는 쉽게 말해 돈을 줄 테니 너희들이 알아서 하라는 식의 정책이었다. 교수는 자기의 목적에 부합하는 인물을 또 다른 교수로 채용하고 학생들과 함께 자유롭게 학제를 짜고 과목을 선택했다. 이러한 역사적 사실을 알게 된 일부 과학도들은 19세기적 향수에 빠져 지금의 잘못된 과학기술 정책에 대한 대안으로서 과거 모델을 우상화하는 착오를 범하기도 한다. 과학기술 지식이 잠재적으로 공공의 소유물이 된 현시점의 문제들에다가 다른 상황적 맥락에서 기능한 과거의 모델을 외삽시켜서는 안 된다.

현재로 넘어 오기 전에 17세기에서 19세기 말에 이르는 과학과 기술의 결합 역사 속에는 이미 학제간 연구의 성격을 규정하는 세 양상이 드러나 있음을 지적해야 하겠다. 첫째, 학제간 연구는 집단적 문제해결 과정으로서 시시각각 발생하는 모든 문제들을 사전에 정확히 예측할 수 없는 양상을 갖는다. 초기 계획은 후에 수정되기도 하고, 예상치 못한 문제의 발생은 문제 해결자로 하여금 새로운 지식의 소유자를 찾아 나서도록 움직이게 만든다. 학제간 연구 공간은 항상 새로운 문제에 의해 대답되어야 할 여백을 갖고 있다. 실례로 라부아지에(A. L. Lavoisier, 1743-1794)가 호흡을 연소 과정에 유추하여 산소에서 이산화탄소로 바뀌는 원리를 일반화하려고 했을 때 그는 예상치 못한 문제에 부딪쳤다. 그 원리는 이산화탄소를 흡수해 산소를 방출하는 식물에게 직접적으로 적용 불가능하기 때문이다. 그에게 탈출구란 물에서 산소의 존재를 찾아내는 것이었고, 그는 공동 연구자인 뫼스니어(J. B. Meusnier, 1754-1793)와 연대하게 된다. 예상치 못한 난제는 라부아지에로 하여금 새로운 협조자를 찾게 만들었고, 그 결과 둘은 캐번디시(H. Cavendish, 1731-1810)와 함께 물 자체도 단일 원소가 아닌 화학적 혼합물임을 발견한 공로자들로 남게 된다. 라부아지에는 원래 산소를 연소 물질로서 '불물질(matter of fire)'로 불렀다. 식물의 경우, 대기 중의 연소 물질이 아닌 수분 중의 연소 물질을 호흡함으로써 열을 발생시킨다는 그의 가설은 화학에서 명명법마저도 변화시켜야 한다는 동기를 유발시켰던 것이다.

둘째, 학제간 연구 과정에서 서로 다른 지식의 합성이 요구되며, 그 과정에서 각자의 역할은 단순히 분담되는 것이 아니라 위치 변환을 수반한다. 17세기 아일랜드의 귀족 로버트 보일(R. Boyle)이 케임브리지 대학의 초청을 거부하고 사비로 자신의 연구 집단을 꾸려갈 때 그는 단순히 과학자의 역할이 아닌 연구 정책가의 역할을 수행했다. 또 보일의 협조자 후크(R. Hooke)는 많은 경우 호흡 실험을 위한 기존 펌프의 개선을 위해 노력했다. 그의 여러 시도는 호흡 과정 규명을 위한 도구의 디자인이라는 공학자의 임무에 해당한다. 보일과 후크는 인체의 열과 관련된 외부 물질을 오늘날 질소에 해당하는 것으로 여겼지만, 그 물질은 프리스틀리(J. Priestly, 1733-1804), 셸레(C. W. Scheele, 1742-1786)와 라부아지에에 이르러 산소로 바뀌게 된다. 이 발견의 과정은 끊임없는 집단간 발상의 교환에 근거한 것이다.

셋째, 학제간 연구에서 요구되는 심적 탄력성, 곧 다재다능함(versatility)의 범주들, 곧 자기 분과의 아이디어를 새로운 관심사에 따라 다른 분과로 전이시키는 범주, 다른 분과의 아이디어를 특정 관심사에 따라 자기 분과로 가져오는 범주, 이질적 지식의 합성을 산출시키는 능동적 상호작용의 범주 및 기존에 확증된 연구 방법론에 의거해 이질적 지식을 합성시키는 수동적 상호작용의 범주들이 성공적인 연구 및 개발 사례들에 반영되고 있다.

언급된 학제간 연구의 세 양상은 주로 귀족들로 구성된 공동체의 노력 역사 속에서 반영되는 만큼, 그 세 양상이 외부의 정책적 간섭에 의해 탄생한 것은 아니다. 물론 19세기 중엽 이후 과학기술을 귀족층에서 해방시키려는 운동이 일어났지만, 과학 그리고 과학과 결합한 기술의 지식은 당시에는 여전히 지배층의 소유물이었다. 지배층의 결속력은 외부 세력에 저항할 수 있었기 때문에, 과학과 기술의 결합 역사는 그러한 유럽적 풍토에서 지속될 수 있었던 것이다. 다시 말해, 그 결합 역사는 '유럽적 결합 역사'인 것이다. 지배층에 의한 과학과 기술의 결합 과정에 국가 차원의 과학 정책이라는 것은 개입될 필요가 별로 없었다. 과거 학제간 연구에서 발상의 교환을 촉진시키는 여유 공간의 제도로서 티타임과 랩미팅은 자생적으로 혹은 암묵적 요구에 의해 형성된 일종의 전통으로 여겨져야 한다. 이 점은 현재 정책적 차원에서 이뤄지는 학제간 연구가 여전히 언급된 세 양상을 과거 연구 방식과 공유하더라도 과거의 제의화된 전통적 장치로만은 촉진될 수 없음을 반영한다. 학제간 연구에서 여유 공간의 제도화는 현대적 담론 주제로서 파악되고 정밀 분석될 필요가 있다. 특히 과학과 기술의 오랜 자생적 결합 역사를 갖고 있지 않은 우리에게 그러한 제도화의 고려는 더욱 절실한 것이다.

2. 현 재

외부 세력에 저항할 수 있는 과학기술자 공동체의 필요성이 과학과 기술의 지속적 결합을 위해 강조될 때 그러한 공동체의 형성은 다양한 경로를 통해 가능한 것이다. 서구의 경우만 하더라도, 과학자와 공학자 공동체의 결합 방식의 19세기적 양상과 20세기적 양상은 다르다. 19세기 중엽 이후 유럽 각국에 통계청이 설치되고, 과학기술 교육이 국가 차원의 정책에 귀속되었다고 하나, 과학기술의 연구가 본격적으로 국가 정책의 관리 대상이 된 시점은 20세기 이후로 봐야 한다. 19세기 말 유럽 각 대학에 실험실이 설치되고, 대학 중심의 연구가 국가의 지원을 받게 되었지만, 연구 과정 자체는 여전히 과학기술 공동체의 손아귀에 있었다.

교육 기회의 균등이 제도적으로 정착됨에 따라 과학기술의 지식 또한 지배층의 권력에서 벗어나 잠재적으로 시민에게 열리게 되었다. 그 시민은 지구촌의 만인이 아니라 특정 집단에 국한된 것이고, 그 집단의 단위는 단순히 혈연관계도, 언어 공동체도 아닌 법적 계약관계에 의한 국가다. 과학기술의 사회적 기능이 국가간 경쟁을 넘어설 수 없는 현실적 제약을 받아들일 때 과학기술의 지식과 연구 결과물이 한 국가 내의 공적 재산으로 간주된다는 것은 과학기술자 공동체에게 결코 반가운 소식만은 아니다. 그러한 이유를 드러내주는 20세기 과학기술자 공동체의 세 가지 특징만 들겠다.

첫째, 과학기술자 공동체에 부과되는 사회적 책임 증가를 들 수 있다. 연구비는 국가의 구성원인 시민의 세금과 직간접적으로 맞물리며, 과학기술 연구의 결과는 국가의 공적 자산이다. 과학기술자 공동체의 직업적 자율권은 법적으로 보장되지만, 연구 과정 및 결과 평가 또한 정책 관리의 대상이 됨으로써 과학기술자 공동체의 실질적 재량권은 과거에 비해 감소했다.

둘째, 과학기술 연구의 부정적 결과에 대한 책임이 과학기술자 공동체에 일방적으로 귀속될 가능성은 과거보다 커졌다. 과학기술 지식이 잠재적으로 모든 시민에게 열려 있다고 하더라도, 그 전문적 지식의 소유자 집단은 소수일 수밖에 없다. 과학기술 지식은 어떤 경우 불확실하고 잠재적인 가능성만으로도 일반 시민의 제어 능력 범위를 벗어나 특정 집단, 특히 정치적 권력 집단의 선동 수단으로 전락할 수도 있다. 선동은 대중적 상징물로서 '비전(vision)'을 창출하고, 그 비전이 대중적 만족 수준을 채워줄 수 없는 것으로 판가름 날 때 대중은 전체 사회 속에서 과학기술이 기능한 방식에 대해 정확한 평가를 내리기 힘들다. 그 대신 대중의 원망은 곧바로 과학기술자 공동체로 향하기 쉽다.

셋째, 과학기술자에게 과학기술 지식이 연구 범위를 벗어나 설득 목적과 연계될 때 설득 대상은 과거 19세기와 달리 정치적 권력 집단에 국한되지 않는다. 특정 방향으로 과학기술 정책을 유도하기 위해 설득 대상이 시민이 될 때 과학기술자가 정치적 권력의 목적과 동기에 반하는 행위를 해야만 하는 경우도 빈번히 발생한다. 심지어 정치적 권력과의 이념 투쟁을 불사해야만 하는 경우도 있다. 그런 경우일수록 개인의 안위와 자식의 양육을 책임져야 하는 과학기술자가 겪는 심적, 물질적 부담은 증가할 수밖에 없고, 사회의 공익을 우선으로 하는 과학기술자에게 돌아오는 것은 연구 비 수혜 박탈 등의 공격에 의한 '지속적 연구의 포기'가 될 수도 있다.

과학기술 공동체의 20세기적 세 특징을 받아들인다면, 과학기술과 타분야, 특히 정치와의 합당한 관계 설정은 하나의 담론 주제가 아니라 시대적 과업이 되어버린다. 인문학자에게 글은 비판과 공격의 도구이자 개인적 연구의 도구이며, 동시에 글은 그를 다른 것과 연결시켜주는 수레바퀴로 작동한다. 이러한 글의 이중적 기능은 과학기술자들 중에서 특히 기술 기반의 연구에 의지하는 이들에게 해당하지 않는다. 그들에게 글은 비판과 공격 무기는 될 수 있어도 연구의 도구일 수는 없고, 연구에 참여할 수 없는 이는 과학기술 공동체에서 고립되기 쉽다. 더욱이 기술 기반의 현대적 과학기술 연구는 보통 예산 정책에 의존하는 학제적 성격을 띠고 있기 때문에, 예산 공급자의 목적에 반하는 행위를 하려는 개인의 결단은 그를 무리 속에서 따돌림받는 존재로 추락시킬 수도 있다. 따라서 국가 차원에서 정치적 권력에 과학기술을 종속시키려는 잘못된 정책은 다수 과학기술자의 성향을 개인주의적으로 만들 수 있다. 특정 시기의 대세에 반해 개혁을 원하는 비판적 동기를 가진 과학기술자라고 하더라도, 그 동기를 발산하기에 그에게 요구되는 결단은 너무나도 과중하다. 왜냐하면, 그는 자신이 하고 싶은 것의 일부가 아니라 전부를 포기해야만 할지도 모르기 때문이다.

값비싼 장비가 동원되는 현대적 기술 기반의 과학기술 연구에서 해당 종사자들이 처할 수 있는 상황적 요인들을 무시한 채 벌어지는 그 어떤 담론도 역시 무시되어야 한다. 그러한 담론이 제아무리 고차원의 철학적 개념들과 듣기 좋은 미사여구로 치장될지언정, 현실의 물정을 헤아리지 못한 그것은 결코 세상에 득이 될 수 없다. 불행히도 과학기술을 둘러싼 담론의 대다수는 여기나 저기나 그러한 것들이다. 이러한 세태에서 네가 만약 진보적 과학기술자라면 어떻게 할 것인가? 여기서 '진보적'이라는 것이 특정 정치적 이념과 결부될 본질적 이유는 없다. 네가 그저 좋아하는 것을 하면서 그것의 결과물이 합당한 절차에 의해 사회에 분배되어 좀더 나은 공동체의 삶을 원하는 인물이라면, 너는 진보적 과학기술자이다. 그러한 네가 기술 기반의 현대적 학제간 연구가 오히려 과학기술을 만인이 아니라 특정 권력의 노리개로 만들 수 있다는 뼈아픈 사실을 알았을 때 너는 무엇을 어떻게 할 것인가? 만약 과학기술이 사회설계를 위해 정치와 대등한 관계를 맺는 것이 아니라 정치에 완전히 굴복하는 세태라면, 너의 결단은 무엇인가?

과학기술 지식이 사회의 공적 자산으로 본격적으로 인식되기 시작할 무렵, 곧 과학기술 지식이 사회 전체로 확산될 수 있는 현실적 여건이 마련되었을 무렵, 위에서 던져진 마지막 질문은 시대에 예민한 여러 과학자와 공학자가 고민한 것이기도 하다. 그들의 대답은 단순히 진보적 태도를 유지하는 것이 아니라 '급진적 운동(radical movement)'이었다. 그들의 급진적 운동을 빈학파(Vienna Circle)를 이끌었던 노이라트(O. Neurath)를 위시해 버날(J. D. Bernal)에 이르기까지 소위 '좌파 과학자' 무리에 국한시키는 것은 특정 정치적 이념의 대립 구도 속에 갇힌 시대착오적 발상이다. 그 운동은 여러 사회체제 속에서 좌파적, 자유주의적 혹은 아나키스트적 양태로 다양하게 분출되었다. 우리에게 좌파 과학자들이 급진주의와 직결되는 이유는 우리가 자본주의 체제 속에 살고 있기 때문이다. 그렇다면, 20세기 급진적 과학기술자 집단의 공통된 성격은 무엇인가? 두 가지만 언급한다.

급진적 과학기술자 집단의 주목적은 과학기술을 정치적 권력에서 해방시키는 것이었다. 19세기 중엽 이후 그들의 선조들이 '세속화(secularization)'라는 명분 아래 교회 및 귀족 세력에서 민중을 해방시키기 위해 과학기술을 등장시켰을 때 선조들은 각자의 관심사에 따라 여러 정치적 이념들과 결탁했다. 그러한 이념들 중 일부가 현실화된 이후, 선조들의 후예들은 비극적인 상황에 처하게 된다. 인간의 인지적 한계로 인해 공동협력에 의한 학제간 연구는 발견과 발명의 미덕으로 작동하지만, 그만큼 연구에 투자되는 자본은 커진다. 자본주의 체제 속에서 예산 관리가 과학기술자 공동체를 권력에 굴복시키는 수단으로 전락할 수 있다면, 공산주의 체제 속에서 급속한 성장을 위한 계획 경제는 과학기술자들의 다양한 관심사를 억압시킨 채 권력의 입맛에 맞는 것만 골라내기도 했다. 또 표면적으로는 민주주의라는 깃발을 내걸었지만 실제로는 군사독재 형태의 정권이 지배한 곳은 스탈린 방식의 계획 경제 모델을 수정하여 도입했고, 그 모델을 정당화하려는 이들은 군사독재 대신에 '개발독재'라는 용어를 즐겨 쓴다. 19세기 선조들이 과학기술 지식을 지배층이 아닌 민중에게 확대시키기 위해 이념 해방 투쟁을 벌였다면, 20세기 그들의 후손들에게는 정치적 권력 그 자체에서 과학기술을 해방시켜야 하는 것이 우선적인 목적이었다.

민중이 시민, 국민 혹은 민족 중 무엇으로 규정되든 상관없이, 급진적 과학기술자 집단에게 민중이란 무엇이었던가? 급진적이라는 수식어가 무색할 만큼 민중에 대한 그들의 시각은 일반적으로 회의적이었다. 버날의 말을 들어보자.[3)]

> "우리 모두는 어떻게 살지를 생각하고 시도함으로써 실험적으로 좋은 삶을 찾아볼 수 있다. 실제로는 아주 소수만이 그렇다. 대부분은 집에서 그리고 학교에서 전형화되고, 그들 중 나머지는 해놓은 것을 모방한다. 단지 지극히 일부만 이곳저곳에서 일탈한다. 그들은 괴짜들이다. 그리고 의심할 여지없이 나 자신 또한 그들 중 한 명으로 손꼽히게 되리라."

마치 18세기 엘리트적 계몽주의자의 입에서나 나옴직한 이러한 말이 반드시 그렇게만 해석되지는 않는다. 20세기 과학기술자 공동체의 세 특징, 특히 둘째 특징을 받아들인다면, 민중의 힘을 빌려 정치적 권력에서 과학을 독립시키기는 결코 쉬운 일이 아니라는 사실 또한 받아들여져야 한다. 정책 실패와 부패로 인해 개혁에 대한 실천적 인식이 민중의 의식 속에 자리 잡을 때 그들 다수가 정치적 개혁을 과학기술의 사회적 기능과 연관시켜 평가하는 것은 아니다. 과학기술의 사회적 기능 자체가 공공 교육의 대상이 된 시점도 그리 오래되지 않았고, 설령 그러한 교육 장치가 있더라도, 실제 과학기술자 공동체의 의견 수렴 과정을 거친 제도적 장치는 적어도 이 땅에는 아직 없었다. 과학기술의 부정적 결과를 과학기술과 타분야의 유기적 관계 맥락에서 평가하기 위한 제도적 장치가 냉전 이데올로기 등으로 정착하기

---

3) Swann, B. & Aprahamin, F.(1999), 15쪽.

힘들었던 20세기 중반 무렵, 급진적 과학기술자 집단이 민중에게 기대를 거는 것은 너무나 낙천적인 것이었다. 급진적 과학기술자 집단의 다수는 민중에 의한 '아래로부터의 혁명'이 아니라 과학기술자들 자신에 의한 '위로부터의 혁명'을 외쳤으며, 좌파 과학자 진영도 예외가 아니었다.

위로부터의 혁명, 이것은 단순히 민중을 계몽의 대상으로 보는 엘리트적 혁명도 아니며, 또 과학을 '정상과학(normal science)'이라는 개념 아래 위치시킴으로써 과학자 공동체에게서 가치체계 변동 역사의 능동적 참가자 지위를 박탈해버리는 쿤(T. Kuhn)류의 혁명, 곧 '혁명'이라는 이름 속에 감춰진 철학적 보수성과는 더욱 거리가 먼 것이다. 그것은 사회 속에서 과학기술의 정상 기능을 지속시켜야 한다는 실천적 인식에 근거한 것이다. 과학기술이 국가간 경쟁의 도구를 넘어 정치적 권력의 확장 수단으로 전락할 때 한 국가 내의 과학기술자 공동체의 행위 반경은 줄어들 수밖에 없다. 아인슈타인을 포함한 다수의 급진적 과학기술자들이 정치적 권력을 제어하기 위해 '범세계적 과학기술자 공동체 연맹 결성'을 부르짖은 이유도 여기에 있다.

괴짜나 속칭 '사이코'들의 망상으로 비춰질 수도 있는 범세계적 과학기술자 공동체 연맹 결성은 현실화되었는가? 아니다. 급진적 과학기술자들의 여러 이념들을 통합할 수 있는 상위 이념이 실제로는 불가능하듯이, 그들의 염원은 이뤄지지 않았다. 그들은 실패자들인가? 그렇다고 단정할 수 없다. 설령 과학기술을 선동의 수단으로 여기는 정치가도 선동을 위해 과학기술자 집단의 협조가 필요하다. 여러 과학기술 정책의 실패와 성공을 통해 정치 집단도 변화하는 환경에 적응할 수밖에 없다. 그 결과, 적어도 지금은 장기적 연구와 단기적 연구의 구분, 경제적 실효성에 초점을 맞춘 연구와 가능성에 초점을 맞춘 연구의 구분 등에 대한 과학기술 정책 자체가 연구의 대상이 되었다. 물론 이것은 마틴 루터 킹 이후의 미국 흑인 정책을 교활하기 그지없는 것으로 평가하는 이에게는 정치적 권력에 대항하는 그 어떤 급진적 운동도 사전에 방지하려는 술수로 비춰질 수도 있다. 그에게는 언급된 20세기 과학기술자 공동체에서 나타나는 세 특징 중 변한 것이란 아무것도 없기 때문이다. 하지만, 킹 이후의 흑인 정책을 논할 때 킹을 빼놓을 수 없듯이, 예산 정책에서 경제적 실효성 측면과 가능성 측면을 구분하는 현실에 대한 급진적 과학기술자 집단의 기여는 결코 망각되어서는 안 된다. 그들 중 누가 좌파 진영으로 분류되든, 자유주의 진영으로 분류되든, 아니면 아나키스트 진영으로 분류되든, 그렇다.

예산 정책에서 경제적 실효성 측면과 가능성 측면을 구분해야 한다는 것은 너무나 사소한 말이다. 우리의 관료들도 그렇게 외친다. 그러나 사소한 말의 구체적 의미는 실천과 분석 속에서 체득되며, 체득되지 않은 사소한 말은 빛 좋은 개살구에 불과한 것이다. 특히 우리에게는 정치적 권력에 맞서 대항한 급진적 과학기술자 집단의 역사가 없었다는 사실을 직시해야 한다. 역사적 진행 과정에서 우리의 사회적 구조는 그러한 집단을 산출시키기 힘들었다. 그저 다른 곳의 논쟁을 빌려와 마치 이 땅의 시급한 문제인양 우쭐거리는 자들은 '과학이라는 것'에 대한 담론과 '우리에게 과학이라는 것'조차도 구분하지 못하는 '사고의 식민지 옹호자'들이다. 이제 예산 정책에서 경제적 실효성 측면과 가능성 측면을 구분해야 한다는 사소한 말이 지식의 활용 측면에서 분석될 때 그 분석에 근거한 실제적 정책 짜기가 얼마나 복잡한 것인지를 드러내줄 차례다.

3. 정책틀

학제간 연구에서 이질적 지식의 합성에 필요한 여유 공간의 제도화는 결코 '여유 공간 자체의 명문화된 법적 조항'과 같은 것이 될 수 없다. 그러한 것은 기술 기반의 현대적 연구의 다양성을 고려할 때 불가능한 것이다. 집단간 혹은 집단 내부의 의견 교환을 가로막는 요인들을 제거하는 제도적 장치들의 지속적인 개발만이 학제간 연구에서 여유 공간의 실질적 제도화의 자격을 가질 수 있다. 이 점은 지식 활용의 차원에서 학제간 연구의 일반 정책들을 접근할 때 잘 드러난다. 먼저 기술 기반의 현대적 과학기술 연구에 동원되는 지식을 범주적으로 분류하자. 여기서 그러한 분류는 각 분과별 학문 성격이 아니라 사용 방식의 성격 차이에 근거한다. 우리가 매일 만나는 컴퓨터라는 인공물을 통해 학제간 연구에 필요한 지식을 두 종류로 분류해보자.

어느 날 갑자기 시디롬 드라이브(CD-ROM drive)에 이상이 생겼다. 너는 시디롬 드라이브 내부에 대한 아무런 지식을 갖고 있지 않다. 하지만, 너는 고객(client)으로서 일정 대가를 치르고 특정 공급자(supplier)로부터 시디롬 드라이브를 입수하여 매뉴얼에 따라 그것을 컴퓨터에 장착할 수 있다. 시디롬 드라이브 자체에 담긴 지식은 여러 지식들이 합성된 복잡지식에 해당하지만, 그 지식은 네가 알 필요가 없다는 점에서 너에게 은폐된 것이다. 이렇게 '은폐된 복잡지식(screened complex knowledge)'은 고객과 공급자의 관계 속에서 고객에게 반드시 노출될 필요 없이 사용 가능한 것인데, 경제적 상업성을 추구하는 연구의 목적은 연구의 최종 결과물이 그러한 관계 속에서 기능 단위(module)의 위치를 점하도록 만드는 것이다.

위 사례에서 고객과 공급자의 관계는 하나의 문제 해결 공간 내에 들어가지 않는다. 고객에게 공급자의 것은 목적 달성의 수단이 되고, 역으로 공급자에게 고객의 것은 목적 달성의 수단이 된다. 위 사례의 경우, 두 목적은 서로 다르다. 고객과 공급자의 관계가 하나의 연구 공간을 형성하는 경우, 둘은 동일한 목적을 지향하며, 고객과 공급자의 역할은 서로 상대화된다. 하나의 실례를 살펴보자.

현대 개인용 컴퓨터 개발은 다국적 연구 결과에 빚지고 있는데, 그 중 하나가 튜링(A. Turing)의 ACE(Automatic Computing Engine) 계획이었다.[4] 모든 프로그램을 수행할 수 있는 기계, 곧 만능 튜링기계의 일종인 컴퓨터의 개발이 ACE 계획의 목적이었다. 튜링은 그러한 인공물 디자인의 가능성을 제시했고, 그가 ACE 계획을 주도한 것은

4) 튜링의 ACE 계획에 대해서는 다음을 참조하라. Yates, D. M.(1997).

아니었다. 개인용 컴퓨터의 출현은 여러 연구 집단의 공조와 경쟁 과정의 결과이며, 튜링의 ACE 계획은 튜링이 직접 가담한 영국 NPL (National Physical Laboratory)에 의해 주도되었다. 최초의 쓸 만한 연구 결과물은 1950년대에 나왔다. 여기에는 디지털 회로의 기반이 된 펄스(pulse) 작동 방식의 기술이 결정적 기여를 했다. 연구 초기 단계에 기억 소자로 채택된 것은 수은 탱크였다. 이러한 식의 기억 소자가 불러온 난제들은 NPL 집단으로 하여금 전기적 펄스 방식의 지식 소유자를 연구 공간에 불러오게끔 만들었다. 펄스 방식의 지식 소유자가 NPL 연구 공간에 속하는 순간, 그는 다른 지식의 소유자들에게는 공급자가 되지만, 또 그들의 지식에 기대야만 하는 고객이기도 하다. 아직 그의 기술은 대상들의 관계가 대상들의 속성을 제어할 정도로 기능적으로 단위화되지 않은 상태였기 때문에, 그는 그의 기술을 기능적으로 단위화하기 위해 다른 지식의 소유자들의 도움과 제어를 받아야 했다.

위 NPL 사례는 경제적 상업성과 직접적으로 맞물릴 수 있는 연구, 특히 고객과 공급자의 상대적 역할 변환을 수반하는 문제 해결 공간에서 은폐된 복잡지식의 활용이 중요한 학제간 협동을 보여준다. 1930년대에만 하더라도 만능 튜링기계의 물리적 구현에 대한 희망은 그리 크지 않았다. 제2차 세계대전과 더불어 미사일 궤도 등 수치해석과 관련된 계산 기계의 필요성과 암호학의 발달은 그 희망에 불을 붙였다. 튜링이 ACE 계획을 NPL에 제출한 1945년경에는 1950년대와 달리 만능 튜링기계의 구현에 필요한 여러 지식들의 모습이 아직 구체화되지 않은 시기였다. 그러한 시기에는 앞으로 필요한 기능 단위들을 산출하기 위한 이질적 지식의 합성이 요구되며, 연구 참여자들의 관계는 고객과 공급자의 상대적 역할 변환 속에서 서로를 제어하는 방식이 아니라 끊임없는 상호작용에 의해 설정되어야 한다. 사용되는 지식도 서로간의 제한 속에서 남의 조언을 수용해 나의 지식을 연구 목적에 합당하게 조율하는 것이 아니다. 그것은 능동적 상호작용에 의한 '시너지 효과(synergy effect)'를 노린 '노출된 복잡지식

(unscreened complex knowledge)'의 성격을 띠게 된다.

"타분과 전문가의 의견을 청취하되, 나의 지식을 활용하는 것은 기본적으로 나의 행위 반경에 속한다." 이 준칙이 은폐된 복잡지식의 성격을 드러내준다면, 노출된 복잡지식의 성격에 해당하는 준칙은 다르다. "너와 나의 지식을 합성함으로써 새로운 지식을 만들기 위해 서로의 지식을 교환하라." 서로를 제한하되 각자의 분과가 유지되는 '수동적 상호작용'이 은폐된 복잡지식의 활용에 효과적이라면, 노출된 복잡지식의 활용에서 요구되는 상호작용은 더욱 능동적이어야 한다. 이러한 두 종류의 복잡지식의 활용은 학제간 연구 공간에서 중첩되어 나타나기 때문에, 한쪽에만 귀속된 학제간 연구라는 것은 없다. 하지만, 두 종류의 복잡지식을 구분하는 것은 연구의 방향성을 결정하는 데 중요한 개념적 장치로 기능한다.

기술 기반의 학제간 연구에서 은폐된 복잡지식의 활용이 두드러지는 경우는 기능 단위별 연결망을 통해 구체적 결과물을 어느 정도 예측할 수 있는 경우다. 노출된 복잡지식의 활용이 두드러지는 경우는 가능성에 근거한 연구에 해당한다. 은폐된 복잡지식의 활용이 두드러지는 연구 공간과 노출된 복잡지식의 활용이 상대적으로 두드러지는 연구 공간의 연결은 경제성과 가능성을 연결하는 것이기도 하다. 현대적 학제간 정책들은 단순히 여러 이질적인 지식의 합성을 요구하는 개별 연구가 아니라 그러한 연결의 원활성을 촉진시키는 데에 그 목적을 두어야 한다. 다양한 연구 형태의 공통된 상위의 형태라는 것은 없기 때문에, 연구 행위 자체가 정책에 의해 일률적으로 조율될 수 없다.

거시적 차원에서 올바른 학제간 연구의 정책들은 다양한 개별 연구들을 일일이 조율하는 것이 아니다. 그것은 [도식 1]에 함축되어 있는 것처럼 은폐된 복잡지식의 활용이 두드러진 경제성 연구 공간과 노출된 복잡지식의 활용이 두드러진 가능성 연구 공간의 원활한 연결망을 구축하는 것이다. 각 연구 공간 내부의 정책은 해당 개별 연구의 성격에 맞춰 짜여야 하는 것인 만큼, 그 내부 정책은 거시적 차원의 학

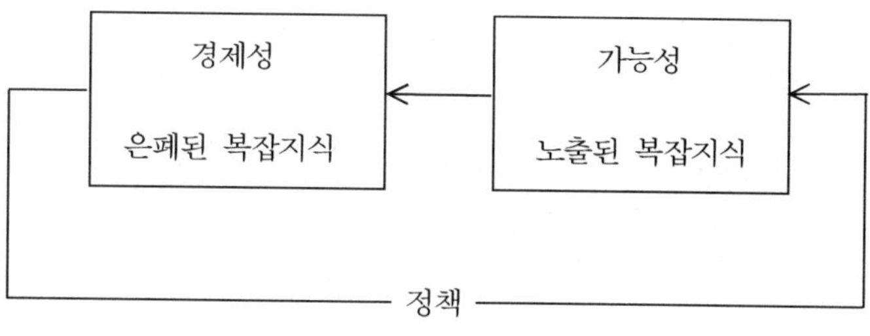

[도식 1]

제간 연구 정책들에 비교해 당사자들의 의사결정 과정에 상대적으로 더 의존적이어야 한다. 티타임 및 랩미팅을 포함해 의견 교환을 위한 각종 여유 공간의 제도화는 각 연구 공간 내부에 설치되는 것이지, 연구 공간들의 제도적 연결망에 속하는 것은 아니다. 과학과 기술의 지속적인 결합을 위해 학제간 연구의 정책들은 가능성 연구 공간에서 얻어진 것들, 심지어 실패한 사례에 사용된 새로운 인공물까지 포함한 것들 중에서 효용 가치를 창출할 수 있는 것들을 추려내어 경제성 연구 공간으로 이동시키고, 또 경제성 연구 공간에서 얻어진 것들의 사회적 실험을 통해 새로운 가능성 연구를 촉진시켜야 한다.

여기서 흥미로운 점은 연구 공간의 연결망과 관련된 거시적 차원의 정책들과 구체적 연구 공간 내부와 관련된 국소적 차원의 정책들 사이에 나타나는 비대칭성(asymmetry)이다. 국소적 차원의 정책 실패가 거시적 차원의 학제간 연구 정책들에 미치는 영향에 비해, 후자가 전자에 미치는 영향이 더 크다는 것이다. 과학기술 지식이 공적 재산으로 인식되면서 과학기술자 공동체의 사회적 책임은 더 커졌고, 기술기반의 학제간 연구에 소모되는 자본의 확대로 인해 연구 과정 자체가 정책의 대상이 되었다. 이러한 상황에서 거시적 차원에서의 정책들에 의해 다양한 연구들의 연결 및 배열의 구조가 결정되고, 과학기술자들의 판단과 행위는 그 구조에 의해 제한을 받게 된다. 잘못된 정책들은 그러한 제한 속에 각 연구의 특성에 맞는 집단간 상호작용을 가로막음으로써 연구에 필요한 의사소통의 여유 공간을 질식시켜버린다. 은폐된 복잡지식의 활용이 중요한 연구에서 집단간 상호제한이라는 수동적 상호작용은 잘못된 정책틀로 인해 너무 방만해지거나, 명령체계의 위계질서 속에 종속되어 그 효력을 상실한다. 노출된 복잡지식의 활용이 중요한 연구에서 새로운 지식의 합성에 요구되는 능동적 상호작용은 잘못된 정책틀로 인해 완전히 가로막힐 수도 있다.

학제간 연구에서 여유 공간의 제도화는 국소적으로는 각 해당 연구의 성격에 맞게 짜여야 하며, 이를 위해서 해당 연구 집단들의 재량권이 요구된다. 반면에 그러한 제도화는 거시적으로는 경제성을 지향하는 연구 공간과 가능성을 지향하는 연구 공간 사이의 효과적 연결망을 설정해주는 것이다. 그렇게 함으로써 연구 공간 내의 구체적 연구들에 합당한 소통의 여유 공간들이 자연스럽게 창출될 수 있다. 그래서 거시적 차원에서 정책틀이 잘못 설정된다면, 이것은 학제간 연구에서 여유 공간 제도화의 기회 자체를 가로막는 것이다. 여유 공간의 제도화는 역으로 바로 그러한 정책틀에서 피해야 하는 요인들을 고려함으로써 각각의 연구의 성격에 맞는 의사소통 장치의 자생적 창출을 촉진하려는 목적을 갖는다. 그러한 목적을 충족하는 정책틀이야말로 이 글의 시작부에서 언급된 '방향성 정책'인 것이다.

거시적 차원에서 학제간 연구 정책틀은 예산 편성에서 심사 방법 및 결과물 평가에 이르기까지 여러 항목들의 유기적 관계로 구성되기 때문에, 각 항목에 초점을 맞춘 고려 속에는 다른 항목들과의 관계 설정 방식이 스며들기 마련이다. 이제 우리의 질문은 다음과 같다.

> 예산에 초점이 맞춰진 학제간 연구의 정책틀을 짜는 경우, 학제간 연구에서 집단간 혹은 집단 내부의 원활한 의사소통을 촉진시킬 수 있는 여유 공간을 창출하기 위해 피해야 하는 요인들은 무엇인가?

이에 대한 간략한 대답으로서 '무분별', '편향'과 '단선적 연결'이라는 세 가지 요인만 언급한다.

1) 무분별

학제간 연구 정책들에서 예산 정책은 연구의 성격에 맞게끔 책정되어야 한다. 그렇지 않은 경우, 연구들의 배열은 말만 학제간 연구 정신을 지향할 뿐 실제로는 학제간 연구에 필요한 의사소통 장치로서 여유 공간의 창출을 가로막는다. 어떤 연구가 주로 노출된 복잡지식의 활용에 근거한 가능성의 연구 공간에 속한다면, 연구비 책정에 필요한 평가는 결과물의 양적 평가 기준에 맞춰질 수 없다. 권위 있는 잡지에 결과가 실리는 것보다는 연구 과정을 세밀히 기록한 결과보고서 등이 평가에서 더욱 중요해진다. 가능성 측면의 연구는 예측하기 쉽지 않기 때문이다. 심지어 실패한 연구에서도 추후에 경제적 효용 가치를 낼 수 있는 것이 얻어지기도 한다. 새로운 연구에 동원된 많은 실험 장비들은 일단은 그 연구에 봉사하지만, 그 장비들은 그 연구의 성패와 무관하게 효용 가치를 갖는 인공물로 진화할 가능성을 갖고 있다. 가능성을 지향하는 연구의 결과물이 권위에 의거한 양적인 것에 종속되어 평가된다면, 과학기술자들은 가능성만 보고 새로운 연구에 뛰어들기 힘들다. 설령 뛰어든다고 할지라도, 일정에 맞춰진 결과물의 요구는 연구 참여자들로 하여금 수시로 발생하는 문제들을 풀기 위해 협력하기 힘들게 만든다.

은폐된 복잡지식의 활용이 중요한 경제성 연구 공간 내에 속하는 구체적 문제의 해결은 집단 사이의 적절한 상호제한을 요구하며, 이를 위해 지식 활용의 측면에서 각 집단의 재량권이 보장되어야 한다. 기능 단위별 필요한 지식들을 연결해 경제적 실효성을 갖는 결과물을 산출하는 것이 목적이기 때문에, 예산 정책에서 평가의 기준은 결과보고서보다는 특허를 비롯해 공적 권위를 갖는 것에 근거해야 한다.

가능성 측면의 연구에서 의사소통 장치로서의 여유 공간은 수시로 발생하는 문제들을 둘러싼 여러 집단의 발상의 교환 및 거래를 촉진시켜야 한다면, 경제성 측면의 연구에서 그러한 여유 공간은 특정 지식을 공유한 집단 내에 우선적으로 제도화되어야 한다. 경제성 측면의 연구에서 집단간 발상의 거래는 각 집단의 대표성을 갖는 인물들의 '고객과 공급자의 상대적 역할 교환'에 근거하는 것이 효과적이다. 여유 공간의 제도화의 실례로서 티타임의 경우를 살펴보자. 가능성 측면의 연구에서 티타임을 위한 물리적 공간은 여러 이질적인 지식의 소유자들이 시시각각 발생한 문제를 놓고 발상의 교환과 거래가 이뤄지게끔 설치되는 것이 좋다. 반면에 경제성 측면의 연구에서 티타임을 위한 물리적 공간은 특정 기능 단위의 산출을 지향하는 동일 지식의 집단 내에 우선적으로 설치되는 것이 효과적이다. 이렇듯, 연구 공간의 성격 구분은 물리적 공간의 배치에도 영향을 미칠 수 있다. 실제 19세기 과학과 기술의 결합에 공헌한 여러 선구자들은 그들 각자 연구 성격에 비추어 연구 공간의 물리적 배치에 고민했었다.

학제간 연구에서 여유 공간의 제도화를 위해 피해야 하는 요인은 연구의 성격 구분 없이 일률적으로 정책을 짜는 '무분별'이다. 불행히도 우리의 과학기술 정책에는 그러한 무분별 요인이 산재해 있다. 하나의 실례만을 들어보자. 연구팀의 조직구성도는 팀의 의사결정 구조를 반영해야 하기 때문에 그만큼 해당 연구의 성격과 상관관계를 맺어야 한다. 연구팀의 조직구성도 자체가 연구 수행 능력의 평가 항목이 될 수 있는 것이다. 그런데 정부에 의해 마련된 연구 계획서 초안에 분업화 방식의 수직상하 명령체계의 조직구성도가 미리 마련되어 있다. 연구팀장은 조직구성도의 위계질서에 연구자들의 이름만 기록하면 된다. 연구 성격과 조직구성도 사이의 합당성 자체가 예산 책정의 평가 항목이 될 수 있다는 관점은 완전히 결여되어 있는 것이다. 이러한 와중에 예산 관리 책임자가 학제간 연구의 중요성을 강조한다면, 이것은 동기의 선함 혹은 의지를 앞세워 자신의 무능력을 은폐하는 짓거리에 불과하다.

2) 편 향

과학과 기술의 지속적인 결합을 도모하는 정책은 경제성을 지향하는 연구 공간과 가능성을 지향하는 연구 공간의 유기적 연결을 중요시하기 때문에, 연구비 책정에서 둘 사이의 적절한 분배가 요구된다.

그러한 분배는 여러 상황적 요인들에 제한받기 마련이지만, 지나치게 한쪽으로만 연구비가 몰리는 것은 좋지 않다. 가능성을 지향하는 연구 공간을 지나치게 축소시키는 것은 불확실한 미래를 더욱 불확실하게 만드는 것이다. 연구비의 적절한 분배는 또한 재원의 원천에도 의존적이다.

재원의 원천이 기업인 경우, 기업은 가능성만 보고 연구에 자금을 투여할 수 없다. 경제적 이윤을 위해 기업은 기능 단위별 지식 및 기능 단위들을 연결할 수 있는 기반을 어느 정도 확보한 연구에 투자하기 마련이다. 기업의 자원이 경제성을 지향한 연구 공간에 집중될 수밖에 없는 만큼, 정부와 대학은 가능성을 지향한 연구 공간에 자원을 투자해줘야 한다. 이것은 한쪽으로 편향된 예산 정책을 피하기 위한 현실적 대안이다. 가능성 연구과 경제성 연구의 효과적인 연결을 위해 정부, 대학과 기업의 역할 분담이 중요해진다. 모두가 경제성 연구에 치우치는 것은 장기적 시각에서 실효성을 거둘 수 없다.[5)]

연구 예산 정책에서의 편향은 기술 기반의 현대적 학제간 연구를 촉진하기 위해 피해야 하는 것임에도 불과하고, 그것은 지금 우리의 현실 속 곳곳에 산재해 있다. 최근 산업자원부의 지원 아래 한국생산기술연구원이 개발한 일명 로봇 가수 '에버투(EveR-2)'가 대중에게 선을 보였다. 첫 시연에서 고장이 난 것은 큰 문제가 아니다. 기업 홍보 차원에서 로봇 가수가 개발되었다면, 더욱더 문제가 되지 않는다. 문제는 정부기관이 과학기술을 흥행사업의 홍보물처럼 여기고 있다는 데에 있다. 로봇 가수의 개발은 장기적 측면에서 경제적 실효성을 산출할지도 모르는 가능성을 지향한 연구 공간에 속하지 않는다. 기업체도 아닌 정부가 예측 불허한 가능성을 지향하는 연구들을 도외시한다면, 과학과 기술의 지속적인 긍정적 결합은 불가능해진다. 연구진들도 먹고 살기 위해 어려운 시도보다는 정부의 흥행에 도움이 되는 것들을 택할 수밖에 없고, 그러한 것들의 대부분은 단기간 내에 확실한

5) 이에 대해서는 다음을 참조하라. Committee on Innovations in Computing and Communications(1999).

결과물을 보여 달라는 압력에 제도적으로 종속된다. 이러한 세태의 지속은 학제간 연구의 거시적 정책틀인 [도식 1]에서 두 연구 공간의 흐름을 단절시켜버리기 때문에, 발견과 발명에 필요한 과학기술자 공동체 내의 상호작용은 사장된다. 그 세태의 주범이 학제간 연구를 외친다는 것이야말로 적반하장의 대표적 실례이다. 학제간 연구는 대중의 감성을 자극하기 위한 메뉴들의 무분별한 뒤섞임이 되어서는 안된다.

3) 단선적 연결

학제간 연구를 촉진하고 각 해당 연구에 합당한 의사소통의 장치로서 여유 공간을 창출하기 위해 예산 정책에서 피해야 할 세 번째 요인은 가능성 연구와 경제성 연구의 '단선적 연결' 방식이다. A라는 가능성 연구가 구체화되어 경제성 연구 B로 연결될 때 그 연결은 단순한 논리적 필연성의 관계가 아니다. 개인용 컴퓨터의 출현은 여러 가능성 연구들에 근거하며, 또 그 중 어떤 것들은 초기에는 전혀 컴퓨터 연구 개발과 무관한 것으로 여겨졌다. 튜링 ACE 계획이 물리적 도구로 구현되는 데 결정적 기여를 했던 전기적 펄스 작동 방식은 원래 그 계획이 아닌 다른 목적으로 개발된 것이었다. 이러한 양상은 다양한 원인을 가질 수밖에 없는 질병 연구와 제약 개발에서 특히 두드러지게 나타난다. 그럼에도 불구하고 정부는 현대적 '불로장생'이라는 상징물을 만들어 과학기술을 그들의 흥행사업의 수단으로 이용하는 악습에서 아직까지도 벗어나지 못했다.

정부가 과학과 기술을 과학기술자 공동체의 의견을 무시한 채 계획적으로 결합시키는 것은 한계를 갖는다. 그러한 결합은 특정 영역에서 단기적 효과를 가질 수 있겠지만 결국 과학과 기술의 지속적 결합을 가로막는 장벽들을 만들어낸다. 아직까지 경제성 연구에 직접 연결될 수 없는 가능성 연구를 그 근거가 애매한 미래의 경제적 효과로 치장한 후 5년 혹은 10년 계획을 세운 다음 집중 투자하겠다는 식의 정책은 '단선적 연결'을 대표한다. 이러한 경우, 초기 가능성 연구 공간에서조차 연구자들의 자유로운 이동은 힘들어진다. 결국 가능성 연구는 실질적 경제성을 갖는 모양새로 진화하기 힘들어지고, 책정된 거대 예산은 허공 속에 사라지게 된다.

제약품 개발의 생물학적 기반에 대한 연구는 '환자 맞춤형 제약'이라는 것이 당장 경제적 실효성을 갖기 힘들다는 사실을 보여준다. 질병 원인 규명에 관한 가능성 연구의 투자가 과장되어 계획 주도성의 경제성 연구와 단선적으로 연결될 수는 없는 것이다. 그 두 연구의 관계는 서로의 고유성을 유지한 채 다발적일 수밖에 없다. 쓸모없어 보이는 가능성 연구 공간의 무엇이 오히려 나중에 경제성 연구 공간에 전이될 수도 있고, 경제성 연구의 부분적 성공은 가능성 연구 공간의 구조와 방향성 자체를 바꿀 수도 있다.

환자 맞춤형 제약의 계획적 개발이라는 명목 아래 가능성 연구과 경제성 연구를 억지로 연결시킨 방식이 불러온 실패 사례는 여기나 저기나 산재해 있다. 경제적 이윤 창출에 목적을 둔 개발 계획이라는 것은 어느 정도 예측성을 읽을 수 있을 때 가능한 것임에도 불구하고, 우리 정부는 전혀 정신을 차리지 못하고 있다. 최근 정부는 사상의학(四象醫學)과 유전학을 결합시켜 환자 맞춤형 제약을 개발함으로써 장래의 대규모 경제적 이윤을 산출시키겠다는 수천억짜리 계획을 발표했다. 그런데 사상의학의 체질 분류는 문화 속에서 기능하며, 또 그 분류에는 주관적 판단이 개입하기 마련이다. 사상의학이 치료효과가 있다고 하여, 그것이 유전학적으로 설명 가능한 것인가? 동양 의술이든 서양 의술이든, 사회 속에 기능하는 의술에 자연적 제약과 맞물린 과학적 기반은 있기 마련이지만, 의술이 학(學)의 위치를 점유하기 위해 과학화되어야 한다는 생각은 착각이다. 개인적으로 문화적 요인에 의해 요동칠 수밖에 없는 사상의학의 체질 분류법이 강한 예측성을 추구하는 현대적 유전학에 의해 결정될 것이라고 믿지 않는다. 사상의학의 유전학적 기반에 대한 가능성 연구에 일부 재정을 투자하는 것에는 반대하지 않는다. 하지만, 그 투자가 사상의학의 유전학적 기반을 밝히고 그 자료를 이용해 체질별 환자 맞춤형 제약을 개발함으로써 경제적 효용을 극대화시키겠다는 계획의 일부라면, 이것은 국민 혈세의 낭비와 다름없다. 체질과 관련된 유전학 차원의 가능성 연구조차 경제적 효용 달성 목적의 노예가 되고, 발견 및 발명에 필요한 학제간 연구 정신은 질식할 것이다.

도대체 사상의학의 과학화에 기반을 둔 환자 맞춤형 제약 개발 계획안을 만든 인물들은 누군가? 그리고 그런 계획안이 정부의 정책적 차원에 수렴될 정도라면, 과연 이 나라에 과학기술 정책이라는 것이 있다고 말할 수 있을까? 18세기 중엽 이후 본격적인 서양의 발흥은 단순히 과학의 힘이 아니었다. 그것은 과학과 기술의 지속적인 결합에 기인한 것이었다. 과학만으로는 경제적 부의 확장을 가져올 수 없다. 기술만으로는 그 확장이 어느 정도 가능하지만, 역시 과학 없는 기술에는 한계가 있기 마련이다. 현재의 과학기술 정책을 보고 있노라면, 그것은 과학과 기술의 지속적인 결합을 도모하는 정책이 아니라 정부 흥행 사업에 과학과 기술을 도용한 것에 불과하다.

기술을 기반으로 한 연구들의 복잡성과 각 연구별 영역 특수성을 인정할 때 학제간 연구에서 여유 공간의 제도화는 전통 속에서 암묵적으로 굳어진 티타임의 제의와 같은 것에 머무를 수 없고, 또 일률적으로 명시화된 조항과 같은 것이 될 수 없다. 오로지 다양한 연구 성격의 진단에 근거해 연구들을 구분하고 학제간 연구를 가로막는 요인들을 분석함으로써 각 연구 집단에 나름대로의 여유 공간이 산출될 수 있도록 해주는 '방향성의 정책'이 요청된다. 그러한 방향성 정책의 틀을 짜는 데 있어 '무분별', '편향' 그리고 '단선적 연결'은 피해야 하는 것들이다. 그러한 요인들이 예산 정책 등에 산재할 때 학제간 연구 정신은 촉진될 수 없고, 또 집단 내부 혹은 집단간 원활한 소통 장치로서 여유 공간의 자생적 제도화는 불가능해진다.

과학기술 예산 정책에서 무분별은 편향을 낳고, 편향은 가능성 연구 공간과 경제성 연구 공간의 단선적 연결 방식을 확대시킴으로써 학제간 연구의 거시적 정책틀을 파괴시킨다. 여기에 대한 주원인으로 현 경제 규모에 걸맞게 적응하지 못한 정치 구조, 사회 구조, 그리고 과학기술 정책에 합당한 인적 자원을 길러내지 못하는 교육 현실 등을 들 수 있다. 그러한 주원인을 분석하는 것은 이 글의 범위를 벗어난다.

A5 유물론은 과학적이어야 하는가?

유물론은 기본적으로 양적으로 다뤄질 수 없는 형이상학적 사고방식이다. 만델바움(M. Mandelbaum)은 19세기에 유행한 유물론의 성격을 다음과 같이 규정한다.[1)]

M1. 세계는 인간의 경험과 무관하게 독립적으로 존재한다.

M2. 다른 모든 대상과 마찬가지로 인간 또한 물질적 존재다.

M3. 인간 정신은 몸과 구별된 단위로 존재하지 않는다.

M4. 그 존재 양상이 물질적인 것과 구별되는 신(God) 혹은 초자연적인 것은 존재하지 않는다.

이 19세기적 유물론의 규정 방식에서 특이한 점은 M1-M3에 M4가 부과된 사실이다. 이원론에 대립된 일원론과 달리 신 자체는 더 이상 자연에 내재하거나 자연과 인간의 존재성에 대한 근원적 존재자로 가정되지 않는다. 이러한 사고방식은 신을 공개적으로 경멸할 수 있는 분위기가 19세기 중엽에 형성된 것에 영향을 받은 것이다. 물론 다수는 여전히 그들의 종교를 버리지 않았지만, 적어도 제도화된 교회 세력을 제어해야 한다는 점에 대해서는 대중적 인식이 마련되기 시작했

1) Mandelbaum, M.(1971), 22쪽.

다. 정교 분리의 원칙, 사회 속 기능 단위로서의 종교, 그리고 종교가 사회 구성의 힘을 갖고 있다는 것에 대한 인식이 서구에 광범위하게 퍼진 시기는 실제로는 19세기 중엽 이후다.

1. 과학적인 것

19세기 유물론은 실증주의(positivism)와 함께 오늘날 자연주의(naturalism), 곧 철학의 자율성(autonomy)을 부정하는 사고방식의 출발점이 된다. '과학적이라는 것'의 개념은 19세기 유물론을 이해하는 데 중요하다. 과학적이라는 것의 개념은 소위 '3대 과학적 유물론자들'인 칼 포그트(K. Vogt), 야콥 몰레쇼트(J. Moleschott)와 루드비히 뷔흐너(L. Büchner)가 당시 '기계적인 것'이라는 개념을 차용한 것이다. 포그트와 몰레쇼트는 생리학자, 그리고 뷔흐너는 의사였다. 과학에서 그들의 정신적 지주는 생리학의 어네스트 브뤼케(E. Brücke)와 요하네스 뮐러(J. Müller)였다.

뮐러의 '기계적이라는 것'은 결코 17세기 기계론의 그것을 뜻하지 않는다. 이 점은 당시 다른 많은 학자들에게도 해당한다. 뮐러에게 '기계적이라는 것'은 세계 이해라기보다는 '과학적 방법론'을 뜻한다. 열과 에너지가 본격적으로 양화되는 시점에서 물질의 운동에 의해서만 현상을 구제하려는 전통적인 기계론은 통용될 수 없게 되었다. 뮐러는 에너지, 곧 당시 활성으로서의 힘 개념에 대한 올바른 철학적 해석에 관심을 가졌는데, 그는 결국 힘의 철학적 규정 방식을 포기하게 된다. 힘 개념은 어떤 경우 기계론의 역학적 방식으로 해석되기도 하고, 어떤 경우 생기론적 해석을 요구받는다.

뮐러는 결국 과학적인 것, 곧 그가 '기계적인 것'이라고 부른 것을 양화 가능성의 영역에 국한시켜야 한다고 결론지었다. 발견 과정에 다양한 세계 이해가 개입할지라도, 과학 공동체의 역사를 구성하는 주 연결고리는 재확인 및 재생산 가능한 측정량과 가설의 연결성이라는 것이다. 과학적 작업의 핵심은 철학적 해석이 아니라 '알려진 힘과

물질의 법칙에 근거해 양을 다루는 행위 혹은 실천'이다. 이러한 뮐러의 결론은 헬름홀츠(H. von Helmholtz)를 비롯해 그 당시 많은 실험가들의 의식 속에 자리 잡고 있었다.

2. 과학적 유물론

뮐러나 헬름홀츠는 과학이 유물론과 같은 세계 이해를 검증해주는 수단으로 여기지 않았다. 그러한 세계 이해가 발견 과정에 개입하지만, 그것은 '실험적 비결정성(experimental indeterminancy)'을 갖는 형이상학적인 것이다. 물론 과학의 발달과 함께 유물론적 세계 이해가 성숙한 것은 사실이고, 또 그러한 세계 이해는 특정 과학자들을 결속시켜 그들의 발견의 배후에서 기능한다. 하지만, 이로부터 유물론적 세계 이해만이 과학적으로 받아들일 수 있는 것이고, 그래서 종교가 과학의 적으로 등장할 하등의 이유는 없다. 반면에 과학적 유물론자들은 과학에 의해 종교가 대체될 수 있다고 보았다. 종교가 정말 과학에 의해 직접적으로 대체될 수 있을까? 불가능하다. 우리가 뮐러나 헬름홀츠의 현장감이 배인 고민을 받아들일 때 실험적 비결정성을 갖는 그 어떤 세계 이해에 대해서도 과학은 그것의 직접적 증거로 봉사할 수 없다. 따라서 과학을 통해 종교를 사장시키려는 작업은 '매개자(medium)'가 필요하다. 포그트, 몰레쇼트와 뷔흐너는 그러한 매개자로서 유물론을 전면에 내세웠다.

그러나 과학적 유물론은 그 자체가 붕괴될 수 있는 위험성을 안고 있었다. 특히 포그트의 입장이 그러했다. 포그트는 유물론이 종교의 대안이 될 수 있을 만큼 과학적으로 증명되었다는 식의 주장을 펼쳤다. 형이상학적 세계 이해의 실험적 비결정성을 인정한다면, 포그트의 주장은 창조론이 과학적으로 증명될 수 있다는 창조과학회의 터무니없는 주장과 같다. 어떤 의미에서 포그트에게 유물론은 종교이며, 그는 유물론이라는 신흥 종교의 교주가 되어버리는 것이다. 이러한 위험성을 알아채고 포그트를 비판한 인물은 마르크스다.

마르크스의 세계 이해는 넓은 의미에서의 유물론 관점 M1-M4에서 크게 벗어나지 않는다. 그런데 역시 유물론자인 마르크스가 몰레쇼트나 뷔흐너는 제쳐두고 유독 포그트를 지적하여 비판한 이유는 무엇일까? 왜 그는 거의 인신공격에 가까운 문구까지 마다하지 않고 포그트 비판서, 실제로는 공격서인 『포그트씨(*Herr Vogt*)』를 쓰는 데 1년의 시간을 소모했을까? 이 복잡한 질문을 간략히 다루기 위해서 우리는 두 가지 세부 질문을 따져볼 필요가 있다.

과연 과학적 유물론자들은 종교를 질병처럼 여기고 적대시했을까?

아니다. 포이에르바흐가 그의 기독교 비판에서 아가페적 사랑을 인본주의라는 명목 아래 '사랑(love)'으로 세속화시켰다면, 과학적 유물론자들은 종교의 존재론적 위상을 거부하는 대신 종교현상을 과학적으로 구제할 수 있다고 여겼다. 종교적인 것이 인간 도덕성의 기원처럼 여겨져 온 서양 역사에서 종교를 유물론에 근거해 과학적으로 대체할 때 하나의 문화적 압력으로서의 의무감이 과학에 부과된다. 그 의무감은 과학이 도덕적인 것에 대한 근거를 명백히 제시해야 한다는 것이다. 과학적 유물론의 삼총사 모두가 그 의무감에 시달렸다.

과학적 유물론자 3명은 모든 종교를 관통하는 경험으로서의 종교현상을 가정했다. 그들의 결론은 기독교든 불교든 종교적 경험으로서 통한다는 입장과도 유사하다. 그러다보니 뷔흐너는 기독교를 불교의 한 분파처럼 여기기도 했다. 기독교와 달리, 불교에는 초자연적인 인격신이 존재론적으로 가정되지 않는다고 보았기 때문이다. 과학적 유물론자들이 종교를 거부한다고 하지만 실제로는 종교를 경험 현상으로 대체시킨 것에 불구하고, 이것은 정치적으로는 제도화된 종교를 승인하는 것과 같다. 마르크스는 그들을 받아들일 수 없었다. 그가 유독 포그트를 비판 대상으로 삼은 이유는 포그트가 한 때 급진주의자로 가장하고 활동했기 때문이다.

포그트는 바쿠닌(M. A. Bakunin)이나 프루동(P. J. Proudhon) 등의

아나키스트들과 친분을 교류했지만 결별하게 된다. 마르크스는 포그트가 과학적 유물론의 정치적 확대를 위해 그러한 교류를 이용했다고 봤다. 포그트는 대륙에서 다윈을 대중적으로 유명하게 만든 인물이다. 하지만, 그의 종교에 대한 관대한 입장은 역시 다윈을 한껏 치켜세웠던 해켈(H. Haeckel)의 입장과는 또 다른 것이었다. 전체가 부분에 반영된다는 유기체론의 한 입장에 근거해 해켈은 개체 발생이 계통 발생을 반복한다는 입장을 옹호했고, 그는 다윈 진화론을 그 입장에 대한 증거로 들었다. 해켈은 포그트와 달리 기독교 종말론을 주장한 사람이었다. 급진주의자로서 해켈의 사고방식은 오히려 마르크스와 통할 수 있는 여지가 있어 보이지만, 19세기 급진주의의 모든 양상이 하나로 귀결되는 것은 아니다. 급진주의도 19세기 말에 이르러 나치적인 것과 좌파적인 것으로 양분된다. 이러한 양분은 해켈의 우생학에 영향을 받은 히틀러와 좌파 사이의 갈등으로까지 이어진다.

마르크스의 변증법적 유물론과 포그트의 과학적 유물론은 어떻게 다른가?

만델바움의 유물론에 대한 일반적 규정에서 마르크스나 포그트가 크게 벗어난 것은 아니다. 이 말은 둘 사이의 차이는 훨씬 미묘한 문제라는 것과 다르지 않다. 역시 과학적 유물론자들 사이에서도 의견의 불일치는 있었다. 과학적 유물론자 모두는 인간 본성이 자연의 산물로서 혹은 자연 안에서 설명 가능하다고 본다. 고급 단계의 학업을 밟기 위해 의무적으로 과학의 여러 분과의 기초를 배워야 하는 현대인들에게 이 문구는 아주 매혹적일지 모른다. 그러나 그 문구가 참일지라도, 일상생활에서 나타나는 정신적인 것과 물질적인 것의 이중적 측면은 제거할 수 없다. 논리적으로 유물론자는 정신적인 것과 물질적인 것 사이의 관계를 어떻게 하든 자신이 추구하는 입장에 맞게 조정을 해야 하는 운명에서 벗어날 수 없다. 여기에서 과학적 유물론자들의 입장은 갈리게 된다. 과학의 모든 발견이 잠정적일 수밖에 없는 한에서 그렇다.

몰레쇼트는 물질과 힘의 알려진 법칙들이 보편적이라고 생각했지만, 마치 후기 맥스웰처럼 그러한 보편성이 '인과적 닫힘'을 전제하지 않는다고 보았다. 이는 물질에 의해 제한된 정신 작용을 허용하거나 생물학적 제한들의 상호작용이 마음을 산출시킬 수 있다는 것인데, 그것이 어떻게 가능한지를 설득력 있게 펼쳐 보인 이는 아직까지 아무도 없다. 뷔흐너는 정신을 물질의 한 속성으로 보았고, 그 속성의 표출 이면에는 물질보다 존재론적으로 우선하는 힘, 곧 에너지가 작동한다고 보았다. 이는 프로이트가 정신을 물질적 법칙을 따르는 에너지의 특수한 형태로 본 것과 유사하다.

몰레쇼트와 뷔흐너의 입장은 마르크스에게 큰 비판의 대상이 되지는 않았으며, 엥겔스는 그들과 모종의 타협도 가능하다고 보았다. 그러나 포그트의 경우는 다르다. 그는 몰레쇼트처럼 물질과 힘의 뉴턴적 보편성을 인정했지만, 몰레쇼트와 달리 그 보편성은 인과적 닫힘과만이 양립 가능하다고 보았다. 포그트는 과거 결정론적 세계 이해를 추구한 것이다. 이 점은 그가 생리학 전통의 과학자였음을 상기할 때 약간은 이해하기 힘든 것이다. 다수의 당시 생리학자들이 유물론보다는 생기론적 세계 이해를 추구했었기 때문이 아니다. 생리학은 유물론의 입장을 취하든 생기론적 입장을 취하든 간에 내부 기제에 의한 외부 섭취물과 구분되는 '2차 물질(second matter)'의 존재를 무시하지 않기 때문이다. 이 점은 현대 생리학에서도 마찬가지다. 물질 분석에서 환원론이 방법론적으로 중요하더라도, 생리학은 존재론적 환원론을 전제하지 않는다.

결정론적 세계 이해에 갇힌 포그트는 존재론적 환원론을 받아들였고, 그 결과 자연은 정적(static)인 것이 된다. 자연 현상의 상반된 모습들은 사실 우리의 무지에서 그렇게 보일 뿐 궁극적으로는 보편법칙에 의해 정확히 서술되고 예측 가능한 것들이다. 이러한 정적인 자연은 서로 상반되는 것들을 발전의 본질로 본 마르크스에게는 허용될 수 없었다. 게다가 결정론적 환원론에서는 인간의 실천에 의한 세계의 변화라는 것은 논리적으로 불가능하다. 이 점은 변증법적 유물론과는 상반되는 입장이다. 또 포그트에게 자연의 인식이라는 것은 인식의 기제가 환원적으로 완전히 밝혀지기 전까지는 '객관으로서의 인식 대상'과 '주체로서의 인식하는 자'를 이분하는 것을 피하기 힘들다. 마르크스에게 인식은 역사적 자각이며, 그러한 자각은 세계를 변화시키는 원동력이다. 인식은 객관으로서의 인식 대상과 주체의 이분법을 전제하지 않는 실천적 역사의 산물이다.

그러나 마르크스가 포그트를 유물론 전통에서 추방해야 할 적으로 여겼지만, 둘 사이에는 공통성이 있다. 둘 다 근대 확실성 추구의 시대정신에 갇혀 있었다. 마르크스는 유물론적 세계 이해의 인식이 자연과학의 발달에 의해 지원받는 것은 사실이라고 여겼지만, 과학이 유물론의 정당성에 대한 직접적 증거라고 여기지는 않았다. 그 대신 인간 실천을 규정하는 물질적 조건의 탐구는 역사에 대한 확실한 예증적 지식체계로 끝난다. 포그트에게 유물론이 물질계의 결정론으로 나타났다면, 마르크스에게 유물론은 역사적 결정론과 함께 한다.

마르크스는 포그트를 대중의 감성을 자극해 인기에 영합하는 '통속적 유물론자(vulgar materialist)'로 규정했으며, 여기서 '통속적'이라는 것은 저질스럽다는 의미를 함축하고 있다. 우리는 무조건 포그트에 대한 마르크스의 입장만이 옳다고 받아들일 수는 없다. 둘 사이의 정치적 알력 관계는 각자의 판단에 맡겨둔다.

3. 현 재

과거의 유산들을 만지고 해부하다가 보면, 현재의 새로운 논쟁이라는 것은 고작 과거 것의 또 다른 모습일 뿐이라는 '데자뷰 효과'를 느끼곤 한다. 어쩌면 인지적 장벽(cognitive barrier)을 현실로 안고 살아야 하는 인간에게 제아무리 정교화 능력을 부여한들, 사유 도식은 기껏해야 '위와 아래', '안과 밖', '앞과 뒤'라는 것밖에 없을지도 모른다. 하늘과 땅의 관계, 환경과 유기체의 관계, 그리고 역사는 그러한 도식들을 반영하는 것이며, 그러한 도식들에 대한 선조들의 신화는 사라지지 않고 단지 다른 모습으로 과학, 종교, 철학 등 여러 분야에 반복적으로 반영되는 것일지도 모른다.

과학적 유물론을 둘러싼 19세기 논쟁은 본성과 양육의 관계를 둘러싼 논쟁과 유사하다. 포그트의 관점을 생물학적 결정론의 한 분파로서 유전자 결정론에 유추해보라. 양육이 지능과 같은 것에 미치는 영향은 사소한 것이 된다. 이러한 입장에 반발한 좌파 과학자들 진영은 마르크스에 유추된다. 유전자 결정론이 타격을 받자, 1980년대에는 계량심리학이라는 표제어 아래 본성과 양육의 관계를 양적으로 결정할 수 있다는 입장이 미국에서 번성했다. 단순히 양적 접근법이 아니라 지능과 같은 문제에서 본성이 차지하는 부분을 통계적으로 밝힐 수 있다고 주장하니, 또 다시 일부 좌파 과학자들이 발끈했다. 그리고 영미권에서 화제가 된 본성과 양육을 둘러싼 양분화는 이리저리 흘러 여기까지 들어온 듯하다.

그러나 한 가지만 분명히 하자. 포그트와 마르크스의 정치적 갈등 속에서도 다른 여타의 분야와 마찬가지로 과학은 제 갈 길을 갔다. 그들의 갈등이 함축하는 정치적 의미는 정치사에서는 비중이 크겠지만, 과학의 발견사에서는 아니다. 대중들이 그 갈등을 구경하기를 즐겼고, 포그트의 책은 당시에도 백만 부 이상이 팔려나갔지만, 과학자로서의 포그트에게 남은 것은 그 책의 내용이 아니다. 생리학적 작업으로서 세포 죽음에 관한 것이었다.

좌파 과학자들과 일부 생물학적 결정론자들 사이의 갈등이 대중적 화제를 몰고 다니는 사이에, 유전학이든 분자생물학이든 진화생물학이든 현장 과학자들에게는 서로가 서로를 필요로 한다는 방법론적 다원성(methodological pluralism)이 서서히 자리를 잡기 시작했다. 이러한 양상은 19세기에도 마찬가지였다. 과학자로서는 별 볼일 없어도, 또 대중에게 책은 전혀 팔아먹지 못해도, 과학계에 실질적으로 강력한 영향력을 미친 인물은 어네스트 마흐(E. Mach)와 같은 이였다. 역시 과학적 유물론자들이 과학사에 남긴 것은 동시대 헬름홀츠 등에 비교해 미미하다. 그리고 사실 과학을 둘러싼 이념 전쟁은 그런 것을 역사적으로 먼저 겪었던 유럽보다는 미국에서 빈번하며, 또 그런 종류의 이념 전쟁이 혹시나 우리 땅에 수입되는 것은 아닌지 의심해본다.

과학적 유물론자들을 폄하하려는 생각은 전혀 없다. 그들은 그들 나름대로 그들의 시대에 충실했을 뿐이다. 여기서 말하고 싶은 것은 사소하다. 그들이 갖는 역사적 입지는 위에서 언급된 인물들 그리고 마르크스나 엥겔스와는 다르다는 것이다. 현시점에서 세간의 입에 오르내리는 인물들, 곧 과학의 내용을 엄격히 따지는 것이 아니라 그것을 바탕으로 어떤 형이상학과 같은 상징물 혹은 이념을 가지고 대중에게 파고드는 인물들에 대한 인기와 역사적 평가는 반드시 일치하지 않는다는 것이다. 미래는 아무도 모른다. 과거의 포그트에 누가 비교될지 말이다. 누가 그렇게 될지는 각자의 판단에 맡길 수밖에 없다. 이 순간, 과연 과학의 대중화, 철학의 대중화와 같은 것이 필요가 있는 것인지 나로서는 문제를 제기할 수밖에 없다. 말이 대중화지, 결국 그것은 어쩌면 배운 자들의 장사판 혹은 이념 전쟁으로 끝날지도 모르는 것이고, 환호하는 관객, 곧 대중에게는 그들이 과학과 철학의 상징 그 자체일지도 모른다.

그렇게 역사를 예측 가능한 확실한 지식체계로 만들어보려고 했던 마르크스가 진단하지 못한 것들 중 하나는 자본이 생산해내는 엄청난 수의 상징물들과 그 상징물들의 가공할 교환가치이며, 또 이에 대한 대개의 현대적 비판은 내 눈에는 또 다른 이념의 상징물로밖에 비춰지지 않는다. 평가는 삼간다. 개인적 소견을 밝힌다면, 나는 우리가 사는 시대를 관망할 뿐이다. 그 어떤 철학자도, 이론도, 이념도 머리에서 지워진 지 오래되었다. 그것들에 내가 관심을 가질 때 그것들에 대한 집착은 전혀 없고, 나에게 그것들은 이 기괴한 세계를 있는 그대로 보여주기 위한 해부 대상일 뿐이다.

A6 피타고라스는 무리수를 발견했을까?

유리수(rational numbers)는 정수의 비례 혹은 정수의 분수 형태, 실례로 1/3, 5/3, 2/5와 같이 표현되는 수이다. 또는 십진법으로 수를 표현할 때 주기성을 갖지 않은 채 끝이 나지 않는 수가 무리수이다. 1/3은 0.3333…으로 표현된다. 이 수는 1 : 3이라는 비례를 나타내므로 유리수이다. 나누기에 의한 십진법의 표기 방식에서 이 수는 끝나지 않는다. 하지만, 소수점 이하 n 번째에 나타날 수를 결정해주는 알고리듬이 있고, 1/3은 십진법의 표기 방식에서 3의 주기적인 반복성을 갖는다. 무리수의 경우에는 그러한 알고리듬이 없다. 무리수를 대표하는 원주율 파이(π)를 소수로 표현할 때 소수점 이하 임의의 n 번째에 나타날 수를 결정해주는 알고리듬은 없다. 무리수를 완전하게 표현할 그 어떠한 방법은 없으며, 우리는 그저 근사치를 가지고 무리수를 표현한다. 원주율은 보통 3.14라는 근사치로 사용된다.

원주율과 함께 대중적으로 가장 많이 알려진 무리수는 2의 제곱근 $\sqrt{2}$ 이다. 원주율과 2의 제곱근 $\sqrt{2}$ 사이에는 큰 차이가 있다. 2의 제곱근은 '$1^2 + 1^2 = n^2$'이라는 방정식을 만족하는 수, 곧 n 에 해당한다. 2의 제곱근처럼 어떤 대수 방정식의 해가 되는 무리수를 대수적 무리수(algebraic irrationals)로, 그렇지 않은 무리수를 초월수(transcendental irrationals)로 규정한다. 원주율이 그 어떤 대수 방정식의 해가 될 수 없다는 사실은 18세기 말 람베르트(J. H. Lambert)에 의해 증명된다. 무리수와 유리수를 구별하는 보편적 방법 그리고 무리수를 다루는 수론의 확장은 19세기 바이어스트라스(K. Weierstrass)에 의해

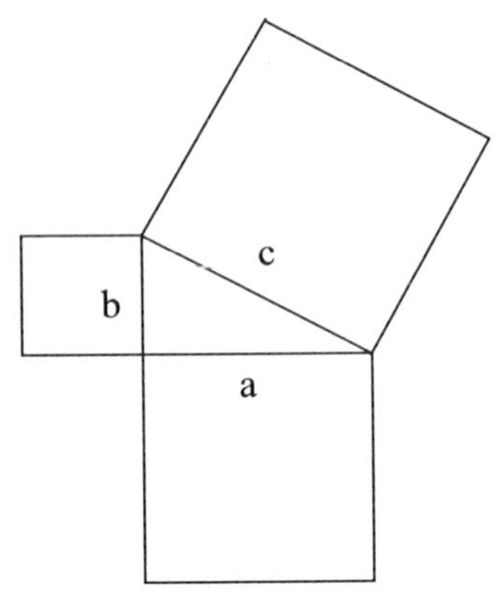

[도식 1]

그 기초가 다져졌다. 실수 영역에서 무리수가 유리수보다 압도적으로 많다는 사실은 칸토르(G. Cantor)의 집합론을 근거로 밝혀지게 된다. 이렇듯 무리수 개념이 수학에 정착한 과정은 현대 수학의 출현 과정과 밀접하게 맞물려 있다. 이 모든 과정은 무리수 존재의 발견을 전제한다. 과연 누가 혹은 어느 학파가 무리수를 제일 먼저 발견하고 인정했을까?

대수적 무리수와 관련해 가장 널리 알려진 방정식은 피타고라스 정리이다. 직각삼각형에서 대변의 제곱이 다른 두 변의 제곱 합과 동일한 경우를 만족하는 수가 있다는 정리이다. 3, 4 그리고 5는 피타고라스 정리를 만족한다. 공리적 증명 방법을 고려하지 않는다면, 측량 및 천문 관측과 관련된 피타고라스 정리는 중국, 이집트, 인도를 비롯해 세계 도처에서 나타난다. 유클리드 『기하학 원론』 제1권 명제 47에 해당하는 피타고라스 정리의 증명은 점, 선 혹은 원과 같은 기하학의 일반 개념(common notion)에 근거한 작도법과 관련되어 있다. 이러한 기하학적 증명은 직각삼각형의 양변의 제곱과 대변의 제곱이 동일함을 말할 뿐이다. 그리고 유클리드 원전의 증명에서 작도된 기하학적 모형, 곧 [도식 1]은 유클리드 이전부터 피타고라스 정리와 관련해 널리 알려진 모형이다.

피타고라스 정리의 기하학적 증명이라고 할 때 증명은 일반적으로 그 정리를 만족하는 특정 기하학적 모형을 보여주는 것에 지나지 않는다. 그러한 기하학적 모형을 수로 표현했을 때 피타고라스 정리를 만족하는 가장 작은 세 쌍의 자연수는 3, 4, 5이다. 양변이 1인 직각삼각형도 피타고라스 정리를 만족하는 전형적인 기하학적 모형을 갖는데, 그 삼각형의 가장 긴 변에 해당하는 정수는 없다. 이러한 사실로부터 러셀은 피타고라스 혹은 피타고라스 학파가 무리수의 존재를 발견했다고 주장했다.[1)]

> "양립 불가능한 것들, 특히 정사각형의 양변과 대각선의 양립 불가능성(incommensurability)을 발견한 이는 피타고라스였다. 양변의 길이가 1이면, 대각선은 수로 여겨지지 않았던 2의 제곱근, 곧 $\sqrt{2}$ 가 된다."

과연 러셀의 주장은 얼마나 신빙성이 있을까? 우리가 합리적 판단을 상황에 합당한 개연적 판단으로 여길 때 판단은 문제를 둘러싼 단서에 근거해야 한다. 러셀의 주장은 논리적 추론의 관점에서 아무런 문제가 없지만 피타고라스 학파가 존재하던 시대의 배경을 고려한다면 의심스럽다. 먼저 인용문을 약간 분석할 필요가 있다. 러셀은 수학의 모든 분과가 논리학으로 귀속될 수 있다고 여겼다. 자연수의 구성 및 자연수에 관한 모든 정리가 논리학의 중요 개념인 동일성, 관계, 명제 등에 의해 얻어지고, 유리수 및 무리수를 포함한 모든 수가 자연수에 의해 얻어질 수 있다면, 수학 전체가 논리학으로 귀속될 수 있다고 러셀은 생각한 것이다. 이러한 논리주의(logicism)에서 자연수 2는 2개의 대상에 의해 만족되는 모든 관계를 지칭하는 것에 불과하다. 수학에 대한 러셀의 관점에서 진정한 수학적 발견은 의미가 없어 보인다. 이에 반하는 입장에서 수는 자연의 추상적인 구조를 나타내고, 셈 능력은 그러한 구조를 파악하는 일종의 지각 기능에 유추된다.[2)]

---

1) Russell, B.(1919), 4쪽.

상반되는 이 두 입장의 공통점은 자연수를 수의 기본으로 본다는 점이며, 이 점은 2의 제곱근이 수로 보이지 않는다는 러셀의 말 속에 잘 드러나 있다.[3)]

역사는 과거 환경과 집단적 삶의 방식에 대한 기록이다. 인간에게 환경은 사람 사이의 관계를 규정하는 문화적 방식까지 포함한다. 서양에서 자연수를 수의 기본으로 본 이유는 무엇일까? 자연수가 단순하다거나 환경 정보를 얻는 원초적 셈 능력과 연관되었다고 여겨졌기 때문만은 아니다. 서양의 합리성 개념 자체가 어원적으로 비례(ratio)에서 기인하고, 비례는 오로지 자연수 사이의 비례만을 뜻했다. 이에 대한 자세한 역사적 추적은 여기서 불가능하지만, 피타고라스 혹은 그를 중심으로 한 집단의 역할을 무시할 수 없다. 수가 자연의 추상적 구조를 나타낸다는 생각은 피타고라스에게서 기인하며, 그러한 구조는 오로지 자연수에 의해 대수적으로 표현 가능하다고 여겨졌다. 러셀과 피타고라스는 수에 대해 전혀 다른 관점을 가졌지만, 자연수가 수학의 기본이라는 러셀의 생각은 피타고라스에게 빚지고 있는 셈이다.

피타고라스의 관점에 따르면 정사각형을 대각선으로 자른 직각삼각형의 경우, 양변의 길이와 정사각형의 대각선, 곧 그 직각삼각형의 대변 모두가 자연수로 표현되어야 한다. 양변이 1인 이등변 직각삼각형은 그렇지 않다. 그것의 대변은 2의 제곱근이기 때문이다. 인용문에서 양립 불가능한 것들 중 하나는 자연수 영역에, 그리고 다른 하나는 자연수가 아닌 영역에 속한다. 러셀은 무리수 또한 자연수를 근거로 논리적으로 정의 가능하도록 시도한 것이고, 그의 시도는 적어도 수학자들에게는 실현되지 않은 것으로 취급된다.

이등변 직각삼각형의 대변의 길이가 자연수로 표시될 수 없다는 사

---

2) 이 점은 괴델의 입장이기도 하다. Gödel, K.(1994).

3) 또 다른 입장은 다양한 환경 구조를 단순화하고 유사성을 찾아 기억시키는 능력과 수를 연관시키는 것이다. 이 입장은 이 글의 목적에 비추어 다루지 않는다.

실을 발견한 사람은 피타고라스가 아니다. 피타고라스의 초기 제자인 히파수스(Hippasus)이다. 그는 그 사실을 항해 중 발견했다고 전해지며, 그 사실에 겁을 먹은 피타고라스 추종자들이 그를 배 밖으로 던졌다는 비극이 전해져 온다. 이 비극이 비록 전설일지라도, 그것은 그 당시의 시대적 배경에 관한 중요한 단서를 우리에게 제공한다. 자연수의 비례로 표현 불가능한 거리란 없다는 생각이 당시 사람들을 지배했다는 단서이다. 아리스토텔레스에 의하면, 히파수스는 피타고라스의 제자였지만 우주의 근원에 대해서는 헤라클레이토스를 따랐다고 한다.[4] 만물의 근원을 불로 본 헤라클레이토스 입장은 피타고라스 학파에게는 용납될 수 없었다. 피타고라스의 제자로서 히파수스가 추상적인 기하학적 패턴이 아니라 원소로서 불을 만물의 근원으로 여겼다면, 히파수스는 피타고라스 집단에서 이단자로 몰렸을 것이다. 히파수스에 얽힌 비극은 이러한 사실을 반영하는지도 모른다.

정확한 기록이 없기 때문에, 히파수스에 관한 비극이 어느 정도까지 사실인지는 알 수 없다. 그러나 그 비극은 자연수의 비례로 표현 불가능한 거리란 없다는 관점이 그 당시 시대를 지배했다는 단서를 제공한다. 설령 피타고라스가 히파수스의 발견을 알았더라도 인정하지 않았을 가능성이 크다. 그리고 히파수스 자신이 정말 자연수가 아닌 다른 종류의 수를 발견했는지도 의심스럽다. 언급된 단서를 인정한다면, 그가 발견한 것은 자연수의 비례로 표현 불가능한 거리가 있다는 것이다. 그러한 거리에 대응하는 자연수 혹은 자연수의 비례로서 유리수가 아닌 또 다른 종류의 수가 존재한다고 과연 히파수스가 가정했을까? 이 질문에 대한 단서는 역사 속에 단절되었다. 저술 한편 남아 있지 않은 히파수스의 이름이 전해지는 점을 감안한다면, 이렇게 결론짓는 것이 가장 그럴듯하다. 자연수의 비례에 의해 표현 불가능한 거리를 발견한 히파수스도 자연수 이외에 다른 수를 가정하지는 않았을 것이다. 만약 그가 그렇게 가정했다면, 무리수를 사용한 흔적

---

4) Aristotles, *Metaphysics*, Book I, 3.

이 그리스 전체 역사의 한 구절이라도 차지했을 가능성이 있다. 그러나 그러한 흔적은 전혀 없다. 음수와 0의 존재를 인정하지 않았던 그리스 수학 전통 속에서 히파수스가 무리수를 가정했다고 생각하기는 힘들다.[5)]

러셀의 수학에 대한 입장에서 무리수의 발견이라는 말보다는 정의가 어울리는 것이지만, 어쨌거나 그 발견을 그리스 수학에서 찾는 그의 주장은 무리가 있다. 히파수스의 비극이 제공하는 단서는 그러한 러셀의 주장이 역사적 오류일 가능성마저 보여준다. 러셀의 주장이 오류라면, 그 원인은 어디에 있는가? 러셀의 주장에는 아무런 논리적 결함이 없다. 결함이 있다면, 그가 시대적 배경에 대한 단서를 무시했다는 점이다. 사고 능력이 개입하는 판단의 원초적 기능은 환경 구조의 파악이다. 환경 구조의 정보, 곧 환경 단서의 파악은 합리성의 맥락 속에서도 중요하다. 역사는 그러한 환경 단서를 제공해주는 과거의 기록이다. 올바른 판단에서 논리적 추론이 가장 중요한 요인 혹은 유일한 척도라는 생각은 착각이다. 철학자가 이 착각 속에 빠진다면, 그가 아무리 위대할지라도 역사적 오류를 범할 수밖에 없다.

---

5) 그리스 수학에서 피타고라스 정리의 증명이 무리수의 발견을 함축하지 않는다는 논의에 대해서는 다음을 보라. Hugly, P. & Sayward, C.(1999).

A7 과학적 성실성과 정직의 일반 통념 사이에서 나타나는 간극

과학적 발견은 경험 내용을 규정하는 가설과 실험의 역사적 연결 속에서 정착한다. 과학적 발견의 역사 속에서 과학자의 사고와 행위를 제한하는 미덕들이 정착했다. 그러한 미덕들 중 하나가 '과학적 성실성(scientific integrity)'이다. 20세기 이후 기술 기반의 과학 연구에서 과학적 성실성에 부여되는 사회적 책임은 더욱 커졌다. 과학의 연구 형태가 집단적 형태를 띠게 되면서, 과학적 성실성을 촉진할 수 있는 연구 환경(research environment)에 대한 관심사가 증가했다. 실험의 고의적 조작과 같은 부정행위를 막는 것이 과학적 성실성을 촉진하는 것과 일치하지 않기 때문이다.[1)]

사회적 책임을 고려한 연구 행위에 필수적인 과학적 성실성과 정직의 일반 통념 사이에는 일대일 대응관계가 성립하지 않는다는 사실은 과거와 현재를 관통한다. 더욱이 과학적 성실성은 상황 맥락에 따라 정도의 차이를 나타내기 때문에, 과학적 성실성에 대한 보편적이고 일률적인 정의는 사실상 불가능하다. 과학자 또한 정치적 선동에서 자유롭지 않기 때문에, 정치적 측면에서의 비정직성이 항상 과학적 신뢰성의 파기를 함축하는 것은 아니다. 여기에 대한 사례로서 19세기 생물학자 파스퇴르(L. Pasteur, 1822-1895)의 경우를 들 수 있다.[2)]

파스퇴르는 세균의 자연발생설(germ theory of spontaneous generation)을 깨뜨린 것으로 유명하다. 하지만, 그 설은 실제로는 파스퇴르

1) National Academy of Science(2002).

2) 파스퇴르에 대한 연구에 대해서는 다음을 참조하라. Geison, G. L.(1995).

가 아니라 그 후 독일 과학자 진영에 의해 깨어진 설이다. 파스퇴르 당시에는 자연발생설을 검증하거나 반증할 수 있을 만큼 도구나 실험 방법론, 특히 세균 배양법이 발달하지 못했다. 파스퇴르가 자연발생설을 부정한 것은 사실이나, 그의 실험은 그 설을 부정하는 데에는 결정적이지 못했다.

파스퇴르가 자연발생설을 부정한 동기는 단순히 그의 실험에서만 기인한 것은 아니다. 거기에는 그의 종교 및 정치적 선입관이 배어 있다. 자연발생설은 현재 터무니없는 것으로 받아들여지지만, 이것은 단지 현재의 관점에서 그렇다. 우리가 과거 과학 이론을 그 당시 관점에서 평가한다면, 상황은 상당히 달라진다. 파스퇴르는 독실한 가톨릭 신자로서 무기물에서 유기물이 나올 수 있다는 관점을 부정했다. 그는 살아 있는 모든 유기체는 신에 의해 창조되었다고 믿었다. 파스퇴르는 당시 자연주의 물결 자체를 자신의 종교에 대한 적으로 여겼다. 자연발생설은 당시 자연주의의 한 흐름을 반영한다. 무기물에서 유기물, 그리고 세균에서 인간에 이르기까지 생물현상의 자연주의적 설명은 초자연적인 것을 가정하지 말아야 한다.

자연발생설을 둘러싼 파스퇴르와 펠릭스 푸셰(F. Pouchet, 1800-1872)의 논쟁은 푸셰가 1858년 논문을 발표하면서 시작된다. 푸셰는 정자가 수정란의 활성화에 별 역할을 하지 못한다는 사실을 발견했지만, 그의 발견은 파스퇴르와의 논쟁 덕에 잘 알려져 있지 않다. 푸셰는 건초더미에서 추출한 액을 가열해 공기 중에 노출시킨 후 멸균 상태로 여겨지는 수은 병에 담았다. 그는 새로운 미생물, 현재 Bacillus subtilis로 알려진 것을 현미경으로 관찰했다. 이러한 관찰에 담긴 푸셰의 자연발생설은 다음과 같이 요약될 수 있다.

(1) 원초적 생물 형태는 부모 유기체가 없어도, 또 초자연적인 힘이 없어도 발생 가능하다. 부모 유기체를 전제하지 않는 것은 깨어지지만, 초자연적인 것을 가정하지 않은 채 생물의 생성 관점은 자연주의 흐름 속에 살아남게 된다.

(2) 약간의 공기에 노출된 물질이 부패하는 과정에서 원초적 생물 형태가 발생한다. 공기 중 약간의 산소와 부패 물질의 유기적 결합이 원초적 생물 형태의 발생 원인으로 여겨졌다. 이것은 잘못된 가설이지만, 당시에는 무균 실험 장치가 불가능했음을 기억해야 한다. 세균에 의해 오염된 유기물의 상태와 그렇지 않은 상태를 엄격히 구분할 수 있는 기술이 당시에는 없었다.

파스퇴르의 일련의 실험은 위 두 가설을 깨려는 동기에서 시행되었다. 그는 공기 중에 존재한 세균이 실험 장치에 침투했기 때문에 부패가 일어난다고 보았다. 파스퇴르는 부패 과정 자체를 세균 발생의 기제로 본 것이 아니었다. 그는 공기에 노출된 상태의 당효모와 멸균 상태의 당효모를 비교 관찰함으로써 가설 (1)을 부정했다고 믿었다. 그 비교 실험 과정 중에 그의 유명한 '백조 목 플라스크'가 탄생한다. 가설 (2)를 부정하기 위해 파스퇴르는 알프스 산맥의 고지대에서 실험을 했다. 그는 산소가 희박한 고지대에서는 당효모의 발효가 일어나지 않는다는 실험 결과를 얻었다. 푸셰는 당효모가 아닌 건초더미를 재료로 하여 여전히 가설 (1)에 부합하는 결과를 얻었다. 그는 또한 피레네 산맥 고지에서 건초더미 액을 가지고 실험하여 파스퇴르와 반대되는 결과를 얻었다.

파스퇴르와 푸셰의 상반된 실험 결과는 무엇에서 기인하는가? 첫째, 당시에는 멸균 상태와 그렇지 않은 상태를 엄격히 구분할 수 있는 기술이 없었다. 푸셰의 건초더미 용액이 이미 세균에 감염되어 있었듯이, 파스퇴르의 것도 마찬가지였다. 다만, 당효모 발효 과정에서 발생하는 세균은 고열을 견디지 못한다. 당시 멸균은 가열 기술에 의존했기 때문에, 파스퇴르는 가열 상태의 효모를 공기와 차단시킴으로써 그가 원하는 결과를 얻을 수 있었던 것이다. 반면에 푸셰가 사용한 실험 재료인 건초더미 액에 담긴 세균 Bacillus subtilis는 160도까지의 고열을 견뎌낼 수 있다.

결국 파스퇴르의 실험은 당시 자연발생설을 깨부술 만큼 결정적이지 못했다. 파스퇴르가 현대 과학사가들에 의해 부정적으로 평가되는 부분은 그 자신이 푸셰의 실험을 잘 알고 있었다는 것이 밝혀졌기 때문이다. 파스퇴르 또한 건초더미 액으로 실험을 했으며, 만족할 만한 결과를 얻지 못했다. 실험 자체만을 놓고 본다면, 자연발생설을 둘러싼 파스퇴르와 푸셰의 논쟁에서 파스퇴르가 일방적인 승리자는 될 수 없는 상황이었다.

무엇이 파스퇴르를 승리자로 만들었을까? 무엇이 파스퇴르를 프랑스 학계의 스타로 만들었을까? 권력과 결합한 파스퇴르의 정치적 선동이 큰 몫을 한 것이다. 파스퇴르는 자기와 종교, 정치적 신념에서 뜻을 같이하는 든든한 후원자를 가졌으니, 그가 바로 나폴레옹이었다. 나폴레옹은 자연발생설을 반기독교적인 것으로 여겼다. 보수 성향의 민족주의를 옹호한 나폴레옹과 파스퇴르는 죽이 잘 맞았다. 파스퇴르는 프랑스 과학계를 점령했고, 푸셰는 과학계에서 쫓겨난다. 후일 실험 생리학의 대부인 클로드 베르나(C. Bernard, 1813-1878)가 사망하자, 제자들은 그의 일기와 실험노트를 있는 그대로 출판하려고 했다. 파스퇴르는 이를 막았다. 베르나는 그의 경쟁자이자 친구였지만, 그의 일기와 노트에는 파스퇴르가 종교적 선입관에 의해 반대편 실험 결과를 은폐한 것이 기록되어 있었기 때문이다.

여기서 우리는 하나의 물음을 만난다. 파스퇴르 연구소의 존재가 보여주듯이, 어쨌거나 파스퇴르에 의해 프랑스 과학이 발달하지 않았는가? 이에 대한 객관적 평가는 매우 어려운 일이다. 나는 그 물음에 부정적이다. 해부학을 구조의 관점에서 기능의 관점으로 바꾼 것은 비사(M. F. X. Bichat)를 비롯해 18세기 프랑스 학파의 공헌이 크다. 그 관점의 전환은 19세기 생물학 탄생의 결정적 기반이었다. 하지만, 19세기 프랑스 생물학은 "선생과 함께 학생이 자유롭게 수업 과목을 정하고 만든다"는 표어 아래 부흥한 독일의 것에 비해 웅장하지 못했다. 18세기 말 종 변형 개념을 확립한 라마르크(J. B. Lamarck, 1744-1829)가 프랑스에 있었지만, 19세기 프랑스의 진화론은 상대적으로 크게 발달하지 못했다.

더욱 중요한 물음은 과학적 성실성과 관련된 것이다. 파스퇴르는 과학적 성실성을 위반했는가? 그가 정치적 선동의 측면에서는 비정적한 행위를 한 것은 엄연한 사실이다. 그러나 그는 최소한 자신의 실험에 대해서는 엄격하고 충실했던 인물이다. 상대편의 실험 결과를 은폐했다는 사실은 그의 정직성을 훼손시키지만, 은폐와 고의적으로 실험 자료를 위조하거나 변조해 발표하는 것은 다른 것이다. 그는 최소한 자신의 실험에 대해서는 열정적이고 과학 공동체가 인정할 수 없는 짓을 하지 않았다. 파스퇴르의 경우는 과학적 성실성과 정직의 일반 통념 사이에서 나타나는 간극을 보여주는 하나의 사례이다.

A8 보건 기술 결과 평가 기관 HTA 루드비히 볼츠만 연구소

루드비히 볼츠만 연구소들(Ludwig Boltzmann Institutes)은 2007년 현재 약 50개로 구성되어 있다. 이웃 국가 독일 막스 플랑크 연구소(Max Planck Institute)와 달리, 오스트리아 루드비히 볼츠만 연구소의 운영 체제는 더욱 중앙집권적이다. 오스트리아는 독일에 비해 국토도 작을 뿐더러 인구수도 적다. 그렇다 보니 중앙집권 방식의 인적 자원 관리가 더 효과적일 수 있다. 하지만, 각 연구소의 자율권은 철저히 보장되며, 관리는 연구소 사이의 연결망에 집중되어 있다. 중앙에서 모든 연구자의 업적을 관리하여 통계치로 과학기술 역량을 과장하는 조잡한 일 따위는 벌어지지 않는다. 과학기술의 논문 수가 팽창하고 과학기술자의 수가 늘어난다고 해서 국가의 경제력이 강해지는 것은 절대 아니다. 연구, 연구 결과의 활용, 그리고 분배가 서로 일치하지 않기 때문이다. 국가 전체 차원에서 볼 때 과학기술 연구에 의한 이득이 국민 다수에게 분배될 수 없는 정책은 사실 무용지물에 불과하다.

50여 개의 루드비히 볼츠만 연구소들 중 최근에 설립된 것은 다음 다섯 가지다.

(1) 유럽 역사와 공공성에 대한 루드비히 볼츠만 연구소(LBI fuer Europaeische Geschichte und Oeffentlichkiet)

(2) 역사와 전기 이론에 대한 루드비히 볼츠만 연구소(LBI fuer Geschichte und Theorien der Biographie)

(3) 암연구를 위한 루드비히 볼츠만 연구소(LBI fuer Krebsforschung)

(4) 대중매체, 예술 및 연구 정책에 대한 루드비히 볼츠만 연구소(LBI fuer Medien, Kunst, Forschung)

(5) 보건 기술 결과 평가에 대한 루드비히 볼츠만 연구소(LBI fuer Health Technology Assessmnet)

흥미로운 점은 (3)번 암연구소를 제외한 나머지는 직접적으로 과학기술과 연관성이 없어 보인다는 것이다. 내용적으로는 그렇게 보인다. 그러나 우리의 시각을 기능적 관점으로 전환한다면, (1), (2), (4), (5) 모두 과학기술과 연계된다. 어차피 사회와 역사 속에서 타분야와 단절되어 기능하고 평가될 수 있는 '추상적 과학기술'이라는 것은 없기 때문이다.

과학기술 전공자에게 해당 분과의 역사를 공부시키는 것은 19세기 유럽의 전통이었다. 그 중에서도 과거 오스트리아의 합스부르크 공화국이 더욱 그러했다. 당시 마흐(E. Mach) 철학의 상당 부분은 역사와 연계된 과학교육과 관련된 것이다. 많은 것을 가르치는 것보다는 역사적 사례를 중심으로 확실하게 가르쳐라. 각종 분석적 도구와 물리적 도구는 반드시 구체적 문제를 해결하는 가운데 학생에게 습득되도록 하라. 불행히도 이 단순한 준칙의 위대함은 제2차 세계대전과 함께 묻혔다가 이제 다시 부활하는 단계에 있다.

과학기술의 여러 분과를 조화롭게 배열하고 통합하기 위해서는 분명히 역사적 지식이 필요하다. 이러한 점에서 (1)과 (2)의 연구소는 기능적 관점에서 과학기술과 무관하지 않다. (1)이 유럽 전체와 관련된다면, (2)는 오스트리아 역사에 해당한다. 단기간 내에 양과 질적 측면에서 과학기술, 예술과 문화를 통틀어 가장 많은 천재들을 배출한 곳은 합스부르크 말기의 빈이었다. 멩거(C. Menger), 슘페터(J. Schumpeter), 폰 미제스(L. von Mises) 등의 경제학자, 에어리히(E. Ehrlich), 그로스(H. Gross) 등의 법이론가, 아들러(M. Adler), 렌너(K. Renner), 만하임(K. Mannheim) 등의 사회학자, 마흐, 볼츠만(L. Boltzmann), 슐리크(M. Schlick), 노이라트 등의 과학철학 전통의 인물들, 크라우스(K. Kraus), 비트겐슈타인(L. Wittgenstein) 등의 언어 철학자들, 담론 이론의 부버(M. Buber)를 비롯해 볼자노(B. Bolzano), 브렌타노(F. Brentano), 마이농(A. Meinong), 후설(E. Husserl) 등의 현상학자들 외에 많은 예술가와 과학자들이 19세기 오스트리아 합스부르크 공화국에서 배출되었다.[1] 이제 오스트리아는 과거 자신들의 영광을 대내외로 알리려는 공격적 마케팅을 시작한 것이다. 연구소는 아예 전문 번역가들을 고용하고 정책 결정 과정의 동등한 파트너로 대우하고 있다.

(4)번도 가히 루드비히 볼츠만 연구소에 설치될 만하다. 사실 대중매체에서 시각소통이 가장 먼저 연구된 지역은 오스트리아의 빈이었다. 대중매체의 역할은 과학기술이 사회에서 긍정적으로 기능하는 데 도움을 줄 수 있지만 과학기술을 질식시킬 수도 있다. 과학기술의 결과가 대중매체에 의한 이념 선동의 수단으로 전락할 때 선동가들 몇몇은 대중적 스타로 떠오를 수 있다. 그 스타는 과학기술의 결과를 가지고 장밋빛 미래를 외친 과학자일 수도 있고, 또는 과학기술의 위험성을 강조하여 자신의 입지를 굳힌 타분야의 종사자일 수도 있다. 그 어떤 경우든, 과학기술의 결과가 이념 선동의 수단이 될 때 과학기술의 긍정적 측면은 장기적으로 기대할 수 없게 된다. 이러한 점에서 루드비히 볼츠만 연구소에 기술 결과 평가(Technology Assessment) 기관이 설립되는 것은 당연해 보인다. 그런데 왜 하필이면 일반 TA가 아닌 HTA(Health Technology Assessment)가 설립되었을까?

TA의 역사는 멀리 19세기 산업혁명 시기까지 거슬러 올라간다. 19세기 전통은 히틀러의 제2차 세계대전으로 인해 붕괴되었고, 사실 히틀러의 덕의 가장 많이 본 국가는 미국이다. 다수의 뛰어난 과학기술자들이 미국으로 건너간 사이, 약 20여 년 동안 유럽의 각국은 경제적 재건에 힘썼다. 현대적 TA가 제일 먼저 설치된 곳은 미국이다. 1972년 OTA(Office of Technology Assessment)를 들 수 있다. 하지만,

---

1) Johnston, W. M.(1983).

OTA는 1990년대 예산삭감과 함께 붕괴된다. 그 이유 중 하나로 TA를 둘러싼 이념 갈등, 나쁘게 말하면 밥그릇 싸움을 들 수 있다. 과학기술자들 일부는 TA에 타분야 사람들이 들어오는 것을 반기지 않았고, 또 사회구성주의 계열의 인물들은 TA를 자신들의 고유한 분과로 여겼다.

그러나 TA의 기본 정신은 과학기술을 둘러싼 문제의 집단적 해결을 통해 사회 상태를 개선시키는 데 있다. TA가 문제 해결의 관점에서 이해될 때 과학기술 지식을 배제한 TA라는 것은 성립할 수 없다. 또 사회 속의 과학기술의 기능이라는 관점을 배제한 TA도 성립할 수 없다. 문제 해결 관점에서 TA를 접근하고 성공한 국가 중 하나로서 오스트리아를 들 수 있다. HTA 루드비히 볼츠만 연구소가 설립되기 이전에 이미 기능하고 있는 여러 TA기관들이 있었다. 처음에는 일반 TA 기관으로 시작했지만 점차 세분화된 것이다.

생명공학 및 과학의 발달로 각종 제약품과 새로운 치료제가 매일 뉴스에 나온다. 뉴스의 말만 듣는다면, 당장 암이 정복된 것 같지만, 실상은 그렇지 않다. 또 잘못된 보건 정책은 집단간 갈등을 만들어내며, 갈등 해소에 소모되는 간접비용은 굉장히 크다. 정치적 측면에서 TA의 설립 동기 중 하나는 과거 전문가들로 구성된 소수 자문위원회에 의한 정책 결정에 대한 부작용의 인식에 근거한다. 정치권이 정책을 집단적 의사결정으로 보고, 또 정치가 단지 그 과정의 한 분야라고 인식할 때 비로소 실질적인 민주주의가 기능할 수 있다. 이것은 사회주의든 자본주의든 양자 모두에 해당하는 것이다.

소수 전문가에 의한 정책은 항상 편향된 결과를 낳을 수 있다. 더욱이 그 소수가 정치적 야욕을 가진 경우, 사태는 아주 심각해질 수 있다. 사회 속에 기능하는 과학기술 그리고 시민을 위한 과학기술이 아니라 그들을 위한 과학기술이 되어버릴 수도 있기 때문이다. 또 소수 전문가에 의한 편향된 정책이 특정 이념과 연관된다면, 그들과 반대자들 사이에 이념 전쟁이 일어날 수도 있다. 이러한 경우, 전문지식을 결여한 대중은 양편으로 갈려 결국 대리전쟁의 희생양이 되어버린다.

의료 및 국민 건강을 다루는 보건 정책이 소수 전문가, 심지어 의료 지식을 결여한 정치적 집단에 의해 이끌릴 때 나타나는 부작용은 더욱 크다. 보건 정책에서 통계치는 다른 어떤 영역보다 더 큰 맥락 의존성을 갖는다. 어떤 약은 항상 특정 질병의 환자군과 맞물리기 때문이다. 그렇기에 일반 TA에서 개발된 위험 및 효과성 분석을 그대로 보건 정책에 적용하기 힘들다. 일반 TA 기법들은 불특정 다수를 지향하는 정책, 실례로 에너지 및 환경 정책 등과 관련해 개발되었기 때문이다.

HTA 루드비히 볼츠만 연구소가 2006년 5월에 설립된 것은 의료 및 건강 정책에서 과거의 실패를 반복하지 않겠다는 의지를 반영한 것이다. HTA는 우선 과학적 증거에 입각해 새로운 제약과 치료법에 대한 위험성과 효과를 분석한다. 새로운 의료 기술이 얼마나 효과적인가? 그 기술은 어떤 환자들을 대상으로 한 것인가? 그것의 가격은 적정 수준인가? 그것이 다른 기술에 비교해 갖는 장점과 단점은 무엇인가? 이러한 질문들은 기본적으로 해당 전문 지식에 의존한다. 그 다음, HTA는 실제적인 정책을 짜기 위한 의사결정 그물망의 구성법을 다룬다. 아무리 최종 결정에서 정치적 입김을 배제할 수 없다고는 하지만, 그러한 그물망이 구축되어 있는 경우와 없는 경우는 질적으로 다른 것이다.

특히 중요한 것은 정책을 짜기 위한 의사결정 구조에 시민의 의사가 반영되어야 한다는 점이다. 요새 과학기자들의 자질이 비판의 도마에 오르지만, 사실 그들만의 책임은 아니다. 새로운 기술의 위험성 및 효과에 대한 증거, 합당한 사회적 평가에 근거한 공적 자료가 없기 때문이다. 결국 선동을 하는 집단, 곧 다수의 연구자를 착취하면서 자신의 입지를 다지는 집단과 기자들의 사이에 모종의 인맥이 형성되는 것은 어찌 보면 당연한 것이다. 그러한 인맥이 탄탄히 구성될수록 올바른 정책을 짜는 데 바람직한 의사결정 구조는 창출되기 힘들어진다.

특정 기술을 사회에 확장시키기 전에 시민의 참여 속에 그 기술에 대한 모의 평가 방법들이 각국에서 개발되고 있다. 물론 우리는 그러한 나라에 해당하지 않는다. 또 방역과 같이 긴급한 대처를 요구하는 경우에 대해서는 시민이 참여하는 모의 평가 방법은 적용될 수 없다. 하지만, 대부분의 중요한 정책은 단기적인 것이 아니라 중장기적인 것이다. 그러한 정책이 크게 잘못되면, 사회적 갈등뿐만 아니라 간접비용의 발생으로 인한 경제적 부담도 커진다. 선진국일수록 수출과 성장에만 신경을 쓰는 것이 아니라 그러한 간접비용을 줄일 수 있는 방책에 고민한다.

오스트리아 보건복지부, 2개의 대학 등이 출자하여 설립된 HTA 루드비히 볼츠만 연구소는 각 지역의 병원 및 의사단체들과 연대하여 의료망을 합리적인 국민 보건 정책을 위한 의사결정 그물망으로 발전시키려고 한다. 시행착오를 통해 점진적으로 어느 정도 지속 가능한 그러한 그물망을 구성하는 것이야말로 HTA 루드비히 볼츠만 연구소의 최종 목적인 것이다.

우리는 정부가 '시스템 정비'라는 의미심장한 화두를 내세우는 것을 여러 차례 목격해 왔다. 그러나 과학기술정책은 실패작이었다. 가장 큰 이유는 합당한 의사결정 구조를 개발하는 것을 게을리한 채 소수자문위원회에 의지했기 때문이다. HTA 루드비히 볼츠만 연구소와 같은 것이 당장 설립될 수는 없어도, 일반 TA 기관들은 이제 현 경제 규모에 부합하는 과학기술 정책을 위해 설립되어야 한다. 보도블록을 뜯었다가 다시 설치하는 낭비만 줄여도 각 지방자치단체에 TA 기관을 설립할 수 있다. TA의 규모는 한없이 크게 만들 수도, 또 구체적 문제와 관련해 아주 작게 만들 수도 있다. 실례로 독일의 ITAS (Institute for Technology Assessment and Systems Analysis)는 매우 크지만, 독일 지역 문제에 집중된 TA들은 소규모이다. TA 기관의 설립에서 또 하나 중요한 것이 있다. 어쩌면 가장 중요한 것인데, 초기 인적 자원의 확보다. 만약 정부 산하 단체의 고위인사들 혹은 정치권 인사들이 각종 TA 기관에 낙하산을 타고 점령하는 순간, 이 땅의 풍토에 맞는 TA의 꿈은 끝나게 될 것이다.

A9 민속심리학과 집단정신

현대 문화심리학 및 비교심리학은 19세기 중엽에 형성된 민속심리학(Völkerpsychologie)과 역사적 관련을 맺는다. 19세기 민속심리학에 담긴 문화 개념은 지금 우리가 이해하는 방식과는 다르다. 문화의 현대적 이해에는 목적론적 진보 개념이 빠져 있다. 인간 정신현상에 나타나는 집단적 현상이 어떤 정해진 발달 구조를 따른다는 관점은 더 이상 통용되지 않는다. 반면에 그러한 관점은 19세기 역사관을 지배했다. 따라서 민속심리학의 문화 개념은 문명(civilization)의 의미를 함축하고 있었고, 그것은 민속 혹은 민족정신(Volksgeist), 곧 특정 집단의 정신 현상을 함축하는 개념이기도 했다.

문화는 자연과 정신의 통합을 추구하는 노력 속에서 자연에 대비된 것으로 여겨지기도 했다. 심리학을 보편법칙에서 구체적 현상을 예측하고 실험적으로 예증하는 과학(science)의 범주로 귀속시켜 보려는 시도가 있었다. 헤르만 파울(H. Paul, 1846-1921)은 자연에 대비된 것을 더 이상 정신이 아니라 문화로 봐야 한다고 선언했다. 예증적 과학 분과로서 심리학을 비역사적인 개인심리학(individual psychology)에만 국한시키려는 몇몇 인물들은 파울의 그 선언을 따랐다. 개인심리학만이 과학화가 가능하다고 주장하는 이들은 집단정신을 연구하는 민속심리학의 가능성에 대해 회의적이다. 이러한 개인 관점 대 집단 관점의 갈등은 유기체적 사고의 태동과 함께 나타난 19세기의 일반적 양상이다.

유기체론에서 하나의 전체(whole)로서의 정신은 몸 부분들의 상호작용에 의존하고, 부분들은 전체에 의존한다. 이러한 전체와 부분의 상호의존성은 정신과 신체의 통일성(unity)을 보여주며, 영혼(soul)은 그 통일성의 근원으로 여겨지기도 했다. 부분이 전체에 의존하는 방식은 기계론적 사유에 쉽게 통합될 수 없었다. 그 의존 방식은 어떤 목적성을 함축하는 것으로 여겨졌기 때문이다. 기계론적 인과 과정에서 통일성의 문제는 신의 영역이다. 그 결과로 과학적 지식체계는 작용인만을 다루게 된다. 원인과 결과는 동일한 인과 범주로 여겨지며, 양화 가능한 것은 단지 물질의 연장(extension) 및 운동(motion)과 관련된 1차 속성에 국한된다. 고대 전통의 양적 속성과 질적 속성을 기계론적 사유의 1차 속성과 2차 속성에 대비시킬 때 주의해야 할 것이 있다. 고대 전통에서 질(quality)은 양(quantity)과는 다른 방식으로 양화 가능한 활력, 능력, 성향, 관계 등으로 이해되었다. 반면에 기계론 전통에서 질은 단순히 양화 불가능한 것으로서의 정신적 속성에 지나지 않는다고 여겨졌다. 이 점은 정신과 몸을 이분하는 실체적 이원론(substantial dualism)에 함축된 관점이다. 기계론적 사유를 개인과 집단에 적용시킬 때, 관계와 같은 집단적 속성은 개인적 속성에 의해 설명되어야 한다. 반면에, 집단정신을 연구하는 민속심리학은 개인들로 구성된 사회 또한 하나의 초유기체(super organism)로 본다. 개인들의 상호작용에 의해 나타난 속성은 민속심리학에서는 '집단정신'에 유추된다.

1. 19세기 민속심리학의 형성 과정

생물의 성장과 발생을 다룰 때처럼 정신 현상의 연구는 목적성을 배제할 수 없다는 인식 아래, 인과가 오로지 작용인에만 귀속될 수 없다는 생각이 퍼졌다. 목적인을 단지 도구적 혹은 방법론적 관점에서만 잠정적으로 인정하고 생물학을 발달시켜 나가면, 언젠가는 생물학의 기계론화가 가능하다는 생각과 그렇지 않다는 생각이 대립했다. 전자의 생각은 칸트에게 나타나고, 후자의 생각은 동시대 많은 생리학자 및 발생학자에게 나타난다. 칸트는 정신 현상은 방법론적 차원에서도 과학적 지식체계를 갖출 희망이 없다는 입장을 취했다. 이 점은 심리학의 과학화가 불가능하다는 입장의 19세기 초 표현 방식이다.

원거리 작용(action at a distance)을 부정하는 기계론적 세계관, 물질의 활성을 부정하는 역학적 세계관에서 그렇지 않은 동력학적 세계관으로의 시대적 전이, 유기체론에 대한 관심의 부활은 19세기 사상계에 풍부한 논쟁을 불러일으켰다. 그럼에도 불구하고, 이상화된 과학적 지식체계의 이념은 쉽게 식지 않았다. 그 이념이 실제 과학의 작업과 다르다는 괴리감은 단지 느낌 정도로만 취급되었다. 이러한 상황에서 심리학이 이상화된 예증적 과학의 모습을 갖추게 됨으로써 학문의 자율성(autonomy)을 획득하려는 시도가 나타났다. 그 하나는 페히너(G. T. Fechner)의 심리물리학(psychophysics)이다. 심리물리학을 지금의 실험심리학의 시발점으로 잡는 것은 큰 문제가 없지만, 둘을 동일시해서는 안 된다. 당시 낭만주의와 관념론의 득세 아래 '물질론자(materialist)'는 독일에서 경멸의 단어였다. 페히너의 시도는 심신평행론을 바탕으로 심리 현상의 물질적 기반을 규명하려는 목적을 가졌다.

페히너와 다른 방식으로 심리학을 자율적 학문으로 탄생시키려는 노력이 있었는데, 바로 쾨니히스베르크의 칸트 자리를 계승한 요한 프리드리히 헤르바르트(J. F. Herbart, 1776-1841)의 작업이 그 노력을 대표한다. 헤르바르트는 개인 차원의 심리학을 예증적 지식체계를 갖추게 함으로써 칸트에 대항해 심리학을 자율적 학문으로 만들려고 했다. 그래서 심리학사를 논할 때 헤르바르트를 빠트릴 수 없고, 또 독일, 오스트리아 과학 및 철학에 끼친 그의 영향력은 매우 크다. 영국 경험론의 관념 조합설(associationism of ideas) 대신, 헤르바르트는 환경 제약 속에서 일정한 방식으로 관념을 생성시키는 힘에 관한 법칙에 관심을 가졌다. 그 힘은 실험적으로 직접 증명될 수 없다. 그것은 언어활동, 집단 역사 연구 등을 통해 간접적으로 파악되는 것으로 여겨졌다.

헤르바르트는 근대의 개인주의 이성 관점에 충실하려고 애를 썼다. 그는 헤겔과 달리 민속 혹은 민족정신, 곧 헤겔이 '세계정신(Weltgeist)'의 발달 과정에서 특정 국가와 결부된 '객관적 정신'으로 불렀던 것을 인정하지 않았다. 헤르바르트는 집단 및 관계의 속성이 개체의 속성에 의해 설명 가능하다는 입장을 취했다. 그는 개인의 심리적 구조가 개인들의 상호작용에 의해 집단 속에 구현된다고 믿었다. 이 점은 초기 민속심리학의 형성에 전승된다.

문화 개념의 변화에도 불구하고, 민속심리학이 연구 방법론의 측면에서 현대 문화심리학과 연결성을 갖는 것은 분명하다. 대학의 독립 학문 분야로서 심리학이 시작된 곳은 베른(Bern) 대학이며, 베른 대학의 최초 심리학 교수좌는 '민속심리학'에 배치되었다. 그 자리를 차지한 인물은 모리츠 라자루스(M. Lazarus, 1824-1903)이다. 라자루스의 정신적 지주는 헤르바르트였다. 민속심리학의 이론과 방법론은 그와 헤이만 스타인탈(H. Steinthal, 1798-1892)과의 만남을 통해 구체적 형태를 갖추기 시작한다.

스타인탈의 정신적 지주는 언어학자 빌헬름 폰 훔볼트(W. von Humboldt, 1767-1835)였다. 19세기 언어학은 역사, 문화 및 제반 자연과학과 교류한다. 훔볼트는 전 우주를 관통하는 원초적 힘의 발달 과정을 가정했으며, 인간의 언어 능력도 그러한 힘의 구현으로 보았다. 목적론적 진보 관점을 예외로 한다면, 동아시아 사람들이 헤겔이나 훔볼트에게 쉽게 매혹되는 이유는 그러한 힘이나 헤겔의 세계정신을 기(氣), 그리고 발달 과정의 원리를 이(理)로 보기 때문이다. 훔볼트 언어학의 학문적 위상은 그의 형이상학에서 찾을 수 없지만, 그의 형이상학은 그로 하여금 타민족 언어에 관심을 갖게끔 만든 하나의 원인이었다. 원초적 힘에 대한 관심은 헤르바르트와 훔볼트를 관통하는 것이다. 이것은 서로 다른 학문 배경을 가진 라자루스와 스타인탈을 묶어주는 끈과 같다.

헤르바르트와 달리, 훔볼트는 집단을 단순한 개인들의 심리를 반영하는 일종의 창으로 보지 않았다. 그는 언어를 심리의 집단적 측면을 구성하는 핵심 요인으로 보았다. 언어를 통해 집단적 정신 현상의 다양성과 차이 그리고 공통성을 추적할 수 있다는 것이 훔볼트 사상의 핵심이다. 언어는 집단의 세계 이해를 산출하기 때문에, 그가 추구한 언어 연구는 언어 자체의 분석에 국한되지 않고 광범위한 영역들을 가로지른다.

라자루스와 스타인탈에 의해 그 토대가 마련된 민속심리학의 두 정신적 축은 헤르바르트와 훔볼트다. 그들에게 요구되는 것은 개인과 집단, 부분과 전체에 대한 더욱 정교한 개념적 구성 그리고 연구 방법론이었다. 사회, 집단, 민속 혹은 민족정신이라는 전체는 개인이라는 부분들의 상호작용에 의한 합이다. 전체는 부분들의 상호작용에 의존하고, 부분들은 전체에 의존하기 때문에, 민족정신은 개인에게 영향을 미친다. 하지만, 전체가 부분에 의존하는 방식과 부분이 전체에 의존하는 방식 사이에서 나타나는 차이는 지금도 여전히 애매하다. 아주 짧게나마 개인적 입장을 밝히면, 전체가 부분에 의존하는 방식은 상호작용에 의한 인과성을 갖지만, 부분이 전체에 의존하는 방식은 수동적 제한이다. 이러한 전체에 의한 제한은 원인과 결과의 인과적 기제를 갖지 않는다. 전체와 부분의 관계는 새로운 개념 구도 속에서만 설득력을 가질 수 있기 때문에, 더 이상의 언급은 하지 않겠다.

라자루스와 스타인탈에게 민족정신은 집단적 심리현상의 통일성과 조화를 촉진한다. 그리고 민족정신은 언어, 신화 및 예술의 역사적 연구를 통해 간접적으로 파악된다. 그러나 민족정신은 또한 모든 개인들에게 공통된 '내적 활동'을 뜻하는 이중적 의미를 갖는다. 여기에서 헤르바르트의 영향력이 여전히 남아 있음을 볼 수 있다. 민족정신 혹은 헤겔의 객관적 정신은 한편으로는 개인의 사고와 성향에 내재하는 원초적인 것을 뜻한다. 민족정신은 또 한편으로는 책, 전쟁, 운송 수단, 물물 거래 및 교육과 각종 제도 등 개인의 상호관계를 규정하는 물질적, 제도적 구현 속에서도 나타난다.

2. 민속심리학의 전개 과정

라자루스와 스타인탈의 민족정신은 집단적 심리현상을 개인적 심리현상에 유추한 것에 근거한다. 결국 '특정 민족'에 대해 추상적인 '특정 개인성'을 논리적으로 결부시킬 수밖에 없다. 민족의 위계질서는 개인성의 위계질서로 나타난다. 그 결과 하나의 이상적인 민족 안에서는 모든 개인들이 동질화되고, 또 민족 및 개인의 위계질서에 의한 우열 비교가 중요해진다. 독일적인 것 혹은 아리안족의 것이 다른 민족의 그것에 비해 우월하다는 이념, 곧 국가사회주의(Nazi)의 이념은 민속심리학과 밀접한 관계를 맺는다.

개인주의 관점의 이성 개념이 근대 이후 너무나 득세했기 때문에, 정치적 혼란을 그러한 이성 개념의 탓으로 돌린 철학자들은 국가사회주의를 새로운 대안으로 여겼다. 대표적으로 하이데거를 들 수 있다. 나치의 몰락 이후에도 그가 그 실패 원인을 히틀러와 아직 성숙하지 못한 시대적 계기로 여겼다는 점을 잊지 말자. 개인주의에 대한 환멸은 획일적인 집단주의에 대한 동경으로 이어졌고, 역으로 집단주의에 대한 환멸은 개인주의에 대한 동경으로 이어진 경향이 있다.

개인 차원의 심리와 집단 차원의 심리를 서로 유추시키는 것은 그 후 여러 측면에서 비판되었다. 그런 비판 중 하나가 분트(Wilhelm Wundt, 1832-1920)의 것이다. 분트는 개인심리학의 법칙이 물리학의 인과율을 규정하는 보편법칙과 다르다는 입장을 취한다. 환경 속에서 작용하는 개인의 심리 기제는 목적성을 결여한 물질적 인과 기제와 질적으로 다르지만, 역시 비역사적이다. 반면에 민속심리학은 '역사적 인과 기제'를 갖는 심리적 형태로 규정된다. 그러한 형태는 집단 역사의 과거에 근거한 것으로서 필연적인 것이 아니라 개연적인 것이다. 이러한 관점에는 민속심리학과 자연과학의 경계를 명확하게 그으려는 동기가 깔려 있다. 분트의 최종 입장은 민속심리학이 인문학, 엄밀히 말하면 정신학에 속한다는 것이다. 반면에 라자루스와 스타인탈은 민속심리학 및 심리학을 과학과 인문학을 연결시켜주는 중간 지대로 여겼다. 결국 개인 차원의 심리와 집단 차원의 심리를 유추관계 또는 인과관계 속에서 파악하는가에 따라 라자루스와 스타인탈의 접근 방식과 분트의 접근 방식이 갈린다. 이 차이는 글쓰기 목적과 관련해 확대시킬 수도, 좁힐 수도 있는 그러한 것이다.

문화는 역사적으로 우열 비교의 잣대로 여겨져 왔다. 서양뿐만 아니라 동양에서도 그 현상은 나타난다. 어디든 과거의 문화 개념 속에는 문명 개념이 함축되어 있었고, 문명과 미개의 대립은 문화라는 것이 결코 평등한 관점에서 여겨지지 않았음을 보여준다. 문화 개념이 우열 비교의 잣대를 벗어나기 시작한 것은 인류사에서 그리 오래되지 않았다. 하지만, 그 벗어남은 여전히 이론적으로만 그러할 뿐이다.

참고문헌

가노우 요스미츠, 동의과학연구소 옮김(1999), 『몸으로 본 중국 사상』, 소나무.

강정수, 김광호(1998), 「시간성과 공간성을 중심으로 살펴본 안면망진의 원리」, 대전대학교 한의학 연구소 논문집 제7권 제1호.

곽호완, 박창호(2005), 「대구지하철 화재사고에 대한 분석 1: 인간에러와 시스템」, 한국심리학회지 실험.

김중기(2000), 「아리스토텔레스 정치사상의 재발견: John of Salisbury의 Policraticus를 중심으로」, 『서양중세사연구』 제6집, 한국서양중세사학회.

김중양(2004), 「대구지하철 참사 수습과 재난관리 대책」, 행정포커스.

김태윤(2005), 「대구지하철 참사 사례연구」, 한국행정학회 하계공동학술대회 발표논문집.

김희정(2003), 『黃老思想의 天人相應觀 硏究』, 서강대학교 종교학과 박사학위논문.

A. 매킨타이어, 김민철 옮김(2004), 『윤리의 역사, 도덕의 이론』, 철학과현실사.

머레이 북친, 문순홍 옮김(1997), 『사회 생태론의 철학』, 솔.

미셸 모랑쥬, 강광일 · 이정희 · 이병훈 옮김(2002), 『실험과 사유의 역사: 분자생물학』, 몸과마음.

박홍식(2004), 「내부고발자 보호를 위한 아시아 각국의 입법적 노력과 사회적 관심」, 한국공공관리학보.

H. A. 사이몬, 한국체계학회 옮김(1999), 『인공 과학의 이해』, 신유.

신용하(2005), 『韓國近代知省事 硏究』, 서울대학교출판부.

P. 싱어, 황경식 · 김성동 옮김(1997), 『실천 윤리학』, 철학과현실사.
안드레 군더 프랑크, 이희재 옮김(2003), 『리오리엔트』, 이산.
알렉스 캘리니코스, 정성진 · 정진상 옮김(2004), 『마르크스의 사상』, 북막스.
양기근(2003), 「위기대응 과정단계별 조직학습」, 한국행정학회 하계학술대회 발표논문집.
유철수, 변성구, 장승필, 최계식, 최진택(1994), 「성수대교 붕괴사고 원인 및 대책」, 『대한토목학회지』, 대한토목학회.
이상하(2000), 「개별사물들의 분류를 통해 본 아리스토텔레스의 본질주의와 장자의 선차별의 세계 이해」, 『과학철학』 제3권 제1호, 한국과학철학회.
이상하(2001), 「개념적 다원주의와 일상적 공감대에 바탕을 둔 기술적 형이상학」, 『哲學硏究』 24집, 고려대학교 철학연구소.
이상하(2003a), 「다원주의에 대한 메타 철학적 방어」, 『다원주의, 축복인가 재앙인가』, 한국철학회 편, 철학과현실사.
이상하(2003b), 「시각 경험의 시공간적 실재성에 관하여」, 『철학연구』 제63집, 철학연구회.
이상하(2004a), 「지식 기반 사회와 교육」, 『대동철학』 제26집, 대동철학회.
이상하(2004b), 「적응 기관으로서 마음」, 제17회 한국철학자대회.
이상하(2004c), 『과학철학: 과학의 역사 의존성』, 철학과현실사.
이상하(2004d), 「개념적 전환 장치의 설계: 힘 개념의 교육을 통해 본 과학의 일상성과 이론성」, 『철학연구』 제66집, 철학연구회.
이상하(2005), 「새로운 '뉴 아틀란티스'를 찾아서: 충돌의 지도」, 『과학과 철학』 제16집.
이재열, 김동우(2004), 「이중적 위험사회형 재난의 구조」, 한국사회학.
장지연(1922), 『逸士遺事』.
최한기, 민족문화추진회 옮김(1979-1980), 『국역 기측체의』, 재단법인 민족문화추진회.
A. 코난 도일, 「파팅턴 설계도」.
『한국과학기술원(KAIST) 대학원 연구 환경 실태조사 결과』(2004), 제32대 카이스트 총학생회.

헨리 해리스, 한국동물학회 옮김(2000), 『세포의 발견』, 전파과학사.
홍성욱(2002), 『파놉티콘-정보사회 정보감옥』, 책세상.
황경식(1997), 「한국 윤리학계의 연구현황 II('80-현재)」, 철학사상.
葛兆光(1991), 『禪宗과 中國文化』, 동문선 문예신서 36.
『論語』.
『孟子』.
『史記』.
『筍子』.
『莊子』.
『禮記』.
Agazzi, E.(1995), *Das Gute, das Böse und die Wissenschaft: Die ethischen Dimension der wissenschaftlich-technischen Unternehmung*, Berlin: Akademie.
Allwood, C. M. & Montgomery, H.(1987), “Response Selection Strategies and Realism of Confidence Judgement”, *Organizational Behavior and Human Decision Processes* 39.
Anonymous(2001), “Disaster Database”, *Disaster Prevention and Management*, 2001.
Aquinas, *Summa Theologica*.
Aristoteles, *Nicomachean Ethics*.
Aristotels, *Metaphysics*.
Aristoteles, *Posterior Analytics*.
Aristoteles, *Rhetoric*.
Aristoteles, *Topics*.
Avicenna, *De congelatione et conglutinatione lapidum*.
Ayer, A. J.(1952), *Language, Truth and Logic*, Dover.
Barnard, C. I.(1938), *The Function of Executive*, Harvard University.
Barnette, R.(2000), “Teaching Philosophy in Cyberspace”, in Bynum, T. W. & Moor, J. H.(eds), *The Digital Phoenix: How Computers Are Changing Philosophy*, Blackwell.
Beauchamp, T. L. & Childress, J. F.(1994), *Principles of Biomedical Ethics*, 4th ed., Oxford University.

Bentham, J.(1789), *Introduction to the Principles of Morals and Legislation.*

Blumenberg, H.(1975), *Die Genesis der kopernikanishen Welt*, Suhrkamp.

Bock, S.(1980), "Whistle-Blowing and Professional Responsibilities", in Callahan, P. & Bock, S.(eds.), *Ethics Teaching in Higher Education*, New York: Plenum Press.

Brody, B. A.(1980), *Identity and Essence*, Princeton University.

Brody, B. A.(1988), *Life and Death Decisionmaking*, Oxford University.

Bruce, S.(2002), *God Is Dead*, Blackwell.

Cartwright, N., Cat, J., Fleck, L. & Uebel, T.(1996), *Otto Neurath: Philosophy between Science and Politics*, Cambridge University Press.

Chamberlin, T. C.(1965), "Method of Multiple Working Hypotheses", *Science.*

Chandler, D. L.(2003), "NASA Culture Led to Columbia Crash", *New Scientist* 8.

Cicero, *De Officiis.*

Cicero, *De Repulica.*

Cochrane, A. L.(1972), *Effectiveness and Efficiency: Random Reflections on Health Services*, London: Nuffield Provincial Hospitals Trust.

Cohen, L. J.(1986), *The Dialogue of Reason*, Clarendon.

Comte, A.(1852), *Catechisme positiviste.*

Cornock, S. & Edmonds, E.(1973), "The Creative Process Where the Artist Is Amplified or Superseded by the Computer", *Leonardo* 6.

Clouser, K. D.(1973), " 'The Sanctity of Life', an Analysis of a Concept", *Annals of Internal Medicine* 78.

Clouser, K. D.(1975), "Medical Ethics: Some Uses, Abuses, and Limitations", *New England Journal of Medicine.*

Collingwood, R. G.(1956), *The Idea of History*, Oxford University.

Collins, H. M.(1974), "The TEA Set: Tacit Knowledge and Scientific Networks", *Science Studies* 4.

Committee on Innovations in Computing and Communications(1999), *Funding a Revolution: Government Support for Computing Research*,

National Academies Press.

Committee on Shuttle Criticality Review and Hazard Analysis Audit of the Aeronautics and Space Engineering Board(1988), *Post-Challenger Evaluation of Space Shuttle Risk Assessment and Management*, National Academy Press.

Copernicus, N.(1543), *De revolutionibus orbium coelestium.*

da Silva, F. S. C. and Agustm-Cullell, J.(2003), *Knowledge Coordination*, John Wiley & Sons.

Daniels, N.(1979), "Wilde Reflective Equilibrium and Theory Acceptance in Ethics", *Journal of Philosophy* 76.

Daniels, N.(1996), *Justice and Justification: Reflective Equilibrium in Theory and Practice*, Cambridge University.

Davidson, D.(1982), "Rational Animals", *Dialectica* 36.

Decker, M. & Ladikas, M.(eds.)(2004), *Bridges between Science, Society and Policy; Technology Assessment —Methods and Impacts*, Berlin: Springer.

Delaney, C. F.(1993), *Science, Knowledge, and Mind: A Study in the Philosophy of C. S. Peirce*, University of Notre Dame.

Diamond, M. & Stone, M.(1981), "Nightingale and Quetelet", *Journal of the Royal Statistical Society* (A), vol. 144, no. 1.

Dickson, D.(1984), " "Science Shops" Flourish in Europe", *Science* 223.

Didier, C.(1999), "Why There Are No Engineering Ethics in France: a Historical Interpretation", *OEC International Conference on Ethics in Engineering and Computer Science.*

Eckles, R. B.(1951), "Engineering Education and the Social Sciences: A Criticism", *The Journal of Higher Education*, vol. 22, no. 9.

Faurot, J. H.(1978), "Thomas Reid on Intelligent Objects", *The Monist* 61.

Feibleman, J.(1994), "Reid and the Origins of Moral Realism", *Journal of History of Ideas*, vol. 5, no. 1.

Felzmann, H. K.(2003), "Pragmatic Principles: Methodological Pragmatism in the Principle-Based Approach to Bioethics", *Journal of*

Medicine and Philosophy, vol. 28, nos. 5-6.

Ferguson, E.(1976), "The Mind's Eye: Nonverbal Thought in Technology", *Science* 197.

Feynman, R.(1986), "Mr. Feynman Goes to Washington", *Engineering and Science* 51.

Feynman, R.(1988), "An Outsider's Inside View of the Challenger Inquiry", *Physics Today*.

Feynman, R.(1998), *The Meaning of it All: Thoughts of a Citizen-Scientist*, Perseus Book.

Fillenbaum, S.(1970), "Mind Your P's and Q's: The Role of Content and Context in Some Uses of 'and', 'or', and 'if' ", *Psychology of Learning and Motivation* 11.

Fletcher, J.(1966), *Situation Ethics: the New Morality*, Philadelphia: Westminster.

Gärdenfors, P.(1988), *Knowledge in Flux: Modeling the Dynamics of Epistemic States*, MIT.

Geison, G. L.(1995), *The Private Science of Louis Pasteur*, Princeton University.

Gigerenzer, G. & Hug, K.(1992), "Domain-Specific Reasoning: Social Contracts, Cheating, and Perspective Change", *Cognition* 43.

Gigerenzer, G. & Goldstein, D. G.(1996), "Mind as Computer: Birth of a Metaphor", *Creativity Research Journal* 9.

Gigerenzer, G.(2002), "The Adaptive Toolbox: Toward a Darwinian Rationality", *Evolutionary Psychology and Motivation.*

Goldmann, L.(1971), *Immanuel Kant*, London: NLB.

Golembiewski, R. & Khunert, K.(1994), "Barnard on Authority and Zone of Indifference: Toward Perspective on the Decline of Managerialism", *International Journal of Public Administration*, vol. 17.

Gödel, K.(1994), "Russell's Mathematical Logic", in P. Schillp(ed.), *The Philosophy of Bertrand Russell*, New York.

Graham, A. C.(1992), "China, Europe, and the Origins of Modern Science: Needham's the Grand Titration", in *Unreason within Reason:*

Essays on the Outskirts of Rationality, Open Court.

Grassi, E.(1980), *Rhetoric As Philosophy: The Humanistic Tradition*, trans. by Krois, J. M. & Azodi, A., Pennsylvania State University.

Gravander, J. W.(1980), "The Origin and Implications of Engineer's Obligations to the Public Welfare", *PSA: Proceedings of Biennial Meeting of the Philosophy of Science Association*.

Hamilton, J.(2002), *A Life of Discovery: Michael Faraday, Giant of the Scientific Revolution*, Random House.

Hansen, C.(1983), *Language and Logic in Ancient China*, University of Michigan.

Harbsmeier, C.(1981), *Aspects of Classical Chinese Syntax*, London.

Harding, S.(1986), *The Science Question in Feminism*, Cornell University.

Harman, G.(1986), *Change in View*, MIT.

Harris, C. E., Pritchard, M. S. & Rabins, M. J.(2000), *Engineering Ethics: Concepts and Cases*, Wadsworth.

Harrod, J. B.(1979), "Intellectual Expressions of Prehistoric Man: Art and Religion", *Valcamonica Symposium* III.

Hartley, R. F.(1993), *Business Ethics: Violation of the Public Trust*, John Wiley & Sons.

Hartmann, F. & Bauer, E. K.(2006), *Bildersprache, Otto Neurath, Visualisierung*, Wien: WUV Universitätsverlag.

Hayek, F. A.(1960), *The Constitution of Liberty*, University of Chicago.

Hegel, G. W. F.(1837), *Philosophie der Geschichte*.

Heidegger, M.(1953), "Die Fragen nach der Technik", in Heidegger, M. (1982), *Die Technik und die Kehre*, Günther Neske Pfullingen.

Heidegger, M.(1966), *Der Spiegel* 대담.

Hesse, M.(1965), "Aristotle's Logic of Analogy", *The Philosophical Quarterly*, vol. 15, no. 61.

Higgins, D.(1966), "Intermedia", *Something Else News*, no. 1.

Hirschfield, L. A. & Gelman, S. A.(eds.)(1994), *Mapping the Mind: Domain Specificity in Cognition and Culture*, Cambridge University.

Hogg, R. V.(1989), "How to Cope with Statistics", *JASA* 84.

Holmes, F. L.(1963), "Elementary Analysis and the Origins of Physiological Chemistry", *ISIS*, vol. 54, part 1, no. 175.

Holzman, A. G.(1979), "Engineering Design and Operations Research", *Operations Research*, vol. 27, no. 2.

Huff, T. E.(2003), *The Rise of Early Modern Science: Islam, China, and the West*, Cambridge University.

Hugly, P. & Sayward. C.(1999), "Did the Greeks Discover the Irrationals?", *Philosophy* 74.

Jahoda, G.(1993), *Crossroads between Culture and Mind*, Harvard University.

Jänicke, M., Kunig, P. & Stitzel, M.(2003), *Umweltpolitik: Politik, Recht und Management des Umweltschutzes in Staat und Unternehmen*, Dietz.

Joerges, B.(1994), "Expertise Lost: An Early Case of Technology Assessment", *Social Studies of Science*, vol. 24, no. 1.

Johnston, G. A.(1914), "Casuistry and Ethics", *International Journal of Ethics*, vol. 24, no.4.

Johnston, W. M.(1983), *The Austrian Mind: An Intellectual and Social History 1848-1938*, University of California.

Jonsen, A. R. & Toulmin, S.(1988), *The Abuse of Casuistry: A History of Moral Reasoning*, California University.

Joss, S. & Belluci, S.(eds.)(2003), *Participatory Technology Assessment: European Perspectives*, London: Centre for the Study of Democracy and Swiss Centre for the Technology Assessment.

Kant, I.(1798), *Anthropologie in pragmatischer Hinsicht aufgefaßt*.

Kant, I.(1976), *Prolegomena*, Hamburg: Felix Meiner.

Kant, I.(1990), *Kritik der reinen Vernunft*, Hamburg: Felix Meiner.

Kennedy, D.(2004), "The Disenchantment of Logically Formal Legal Rationality, or Max Weber's Sociology in the Genealogy of the Contemporary Mode of Western Legal Thought", *Hastings Law Journal*.

Kepler, J.(1609), *Astronomia nova.*

Keynes, J.(1921), *Treatise on Probability*, London.

Kletz, T.(2001), *Learning from Accidents*, Gulf Professional Publishing.

Korsgaard, C.(1986), "Skepticism about Practical Reasoning", *Journal of Philosophy*.

Krueger, J.(1998), "What Can Individual Differences in Reasoning Tell Us?", *Psycholoquy* 9.

Kullmann, W.(1998), *Aristoteles und die moderne Wissenschaft*, Franz Steiner Verlag.

Kunkle, G. C.(1995), "New Challenge or the Past Revisited?: The Office of Technology Assessment in Historical Context", *Technology in Society*, vol. 17, no. 2.

Kuykendall, R.(1993), "Hegel and Africa: An Evaluation of the Treatment of Africa in the Philosophy of History", *Journal of Black Studies*, vol. 23, no. 4.

Ladd, J.(1982), "Collective and Individual Moral Responsibility in Engineering: Some Questions", *IEEE Technology and Society Magazine*, vol. 1, no. 2.

Latour, B.(1986), "Visualization and Cognition: Thinking with Eyes and Hands", *Knowledge and Society: Studies in the Sociology of Culture Past and Present* 6.

Layton, E.(1974), "Technology as Knowledge", *Technology and Culture* 15.

Layton, E.(1986), *The Revolt of the Engineers: Social Responsibility and the American Engineering Profession*, Johns Hopkins University.

Leeds, R.(1963), "Altruism and the Norm of Giving", *Merrill-Palmer Quarterly* 9.

Leibniz, G. W., *New Essays* 4.

Lenk, H. & Maring, M.(1998), *Technikethik und Wirtschaftsethik*, Opladen: Leske+Budrich.

Lewi, P.(2006), *Speaking of Graphics*, Online Publication.

Li, C.(1993), "What-Being: Chuang Tzu versus Aristotle", *International*

Philosophical Quarterly, vol. XXXIII, no. 3.

Lindqvist, S.(1984), *Technology on Trial: The Introduction of Steam Power Technology into Sweden 1715-1736*, Stockholm: Almqvist & Wiksell International.

London, A. J.(2001), "The Independence of Practical Ethics", *Theoretical Medicine* 22.

Longrigg, J.(1993), *Greek Rational Medicine: Philosophy and Medicine from Alcmaeon to the Alexandrians*, London & New York: Routledge.

Makdisi, G.(1981), *The Rise of Colleges: Institutions of Learning in Islam and the West*, Edinburgh University.

Mandelbaum, M.(1971), *History, Man and Reason: A Study in Nineteenth Century*, Johns Hopkins University.

Martin, M. K. & Schinzinger, R.(1989), *Ethics in Engineering*, 2d ed., New York: McGraw-Hill.

Marx, L.(1987), "Does Improved Technology Mean Progress?", *Technological Review*.

May, W. F.(1988), "Professional Virtue and Self-Regulation", in Callahan, J. L.(ed.), *Ethical Issue in Professional Life*, Oxford University.

Meiskin, P. F. & Watson, J. M.(1989), "Professional Autonomy and Organizational Constraint: The Case of Engineers", *Sociological Quarterly* 30.

Merton, R. K.(1970), *Science, Technology, and Society in Seventeenth-Century England*, New York: Harper and Row.

Merton, R. K.(1973), "The Normative Structure of Science", in Storer, N.(ed.), *Sociology of Science: Theoretical and Empirical Investigations*, University of Chicago.

Mesthene, E. G.(1969), "The Role of Technology in Society", *Technology and Culture* 10.

Moore. G. E.(1912), *Ethics*, Oxford University.

Morgan, G.(1995), "Death by Congressional Ignorance: How the Congressional Office of Technology Assessment — Small and Excellent — Was Killed in the Frenzy of Government Downsizing", *Pittsburgh*

Post-Gazette, August 2.

Mou, B.(1999), "The Structure of Chinese Language and Ontological Insight: A Collective-Noun Hypothesis", *Philosophy East & West*, vol. 49, no. 1.

Nagel, T.(1993), "Moral Luck", in Statman, D.(ed), *Moral Luck*, State University of New York.

National Academy of Engineering(1999), "A Walk on the White Side", *The Journal of Blacks in Higher Education*, no. 23.

National Academy of Science(2002), *Integrity in Scientific Research: Creating an Environment that Promotes Responsible Conduct.*

Near, J. P. & Miceli, M. P.(1985), "Organizational Dissidence: The Case of Whistle-Blowing", *Journal of Business Ethics* 4.

Needham, J.(1959), *Science and Civilization in China, Volume 3: Mathematics and the Sciences of the Heavens and the Earth*, Cambridge University.

Neurath, O.(1930), *Gesellschaft und Wirtschaft. Bildstatisches Elementarwerk*, Leipzig: Bibliographische Institute.

Neurath, O.(1939), *Modern Man in the Making*, London: Secker and Warburg.

Nida-Ruemelin, J.(1995), *Kritik des Konsequentialismus*, Oldenbourg: Scientia Nova.

Nisbett, R. E. & Ross, L.(1980), *Human Inference: Strategies and Shortcomings of Social Judgement*, Prentice Hall.

Nozick, R.(1993), *The Nature of Rationality*, Princeton University.

Nute, D.(1997), *Defeasible Deontic Logic*, Kluwer Academic.

Okruhlik, K.(2004), "Logical Empiricism, Feminism, and Neurath's Auxiliary Motive", *Hypatia*, vol. 19, no. 1.

Osborne, H.(ed.)(1975), *The Oxford Companion to the Decorative Arts*, Oxford: Clarendon.

Parfit, D.(1984), *Reasons and Persons*, Oxford University.

Patzig, G.(1983), *Ethik ohne Metaphysik*, Goettingen: Vandenhoeck & Ruprecht.

Pellegrino, E.(1993), "The Metamorphosis of Medical Ethics: A 30-Year Retrospective", *Journal of the American medical Association.*

Pico della Mirandola, G. C.(1487), *Oration on the Dignity of Man.*

Pinkus, R. L., Shuman, L. J., Hummon, N. P. & Wolfe, H.(1997), *Engineering Ethics: Balancing Cost, Schedule, and Risk, Lessons Learned from the Space Shuttle*, Cambridge University.

Pitt, J. C.(2000), *Thinking about Technology: Foundations of the Philosophy of Technology*, New York, London: Seven Bridges.

Platon, *Republic.*

Polya, G.(1973), *How to Solve It: A New Aspect of Mathematical Method*, Princeton University.

Polya, G.(1981), *Mathematical Discovery*, New York: Wiley.

Popper, K.(1998), *In Search of a Better World*, London and New York: Routledge.

Poser, H.(1998), "On Structural Differences between Science and Technology", *Techné: Journal of the Society for Philosophy of Technology*, vol. 4, no. 2.

Prichard, D.(2001), "The Opacity of Knowledge", *Essays in Philosophy*, vol. 2, no. 1.

Priestley, J.(1774), *An Examination of Reid's Inquiry, etc.*, London.

Quintilianus(1891), *Education of an Orator*, London.

Rawls, J.(1993), *Political Liberalism*, Columbia University.

Reber, B.(2006), "The Ethics of Participatory Technological Assessment", *Technikfolgenabschätzung: Theorie und Praxis.*

Reid, T.(1764), *An Inquiry into the Human Mind on the Principles of Common Sense*, Edinburgh.

Reid, T.(1819), *Essays on the Powers of the Human Mind*, Edinburgh.

Reid, T.(1850), *Essays on the Intellectual Powers of Man*, Cambridge.

Reid, T.(1863), *The Works of Thomas Reid*, ed. Hamilton, W., Edinburgh.

Reid, T.(1875), "Of Constitution", in McCosh(ed.), *The Scottish Philosophy*, London.

Rommen, H.(1936), *The Natural Law: A Study in Legal and Social History and Philosophy*, trans. Thomas R. Hanley, ed. Russell Hittinger(Indianapolis: Liberty Fund, 1998).

Russell, B.(1919), *Introduction to Mathematical Philosophy*, London: G. Allen & Unwin.

Salmon, W. C.(1984), *Scientific Explanation and the Causal Structure of the World*, Princeton University.

Sartre, J. P.(1856), "Existentialism Is a Humanism", in Kaufmann(ed), *Existentialism from Dostoevsky to Sartre*, New York: Meridian.

Schaffner, K. F.(1993), *Discovery and Explanation in Biology and Medicine*, University of Chicago.

Schivelbush, W.(1977), *Geschichte der Eisenbahnreise*, München: Hanser.

Schutz, A. & Luckmann, T.(1973), *The Structures of the Life-World*, vol. 1, Northwestern University.

Seneca, *De otio*.

Simon, H. A.(1956), "Rational Choice and the Structure of the Environmental", *Psychological Review* 63.

Simon, H. A.(1992), "Invariants of Human Behavior", *Ann. Rev. Psych.* 41.

Skolimowski, H.(1974), "Technology Assessment as a Critique of a Civilization", *PSA*.

Slote, M.(1989), *Beyond Optimization*, Harvard University.

Smith, M. R. & Marx, L.(1994), *Does Technology Drive History?: The Dilemma of Technological Determinism*, MIT.

Sprigge, T.(1986), "Philosophy and Common Sense", *Rev. Int. Phil.*, 40.

Stalnaker, R.(1984), *Inquiry*, MIT.

Swann, B. & Aprahamin, F.(1999), *J. D. Bernal: A Life in Science and Politics*, Verso.

Tischler, A. O.(1969), "A Commentary on Low-Cost Space Transportation", *Astronautics and Aeronautics* 7.

Toulmin, S. & Goodfield, J.(1965), *The Discovery of Time*, University of Chicago.

Toulmin, S.(2001), *Return to Reason*, Harvard University.

Träder, W.(1989), “Die Common Sense-Philosophie Thomas Reids”, *Deutsche Zeitschrift für Philosophie* 37.

Trevor-Roper, H.(2000), *Hitler's Table Talk 1941-1944*, Enigma Books.

van der Weele, C.(1999), *Images of Development: Environmental Causes in Ontogeny*, State University of New York.

Vincenti, W.(1988), *What Engineers Know and How They Know It: Analytical Studies from Aeronautical History*, John Hopkins University.

Walter, N.(1997), *Humanism: What's in the Word*, London: Rationalist Press Association.

Wason, P. C.(1968), “Reasoning about a Rule”, *Quarterly Journal of Experimental Psychology* 20.

Wason, P. C.(1983), “Realism and Rationality in the Selection Task”, in Evans, J. St. B. T.(ed.), *Thinking and Reasoning: Psychological Approach*, Routledge.

Watkins, J. W. N.(1974), “Otto Neurath”, *The British Journal for the Philosophy of Science*, vol. 25, no. 4.

Weber, M.(1988), “Der Sinn der 'Wahrheit' der soziologischen und ökonomischen Wissenschat”, *Gesammelte Aufsätze zur Wissenschatslehre*, Tübingen, 7판.

Whelchel, R. J.(1986), “Is Technology Neutral?”, *IEEE Technology and Society Magazine*, vol. 5, no. 4.

Wild, C.(2006), “Zur Gründung des Österreichischen Ludwig Boltzmann Institute für Health Technology Assessment”, *Technikfolgenabschätzung: Theorie und Praxis*.

Williams, B.(1979), “Internal and External Reasons”, reprinted in Williams, B.(1981), *Moral Luck: Philosophical Papers 1973-1980*, Cambridge University.

Williams, B(1985), *Ethics and the Limits of Philosophy*, Fontana Press.

Williams, B.(1993), "Moral Luck" in Statman, D.(ed): *Moral Luck*, State University of New York.

Winner, L.(1986), *The Whale and the Reactor*, University of Chicago.
Wujek, J. W. & Johnson, D. G.(1992), "How to Be a Good Engineer", Washington, D.C: Institute of Electrical and Electronics Engineers, United States Activities Board.
Xenophon, *Memorabilia*.
Yates, D. M.(1997), *Turing's Legacy: A History of Computing at the National Physical Laboratory 1945-1995*, Science Museum.
Yolton, J. W.(1996), *Perception & Reality: A History from Descartes to Kant*, Cornell University.

찾아보기

[ㄹ]

[ㅁ]

[ㅂ]

[ㅅ]

[ㅇ]

[ㅈ]

[ㅊ]

[ㅋ]

[ㅌ]

[ㅍ]

[ㅎ]

지은이 / 이상하

고려대학교에서 물리학을 전공하고 수학을 부전공하였다. 독일 괴팅겐 대학에서 철학과 물리학을 복수 전공하고 철학으로 박사학위를 받았다. 주요 저서로 『철학에는 유머가 없는가』(철학과현실사, 2004), 『과학철학: 과학의 역사 의존성』(철학과현실사, 2004), *Die realistische Perspektive* (Frankfurt: Peter Lang, 1999) 등이 있다.

상황윤리

▪

2007년 6월 25일 1판 1쇄 발행
2016년 4월 5일 1판 2쇄 발행

지은이 / 이 상 하
발행인 / 전 춘 호
발행처 / 철학과현실사
서울시 종로구 동숭동 1-45
전화 579-5908 · 5909
등록 / 1987.12.15.제1-583호

ISBN 978-89-7775-632-8 03190
값 25,000원